2012
安徽文化年鉴

《安徽文化年鉴》编委会编

全国百佳图书出版单位
时代出版传媒股份有限公司
安徽人民出版社

图书在版编目（CIP）数据

安徽文化年鉴. 2012 / 《安徽文化年鉴》编委会编著.
—合肥 : 安徽人民出版社, 2012.9

ISBN 978-7-212-05702-2

Ⅰ. ①安… Ⅱ. ①安… Ⅲ. ①文化事业－安徽省－2012－年鉴
Ⅳ. ①G127.54-54

中国版本图书馆CIP数据核字(2012)第213824号

安徽文化年鉴（2012）
《安徽文化年鉴》编委会编

出 版 人：胡正义
责任编辑：胡小薇
封面设计：李 倩

出版发行：时代出版传媒股份有限公司 http：//www.press-mart.com
安徽人民出版社 http：//www.ahpeople.com
合肥市政务文化新区翡翠路1118号出版传媒广场8楼
邮　　编：230071
营销部电话：0551-63533258　0551-63533292（传真）
印　　制：安徽新华印刷股份有限公司

（如发现印装质量问题，影响阅读，请与印刷厂商联系调换）

开本：889×1194　1/16　正文印张：27.5　彩插：8页　字数：900千
版次：2012年12月第1版　　2012年12月第1次印刷

标准书号：ISBN978-7-212-05702-2　　定　价：300.00元

黄山迎客松

2011年4月9日，中共中央政治局常委、书记处书记、国家副主席习近平在安徽视察。

2011年7月5日，中共中央政治局常委、国务院副总理李克强在桐城市范岗镇杨安村与村民亲切交谈。

2011年4月30日，中共中央政治局委员、书记处书记、中宣部部长刘云山视察安徽日报报业集团。

2011年4月30日，中共中央政治局委员、国务委员刘延东视察金寨县金江实验学校。

2011年10月26~30日，中国共产党安徽省第九次代表大会在合肥召开。

2011年6月30日，安徽省庆祝中国共产党成立90周年大会在合肥举行。

2011年4月30日，全国文化体制改革工作会议在合肥召开。

2011年3月17日，第二届省直机关“读书月”主题报告会上，中国残联主席张海迪作主题报告，并与听众交流。

2011年6月10日，意大利中国文化年·安徽周在罗马举办。

2011年10月19日，第20届中国金鸡百花电影节开幕式在合肥举行。

2011年10月10日，《安徽通史》首发式在合肥举行。

安徽省文化产业增加值及占GDP的比重

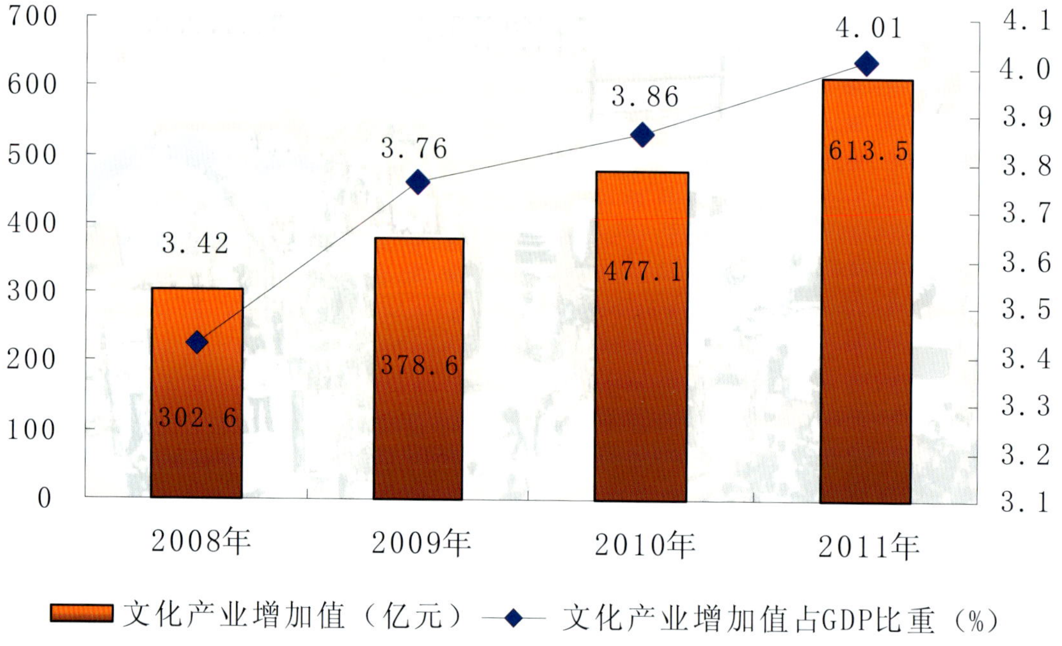

全省广播电视用户数

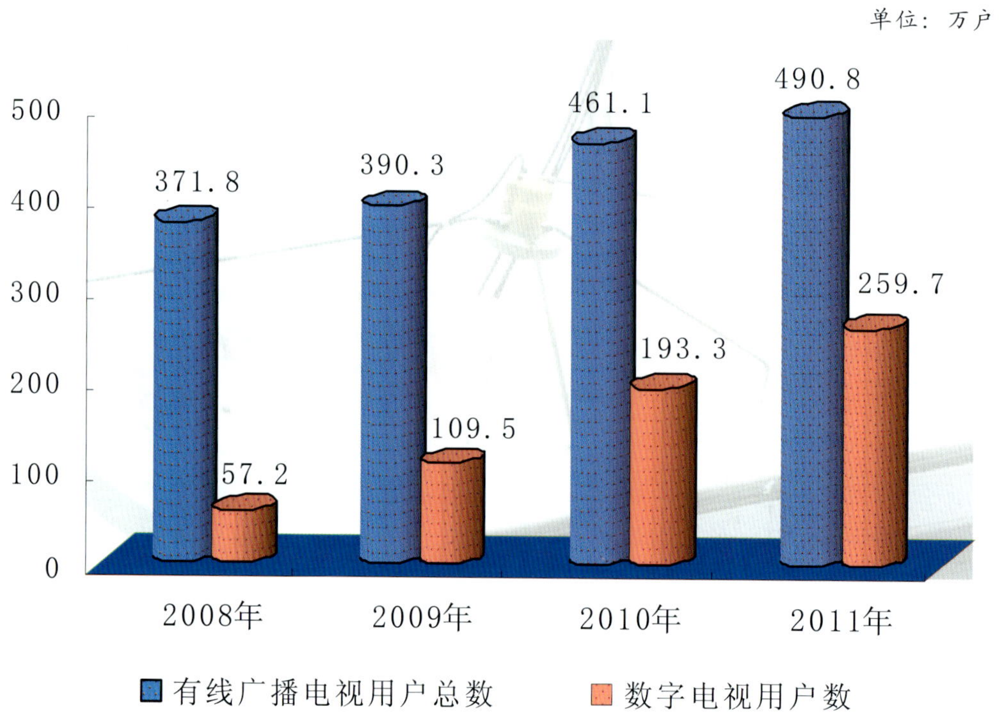

全省博物馆、纪念馆情况

单位：个

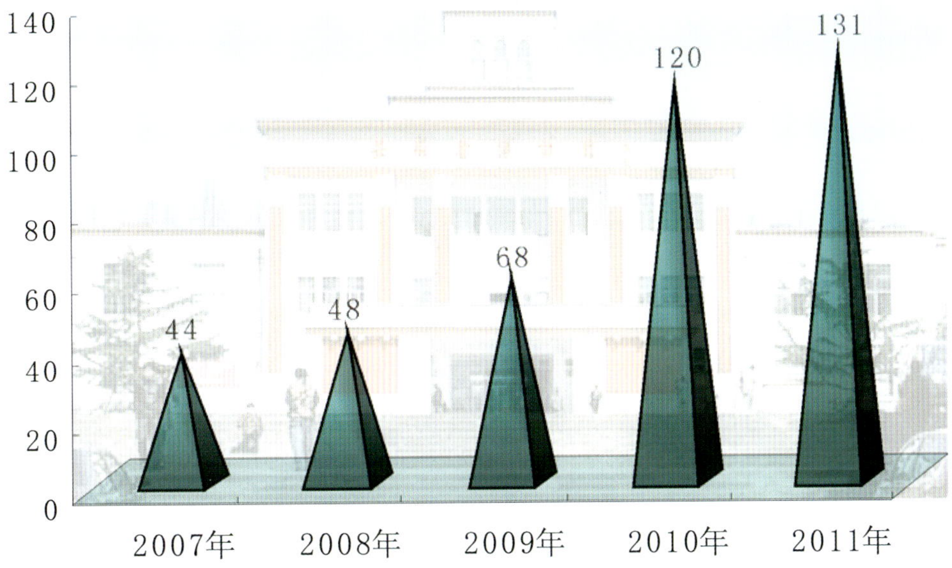

全省博物馆内藏品情况

单位：件

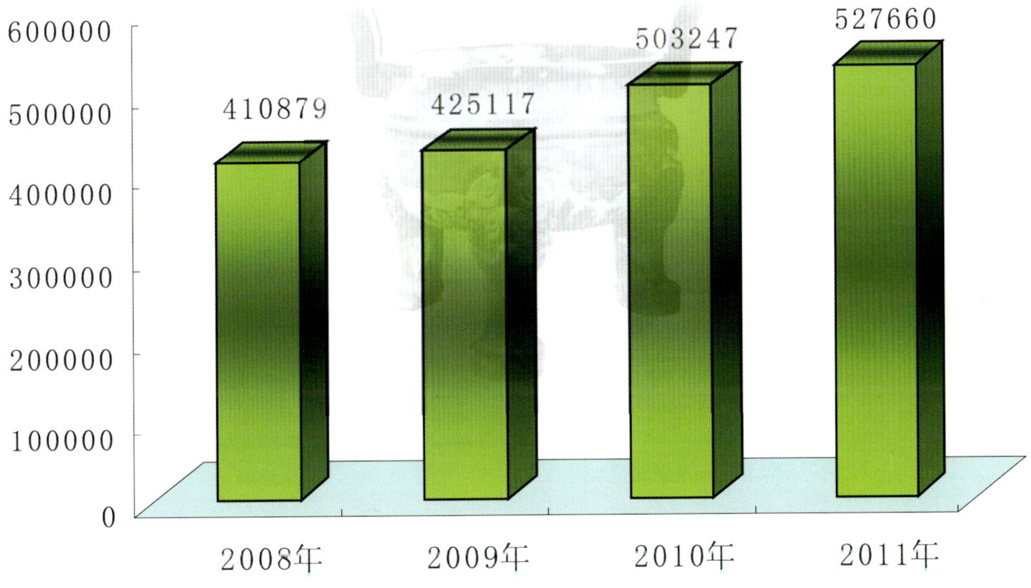

2011年安徽省各级非物质文化遗产名录占比

单位：%

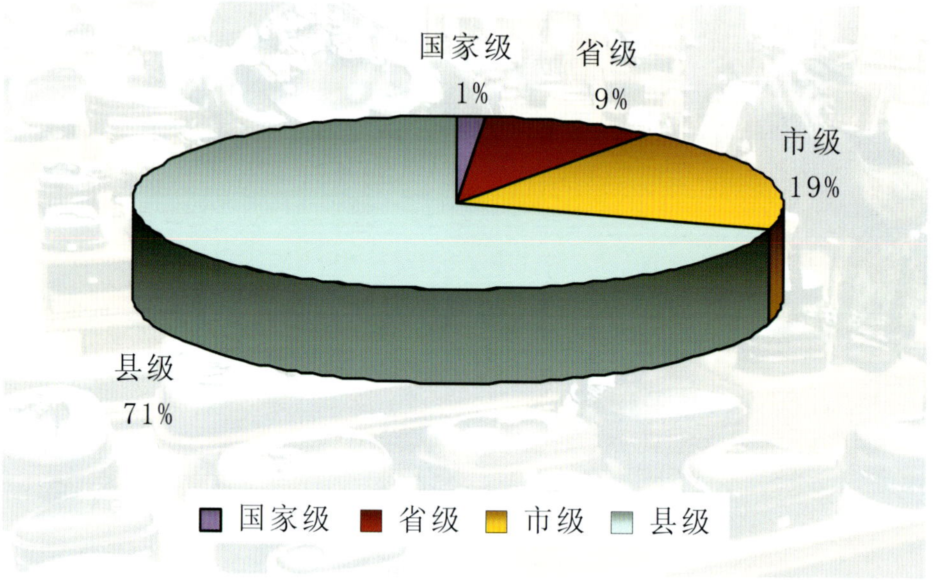

全省公共图书馆总藏量

单位：万册

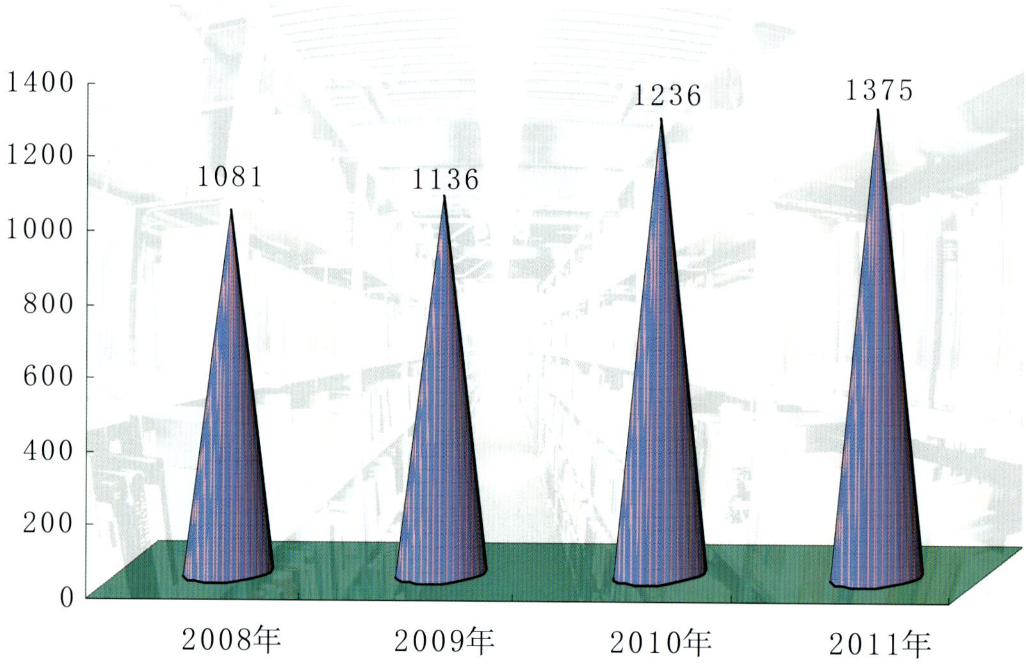

全省文化馆（站）从业人员情况

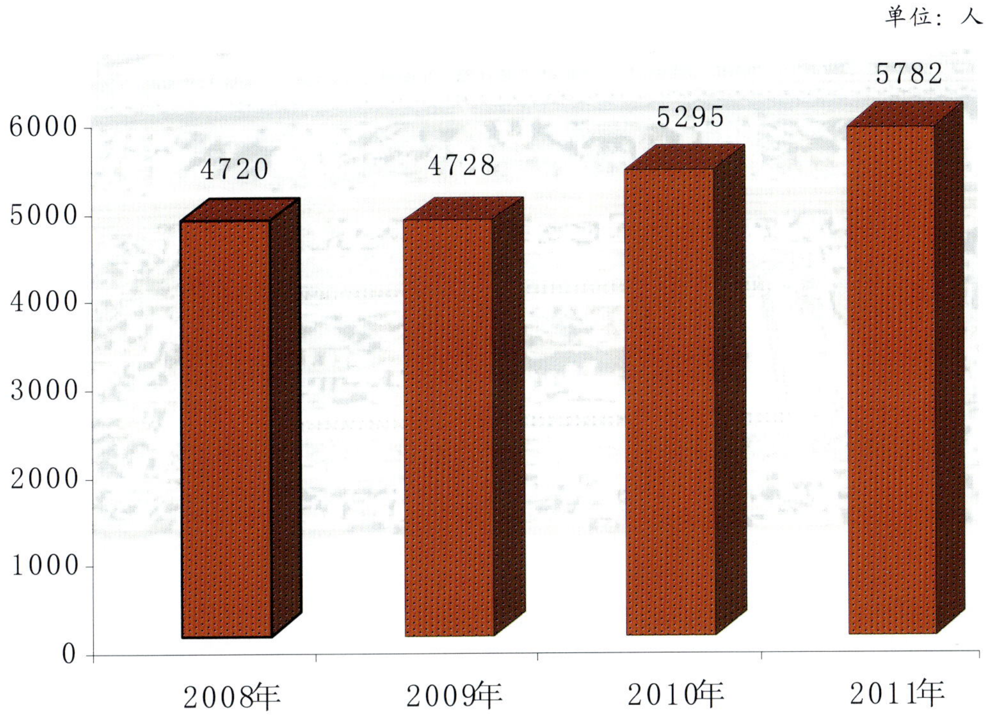

2011年安徽省城镇居民平均每百户拥有耐用文化消费品数量

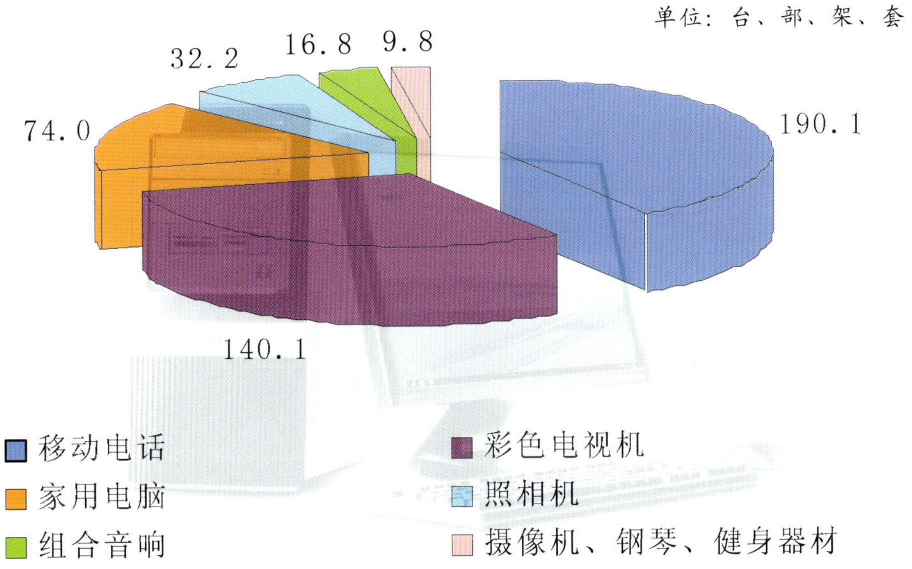

2011年全省农村居民平均每百户拥有耐用文化消费品数量

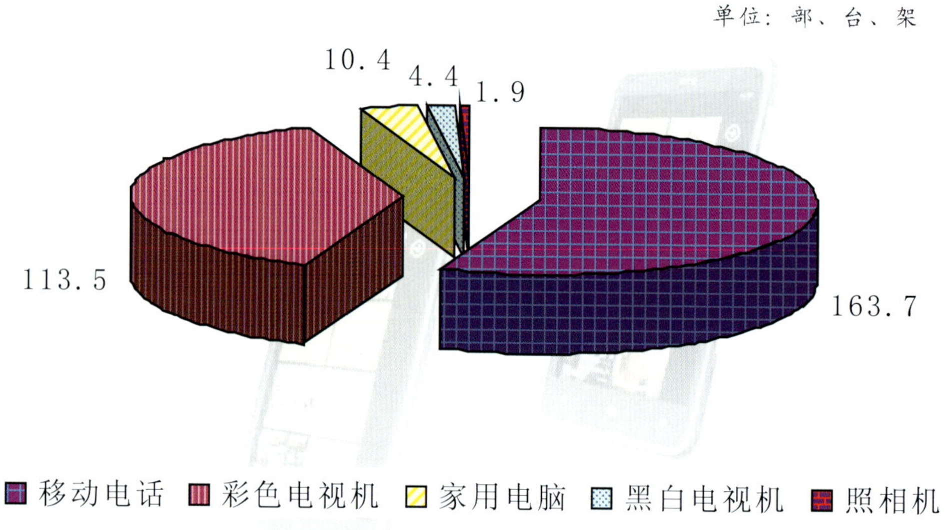

全省城镇居民人均文化娱乐支出及占家庭人均消费支出比重

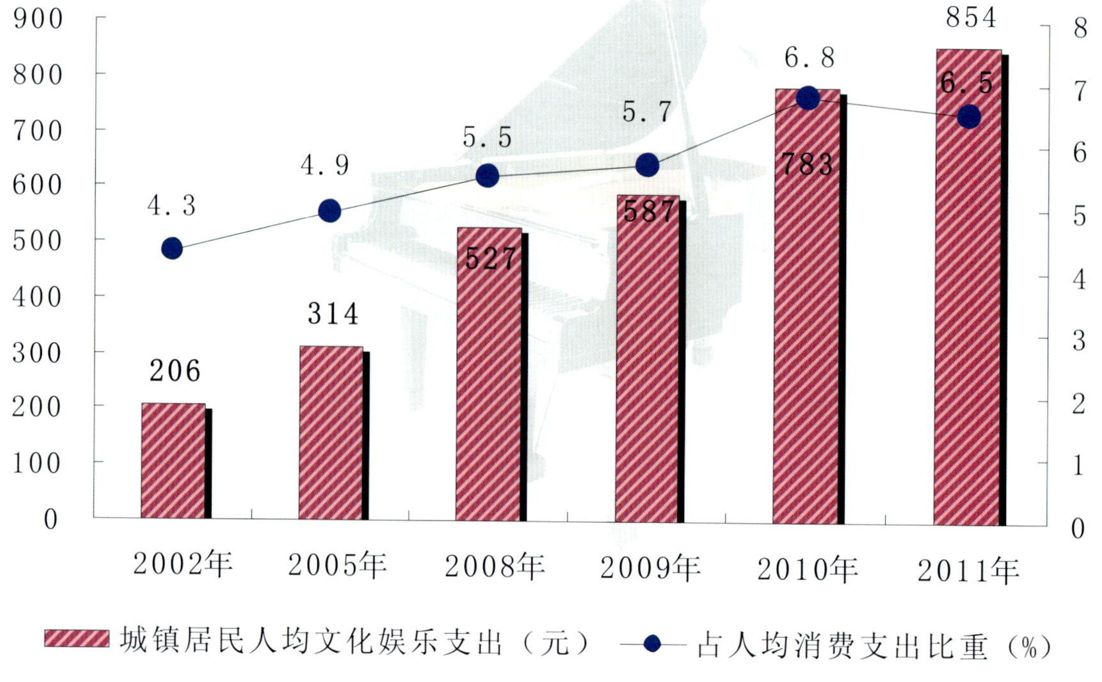

《安徽文化年鉴》编纂委员会

《安徽文化年鉴》编辑部

编辑说明

一、根据中共十七届六中全会作出的《关于深化文化体制改革推动社会主义文化大发展大繁荣若干重大问题的决定》和中共安徽省委第九次代表大会提出建设文化强省的精神，经省委宣传部批准，创编《安徽文化年鉴》，本卷为创刊号。

二、《安徽文化年鉴》以中国特色社会主义理论为指导，旨在及时记载全省文化发展轨迹，系统反映文化体制改革情况，全面展示徽风皖韵特色，大力弘扬安徽先进文化，为文化强省建设提供翔实资料。

三、《安徽文化年鉴》在省委宣传部领导下，由安徽省年鉴研究会和安徽省文化产业发展研究会组织编纂，省各有关文化单位、各市县（区）委宣传部参加编写。同时，采取约请专家学者撰稿、采集媒体志鉴资料、挖掘历史人文知识等方法，以拓宽资料渠道，丰富年鉴内容。

四、《安徽文化年鉴》采取分类编辑法，全书主体内容按篇目、栏目、条目三个层次编排，条目是基本单元。篇目排在内扉页，由省内书法家题写篇名；栏目名称双栏排，地级市通栏排；条目标题加【 】，为黑体字。部分篇内容为文章体或资料体，未按三个层次编排。

五、全书22个篇目，依次为：特载、安徽文化概况、精神文明建设、文化艺术节庆、哲学社会科学、新闻报业、出版发行印刷、广播电视电影、文化产业、网络文化、文学、舞台艺术、美术书法摄影、档案党史地方志、图书馆博物馆文化馆、文物考古、民族宗教、专题文化概览、人物、市县（区）文化概览、大事记、文献资料。为方便读者查阅，书前有详细的目录和英文要目，书后有主题词索引、人名索引和图片索引，并在内扉页上刊登篇内栏目名称。

六、本卷主体资料时限为2011年1月1日至12月31日，部分篇目资料时间适当上溯。“特载”篇登载了安徽“十一五”时期文化发展改革综述和“十二五”时期文化发展规划纲要，“人物”篇选登100位对文化发展作出贡献的皖籍历史文化人物，“大事记”篇刊登2002年至2011年安徽文化发展和体制改革的大事。由于文化事业、文化产业指标统计范围、口径的变化，部分数据不具有可比性。计量单位采用国家公布的公制和国际单位制，少数非统计意义的计量单位仍用市制。

七、《安徽文化年鉴》力求图文并茂，用文字和图片客观记载文化事业和文化产业发展、展示时代风貌。全书85万字，选登200多幅图片、150张图表。

八、本书在编写过程中，得到省委宣传部的高度重视和各相关部门、单位、各市县（区）的大力支持，省及各市县（区）地方志办公室给予热情帮助，在此一并表示感谢。由于时间紧迫、编辑水平有限，差错在所难免，恳请读者批评指正。

《安徽文化年鉴》编辑部

目 录

精神文明建设

文化艺术节庆

哲学社会科学

新闻报业

出版 发行 印刷

广播 电视 电影

文化产业

网络文化

文　　学

舞台艺术

美术 书法 摄影

档案 党史 地方志

图书馆 博物馆 文化馆

文物考古

民族宗教

专题文化概览

人 物

市县（区）文化概览

大事记

文献资料

索　引

Main Contents

CULTURAL EVENTS IN FOCUS

CULTURE INDUSTRY

FIGURE

CULTURE OF CITIES AND COUNTIES (DISTRICTS)

CHRONOLOGICAL EVENTS

APPENDIX

INDEX

□ “十一五”时期安徽文化改革发展综述

□ 安徽省“十二五”时期文化改革发展规划纲要

特载

吴雪题

“十一五”时期安徽文化改革发展综述

“十一五”时期，省委、省政府高度重视文化建设，明确提出加快实现由文化大省向文化强省跨越的战略目标，每年都把文化体制改革列入年度工作重点，并把文化产业列入省“861”行动计划、文化惠民工程列入民生工程，研究出台一系列支持文化改革发展的政策措施，强力推进文化强省建设。经过几年不懈努力，全省宣传思想文化工作整体推进、全面加强；党的理论创新成果深入人心，新闻舆论环境持续优化，公民道德水平和城乡文明程度明显提升；文化体制改革走在全国前列，文化事业欣欣向荣，文化产业跨越发展，文化“走出去”步伐显著加快，初步走出一条符合时代要求、具有安徽特色的文化发展之路。

党的理论创新成果深入人心。坚持不懈用马克思主义中国化最新成果武装党员、教育群众，精心组织十七大、十七届三中、四中、五中全会精神宣传教育，深入开展中国特色社会主义理论体系宣传普及活动，大力推动学习实践科学发展观向深度和广度拓展。扎实开展学习型党组织建设，省委中心组以身作则、率先垂范，有力带动了全省广大党员干部的学习，涌现出一批中心组学习先进典型。积极推进当代中国马克思主义大众化，组织宣讲团赴各地宣讲，开展千名理论工作者下基层、万名党员巡回宣讲、社科知识大普及、人文讲坛等活动。成立省级中国特色社会主义理论体系研究中心，在中央主要报刊上发表30多篇重点理论文章，居全国前列。强化社科理论为崛起大业服务的导向，持续开展“咨政兴皖”活动，推出一批有分量有价值的成果，获国家社科基金项目立项数量连创新高。

新闻舆论环境持续优化。围绕省委、省政府重大决策部署，牢牢把握正确导向，不断提高舆论引导的及时性、权威性和公信力、影响力。突出重大主题、重大活动、重大典型和重大成就宣传，成功组织应对国际金融危机、加快经济发展方式转变、推进皖江承接产业转移示范区、合芜蚌自主创新试验区建设及加快皖北振兴等一系列宣传战役，唱响了科学发展、加速崛起的主旋律。充分发挥网络宣传管理优势，组织大型采访、专题宣传和网络评论等活动，形成了网上正面舆论强势，宣传安徽的发稿数年均增长30%以上。在全国率先建立突发公共事件新闻报道应急机制，对突发事件和敏感问题回应及时、引导得当，有效防止了舆论热点的形成和扩散。主动加强与中央新闻单位的联系沟通，增进互动，争取支持，充分发挥驻皖新闻单位的独特作用，宣传安徽的重头稿件、深度报道数量连年居全国前列；中宣部46次组织中央主要新闻媒体对本省有关工作进行集中报道。

公民道德水平和城乡文明程度明显提升。坚持用社会主义荣辱观引领社会风尚，不断加强社会公德、职业道德、家庭美德和个人品德教育，积极倡导爱国、敬业、诚信、友善等道德规范。本省入选全国道德模范的人数居全国前列，“中国好人榜”上榜人数连续3年居全国第一，沈浩、王坤友、房玫等先进典型在全国引起强烈反响。首创未成年人思想道德建设“百千万工程”，大力开展网吧网络、荧屏声频、校园周边环境等专项整治，深入推进文明办网、文明上网活动，社会文化环境进一步优化，芜湖、淮北被评为全国未成年人思想道德建设先进城市。青少年爱国主义读书教育活动的规模和水平多年居全国前列。江淮百万志愿者和谐服务行动广泛开展，在奥运会、世博会和汶川抗震救灾一线展示了江淮儿女的时代风采。坚持为民惠民、共建共享，探索以城带乡、城乡共建，文明创建全面拓展、纵深推进，49个单位、24个村镇进入全国文明行列，合肥、淮北蝉联全国创建工作先进城市，马鞍山成为中部地区唯一的全国文明城市。

文化体制改革走在全国前列。虽然安徽不是文化体制改革试点省份，但全省上下大力发扬改革创新优良传统，不等不靠，自主试点，以2005年底安徽出版集团在全国率先整体转制为起点，在江淮大地掀起了波澜壮阔的文化改革发展热潮。全省出版、发行、电影生产发行放映、影剧院、演艺院团、重点新闻网站等行业的401个经营性文化单位相继转制，公益性文化事业单位普遍推行“三项制度”改革，所有市县都成立了文化广电新闻出版局（文化委员会），组建了文化市场综合执法机构，全省初步建立符合科学发展要求的新的文化宏观管理体制和微观运行机制。中央领导高度评价本省文化体制改革工作。“十一五”期间，中宣部12次组织中央媒体对安徽文化改革发展进行集中报道，赞誉全省创造了文化体制改革的“安徽现象”。2011年4月，全国文化体制改革工作会议在合肥召开，安徽省及16个省辖市全部获“全国文化体制改革先进地区”称号。

文化事业欣欣向荣。大力实施精品战略，249部文艺作品获各类全国性大奖。电影《农民工》由广电总局组织在全国免费放映12万场，与数字电影《十八个手印》双双入选“纪念改革开放30周年十大国产新片”。话剧《万世根本》入围国家舞台艺术精品工程，与电影《人民至上》一起入选新中国成立60周年献礼重点作品。电影《第一书记》由中组部、中宣部等部门联合发文组织观看，成为全国创先争优活动的生动教材。本省原创电视剧《新安家族》在央视一套黄金时段播出并受到广泛好评。强力推进文化惠民工程，完成“十一五”时期国家下达全省的2681个50户以上自然村和30404个20户以上“盲村”广播电视村村通建设任务；全省广播、电视人口覆盖率分别达到97.01%和97.2%；文化信息资源共享工程实现全覆盖；农家书屋建成910[illegible]个，覆盖全省50%的行政村；纳入省民生工程的1240个乡镇综合文化站已建成722个；71个公共博物馆、纪念馆免费开放；省博物馆新馆、合肥大剧院、马鞍山大剧院、安庆中国黄梅戏艺术馆、黄山中国徽州文化博物馆等一批重点文化设施建成。广泛开展群众文化活动，以“讴歌建设者、赞颂新成就、展示新风貌”为主题的“江淮情”大型演出、面向“三农”的“中国农民歌会”成为知名文化品牌。民营演艺院团和民间社班常年活跃在基层，年演出40多万场次，2010年收入超过6亿元。切实加强文化遗产保护传承，“十一五”期间，调查古遗址、古墓葬450处，组织考古发掘项目70余项，出土文物1.1万件；全面建立非遗名录保护体系，宣纸入选联合国教科文组织命名的世界非遗名录，入选国家级非遗项目47项、省级202项。

文化产业异军突起。“十一五”时期，全省文化产业持续健康快速发展，2010年文化产业增加值466.22亿元，占同期生产总值比重3.77%。大力实施集团化战略，报业、出版、发行、演艺、广电传媒五大集团迅猛发展，文化产业龙头阵容初步形成，省属文化企业资产由5年前不足30亿元增长到300多亿元。出版集团、发行集团蝉联“全国文化企业30强”，占据中国服务业500强出版发行类企业前两位，时代出版、皖新传媒分别成为同行业主板市场整体上市“第一股”。大力实施重大项目带动战略，550个重大文化项目进入省重点项目库，投资总额2345亿元，已建成和在建项目194个，完成投资408亿元；建成和在建文化园区（基地）52个，完成投资100亿元以上，文化产业规模化、集约化、专业化水平明显提升。大力推进文化科技创新，网络、动漫、新媒体、数字出版等迅猛发展，合肥、芜湖国家级动漫基地加快建设，全省动漫产品产量居全国前列。加快构建文化投融资体系，连续5年组织文化产业整体境内外招商，签约326个项目，协议引进资金137亿美元，项目履约率达52%；与多个国家级金融机构建立战略合作关系，获得融资授信560亿元；成立安徽文化产权交易所、版权交易中心，健全完善文化市场中介机构。

文化“走出去”成效显著。统筹用好国内国际两种资源、大力开拓国内国际两个市场，以文化企业为主体，加强出口平台和海外营销渠道建设，文化产品和服务输出到100多个国家和地区。“中外记者看安徽”大型系列采访活动和“安徽电视周”成为富有特色的外宣品牌，省电视台国际频道落地欧、北美、澳三大洲，外宣窗口阵地发展到21个，覆盖世界主要国家和地区。文化交流合作硕果累累，赴42个国家和地区举办艺术表演、文化展览、文化周等活动，仅文艺演出就达到4281场。外向型骨干文化企业加快发展，出版集团版权输出连续3年居全国第一，5年累计输出1424种，是“十五”时期的13.2倍，华文经贸公司成为全国最大的文化进出口公司。

文化人才队伍建设全面加强。始终坚持把人才作为文化改革发展第一要素，坚持培养与引进并重，积极打造文化人才高地。大力实施“六个一批”双百人才工程，分两批选拔204名拔尖人才，初步形成文化人才领军阵容。积极探索高端人才培养引进新模式，建立全国第一个出版传媒博士后科研工作站，在上海张江高科技园设立产学研一体的工程硕士培养点。45所高等院校开设了文化创意、数字动漫、新技术、新媒体等专业。创新人才工作机制，一手抓培养，一手抓引进，加快高端人才集聚，“十一五”期间，仅省属文化集团就从经济主管部门、国有大型企业、党政领导机关引进了包括董事长、总裁（总经理）等在内的各类人才2600多名。

安徽省“十二五”时期文化改革发展规划纲要

为深入贯彻落实党的十七届六中全会和省第九次党代会精神，深化文化体制改革，加快文化事业文化产业发展，努力打造充满活力的文化强省，根据《国家“十二五”时期文化改革发展规划纲要》和《安徽省国民经济和社会发展第十二个五年规划纲要》，编制本纲要。

一、指导思想、发展思路和主要目标

1.指导思想

高举中国特色社会主义伟大旗帜，以马克思列宁主义、毛泽东思想、邓小平理论和“三个代表”重要思想为指导，深入贯彻落实科学发展观，坚持走中国特色社会主义文化道路，紧紧围绕科学发展主题和全面转型、加速崛起、兴皖富民主线，以建设社会主义核心价值体系为根本任务，以满足人民精神文化需求为出发点和落脚点，以改革创新为动力，培养高度的文化自觉和文化自信，奋力推动文化大发展大繁荣，努力打造充满活力的文化强省，为建设美好安徽提供坚强思想保证、强大精神动力、有力舆论支持和良好文化条件。

2.发展思路

把握全球化进程不断加快和经济文化日益融合的新趋势，适应经济社会发展对文化建设的新要求和人民群众对精神文化生活的新期待，充分发挥本省文化底蕴深厚的优势，全面激发社会文化创造活力，努力实现社会效益与经济效益相统一，更好更快地出精品、出人才、出效益，加快建设文化强省。

构建“三大体系”：门类众多、特色鲜明的文化事业和文化产业发展体系；覆盖全社会、全民共享的公共文化服务体系；充满生机、富有活力的文化创新体系。

形成“四大格局”：统筹城乡发展，城市带动农村，各方面优势互补、良性互动的文化发展格局；公有制为主体、多种所有制共同发展的文化产业格局；统一开放、竞争有序的文化市场格局；民族文化和安徽地域文化为主体，吸收外来有益文化的文化开放格局。

实施“五个一批”：推出一批在全国有影响的文化精品、强势品牌和优势门类；建成一批代表安徽形象的标志性文化设施；培育一批具有规模效应、富有核心竞争力的主导产业、龙头企业和文化产业园区；建设一批具有较强实力、较大辐射力、较高品位的文化强市、文化强县；培养一批结构合理、素质优良、富有开拓精神和创新能力的领军人物和拔尖人才。

建设“八大工程”：实施文化创新引领工程，推进文化内容、文化业态和体制机制创新；实施文化品牌示范工程，打造精品力作，不断推出具有广泛影响力和持久竞争力的产品品牌、服务品牌、企业品牌；实施文化龙头带动工程，培育一批综合实力强、发展后劲足、竞争优势明显的国有文化龙头企业或企业集团，使之成为文化发展的主导力量；实施文化产业跨越工程，大力发展优势产业，重点扶持新兴产业，建成一批产业基地和特色园区；实施文化建设惠民工程，统筹区域和城乡文化发展，建成完善的公共文化服务体系；实施文化展示传播工程，充分利用两种资源、两个市场，推动文化产品、文化服务和文化实体抢占国内市场，进军国际市场；实施文化保护利用工程，加强文物保护和非物质文化遗产传承工作，赋予时代内涵，使之重焕生机；实施文化人才兴皖工程，创新人才培养、选拔、引进和使用机制，造就各领域各门类的领军人物、高端人才和复合型人才，建设文化人才高地。

3.主要目标

到“十二五”末，全省文化发展主要指标、文化事业整体水平、文化产业综合实力处于中西部领先水平，部分行业和领域位居全国前列，形成与科学发展相适应的文化宏观管理体制和微观运行机制，与美好安徽相适应的文化软实力，与文化资源大省地位相适应的文化优势，与人民群众日益增长的精神文化需求相适应的文化条件。

——社会主义核心价值体系建设取得重大进展。党的创新理论深入人心，良好道德风尚进一步弘扬，公民文明素质和城乡文明程度显著提高。

——公共文化服务体系基本建成。城乡文化基础设施建设明显加强，公共文化服务水平显著提高，基本公共文化服务均等化逐步实现，人民群众基本文化权益得到切实保障。

——文化产业综合实力明显增强。全省文化产业增加值占生产总值的比重达到5%以上，整体实力和竞争力显著提升，成为国民经济支柱产业。

——文化体制改革不断深化。科学有效的宏观文化管理体制、富有效率的微观运行机制基本形成，文化生产力进一步解放和发展，文化发展活力显著增强。

——文化创新体系基本建立。文化科技含量大幅提升，一批全国领先、国际知名的自主文化品牌集群基本形成，新型文化业态快速发展，文化精品力作不断涌现，文化产品和服务核心竞争力全面提高。

——文化影响力全面提高。新闻宣传的引导力、传播力、辐射力不断增强，主流媒体主导作用充分发挥，新兴媒体健康有序发展，对外文化交流合作进一步扩大，安徽形象显著提升。

——文化队伍素质整体提升。高层次文化人才队伍发展壮大，基层文化队伍结构明显改善，人才培养、使用、激励机制更加科学，文化发展人才高地优势逐步显现。

二、推进社会主义核心价值体系建设

1.深入学习宣传中国特色社会主义理论体系。贯彻落实《社会主义核心价值体系建设实施纲要》，坚持不懈用中国特色社会主义理论体系武装党员、教育人民，广泛开展党的理论创新成果学习教育活动，不断提高党员干部和群众的理论素养。坚持用中国特色社会主义共同理想统一思想，用以爱国主义为核心的民族精神和以改革创新为核心的时代精神凝聚力量，不断增强社会主义意识形态的吸引力、凝聚力。扎实推进学习型党组织建设，以县处级以上领导干部为重点，以提高思想政治素质为根本，健全完善党委（党组）中心组学习制度。大力推进马克思主义理论研究和建设工程，实施中国特色社会主义理论体系宣传普及计划，促进科学理论进机关、进社区、进企业、进学校、进乡村，推动马克思主义中国化、时代化、大众化。

2.繁荣发展哲学社会科学。大力推进学科体系、学术观点和科研方法创新，进一步繁荣发展哲学社会科学，充分发挥哲学社会科学认识世界、传承文明、创新理论、咨政育人、服务社会的重要功能。坚持以应用研究为重点，以全省经济社会发展重大现实问题为主攻方向，加强对全局性、战略性、前瞻性问题研究，着力推出一批有深度、有分量、有实用价值的研究成果。充分发挥高等院校、科研机构在人文社科研究中的主力军作用，推动全省哲学社会科学优秀成果和优秀人才走向全国、走向世界。支持安徽经济、社会、文化发展重点研究基地建设，力争到“十二五”末，国家和省级人文社会科学研究基地分别达到5个和30个。加强哲学社会科学的普及教育和社会组织管理。

3.加强思想道德建设。全面落实《公民道德建设实施纲要》，深入开展走中国特色社会主义道路和实现中华民族伟大复兴的理想信念教育，深入开展社会主义荣辱观宣传教育。推进公民道德建设工程，加强社会公德、职业道德、家庭美德、个人

全省文化体制改革和文化产业发展培训班

品德教育，构建传承中华传统美德、符合社会主义精神文明要求、适应社会主义市场经济的道德和行为规范。评选表彰道德模范，充分发挥道德模范、先进典型的示范引领作用。注重人文关怀和心理疏导，加强和改进思想政治工作，培育自尊自信、理性平和、积极向上的社会心态。提倡修身律己、尊老爱幼、勤勉做事、平实做人，推动形成我为人人、人人为我的社会氛围。强化职业操守，支持创新创业，鼓励劳动致富，发扬团队精神。加强未成年人思想道德建设和文化修养培育，继续开展青少年爱国主义读书教育等活动，构建学校、家庭、社会紧密协作的教育网络。广泛开展“学雷锋、做好人、改陋习、提素质”活动，吸引群众参与各种形式的道德实践和志愿服务，打造“好人安徽”品牌。大力弘扬徽商重信守诺的优良传统，积极推进政务诚信、商务诚信、社会诚信和司法公信建设，建立健全覆盖全省的征信系统，加快建设信用安徽。

4.广泛开展精神文明创建活动。坚持为民惠民、共建共享，大力推进结对创建、城乡共建、区域联建等活动，不断提高城乡文明程度。深入推进文明城市创建，围绕公共环境、公共秩序、人际交往、公益行动等重点，加强城市公共文明建设，努力提升城市创建水平。着力开展文明县城、文明村镇创建，持久开展清洁示范村、文明生态村、绿色小康村、移风易俗示范村“四创”活动，推动农村精神文明建设实现新突破。大力开展文明行业、文明单位创建，不断拓展“百城万店无假货”活动内容，进一步规范行业行为、提高服务质量，树立行业文明新风尚。加强爱国主义教育基地建设，积极发展红色旅游，有条件的市、县建设少年儿童主题公园、军事文化主题公园。到2015年，力争实现文明县城创建工作全覆盖，文明村镇创建覆盖面达到80%以上，文明窗口行业创建覆盖面达到90%左右。弘扬科学精神，普及科学知识，倡导移风易俗，抵制封建迷信。大力发展社会慈善事业。

5.积极营造健康向上的社会文化环境。坚决遏制淫秽色情、恐怖暴力等违法有害信息的滋生和传播，坚决铲除各种不良文化现象，抵制庸俗、低俗、媚俗之风，遏制拜金主义、享乐主义和个人主义。继续开展以净化网吧、网络、荧屏声频、出版物市场及校园周边环境为重点的整治活动，坚持标本兼治、打防结合，确保取得实效。深入开展文明办网、文明上网活动，积极倡导遵守《安徽省文明办网自律公约》，强化行业自律、网民自律和社会监督,全面净化网络文化环境。坚持疏堵并举、重在建设，多提供健康向上的精神文化产品，多开展丰富多彩的文化娱乐活动，多开辟覆盖广泛的课外思想文化阵地，努力营造有利于未成年人健康成长的社会文化环境。深入开展“扫黄打非”，坚决扫除毒害人们心灵的腐朽文化垃圾。认真组织实施“六五”普法规划，提高全民法律素质。

三、构建公共文化服务体系

1.加强公共文化基础设施建设。以公共财政为支撑，以农村和社区为重点，以公益性文化单位为骨干，以全省人民为服务对象，以保障人民群众看电视、听广播、读书看报、进行公共文化鉴赏、参与公共文化活动等基本文化权益为主要内容，完善覆盖城乡、结构合理、功能健全、实用高效的公共文化服务体系，创建一批国家和省级公共文化服务体系示范区。大力实施文化建设惠民工程，积极推进广播电视村村通、文化信息资源共享、农村数字化电影放映和服务监管平台、城乡文化活动室和乡镇综合文化站、农家书屋等工程建设。加强文化馆、博物馆、图书馆、美术馆、科技馆、纪念馆、工人文化宫、青少年宫等公共文化服务设施和爱国主义教育示范基地建设。统筹规划省级公共文化基础设施，加快建设安徽广播电视中心，规划建设集演艺娱乐、图书馆藏、非遗展示为一体的安徽文化艺术中心等标志性文化设施。加快建设基层公共文化服务设施，各市建成“三馆一院”（图书馆、文化馆、博物馆和剧院），各县建成“两馆一场”（图书馆、文化馆、剧场）。完善面向妇女、未成年人、老年人、残疾人的公共文化服务设施。坚持项目建设和运行管理并重，实现资源整合、共建共享。积极推进新华书店、农家书屋、绿色网吧“三合一”，建设“农民文化家园”。加强群众性体育设施建设，将群众体育设施纳入新农村建设规划和城市小区建设规划。全省基本建成省、市、县、乡、村五级文化基础设施网络。

专栏1:文化建设惠民工程

广播电视村村通工程：实现全省20户以下通电自然村广播电视“村村通”建设任务，基本实现电视“户户通”、广播“村村响”。完成全省46座广播电视高山无线发射台站基础设施改造工程。全省100%的县（市、区）、80%的乡（镇）实现光纤联网，有线电视用户达到1000万户，互动电视用户达到200万户，实现广播电视人口综合覆盖率达到99%以上，安徽卫视覆盖人口突破12亿。

文化信息资源共享工程：重点建设市级支中心，积极开发地方特色文化资源。以实施数字图书馆推广工程和公共电子阅览室建设为载体，借助手机、数字电视、移动电视等新兴媒体，向社会提供多层次、多样化的文化数字信息化服务，形成覆盖城乡的公共文化服务数字信息化网络。

农村数字电影放映工程：进一步推进农村电影数字化放映，在全省农村一村一月放映1场公益性电影基础上，逐步实现农村电影放映由室外向室内转变，建成乡镇及乡镇以下农村数字影院120座以上。每学期农村中小学生观看两场爱国主义教育影片。

城乡文化活动室和乡镇综合文化站建设：全省各行政村（社区）均建成具有综合服务功能的文化活动室，全省所有乡镇实现综合文化站全覆盖。

农家书屋工程：到2012年实现覆盖全部行政村。建立出版物更新配送系统，提高配送图书的质量。

农民体育健身工程：到2015年实现覆盖全省10000个行政村。

2.增强公共文化产品和服务供给能力。充分发挥各级公共性文化事业单位骨干作用，鼓励其他国有文化单位、教育机构等开展公益性文化活动，各类公共场所要为群众性文化活动提供便利。创新公共文化产品和服务的供给方式，鼓励和支持生产质优价廉的公共文化产品，提升经济欠发达地区、革命老区、少数民族地区等特定区域和老年人、未成年人、残疾人、外来务工人员等特殊群体的公共文化服务水平。实施公共文化进村入户工程，深入开展全民阅读、全民健身活动，推动文化科技卫生“三下乡”、科教文体法律卫生“四进社区”、“送欢乐下基层”等活动经常化。建设“数字图书馆”、“数字博物馆”、“数字剧场”、“公共电子阅览室”、“群众文化活动远程指导网”等，采取集中配送、连锁服务的方式，开展流动、远程、联网服务。

3.推进公共文化服务投资多元化。把主要公共文化产品和服务项目、公益性文化活动纳入公共财政经常性支出预算。鼓励和引导企业和个人参与公共文化服务，促进公共文化服务投资多元化、社会化。鼓励社会力量投入公共文化服务，兴办各类公益性图书馆、文化馆、综合性或专题博物馆以及科技馆、美术馆、非遗传习馆、革命历史纪念馆、乡镇综合文化站、城乡文化活动室。建立鼓励社会力量捐助和兴办公益性文化事业的机制，建立相应荣誉制度，落实公益性捐赠的社会力量减免所得税政策。

四、加快文化产业发展

1.构建现代文化产业体系。大力实施文化产业“3115”行动计划，构建结构合理、门类齐全、科技含量高、富有创意、竞争力强的现代文化产业体系，培育30个省级文化产业园区(基地）、100个骨干企业，助推10个企业上市，文化产业增加值占GDP比重达到5%以上。

——出版发行。加快推动产业结构调整和升级，实现从主要依赖传统纸介质出版物向多种介质形态出版物的数字出版产业转型。建设全国区域性发行中心。

——影视制作。加大影视制作、发行、播映和衍生产品开发力度，提升影视产品生产制作能力，实现由影视剧播出大省向制播大省转变。

——印刷复制。大力发展高新技术印刷、特色印刷，建成若干各具特色、技术先进的印刷复制基地，把本省建成全国区域性印刷中心。

——演艺娱乐。着力培育一批合格市场主体，重点打造一批文旅结合的演艺产品，加强文艺演出院线建设和演出经纪业发展。

——文化旅游。深入挖掘安徽地域文化资源，加大文化旅游产品、旅游商品的开发力度，着力打造一批文化旅游目的地。

——文化创意。大力发展文化科技、艺术创作、外观设计等创意设计门类，促进文化与相关产业融合发展，提升品牌价值，增加物质产品和现代服务业的附加值和文化含量。

——广告会展。充分发挥各类媒体的作用，不断提高广告创意、策划能力，扩大广告产业规模，提高媒体广告公信力。积极推动展览、会议和节庆等会展业发展。

——动漫游戏。加快建设合肥、芜湖国家级动漫产业基地和马鞍山、淮南、六安、池州等动漫基地，逐步把本省打造成为集教育研发、生产制作、人才培训、衍生产品开发为一体的动漫产业大省，建成全国动漫产业中心之一。

——工艺美术。传承创新优秀传统工艺美术品种和技艺，扶持发展现代工艺品产业，扩大生产规模，提升总体水平，推动本省由工艺美术大省向工艺美术强省跨越。

——文化用品。大力发展新型现代文化用品制造业，加快建设文化用品交易市场，着力打造在全国有广泛影响力的文化用品品牌。

——体育健身。着力培育规

范有序的体育健身休闲市场，重点打造一批实力雄厚、竞争力强的体育健身服务企业和品牌，进一步推动体育健身服务业的市场化、产业化、品牌化。

2.优化文化产业布局。依托合肥、皖江城市带和皖南、皖北等资源优势，积极构建文化产业“一核三区”新格局，促进形成核心带动、南北相融、东西呼应、板块互动、差异化发展的态势。

——以合肥为核心，依托现代科技文化资源，着力打造全省现代产业核心增长极，建设区域性文化资源聚集中心、文化产品生产流通中心、新型文化业态培育中心、文化创意设计研发中心。

——以徽州文化生态保护实验区建设为基础，以徽文化为底蕴，着力打造传统文化传承创新基地、国际文化旅游目的地和以文房四宝等为代表的文化产品交易市场。

——依托皖江城市带承接产业转移示范区的文化创新能力，大力发展与制造业相关的文化创意产业，着力发展红色旅游、文化旅游、体育健身、休闲娱乐、动漫游戏等产业，把沿江一线建成全省乃至全国独具特色、竞争力较强的文化产业发展示范区。

——深入挖掘皖北文化资源，大力发展红色旅游、文化旅游、演艺娱乐、马戏杂技、书画、工艺品等文化业态，积极推进传统文化产业结构升级，逐步把淮河流域建成文化资源特色鲜明、文化基础设施先进、文化产业发达、文化实力和辐射力较强的文化产业特色区。

3.建设重大文化产业项目。实施重大文化项目带动战略，继续推进“861”行动计划文化产业项目库建设。加大文化产业项目推介力度，充分发挥中国国际徽商大会、中国国际动漫创意产业交易会等重要平台作用，组织开展文化产业招商引资。选择一批具备实施条件的重点项目给予资金、土地、税收等方面支持。积极推动文化与建筑、信息、制造、旅游、商贸、教育、体育等相关产业的深度融合，延伸产业链条。

4.做大做强文化龙头企业。鼓励和支持骨干文化企业跨地区、跨领域、跨所有制兼并重组，重点培育实力雄厚、具有较强竞争力和影响力的大型文化企业和企业集团，形成在国际国内有实力、有影响、有带动效应的国有文化企业集群。推进安徽出版集团和安徽新华发行集团建成大型跨国文化传媒集团；报业、演艺、广电集团及时代出版、皖新传媒、新安传媒、芜湖方特等建成全国一流的大型文化企业。鼓励和引导民营文化企业加快发展。扶持中小文化企业创业兴业，培育“专、精、特、新”文化企业。支持社会力量建立风险投资和担保公司，为中小文化企业发展提供服务。

5.推进文化科技创新。深入实施科技带动战略，加快推进文化与科技融合，增强自主创新能力。健全以企业为主体、市场为导向、产学研相结合的文化技术创新体系，培育一批特色鲜明、创新能力强的文化科技企业。支持产学研战略联盟和公共服务平台建设，组建全省文化产业发展技术联盟。积极采用数字、网络等高新技术，改造提升传统文化产业。加强核心技术、关键技术、共性技术攻关，不断提升文化领域技术装备水平，增强文化产业核心竞争力。着力推动印刷以及现代物流技术的研发和应用，积极发展纸质有声读物、电子书、手机报和网络出版物等新兴出版发行业态。鼓励文化企业和科研单位等设立文化产品研发中心，充分利用自有知识产权和品牌优势，向相关产业延伸发展，开发多种形式的衍生产品。依托国家级高新技术开发区争创国家级文化和科技融合示范基地。

专栏2：文化创新引领工程

文化资源数字化：完成全省红色历史出版资源、新闻纪录片、电影影片、党报的数字化整理与修复，完成国家一级品和国家级重点文物保护单位的数字化采集整理，完成全省博物馆重点文化展示项目的数字化制作，加快数字图书馆、数字博物馆、数字美术馆建设。

文化生产数字化：发展数字影视制作、发行和播映，加快影视节目制播的数字化、高清化。建立政府电影数字化放映服务和监管平台。发展数字出版，建立数字内容转换、加工和投送平台，形成覆盖网络、手机以及适用于各种终端的数字出版内容供给体系。发展动漫、网络游戏、3D和4D影视等文化新业态。发展数字印刷，到“十二五”末全省数字印刷产量达到印刷总产量30%以上。

文化传播数字化：加快有线电视网络数字化、双向化改造，加强下一代广播电视网（NGB）建设，加快移动多媒体广播电视覆盖和地面数字电视覆盖。加快城镇数字影院建设和改造，到“十二五”末基本实现市和县城数字影院全覆盖。

文化消费数字化：加强立体视觉技术与设备的研发应用，扶持立体视觉产业发展，开播3D频道、时段、点播。加快数字化教材和互动教育平台建设。

6.鼓励和引导文化消费。实施品牌提升战略，加快形成一批知名度高、核心竞争力强的文化品牌，积极申报中国驰名商标和省级著名商标。加强文化电子商务体系建设，鼓励和培育网络游戏、网上书店、网络视频点播、网络购物、网络付费下载、网吧连锁等网络文化经营和消费新模式。拓展艺术培训、文化旅游、休闲娱乐等与文化相结合的服务性消费。大力培育农村文化市场，制定鼓励和支持农村文化消费的经济政策。探索建立面向终端消费者的文化消费补贴制度和政策，提高文化消费在城乡居民日常消费中的比重。改善文化消费环境，加强文化产品价格监管，建立和完善文化产品消费投诉、受理机制，维护消费者的合法权益。

专栏3：文化产业跨越工程

骨干文化企业：培育和发展100家实力雄厚、具有较强竞争力和影响力的文化企业和企业集团。

文化产业园区（基地）：建设30个左右产业链完整，辐射力和引导力强的省级文化产业园区（基地），争创15个国家级文化产业示范基地、2个国家级文化产业示范园区、1家以上国家级文化和科技融合示范基地。

重大文化产业项目：进入省“861”行动计划项目库文化产业项目累计突破1000个，投资总额达到5000亿元。每年选择20个重大文化产业项目列为省政府重点调度项目。

文化要素市场：扶持安徽省文化产权交易所、安徽省版权交易中心等中介组织加快发展、完善服务、拓展业务，健全畅通要素流通渠道。

文化消费引导：探索建立文化消费补贴制度和相关政策，提高文化消费意识，培育和拓展大众文化消费市场和农村文化消费市场。

五、深化文化体制机制改革

1.培育文化市场主体。深入推进经营性文化单位改革，全面完成非时政类报刊社、新闻网站转企改制，组建一批综合性或专业性集团（公司）。加快转制文化企业公司制股份制改造，完善法人治理结构，形成符合现代企业制度要求、体现文化企业特点的资产组织形式和经营管理模式。鼓励省属文化集团与各地文化企业以资源或产权为纽带进行整合重组，做大做强做优一批国有或国有控股文化企业集团。把改革、改组、改造与创新管理结合起来，把深化改革与调整结构、整合资源结合起来，充分发挥国有文化资本的控制力、影响力和带动力。

2.创新公共文化服务运行机制。继续深化公益性文化事业单位的人事、收入分配和社会保障制度改革，促进形成责任明确、行为规范、富有效率、服务优良的公共文化服务长效机制。探索建立事业单位法人治理结构。继续推动各级公共图书馆、博物馆、文化馆、纪念馆、美术馆等公共文化场馆全面免费开放。加强跨部门项目合作，综合规划建设面向农村和基层的公共服务设施，促进设施的共建共享与资源的综合利用。创新公共文化服务供给方式，采取政府采购、项目补贴、定向资助等办法，鼓励各类文化企业参与公共文化服务。研究制定公共文化服务质量标准体系，建立健全公共文化机构评估系统和绩效考评机制。探索公共文化设施的委托管理，鼓励各类社会机构和企业提供公共文化服务，促进公共文化服务的社会化多元化。

3.健全完善现代文化市场体系。充分发挥市场配置资源的基础性作用，建立健全门类齐全、城乡联动的文化市场，促进文化产品和生产要素合理流动。积极构建图书、报刊、音像制品等物流体系，着力繁荣电影、广播电视节目交易市场，建设现代综合电影市场体系，积极开发动漫、网络音乐、网络游戏、移动电视、网络广播电视等以网络为载体的新兴市场。以安徽新华传媒股份有限公司、安徽报刊发行股份公司等为重点，着力培育一批跨地区连锁经营、信息化管理的大型现代文化流通企业和文化产品连锁企业。加快文化要素市场建设，以安徽省文化产权交易所、安徽省版权交易中心为重点，大力发展文化人才、信息、技术等交易市场，健全完善文化经纪代理、评估鉴定、投资、保险、担保、拍卖等中介服务机构和行业组织。积极推进资本市场建设，引导文化企业开展银企合作、融资担保，实现金融资本与文化资源有效对接。继续推动符合条件的文化企业上市融资，充分利用资本市场做大做优做强，打造资本市场“安徽文化板块”。加强综合交易平台建设，吸引更多高水平的文化展会落户安徽。积极发展文化电子商务，充分利用现代通信和网络技术，建立文化产品网络交易平台。

4.深化文化管理体制改革。加快转变政府职能，继续推动政企分开、政事分开，切实履行政策调节、市场监管、社会管理、公共服务等职能，建立职责明确、反应灵敏、运转有序、统一高效的宏观调控体系。加强文化市场综合执法队伍建设，充实力量，提高效能。加快行政审批制度改革，设立办理文化出口的专门机构和“绿色通道”。坚持社会效益优先，努力实现社会效益和经济效益的统一，完善管人管事管资产管导向相结合的国有文化资产管理体制，构建国有文化企业评估、监测、考核体系，确保国有资产保值增值。加强文化及相关产业统计工作，完善分类标准和统计指标，规范统计方法，省、市两级统计部门每年定期发布文化产业统计报告。

六、加强文化产品创作生产的引导

1.提高文化产品原创能力。坚持“二为”方向和“双百”方针，切实加强文化产品创作生产的引导。建立健全重点文化项目创作生产扶持制度，认真做好重大选题规划，积极推动新闻、出版、文学艺术、广播影视等优秀文化产品的创作生产，在全省建设一批文化创作生产基地。积极推动原创性文化作品的产业化，建立以文化生产单位和个人为主体、以优秀文化作品市场化开发和传播为重点、以完备的产业链条为依托的文化创新机制。尊重创造、包容多样，努力营造有利于优秀文化产品竞相涌现的良好环境，最大限度激发广大文化工作者的创造力。

2.实施文化精品战略。以“五个一工程”为龙头，认真组织实施舞台艺术精品工程、重大新闻出版工程、重大题材影视剧创作工程、重大历史题材美术创作工程、优秀少儿作品创作工程和重点文学艺术作品扶持工程，优先发展具有品牌性、地域性的重点文艺项目。深入发掘安徽文化丰厚底蕴，热情讴歌当代安徽人民的丰富创造，培育一批具有自主知识产权的特色文化品牌和具有较强核心竞争力的优势艺术门类，打造更多展现徽风皖韵、思想性艺术性观赏性相统一、在全国产生重要影响的精品力作。实施品牌提升战略，继续加强文化品牌建设，不断提升“中国农民歌会”、“江淮情”、“童心大舞台”、“送欢乐下基层”、“安徽省艺术节”、“中国黄梅戏艺术节”等文化品牌的影响力，着力打造一批在全国乃至世界有影响力和竞争力的文化产品品牌、文化服务品牌和文化企业品牌。“十二五”期间，全省各类文化作品获得国家级奖项力争达到200部。

专栏4：文化品牌示范工程

精神文明建设“五个一工程”：重点推出30部弘扬主旋律、体现多样化的优秀电影、电视剧、广播剧、戏剧、歌曲和文艺类作品。

重大题材影视剧创作工程：重点扶持重大革命和历史题材、现实题材、农村题材、青少年和少数民族题材的广播影视创作,推出30部有重要影响的电影、电视剧和广播剧。

舞台艺术精品工程：重点推出3部左右国家舞台艺术精品。

重大新闻出版工程：重点扶持出版50部优秀的哲学社会科学、自然科学领域原创性学术著作。

重点文学艺术作品扶持工程：重点扶持和推出10部反映中国革命和现代化建设事业以及当代现实生活的优秀长篇小说、报告文学、长诗等。

3.完善文化产品评价体系和激励机制。坚持把遵循社会主义先进文化前进方向、人民群众满意作为评价作品最高标准，把群众评价、专家评价和市场检验统一起来，形成科学的评价标准。加强文艺理论研究，改革文艺批评，深入开展形式多样的文艺评论活动，倡导主流价值导向，推介优秀文艺作品，办好“安徽文艺创新发展论坛”，引导群众审美鉴赏，抵制低俗之风。加强文艺评论队伍和文艺评论阵地建设，支持安徽日报、安徽广播电视台等主要新闻媒体开办文艺评论节目栏目。改进和完善文化作品评奖办法，不断提高省级文艺奖项的导向性、权威性和影响力。加大优秀文化产品推广力度，充分运用各种宣传文化资源，在资金、频道、版面、场地等方面为展演展映展播展览弘扬主流价值的精品力作提供条件，每年精心组织一批本土文化精品的专题推介、展演、展映、展播、出版发行活动。

七、加强传播体系建设

1.加强重要新闻媒体建设。以党报党刊、广播电视台为主，整合都市类媒体、网络媒体等宣传资源，构建统筹协调、责任明确、功能互补、覆盖广泛、富有效率的舆论引导格局。《安徽日报》、《江淮杂志》等党报党刊要稳定发行量，扩大覆盖面，进一步增强吸引力和影响力，提高核心竞争力。安徽广播电视台要加大资源整合力度，不断提升广播电视内容生产与集成能力，努力建成全国品牌影响力最大、综合实力最强、技术装备最先进、产业发展势头最强劲的省级广电媒体之一。都市类媒体、专业类媒体要积极适应媒体分众化、对象化的新趋势，发挥特色和优势，打造群众喜爱、具有社会影响力的强势媒体。加快重点新闻媒体和跨媒体传播平台建设，安徽报业传媒集团力争进入全国同行业十强，推动中安在线进入全国重点新闻网站十强，安徽网络广播电视台达到全国省级台一流水平。加强舆情汇集会商和分析研判，认真做好重大突发事件报道，完善新闻发布制度，加快建设应急广播体系，健全应急报道机制和舆论引导机制。加强新闻传播秩序的规范管理，严格规范新闻采编行为，加大虚假新闻整治力度。深入推进“走基层、转作风、改文风”活动，形成长效机制。

2.加快发展新兴传播载体。按照积极利用、科学发展、依法管理、确保安全的方针，加强互联网等新兴媒体建设，做强重点新闻网站，积极引导商业网站，形成一批具有安徽特色、体现时代精神的网络文化品牌，打造安徽网络媒体高地。大力发展手机网站、手机报刊、网络广播、网络电视、移动多媒体广播电视、高清电视等新兴传播载体。积极整合各种资源，不断拓展即时通信、博客（微博客）、播客、聚合新闻服务等业务领域，实现多渠道、全方位新闻信息发布的技术调整和业务整合，提升技术应用水平和业务保障能力。鼓励创作生产优秀网络文化产品，丰富网络内容，创立文化品牌，引导文化方向。加强对新兴传播载体的规范管理，制定行业自律规范，坚持正确导向，保护知识产权，维护公平竞争的市场环境。

3.推进文化传播渠道建设。抢抓“三网融合”的重大机遇，加快推动广电有线网络数字化双向改造，加快宽带光纤接入网络等网络基础设施建设，推进下一代广播电视网建设。加快推进广播电视无线覆盖数字化，开展数字声音广播，实现地面数字电视覆盖全省县级（含）以上城市。大力推动跨部门集成文化资源、产品和服务，建设覆盖全省的互联网信息内容综合管理平台。加快建设和运营管理IP电视和网络电视集成播控平台。以安徽广电传媒产业集团为重点，加快电影院线建设，大力发展跨区域规模院线、特色院线和数字院线，到2015年，全省建成多厅星级影院超过80家，银幕数超过400块。由安徽演艺集团牵头，加快演艺院线建设，基本建成全省演出场所票务连锁服务网络，力争进入国家重点扶持的10家剧场连锁经营公司。继续推动安徽新华发行集团的连锁混业经营，实施覆盖全省城乡的“一网通”工程，促进跨地区渠道、信息、物流一体化。

专栏5：文化展示传播工程

文化传播渠道建设：建设1条国有或国有控股的跨省市电影院线，组建1家全省性演出院线，推动电影院线、演出院线跨区域发展。扶持安徽新华发行（集团）控股有限公司实施“一网通”项目。

应急广播体系建设：建立省突发事件应急新闻中心，利用全省广播电视现有网络基础，统筹多种广播电视传输覆盖手段，建立应急广播信息制作播发平台和应急广播调度控制平台，构建覆盖广泛、统一联动、快速高效、安全可靠的安徽应急广播体系。

新媒体集成播控平台建设：建设和运营广播电视数字化监管平台、网络音视频监管平台、农村电影放映监管平台、三网融合监管平台、互联网信息内容综合管理平台。

八、传承创新安徽地域文化

1.加强文物保护和合理利用。继续深化开展全省文物普查，全面掌握全省文物资源种类、数量、分布状况，建立文物资源数据库。实施文物保护利用工程，加强世界文化遗产、历史文化名城（含街区、村镇）、大遗址和文物保护单位的保护管理。做好隋唐大运河（安徽段）世界文化遗产申报工作。加强古民居保护利用与革命文物保护，维修100处以上国家级和省级文物保护单位。推进全省博物馆体系建设，优化博物馆品类布局，把省博物馆新馆建成全国有影响、有特色的品牌馆，扶持建设100家以上专题博物馆、民办博物馆。积极做好配合国家与省重点工程的考古发掘工作。加强文物安全防范设施建设，严厉打击盗掘古遗址、古墓葬等破坏文物的犯罪活动，确保文物安全。

2.加强非物质文化遗产保护传承。加强国家级、省级名录项目管理和保护，制定实施分类分级保护。根据《徽州文化生态保护实验区总体规划》，建设一批重点项目，命名第二批徽州文化生态保护实验区非物质文化遗产传习基地，培育以徽墨制作技艺、徽州三雕制作技艺、红茶绿茶制作技艺等非物质文化遗产为主要内容的文化产业。加强非物质文化遗产基地设施建设，鼓励和扶持传承人开展传习活动。规划建设黄梅戏传承研发基地、中国花鼓灯原生态保护展示馆。开展非物质文化遗产宣传展览、演出、讲座、论坛、咨询服务等活动，办好中国（黄山）非物质文化遗产传统技艺大展。推动优秀传统文化进校园、进课堂、进教材。

3.推动地域文化传承创新。正确处理抢救、保护、传承、利用和加强管理、服务的关系，促进文化遗产资源在与产业和市场的结合中实现传承和可持续发展。充分认识本省历史文化资源对提升安徽形象的重大作用，赋予安徽传统文化新的生命活力。深入挖掘、保护和展示老庄哲学、建安文学、徽文化、桐城文派等为代表的安徽地域文化，努力推出一批具有国家一流水准的研究成果。充分利用电影、电视、报刊、网络等媒介，大手笔、高水平策划和制作一批以弘扬优秀地方文化为主题的精品力作。鼓励通过利用大遗址保护开展丰富城市内涵、提升城市品位的综合试点。举办各种文物资源展览展示、民间工艺精品博览会和文化节庆活动，开展多层次、多方面的文化研讨和交流活动，提高传统文化研究开发的现代化、国际化水平。

专栏6：文化保护利用工程

不可移动文物保护：完成全省10个国家重点文物和18个大遗址保护规划编制，建设1处以上国家考古遗址公园，维修100处以上国家级和省级文物保护单位。

可移动文物保护：实施藏品保存环境达标建设和地市级以上博物馆文物中心库房建设。完成1000件以上馆藏文物和重要出土文物的技术保护。完成100座博物馆文物展陈微环境质量调控技术应用和文物储藏柜、保存囊匣的配置和更新。完成全省可移动文物普查工作，建成并运行省文物数据库中心。实现全省一级风险单位的防盗、防火、防雷设施达标率达到100%。

非物质文化遗产保护和传承：建设10个非物质文化遗产馆、50个非物质文化遗产生产性保护示范基地、100个省级非物质文化遗产传习基地和1000个传习点。

考古资料基地和文物标本库建设：完成1个国家级、2个省级考古资料基地和文物标本库建设和1座出土文物周转库房及临时性保护整理库房建设。

九、扩大对外文化贸易与交流

1.培育外向型骨干文化企业。用好两种资源、两个市场，打造一批具有国际影响力的文化产品和文化品牌，培育一批外向型骨干文化企业，力争有20家以上文化企业、30个以上文化项目列入国家文化出口重点目录。采取加大投入、项目支持、税收优惠等多种方式，支持安徽出版集团、中国宣纸集团及旭日光盘、杏花印务、徽州竹艺轩、安庆五千年等国家文化出口重点企业做大做强。鼓励有条件的文化企业在境外设厂和兴办出版社、广播电视网、出版物营销机构等文化实体，购买媒体播出时段，开办广播电视频率频道等文化传媒渠道，设立办事处等驻外联络机构和产品营销网点。加强与国外大型文化传媒集团的合作，通过独资、合资、控股、参股或项目、产品合作等方式，主动参与国际文化竞争。依托省级文化产业园区（基地），重点引进一批牵动作用明显的外向型文化企业和机构，形成文化出口规模效应和产业集群效应。鼓励符合条件的文化企业开展对外劳务合作。

2.大力发展文化贸易。加强与泛长三角区域和中部地区其他省市的文化对外贸易协作，建立文化出口区域联盟，打造文化“走出去”的重要战略基地。实施皖版图书、优秀影视作品、特色演艺精品、徽派工艺品海外推广计划，重点扶持具有安徽特色的文化艺术、展览、电影、电视剧、动画片、网络游戏、出版物、民族音乐舞蹈和杂技等优秀产品和服务的出口，支持动漫、网络游戏、电子出版物等文化产品进军国际市场，推进我省文化产品和服务融入国际文化产业体系。支持文化企业参加中国国际徽商大会、深圳文博会、北京文博会、法兰克福书展等大型国际展会。健全文化出口统计指标体系和文化企业信用体系，培养和引进一批熟悉国际文化市场和国际贸易规则的专业化人才。

3.推进对外文化交流合作。进一步加强文化交流，丰富内容，拓展领域，形成合力，推动安徽文化走向全国、走向世界。加强外宣窗口建设，积极拓展外宣渠道，大力开展安徽电视周、安徽文化周等活动。精心设计、研发一批既体现安徽地方特色，又蕴含科技创新的外宣文化产品。借助国外著名的电影节、电视节、艺术节、书展、博览会等平台，积极推介本省文化产品和服务，充分展示本省的文化实力，塑造美好安徽形象。加强与友好省、友好城市间的文化交流，主动开展对外文化合作。把外宣、外事、外贸、侨务、科技、旅游、体育等工作与文化“走出去”结合起来，形成对外文化交流合力。

十、加强人才队伍建设

1.造就高素质文化人才队伍。继续推进“六个一批”拔尖人才工程，组织实施“安徽省文化名家”工程和“青年文化英才”扶持工程。完善基层优秀人才发现培养机制，吸引优秀文化人才服务基层，配好配齐乡镇、村和街道、社区宣传文化工作人员，力争用三年左右时间将县乡基层宣传文化干部培训一遍。适应加快公共文化服务体系建设的需要，切实加强县级文化馆、图书馆、广播电视台（站）等工作队伍建设，着力提高从业人员的政治素质和业务水平。设立城乡社区公共文化服务岗位，对服务期满高校毕业生报考文化部门公务员和相关专业研究生实行定向招录。支持民间文化人才参加专业技术职称评审，加大非物质文化遗产技艺传承人才的培养力度。加大文化建设急需人才培养力度，鼓励和扶持有条件的高等院校开设文化创意、数字动漫、新技术、新媒体等专业，支持文化企业、园区与高等院校合作建立文化创意产业人才培养基地。

2.加快高层次文化人才引进。建立文化人才引进绿色通道，把引进高层次文化人才纳入省引进高层次人才工作范围，享受同等待遇。制定高层次人才引进计划，加强对紧缺人才的预测和规划，定期或阶段性发布人才需求目录，引进一批重点新兴文化产业、重点文化工程（项目）急需的文化人才以及财经、金融、科技等领域的优秀人才。以原创作品为核心，以创作团队为基础，以创意创新为引擎，加快建立一批高层次文化人才创新创业基地（工作室），鼓励创建文化创业园区，吸引和扶持国内外高层次文化产业人才进驻园区创业。加快出版传媒业等各类文化产业博士后科研工作站建设，为高层次文化科技人才创新实践提供支持。实施柔性引进机制，采用项目聘任、人才租赁、任务聘任、项目合作等多种灵活方式吸引人才。

3.完善文化人才激励政策。认真落实人才培训规划，创新人才培养模式，有计划、有重点地选送领军人才到省内外著名研究机构、高等院校、大型企业和顶尖艺术院团研究深造，支持和组织拔尖人才到海内外考察、进修。建立健全学习培训、出国考察、学术休假、项目资助、福利待遇、挂职锻炼相结合的综合激励办法。建立更加灵活自主的收入分配制度，对专业技术骨干和承担重大项目的带头人，试行项目工资、协议工资、结构工资及年薪制、利润分享等多种分配方式。鼓励省属文化企业集团全资与控股企业探索开展企业股权和分红激励试点。设立省级文化人才荣誉称号，表彰奖励有突出贡献的文化工作者。

4.加强职业道德和作风建设。引导广大文化工作者自觉践行社会主义核心价值体系，坚守社会责任，加强自身修养，弘扬科学精神和职业道德，发扬严谨笃学、潜心钻研、淡泊名利、自尊自律的风尚，追求德艺双馨，坚决抵制学术不端和情趣低俗等不良风气。鼓励文化工作者特别是文化名家、中青年骨干深入实际、深入生活、深入群众，拜人民为师，增强国情省情了解，增加基层体验，增进群众感情。文化工作者要相互尊重、平等交流、取长补短，共同营造风清气正、和谐奋进的良好环境，自觉成为优秀文化的生产者和传播者。

> 专栏7：文化人才兴皖工程
>
> “安徽省文化名家”工程：推荐选拔50名左右“安徽省文化名家”。
>
> “六个一批”拔尖人才工程：在社科理论、新闻、出版、文艺、文化产业经营管理、现代传媒信息技术等6个领域，选拔培养200名“六个一批”拔尖人才。
>
> 青年文化英才扶持工程：遴选扶持150名左右年龄在35岁以下，具有较高专业水平、品德优秀、综合素质全面的青年文化英才。

十一、完善政策措施

1.加大公共财政投入。建立健全政府投入保障机制。保证公共财政对文化建设投入的增长幅度高于财政经常性收入增长幅度，提高文化支出占财政支出比例。扩大公共财政覆盖范围，完善投入方式，加强资金管理，提高资金使用效益，保障公共文化服务体系建设和运行。按照中央和省有关政策标准，增加公共文化服务体系建设投入，确保公共文化服务体系正常运行。落实在城市住房开发中加强社区公共文化设施建设的政策，推进社区公共文化设施与新开发小区同步规划、同步建设、同步验收；老城区要加快改建、扩建公共文化服务基础设施。加大省级文化强省建设专项资金、省级农村文化建设专项资金投入力度，市、县设立文化强市、文化强县和农村文化建设专项资金。由省财政出资引导，设立文化产业创业投资基金。增加文化遗产保护经费投入，提高彩票公益金用于文化事业的比重，加大对重点文学艺术作品创作、重点项目实施和重大课题研究支持力度。

2.完善文化经济政策。继续贯彻落实国家和省现行关于文化改革发展的各项优惠政策，研究制定更加宽松、更加优惠、更加灵活的文化改革发展配套经济政策。

——省级文化产业园区（基地）比照高新技术开发区给予政策扶持；文化企业认定为高新技术企业的，减按15%税率征收企业所得税；文化企业开发新技术、新产品、新工艺发生的研究开发费用，允许按国家税法规定在计算应纳税所得额时加计扣除。

——落实和完善金融支持文化产业发展政策，降低信贷门槛，创新贷款融资模式、信贷产品和服务方式，为文化企业提供更好的金融服务。鼓励有实力的企业、团体、个人依法发起组建各类文化产业投资公司和文化产业创业投资基金，支持建立多元文化产业投融资体系。建立文化产业与金融机构的战略合作机制，促进文化与资本市场对接，鼓励各种风险投资基金、股权投资基金参与文化产业建设。支持文化企业通过上市、发行企业债券等形式直接融资。

——文化建设用地纳入各地土地利用总体规划和城乡总体规划，优先安排项目用地，省直接调度的项目在用地计划指标安排上予以重点支持，其中符合独立选址项目建设用地条件的，由省优先安排用地计划指标。新建的公益性文化设施所需用地以及符合法定条件的文化企业和文化创意产业园区用地，可视情分别采取划拨、出让、租赁、有偿使用等方式供给，并出台优惠政策给予支持。积极推动文化项目提高投资强度和节约用地水平。

——完善文化市场准入政策，制定扶持民营文化企业发展意见，保障非公有制企业在土地使用、技术创新、财税优惠、融资服务、对外贸易等方面享受与国有文化企业同等待遇。

3.加强文化法制保障。严格执行国家和省有关法律法规，健全完善我省保障文化改革发展的法规体系和法律制度，研究制定促进公共文化服务体系建设、促进文化产业发展、文化市场管理、非物质文化遗产保护等地方性法规和政府规章。加强文化法制宣传，加大执法力度，完善文化市场综合执法机制，健全文化市场综合执法体制和监督管理体系，严厉打击侵犯、破坏文化建设行为，为文化改革发展营造良好法制环境。加大版权保护力度，提高全社会的知识产权保护意识，严厉打击假冒伪劣产品等侵犯知识产权的违法犯罪活动。维护艺术民主，尊重文化产品创作生产规律。建立文化企业信用档案和文化市场信用制度。

十二、组织实施

各级党委、政府要充分认识文化建设的重要地位和作用，把文化改革发展摆在全局工作的重要位置，纳入重要议事日程，纳入经济社会发展年度计划，推动文化建设与经济建设、政治建设、社会建设协调发展。健全完善科学发展考核评价体系，提高文化建设指标权重，强化对各地党政领导班子和领导干部的考核。进一步增强政治意识、大局意识、责任意识，始终掌握对重大事项的决策权、对资产配置的控制权、对宣传文化内容的终审权、对主要负责同志的任免权，牢牢把握文化改革发展的主动权。

坚持和完善党委统一领导、党政齐抓共管、宣传部门组织协调、有关部门分工负责、社会力量积极参与的工作体制和工作格局，形成推进文化改革发展强大合力。党委宣传部门要加强协调指导，各市和省文化行政管理部门要尽快制定落实本纲要的实施方案，报省文化体制改革领导小组批准后组织实施。省发改委、省财政厅、省人力资源和社会保障厅、省国土资源厅、省商务厅、省国税局、省地税局要制定落实政府投入和相关政策的实施细则，加快重点工程和项目立项，落实资金投入和保障政策。省直有关单位要按照职责分工，发挥各自优势，为文化改革发展提供强有力的支持。

安徽文化概况

桂庆题

- □ 安徽简况
- □ 文化遗产
- □ 2011年文化发展综述
- □ 庆祝建党90周年
- □ 文化市场管理
- □ 文化体制改革
- □ 重要文化活动
- □ 文化设施建设

安徽简况

【历史】安徽于清康熙六年（1667年）建省，取徽州、安庆两府的首字为名。因境内有皖山、皖水与古皖国，简称皖。1952年，安徽省人民政府在合肥市成立。

史前时期。安徽历史悠久，繁昌县人字洞发现人类活动遗迹距今已有240万年左右，是中国乃至欧亚大陆目前所知最早的旧石器时代人类活动居住点。到了新石器时代，安徽淮河、长江两流域出现众多人群聚落；安徽新石器时代出土文物丰富，其中有大量的重复表达某种意义的刻画符号，有怀宁孙家城、固镇濠城集大汶口文化古城两个面积较大的城池，在含山凌家滩发现有许多精美绝伦的玉石器等。夏商时期，安徽地区主要是淮夷居住的区域，分布有很多夷族的部落，是中原王朝通往江南地区的主要通道。

先秦时期。随着楚国不断向淮河流域扩展，吴国以及后来越国向北方开拓，以致安徽成为“吴头楚尾”之地，众多小国被兼并。吴越灭亡后，安徽绝大部分地区成为楚国疆域，楚国最后两个都城钜阳（今太和境内）、寿春（今寿县）均设在安徽的淮河流域。宋国的都城也自商丘迁到相（今淮北市相山区），成为皖北地区的政治中心之一，后灭于齐。在先秦时期，安徽诞生了管子（今颍上人）、老子（今涡阳人）、庄子（今蒙城人）、墨子（今淮北市人）等思想家，对中国文化发展产生重要影响。

秦至北宋时期。此一时期是安徽历史发展辉煌壮丽的时期。陈胜、吴广在宿州大泽乡揭竿而起，掀开秦末农民大起义序幕。汉初安徽经济逐渐得到恢复，东汉王景做庐江太守，修复了由春秋时楚相孙叔敖创建的芍陂（后改名安丰塘，位于今寿县境内），教民牛耕，促进江淮地区经济发展。魏晋时期中原人口大批南迁，他们带来的新技术使皖南地区逐渐得到开发。隋唐时期大运河流经皖北之地，沿岸出现许多新的城镇，安徽经济有了较大发展，出现了“天下以江淮为国命”的局面。从西汉到北宋时期，安徽政治军事文化大家辈出：曹操、周瑜、鲁肃等叱咤三国，曹丕建立了三国魏王朝；八公山淝水之战奠定南北朝对峙的基础；砀山人朱温灭唐建后梁，开始了五代十国时期；庐州杨行密在江淮地区建立吴国。汉初淮南王刘安等人创立的“淮南学术”名闻天下；汉末曹操父子为核心的“建安文学”登上舞台，开创文学新局面；汉代相县经学独树一帜，汉魏至南朝庐江何氏礼学名闻遐迩；玄学名士音乐家嵇康，医学家华佗，教育家文翁，画家戴逵、曹霸、李公麟，名臣吕氏父子（吕夷简、吕公著）、包拯，诗人梅尧臣，经学家程大昌等，皆一时之选，无出其右。李白、杜牧、白居易、欧阳修、苏轼、王安石等文坛巨匠也在江淮大地留下众多名篇佳句。

南宋至鸦片战争。从南宋开始，安徽长江以北地区成为宋金及宋元争夺的重要战场，城乡残败，人口流失；同时黄河开始不停南泛，夺淮入海，淹没良田城乡，经济严重破坏；再加上元朝统治残暴，社会矛盾激化，导致刘福通、朱元璋等人领导农民大起义。后朱元璋推翻蒙元政权，建立明王朝，跟随朱元璋起事的江淮群雄成为明王朝重臣与贵族。清朝时期，政治舞台上的风云人物有合肥人李天馥，桐城人张英、张廷玉父子；歙县人曹振镛官至宰辅，三朝宰臣、一度监国。从南宋到清代，徽商崛起，促进我国东南地区经济社会发展。这一时期，安徽南部文房四宝（宣纸、徽墨、宣笔、歙砚）、新安画派、新安医学、桐城文派等的兴起并繁盛，深刻影响了中国文化的进程。算学家程大位、梅文鼎，医学家朱橚，音乐家朱载堉，经学家方以智、钱澄之、毕沅，考据学家戴震、程瑶田，农学家王桢，文学家吴敬梓、施闰章、方苞、姚鼐、刘大櫆，书法家邓石如等在中国文化学术史上皆占有重要地位。

近现代时期。1840年以后，安徽也和全国一样逐渐成为半殖民地半封建社会。由于外国列强的侵略，清朝政府的腐败，引起民怨沸腾。安徽南部成为太平天国的势力范围，北部则是捻军活动的主要地区。晚清的政治舞台上，合肥人李鸿章建立淮军，倡导“洋务运动”，影响晚清政坛40年，促进了中国近代化进程。淮军将领刘铭传出任台湾首任巡抚，为台湾的发展奠定了基础。随着西方新文化的输入、马克思主义的传播，怀宁人陈独秀成为新文化运动的主将、“五四”运动的总司令与中国共产党的主要创始人，绩溪人胡适成为中国新文化运动的骨干。北洋政坛上，以合肥人段祺瑞为首的皖系称雄一时。到了新民主主义革命时期，泾县曾为新四军军部所在地，发生过震惊中外的“皖南事变”；皖北是淮海战役的主战场；渡江战役首先在皖江（长江安徽段）打响。近现代江淮大地名人辈出，产生了表演艺术家程长庚、杨月楼，教育家孙家鼐、吴汝纶、陶行知，军事家冯玉祥、张治中，革命家王稼祥，书画家黄宾虹、林散之，诺贝尔奖获得者杨振宁，“两弹”元勋邓稼先，哲学家方东美，美学家朱光潜、宗白华，作家张恨水、阿英、蒋光慈，实业家周学熙，历史学家徐中舒、周一良等。安徽民俗文化绚烂夺目，出现徽州四雕（砖、石、木、竹）、芜湖铁画、阜阳剪纸、泗州戏、黄梅戏、沿淮花鼓戏、推子戏、庐剧等，展现了安徽劳动人民的文化创造力。

【地理】安徽省沿江近海，为泛长三角地区，与山东、江苏、浙江、江西、湖北、河南六省接壤。面积14万平方公里，其中平原、山区、丘陵、圩区、湖沼洼地分别占25.5%、31.2%、29.5%、5.8%、8.0%。长江、淮河横贯东西，形成平原、丘陵、山地相间排列的格局。全省大致可分为5个自然区域：①淮北平原。黄淮海平原的一部分，地面由西北向东南略有倾斜，海拔20～40米，为全省重要的粮油棉生产基地；②江淮丘陵。地面主要由丘陵、台地和镶嵌其间的河谷平原组成，主要山岭呈东北—西南走向。东部为江、淮水系的分水岭，海拔100～300米；西北部略低，河谷平原宽阔。③大别山区。位于本省与鄂、豫两省交界处，为大别山的主体部分，地势险要，有海拔1700米以上山峰多座。④沿江平原。长江中下游平原的一部分，包括巢湖流域的湖积平原和长江沿岸的冲积平原，海拔多在20米左右，河网密集，土地肥沃。⑤皖南山区。大部分海拔200～400米，山形圆浑、秀气。黄山屹立在该区中部，主峰海拔1873米，为本省最高点。

河流基本属于长江、淮河两大水系，南部和浙江接壤的小部分地区属新安江（钱塘江）水系。长江在省境内呈西南—东北流向，长416公里，两侧重要支流有皖河、秋浦河、运漕河、青弋江、滁河等。长江沿岸湖泊众多，面积较大的有巢湖、大官湖、泊湖、菜子湖等。其中巢湖为全省第一大湖、全国第五大淡水湖，面积约800平方公里。淮河横贯本省北部，省内全长430公里，流域面积6.7万平方公里，两岸支流众多，成不对称的羽毛状水系，重要的有颍河、西淝河、涡河、浍河、淠河等。新安江发源于休宁县境内的怀玉山，为钱塘江的正源，省内干流长约240公里，流域面积6500平方公里。

【资源】*动植物资源*。全省植物种类丰富，共有木本植物300余种、草本植物2100余种，其中包括不少珍稀树种和特有树种，如古老孑遗植物银杏、金钱松、鹅掌楸、大别山五针松、琅琊榆、永瓣藤等。野生动物500余种，主要分布在大别山区和皖南山区。其中兽类90多种，鸟类320种，爬行类和两栖类90多种。全省有国家重点保护动物54种，以扬子鳄、白鳍豚最为珍贵。

矿产资源。发现有用矿种138种（含亚矿种），已探明储量的90种。其中煤、铁、铜、硫、明矾石在华东地区甚至全国均占有重要地位。矿产资源分布集中，已探明储量的几种矿产主要是淮南、淮北的煤炭和沿江地区的铁、铜、硫、明矾石及其伴生矿产。优势矿产种类多，储量大，开发利用前景好。伴生矿床多，综合利用价值高。能源矿产主要有煤炭、石煤、泥炭、温泉等，以煤炭最具优势，已探明储量居全国第7位，为华东地区之首。金属矿产中的铁矿和铜矿储量较大，铁矿探明储量15亿吨，分布遍及全省，以马鞍山、当涂、繁昌、庐江等地最为集中。铜矿储量占华东地区的20%，主要集中在铜陵、贵池、怀宁、庐江等地。非金属矿产以硫铁矿、明矾石、石灰石最为突出。

水资源。全省水资源总量580.5亿立方米，其中淮河流域、长江流域和东南诸河分别占44.1%、48.3%和7.6%。天然年径流量533亿立方米，地下水天然补给资源量213亿立方米。由于人口密度大，耕地利用率高，平均每人和每亩耕地占有的径流量低于全国平均水平。水资源分布不平衡，与人口和耕地的分布很不相称，主要表现在山区水资源多，人口、耕地少；平原水资源少，人口、耕地多，尤以淮北平原区矛盾最为突出。河流众多，部分河流水流湍急，落差较大，水力资源的蕴藏量相当丰富。为开发利用水资源，安徽在历史上兴建了许多水利工程设施，以寿县境内的安丰塘（古称芍陂）最为有名。新中国成立以后，除治理淮河外，还建设了淠史杭水利灌溉、驷马山引江灌溉等多项水利工程设施，对全省工农业生产起到重要的保障作用。

旅游资源。安徽旅游资源遍及全省，南部以自然山水风光为主，景区相连成片；北部以历史文物古迹为多，点小而分散。最负盛名的旅游景点为黄山。“五岳归来不看山，黄山归来不看岳”，黄山被称为“天下第一名山”，于1990年被联合国教科文组织列入《世界文化与自然遗产名录》。佛教名山九华山以鳞次栉比、独具特色的寺庙建筑引人

入胜，又以秀丽的山水风光使人流连。道教名山齐云山则以其独特的丹霞地貌和摩崖石刻为世人瞩目。滁州琅琊山以宋朝欧阳修《醉翁亭记》一文而名扬天下。天柱山古称“皖山”，汉武帝曾登临此山，称之为南岳，“中天一柱”，凌霄矗立，令人叹为观止。人文旅游资源除国家、省级历史文化名城外，还有世界文化遗产西递、宏村，屯溪的“宋街”，合肥、安庆等地的古建筑，凤阳的中都城和皇陵等。

【气候】安徽的气候属暖温带向亚热带过渡地区。淮河以北属暖温带半温润季风气候，淮河以南属亚热带温润季风气候，四季分明，春暖多变，夏雨集中，秋高气爽，冬季寒冷。全省各地年平均气温在14℃～17℃之间，淮北和大别山区在15℃以下，沿江和皖南南部在16℃以上。冬季淮北和江淮北部极端气温低于-10℃～-14℃，夏季全省最高气温可达38℃以上。各地年平均降水量在773～1670毫米之间，南多北少，山区多平原、丘陵地区少，淮北和沿淮地区在773～905毫米，沿江江南在1170～1670毫米。

2011年，安徽遭遇近50年来罕见秋冬春连旱；全省平均年降水量1056毫米，比常年偏少11%，为2005年以来最少。年平均气温15.7℃，比常年偏高0.2℃；年初气温异常偏低，春末出现50年来同期最强降温。全省平均年日照时数1844小时，比常年偏少117小时，为2005年以来连续第7年偏少。

【人口】根据第六次全国人口普查主要数据公报，2010年11月1日零时，安徽省常住人口为5950万，同第五次全国人口普查2000年11月1日零时的5986万相比，10年共减少35.9万，下降0.6%，年平均下降0.06%。全省净流出到省外半年以上人数为911.9万。全省普查登记的户籍人口为6862万，同第五次全国人口普查2000年11月1日零时的6245万人相比，10年共增加616.7万，增长9.9%，年平均增长0.95%。

2011年11月1日，对全省人口进行抽样调查，据推算，全省常住人口5969万，比上年增加11万，增长0.2%。其中，文盲438.2万，文盲率为7.3%；具有大专以上文化程度380.8万，高中（含中专）程度708.1万，初中程度2273万，小学程度1697万。平均受教育年限为8.24年。

【行政区划沿革】商周时期，安徽境内有许多方国、诸侯国，春秋战国时期为吴头楚尾。秦统一中国后，实行郡县制，境内设县属九江郡。汉代境内共设69～74个县，分属扬州、豫州、徐州。隋代境内设50～55个县，唐代设县最多时达85个。北宋建立，设路、府、州、县，境内的州县从北到南分属京东西路、京西北路、淮南西路和江南东路。南宋时期，宋金、宋元对峙。淮河以南为南宋控制，设51个县；在淮北地区先后金设16个县，元设16个县。元朝建立行省制度，境内设60个县，分属中央的中书省和河南行省、浙江行省。明代境内设7个府、11个州、69个县。清康熙六年（1667年）安徽建省，到清末，境内设8个府、5个直隶州、51个县。1949年4月、5月，皖南、皖北人民行政公署分别成立；1952年8月安徽省人民政府成立，设7个专区、3个市、73个县（其中3个县级市）。截至2011年底，共设16个省辖市、6个县级市、56个县、43个市辖区，共有265个街道办事处，1257个乡镇（其中镇914个，乡343个）。

【2011年安徽行政区划变更】①县以上行政区划变更。7月14日，经国务院批复同意，撤销地级巢湖市；撤销原地级巢湖市居巢区，设立县级巢湖市，将原地级巢湖市居巢区的行政区域作为所设县级巢湖市行政区域，新设县级巢湖市人民政府驻卧牛山街道，新设县级巢湖市由省直辖，合肥市代管；原地级巢湖市管辖的庐江县划归合肥市管辖；原地级巢湖市管辖的无为县划归芜湖市管辖；和县的沈巷镇划归芜湖市鸠江区管辖；原地级巢湖市管辖的含山县、和县（不含沈巷镇）划归马鞍山市管辖。

4月1日，经省政府同意，省民政厅批复，将长丰县管辖的三十头镇划归合肥市瑶海区管辖。

②县以下行政区划变更。经省政府同意，省民政厅批复，撤销郎溪县南丰镇、东夏镇、幸福乡，将原南丰镇整建制和原东夏镇的朱候、松林、三岔3个行政村划归建平镇管辖，将原东夏镇的东夏、大圻、庄沿、双桥4个行政村划归新发镇管辖，将原幸福乡和飞鲤乡合并设立飞鲤镇。

③乡改镇。经省政府同意，省民政厅批复，撤销凤台县城北乡，设立凤凰镇；撤销黄山市黄山区乌石乡，设立乌石镇；撤销颍上县古城乡，设立古城镇；撤销肥东县陈集乡，设立陈集镇。

④撤镇设立街道。经省政府同意，省民政厅批复，撤销芜湖市弋江区火龙岗镇，设立火龙岗街道；将滁州市南谯区腰铺镇的银花东村、银花西村、新建、紫薇南路、湖心路、徐岗、担子7个社区和花园、陡岗、红庙、万桥4个行政村划出，设立龙蟠街道。

文化遗产

【文物古籍】安徽历史文化底蕴深厚，文物古迹众多。据统计，安徽现有各类文物遗存2.5万多处，其中位于皖南黄山地区的西递和宏村古村落被列入世界文化遗产，亳州、寿县、安庆、歙县、绩溪为全国历史文化名城。蒙城尉迟寺遗址被史学界称作“中国原始第一村”，凤阳明皇陵有现存帝陵皇碑之最，青瓦白墙的古民居是徽派建筑的典型代表。截至2011年底，全省共有世界文化遗产2处，全国历史文化名城5座、省级历史文化名城9座，全国历史文化名镇名村17处、省级历史文化名镇名村41处，全国重点文物保护单位56处、全省文物保护单位455处、市县级文物保护单位2000多处。

安徽不可移动文物具有如下5个特点：①古遗址遍布大江南北，源远流长。这些遗址包括古文化遗址、古城址、古窑址、古矿冶遗址等，其中重要的古遗址有繁昌人字洞遗址、和县猿人遗址、潜山薛家岗遗址、含山凌家滩遗址、蚌埠禹墟遗址、蒙城尉迟寺遗址、寿县寿春城、凤阳明中都皇故城遗址、濉溪临涣古城、宋代“宣州官窑”、唐代五大名窑的寿州窑、绩溪霞间窑、皖南大工山——凤凰山铜矿遗址等等。②古墓葬星罗棋布，数量众多。上至新石器时代，下历明清，墓葬制式多样。重要的墓葬有亳州曹氏宗族墓群，繁昌万牛墩土墩墓群，六安双墩汉墓群，合肥包拯家族墓群，凤阳明皇陵及六安皋陶墓，灵璧虞姬墓，寿县刘安墓，庐江周瑜墓，当涂李白墓，休宁戴震墓，枞阳方以智墓、姚鼐墓，桐城姚莹墓、张廷玉墓，怀宁邓石如墓，歙县渐江墓等。③古建筑种类繁多，特色各异。其中以皖南明清建筑为最，其民居、牌坊、祠堂号称徽派建筑三绝，仅黄山市就有现存明清民居四五千幢。④古代石刻档次较高，遍布各地。其中尤以黄山、九华山、齐云山、天柱山、浮山、齐山等地摩崖石刻最为著名，留下历代名家题刻，颇具史料价值和艺术价值。⑤革命旧址和纪念建筑物，集中反映了近现代安徽革命斗争的史迹。

安徽现有历代文物藏品55万多件，其中省博物馆收藏23万件。安徽文物藏品以商周青铜器、文房四宝、古代书画、徽州雕刻、明清徽州契约文书等最具特色。其中一级文物1674件（套）、二级文物2701件（套）、三级文物4.09万件（套）。这些文物有以下4个特点：①历史悠久，绵延不断。从240万年前繁昌人字洞遗址出土的旧石器到含山凌家滩的新石器，从夏商周、秦汉时期的上古文物到明清、近现代文物，尚无缺坏，具有延续性。②各种文物品类齐全，内涵丰富。有金属器（青铜、金银、铁器等）、陶瓷器、玉石器、书画、善本文书、杂项（漆器、竹木、牙雕等），各类文物琳琅满目，洋洋大观。③文物品位高，价值大。和县猿人头盖骨，龙虎尊，楚金币，楚大鼎，鄂君启金节，凌家滩玉鹰、玉人、玉龙等特别珍贵，全国罕见。④文物独具一格，自成流派。新安画派门画、徽州版画等风格独特，影响深远；江淮方国铜器和楚系铜器、寿州窑和繁昌窑瓷器、潘玉良画作等在全国占有重要地位。

【非物质文化遗产】安徽非物质文化遗产丰富，魅力无穷。全省共有人类非物质文化遗产代表作名录2项、国家级非遗代表作名录60项、省级非遗代表作名录273项，国家级非遗项目代表性传承人53名、省级非遗项目代表性传承人409名，国家级非遗生产性保护示范基地2个、省级非遗生产性保护示范基地33个。

在安徽浩博的非物质文化遗产中，桐城歌和徽州民谣是安徽民间文学的代表作，承载着皖江文化和徽州文化的原始形态；徽剧、黄梅戏、庐剧、泗州戏、花鼓戏、徽州目连戏、青阳腔、岳西高腔、池州傩戏等诸多剧种在中国戏剧史上产生过广泛影响，徽剧更直接促成了国粹京剧的诞生；宣纸、宣笔、徽墨、歙砚、徽州四雕、芜湖铁画、界首彩陶、万安罗盘等传统手工艺闻名全国，在我国传统文化中占有不可或缺的地位；花鼓灯、凤阳花鼓、当涂民歌、巢湖民歌等独具安徽特色的歌舞曲艺丰富多彩；华佗五禽戏等传统健身术源远流长；徽州祠祭、界首书会、涂山禹王庙会和肥东洋蛇灯则是徽州、皖北和皖中三大区域中最具典型性的民俗活动。

安徽宣纸制作技艺、传统木结构营造技艺入选联合国教科文组织人类非物质文化遗产代表作名录。2008年1月8日，国家级文化生态保护区——徽州文化生态保护实验区正式设立。实验区涵盖宋至明清徽州1府6县［徽州府、歙县、黟县、休宁县、祁门县、绩溪县、婺源县（现属江西省）］地域，是我国第一个跨省区的文化生态保护实验区，也是全国第二个文化生态保护区。截至2011年底，全省已全面建立国家、省、市、县四级非遗名录保护体系，共有省、市、县三级非遗专题博物馆26个、民俗博物馆15个，如中国花鼓灯博物馆、中国黄梅戏博物馆、中国宣纸博物馆等，示范效果突出。

2011年文化发展综述

【"百团千场万人"文化下基层演出活动】从2009年起，全省共组织"百团千场万人"文化下基层演出2400多场，惠及群众1200多万人次。2011年共演出1320场，惠及群众700多万人次。下基层活动深入农村乡镇、城市社区、厂矿企业和部队驻地，为全省基层群众送去歌舞、地方戏、曲艺、民乐等优秀文艺节目。全省各级国有剧（院）团与部分民营表演团体共同参加演出，演出人员既有省内外著名的国家级专业演员，也有各地文化馆组织的优秀群众文艺工作者。

2011年，宿州市实施"百戏进百乡"活动；宣城市开展送文化下乡活动120多场，观众达10万人次；蚌埠市举办大型广场演出15场；铜陵市以"幸福铜陵"为主题，开展系列广场文艺演出活动，创编大型综艺节目《红色先锋》，先后到厂矿、农村、社区、学校、企业、军营、机关等专场文艺演出30余场，观众2万多人次；池州市将文化下基层列入市政府"惠民实事"，共随机抽查22个乡镇、33个村、4个社区，走访群众500多人；淮北市开展送文艺进社区巡演近30场；芜湖市开展"两节送戏下乡"文化活动，举办2011新年音乐会、文艺演出下乡、新春民乐演奏会、送电影下乡进社区等一系列文化活动100多项，演出300多场；马鞍山市"百场文艺下基层"节目有2个剧种、7台大戏、6个小戏、1台话剧、3台儿童剧、2台综艺晚会、2台音乐会。

2011年5月，安徽省"百团千场万人"文化下基层演出活动获全国社会文化的政府最高奖——第十五届"群星奖"。

【公共图书馆、文化馆（站）实行免费开放】2011年2月18日，文化部、财政部《关于推进全国美术馆、公共图书馆、文化馆（站）免费开放工作的意见》出台。

2011年6月28日，全省的公共图书馆、文化馆（站）开始实行免费开放，开放场馆有省图书馆、13个市图书馆（亳州、宿州、六安、黄山4市缺）、2个市级（合肥市、淮南市）少年儿童图书馆、61个县（市）图书馆、11个区图书馆，全省共计88个图书馆；省文化馆、14个市文化馆（亳州、宿州、六安3市缺）、61个县（市）文化馆、42个区文化馆以及淮南市毛集实验区文化馆、九华山风景区文化馆，全省共计120个文化馆。同时实行免费开放的还有1389个乡镇综合文化站。

实行免费开放后，公共图书馆的一般阅览室、少儿阅览室、多媒体阅览室（电子阅览室）、报告厅（培训室、综合活动室）、自修室等公共空间设施场地免费开放；文献资源借阅、检索与咨询、公益性讲座和展览、基层辅导、流动服务等基本文化服务项目健全并免费提供。文化馆的多功能厅、展览厅（陈列厅）、宣传廊、辅导培训教室、计算机与网络教室、舞蹈（综合）排练室、独立学习室（音乐、书法、美术、曲艺等）、娱乐活动室等公共空间设施场地免费开放；普及性的文化艺术辅导培训、时政法制科普教育、公益性群众文化活动、公益性展览展示、培训基层队伍和业余文艺骨干、指导群众文艺作品创作等基本文化服务项目健全并免费提供。公共图书馆、文化馆（站）的辅助性服务如办证、存包等全部免费。

【全省宣传工作会议】2011年1月16日，全省宣传工作会议在合肥召开。省委常委、宣传部部长臧世凯出席会议并讲话。省人大常委会副主任胡连松、省政协副主席方兆本出席会议。副省长谢广祥主持会议。各市、县（市、区）委宣传部部长，各市外宣办、文明办、网宣办、文改办主任和党报负责人，省纪委及省直有关部门和省军区、省武警总队政治部负责同志，各大学、省属有关企业党委分管负责人或宣传部长，省直宣口单位和中央驻皖新闻单位主要负责人，全国和全省"五个一工程"获奖代表等参加会议。

会议总结"十一五"以来全省宣传思想文化取得的工作成绩，部署2011年全省宣传思想文化工作任务，重点为八个方面：深入学习宣传贯彻十七届五中全会精神，为加速崛起提供强有力的思想保证；大力推进学习型党组织建设，不断深化理论武装工作；把握正确导向，切实提高舆论引导的主动性和有效性；组织庆祝中国共产党成立90周年和纪念辛亥革命100周年等重大宣传教育活动，大力唱响时代主旋律；广泛开展社会主义核心价值体系学习教育，深化思想道德建设和精神文明创建活动；完善促进文化科学发展的体制机制，推动文化事业和文化产业又好又快发展；大力实施文化“走出去”战略，进一步提升安徽文化的海外影响力；切实加强阵地建设和管理，确保宣传思想文化事业健康发展。

会上还表彰全省第十一届精神文明建设“五个一工程”获奖作品暨文艺精品。

【全省文化工作会议】2011年1月24日，全省文化工作会议在合肥召开。会议内容是传达贯彻2011年全国文化厅局长会议、全省宣传工作会议和文化部、国家文物局有关会议精神，总结经验，表彰先进，部署工作。省委常委、宣传部部长臧世凯，省人大常委会副主任朱维芳出席，副省长谢广祥讲话。省直有关单位负责人，各市、县（市、区）文化主管部门主要负责人，省文化厅机关副处级以上干部及厅级各单位领导班子成员参加会议。

谢广祥在讲话中指出，“十一五”以来，文化工作在安徽跨越发展中作出了巨大贡献。主要表现在，文化工作重要地位不断凸显，文化强省建设步伐进一步加快；公共文化服务体系建设进程加速，人民群众公共文化权益进一步得到保障；重大文化活动和文化精品丰富多彩，安徽影响力进一步扩大；文化体制改革全面深化，文化活力和实力进一步增强。

会议强调，“十二五”是全省文化改革的深化完善期、文化发展的转型跨越期、文化建设的黄金机遇期。全省文化战线要按照胡锦涛总书记“7·23”重要讲话、张宝顺书记在接见全省宣传工作会议代表时重要讲话精神，紧紧抓住发展机遇，时刻围绕中心大局，切实增强服务安徽跨越发展的科学性、有效性。2011年，要以庆祝中国共产党成立90周年为契机，坚持专业艺术与群众文化、展演与展示展览、广泛性和影响力相结合，推出一批有影响的优秀作品和文化活动。要以保障人民群众基本文化权益为出发点，加快基础设施建设，落实相关配套政策，不断创新工作方式、提高服务能力，大力推进公共文化服务体系建设。要抓住转变经济发展方式机遇，实施重大项目带动战略，搭建快速发展平台，营造良好政策环境，推进文化产业跨越发展。

会议向庐江县同大镇综合文化站等4个第四届全国服务农民服务基层先进集体，中国宣纸集团等4个第四批全国文化产业示范基地，长丰县杨庙镇综合文化站等44个三星级综合文化站，铜陵市文广新局等14个全省乡镇综合文化站先进单位颁奖授牌。

庆祝建党90周年

【重要活动】省委召开庆祝中国共产党成立90周年大会；举行省暨合肥市“百万党员缅怀先烈、重温誓词活动”；召开庆祝建党90周年系列座谈会、理论研讨会；举办庆祝中国共产党成立90周年文艺晚会；通过开辟专题、专栏，集中推出一批纪念文章和一批理论、评论文章，深入开展宣传活动；结合实际开展丰富多彩、生动活泼的群众性纪念活动，组织收听收看中央和省委召开的庆祝中国共产党成立90周年大会，深入学习宣传胡锦涛总书记在庆祝大会上的重要讲话精神。

【中国合唱节庆祝建党90周年献礼歌会在合肥市举办】7月15日，“在灿烂阳光下”——中国合唱节庆祝建党90周年献礼歌会在合肥大剧院开幕。本次合唱节由合肥市人民政府、中国合唱协会主办，参赛的有来自22个省市共46支合唱队。经过4场比赛产生17名金奖、20名银奖、9名铜奖获得者，合唱节活动被人民日报、光明日报、中国国际广播电台、中新社等多个中央媒体广泛报道。中国合唱节的成功举办，推动了合肥市合唱事业的发展。

【各地干群多种形式庆祝建党90周年】全省各地广大干部群众结合实际、突出特色，重温入党誓词、唱响经典红歌、服务基层群众，以丰富多彩的形式，回顾党的光辉历程，讴歌党的丰功伟绩，把庆祝建党90周年活动推向高潮。马鞍山市在濮塘烈士陵园开展“缅怀先烈、重温誓词”活动，组织开展“党啊，亲爱的妈妈”和“唱支颂歌给党听”红歌会，举办以“历史的选择”为主题的全市青少年爱国主义读书教育活动和党史报告会、理论研讨会，并举办“江南之花”——颂歌献给党文艺演出13个专场。芜湖市从机关到街道，从厂矿到村庄，从军营到院校，通过“七月盛典”、“红色记忆、时代抒怀”、“党旗下的芜湖”、党史党建知识竞赛等活动，回顾党的光辉历程。淮北市举行庆祝建党90周年“知党爱党创先争优”知识竞赛决赛。安庆市开展讲党性、读党史、亮党徽、颂党恩主题系列活动。宣城市组织专家和医疗科技工作者开展送科技下乡和义诊活动；在泾县开展庆祝建党90周年书画展。铜陵市在全市范围内开展“红色先锋”文艺巡演。阜阳市举行庆祝建党90周年红歌大合唱。合肥市总工会举办庆祝建党90周年全市职工书画大赛。安庆市举办庆祝建党90周年农民书画笔会。

文化市场管理

【文化事业发展】全省文化系统坚持文化惠民方向，坚守文化繁荣发展这一根本点，按照公益性、基本性、均等性、便利性要求，依循“保基本、强基层、建机制”的基本思路，坚持理论建设与实践推动并重、软件建设与硬件建设并重，以城乡基层为重点，以基础设施建设为依托，以体制机制创新为保障，积极构建覆盖城乡、结构合理、功能健全、实用高效的公共文化服务体系。构建科学保护、合理利用、全民参与的文化遗产长效保护体系，推动文化遗产保护融入经济社会发展大局。

一是公共文化设施全部免费开放。新增第三批免费开放博物馆18个，全省免费开放博物馆、纪念馆已达89个。2011年6月28日起，全省88个图书馆、120个文化馆、1389个综合文化站免费开放。在全国率先制定公共图书馆、文化馆（站）《服务标准（试行）》，制度化、标准化、规范化推进公共文化服务。省博物馆新馆国庆期间参观人数达17万人次。省图书馆全年接待读者116.2万人次，外借书刊150.6万册次。

二是公共文化服务体系示范区（项目）创建扎实推进。马鞍山市、铜陵市“城市社区文化建设”和淮南市“少儿文艺发展”项目分别入选国家公共文化服务体系第一批示范区、示范项目，入选数量居全国前列。在中宣部和文化部召开的全国地市级公共文化服务体系建设现场经验交流会上，马鞍山市作典型发言。公共电子阅览室建设列入全国试点，确定铜陵市、芜湖市和宁国市为省试点地区，建成第一批规范化的公共电子阅览室。2011年5月，在山东青岛召开的全国公共电子阅览室建设试点工作现场经验交流会上，本省作典型发言。

三是广播影视事业呈现出持续快速增长的良好势头。建立了全省广播电视对外宣传新机制，全年在中央台发稿累计2800多条，比上年增长10%以上。超额完成省政府确定的4部广播剧、800集电视剧创作生产任务，其中电视剧生产达51部1724集，超额完成率达116%。创作完成8部电影、21部7729分钟动画片，动画片产量比上年增长23.9%。全省共有《新安家族》、《祖国至上》、《郎对花姐对花》等20多部（件）广播影视作品获“华表奖”、“飞天奖”、“中国新闻奖”和中国广播影视大奖等。国家资助33辆电影流动放映车的申报和配发工作圆满完成；对全省城镇新建影院实行事前备案报批制度，全年全省共备案立项建设城镇影院55个。有线电视数字化建设取得新进展，全省新建160G的骨干OTN传输网，数字电视互动平台也正式投入商用；数字电视整体转换大大推进，全省数字电视用户达279万户，双向覆盖用户210万户，宽带接入合作用户17.5万户，高清用户1.4万户，超额完成省政府制定的数字电视用户达200万户的全年目标；各种新业态、新业务的开展也有新的突破。

四是新闻出版系统公益出版活动扎实推进。全省有4种图书入选新闻出版总署第八次向全国

省暨合肥市侵权盗版及非法出版物、赌博游戏机集中销毁活动主会场

青少年推荐的百种优秀图书（入选量居全国第一），1种报刊入选向全国少年儿童推荐的25种优秀少儿报刊。省委宣传部、省新闻出版局、省直工委等部门组织开展“经典天天读”、青少年爱国主义读书教育、“全民阅读报刊行”、“品读红色经典、见证辉煌历程”、省直机关读书月等多种形式的读书活动，在全社会引起强烈反响。开展“三下乡”活动，推动农村出版物发行网点建设，新闻出版公共服务的覆盖面不断拓展。农家书屋工程建设全面提速，2011年新建农家书屋6924个，累计已覆盖全省85%的行政村。坚持一手抓工程建设、一手抓管理使用，在全省组织开展农家书屋工程宣传月活动，分层次、多形式加强农家书屋管理员培训，农家书屋管理水平显著提升，长效机制积极探索推进。

【文化产业发展】2011年，全省文化产业增加值613.47亿元，比上年增长28.59%；占GDP4.01%，提高0.15个百分点。

*文化产业项目建设扎实推进。*实施重大项目带动战略，切实加强文化产业项目谋划、跟踪和管理。省委宣传部下发文件，推动各市和省属文化集团深入挖掘资源、精心策划项目，全省256个文化项目进入省“861”项目投资计划，总投资2036亿元。截至年底，列入2011年省“861”行动计划的文化产业项目当年完成投资195.82亿元，完成年度计划的116.6%；当年新开工项目53个。各市文化产业发展集聚度进一步增强。据初步统计，全省建成和在建文化产业园区（基地）56个，入驻企业4100多家，形成了阜南柳编、桐城印刷、来安文具、蚌埠玉器、屯溪老街等一批特色、专业的文化产品加工贸易区。

*文化产业招商活动成果丰硕。*征集、编印《安徽文化产业招商项目册》，重点推介招商项目280个，投资总额1268亿元。全省文化企业积极参加皖台经贸文化交流活动、徽商大会、深圳文博会、北京文博会、厦门投洽会等重大文化经贸活动，文化产业招商活动集中签约项目76个，总投资566.06亿元。切实抓好签约项目的跟踪落实，坚持每季度对签约项目进行跟踪，截至2011年底，2006年以来全省文化产业重点招商活动签约的430个项目，已履约240个（建成投用项目82个），占55.81%，累计完成投资256.24亿元。其中，2011年度新增到位资金116.56亿元，比上年增长1.05倍。

*龙头文化企业实现新跨越。*省属文化集团加快跨地区、跨行业、跨所有制发展，省属报业、出版、发行、演艺、广电五大集团全年实现营业收入133.91亿元，比上年增长24.57%；利润总额11.13亿元，增长28.5%。安徽出版集团连续3年进入“全国文化企业30强”，安徽出版集团、安徽新华发行集团综合实力分别居国内同行业第四位和第三位。安徽出版集团所属华文国际公司加快股份制改造步伐，引进战略投资者，融资1.8亿元，并被安徽省证监局列为上市辅导备案企业。安徽演艺集团正式组建演出院线，首批吸纳7个剧院参加。

*新兴文化业态蓬勃发展。*芜湖市成功举办第三届中国国际动漫创意产业交易会，央视动画、盛大游戏、巨人网络以及美国、英国、丹麦、西班牙、日本等国家的动漫企业、机构云集展会，现场签约项目55个，投资总额190.3亿元，引进境外投资项目6个，投资额49.5亿元。芜湖方特欢乐世界（一期、二期）游客总数和门票收入分别超过黄山、九华山。六安金领欢乐世界、蚌埠花鼓灯嘉年华、淮南志高动漫科技产业园、宣城文房四宝产业园等一批重大项目加快建设。

*民营文化企业快速崛起。*2011年，13个民营文化企业、29位民营文化企业家首次入选全省非公有制经济优秀企业和优秀企业家，分别占全省各行业入选总数的13%、11.6%。全省21个民营企业被列为国家级和省级文化产业示范基地；37个民营文化企业商标获“安徽省著名商标”，占总数的8.4%。2011年，全省共制作发行动画片21部7729分钟，分钟数比上年增长23.9%，列全国第八、中部第一，排名比上年分别提升1个位次，优秀片数居全国第五，其中绝大多数为民营文化企业创作生产。

*文化“走出去”取得新突破。*全省文化企业积极参加“铭传亲缘宝岛行”、“意大利安徽文化周”等文化经贸交流活动，安徽文化的对外影响力和辐射力不断提升。安徽出版集团被评为全国文化“走出去”先进单位，在北京国际书博会上版权输出连续4年居全国第一；与波兰马萨雷克出版公司共建时代—马萨雷克集团，成为首个在波兰成立合资公司的中国出版企业。安徽新华发行集团旗下新龙图公司出口额大幅提升，成为本省文化“走出去”的新亮点。

*文化产业的发展氛围更加浓厚。*各市把文化产业作为调整经济结构、转变发展方式的重要抓手，纳入经济社会发展全局，制定了文化改革发展“十二五”规划，政府相关部门文化产业机构和人员得到进一步充实。各市推动文化产业发展新举措不断，如阜阳市举办文化产业IPO培训

班，积极推进民营文化企业上市，并与省属文化企业集团联合举办文化产品出口贸易合作对接会，扩大文化产品出口；蚌埠市实施文化建设“七大工程”，在财税、投融资、用地等方面出台多项优惠政策。

文化产业发展政策体系不断完善。在认真贯彻落实中央和省里已出台政策的同时，针对文化产业发展中的重点、难点问题，积极借鉴兄弟省市的成功经验和做法，认真研究制定推动文化产业发展、文化科技融合、文化产业园区（基地）建设管理、文化企业上市等系列配套政策。省政府办公厅在《进一步支持服务业加快发展若干政策》等文件中，将文化产业作为扶持发展的重要板块，并列入政策优惠对象。

【监督与管理】省委、省政府科学决策，把完善文化市场监管和“扫黄打非”工作作为加强和创新社会管理的重要举措，进行研究部署；将“扫黄打非”工作与社会治安综合治理、精神文明建设相结合，加大考评分值权重和考评力度，强化文化市场的监督与管理。

健全组织机构。安徽省“扫黄打非”领导小组组长由省委常委、宣传部部长担任，第一副组长由省政府副省长担任；副组长和成员由省直32个部门负责同志担任，并根据形势和任务的需要及时进行调整充实。领导小组下设正处级别的办公室，工作人员归省委宣传部管理，承担全省文化市场监管的组织、协调、督查、指导等工作。在文化体制改革中成立的文化广电新闻出版行政管理部门，整合了部门资源，改变了职责交叉、多头执法、管理缺失等现象，初步建立文化市场和“扫黄打非”责权明确、行为规范、监督与管理有效的文化综合执法体制。截至2011年底，市、县文化市场综合执法机构挂牌和组建已完成，执法队伍人员编制由过去的600多个增加到1100多个。市级综合执法大队为副处级，编制25至35人；县级综合执法大队为副科级，编制9至11人；执法人员参公管理，经费纳入财政预算。省“扫黄打非”领导小组及其相关部门每年都举办全省“扫黄打非”工作培训班，加强业务培训。先后组织专家、学者编印《安徽省“扫黄打非”工作培训教材》、《扫黄打非500问》、《网上扫黄打非讲座》等专业书籍，引起中央媒体的关注，全国“扫黄打非”办公室、《中国新闻出版报》等均作专题介绍。

完善监督管理。2011年1月全国“扫黄打非”电视电话会议结束后，安徽省立即召开贯彻落实会议，并以省委、省政府两办名义转发《省委宣传部、省委政法委、省“扫黄打非”领导小组办公室全省“扫黄打非”行动方案》，对全年工作任务进行部署。重点抓好四个方面监督与管理工作：一是抓重点内容，全力查堵违禁有害出版物和非法出版活动；二是抓重点部位，加强对交通枢纽、繁华街区、校园周边及经营出版物比较集中地区的巡查密度；三是抓重点市场，加大对图书批发市场、书店、音像、软件集中经营场所及批发、零售、出租等单位反复排查力度，对新华书店、大型超市、卖场、电子软件城、电脑城、电器店等文化出版物销售柜台进行重点检查，打击了非法经营行为；四是抓重点时段，加强对节假日、夜市、双休日文化市场的监督与管理，加大巡查频率，实行错时检查、蹲点守候，分片到人、责任到岗。

开展专项治理。坚持文化市场监管和“扫黄打非”专项治理有机结合，部署开展了知识产权保护、校园周边文化环境、学生用书市场、打击非法“网络共享”网站及设备产品等专项治理活动；加强对印刷、发行和网络出版等专项检查，有力打击了无证经营、虚假信息、非法出版物、利用互联网和手机媒体传播淫秽色情等有害信息、非法电视台（点）等违规活动，收到较好成效。通过持续努力，文化市场综合执法效能明显提高，经营业主综合素质明显提高，社会对出版物市场总体评价明显提高；违法违规经营现象明显下降，投诉举报明显下降，新闻媒体负面报道明显下降；出版物市场没有发生重大违规行为，没有发生突发事件，没有形成社会热点。据统计，在2011年度专项治理中，各级文化市场综合执法机构共出动执法人员27万人次，检查文化经营单位26.4万个次，查处违规经营场所6700个次，立案调查2320个次，办结案件1720件，停业整顿1080个次，取消经营资格400个，罚款750万元，收缴非法出版物60万册（盘），通过网吧技术监管平台封堵违法网络文化信息290万次。

依法查办案件。依据《安徽省“扫黄打非”案件办理和司法衔接规定（试行）》，通过文化市场监督与管理，挖线索、摸窝点、破大案，全年依法快捕、快审、快判“扫黄打非”刑事案件27起，行政处罚经营案件137件。省“扫黄打非”领导小组办公室直接或参与办理的案件13件，已结案或正在查处、且全国“扫黄打非”工作小组领导办公室督办的案件有：滁州“骑士音乐网”案、宿州“9·27”网上销售非法出版物案、阜阳“4·25”销售盗版光盘案等。在2011年度网上“扫黄打非”工作中，省“扫黄打非”领导小组相关成员单位联动协作，组织手机网络运营企业对域名网站进行拨测，共删除网上色情信息10万多条，查处关闭了124个违法违规网站；关闭2个“网络共享”非法网站，对6个网站进行了诫勉谈话，对每个网站的处理都建立跟踪复查机制，确保治理效果。在滁州“骑士音乐网”案侦破中，省、滁州市“扫黄打非”领导小组各相关成员单位密切配合，有力推动行政案件与刑事案件的有效衔接。此案在2011年初胡锦涛总书记访问美国时被作为范例写进出访材料中，表明中国政府保护知识产权的力度和决心；美国政府在《301特别报告》中引用此案例。

重视制度建设。先后出台《省“扫黄打非”领导小组各成员单位“扫黄打非”工作任务分工方案》、《全省“扫黄打非”工作考评办法》、《全省文化市场综合执法审批许可考评细则》、《安徽省新闻出版局出版物鉴定工作细则》、《出版物市场突发性事件应急预案》等文件，规范工作流程，实行长效监督与管理。针对文化市场管理和监督不到位、侵权盗版等非法出版物销售时有发生等现状，建立违禁非法出版物、地摊游商出现地、违规经营企业（者）三大数据库和企业“黑名单”，制定专项治理工作文件，如《安徽省出版物运输传递管理办法》、《关于做好互联网视听节目安全播出管理的通知》、《对举报“制黄”、“贩黄”、侵权盗版和其他非法出版活动有功人员奖励实施细则》等。在深入调研的基础上，下发《加强乡镇“扫黄打非”工作的意见》、《建立省“扫黄打非”工作联系点的通知》、《出版物市场监督员工作细则》、《进一步加强“扫黄打非”信息报送工作的意见》等，以便及时反馈基层“扫黄打非”工作情况，为领导决策和加强全省“扫黄打非”监督与管理工作提供服务。

加强舆论引导。年初，省“扫黄打非”办公室牵头组织新闻媒体和网站，开设专栏，公布“扫黄打非”相关成员单位举报电话，组织各市和省直“扫黄打非”部门开展了集中宣传活动；召开新闻发布会，组织安徽日报、省电台、电视台等省级媒体，对全省“扫黄打非”工作阶段性成果进行宣传。2011年2月，省“扫黄打非”领导小组办公室牵头，组织开展了向全省手机用户发出“文明用手机、3G更文明”的倡议活动。4月，在“安徽戏曲音像正版示范一条街”开展了“支持正版、绿书签行动”宣传，并与经营户代表一起张贴《我需要你们的支持！正版需要我们的支持！》、《反盗版爱电影》、《拒绝盗版保护电影》、《加入绿书签、分享正版生活》等“绿书签行动”宣传画。同时，在省会城市24条公交线路的100台公交车车厢上，打出“扫黄打非”公益广告，张贴宣传漫画，对“扫黄打非”专项行动进行宣传，营造加强文化市场监督与管理、反对侵权盗版的浓厚氛围。

【文化执法概况】2008～2011年，全省各级文化执法部门共出动执法人员124万人次，检查各类文化经营单位105万个次，查处违规经营场所2.4万个次，停业整顿4600个次，吊销许可证1200个，罚款2700万元，收缴各类非法音像制品180万件（张），收缴赌博游戏机（电路板）1.1万台（块），取缔“黑网吧”、“黑电玩”1700个。

2009年，省文化市场局获全国“扫黄打非先进集体”称号；2010年，省文化厅获全国“文化市场综合执法十大先进单位”称号；2011年，在全国文化市场综合执法考评中，安徽省文化市场平安建设考评为满分100分。

【建党90周年文化市场专项保障行动】2011年5月5日至8月31日，在全省范围内开展建党90周年文化市场专项保障行动。重点清理演出、娱乐、出版物、网吧、网络音乐和网络游戏等市场，重点查处含有国家法律法规禁止内容的文化产品和有害信息，重点打击制售政治性非法出版物、侵权盗版出版物及色情低俗演出活动，重点整治非法文化产品生产制作源头、复制印刷环节、流通传播渠道和集中经营场所。全省各级文化执法部门共出动执法人员34万人次，检查各类文化经营单位29万个次，查处违规经营场所4200个次，停业整顿900个次，吊销许可证400个，罚款700万元，收缴各类非法出版物80万盘（册），收缴赌博游戏机（电路板）3200台（块），取缔“黑网吧”、“黑电玩”700个。出动检查人次比上年增长25.6%，查处违规经营场所增长15.4%。

【互联网文化非法经营活动专项整治行动】据文化部关于查处违法网络文化经营查禁目录通知，对涉及本省的“世事游悠网”、“我的网站”等10多个从事互联网文化活动的违法网站予以关闭，对40多种非法游戏予以查处。利用“净网先锋”监管平台，将文化部通知中所列51种违法游戏和低俗网站在省级平台上列入黑名单，用技术手段封堵其进入网吧的通道。召开互联网文化企业负责人培训会，部署开展网络游戏未成年人家长监护工程。办理“天地人音乐网”、“新萤火虫网”网络文化案件，并采取以案代训方式培训了内蒙古、新疆、西藏、天津、甘肃以及省内的网络执法骨干。

【文化市场知识产权保护专项执法行动】为推动全省打击侵犯知识产权和制售假冒伪劣商品专项行动深入开展，制定全省文化市场知识产权保护专项执法行动方案，成立执法行动领导小组，以打击网络游戏、网络音乐、网络动漫、电子游戏及卡拉OK歌曲等的侵权盗版行为为重点内容，以合肥、蚌埠、阜阳、芜湖、安庆市为重点地区，全面开展专项检查行动，重点检查了游艺娱乐、歌舞娱乐、网吧、演出、网站、美术品、动漫游戏等经营场所。芜湖市查处销售非法音像制品案等4起大案，收缴30多万张非法音像制品。蚌埠市查处2起淘宝网案。合肥市破获2起非法出版物案，收缴非法出版物2万多册。

【演出和娱乐市场专项整治】下发《关于加强近期文化市场监管工作的紧急通知》、《关于切实履行监管职责全面加强演出市场管理的通知》等文件，组织各地集中开展演出市场检查，从严格市场准入、加强演出活动审批、演出活动现场监管等方面进行全面排查梳理。合肥市查处一起非法涉外演出活动，处罚5万元。阜阳市和巢湖市、临泉县、全椒县、天长市等地都严格规范演出市场，取缔非法营业性演出活动。

各地对歌舞娱乐场所播放的曲库内容进行重点监管，查处违禁曲目，删除曲库中存在的淫秽、低俗等违禁违法歌曲。池州市开展为期3个月的娱乐市场阳光整治行动，滁州市取缔10多个无证照歌舞娱乐场所，祁门县制定5项措施加强歌舞娱乐场所从业人员管理。针对游艺市场无证经营和涉赌机型问题，马鞍山、池州等地会同公安、工商等部门联合执法，开展打击整治行动。

【文化市场培育】鼓励国有文化企业进入农村文化市场，新华发行集团旗下的皖新网络科技有限公司成立，该企业为省级网吧连锁企业。2011年，在全省乡镇设立网吧直营门店50个，集新华书店便民店、农家书屋和皖新网吧为“三合一”的农民文化家园正在构建中。“三合一”项目入选安徽省“十二五”重点文化建设项目，列入安徽省“861”行动计划项目库。

大力培育和发展演出市场，2011年全省共引进境内外优秀艺术团组260余批（次）在省城合肥和各地演出。《胡桃夹子》、《天鹅湖》、《无事生非》、《四世同堂》、《红色娘子军》、《红灯记》等一大批国内外优秀剧目引进上演，活跃全省文艺舞台，丰富群众文化生活。

实施“3311”计划，扶持民营艺术院团发展。评选表彰第三批民营艺术院团“百佳院团”。11月，举办第二届安徽省民间杂技艺术节，全省36个民营杂技院团、400多名演职员参加，60多个参赛节目同场竞技。培训经纪人200多人，新发展演出经纪机构7个。

【文化执法体系建设】进一步完善文化市场执法工作制度、激励制度和考评制度。印发《2011年全省文化市场综合执法审批许可考评细则》、《全省文化市场综合执法队伍培训规划》、《加强文化市场综合执法装备配备工作指导意见》等一系列规范性文件，推进行政执法的制度化、规范化建设。

创新文化市场监管机制，出台《关于委托乡镇综合文化站协助管理农村文化市场的通知》，发展乡镇综合文化站管理员为农村文化市场监督员，全省各地已发展乡镇文化市场监督员4000多人。进一步鼓励和推动社会力量监督管理网吧经营，至2011年底，全省“五老”网吧义务监督员已达9600多人。

实施综合执法规范化建设工程，从机构、装备、制度、能力、形象等方面全面推进规范化建设，举办多期执法人员资格认证培训和专业技能培训，开展行政审批培训，受训人员700多人次。实施全省文化市场执法培训师资库建设，组建30多人的执法培训师资队伍。

文化体制改革

【概况】安徽省不是全国文化体制改革首批综合试点省。为积累经验、加快发展，省委、省政府决定自主试点，强力推进文化体制改革。2005年初，在合肥、芜湖、安庆、淮北、黄山5个市和省直演艺院团、新安晚报社开展改革试点。2006年，增加蚌埠、巢湖两市和安徽日报报业集团、安徽出版集团、安徽新华发行集团以及省直广电系统经营性文化单位，扩大改革试点。2008年推动改革向面上拓展；2010年全面打响改革总体攻坚战，当年6月完成改革阶段性重点任务，全省初步建立有利于文化科学发展的宏观管理体制和微观运营机制。2011年4月，全国文化体制改革工作会议在安徽省召开，省及所有省辖市全部被评为全国文化体制改革先进地区并受到表彰。

2011年，是安徽省文化体制改革深入推进、取得新突破新进展的一年。按照“改革一块、巩固一块、提高一块”的要求，全省继续推进文化体制机制创新。一是巩固深化文化体制改革。华文经贸、金鹃广告等企业完成股份制改造，再芬黄梅艺术股份公司正式挂牌，安徽演出院线、安徽电影集团公司组建成立，32家报刊社转为企业。省委常委会研究通过了安徽日报报业集团分设为安徽日报社、安徽报业传媒集团公司方案。公益性文化事业单位“三项制度”改革不断深化，服务能力和水平显著提升。文化行政部门加快转变职能，文化市场综合执法队伍建设日趋完善。二是着力优化文化发展环境。深入学习贯彻党的十七届六中全会、省第九次党代会精神，研究制定安徽“十二五”时期文化改革发展规划纲要及配套政策，进一步明确文化建设的目标任务。召开加快推进文化强省建设大会，省委书记、省长出席讲话，会议规格之高、规模之大，在全省文化发展史上前所未有，具有里程碑意义。三是切实加强文化体制改革调度督查。围绕国有文艺演出院团转企改制这个重点，省委、省政府组织8个检查组，由省领导带队，分赴省直和各市检查国有文艺院团转制工作，推动落实各项配套政策，支持和促进院团加快发展。

【转企改制】在文化体制改革进程中，紧紧抓住经营性文化单位转企改制这个中心环节，按照“创新体制、转换机制、面向市场、壮大实力”的要求，积极推动全省经营性文化单位注销事业法人，完成工商注册登记，成为自主经营的市场主体。至2010年，全省出版、发行、电影生产发行放映、演艺院团、重点新闻网站等领域的15个出版社、84个新华书店、85个电影公司、86个电影院、92个国有文艺演出院团等401个经营性文化单位完成转制。同时，把转企改制与资源整合结合起来，积极推动文化资源向优势企业集中，先后成立省属报业、出版、发行、演艺、广电五大龙头集团，初步形成文化产业领军阵容。2011年，安徽省围绕培育合格市场主体，大力推进转制文化企业的公司制股份制改造。4月13日，安徽再芬黄梅艺术股份有限公司在安庆市举行成立揭牌仪式，成为全国第一个集转企改制、股份制改造和上市融资为一体的国有文艺演出院团。6月17日，金鹃广告股份有限公司在合肥举行成立揭牌仪式，标志着金鹃广告股份制改造完成。

重要文化活动

【全国文化体制改革工作会议】2011年4月30日至5月1日，全国文化体制改革工作会议在合肥举行。中共中央政治局常委李长春对会议作出重要批示，中共中央政治局委员、书记处书记、中宣部部长、中央文化体制改革工作领导小组组长刘云山及中共中央政治局委员、国务委员、中央文化体制改革工作领导小组副组长刘延东出席会议并讲话，全国人大常委会副委员长路甬祥及全国政协副主席、中国社会科学院院长陈奎元出席会议。安徽省委书记张宝顺代表省委、省政府在会上致辞，并介绍全省文化体制改革发展情况。省领导王三运、王明方、臧世凯、谢广祥出席会议。会上，中宣部、文化部、国家广电总局、新闻出版总署表彰84个全国文化体制改革工作先进地区，安徽省及所有省辖市全部受到表彰。中央文化体制改革工作领导小组成员及其办公室成员，各省区市党委宣传部长、分管副省长（副主席、副市长），全国人大、全国政协专门委员会有关负责人，中央宣传文化单位主要负责人，各省区市文化、广电、新闻出版部门负责人等出席会议。4月30日晚，省委、省政府在安徽广播电视台演播剧场为全国文化体制改革工作会议举行专场文艺晚会《春风颂》。刘云山、刘延东及全国文化体制改革工作会议的代表观看了演出。省领导张宝顺、王三运、王明方、孙金龙、余欣荣、臧世凯、王宾宜、詹夏来、倪发科、谢广祥、花建慧等陪同观看。

【“建设文化强省 加速安徽崛起”恳谈会】1月5日，安徽省委、省政府在北京人民大会堂举行“建设文化强省、加速安徽崛起”恳谈会。中宣部副部长、国家广电总局局长王太华，中宣部副部长、中央外宣办主任王晨，中宣部副部长、文化部部长蔡武，人民日报社社长张研农，国家新闻出版总署署长柳斌杰，中国文联党组书记、副主席胡振民，新华社总编辑何平，中宣部副部长蔡名照，文化部副部长王文章，国家广电总局党组副书记、副局长赵实，新华社副社长鲁炜，新华社副社长、新华网总裁周锡生，求是杂志社社长李宝善，光明日报总编辑胡占凡，经济日报社社长徐如俊、总编辑庹震，中央人民广播电台台长王求，中国国际广播电台台长王庚年，中国记协党组书记、常务副主席翟惠生，国家图书馆馆长周和平，中国人民解放军总政治部宣传部副部长黎国如等出席。省委书记张宝顺致辞，省长王三运主持会议。省领导杨多良、王明方、臧世凯、詹夏来、任海深、谢广祥及省政府秘书长梁卫国出席。中国社科院、中央电视台、《科技日报》、《工人日报》、《中国青年报》、《中国妇女报》、《农民日报》、《法制日报》、《中国经济时报》、《中国企业报》、人民网、新华网、中国网、中青网、中国经济网、中国新闻网、新浪网、网易网、搜狐网、百度网等单位负责人以及省直有关部门负责人参加恳谈会。

【全省加快推进文化强省建设大会】3月22日，省委、省政府在合肥召开全省加快推进文化强省建设大会。省委书记张宝顺、省长王三运出席会议并讲话，省领导王明方、段敦厚、徐立全、詹夏来、文可芝、朱维芳、张学平出席会议，省委常委、宣传部部长臧世凯主持会议。合肥、芜湖、亳州3市及省委宣传部、省发改委、省财政厅负责人在会上作交流发言。省辖市党委、政府主要负责同志和文化广电新闻出版局负责人，省直各单位、各大学和省属企业主要负责人，各县(市、区)党委或政府主要负责人、分管负责人等参加会议。

【组织文化企业参加第七届中国（深圳）文博会】5月13日，第七届中国（深圳）国际文化产业博览交易会在深圳会展中心开幕，安徽省以文化产业发展促进会的名义组织文化企业参加。开幕式后，中共中央政治局委员、书记处书记、中宣部部长刘云山在省委常委、宣传部部长臧世凯陪同下，参观安徽展区。中宣部副部长、文化部部长蔡武，中宣部副部长、国家广电总局局长、第七届（深圳）文博会组委会主任蔡赴朝等陪同参观。

【第三届中国国际动漫创意产业交易会】9月22日，由文化部、国家广电总局、国家新闻出版总署和安徽省人民政府共同主办的第三届中国国际动漫创意产业交易会在芜湖奥体中心体育馆开幕。全国人大常委会副委员长蒋树声宣布动漫交易会开幕。本届动漫交易会组委会主任、省长王三运，文化部党组成员、部长助理高树勋分别致辞，省委常委、宣传部部长臧世凯主持开幕式。国家新闻出版总署副署长孙寿山，国家广电总局副总编金德龙，省领导胡连松、谢广祥、张学平及省政府秘书长梁卫国出席开幕式。

【第五届中国（合肥）国际文化博览会暨2011中国工艺美术精品展览会】10月13日，由中华文化促进会、中国工艺美术学会和合肥市人民政府共同举办的第五届中国（合肥）国际文化博览会暨2011中国工艺美术精品展览会在合肥开幕。省委常委、宣传部部长臧世凯，全国政协常委、中国书法家协会副主席苏士澍，省政协副主席王鹤龄，合肥市委书记吴存荣共同启动开幕式水晶球。开幕式前，出席大会的领导和嘉宾巡视场馆。

【组织第四届中国农民歌会】10月22日，第四届中国农民歌会在安徽省滁州市开幕。全国人大常委会副委员长陈昌智宣布歌会开幕。省长王三运，文化部副部长杨志今，农业部党组副书记、常务副部长危朝安分别致辞。水利部副部长胡四一，中国文联副主席陈晓光、才旦卓玛出席开幕式。省委常委、宣传部部长臧世凯主持开幕式。省委常委、副省长余欣荣，省军区司令员许伟，省人大常委会副主任任海深，副省长谢广祥，省政协副主席张学平，省人民检察院检察长崔伟，省武警总队政委罗忠安及省政府秘书长梁卫国等出席开幕式。

【第七届中国国际徽商大会暨第十一届中国(合肥)自主创新要素对接会】11月8日，以“创新合作、共赢发展”为主题的第七届中国国际徽商大会暨第十一届中

第三届中国国际动漫交易会展览

国(合肥)自主创新要素对接会在合肥体育中心开幕。全国政协副主席何厚铧宣布大会开幕，省委书记张宝顺致开幕词，省委常委、常务副省长詹夏来主持开幕式。中国侨联主席林军、国务院发展研究中心主任李伟等国家有关部委领导，省党政军领导，爱尔兰、美国、德国、荷兰、爱沙尼亚、韩国、波兰、新加坡、伊朗、英国、澳大利亚、智利、法国、希腊、匈牙利、意大利、日本、菲律宾、西班牙等国政要、外交使节、侨领和商会负责人，世界500强企业和跨国公司的高级代表，国内有关金融机构、企业、知名高校、研究机构、文化团体的代表共4500多人出席开幕式。开幕式后，举行《江淮放歌》文艺晚会。

11月9日，省委常委、宣传部部长、副省长唐承沛在合肥天鹅湖大酒店会见境内外文化产业客商。同日，在合肥天鹅湖大酒店举行文化产业项目推介会暨签约仪式。新闻出版总署副署长孙寿山出席，唐承沛致词。省人大常委会副主任朱维芳、副省长谢广祥、省政协副主席李宏塔等出席签约仪式。安徽省推出重点文化招商项目280个，总投资198.1亿美元，涉及文化产业各大门类，涵盖动漫游戏、数字传输、文化创意、网络信息等新兴业态。会上签约项目57个，总投资529.3亿元，协议引进资金482.3亿元，分别比上届增长1.46倍、1.41倍。

【“铭传亲缘宝岛行”经贸文化交流活动】4月18～25日，安徽省在台湾举办“铭传亲缘宝岛行”经贸文化交流活动，并首次正式组织高规格、大规模代表团赴台湾访问。省长王三运率安徽访问团参加活动，省委常委、宣传部部长臧世凯，副省长花建慧及省政府秘书长梁卫国、省长助理邵国荷等一同赴台访问。4月19日，省政府在台北圆山饭店举行台湾安徽文化产业合作交流会，臧世凯出席并致辞。大会推介项目100个，总投资395.9亿元；成功签约项目19个，投资总额36.73亿元。来自台湾商界知名人士、台湾文化商会、文化企业和投资机构高管、台湾传媒界高层及各界人士近300人参加交流会。同日，在台北圆山饭店举行了“画里安徽”书画展。安徽省省长王三运、中国国民党荣誉主席吴伯雄一同参观书画展，并观看书画艺术家的现场表演。安徽省领导臧世凯、花建慧、梁卫国、邵国荷，海基会副董事长高孔廉，台湾企业界和文化界知名人士参观了书画展。

【重大调研考察活动】10月8～9日，省长王三运在省委常委、宣传部部长臧世凯，副省长谢广祥等陪同下，到安徽广电传媒产业集团、安徽日报报业集团、安徽广播电视台、安徽出版集团、安徽演艺集团及合肥市演艺公司、长丰县杨庙镇综合文化站、合肥市经开区芙蓉社区文化活动中心等省直和基层宣传文化单位，专门就文化改革发展工作开展走访调研。

3月25日，省委常委、宣传部部长、省文化体制改革领导小组组长臧世凯率省直有关部门负责人到省徽京剧院、省黄梅戏剧院、省歌舞剧院和省演出总公司调研，检查省属文艺演出院团转企改制工作。当月，省文化体制改革领导小组办公室与省委督查室联合开展全省国有文艺演出院团转企改制工作检查，由领导小组成员带队，组成8个检查组，对省直和各市国有文艺演出院团转企改制工作进行了检查。

4月6～14日，驻辽宁全国政协委员考察团先后对合肥、安庆、池州、黄山等地文化产业发展情况进行考察，并与有关部门就加快文化产业发展问题座谈交流。省委副书记、省政协主席王明方，全国政协外事委员会副主任杨多良会见考察团一行。省委常委、宣传部部长臧世凯，省政协副主席郑牧民、刘光复、沈素琍、李宏塔分别参加座谈或陪同考察。

4月13日，省委常委、宣传部部长臧世凯率省直部分单位负责人深入桐城市调研，实地考察了孔城老街、龙眠河黄梅飘香景区，详细了解文化旅游资源开发利用情况，对桐城市在城市开发

铭传亲缘宝岛行

建设中注重历史文化遗产保护、融入黄梅戏等地方文化元素给予充分肯定。

7月5～6日，省委常委、宣传部部长臧世凯率省直宣口有关单位负责人到芜湖市考察调研。臧世凯一行实地考察正在运营和建设中的华强文化科技产业园，详细了解我国第四代动漫主题公园新标志“方特梦幻王国”设计创意、自主研发和运行经营情况，并到方特卡通、方特影视摄影基地与动漫设计和基地管理人员作深入交流。

12月7日，省委常委、宣传部部长、副省长唐承沛出席安徽日报报业集团亳州晚报社揭牌仪式。这是安徽省文化改革发展的又一生动实践，开辟了市级党报加入省级党报新路径、新模式。在亳州期间，唐承沛一行考察了亳州晚报社、亳州广播电视台、亳州博物馆等宣传文化单位。

12月22日，省委常委、宣传部部长、副省长唐承沛在安庆市太湖县考察五千年文博园，调研文化产业发展。省委宣传部及省文化厅、新闻单位有关负责人随同考察调研。

文化设施建设

【公共文化设施建设】2011年，全省实施文化基础设施建设项目425个，建筑面积达186万平方米，总投资17.13亿元，当年完成投资7.62亿元。列入省“861”项目的安徽省文博园计划投入7亿元，当年完成投资1亿元，省博物馆新馆当年9月建成并免费开放。安徽艺术职业学院新校区建设计划投资1.6亿元，当年完成投资4000万元并建成投入使用。规划建筑面积约2.6万平方米的省美术馆、省书画院、省考古所科研楼和省美协、书协业务用房“三体合一”工程项目立项。

2011年，文化部“县级两馆维修改造达标项目”继续实施，全省41个县级图书馆、文化馆当年完成工程投资4410万元。文化部“十二五时期乡镇综合文化站建设项目”扎实开展，全省583个纳入省政府民生工程的乡镇综合文化站建设项目全部建成，实际完成投资3.13亿元，超过计划投资34.4%。28个市级文化设施项目列入文化部“全国地市级公共文化设施建设项目”规划，计划投资9.15亿元，其中中央财政补助4.36亿元。9个市公共图书馆、8个市文化馆、7个市博物馆列入新建项目；2个市公共图书馆、2个市文化馆列入改扩建项目，同步推进。

皖西博物馆新馆、滁州美术馆建成开馆，黄山市图书馆交付使用。砀山县综合文化项目（博物馆、文化馆、图书馆和剧场等）、无为县新建图书馆、枞阳县新建县文广中心、琅琊区新建文化馆等成为各地新的文化标志性工程。宣城市图书馆新馆、宿州市文化艺术中心、池州市“三馆”（图书馆、博物馆、文化馆）、合肥市博物馆、滁州市博物馆、芜湖市博物馆工程相继开工。铜陵市、蚌埠市、安庆市、繁昌县博物馆新馆工程进展顺利。绩溪县、南陵县、凤阳县、砀山县、来安县等县博物馆立项新建。

全省新增图书馆12个，分别是淮北市杜集区图书馆、相山区图书馆、烈山区图书馆，阜阳市颍东区图书馆，芜湖市镜湖区图书馆、三山区图书馆，铜陵市狮子山区图书馆、郊区图书馆，宣城市宣州区图书馆，安庆市宜秀区图书馆，黄山市图书馆、歙县少儿图书馆。

全年新增17座博物馆，分别为淮北国家矿山博物馆、太和县博物馆、黟县柯村暴动纪念馆、六霍起义纪念馆、泾县茂林三吴纪念馆、安庆市赵朴初故居陈列馆、陈独秀纪念馆、黄山市黄山区奇石博物馆、黄山市乌金园文化博物馆、黟县金星民间博物馆、谢裕大茶叶博物馆、安徽省祁门红茶博物馆、南陵丫山奇石博物馆、南陵丫山民俗文化馆、马鞍山市德化堂古床博物馆、黄山区民间博物馆、临泉毛笔博物馆。

截至2011年末，全省共有公共图书馆100个、文化馆120个、乡镇（街道）综合文化站1410个、各级各类博物馆137座。经文化部、国家文物局综合评估，32个图书馆为等级馆，其中一级馆5个，二级馆4个，三级馆23个；全省66个文化馆为等级馆，其中一级馆8个，二级馆11个，三级馆47个；全省22个博物馆为等级馆，其中一级博物馆1个（安徽省博物院）、二级馆4个、三级馆17个。

【投资概况】2006年至2011年12月底，安徽省文化产业重点招商活动累计签约项目430个，投资总额1823亿元，协议引进资金1530亿元。已履约项目240个，投资总额857.68亿元，累计完成投资256.24亿元。其中2011年新增到位资金116.56亿元，比上年增长1.05倍。

已履约的240个项目中，建成投入使用项目82个，完成投资86.13亿元；已批注册项目124个，完成投资162.44亿元；正在报批项目34个，完成投资1.3亿元。据统计，履约率最高的招商活动是2010年徽商大会，已履约项目64个，履约率为80%；资金到位率最高的是2007年徽商大会，已到位资金38.73亿元，资金到位率为54.77%。

【重大项目进展情况】2011年，全省列入“861”行动计划的文化产业项目256个，总投资2036亿元，当年计划投资167.94亿元。全年累计完成投资195.82亿元，比上年增长6.77%。

项目开工平稳增长，资金到位逐渐提速。2011年项目开工数和资金到位速度不断提升，季度投资平均增长率22%；全年开工建设131个项目（含续建项目），为年度计划的108.26%。

文化用品、文化休闲旅游、文化体育基础设施、文化艺术及文物保护类项目投资计划完成率较高。据统计，2011年文化用品及设备生产销售类项目完成投资19.48亿元，为年度计划的335.86%；文化旅游、休闲娱乐类项目完成投资67.78亿元，为166.33%；文化体育基础设施类项目完成投资30.72亿元，为106.78%；文化艺术、文化保护开发类项目完成投资46.24亿元，为104.85%；广播影视、出版发行类项目完成投资16.72亿元，为77.19%；网络文化、会展类项目完成投资14.88亿元，为55.42%。

各市投资计划完成率较高，省直单位项目投资进一步加快。2011年各市列入“861”行动计划的文化产业项目共210个，计划竣工项目6个，计划新开工项目44个，年度计划投资127.76亿元；已竣工项目3个，新开工项目44个，完成投资169.07亿元，分别为年度计划的50%、100%和132.33%，其中淮南、铜陵、宣城等11个市完成或超额完成投资计划。省直宣口单位列入“861”行动计划的文化产业项目共46个，2011年计划竣工项目1个，计划新开工项目13个，年度计划投资40.18亿元；当年新开工项目9个，共完成投资26.75亿元，分别为年度计划的69.23%和66.57%。

【基层文化设施建设】2011年，安徽省文化系统紧紧抓住“十二五”开局和六中全会召开的历史机遇，大力度大项目推进省、市、县、乡、村五级文化基础设施网络建设。积极协调推进省美术馆项目，落实安徽艺术职业学院新校区科研综合楼补助资金。实施县级文化馆、图书馆维修改造，一批标准高、功能全、设施新的图书馆、文化馆投入使用，在文化部评估中达标升级。与2007年的文化馆评估定级结果相比，上等级馆总数增加两倍，上等级率在全国前进7个位次。全省11个市级图书馆、11个市级文化馆、6个市级博物馆列入“十二五”全国地市级公共文化设施建设项目储备库，国家补助资金4.36亿元。

2011年，广播电视“村村通”提前启动。该项工程中央当年投资1500万元，省级配套3536万元，全省共完成4507个村的有线联网建设任务，有线联网完工率100%。至12月下旬，全省27002套直播卫星接收设备全部安装到户，设备安装完成进度居全国第一。采取有线联网、直播卫星接收等多种方式，提前高质量完成2011年村村通各项工作任务。其中，采用有线联网方式的自然村可接收30套以上电视节目和数套广播节目；采用无线覆盖方式的自然村可接收8套以上电视节目和4套以上广播节目；采用直播卫星方式的自然村可接收47套高清晰电视节目和60多套广播节目，远远高于国家规定的“8+4”建设标准，做到可看节目多，收视质量好，群众满意度高。9月21日《人民日报》第6版以《安徽实施广播电视村村通工程、农村电影放映工程——让村里日子也精彩》为题，报道本省广播电视村村通工程实施以来广大农村群众精神文化生活发生的巨大变化。12月28日，国家广电总局网站刊登题为《安徽顺利完成2011年‘村村通’工程建设任务并启动验收工作》的文章，对本省2011年“村村通”工作成绩予以充分肯定。

【文化信息化建设】文化信息资源共享工程全面推进。一是抓重点，加快县级支中心建设。根据工程建设规划，本省在试点的基础上，2008～2010年分年度建设105个县级支中心。每年年初召开会议布置建设任务，组织开展业务技术培训，强化督查指导。截至2010年底，全省105个县（市、区）县级支中心全部建成。二是破难点，推进乡镇、村基层服务点建设。在乡镇服务点建设上，采取与乡镇综合文化站统筹建设的办法，所有新建乡镇综合文化站内均开通文化共享工程网络，每站设置文化信息资源共享室。制定下发《安徽省文化信息资源共享工程乡镇基层服务点配置标准》，在每站10万元内部设施设备配置经费中安排3万元专门用于购置文化共享工程设备，有效地提高了农村文化数字化水平。村级服务点面广点散，文化部门单独建设难度大。经与省委组织部会商，决定文化信息资源共享与省党员远程教育两项工程整合共建，实行“一站（点）两牌”，实现党员远程教育与文化共享工程互联互通、共建共享。通过整合共建，2008年全省文化共享工程实现村村通、全覆盖，提前完成文化部共享工程“十一五”村村通目标。2009年，利用中央财政村级点完善经费和省财政配套经费，为全省17658个村级服务点全面升级设备。截至2011年底，全省已建省级分中心1个、市级支中心9个、县级支中心105个，乡镇、村级服务点全覆盖，城乡文化信息服务网络初步形成。

公共电子阅览室建设先行先试。公共电子阅览室建设是“十二五”期间文化信息资源共享工程延伸项目，本省被文化部列为全国首批9个试点省之一。省文化厅确定铜陵市、芜湖市和宁国市为试点地区，落实省级试点经费。通过试点，一是建设一批规范化的公共电子阅览室。按照地市级不少于40台，县级不少于25台，乡镇、街道、社区不少于10台，行政村不少于5台电脑终端的标准配置设备，以宽带形式接入互联网，改造配套设施，建设规范化的公共电子阅览室。二是推进免费开放。各试点的公共电子阅览室向未成年人及社会公众免费开放。三是丰富数字资源供给。2011年5月文化部在山东青岛召开公共电子阅览室建设试点工作现场经验交流会，本省作典型发言。

【文化民生工程】省文化厅积极与省财政厅、省民生办沟通协调，“三馆一站”免费开放、城乡文化活动室建设、公共文化服务信息化建设、乡镇综合文化站建设工程等4个项目，列入省政府批准的《安徽省民生工程“十二五”规划》。文化信息资源共享工程省分中心、市县支中心、乡镇和村基层点基本建成，覆盖城乡，群众得实惠，在全国领先。

文化惠民活动蓬勃开展。一是中国农民歌会“创出来、立起来、传开来”，成为全国性的文化品牌。2008年首创，连续4年成功举办，每届歌会开幕式演出均由安徽电视台直播，并在中央电视台播出。中国农民歌会坚持“唱农民、唱农村，农民唱、大家唱”，坚持“全国性、创新性、参与性、系列性”，坚持“创新歌、唱新歌、留新歌、传新歌”，坚持“农味、民生、丰收、喜乐”的理念和特色，成为中国农民歌手展示才艺的大舞台、中国民间艺术交流融合的大平台、中国农村改革发展成就的大展台，成为落户安徽、面向全国、具有示范性、导向性、代表性的公共文化服务名牌。2010年获文化部第15届群星奖。2011年11月29日，省委书记张宝顺在《第四届中国农民歌会总结》上作出批示：“总结经验，把这个面向广大农民、农村的国家级文化品牌办好，办出特色。”中国农民歌会获第四届文化部创新奖特等奖。二是全省群众文化活动遍地开花。全省各地利用传统节庆，纷纷举办广场演出、专场演出、书法、美术展览等文化活动，社区特色文化丰富多彩，活跃人民群众文化生活，在服务社会的同时扩大文化的影响。

广播影视民生工程取得新进展。一是广播电视“村村通”工程走在全国前列。全面完成“十一五”广播电视“村村通”工程省级验收工作和国家下达2011年度7072个20户以下已通电自然村村村通广播电视建设任务。二是大力推进和实施农村电影放映工程。据统计，全年全省共组织放映农村公益电影28.82万场，观众达到6146万人次。同时各地还开展中小学爱国主义教育影片放映，开展“庆祝中国共产党成立90周年优秀广播影视剧小说展映展播活动”和全省农村地区“新中国暨安徽电影选粹回顾展映活动”。农村公益电影放映把党的温暖、政府的关心、电影人的情义送到了农村千家万户，受到广大农民群众的热烈欢迎。

省新闻出版系统全年建成农家书屋6924个。4月份，全省组织开展农家书屋工程宣传月活动，利用广播、电视、报纸、网络等媒体宣传农家书屋工程政策措施，报道农家书屋工程在繁荣农村文化生活、建设新农村中的独特作用。黄山、合肥、六安等市通过编印连环画、动漫片、扑克牌，组织文艺演出、放映电影等通俗易懂的形式，深化农家书屋宣传，提高农家书屋知晓度，扩大农家书屋社会影响。《中国新闻出版报》、《安徽日报》、安徽电视台等省内外媒体对安徽农家书屋建设情况进行宣传报道。其中《中国新闻出版报》发表的《让越来越多的人走进书屋尝“甜头”——安徽为农民提供贴心服务》的大篇幅报道影响广泛。

精神文明建设

石海松题

□ 综　　述

□ 群众性文明创建

□ 道德模范

综 述

【精神文明建设概况】省委、省政府一直高度重视精神文明建设，以思想道德建设特别是社会公德、职业道德、家庭美德、个人品德教育为主线，以创建文明城市、文明村镇、文明单位为主要载体，持之以恒推进群众性创建活动。从1982年2月省委发出《关于开展"五讲四美"、"全民文明礼貌月"活动的通知》，到文明城市、文明村镇、文明单位创建活动方兴未艾，群众性精神文明创建在服务大局、服务群众中创新发展，形成了全面覆盖、整体推进的良好发展态势。徐辉、李玉兰等8人先后获全国道德模范称号，一大批村镇、单位受到中央文明委表彰，马鞍山市率先在中部地区获全国文明城市称号，合肥、淮北、铜陵、芜湖市获得全国文明城市提名资格城市称号。2011年，全省精神文明建设坚持以科学发展观为统领，以建设社会主义核心价值体系为根本，贯彻落实党的十七届六中全会和省第九次党代会精神，各项工作在拓展中深化、在改进中创新，成果丰硕，展现出良好的发展态势，营造了良好的社会环境。

【学习、评选身边好人】坚持开展月评"精神文明建设十佳事迹"，开展"我推荐、我评议身边好人"活动，187人入选"中国好人榜"，连续4年居全国榜首。"安徽好人"现象引起全国关注，合肥磨店刘士圣、李孝香两户人家以德报德、"A型血互助团"爱心接力，马鞍山女孩杨蓉割肝救母等事迹引发社会道德共鸣，展示了厚德安徽的美好形象。淮北、合肥先后承办全国道德模范与身边好人现场交流活动，《人民日报》、中央电视台等主流媒体现场报道，人民网、新华网、中国文明网等重要新闻网站视频直播，产生广泛影响。

【道德模范推荐评选】组织全省道德模范推荐评选，20人当选第二届全省道德模范；学习推荐全国道德模范，沈浩、刘丽、胡文传、王现伟等4人获得第三届全国道德模范称号，入选人数居全国第一，央视《焦点访谈》栏目以安徽为视角总结全国道德模范评选工作。编创全国道德模范"故事汇"赴基层巡演30多场，与《光明日报》合作创办思想道德建设"合肥论坛"，争取中央和省级专项资金81万元，资助36名生活困难的道德模范和"中国好人"，动员文明单位和爱心企业结对帮扶生活困难模范人物。

【江淮志愿服务】发挥文明办牵头、协调作用，帮扶空巢老人、残疾人、农民工和留守流动儿童，培育打造以徐辉、余瑞青等道德模范命名的志愿服务品牌。深入推进江淮百万志愿者和谐行动，开展月评"我最喜爱的江淮志愿服务"优秀典型，姜轩发、程新如、傅强、贾志茹等4人当选全国百名优秀志愿者，"大爱中环"志愿服务团获全国十大优秀志愿服务组织称号。

【未成年人思想道德建设】拓展未成年人校外活动场所，争取中央资金2680万元，建成乡村学校少年宫67所，地方配套建成145所。农村留守儿童民生工程建设加快实施，县区青少年活动中心建设和管理不断加强。深入推进西部开发助学工程、希望工程和春蕾计划。中华经典诵读展演在18个省级基地开展，首届省优秀童谣征集传唱活动吸引近100万中小学生参与，"童心向党"歌咏活动获得广泛好评，"我们的节日"等主题实践活动深入开展。马鞍山市获全国未成年人思想道德建设工作先进城市称号。

【文明创建宣传】11家中央媒体和省主要媒体2次聚焦淮北，集中报道淮北市以文明创建促城市转型的经验做法。省主要媒体常态开设文明创建宣传专栏专题，率先在全国推出道德建设新闻栏目，"讲道德、学模范、促文明"领导访谈、"安徽好人"等栏目成为传播文明、引导舆论的宣传品牌。安徽文明网建设稳步发展，在中国文明网联盟年度测评中名列第一，多次应邀在全国会议作典型发言，本省网上创建活动和网络志愿者工

道德模范受表彰

作走在全国前列，联合腾讯网开展“道德之光耀江淮·微访谈”活动，得到群众广泛参与，受到中央文明办的肯定。

【“全国道德模范故事汇”基层巡演】11月6～29日，安徽省“全国道德模范故事汇”基层巡演团先后赴淮北、阜阳、蚌埠、滁州、黄山、芜湖、铜陵、安庆等地，演出近10场，现场听众达3万多人。安徽省全国道德模范徐辉、何涛、胡文传、王现伟，全国道德模范提名奖获得者刘磊、何志城、方海鹰、刘琼等参加巡演。巡演中，曲艺演员以朗诵、情景剧、大鼓等形式再现了道德模范的感人事迹。配乐朗诵《你就是春雨》讴歌了全国道德模范沈浩的为民爱民、无私奉献精神；故事《生命的接力》讲述了全国道德模范提名奖获得者曹军、卢帅舍身救人的英雄事迹；情景剧《让未来永远铭记红旗的来历》讲述了全国道德模范提名奖获得者何志城老人37年间走遍30个省、市、区近900个县，义务宣讲革命先烈事迹8000多场的动人事迹；安徽大鼓《义薄云天胡文传》讲述了全国道德模范胡文传的感人故事。巡演活动感染了现场的每一位观众。

群众性文明创建

【概况】2011年，组织参与第三批全国文明城市、文明村镇、文明单位推荐评选活动，其中马鞍山市以优异成绩蝉联全国文明城市，铜陵市跻身国家卫生城市，合肥、淮北、芜湖、铜陵获得全国文明城市提名。铜陵县、繁昌县、歙县蝉联全国文明县城，芜湖县、肥西县、霍山县、凤台县跻身全国文明县城。有58个村镇、110个单位获全国表彰。10个城市、24个县城和1187个单位文明创建工作受到省委、省政府通报表彰。

【马鞍山蝉联“全国文明城市”称号】马鞍山市明确“促进全面文明，塑造全体文明，推进全域文明，构建全程文明”的创建目标，一切从群众的利益和需求出发，把创建全国文明城市作为提高市民素质的重要途径、造福人民群众的重要载体、创新社会管理的重要抓手、推动科学发展的重要推手，在第一、二批全国文明城市复查考评中取得地级市第4名的成绩，继2009年获得“全国文明城市”称号后，再次获得此荣誉。

【铜陵获“国家卫生城市”称号】围绕创建国家卫生城市，历时3年，投入资金13.8亿元。通过舆论宣传，提升群众参与度；实施“惠民、便民、育民、亲民”四大工程，提升市民满意度。在健康教育、市容环境卫生、环境保护、公共场所和生活饮用水卫生、传染病防治、病媒生物防制、食品安全、城中村和城乡结合部卫生、单位和居民区卫生等方面取得成效，保障了人民群众健康，创建工作得到全国爱卫办的肯定。6月，铜陵被中国社科院评为安徽省幸福感指数竞争力最强城市。11月，全国爱卫会办公室发布《全国爱卫会关于命名2009至2011年度国家卫生城市(区)的决定》，铜陵市被命名为国家卫生城市。

【农村文明创建】省文明办出台加强新形势下农村精神文明建设工作《实施意见》，突出乡风文明和村容整洁，加快实施“千村百镇示范工程”，广泛开展爱国卫生运动，拓展农村“四创”（创建清洁工程示范村、文明生态村、绿色小康村、移风易俗示范村）活动，建成一大批清洁工程示范村、文明生态村、绿色小康村、移风易俗示范村。服务皖北振兴，推动皖北和省界沿线改善人居环境，树立安徽形象。坚持以城带乡，广泛开展矿镇共建、军警民共建、村企共建和文明单位结对帮扶，推进城乡创建协调发展。

【文明行业创建】当年全省实施文明交通行动计划，整治超载、酒驾等重点工作取得新突破，“微笑服务、温馨交通”成为全国交通运输文化首推品牌；深入开展“百城万店无假货”、“重合同守信用”评选活动，推动企业践行社会责任；举办每周一期“政风行风热线”直播活动，有49位厅局长走进电台，与群众沟通交流。青年文明号、五好文明家庭、婚育新风进万家创建活动深入推进，好婆婆好媳妇、十佳母亲评选活动广泛开展。省直各单位把文明创建与效能建设、创先争优、打造书香机关相结合，广泛开展经典天天读、红歌大家唱、全民健身、五爱红色短信传递等活动。

【妇联文明创建及志愿服务行动】2011年，全省妇联组织开展学习型家庭、平安家庭、绿色低碳家庭和美德在农家等创建活动，走进学校和社区举办家庭教育培训会及报告会3400多场。启动“社区巾帼志愿服务行动计划”，在全省30个社区开展巾帼志愿服务示范工作。截至年底，全省共组建巾帼志愿者队伍3429支，巾帼志愿者11.4万多人，逐步建立起“服务一个妇女、温暖一个家庭、和谐一个社区”的工作理念。

道德模范

沈　浩　萧县人，1964年5月出生，1986年7月加入中国共产党，同年参加工作，先后任安徽省财政厅副主任科员、主任科员、副调研员。2004年2月，作为安徽省选派干部，到凤阳县任小溪河镇党委副书记，小岗村党委第一书记、村委会主任。他工作出色，在群众中威信高，小岗村村民两次在他3年选派任期将满时集体摁手印要求他留任。他舍小家顾大家，毅然决定留下。 6年来，小岗村步入了发展快车道，2008年人均纯收入达6600元，是2003年的2.87倍。2009年秋，他选派任职第二个3年又要到期，小岗人按下186个红手印再次挽留。11月6日，沈浩因积劳成疾，猝死在工作岗位上，年仅45岁。中央组织部追授他“全国优秀共产党员”称号，中央组织部、人力资源和社会保障部、国家公务员局追授他为全国“人民满意的公务员”称号。2011年当选第三届全国敬业奉献道德模范。

刘　丽　颍上县古城乡人，2000年，刘丽来到厦门一家足浴城当足底按摩师，月收入3000元，她把所得大部分用来资助贫困学生，前后资助家乡20名贫困大学生。从2006年起，又通过厦门市妇联，在同安一些中小学校作一对一资助，资助的人数从三五个增加到数十个。加上一次性的资助，刘丽以她微薄的收入，帮助上百个孩子圆了读书梦。其事迹在厦门广为流传，被誉为“中国最美洗脚妹”。入选“感动中国2010年度人物”。2011年当选第三届全国助人为乐道德模范。

胡文传　长丰县岗集镇大窑村村民。2002年6月8日，胡文传独生儿子和4名小伙伴同时落水，听到呼救的胡文传，不顾一切冲进水里，手拽背驮着4个孩子游向岸边。当他再返回时，儿子却停止了呼吸。2007年，他刚出生的小女儿明娜又被诊断患有严重的先天性心脏病，两次手术都没有挽留住生命。胡文传忍住悲痛，在医院签署了捐献小明娜眼角膜的志愿书，两名患者接受捐献后重见光明。2009年8月21日，胡文传在器官捐献志愿书上签下自己的名字，并志愿加入眼角膜捐献劝导志愿者队伍，为需要眼角膜的患者重见光明而尽一己之力。2011年当选第三届全国见义勇为道德模范。

王现伟　安徽某预备役师步兵一团副参谋长。2006年11月20日，他的妻子突患爆发性全身血栓。面对病危通知书，王现伟不抛弃不放弃，借债医治，终于将妻子从死亡线上拉了回来。妻子出院后，王现伟每天为她按摩擦洗，穿衣喂饭。在他的悉心照料下，全身瘫痪的妻子逐渐恢复知觉，能够缓慢行走。而同时，他从不因家庭困难向组织上提出任何要求，先后执行重大军事演训任务20余次，承担抗洪抢险等急难险重任务10多次，在军事刊物发表12篇研究文章，被省军区表彰为“践行当代革命军人核心价值观先进个人”。2011年当选第三届全国孝老爱亲道德模范。

安徽省道德模范巡讲团在合肥市巡讲

附：第二届安徽省道德模范名单（共20名）

一、助人为乐模范

刘　丽（女）　颍上县农民，现任福建省厦门市名悦休闲有限公司技术总监。

查文红（女）　上海人，在砀山县曹庄镇魏庙小学义务支教。

刘　磊　岳西县毛尖山乡村民。

徐国军　蚌埠市徐氏贸易公司总经理。

二、见义勇为模范

宣城市8·17英雄群体　曹军生前系宁国市森林公安分局狮桥森林公安派出所副所长，卢帅生前系安徽涉外经济学院大二学生，张志骅、项文斌、张红兵、缪学兵均为宁国市中溪镇凤凰村村民，阮国健为狮桥森林公安派出所干警，方家顺为中溪派出所副所长。

姚延顺　肥东县撮镇镇桥头饭店业主。

张　磊　生前系繁昌县公安局横山派出所干警。

吴玉民　无为县人民医院车辆管理员。

三、诚实守信模范

何志城　南陵县何湾镇丫山村人。

方海鹰　皖能铜陵发电公司

检修分公司国电项目部经理。

水巨洋　凤阳县巨洋批发部经理。

房　玫（女）　安徽师范大学政法学院教授。

四、敬业奉献模范

沈　浩　生前系安徽省财政厅干部、凤阳小岗村党委第一书记。

任　影（女）　临泉县城关镇希望小学校长。

刘伟民　亳州市农科所副所长。

王坤友　无为县新安村党总支书记。

五、孝老爱亲模范

王现伟　现任安徽某预备役师步兵一团副参谋长。

刘琼、符茂国夫妇　霍山县诸佛庵镇桃源河村村民。

黄　凤（女）　五河县申集镇黄李村学生。

田建园　淮北矿业集团公司芦岭煤矿工人。

附：第二届安徽省道德模范提名奖名单（共31名）

一、助人为乐模范提名奖

汪雪艳（女）　淮南市公安局刑警支队反扒大队教导员。

孙赓祥　原为蒙城县下放知青，现任上海祥龙置业投资有限公司董事长。

李东华　绩溪县金沙镇人，2002年受聘为杭州市御道社区卫生服务站站长。

赵金霞（女）　芜湖市弋矶山医院护士。

姚　勇　淮北市顺达商贸集团公司董事长。

贾贤海　合肥市包河区骆岗司法所副所长。

二、见义勇为模范提名奖

方丹英（女）　铜陵市玉成出租车公司驾驶员。

王贻贵　生前系六安市叶集实验区东楼村村民。

刘开瑾　新疆人，生前系重庆信息技术职业学院大一学生。

胡　健　生前系桐城市新渡镇永久村村民。

倪世华　生前系铜陵市郊区大通镇金华村村民。

徐明宏　生前系淮南市潘集区祁集乡祁集村村民。

三、诚实守信模范提名奖

刘　亮　阜南县地城邮政支局业务员。

李祥斌　合肥公交集团五车队驾驶员。

欧兴田　固镇县任桥镇清凉村村民。

高玲玲　马鞍山市特殊教育学校教师。

黄克胜　六安市金安区东河口镇毛岭村村民。

钱金棠　黄山市歙县璜田乡白沙湾村村民。

四、敬业奉献模范提名奖

张宁海　生前系黄山风景区公安局温泉派出所民警。

王世杰　生前系淮南市检察院检察员。

江锡元　生前系东至县农业技术推广中心土肥站站长。

赵立业　皖北煤电祁东煤矿水泵工。

杨　刚　合肥市文广新局戏剧艺术研究室编剧。

吴勇祥　生前系望江县高士镇佩山村党支部书记。

曾　光　生前系安徽省预备役师原工兵营营长。

五、孝老爱亲模范提名奖

石秀琴（女）　安徽师范大学物理与电子信息学院学生。

吴志珍（女）　郎溪县粹民中学学生。

张　艳（女）　宿州市工商局宿城分局祁县工商所办事员。

沈锡美（女）　定远县藕塘镇大兆村农民。

周鸿艳（女）　铜陵市汽运总公司员工。

胡以兰（女）　石台县七都镇伍村计生专干。

附：安徽省入选“中国好人榜”人员名单（2008～2011年共463人）

2008年（92人）

助人为乐：黄国强　唐光生　杨法山夫妇　朱兴剑　王利华　吴青山　薛金霞　王　星　丁　磊　刘美娟　吴恩泽　王家玉　汤传芳　傅　强　江远生　王明林　徐红云　赵金霞

见义勇为：桂定好　罗取明（胡本才等）史德义　唐立超　汪开祥　王树森　张书婷　吴建国　胡文传　谢学台　周　飞　迟利山　房兴树　石　峰　马　峰　赵玉富　于少甫　李强豹（陈小超）　赵　鑫　席玉乐　杨静玉　张　青　万甫兴　朱　彬

诚实守信：高如兰（陈志凤）　王声林　虞扶群　孙承佑　王冬霞　石宗宏　叶官山　韩志业　范渡华　孙益进　章王平　金道泉　雷经广　曹晓英　沈保平　何志成　杨红影　郑　重

敬业奉献：钱任举　唐新户　汪　惠　王怀燕　齐玲玲　尹同跃　胡前进　高玲玲　储木阳　芮　景　钟辣椒　郑月霞　刘伟民　高思杰

孝老爱亲：包苏氏　何　涛　吴子萍　孙冬英　曹蕴涵　薛洪梅　戴国彬　陈宗静　张玉坤　范祚来　鲁春英　王素英　孙广德　张桂英　汪千华夫妇　李红玉　张家珍　汪紫云

2009年（87人）

助人为乐:朱守其　赵秀珍　缪焕琴　陶克宝　李彦卿

彭庆英　王怀芬　王　岭
刘兆水　张秀强　胥安莉
赵　兴　方振富　孙玉安
王　利　邓　清　徐　猛
汤　峰　马义美　陈根木
王　伟　吴金清

见义勇为：戴　松（戴苗苗）　谢　松　丁　冬　孙启民
刘安峰　徐义胜　庄　峰
谢学友　周继祥　徐　龙
薛　亮（李晓）　丁震国
曹　军（卢帅）　8.17英雄群体
王　玉　蒋席军　吴启羊
周金学（周保宁　周安兵）

诚实守信：耿　静　李　鑫
杜名记　张本强　李云念

魏泽洋　马　虎　孙传金
罗　雷　刘　亮　杨永龙
倪　军　姜　纯　曹助乐
郭中干　钱金棠　谢德清

敬业奉献：贾贤海　刘明亮
葛　杨　杨经验　周志民
耿梅娜　查　李　谷永斌
孙克兰　沈　浩　易　明
方信祥

孝老爱亲：汪宏珍　刘殿真
周淑玲　徐从秀　牛素萍
许月兰　沈锡美　许光善
管金银（郑芬）　吴志珍
郑福琴　易绍琴　吴多敬
查毓明　高文兵　唐　璇
方华清　汪春霞

2010年（98人）

助人为乐：戴忠金　王传江
代　伟　王小勇　姚　勇
周　建　张　君　周凤珍
张大虎　梅艳洁　孙赓祥
张西军　张先锋等　李刚强
王文年　徐国军　杜胜明
韩增举　李振荣　姚时瑞
甘　超

见义勇为：郝飞飞（周坤）
赵瑞华　赵引红　倪　龙
孙　兴　罗双成　常和广
刘梦飞　张长河　马常功
陈保红　刘景玉　常先雷等
王　鑫　张　庆　池州市119轮渡班组　吴三宏　方鹤敏

诚实守信：李祥斌　董光发
陆凤奎　游传琴　束从轩
孙大同　周圣凤　蔡士兵
陈方方　刘大伟　欧兴田
贾培亮　刘　洋　徐国青
李　新　刘　丽　张　枫
付　获　马德宝　王汝仁
张六一　李讨饭

敬业奉献：孙　伟　方国胜
李传杰　沈红杰　李　东
曾祥明　冯　峰　王　鹏
李维斌　张红洁　李建国
洪顺刚　王　刚　陈荣乐
吴　佳　王坤友　高道友
吴勇祥

孝老爱亲：柳　旭　梅永刚
邵瑞华　刘　暘　闫志香
彭　影　李中兰　孙明凤
黄　凤　戴淑英　徐雪丽
戴诚民夫妇　马林英　何祥兰
柯金芳　田小妹　王　雷
石秀琴　郭云生

2011年（186人）

助人为乐：余竹云　刘为新
李　平　刘　泉　王艳丽
段艳玲　王　芳　王宇亮
孙雪花　仲继磊　张红运
李艳红　梅志强　闫龙泉
张洪涛　李　明　陆　标
郑怀良　徐　军　赵生杰
刘兆刚　刘兆安　张洪玉
胡少银　张　丽　侯子功
余敦欢　姚光明　芜湖市镜湖区弋矶山街道　爱心储蓄银行
宁衍鑫　张翠萍　徐文虎
铜陵边检站　王　珺　陈霄云
汪金林

见义勇为：姚延顺　杭守利
苑继臣　田红军　王心朝夫妇
李必友　殷保刚　孙宏满王方等4人　王　军　刘克仲　周贻安
张海峰　蔡洪超　夏广珍父子
胡　凯　程　英　冯玉超
邓　雷　王殿勇　关　林
秦彩民　李志德　林述光
蔡华山　王百胜　刘文秀
崔建斌　吕　波　李　郎
缪保平　樊传明　阚乐园
丁　力　吴传云　王玉成
苏一心　吴敬荣　张文理

诚实守信：李　政　王桂菊
杨　刚　张建军
李孝香、刘士圣　化范标
欧胜召　周启峰　陈　雷
王立侠　郑忠献　刘安顺
李　红　李长峰　周志华
朱子钦　李　志　李艳芳
赵　勇　甘正功　王　奇
姚　瑾　王明英　张连祥
李美兰　王鹏宇　马玉东
华云梅　陈沛鋃　夏贞琼
强成喜　凌　燕　李家荣
李发权　方敦华　金和均
方光辉　金玉琴

敬业奉献：张冠环　张秉柱
王汝新　陆芳芳　冯春艳
丁怀轩　屈凤霞　马素兰
孙仁君　马素堂　罗月英
刘素琴　李培英　宋在馥
刘兆本　王　磊　吴　群
夏根金　孟献申　欧阳承宁
黄梦来　张敬芝　张　丽
王　克　陈怀剑　孙　影
郑以龙　路丙辉　贾婷婷
陈义平　夷根顺　程昭萍

孝老爱亲：王功霞　李宏宇
张凤琴　包慧琴　樊竹香
鲍振林　张　刚　董雪英
魏尔林　张素芹　田建园
周　峰　闻　荣　李玉美
王全金　李秀芳　王玉芳
王利亚　王文超　许张氏
袁素英　茆华瑞　丁秀兰
赵晓红　王　璐　石庆云
刘振安　高乃燕　马　青
孟继荣　李秀荣　朱长平
黄　晶　王德柱　胡云峰
汪　洋　宛素珍　刘玉娟
钱兰香　姚玛琳　黄田菊
倪良玉

文化藝術節慶

史培剛題

□ 中国农民歌会

□ 中国李白诗歌节

□ 第20届中国金鸡百花电影节

□ 中国黄山国际旅游节暨徽文化节

□ 中国豆腐文化节

□ 中国（铜陵）青铜文化博览会

□ 安徽省艺术节

□ 安徽省民俗文化节

□ 第五届中国·怀宁孔雀东南飞文化艺术节

□ 中国·淮南国际少儿艺术节

□ 绩溪·中国徽菜之乡美食文化节

□ 中国花鼓灯歌舞节

□ 中国玉文化节

中国农民歌会

中国农民歌会是立足安徽、面向全国、专为中国农民打造的文化品牌，是安徽文化创新的重要成果。从2008年开始，已连续成功举办四届。

一、创办的背景

新时期以来，特别是党的十七大以来，文化的地位和作用不断提升，文化的重要性和影响力越来越凸显。受我国经济社会发展城乡二元结构影响及流行文化冲击，农村文化建设长期投入不足，“三农”题材的文艺作品尤其是反映农村和农民的歌曲创作生产能力不足。农民精神文化生活相对贫乏，农村文化成为文化建设的薄弱环节。安徽是农业大省，全省总人口6800多万，其中农村人口超过4000万。

安徽又是农村改革开放的发祥地。2008年，适逢我国纪念改革开放30周年。30年前，凤阳县小岗村首创大包干，拉开中国农村改革的序幕，具有特殊重要的历史地位。30年来，党的一系列惠农政策，使农民走向小康，农村走向文明，中国农民的命运正发生根本性改变。安徽省抓住历史机遇，敏锐而准确地把握了时代主旋律，在全国首倡并举办了中国农民歌会，顺应了“聚焦农民、歌唱农民、表现农民、塑造农民”的时代呼声，突出表现了安徽的地域文化特色。

二、内容和特色

紧紧围绕“中国”、“农民”和“歌会”这三个关键词进行策划和创意，将中国农民歌会办成一个立足安徽，面向全国，专为9亿农民打造的，具有导向性、示范性、带动性的公共文化服务品牌，使中国农民歌会成为全国农民丰收季节的大歌坛，成为农民艺术家展示才艺的大舞台，成为民间艺术交流融合的大平台，成为农村改革发展成就的大展台，成为中国农业、农村、农民美好的年度记忆和独特的文化符号。

1. 唱农民、唱农村、农民唱、大家唱。

做足“三农”题材，从开幕式演出到系列活动，紧紧抓住“农”字做文章。歌唱农民的劳动、情感和创造，歌唱新农村建设的发展和成就，歌唱农民对未来生活的美好向往。每届歌会的演出阵容都由全国农民歌手、专业歌手、获奖歌手、著名歌手和群众演员组成，提升了农民歌会的艺术品质，扩大了农民歌会的影响力。

2. 创新歌、唱新歌、留新歌、传新歌。

一是四届歌会创作了一批新歌。歌唱新农民、歌唱新农村是举办中国农民歌会的题中应有之义，因此每届歌会都十分重视农村题材的新歌创作。四届歌会共创作了《中国农民》、《小村故事》、《幸福之歌》、《歌邀天下》、《金色的种子》、《万世根本》等6首新歌，丰富了我国农村题材歌曲。

二是重新整理、编配了一批经典农歌、民歌。每届歌会经重新编配的全国各地经典民歌都是一大亮点，一批安徽民歌如《锄茶棵》、《唱得绿海泛金波》、《一支山歌一趟秧》、《月亮起山一盏灯》等唱出了地方特色。根据皖西民歌整理编创的歌曲《锄茶棵》在首届中国农民歌会唱响后，深受群众欢迎，2010年获第15届“群星奖”（音乐类）。

三是传唱了一批新歌。近年来国内音乐界创作了一批反映“三农”题材的优秀歌曲，中国农民歌会以传播先进文化为己任，将这些歌曲搬上舞台广为传唱。如反映农民工生活的歌曲《农民工之歌》、《想起那一年》、《遥望故乡》，歌颂“群众离不开的好干部”沈浩的歌曲《做人》，反映大学生村官风采

2008年11月，首届中国农民歌会在滁州举行

的歌曲《乡村路上的青春》，反映新农村建设成就的歌曲《小康之路》等。

3. 全国性、创新性、系列性、参与性。

全国性。主要表现在四个方面：一是作为国家级文化品牌，歌会的主题内涵力图反映中国文化和民族精神，必须切合时代节拍，反映社会发展的真实脉动。二是歌会的艺术品质力图达到国家级水准。三是歌曲选择面向全国，风格涵盖不同地域、不同民族。四是歌手选择面向全国。前两届歌会节目来自全国近20个省区市，后两届扩大到30个省区市。

创新性。主要表现在：一是主题内容创新。首届歌会策划了“希望的田野”主题，歌颂改革开放、歌颂美好家园、歌颂和谐新农村。第二届歌会策划了“小康大道”主题，展示新农村、描绘新生活、讴歌新时代。第三届歌会将主题提炼为“幸福之歌”。第四届歌会围绕“十二五”开局、学习贯彻十七届六中全会精神等重大历史节点，突出丰收主题，确定以“希望的田野”作为中国农民歌会永久名称。二是表现形式创新。首届歌会为晚上广场演出，690名演员用画板组成的背景台拼成歌会会标、手印、乡村民居、大草原、黄土高坡、剪纸、过年等巨幅画面，并用多种道具参与演出，气势恢宏，震撼人心。第二届歌会是剧场演出，舞台为农林牧渔多彩实景，灯光和舞台实景相互映衬。第三届歌会是白天广场演出，梯田、流水、小桥、竹林、民居等乡村实景构成舞台，“赛歌”氛围浓郁，牧歌、山歌、渔歌、秧歌、花歌、酒歌、情歌、新歌等相互唱和。第四届歌会在中国农民歌会广场晚上演出，舞台结构巧妙，变化丰富，采用麦穗作为主体设计元素，舞台两侧各设有三簇精心设计的巨型麦穗，造型美观，贴近主题。五级背景台设计独立通道，用于大量演员密集调度，两侧麦穗由LED灯管构成彩幕，绚丽多彩，LED主屏打破常规平面结构，由五级阶梯组合式屏幕构成，既形成整体画面，又造成了人在景中的独特演出效果。

系列性。歌会坚持以开幕式演出为龙头，体现出活动多项、形式多样、演出多场、覆盖多点、持续多日的特色。首届歌会策划了“金色的田野”——安徽农民画·画农民作品展、“田野欢歌”——全省联动演出、农村题材电影放映月、全省优秀剧目百场巡演、全省民营文艺表演团体优秀剧（节）目展演等。第二届歌会举办了全国“唱农民、唱农村”群众最喜爱的歌曲评选活动，“欢唱的布谷鸟”全省联动演出，6000人参加、10万群众观看的安徽花鼓灯会大巡游，龙鼓灯与歌会一歌一舞，相得益彰。第三届歌会围绕“幸福”主题，组织了“幸福节拍”——农民广场舞调演、“幸福流韵”——农村题材小戏调演、“幸福华章”——“三农”题材诗文大赛、“幸福图景”——“三农”书画作品大赛暨获奖作品展、“幸福大地”——全省17市流动舞台车联动演出以及“群众离不开的好干部”沈浩学习活动等。第四届歌会组织了纪念毛泽东“面向农村”题词60周年座谈会、“三农”峰会以及全国农民歌舞邀请赛、全国农民书画展、全国新农村优秀书法美术摄影展、新疆维吾尔自治区皮山县歌舞团专场演出、赴小岗村演出等多项系列活动。舞台、擂台、展台，台台精彩生辉。

参与性。歌会组织、吸引社会各界广泛参与。一是现场参与。每届歌会组织社会各界特别是广大农民广泛参与，有当地农民群众、小岗村大包干带头人、农民科技致富先进典型，有沈浩、吴仁宝、郭凤莲等全国十大名村代表，有袁隆平等农业科技专家、全国农业产业化龙头企业代表、国内外知名涉农企业代表，有文艺名家和乡镇文化站站长等。二是投票参与。每届歌会都组织相关评选活动。首届歌会在中安在线网站发起“我最喜爱的民歌评选”。第二届歌会组织了全国“唱农民、唱农村”群众最喜爱的歌曲评选，主要由农民和基层群众投票，最终评选出60首歌曲。第三届歌会围绕“赛”字组织了广场舞调演、小戏调演、诗文大赛等多项活动，突出比赛性质，所有节目同台竞艺，设置现场观众投票环节，通过现场观众投票方式评奖。三是访谈参与。第四届歌会在观众现场投票评奖外，还在开幕式演出中间设置了4个采访环节，邀请有代表性的农业科技专家、援藏干部、农村文化工作者等，登上中国农民歌会舞台，由央视主持人周涛作现场采访。这些环节使中国农民歌会更加贴近时代、贴近农村、贴近农民。

三、主要成效

从歌会举办的社会影响来看，一是受到各界群众广泛喜爱。歌会是我国第一台专为农民打造的文化盛会，首届歌会节目来自全国15个省区市，现场观看演出的各界观众近2万人。第二届歌会节目来自全国20多个省区市。第三、四届农歌会节目则已扩大到近30个省区市，每届歌会现场均有1万多名农民群众观看演出，受到各界群众喜爱。二是歌会开幕式演出引起媒体广泛关注。每届开幕式演出中央电视台均全程录制，并在多个频道多次播出。安徽电视台、滁州电视台均在歌会当晚进行现场直播。人民网、新华网、新浪网、搜狐网等全国500多家网络媒体均在首页显著位置以文字、图片、视频、音频等形式集中报道歌会盛况、前期筹备工作及各界反响。三是歌会创作歌曲广为传播。四届农歌会创作的《中国农民》、《小村故事》、《幸福之歌》等新歌已成为众多文化活动的必选曲目，其中第三届歌会创作的《幸福之歌》当年就在中央电视台春节晚会上唱响，被中央电视台心连心艺术团演出多次选用。

从歌会举办的成效来看，一是促进了当地经济社会发展。滁州市的城市推介口号为“中国农民歌会的举办地，中国农村改革的发源地”。中国农民歌会已成为滁州市对外宣传的名片。首届中国农民歌会期间，滁州市举办经贸投资洽谈会暨项目签约仪式，共签署合同或合作协议项目95个，总投资237亿元。第二届共签署合同及合作协议项目103个，总投资近295.5亿元。第三届共签约项目114个，总投资额469亿元，第四届歌会签约项目106个，总投资达到730亿元。作为安徽东向发展和承接产业转移的桥头堡，滁州市借助中国农民歌会有力推动了经济快速发展。二是提升了安徽文化的影响力。中国农民歌会创立以来，受到文化部、农业部和安徽省委、省政府领导的高度重视。农民歌会被认为“是以中国农民中国农村为题材演出的成功范例”。“杂交水稻之父”袁隆平认为“农民不仅要耕作，也要享受文化生活，农歌会的一系列活动给了他们这样的机会。”2010年11月，文化部党组书记、部长蔡武莅临第三届中国农民歌会现场，并作出重要批示：“全国农民歌会是一个很好的创意，是农村文化建设的重要载体，已经成为一个品牌，我们要大力支持安徽办好这个歌会。既然作为主办单位，就要积极参与、引导、培育这个品牌，越办越好。”安徽省委书记张宝顺批示要求：“总结经验，越办越好。”2011年11月，安徽省委书记张宝顺在《第四届中国农民歌会总结》上批示：“总结经验，把这个面向广大农民、农村的国家级文化品牌办好，办出特色”。三是促进了当地文化设施建设。2008年以来，滁州市以承办中国农民歌会为契机，相继建成滁州大剧院、滁州妇女儿童和青少年活动中心、滁州市美术馆、滁州市展览馆、中国农民歌会广场等文化基础设施，逐步健全城乡公共文化服务网络。

中国李白诗歌节

一、基本情况

为纪念诗仙李白，弘扬中国传统诗歌文化，扩大对外开放，安徽省马鞍山市自1989年起，已连续举办17届国际吟诗节。经过十多年的积累，马鞍山中国李白诗歌节从无到有、从小到大，几易其名，从单一的诗歌吟诵到集歌舞、吟诗、经贸、旅游于一体的系列活动，形成了自己的特色，成为国内外颇具影响的重要节庆活动。

1992年，马鞍山中国国际吟诗节被列为中国国际观光年百次重点旅游节庆活动之一。从1995年起，马鞍山国际吟诗节活动由安徽省人民政府主办，马鞍山市人民政府和省旅游局承办。

鉴于马鞍山市有多年举办诗歌节的成功经验和良好效果，经国务院批准，2005年10月，由文化部、中国作协、安徽省人民政府主办，马鞍山市人民政府承办的第一届中国诗歌节在马鞍山市成功举办，这是继中国艺术节之后又一个全国性文化盛会。为进一步扩大节庆活动的内涵和群众的参与程度，从2006年起，马鞍山中国国际吟诗节过渡到马鞍山中国李白诗歌节。

二、第23届马鞍山中国李白诗歌节

第23届马鞍山中国李白诗歌节于2011年9～11月举行，历时2个月。共组织安排50余场活动，内容丰富、亮点纷呈，实现了将诗歌节办成“宣传的窗口、经贸的平台、人民的节日、朋友的聚会”的目标和要求。本届诗歌节有以下特点：

①不同寻常的盛会。本届诗歌节正值马鞍山市建市55周年、行政区划调整、城市精神大讨论和市第八次党代会圆满闭幕之际举办，因此，本届诗歌节开幕式暨文艺晚会的整体设计、舞台背景制作、节目内容编排、观众方阵的组织，充分展现“新马鞍

山、大融合、大聚会、大联欢”的祥和景象和“聚山纳川、一马当先”新马鞍山精神。

②文化与经贸紧密结合的盛会。本届诗歌节活动，除传统的中外友人吟诗会、中小学诗歌朗诵及红星杯“诗城小诗人”诗歌大赛、花山区第六届社区文化节、雨山区第四届农民文艺调演、金家庄区第四届“幸福之花”文化活动等各类文化活动外，还精心设计安排“铁基新材料高技术产业链论坛”、“2011马鞍山拥江发展主题论坛”、“年度经济人物评选”、“马台经贸文化周”、“全国名优特产品与外贸商品展”等一系列经贸活动，加大了诗歌节经贸活动分量，推动了文化与经贸的结合。

③广泛参与的盛会。诗歌节通过设计活动，搭建平台，组织动员各界群众参与，各项活动涉及市内数十个部门单位，惠及城乡群众，丰富市民的文化生活。仅台湾美食节就吸引群众8万人次，全国名优特产品与外贸商品展吸引群众18万人次，在三县三区同时组织第23届马鞍山中国李白诗歌节公益电影放映周活动，放映电影42场，观众达3万人。开幕式暨文艺演出组织广大群众、各界人士7000余人参加。韩国昌原市政府、日本吟道学院、阿根廷萨帕拉市等国外代表团也专程参加诗歌节。

④体现创新的盛会。一是首次提出将诗歌节办成“宣传的窗口、经贸的平台、人民的节日、朋友的聚会”的目标，明确了办节思路。二是首次在诗歌节期间举行多场高规格主题论坛等经贸活动，丰富拓展了诗歌节内容。三是按照“统一标准、统一指挥、统一流程、包干负责”的总体要求，首次抽调人员集中办公。四是开幕式暨文艺演出首次在室外、晚间举办，规模近万人，提高了群众参与面。五是首次由市电视台自主组织直播，将诗歌节开幕式盛况传输到千家万户，扩大了活动影响力。六是首次将含山、和县纳入诗歌节活动，实现了在一江两岸的空间中开展诗歌节活动。

中国李白诗歌节开幕式

⑤影响广泛的盛会。据统计，《人民日报》、新华社、中央人民广播电台、中央电视台、《中国日报》、《安徽日报》、安徽人民广播电台、安徽电视台、省直各大都市报、上海及江苏南京都市报等主流传统媒体，新华网、人民网、中国新闻网、中国网、中国广播网、中国日报网、环球网、凤凰网、中安在线等主流网络媒体，共刊（播）发诗歌节相关新闻稿件近300篇。在百度搜索引擎中输入“第23届马鞍山中国李白诗歌节”，搜索结果多达227万条。

第20届中国金鸡百花电影节

2011年10月19～22日，由中国文学艺术界联合会和中国电影家协会联合主办、合肥市人民政府承办的第20届中国金鸡百花电影节（以下简称“电影节”），在合肥市举行，并取得圆满成功。

金鸡百花电影节集电影评奖、颁奖、中外新片展映、学术研讨、电影市场、国际文化交流和文艺演出于一体。第20届中国金鸡百花电影节是中国电影界的一次盛会，也是有史以来合肥乃至安徽承办的规模最大、规格最高、影响最广的文化活动之一。安徽籍影星赵薇担任本届电影节形象大使，“梦想在合肥”是本届电影节的主题语。电影节上，合肥元素贯穿始终，“徽风皖韵”魅力四射。从开幕式等重大活动中合肥元素的介入，到《合肥与中国电影》书籍的问世，以及邮册发行等，特别是国内各大新闻媒体对本届电影节的宣传，使得合肥形象得到进一步提升，文化内涵进一步丰富。同时，国内外嘉宾云集合肥，更是一次展示合肥经济社会发展、城市建设、文化建设成果的难得机遇，是合肥“开明开放、求是创新”城市精神的充分体现。本届电影节在以前基础上，内容更加丰富、形式更有创新，更加突出电影节的权威性、群众性和娱乐性。

电影节的几项重大活动，社会关注度最高。开幕式暨文艺晚会，赵薇、周渝民、徐若瑄、陆毅等一批演员出席并演出，创新地融入了贺岁元素，地方特色浓郁。明星走红地毯，地址选在巢湖岸边渡江战役纪念馆旁，意义非凡。金鸡奖颁奖典礼暨闭幕式更是众星云集，21位专家评委以无记名投票的方式评选出第20届中国电影金鸡奖18项大奖得主。电影《飞天》获最佳故事片奖，最佳导演奖由陈力凭借《爱在廊桥》获得，孙淳和蒙古族演员娜仁花分获最佳男女主角。为表彰老艺术家们对中国电影事业作出的杰出贡献，本届电影节为配音艺术家向隽殊与剪辑大师傅正义颁发金鸡百花电影节终身成就奖。

影片展映是电影节中与广大电影观众最近、受众最广、参与人数最多的活动。影展紧扣电影节主题，清晰定位，为合肥市民安排了赵薇电影展、香港电影杜琪峰导演专展、“美丽新世代”台湾电影展、民族电影特展等近百场电影展映及明星见面会，直接参与观影等活动人数近10万人次。展映期间，仅国产新片展在人民影城、嘉禾影城、凯得利影城放映新片数量就高达41部，影院及酒店新片推介、观众见面会、新闻发布会、媒体见面会等活动计31场。每一次展映活动、明星见面会，都受到观众的热烈欢迎。

大中小学生影评大赛收到作品420余件，经评委评审，评出各等级获奖作品，并编辑出版21万字获奖作品集《精美影评》。在中国电影论坛上，业内专家就“创意多元与坚守现实主义精神”为主题撰写论文，围绕“现实主义精神的升级与革新”、“创意多元与当下中国电影”进行研讨，并首次引入主办城市地方元素的研讨。中国电影科技论坛着重研讨“3D电影技术的机遇与未来”，学术性强，交流成果已结集成册。论坛对推动中国电影事业的发展，具有重要的作用和积极的意义。2011中国国际影视器材播映设备展览会历时3天，3万多观众参观，现场交易额达1800万元，意向合同额2600万元。

金鸡百花电影节文艺晚会

电影节期间，举办了开幕式晚会、国产新片推介展映、金鸡国际影展、港台专题电影展映、中国电影高峰论坛、艺术家下基层采风等活动，还进行了中国民族电影放映周、安徽电影周、优秀国产电影进基层等富有特色的电影文化活动。

中国黄山国际旅游节暨徽文化节

2011年9月22～25日，第十五届中国黄山国际旅游节暨徽文化节在新安江畔举行。该节由国家旅游局和安徽省人民政府主办，安徽省旅游局和黄山市人民政府共同承办，自1991年开始已成功举办十五届，成为中国旅游节庆的知名品牌。省市有关领导，美国、新加坡等国驻华使节和友人，瑞典、韩国等国家友好城市代表，国家有关部委、省直有关部门负责人，以及新闻界、旅游界、企业界和社会各界人士出席开幕式。

围绕“美在黄山·梦圆徽州”这一主题，本着“隆重热烈、安全顺畅、创新节俭、有序圆满”的原则，注重特色、注重品牌、注重实效、注重联动，全力打造新安江旅游品牌，推出新安江滨水区旅游新景观、新亮点。区别于往届旅游节，2011年黄山国际旅游节开幕式首次引入龙舟赛。赛事由国家体育总局社

第十五届中国黄山国际旅游节暨徽文化节

会体育指导中心、中国龙舟协会、安徽省体育局和黄山市人民政府主办，黄山市体育局和黄山市文化委员会承办。福建省福州市浦下龙舟队、浙江省温州雪豹龙舟队、安徽省马鞍山市龙舟队分获第一、二、三名。

节庆期间，举办10余项文化活动和旅游招商引资活动。在招商活动中，邀请200余名客商参加，推介一批重点旅游项目，签订一批合作项目。所举办的皖浙赣闽四省民间艺术节，通过地方戏曲、民歌演唱、中华经典诗文诵读等形式，广泛开展民间文化交流活动，引领广大市民亲近经典、热爱经典，在优秀传统文化的熏陶中传承中华文明。

中国豆腐文化节

中国豆腐文化节是由中国商业联合会、安徽省人民政府主办，淮南市人民政府、安徽省旅游局、安徽省文化厅承办，每年9月15日在海峡两岸(淮南、台北)同时举办，是集文化、旅游、经贸于一体的国际性商旅文化节庆活动。自1992年起，在淮南连续举办了十七届。

豆腐作为一种传统养生食品，已有两千多年历史。明代药学家李时珍在《本草纲目》中记载：“豆腐之法，始于汉淮南王刘安。”公元前164年，刘安封为淮南王。刘安为求长生不老之药，常聚方士数千人在今八公山谈仙论道，著书炼丹。在炼丹中以黄豆汁培育丹苗，豆汁偶与石膏相遇，形成了鲜嫩绵滑的豆腐。刘安炼丹未成却发明豆腐。之后，豆腐技法传入民间，风靡全国，并先后传入日本、朝鲜，19世纪初传入欧洲、非洲和北美，逐步成为世界性食品。

如今用八公山豆腐制作的“豆腐宴”，已经成为淮南地区独具特色的上等宴席。千百年来，以豆腐的独特品味、丰富营养、风格品质、蕴含哲理、历史渊源等为基础，由物质到精神，形成独特的文化现象，即豆腐文化。民间流传丰富多彩的豆腐故事，通俗朴实的豆腐歌谣，富有哲理的豆腐谚语与幽默风趣的豆腐歇后语，这些劳动人民的口头作品，是豆腐文化的源头。宋、元、明、清咏豆腐题材的古体诗就有20余种，北宋大文学家苏东坡喜食豆腐，曾有诗曰：“煮豆作乳脂为酥，高烧油烛斟蜜酒。”而元代郑允端《豆腐》诗：“种豆南山下，霜风老荚鲜。磨砻流玉乳，蒸煮结清泉。色比土酥净，香逾石髓坚。味之有余美，五食勿与传。”更是极力赞美豆腐的色、香、味、美。清代胡济苍“信知磨砺出精神，宵旰勤劳泄我真。最是清廉方正客，一生知己属贫人。”诗句，写出了豆腐的藻雪精神，由磨砺而出，方正清廉，不流于世俗，风格高尚。以豆腐为题材的散文

第十八届中国豆腐文化节开幕式大型综艺晚会

很多，如宋代文学家杨万里《诚斋集》中的《豆卢子柔传——豆腐》、元代虞集的《豆腐三德颂》等。在我国古典小说名著《水浒传》、《红楼梦》、《西游记》、《儒林外史》中，都有对豆腐的描写。

近年来，《八公山豆腐》、《淮南豆腐菜谱》、《中国豆腐文化概览》、《豆腐文化研究论文集》先后出版，2011年，淮南精心打造的《豆腐志》出版发行，淮南市与央视、中国传媒大学共同开发制作的52集动画系列片《淮南子传奇》在央视播出。

豆腐文化是中华民族文化的一个组成部分，为人类文明进步和世界饮食文化作出了不可磨灭的贡献。为了弘扬民族文化，光大华夏美食，促进人类健康，推动中外豆腐文化交流和经济技术合作，由原商业部和台湾省豆腐商业同业公会联合会分别于1990年9月15~17日在北京、台北举办了首届中国豆腐文化节，同时将9月15日淮南王刘安诞辰日定为中国豆腐文化节。决定从1992年开始，第二届中国豆腐文化节在淮南举办。

第十八届豆腐文化节于2011年9月15～17日举办。以“传承、交流、合作、共享”为主题，以豆腐为媒、以节造势、广交朋友的办节宗旨和政府主导、市场运作、社会参与的办节模式，收到良好的社会效益和经济效益。节庆期间，举办了第六届《淮南子》全国学术研讨会、豆腐始祖拜祭盛典、豆腐美食文化周等活动，淮南市招商签约项目100多个，合同招引内资387.7亿元，外资10.3亿美元。

中国（铜陵）青铜文化博览会

中国(铜陵)青铜文化博览会是由安徽省人民政府主办，中国国际贸易促进委员会和中华文化促进会共同支持，铜陵市人民政府及省直有关部门共同承办，集文化、经贸、旅游于一体的大型节庆活动，已成功举办十一届，是国内唯一以铜产业为主题的博览会。首届于1992年9月26日至10月25日举办，当时称“中国铜陵青铜文化节”，由青铜文化、科技经贸、文化体育、旅游观光四大部分组成，主要包括文化节开幕式、首届亚洲文明暨中国青铜文化国际学术研讨会、首届“铜都杯”中国当代铜工艺品大奖赛、中国古铜都青铜文化展、对外经济贸易洽谈会、国内经济技术协作洽谈会、铜陵工业品展销会、铜陵市纺织展销定货会、铜陵市第四届花展、铜陵市首届铜都灯会等活动。首届青铜文化节确立了铜陵作为中国古铜都的地位。从1992年至1996年，铜陵市连续举办五届青铜文化节，1994年首次以省政府名义主办。2004年将“文化节”改为“博览会”，在时间上沿袭以往届次，为第八届中国（铜陵）青铜文化博览会。2010年，在总结前十届博览会经验的基础上，第十一届中国（铜陵）青铜文化博览会围绕“弘扬铜文化，发展铜经济”主题，坚持“政府主导、社会参与、市场运作”的会展经济模式，积极推动铜陵市会展业向市场化方向发展，重点开展了博览会开幕式暨专场文艺演出、首届中国（铜陵）国际铜雕艺术展、国际铜业企业家铜都行、中国（铜陵）投资贸易洽谈会、青铜文化学术国际研讨会等5大项活动。博览会拥有会徽和网站，每两年举办一次。

青铜帝国铜文化产业集聚区效果图

安徽省艺术节

安徽省艺术节是全省重要的文化艺术活动，内容多、规模大、影响广，从1988年以来，已经举办九届，成为安徽省最具影响力的文化品牌和建设文化强省的显著标志。2010年，第九届安徽省艺术节在马鞍山市举办。由安徽省人民政府主办，省文化厅、省旅游局、马鞍山市人民政府承办。10月15日晚，开幕式在马鞍山大剧院举行。文化部党组成员、中纪委驻文化部纪检组组长李洪峰，省领导孙志刚、臧世凯、胡连松、谢广祥、方兆本及各界代表1000多人出席。开幕式后，演出了《江南江北我的家》大型文艺晚会。本届艺术节与李白诗歌节合办，突出“繁荣、展示、参与、共享”的主题，重在展示、动在全省、热在基层、乐在群众。期间，举办专业艺术、群众文化、文化遗产、文化产业四大类30余项活动。

一、展示近年来艺术成果

本届艺术节共举办全省新剧目汇演、获奖剧目展演、舞蹈调演、声乐调演、器乐调演、美术书法作品展览等一系列专业艺术活动。其中，参加新剧目汇演的作品全部为近年来新创，9个市为艺术节带来15台大戏，涵盖黄梅戏、庐剧、梆剧、曲剧、泗州戏、坠子戏以及京剧、豫剧等8个剧种。展演了黄梅戏《徽州女人》、儿童剧《山里的泥鳅》、京剧《天地人心》以及贵州民族歌舞剧院演出的舞剧《天蝉地傩》等4台获奖剧目，为九艺节竖立了艺术标杆；声乐参赛选手均演唱新创曲目，90首新歌为声乐比赛吹来清新之风；全省舞蹈比赛有41个作品；美术书法展览均是上届艺术节以来新作品，17个市和省直有关单位共汇集国画、油画、版画、书法等作品380余幅，展出作品260幅。

二、展示新人新秀艺术风采

安徽艺术职业学院同时获舞蹈比赛演出和编导两个一等奖的群舞《淮河水长长》，省歌舞剧院获得演出一等奖和编导二等奖的群舞《80后》、获得编导一等奖和演出二等奖的双人舞《我和你》，均出自年轻编导之手。声乐比赛中获一等奖的美声组歌手张研、张燕，民族组歌手曹晓燕、张岳巍、阿布，通俗组歌手苏峰等都是颇有实力的新秀。器乐比赛中，吴青、王娅雯、陈亚、魏冬冬、芮义蓉、汤扬脱颖而出，获得佳绩。一批中青年舞美设计的作品在新剧目汇演中获奖。美术书法作品展更是汇聚了大批中青年作者的佳作精品。

三、调动社会各界的艺术热情

省艺术节与马鞍山中国李白诗歌节合办，让群众最大程度享受到文化成果。双节期间，采用省市联动、块面联动、惠民联动等多种方式，举办了江南之花 “城市之光”大巡游、安徽省合唱艺术节、“周末大舞台”、中外友人吟诗会、百万青少年走进博物馆、安徽省非遗保护纪实展、首届全省民营黄梅戏剧团优秀剧目展演等30余项文化活动，参与演职人员8000余人，演出、展览均组织群众免费观看。马鞍山市数十万群众，全省百万群众参与、观赏各类活动，使艺术节真正成为艺术的盛会，人民的节日。

四、强化精品意识

本届艺术节得到各地高度重视，文化主管部门和院团以出精品、推人才为己任。每个参演单位谨慎选材，成立最强创作阵容，反复排练修改，力争以最优秀的艺术力量、最精心的艺术作品、最好的表演状态、最真实的演出献礼艺术节。《千羽锦》、《魂系小岗》、《独秀山下的女人》、《歪脖子树上落凤凰》、《村长娘子》、《民声的印记》、《桐城六尺巷》、《王家坝》、《杜鹃啼血》、《姑溪情歌》等剧目，在不断演出、不断修改的过程中渐趋成熟。

开幕式文艺晚会《江南江北我的家》，策划、创作、排演历经数月，文案修改达数十稿，排练精益求精，反复锤炼，及时调整，最终展现在舞台上美轮美奂，达到了有品位、有特色、有气势的要求，观众看后给予高度评价。

五、凸现创新意识

一是创新办节方式。九艺节走出省会合肥市，与马鞍山中国李白诗歌节合办，省市联动，双节辉映，开艺术节举办以来之先河。二是创新办节理念。双节以惠民为宗旨，设计一系列适宜于群众参与的活动，如“周末大舞台”、“百万青少年走进博物馆”、“全省合唱节”、“鉴宝江东行”、“非遗纪实展”等，无论是舞台演出还是广场活动，都近距离接受广大群众的欣赏点评。三是创新票务安排。通过报纸、宣传画等形式，提前多日预告市民到剧场领票。并通过送票上门的方式，邀请乡镇、社区、厂矿、军营各界群众到新落成的马鞍山大剧院观看演出，使每场演出上座率都达到80%以上。

六、唱响时代旋律

开幕式文艺晚会《江南江北我的家》由“致皖江”、“淮

第九届安徽省艺术节

河情·走千走万，好不过淮河两岸”、“黄山风·一生痴绝处，无梦到徽州”、“皖江潮·天河挂绿水，秀出九芙蓉”、尾声“崛起的江淮”5个篇章构成，14个节目中新创达三分之二以上，塑造了当代安徽跨越发展、加速崛起的良好形象，展示了6800万江淮儿女奋发有为、昂扬向上的精神面貌。在新剧目汇演中，现实题材剧目9台、红色题材2台，体现了各地对现实题材的高度关注。以沈浩事迹为原型的话剧《魂系小岗》，梆剧《民生的印记》、《沈浩》，京剧《浩然长歌》，泗州戏《母亲的嘱托》集体亮相，在九艺节舞台上吹响了颂英雄学榜样的集结号。曲剧《王家坝》、坠子戏《歪脖子树上落凤凰》、庐剧《村长娘子》、豫剧《矿山情》贴近生活、贴近时代，从不同侧面热情讴歌舍小家、顾大家的王家坝精神，展现当代新农村新农民的精神风貌，唱响党的改革开放富民政策的时代主旋律。庐剧《杜鹃啼血》、黄梅戏《徐锡麟》回望历史，缅怀英烈，催人奋进。黄梅戏《独秀山下的女人》、《桐城六尺巷》情节好、表演好、唱腔好，引起观众强烈反响。以神话传说为基础打造的黄梅戏《千羽锦》唯美浪漫，故事感人。民歌剧《姑溪情歌》由马鞍山市、芜湖市联袂演出，荟萃当涂民歌精华，场面宏大，制作华美。

安徽省民俗文化节

安徽省民俗文化节是本省创办的以非遗保护为主题的重要文化品牌，自2010年起，已举办两届。

首届安徽省民俗文化节于2010年5月7日在铜陵江南文化园举行，全国人大常委会副委员长桑国卫、省委书记王金山出席。首届民俗文化节以“守望民俗，相约铜都”为主题，以“喜歌喜舞喜庆、民风民情民乐、绝活绝技绝伦、传统传承传神 ”为理念，展示安徽民俗文化与非物质文化遗产的独特神韵。

第二届安徽省民俗文化节于2011年11月2日在铜陵市天井小镇文化旅游区举行。全国人大常委会副委员长周铁农出席开幕式，省委副书记孙金龙致辞。1000多人参加开幕式，并观看文艺演出。本届民俗文化节以“拥抱民俗、快乐民众”为主题，以“尊重传统、亲近自然、弘扬文明、构建和谐”为理念，以传统民俗文化和传统技艺项目的展示、交流、合作为主要内容。活动分为三大板块：一是以大型实景文艺演出《江淮风情画》和第二届中国（铜陵）江南民间艺术论坛为内容的开幕式板块；二是以安徽民俗村开园仪式及民俗游艺活动为内容的民俗村板块；三是以“天工开物”绝技绝活表演、民俗风情长廊汇展、金秋祈福灯会、百曲聚汇、民俗进社区、婚庆文化展演、民俗电影周等为内容的广场表演板块。

第二届安徽省民俗文化节

围绕“衣食住行”四个板块，以年画、农民画等传统美术、民间美术形式作为视频的主基调，突出生活气息和民俗风情。为突出举办地以青铜元素为主调的特色，将青铜元素巧妙融入舞台美术设计，大量运用剪纸、年画、雕刻等传统艺术。

《人民日报》、新华社、中央人民广播电台、中央电视台等中央媒体，香港《文汇报》和省内主要新闻媒体约60家对本届民俗节进行报道。

第五届中国·怀宁孔雀东南飞文化艺术节

2011年10月26日，“第五届中国·怀宁孔雀东南飞文化艺术节——为十年喝彩”在怀宁新县城文化广场举行开幕式。开幕式大型文艺演出由中央电视台白燕升、朱迅主持，歌星蒋大为、毛阿敏等登台献艺，受到广大观众的热烈欢迎。与往届相比，本届文化艺术节具有几个鲜明特点：活动时间长，为期两个多月；主题鲜明，第五届文化艺术节适逢怀宁县城迁址十周年，艺术节突出“总结反思、展示成就、提振精神、展望未来”这一主题；内容丰富，好戏连台，艺术节期间，不仅安排开幕式暨大型广场文化演出，还举办“新县城·新家园”主题征文，“新县城·新青年·新使命”青年发展论坛、“辉煌十年，我们同行”巾帼风采演讲展示大赛以及大型书画摄影作品展等系列活动，使本届文化艺术节凸显“怀宁元素”。

孔雀东南飞文化艺术节开幕式

中国·淮南国际少儿艺术节

中国·淮南国际少儿艺术节是由中国文联、全国妇联和安徽省政府主办，中国舞蹈家协会、全国妇联中国儿童中心、淮南市人民政府承办，每两年在安徽省淮南市举办一次。

自上世纪80年代以来，淮南市少儿舞蹈艺术取得了长足发展，先后在全省、全国少儿艺术比赛中获大奖，摘金夺银近400项，并远赴美、法、日等国家和港、澳地区演出，进行文化交流活动。全市80%的小学、幼儿园配备有舞蹈训练房、音乐教材、美术教室、艺术活动室。有少儿艺术团6个，公共文化服务设施免费为少年儿童开放，服务率达到70%以上。社会力量兴办的各类少儿艺术学校、训练班达130多处。城乡每年有近2万名少年儿童参加舞蹈、器乐、音乐、戏曲、美术、书法等方面的艺术培训。各县区都坚持举办少儿艺术节、少儿文艺汇演、少儿书画比赛、合唱比赛和农村儿童文体节、社区家庭文化节等面向少年儿童的文化艺术活动。20多年来，淮南市少儿文艺调演年年举办，从未间断。两年一届的淮南市少儿文化艺术节已成功举办10届，设有舞蹈展演、声乐比赛、器乐比赛、戏曲比赛、演讲比赛、歌咏比赛、书画摄影比赛、城乡少年儿童联欢等活动项目，并积极开展高雅艺术进校园、京剧文化进校园、交响乐进校园、优秀地方民间艺术进校园活动。

有近百个少儿舞蹈、音乐、曲艺节目和绘画、书法作品，在国内外重要比赛中获奖。少儿舞蹈《我真棒》、《我和小鸟拉钩钩》、《踢踏十分钟》获文化部首届全国“蒲公英奖”少儿舞蹈比赛表演金奖、创作金奖；少儿舞蹈《向前冲》作为唯一少儿舞蹈节目进京参加“盛世华章”庆祝建党80周年全国精品舞蹈展演；少儿舞蹈《花裙子飘起来》、《踢踏十分钟》被教育部指定为推广的校园舞蹈；少儿舞蹈《嗨，我的梦》获文化部第十四届“群星奖”；少儿音乐快板《惊涛雏燕》获中央电视台少儿曲艺大奖一等奖，入围第十四届“群星奖”全国少儿曲艺比赛复赛；淮南市少儿合唱团代表安徽省参加文化部、教育部主办的第二届中国少年儿童合唱节，获“黄鹂杯”奖；少儿花鼓灯《俺也要挑花鼓灯》获首届全国新农村少儿舞蹈比赛一等奖；少儿歌曲《我和小鸟拉钩钩》获文化部全国少儿音乐歌词创作征集比赛一等奖和文化部“群星奖”全国少儿音乐比赛优秀演唱奖。

淮南的少儿艺术不仅为淮南赢得了“中国少儿舞蹈艺术之乡”美誉，而且已经成为令淮南人民引以为豪的“文化品牌”和“城市名片”，成为安徽省继“黄梅戏”、“花鼓灯”之后的第三大“特色文艺”，被业内专家和新闻界誉为“淮南现象”，淮南市也成为中国舞蹈家协会确认的首家中国少儿舞蹈艺术研发基地。

从2007年开始，淮南市已经先后举办三届国际少儿艺术节。前两届艺术节共举办少儿舞蹈、声乐、器乐、书法、绘画比赛和少儿产品博览会、中外少年儿童大联欢、儿童剧专场演出等活动，共有来自马来西亚、蒙古等20多个国家、地区以及全国近30个省、市、自治区的5000余名少年儿童参加。

2011年7月15～18日，第三届中国·淮南国际少儿艺术节举行，广播、电视、报纸、网络、手机报全媒体互动宣传。中央电视台、中央人民广播电台、《光明日报》、中新社、人民网、《安徽日报》、安徽电视台等中央、省级主流媒体，香港《大公报》、香港《商报》等境外媒体集中报道淮南少儿艺术节盛况，营造了浓厚的舆论氛围。

中央电视台在《新闻联播》栏目中播发《四千少年儿童云集淮南展才艺》新闻报道，称淮南国际少儿艺术节为4000名少年儿童提供了展示舞蹈、音乐、动漫艺术创作的才艺舞台。《光明日报》在头版刊登《安徽特色文化张扬皖韵徽风》，报到淮南这座工业城市,每年有1.8万多人进入少儿培训班学习，2000多人考进各类艺术学校，获得的国际和国家级比赛金奖多达40多项。少儿文艺已经是淮南文化标志之一。香港《大公报》、香港《商报》等境外媒体在报道中指出，淮南少儿艺术作为一张崭新的城市名片，通过艺术节及小荷风采舞蹈展演的举办，提升了淮南少儿艺术品牌知名度，扩大了安徽少儿艺术的影响力，同时，对推动我国少儿文艺发展、扩大国际文化交流、促进和谐社会建设等都起到积极的作用。《安徽日报》先后在重要版面刊登6条消息、4张图片，图文并茂地介绍淮南国际少儿艺术节及小荷风采全国舞蹈展演盛况。安徽电视台、安徽人民广播电台先后播发5条消息。

淮南市少儿文艺演出

绩溪·中国徽菜之乡美食文化节

自2005年以来，绩溪·中国徽菜之乡美食文化节共举办4次：首届2005年举办，2007年、2009年、2011年分别举办第二、第三、第四届。

2005年11月5日，首届中国徽菜之乡美食文化节开幕式在绩溪县文庙广场举行，中国烹饪协会副主席杨柳博士为绩溪县授“中国徽菜之乡”牌匾。主要活动有：①举办“航佳杯”烹饪比赛，参赛选手76人，152件作品，经省烹饪协会7名专家评判，评出金牌菜、创新菜各38个；②举办大型“赛琼碗”民俗活动；③举办地方农特产品、风味小吃展，参展农产品20种，小吃41种；④组织客商考察西区，达成投资8.1亿元；⑤举办徽菜、徽文化研讨会，分别举办书画、摄影、盆景、根艺、奇石展，上海水墨画院副院长刘冰在此期间举办61.5米的绩溪水墨长卷画展，省人大常委会原主任孟富林、原副主任季昆森等参观画展；⑥出版《中国徽菜之乡——绩溪》精品画册，发行“中国徽菜之乡美食文化节”个性化邮票与首日封；⑦举办“企业家之夜”焰火晚会。

2007年10月27～28日，举办绩溪·第二届中国徽菜之乡美食文化节。主要活动有：①国家建设部、中国烹饪协会分别向绩溪县授予“国家历史文化名城”、“中国厨师之乡”牌匾，为“和谐广场”落成剪彩；②举办“绩溪县经济社会成果展”、“绩溪风味小吃展”；③举行旅外厨师“回娘家”暨“绩溪名厨联谊会”成立大会；④成立“安徽省名厨委员会专业委员会”，表彰全省“十大金牌厨师长”、“十大厨坛新星”；⑤安徽徽厨技师学院暨徽菜博物馆（实训楼）举行挂牌仪式；⑥招商引资协议投资7.58亿元；⑦发行《名人故里绩溪》丛书，《国家历史文化名城》邮册及《中国徽菜之乡精品邮册》；⑧举办“古城飞虹、国泰民安”焰火晚会。

2009年11月25～27日，绩溪·第三届中国徽菜之乡美食文化节在和谐广场举办。主要活动有：①中国社会经济调查研究中心民营经济研究所向绩溪县授予“2009年度浙商投资最佳城市”和“2009年度浙商投资最佳工业园区”牌匾，省质监局、省烹协共同为《中国徽菜标准》首发揭幕；②央视《寻宝》栏目走进绩溪，举行“绩溪民间国宝”评选活动；③举行“绩山徽水展新容”大型文艺演出、“古徽新韵颂和谐”民俗游艺以及灯展灯谜猜奖活动；④举行婚宴、寿宴展，全国徽菜名馆宴席赛及古餐具展；⑤举办来自新疆、天津、东北三省、台湾及印度、韩国的“小吃展”；⑥举办“中国绩溪首届徽杭古道驴友节”；⑦举行“绩（溪）宁（国）高速公路开工典礼”、工业园区集中开工奠基仪式；⑧举办以“美食绩溪、文化绩溪、和谐绩溪”为主题的焰火晚会。

徽菜美食节

2011年11月24日至12月6日，绩溪·第四届中国徽菜之乡美食文化节在县城举办。主要活动有：①举办全国风味小吃及徽式乡村小吃展；②举行民俗游艺活动和文艺演出；③举办焰火晚会；④举办“胡氏宴杯”徽菜名宴展和烹饪技术大赛；⑤举办绩溪博物馆捐赠文物展、三雕奇石盆景展；⑥徽菜产业文化园举行开园仪式，召开徽厨回娘家座谈会；⑦召开旅游宣传推介会，举行梨园徽韵戏曲演唱会；⑧浙江卫视《爽食行天下》栏目走进绩溪；⑨举行《庆祝建党90周年美术作品专集》首发式，举办《看得见的历史——徽州风情摄影大赛》和三雕奇石盆景展，第三届“五龙杯”篮球赛；⑩举行黄山恒久链中国驰名商标、安徽省著名商标授牌发布会和年产3万吨异型链项目竣工投产仪式。

中国花鼓灯歌舞节

花鼓灯是中国民族民间歌舞的优秀代表之一，是汉族民间歌舞的典范。为促进花鼓灯艺术发展，2006年10月，由中国舞蹈家协会、中国非物质文化遗产保护中心、安徽省文化厅、蚌埠市委市政府共同主办的“首届中国花鼓灯歌舞节暨蚌埠投资贸易洽谈会”举行，同时拉开两年一届中国花鼓灯歌舞节的序幕。截至2011年底已成功举办三届。

花鼓灯，是流传于淮河流域的优秀民间歌舞。据《凤台县志》记载，“花鼓灯历史悠久，宋代就流传于淮河流域的怀远、凤台一带”。明代花鼓灯艺术已经较繁盛，到了清代淮河两岸称为“千班锣鼓百班灯”。花鼓灯影响范围逐步扩大，形成以蚌埠怀远为中心、辐射淮河中游20多个市县流行区域。花鼓灯艺术内容丰富，形式优美，系统完整，主要包括舞蹈、歌唱和小戏等。花鼓灯以锣鼓为乐，运用折扇、手绢和花伞，通过优美的动作和

第三届中国花鼓灯歌舞节

民歌小调表达男女之间的爱情，叙述人们之间的动人故事，抒发丰收之后快乐的心情，表现中国劳动人民的智慧和创造精神。花鼓灯中女子叫“兰花”，男子叫“鼓架子”。花鼓灯在音乐、舞蹈、道具运用等方面，体现中国汉族民间歌舞的主要特点，是世界上最能用肢体语言表达复杂情节和人物情感的民间舞蹈之一。并以其独具特色的艺术风格，在世界上享有很高的声誉，周恩来总理赞誉花鼓灯艺术为“东方芭蕾”。

作为花鼓灯传播的核心区域，蚌埠市历来重视花鼓灯的保护与发展工作，成立花鼓灯保护组和花鼓灯保护专业委员会。蚌埠市人大常委会制定《蚌埠市保护和发展花鼓灯艺术的规定》，建立了中国花鼓灯艺术博物馆。2004年，花鼓灯被国家列入中国民族民间文化保护工程，这也是汉民族唯一被列入的舞种，蚌埠市被确定为花鼓灯原生态保护基地。市委市政府投入大量的人力、物力和财力，在花鼓灯盛行的播布区——禹会区冯嘴子村建立第一个中国花鼓灯原生态保护区。2006年5月20日，花鼓灯被列入第一批国家级非物质文化遗产名录。

第三届中国花鼓灯歌舞节由开幕式大型晚会、经贸洽谈会、花鼓灯高端研讨会、灯班子抵灯表演、书法名家作品邀请展等板块组成，以城市历史、淮河文化、建设成就为三大支点，以节会为媒，以文化为魂，以花鼓灯艺术为载体，弘扬淮河文化，凝聚民族情感，塑造崭新的现代蚌埠形象。

中国玉文化节

由中国收藏家协会、安徽省文化厅、蚌埠市政府共同主办，蚌埠市文广新局、蚌山区政府、蚌埠文化发展集团公司、蚌埠光彩投资公司承办的“2011中国首届玉文化节暨安徽(蚌埠)第六届玉器奇石古玩盆景博览会”，于2011年12月28日在蚌埠市光彩玉器文化城开幕。这是从2006年开始举办“安徽（蚌埠）玉器奇石古玩盆景博览会”以来，首次将其提升为国家级展会。玉文化节旨在打造城市名片，为玉文化行业构建一个观摩、参与、招商、合作平台，引导参展商积极应对市场变化，加强区域合作交流，实现蚌埠玉器市场上档升级，促进蚌埠玉器奇石古玩盆景行业快速健康发展。截至2011年底，蚌埠已成功举办六届玉器奇石古玩盆景博览会。

玉文化节活动内容主要包括开幕式及文艺演出、玉器销售、玉博馆精品展示、名人名作展、藏品鉴定、商务洽谈，玉器、奇石、盆景精品“华夏奖”评奖，现场插花、盆景制作竞技表演比赛及“走近蚌埠玉器”高端论坛等。参加人数从第一届的500多人，到2011年的近万人；成交金额从第一届的1000多万元，到2011年的6000多万元。节会对蚌埠玉器产业的发展起到很大的带动作用。蚌埠的玉石雕刻行业已经形成生产、加工、销售一条龙的产业链条，直接从业人员数万人，年销售额超过20亿元，是全国著名的玉石集散、玉器加工生产、经营贸易的基地，规模居全国前列，形成蚌埠最具特色的文化产业品牌。

中国悠久的玉文化在蚌埠有着深厚的历史积淀。《史记》载：“禹合诸侯于涂山(在今怀远县境内)，执玉帛者万国”；价值连城的和氏璧传说采自怀远荆山，至今山上还留有名胜古迹“卞和洞”；考古人员在怀远龙王庙、五河台子山等遗址先后发掘出土一批原始社会时期的玉器和制玉工具，蚌埠双墩春秋钟离国君柏墓和明代开国元勋抗倭英雄汤和墓中均出土一批精美绝伦的玉器，蚌埠市博物馆里珍藏大量当地出土的各时期的精美玉器。

哲學社會科学

史培刚题

□ 综　　述

□ 社科院所学术研究

□ 重要学术活动和学术交流

□ 社科规划

□ 社科普及

□ 三大板块文化研究

综　述

【"十一五"社科发展概况】"十一五"时期，全省哲学社会科学战线高举中国特色社会主义伟大旗帜，牢牢把握正确政治方向，紧紧围绕全省工作大局，密切关注安徽经济社会发展中的重大理论和现实问题，积极开展理论研究和实践探索，推出一批高水平的研究成果，为安徽经济社会发展提供重要的理论支撑和智力支持。全省哲学社会科学研究事业与时俱进、开拓创新，呈现出积极向上、繁荣发展的良好态势。

综合研究实力进一步增强。5年来，充分发挥国家社科基金项目的引领作用、省中国特色社会主义理论体系研究中心的示范作用、省社科项目的带动作用以及省社科成果奖的导向作用，不断推进全省哲学社会科学研究上规模、上台阶、上水平。"十一五"时期，全省共承担国家社科基金项目215个，资助经费总额达2200多万元，立项数量和资助经费总额分别是"十五"时期的3.1倍和5倍；国家社科基金重大招标项目取得重大突破，多部作品入选《国家社科基金成果文库》，国家社科基金项目结项率大幅提高。充分发挥"安徽省中国特色社会主义理论体系研究中心"及研究基地的作用，围绕安徽经济社会发展进程中的一些重大问题开展研究，先后在中央主要报刊发表文章30多篇，扩大了安徽社科研究的影响力。组织实施省领导圈定课题、省社科规划项目以及有关部门社科研究项目，推出了一批学术价值厚重、社会影响广泛的研究成果。2011年出版《安徽通史》、《安徽文化精要》丛书等专著。从1986年省社科联第三次代表大会决定在全省组织开展首次（1978~1985年）社会科学优秀成果评奖活动起，到2010年，已经举办9次社会科学优秀成果评奖活动，共收到申报社科作品3836件，评出获奖作品1376项。认真开展省社会科学文学艺术出版奖评奖工作，180多部（篇）优秀社科研究成果获奖。

服务党和政府决策的能力不断提升。5年来，省哲学社会科学研究覆盖面和影响力不断扩大，服务党和政府决策的能力明显提升，服务安徽科学发展的价值得到进一步彰显。以《学界兴皖》、《咨政》为依托，以"安徽发展报告"、"安徽发展蓝皮书"等学术著作为载体，刊载的重大现实问题调研报告、专家建言和政策建议，得到省领导多次批示，被有关部门采纳，促进了社科研究成果的应用转化。以省领导圈定课题、省社科规划重点委托研究项目为抓手，积极搭建社科研究部门和实际工作部门紧密配合的桥梁，形成社科研究和实际应用相互融通机制。以"安徽学术年会"和"安徽人文讲坛"等高水平学术交流报告会为平台，主动顺应省委省政府战略部署，提升哲学社会科学研究工作服务安徽科学发展的能力。"安徽人文讲坛"以传播人文知识、弘扬人文精神为目的，以满足大众对社会科学知识的需求为出发点，以评析安徽历史文化和人民群众关心的时代话题为主要内容，坚持科学性、人文性、时代性、大众性，2011年共举办12场讲座。

基础理论研究和学科建设不断加强。5年来，全省哲学社会科学战线紧紧围绕哲学社会科学创新体系建设，进一步加强基础理论研究，积极扶持新兴学科、交叉学科和边缘学科的发展，大力推进哲学社会科学学科体系建设，初步形成了门类较为齐全、布局较为合理的学科体系。省委宣传部副部长黄传新承担的国家社科基金项目研究成果《社会主义意识形态吸引力和凝聚力研究》入选《国家哲学社会科学成果文库》，并在全国产生重大影响。以徽学研究中心、中国诗学研究中心等为代表的一批国家和省级重点研究基地快速发展。以徽州文化、皖江文化和淮河文化为代表的安徽地域文化研究体系初步形成。以《徽州文化全书》、《安徽通史》等为代表的一批基础性、标志性的文化工程扎实推进。具有安徽特色、能体现国家水准的哲学社会科学研究成果在全国的影响力日趋显现。

社科研究队伍不断壮大。5年来，扎实开展高校社科系统和社科研究系统"三项学习教育"活动，认真做好高校哲学社会科学骨干研修工作，积极实施"六个一批"双百人才工程，进一步加大对哲学社会科学研究人才的培训、选拔和使用力度。全省具有副高级以上职称的哲学社会科学教学科研人员已达5000多人，近1700人参加了省哲学社会科学教学科研骨干研修培训，涌现出一批学术领军人物、学科带头人和中青年科研骨干。

社科管理工作富有成效。5年来，围绕社科研究出精品、出人才，抓制度建设，创新管理方法和手段，进一步提高管理的科学化水平。加强社科阵地建设，实行学术期刊备案制度；加强对全省社科类团体和民办社科研究机构的规范化管理，制发《安徽省民办社会科学研究机构管理暂行办法》；加强对省社科规划项目的规范化管理，出台《安徽省哲学社会科学规划项目鉴定结项管理办法（试行）》；加强对社科研究成果的宣传推介，开通“安徽社会科学网”，开设《社科专家》和《成果评介》等栏目，提高社科研究的应用价值和社会效益。

在取得显著成绩的同时，全省哲学社会科学研究和发展还存在不能很好地适应形势发展的新要求。突出表现在：①理论创新能力还有待增强，具有重大学术价值和应用价值的成果还不多；②研究成果应用转化有待提高，服务社会的能力和水平需要进一步提升；③队伍建设亟待加强，学术领军人物、学科带头人和中青年学术骨干的数量相对不足；④学术浮躁现象还比较突出，学术失范、学术不端行为时有发生，学风建设亟待加强；⑤哲学社会科学研究管理体制机制还不完善，经费投入明显不足。

【社科活动】①重大纪念活动成功举办。2011年，开展全省社科界纪念中国共产党成立90周年征文活动，4篇优秀作品参加全省研讨会，其中《中国特色社会主义法律体系的形成与发展》一文入选全国研讨会。召开全省社科界纪念建党90周年学习座谈会，专家学者围绕胡锦涛总书记“七一”重要讲话畅谈学习体会。召开“全省社科界纪念辛亥革命100周年座谈会”，12位专家学者作主题发言。

②服务文化强省建设。举办全省社科界推进文化强省建设座谈会，省属20多个学会参加座谈研讨，与会专家共同探讨如何积极围绕中心、服务大局，突出服务文化强省建设，为走出“六条新路”、实现“三个强省”、建设美好安徽提供理论支撑和智力支持。

③学会建设。继续开展学会标准化建设活动，全省136个学会中有129个参加标准化建设的评估活动，占应参加评估对象94.9%。其中，106个学会被评为标准化学会，占学会总数的77.9%；23个学会为基本合格学会，占学会总数的16.9%。开展创建有特色的品牌学会活动和省属学会评比表彰活动，表彰24个省属先进学会和61名优秀学会工作者。

④培训交流。举办省属学会骨干培训班，就社会管理和学会规范化管理问题进行专题培训，邀请专家作题为“社会组织与社会管理创新”的专题报告。组织部分学会骨干到社科类学会规范化管理工作较为突出的重庆市社科联学习考察。召开部分省直学会工作座谈会，进行重点发言。

第六届中国国际徽商大会文化产业发展论坛

⑤“厚重安徽”研究。围绕“深化淮河文化研究，服务皖北振兴战略”的主题，省社科联与蚌埠市政府联办第六届淮河文化研讨会，来自苏鲁豫冀皖五省淮河文化研究的专家学者，省内有关高校和沿淮各市实际工作者、新闻出版界人士等200余人参加会议。本次研讨会收到征文140余篇，入选论文近百篇，20位专家学者作了大会报告和点评。与省社科院、亳州市政府等联办“老庄与老庄思想学术研讨会”，省内外专家广泛参与，中央与省多个媒体宣传报道。

⑥引领学术繁荣发展。成功举办全省社科界第六届（2011）学术年会，以“转型安徽与跨越发展”为主题，与高校和省属学会联合举办转型安徽中的思想引领、经济崛起、管理创新、文化振兴等4个专题研讨会和“创新招标投标体制机制”学会专场研讨会，共收到征文300多篇，省属各学会积极参与，近40个学会申报参评论文，经过专家评审，年会共评选出优秀论文61篇。学术年会上近百位专家学者登台讲演或点评，数千名专家学者和青年学生参与，参与面广，成果丰富，示范性强。与中国社会科学杂志社、安徽省社科院联合主办，由江淮论坛杂志社、学术界杂志社共同承办“第十届全国综合类人文社科期刊高层论坛”，来自中国社科院和全国地方社科机构及高校代表150余人参加会议，与会代表共同签署应对数字化挑战的《合肥宣言》。

⑦研讨社会组织管理创新。与省科协、省社会组织联合会、省电气职业工程学院联办“社会组织与社会管理创新论坛”，来自省直有关单位、高校、省属学会以及部分市县相关职能部门50余人参加论坛。

【社科评奖】组织社会科学优秀成果的评奖活动，是繁荣发展哲学社会科学事业的重要措施。1986年，安徽省社科联第三次代表大会决定，在全省组织开展首次（1978～1985年）社会科学优秀成果评奖活动。2002年，省政府办公厅发出通知，“安徽省社会科学奖”被确定为省政府常设性的五项表彰项目之一，与“安徽省科学技术奖”享受同等待遇。到2010年，共举办9次社会科学优秀成果评奖活动，共收到申报社科作品3836件，评出获奖作品13765项，其中荣誉奖27项、一等奖72项、二等奖304项、三等奖632项、四等奖341项。2009～2010年度安徽省社会科学文学艺术出版奖（社科类）评审会议于2011年6月在合肥举行。本次评奖工作分为4个阶段：评奖办公室组织动员阶段、作者申报和申报单位初评阶段、学科组复评阶段和评审委员会终评阶段，评奖办公室共接受有效申报作品484项（其中著作162项、论文322项）。省评奖领导小组聘请61名专家学者，组成9个学科评审组和17人组成的评审委员会。经评审产生94项建议获奖作品。其中，著作一等奖4项，二等奖16项，三等奖20项；论文一等奖3项，二等奖17项，三等奖34项。

【教学科研骨干研修工作】哲学社会科学教学科研骨干研修工作扎实推进。研修工作趋于制度化、规范化，2011年举办4期研修班，培训学员180人。一是坚持政治性主题，进一步深化研修内容。把提高学员的思想政治素养作为贯穿始终的目标要求，重点学习党的重大理论、党的方针政策和重大决策部署以及世情、国情、省情等内容，较好地体现了政治性、思想性、理论性的统一，体现了中央要求、时代精神和地方特色的统一。二是坚持高水平授课，提升研修层次。把高层次高水平授课作为办好研修班的核心环节，根据往期教学效果和学员反馈意见，综合考量专家的权威性和讲解的感染力，精心遴选课题和授课人，确保研修的指导性、权威性。三是坚持多形式培训，进一步增强研修效果。采取个人自学与研讨交流相结合、观看录像与听取报告相结合、课堂教学与社会考察相结合、规定课程与安徽特色相结合等多种形式，激发学习兴趣，增强研修实效。四是坚持制度化推进，进一步提高办班水平。注重学习借鉴、总结提升、创新创造，着力抓住关键环节，建立健全研修工作制度，推进研修工作规范化、常态化。

社科院所学术研究

【省社会科学院科研概况】2011年，发表学术论文和理论文章共450多篇，出版著作25部，主要有《安徽通史》、《安徽文化精要丛书》、《当代农村社会建设研究》、《经典天天读》、《2011安徽文化产业发展蓝皮书》、《城市发展报告2011》、《认识新儒家——以价值观为核心的文化哲学》、《国际金融危机与安徽工业发展》、《区域创新资源与区域创新系统》等。组织策划由全院专家撰写的《安徽日报》理论专版5期，集中反映专家对当期经济社会热点、难点问题的深度思考与理性分析，在社会上引起较大反响。在全省纪念建党90周年理论研讨会上，有5篇论文入选交流，其中《中国共产党社会建设的实践探索和理论创新》入选由中组部、中宣部等8个单位联合举办的纪念中国共产党成立90周年理论研讨会。安徽省中国特色社会主义理论体系研究中心省社科院研究基地在《人民日报》、《红旗文稿》、《安徽日报》上发表3篇论文。

2011年，省社科院获得各级各类立项课题共70余项，其中国家社科基金规划课题1项，省软科学课题2项，省领导圈定课题21项，省社科联课题6项，院青年课题18项，承接国家部委办招标课题、省内各级招标课题以及省直厅局、各级政府委托课题20余项。《咨政》全年刊发稿件45期，有近三分之一成果得到了省有关领导批示。全年共有20多篇研究报告获得了省领导批示或被政府有关部门采纳。

【省经济研究院学术研究】围绕省“十二五”发展的主题与主线，开展专题调研，先后完成研究报告26篇，其中16篇通过《对策清样》报送省委、省人大、省政府、省政协领导及委领导参阅。巢湖市行政区划调整后，省经济研究院组织开展《充分把握行政区划调整机遇，加快把合肥建设成为在全国有较大影响力的区域性特大城市》专题研究，获得省委常委、常务副省长詹夏来批示。当年，省经济研究院针对国内外经济形势的变化，还组织撰写《主动适应形势变化，着力增强我省经济发展动力》、《走以促进人的全面发展为核心的城镇化道路》等8篇研究报告，相继被有关单位采用。此外还配合省发改委有关部门开展《安徽省推行清洁生产的实施意见》、《关于加快生态强省建设的指导意见》等文件起草、2011年度资源综合利用认定等工作。

编制重大专项规划。抓住各级政府和部门谋划重大专项规划的机遇，共承担12项省级重点规划编制工作，主要有《安徽省“十二五”金融业发展规划》、《安徽省“十二五”城镇化发展规划》、《安徽省“十二五”生态环境保护规划（讨论稿）》、《全省开发区“十二五”发展规划》、《皖北地区 “十二五”发展规划》、《皖江城市带承接产业转移示范区融资规划》等，同时还承担并完成其他专项规划及有关市、县（区）专项规划工作。

科学研究。2011年，省经济研究院承担多项重大研究项目，完成各类横向课题近10项，在《安徽日报》理论版以及学术刊物上发表论文10多篇。其中《皖江城市带承接产业转移示范区系统性融资报告》受到国家开发银行和省政府领导的重视与表扬，《安徽特色农产品资源及开发利用》获得中国农业资源与区划学会科学技术奖励一等奖。当年省经济研究院成功申请国家发改委《安徽省温室气体清单编制》和《安徽省应对气候变化规划思路研究》2个重大研究项目；继续实施国家自然资源与地理空间基础信息库安徽试点项目，已完成部分数据库的整合改造和建库工作;完成农业部布置的安徽和江西两省2011年大宗农产品地面样方调查及种植面积遥感监测工作。

【省考古所学术研究】先后完成涡阳胡六古墓群、萧县陈沟古墓群、泗县刘圩遗址、怀远荣平医院和灵璧朝阳古墓群等的资料整理工作。编辑出版了《2010年度考古年报》、《楚文化研究论集》（第九集）、《文物研究》（第18辑）等书刊，共发表各类学术论文20余篇，进一步扩大了学术影响。多次组织专业人员对考古发掘工地、文物维修工程项目进行检查、交流、评估。积极开展中华文明探源工程——凌家滩外围区域系统调查，深入开展长江沿岸地区古代冶金考古的研究。与省地震局合作，开展了安徽区域内的地震考古研究，对江淮地区的地震历史分析取得了重要进展。与国家博物馆合作，开展了水下考古工作的学术研讨；与中科院光机所合作开展了馆藏玉器检测工作，取得了有效进展。当年还承担了南水北调工程河南段考古工作的监理任务。

重要学术活动和学术交流

【学术活动】由安徽省社会科学院、中国先秦史学会、安徽省社会科学界联合会、安徽大学、安徽国际老子文化交流学会和亳州市政府联合主办的“中国·亳州老庄和老庄思想学术研讨会”，于2011年5月27～29日在老庄故里、天下道源的亳州市举行，来自安徽、北京、上海、吉林、辽宁、山东、陕西、江苏、江西、台湾的海峡两岸专家学者以及亳州市有关部门共约160余人参加会议。与会专家围绕老庄行迹与思想研究、老庄思想与地域文化的关系、老庄思想的现代意义等问题开展交流与讨论。

由中国社科院社会科学杂志社、省社科院、省社科联共同主办，江淮论坛杂志社与学术界杂志社共同承办的“第十届全国综合类人文社科期刊高层论坛”6月7～10日在合肥市召开。中国社科院副院长李扬、副省长唐承沛到会讲话。来自中国社科院、新华文摘杂志社和全国地方社科院、社科联以及部分高校150余人围绕“数字化时代学术期刊的生存与发展”主题进行讨论。

由中国社会科学院哲学研究所和安徽省社会科学院联合主办的“第22届中国社会科学系统哲学大会”于11月2～5日在合肥召开，来自中国社会科学院哲学研究所和全国各省市社科院、高校党校的哲学界专家学者110余人出席会议。

以“南京都市圈产业升级与城市转型”为主题的2011年南京都市圈发展论坛12月25日在南京召开。本次论坛由安徽省社科院、南京市人民政府、南京财经大学主办，南京财经大学承办。江苏省副省长何权、中国社科院经济所所长裴长洪与来自安徽、江苏两省的专家学者、政府官员、新闻媒体记者150余人出席。

7月22日，省社科院组织召开经济形势分析会。副省长唐承沛出席会议并讲话。

由省皖北办、省农委和省政府发展研究中心共同举办的“安徽省羊业发展研讨会” 9月22日在合肥市召开，省政协副主席田维谦出席会议。

省政府发展研究中心承办的第七届徽商论坛11月9日在合肥召开。国务院发展研究中心主任李伟、副省长花建慧、安徽省国际徽商大交流协会名誉会长吴昌期、爱尔兰前总理伯蒂·埃亨，海内外知名经济专家、徽商企业家和有关方面代表人士等421名嘉宾出席论坛。

7月28日，省政府发展研究中心举办“安徽品牌与创新国际研讨会”，邀请美国蒙特克莱州立大学Jayachandran（贾耶詹德南）教授、西班牙巴塞罗那高级管理学院Martin Rahe（马丁·雷赫）教授、香港理工大学陆定光教授出席研讨会并演讲。

省社科院还联合省直有关单位主办、承办“2011年中国皮书年会”、“安徽省首届小城镇发展高峰论坛”、“纪念建党90周年理论研讨会”、“省科社界2011年学术研讨会”、“社会组织与社会管理创新论坛”、“探索与自强——李鸿章学术研讨会”等学术会议。

【学术交流】 2011年，省社会科学院全年共有120余人次参加了省内外各种学术研讨会，其中6人次赴境外参加学术会议和交流考察，接待兄弟单位和国外学术研究机构的学术考察和工作访问20余次。

省政府发展研究中心全年接待包括国务院发展研究中心、黑龙江省政府发展研究中心、湖南省政府经济研究信息中心等多家机构来访，并举办10多次交流座谈会。

省经济研究院全年接待青海省经济研究院、青岛市经济发展研究院、深圳市城市发展研究中心等多家研究机构来访，并举行相应的座谈会，与来访专家就安徽省经济社会发展问题展开讨论。

社科规划

【国家社科基金项目】 2011年，全省共有71个项目获得立项资助，资助经费达1300万元。一是国家社科基金年度项目立项再创新高，共有67个项目获得立项，项目资助经费超过1000万元，在全国各省区市的位次继续保持领先，较好地展示本省哲学社会科学研究的实力和水平，呈现出强劲增长的后发态势。二是国家社科基金重大项目立项实现历史跨越。由安徽大学黄德宽教授主持的《汉字发展通史》、徐亚平教授主持的《“稳增长、调结构、防通胀”三重目标下我国货币政策优化与预期管理研究》，安徽师范大学周晓光主持的《徽州千年家谱与社会变迁研究》等3个项目获得立项，资助经费达240万元，立项数和资助额超过本省以往总和，标志安徽省在社科重大项目研究方面步入全国各省区市的先进行列。三是国家社科基金项目优秀成果不断涌现。2011年全省完成的国家社科基金项目中，成果优良率达60%以上，优秀成果不断推出。

【省社科规划项目】 2011年，省社科规划工作在创新中发展，一是重大文化工程项目《安徽通史》编纂工作顺利完成。《安徽通史》于2004年正式立项，是文化强省建设的一项基础性工程，本省哲学社会科学规划重大项目。《安徽通史》全套8卷10册600万字，由60多位专家学者历时8年锤炼而成，是首部全景展示安徽历史演进和文明进步的大型丛书，填补了本省历史学科研究的空白。二是组织起草《安徽省哲学社会科学研究“十二五”规划》，并以省委宣传部文件印发。三是编辑出版《安徽省哲学社会科学规划项目成果摘编》，对一批具有较高学术价值和社会价值的省社科规划项目研究成果进行集中介绍，推动本省社科研究成果的转化和应用。四是紧紧围绕党的十七届六中全会和省第九次党代会精神，做好《安徽省哲学社会科学规划项目2011～2012年度课题指南》的编制工作，更好地把研究重点集中在党的十七届六中全会和省第九次党代会的精神上来。

社科普及

【社科普及概况】 2011年印发《全省社科知识普及动态》15期，报纸、电视等大众媒体宣传近百次，发放社科普及读物及宣传资料10万多册，举办社科普及讲座、报告会2000多场。举办第七届（2011）全省社科知识普及活动月活动，主题是“普及社科知识、促进转型发展”，该活动9月3日在淮北市举行，省社科联和淮北市领导为社科普及志愿者服务团授旗，并向基层代表赠送社科普及读物。省直有关单位及各市围绕活动主题，集中开展主题论坛、社科讲座、广场咨询、图片展览、热点答疑、知识竞赛等活动。组织编写《社科知识普及初探》。该书以党的科学理论为指导，注重结合省内外社科知识普及工作实践，涉及科普内容、传播形式、科普载体等社会科学知识普及的基本要素及其他主要方面。举办2011年全省社科知识普及骨干培训班。8月16～24

安徽省第七届社科知识普及活动月开幕式

日举行，培训采用集中学习和实地考察相结合的方法，16个省辖市社科联机关、社科普及办公室及市属学会的社科知识普及工作人员共40多人参加培训。

本省社科普及工作获国内同行认可。于当年9月21～23日在北京召开的全国第十三次社会科学普及理论研讨与经验交流会上，本省祁家云、邸承光、李霞、张晗光等4人被评为全国百名优秀社科普及专家，《安徽人文讲坛演讲集》、《徽州五千村》等作品被评为全国百部优秀社科普及读物。

【安徽人文讲坛】安徽人文讲坛是本省开展社会科学知识普及的重要形式之一，自2006年7月举办以来，至2011年底已有5年多。已形成60多位专家学者组成的讲席队伍，直接听众10多万人次，间接听众300多万人次。讲坛以经济社会发展的现实为背景，以传播人文知识、弘扬人文精神为目的，以满足大众对社会科学知识的需求为出发点，以评析安徽历史文化和人民群众关心的时代话题为主要内容，坚持科学性、人文性、时代性、大众性。讲坛聘请演讲水平较高、研究能力较强、学术成果丰厚的省内外知名专家、学者担任讲席教授。2011年如期举办了《经济转型中的家庭理财新理念》、《〈淮南子〉背后鲜为人知的故事》、《竞争生活中的心理调适》、《“非遗”会在我们手中遗失吗》、《品格成就未来》、《新安画为何为派》、《南陈北李与中国共产党的成立》、《跨越时空话政党》、《品味风险智慧投资》、《孙中山与辛亥革命》、《“诗圣”杜甫的大爱情怀》、《张恨水及其笔下的“啼笑”人生》等12场讲座。并举行论坛开办5周年庆典活动，编辑出版《安徽人文讲坛演讲集》（第4辑），讲坛录像被“安徽干部教育在线”采用。

在安徽人文讲坛的示范带动下，各地先后办起特色鲜明的社科普及品牌，如马鞍山市的“江东人文讲坛”、黄山市的“徽州大讲坛”、芜湖市的“中江市民大讲坛”、六安市的“皋城论坛”、铜陵市的“铜都讲坛”等。

【“社科理论下基层”活动】“社科理论下基层”突出学在基层、用在基层的要求，社科工作者与群众面对面交流，解疑释惑。2011年组织开展十七届五中全会精神宣讲、庆祝建党90周年和纪念辛亥革命100周年等宣传教育活动，并组织开展社科理论下基层优秀宣讲报告评选活动，收到参评文稿38篇，评出18篇优秀宣讲报告作为社科理论下基层宣讲范本。活动还依托安徽人文讲坛走进机关、高校、社区。

三大板块文化研究

【徽州文化研究】早在20世纪初，就有学者对徽州的历史人物和文化进行研究，其中黄宾虹、许承尧等人提出“徽学”、“歙学”概念，是徽学的萌芽和起步。此后，徽学研究逐渐发展，其研究范围主要包括：徽州历史人物，县乡镇志、乡土地理志及乡邦文献，徽州方言，徽州建筑，新安画派，徽州教育，徽州版画，徽班进京及徽剧，徽州佃仆（佃仆），徽州奴变，徽州宗族与族谱，徽商及徽州社会经济等。

1978年之后，徽学研究迅速兴起，截至2009年，已出版徽学研究著作达100余部，发表论文2000余篇，徽学已逐渐发展成为一个独立学科，徽学研究队伍不断扩大，学术机构纷纷建立。①徽学资料整理与开发。改革开放后，省内各有关单位对徽州文书档案资料的整理与利用逐步重视，省博物馆和中国社科院历史研究所编辑出版《明清徽州社会经济资料丛编》（1983）两集，中国社科院历史研究所编辑出版《徽州千年契约文书》40卷本，对推动徽学研究的发展发挥重要作用。以张海鹏、王廷元为主的安徽师范大学徽商研究群体编辑出版《明清徽商资料选编》。进入21世纪，安徽大学徽学研究中心伯山书屋所藏徽州文书出版面世，该中心还组织编辑“徽学研究资料丛刊”，整理出版一批典籍文献资料。②研究队伍发展壮大。从1983年起，徽学研究团体纷纷成立，主要有：中国社会科学院徽学研究中心、安徽师范大学徽商研究中心、安徽省徽学会、杭州市徽州学研究会、安徽大学徽学研究中心。1990年以后，得到国家社科基金资助立项的徽学研究课题有10余项，表明徽学研究受到国家的重视和支持。③“徽学”学科的建立。20世纪80年代，叶显恩、张海鹏提出“徽州学”概念。20世纪90年代之后，对“徽学”这一学科名称形成共识，徽学学科理论建设逐渐展开，其中重要著作有赵华富《论徽州学的研究对象》、周绍泉《徽州文书与徽学》、张海鹏《徽学漫议》、张立文《徽学的界定及其研究方法》、姚邦藻《徽州学概论》、安徽大学徽学研究中心《论徽学》文集、栾成显《徽学的界定与构建》。④丰硕的成果。改革开放后，徽州佃仆、徽商、徽州土地制度、徽州宗族等领域的研究推出水平较高的新论著。20世纪90年代之后，新安理学、徽派朴学、徽州教育、新安画派、徽派篆刻、徽州建筑、徽州科技等涉及到徽州历史文化各个层面和领域的研究得以全面展开，新的有关徽学社会史、法制史、文化史、文化地理学等研究正在进行，徽学研究呈现多样化的发展态势。这一时期的代表成果有：叶显恩《明清徽州农村社会与佃仆制》、陈学文《徽商与徽学》、日本学者臼井佐知子《徽州商人研究》、赵华富《徽州宗族研究》、刘道胜《明清徽州宗族文书研究》、章有义《明清徽州土地关系研究》、栾成显《明代黄册研究》、徐道彬《戴震考据学研究》、唐力行《明清以来徽州区域社会经济研究》、王振忠《明清徽商与淮扬社会变迁》、卞利《明清徽州社会研究》、韩秀桃《明清徽州的民间纠纷及其解决》、日本学者中岛乐章《明代乡村的纷争与秩序——以徽州文书为史料》、阿风《明清时代妇女的地位与权利——以明清契约文书、诉讼档案为中心》、王振忠《徽州社会文化史探微——新发现的16～20世纪民间档案文书研究》、周晓光《徽州传统学术文化地理研究》等。

进入21世纪，省委牵头组织省内外徽学专家30余人，规划和实施国家社科基金重大项目，即出版20卷本600余万字的“徽州文化全书”，对20世纪以来徽州文化的研究成果进行总结，并作出新的探索与研究。省社会科学界联合会和黄山市社会科学界联合会组织编撰系列丛书《徽州五千村》，共12卷200余万字，对徽州550多个代表村落自唐宋到明清以来的人物、历史、建筑、民俗风情、村落文化等进行记录。

2011年，徽学研究继续保持平稳发展态势，徽学研究阵地不断巩固，除《徽学》大型专业刊物外，《安徽史学》、《安徽大学学报》、《安徽师范大学学报》、《黄山学院学报》等杂志均开设徽学专栏，发表徽学研究最新成果。当年徽学研究共有3个课题获得国家社科基金立项，分别是国家社科基金重大招标项目“徽州千年家谱与社会变迁研究”（周晓光）、青年项目“旅外徽州人与近代徽州社会变迁研究”（张小坡）、“徽州民俗体育研究”（卢玉），另有9个课题获得教育部人文社科研究基金立项。刘伯山主编的十卷本《徽州文书》第4辑出版，收录大量归户徽州文书，共有27个目次、42户，其中祁门文书有9个目次13户、歙县文书有18个目次29户，另有老地图3份，乡村都图字号1册，共有文书照片6100幅，还有诸多针对归户文书进行田野调查的实态照片，内容包括土地买卖、租佃、分家阄书、账簿、宗教科仪、鱼鳞图册等门类。出版的徽学专著有《明清以来徽州村落社会史研究》（王振忠）、《徽学研究入门》（王振忠）、《徽州宗族论集》（赵华富）。徽商依然是学界关注的热点问题，在资料发掘、研究视角等方面均有突破。7月21～24日，由安徽大学徽学研究中心主办的“徽商与晋商：中国商帮高端学术论坛”在合肥召开，来自国内高校、科研院所的40余位学者参加会议。8月19～21日，由安徽师范大学历史与社会学院、省历史学会等4个单位主办的“纪念张海鹏先生诞辰80周年暨徽学学术讨论会”在芜湖召开。10月30日，由省徽学学会主办、安徽大学徽学研究中心承办的“徽学研究百年：回顾、反思与展望”研讨会暨省徽学学会2011年学术年会在合肥召开。

【皖江文化研究】皖江文化范围广泛、内容丰富、底蕴深厚，在文学、戏剧、书法、绘画、科技、宗教等方面都有突出的成就，具有独特的地域文化特征。改革开放以来，围绕皖江文化研究建立起来的学术机构有：北京市党史学会陈独秀研究会、安徽省陈独秀研究会、安徽省赵朴初研究会、安徽省桐城派研究会、安庆师范学院皖江文化研究中心。

1979～2008年，皖江文化研究取得丰硕的成果。据不完全统计，全国发表有关研究桐城派的论文968篇、研究方以智的论文89篇、研究黄梅戏的论文3356篇、研究陈独秀的论文8273篇、研究赵朴初的文章1497篇、研究朱光潜的论文1572篇、研究朱湘的论文148篇、研究张恨水的论文300篇、研究海子的论文452篇等。出版的相关著作：桐城派研究专著《戴名世年谱》、《血祭桐城派——戴名世传》等39部，研究方以智的著作《方以智哲学思想研究》等12部，黄梅戏研究专著25部，陈独秀研究专著《陈独秀风雨人生》（获得2004年度全国优秀畅销书奖）等58部，张恨水研究专著24部，赵朴初研究专著《赵朴初传》等8部，朱光潜研究专著22部，朱湘研究专著9部，海子研究专著9部等。从1985年起，全国及本省学术团体相继召开多次学术研讨会，内容涉及到桐城派、黄梅戏、陈独秀、张恨水等。2004年，中央电视台等媒体播出关于赵朴初的纪念片。2004年，省社会科学界联合会和安庆师范学院联合在安庆主办第一届安徽省皖江地区历史文化研讨会。此后，省社会科学界联合会又分别于2006年和2008年举办第二届、第三届研讨会。全国其他学术团体也分别召开相关的研讨会。

2011年，皖江文化研究成果丰富，发表的论文有《"文学"流派,还是"学术"流派?——"桐城派"界说之反思》（欧明俊）等40余篇，研究黄梅戏的论文有《影视传媒对黄梅戏的传播与发展》（叶当前）等110余篇，研究陈独秀的论文有《斯大林与中共在开除陈独秀党籍问题上的分歧——苏联三次中国问题研究会背景新探》（朱洪）等160余篇，研究赵朴初的论文有《赵朴初的学缘与书缘》（朱洪）等14篇，研究朱光潜的论文有《从新发现朱光潜画论"残稿"看其绘画美学观》（宛小平）等53篇，研究张恨水的论文有《"世"说秦淮——地域文化视角下张恨水小说中的江南呈现》（魏宏瑞）等37篇，研究海子的论文有《浪漫主义气质、现代性批判与爱的伦理——对海子诗学的整体思考》（金松林）等70篇，研究皖江其他历史人物的论文有《"心本":邓以蛰美学命名的一种尝试》（唐善林）等70余篇，此外还有研究皖江文化的其他论文《安庆方言特色副词考察》（鲍红）等200余篇。当年上海教育电视台录制系列专题讲座《说黄梅》，《光明日报》推荐《中共首任总书记陈独秀》（朱洪）一书。

2011年出版著作40余部，涉及到多个专题，其中有《桐城派学术文化》（梅向东、李波）等桐城派研究著作4部、《黄梅戏唱腔选集》（方绍墀）等黄梅戏研究著作2部、《中共首任总书记陈独秀》（朱洪）等陈独秀研究7部、《朱光潜美学十辨》（夏中义）等朱光潜研究3部、《海子评传》（燎原）等海子研究3部、《步步莲花：赵朴初佛缘人生》（朱洪）、《20世纪安庆美学家》（何池友）、《安庆近代中西交流》（王国席）、《安庆书法艺术》（孙永玉）、《古城安庆与中国近代化》（徐伟民）、《安庆戏剧文化》（王平）、《安庆府志（嘉靖三十三年）》（汪长林点校）、《直隶安庆郡志》、《皖江历史文化研究年刊（2010）》等。

【淮河文化研究】20世纪初以来，学界一直重视淮河文化的多学科研究。1949年以前的代表性人物和成果有武同举《淮系年表全编》（1928年）、宗受于的《淮河流域地理与导淮问题》（1933年）、《淮河运河等之治理》（1934年）等。中华人民共和国成立初期代表性人物和成果主要有胡焕庸《淮河流域》（1952年）、《淮河》（1952年）、《淮河的改造》（1954年）等。多集中于淮河的治理与灾害的防治。

"淮河文化"概念20世纪80年代提出，近30年来，对淮河

安徽省社会科学界第六届学术年会

文化的研究，涵盖环境变迁、历史文化与经济社会发展等领域，呈现出以下特点：①研究成果丰硕。出版淮河文化研究专著82部，其中涉及淮河文明类书籍26部、通俗文化2部、社会经济5部、生态环境12部、水利建设21部、文学作品16部。②研究领域不断拓展。由原先偏重灾害与治淮研究，开始向经济开发、生态环境变迁、政治发展与社会生态、民间文化等领域延伸，代表性成果有《黄淮平原农业自然条件和区域环境研究》（1987年）、《淮河水利简史》（1990年）、《黄淮海平原历史地理》（1993年）、《淮河环境与治理》（1996年）、《淮河流域历史文化研究》（2001年）、《淮北的盛衰：成因的历史考察》（2005年）、《淮河中下游地区环境变动与社会控制（1912~1949）》（2008年）等。③国家及省部级以上研究项目日渐增多。涉及淮河文化研究的国家社科基金项目有“淮河流域经济开发史（远古~1840）”、“淮河流域经济开发史（1840~1949）”、“南宋以来淮河流域水生态环境变迁与水事纠纷及其解决机制研究”。省部级项目有“从沃土到瘠壤：淮北地区社会生态变迁研究”、“徽州文化与淮河流域文化比较研究”等9项。④创建多个淮河文化研究基地。主要有水利部淮委淮河研究会（1990年）、阜阳师范学院皖北文化研究中心（2003年）、蚌埠学院淮河文化研究中心（2006年）、信阳师范学院淮河文明研究中心（2007年）。⑤举办多次淮河文化学术讨论会。水利部淮河委员会淮河研究会和省社会科学界联合会已分别举办4届淮河研究学术研讨会，就淮河文化概念、淮河流域的考古与民俗、淮河流域社会经济、淮河流域历史文化等问题进行深入讨论。

2011年，淮河文化研究共有2个课题获得国家社科基金立项；《近代淮河流域经济开发史》（吴春梅、张崇旺）获2009~2010年度安徽省社会科学文学艺术出版奖著作奖一等奖。当年出版的著作有《砀山黄河故道文化》（曹天生等）、《淮河文化导论》（曹天生、朱光耀）、《淮河文化导论》等；河南人民出版社出版淮河文化丛书。安徽大学、安徽省社会科学院、阜阳师范学院、蚌埠学院等单位的一批学者专注于淮河文化的研究，形成一支跨单位、跨部门、多学科的研究队伍。10月，安徽大学淮河文化研究骨干吴春梅、张崇旺等组建的“皖北文化研究及文化产业发展创新团队”获批为安徽省第四批“115”产业创新团队。11月14~16日，由省社会科学联合会、蚌埠市人民政府主办的“第六届淮河文化研讨会”在蚌埠召开，来自河北、江苏、山东、安徽、河南等地的近200位专家学者出席会议，共提交论文100多篇。

新聞報業

方茂鴻題

□ 安徽日报报业集团

□ 市级报业选介

□ 中央媒体看安徽

安徽日报报业集团

【概况】安徽日报报业集团是以《安徽日报》为核心的党报集团。2002年6月经国家新闻出版总署批准成立。2003年8月12日正式挂牌，为当时本省唯一大型传媒集团。

《安徽日报》是中共安徽省委机关报，有着60多年的历史，曾受到毛泽东主席的肯定。60年来，《安徽日报》及各系列报始终站在时代的前列，坚持团结鼓劲和正面宣传为主的方针，坚持以正确的舆论引导人，大力宣传安徽社会主义建设和发展的光辉历程，讴歌全省人民开拓进取的光辉业绩，真实地记录着安徽经济社会发展的脚步，生动展示江淮大地日新月异的光辉画卷，为全省改革开放和“三个文明”建设营造了良好的舆论氛围，发挥了重要的舆论引导作用。在全国具有较强的影响力和较高的知名度。近年来，报业集团办报质量不断提升，成为本省最具权威性的主流强势媒体。集团各报始终按照“坚持方向、办出特色”要求，坚持“三贴近”原则，着力打造具有“皖派”风格的一流媒体。集团现有12种报纸、3个刊物、1个网站，形成党报为主，都市报、行业报、网站等多种媒体齐头并进，纸质媒体、网络媒体、电子媒体等“三足鼎立”的格局。同时，联手京沪创办的《世界报》、《双语学习报》、《数码DVD导刊》，在美洲、澳洲、欧洲、非洲创办的《魅力安徽》专版也稳步发展。

《安徽日报》不断改版创新，树立安徽第一大报的权威地位；《新安晚报》、《安徽商报》成为本省发行量最大的都市晚报和都市早报；《文摘周刊》是全国较早创刊、发行量较大的文摘报；划转后续办的《江淮时报》、《安徽法制报》，以新的面貌走向市场；《安徽日报·农村版》成为农民朋友的“百事通”；《世界报》、《双语学习报》及《数码DVD导刊》开创了省级党报集团跨区域办报的先河；“中安在线”发挥网络媒体的优势，做到新闻提速、内容出新、发展加快；《新闻世界》通过改版创新不断开拓市场；《徽商》已办成优秀的泛财经类杂志。2010年10月20日，有偿划转《亳州晚报》，不仅是安徽报业集团吸纳省内地级报的首例，同时也是国内省级党报集团正式兼并地市级报业集团的典型案例。此外，集团还与安徽大学合办“安徽新闻传播学院”。

【产业与经营快速发展】集团以“做强报业主业、做大非报产业”为目标，多业并举，经营收入每年保持20%以上的增长速度。截至2011年底，集团资产总额18亿元，净资产总额15亿元，年营业收入10亿元，其中主业收入达7亿元。报刊期发量突破350万份，网站日点击量1000万人次，综合实力进入全国报业集团二十强。与南非MIH集团合资组建的新安传媒有限公司，是全国首个经国家批准的党报集团中外合作项目，发展前景广阔。在全省城乡建设的“徽风报刊亭”，成为全国最大的报刊零售网络之一。集团加速做大新安传媒有限公司，做强中安在线网站。推进党报党刊发行体制改革，组建报业集团发行总公司，在全省自办发行《安徽日报》，目标是打造本省最大的报刊发行物流配送网络。报业集团有9个项目被列入省“861”行动计划文化产业数据库，投资总额56.45亿元。

【报业文明创建】自2010年以来，中宣部《新闻阅评》20余次载文表扬《安徽日报》，省委省政府领导40次批示表扬集团新闻宣传。《安徽日报》获“全国品牌党报十强”，“热点透视”栏目获“中国新闻奖名栏目”一等奖，《新安晚报》被评为“全国十大品牌晚报”，“中安在线”成为“全国十大品牌网站”。报业集团先后获全国文明单位、全国新闻出版发行文明单位、安徽省文明单位、省直机关文明单位称号。2009年10月18日，中共中央政治局常委李长春视察报业集团时，称赞报业集团职工“人人有激情，时时在状态”；2011年4月30日，中共中央政治局委员、书记处书记、中宣部部长刘云山视察报业集团，称赞《安徽日报》办报水平“在全国处在第一方阵，是一流的”；省委主要领导称赞“报业集团作为省直重要单位，发展很快，管理有序，各项工作都做得很好；《安徽日报》作为省委机关报，导向正确，引导有力，报纸办得有特色，具有大报风范。”

【特色版面和特色栏目】2011年，安徽日报报业集团不断创新观念、创新内容、创新形式、创新方法、创新手段，主题宣传重点突出，引导有力；典型宣传浓墨重彩，成效显著；民生宣传内容出新，形式出彩，办报质量和水平又有新提高，先后12次受到中宣部《新闻阅评》的好评。

1.新闻宣传做到“七创新七发布”。2011年，《安徽日报》

及集团各系列报刊坚持用科学发展观指导办报，不断增强政治意识、大局意识、责任意识和阵地意识，坚持团结稳定鼓劲、正面宣传为主，唱响主旋律，打好主动仗。新闻宣传做到总揽全局，把握大局，“创新理念、科学发布；创新内容、权威发布；创新形式、独特发布；创新方法、有效发布；创新手段、及时发布；创新策划、有力发布；创新文风、生动发布”。在宣传策划、稿件采编、版面编排上紧扣宣传主题，紧紧围绕省委省政府工作大局做强主题新闻，“规定动作出色完成，自选动作出彩出新”。全年《安徽日报》开展“改进创新、提质提速”主题活动，推动实现“争创一流媒体、一流队伍、一流业绩”的目标。有力提升办报水平，使服务更主动、贴近更自觉，受到中宣部《舆情摘报》、《新闻阅评》等多次好评。

2.主题宣传和重大活动报道有力有效。当年出色完成“建党90周年”、“六中全会”、“省第九次党代会”、“省及全国‘两会’”、“全国文化体制改革会议”、“徽商大会”、“长三角主要领导座谈会”等重大活动和会议的宣传报道，开辟专栏、专版进行连续报道，既有广度更有深度，营造出浓厚的宣传氛围。在重大主题报道中，《安徽日报》适时开辟“科学发展、加速崛起、转变方式、兴皖富民”、“学习贯彻六中全会精神和省第九次党代会精神”、“‘十一五’成就与‘十二五’规划”、“学习型党组织建设”、“精神文明和道德模范宣传”、“五级书记带头大走访”、“创新社会管理”、“文化强省建设”、“皖江示范区”、“合芜蚌自主创新试验区”、“加快皖北振兴”、“稳物价保民生”等专题专栏。当年10月，推出“建设美好安徽”重大策划8个专刊，深度解读省第九次党代会报告，专刊内容涉及党代表、有关专家、各地群众的意见和建议，及时准确、全面生动，产生良好宣传效果；为做好建党90周年宣传，推出长篇通讯《一切为了人民群众》，展现全省共产党员来自人民、根植人民、服务人民的生动事迹和崇高境界，中宣部《新闻阅评》以《安徽日报倾情报道庆祝建党90周年效果好》为题，予以高度评价。在“追寻红色足迹”、“道德模范追踪”等系列报道中，突破公式化、概念化报到窠臼，用事实说话、用数字说话、用典型说话。成功塑造出一批新时期新典型人物，如全国孝老爱亲道德模范王现伟、扎根老区的“扶贫政委”赵克信、心系“三农”的“丰收使者”胡承霖等。

3.专版专题专栏相互组合亮点纷呈。2011年，在新闻战线全面开展“走基层、转作风、改文风”活动中，强化新闻策划、丰富新闻内容、不断改进创新、完善考核考评。坚持办好已经创办的品牌专版和专栏《经济周刊》、《社会周刊》和《休闲周刊》。同时开辟“焦点新闻版”、“市县新闻版”和“文体新闻版”，放大新闻标题和新闻图片，具有“清新大气、简洁明快”的版面风格，形成独具特点的“皖派风格”。

加强舆情分析，主动设置议题，努力增强舆论引导的针对性和实效性，在特色栏目上有新突破。一是围绕“走转改”活动的开展，及时推出“记者走江淮”等一批新栏目，并分设“皖江行”、“文化新篇”、“蹲点调研”、“三秋纪事”、“体验”、“感悟”、“一线聚焦”、“百名记者进百村”等9个子栏目，全方位、立体式推出大量来自基层一线的鲜活报道。中宣部《新闻阅评》以《深入基层“接地气”融入群众转作风 安徽日报“记者走江淮”栏目亮点纷呈》为题，对《安徽日报》开展“走转改”活动予以充分肯定；二是在推出新栏目的同时，《安徽日报》集中精力办好精品栏目和品牌栏目。如“热点透视”、“江淮之子”、“精彩安徽”、“江淮时评”、“徽风”等，其中“精彩安徽”栏目受到中宣部新闻阅评的高度赞扬。“热点透视”被评为“中国新闻奖名栏目”，“焦点时评”版则发挥了党报评论在引领社会舆论中“定音鼓”的作用；三是坚持实行“总编辑领衔”制，加大“创品牌栏目，以栏目带版面”的力度。

4.系列报刊版面和栏目各具特色。2011年，各系列报刊的版面和栏目品位高雅，各具特色。在办好已有栏目的同时，相继推出一系列贴近性很强的专栏专版，如《新安晚报》的“生命周刊”，《文摘周刊》周末刊开辟“乐知”、“世相”版，《安徽日报农村版》的“人口周刊”，《江淮时报》的“消费特刊”，《安徽商报》开辟“爱心面对面”栏目，《安徽法制报》开设“有一说一”栏目等，增强了报纸的服务性和可读性。《安徽商报》在建党90周年之际，启动省内首次大型影像见证互动主题新闻策划“亲国亲城”，以珍稀老照片为线索，通过猜、说、写、编等活动，回忆革命历史，重温优良传统；《安徽日报》农村版针对全省性的农产品卖难和价格下跌，开辟“产销直通车”专栏；“中安在线”开辟“网上问政”平台，搭建政民互通桥梁；《江淮时报》为纪念辛亥革命100周年，

与南非MIH传媒集团合作签约仪式

推出“风起江淮”大型纪念特刊；《徽商》杂志主办“2011寻找徽商最佳投资区域”大型活动，人民网、新华网等在内的全国几十家主流媒体对这次大型策划活动给与高度评价和赞誉。

【理论版概况】2011年，《安徽日报》理论版共发稿32期，其中“新世纪”专栏14期，“安徽发展研究”专栏15期，共发理论文章150余篇，27万多字。理论版文章主要涵盖以下几个方面内容：

一是政治类。围绕胡锦涛总书记“七一”讲话、党的十七届六中全会、省第九次党代会等重大主题，开设“学习胡锦涛总书记‘七一’讲话系列笔谈”、“学习党的十七届六中全会精神系列笔谈”、“贯彻省九次党代会精神系列论坛”等专栏，约请专家学者和领导就相关精神撰写系列理论文章，如《党的建设的历史、现实和未来》、《更加科学有效地预防腐败》、《“最大政治优势”与“最大危险”的蕴含及启示》、《推进党务公开　发展党内民主》、《准确把握“三个强省”之间的关系》、《如何推动安徽的经济强省、文化强省和生态强省建设》等，为全省广大党员干部和人民群众及时把握中央和省委重要会议精神、了解领会相关政策提供了有益的参考。

二是经济类。“安徽发展研究”专栏是理论版重点打造的品牌。2011年理论版注重从经济学的角度来解读中央和省委重要会议精神。党的十七届六中全会之后，理论版随即推出《发展文化产业与完善立法保障》、《完善文化大发展保障机制的相关考量》等重要文章。对世界经济和本省经济运行状况加以关注，是“安徽发展研究”专栏的一个重要内容，当年理论版先后发表《世界经济为什么再度波动》、《宏观经济的可能走向与选择》、《经济应对形势把握机遇的策略》、《解决经济中结构性矛盾是必由之路》、《新“861”：指向特征与预期效应》等相关文章，对国内外宏观经济环境加以研判，对本省经济运行态势加以分析。特别是对皖江承接产业转移示范区建设的相关问题进行深入分析。

三是文化类。党的十七届六中全会颁布了《中共中央关于深化文化体制改革　推动社会主义文化大发展大繁荣若干重大问题的决定》，理论版随即刊发系列文章，对《决定》的相关精神进行解读。对本省地域文化的研究也是理论版的一个聚焦点，为此专门策划了一个整版，刊登《安徽历史文化名人对中国历史进程的影响》、《安徽历史文化名人分布的特点》、《艺术领域的安徽历史文化名人》等主题文章，对安徽历史上的文化群体进行聚焦透视，阐述了安徽历史文化名人对中国历史进程的相关影响。

四是社会类。加强社会建设和创新社会管理是科学发展观的重要内容，值得报刊关注和深入研究。理论版2011年专门策划组织了一批专版。《中国共产党对社会建设的理论创新》、《社会管理须坚持党的领导》、《中国共产党社会动员的方法及创新》等一组文章，就党在当代对社会建设、社会管理的理论与实践创新进行理论上的系统总结，提出进一步做好相关工作的具体要求；《加强社会建设　创新社会管理》以访谈录的形式对社会学学者孙立平教授的相关学术观点进行系统总结和透视。

市级报业选介

【合肥报业传媒集团】合肥报业传媒集团成立于2010年3月26日，其前身是创始于1957年4月1日的合肥晚报社。集团辖《合肥日报》、合肥报业传媒有限公司、巢湖报业传媒文化有限公司。其中，《合肥日报》2009年11月8日创办，成为当时全国省会城市中最年轻的市委机关报；合肥报业传媒有限公司是2010年注册成立的法人公司，主要以市场化方式整合运营与报业相关的产业，辖《合肥晚报》、《江淮晨报》、《今日生活报》、印务、发行物流、广告、合晚传媒（合肥在线）等分（子）公司；巢湖报业传媒文化有限公司是以原巢湖日报社人员和资产为基础成立的新公司。2009年以来，集团对内部规章

合肥报业传媒集团与央视国际网络有限公司、南方周末和南都周刊签署战略合作协议

制度进行梳理，通过废、改、立，建立健全现代传媒管理体制。先后在报纸出版、财务收支、资产监督、干部任用、岗位薪酬、纪检监察等方面出台了50余项内部规章制度，基本涵盖新闻采编、报业经营、内部管理等模块的全部重要工作。集团群策群力，经营效益实现逆势上扬。 2010年、2011年与2009年相比，集团资产总额分别增长28.64%和24.51%，净资产增长23.09%和14.56%，销售收入增长36.86%和19.40%，利润总额依次同比增长14.54%和32.72%。与中部六省省会城市报业集团相比，2010年与2011年，营业收入和利润均居第二位。集团拥有《合肥日报》、《合肥晚报》、《江淮晨报》、《今日生活报》、《合肥晚报·环湖晨刊》、合肥在线、巢湖在线、《东方周报》等报纸和网站，初步形成党报、都市报齐全，日报、晚报、晨报、周报、手机报及网络全媒体联动，媒体之间统筹协调、责任明确、功能互补、覆盖广泛、富有效率的舆论引导格局，媒体区域影响力越来越大。

【芜湖日报报业集团】 芜湖日报报业集团于2006年6月6日正式挂牌，是安徽省第一家经过体制改革成立的地市级报业集团，与芜湖日报社为一个机构、两块牌子。集团拥有《芜湖日报》、《大江晚报》、《金周刊·芜湖广播电视》、《芜湖手机报》、《皖江传媒》和江东网（原中国芜湖新闻网）等“四报一刊一网”。《芜湖日报》是中共芜湖市委机关报，1949年7月1日创刊；《大江晚报》1996年1月1日创刊，是安徽发行量、广告量、社会影响力最大的地市级报纸之一，皖江地区报业的“领头羊”；《金周刊·芜湖广播电视》是都市家庭生活读本；《芜湖手机报》是2007年3月创办的全省第一家地市级手机报；江东网（原中国芜湖新闻网）是以新闻资讯为主的综合性网站，旗下有芜湖汽车网、芜湖健康网、芜湖小记者网等子网。近年来，集团不断整合优质资源，融汇新兴媒体，打造传播品牌，每天出版报纸15万份。2011年，集团共完成总收入1亿元，其中所属媒体广告收入7000万元，比2010年净增820万元，增长13.27%。集团蝉联“中国十大城市传媒集团”称号，《芜湖日报》蝉联“中国品牌媒体百强地市党报品牌10强”称号，《大江晚报》获“中国十大地市晚报”称号，中国芜湖新闻网获“2010~2011中国最具品牌成长性媒体”称号。

【马鞍山日报社】 《马鞍山日报》现有“两报一网”——《马鞍山日报》、《皖江晚报》、“皖江在线”。

《马鞍山日报》是中共马鞍山市委机关报，创刊于1958年1月1日。《皖江晚报》是由中共马鞍山市委主管、马鞍山日报社主办，面向皖江地区的区域性晚报，创刊于1993年4月1日。《皖江晚报》现为周六报。“皖江在线”为中共马鞍山市委、市政府新闻门户网站，2008年6月27日正式开通，设有23个子栏目，并开辟了皖江在线论坛、网络直播互动平台等多个板块。

《马鞍山日报》率先在全省地市党报中采用国际流行的瘦报报型，版序设计更加符合读者阅读习惯，同时加强和改进时政报道，打造“天门山时评”、“看转型”、“公民问政”等品牌栏目，搭建更高水平的新闻平台，全面提升新闻宣传报道水平。

全面贯彻落实中宣部“走转改”的要求，“接地气抓活鱼”，作风文风显著改善。连续举办四届

马鞍山日报社读者节开幕式

皖西日报社在中国第四届大别山歌会上表演大别山民歌

读者节，搭建交流互动平台，进一步拉近了与读者之间的距离。成立萌芽小记者通讯社，关心青少年成长，成为马鞍山市下一代健康成长和文明城市建设的新阵地、新亮点、新品牌。

【皖西日报社】 1948年，刘邓大军进驻大别山后，当时的皖西区党委创办《皖西日报》。经过60多年发展，现已拥有《皖西日报》、《六安手机报》、《大别山晨刊》、六安网、六安新闻网等媒体群和皖西日报社印务有限公司、皖西电脑公司、皖西报业广告公司、文化传播公司等经营实体群。近年来，皖西日报社坚持以科学发展观为指导，以打造党放心、民满意的优秀媒体和实力雄厚、深具影响的区域性强势媒体为目标，探索出一条地方报业发展的新路——报社办活动、壮大报业经济的道路。围绕市委、市政府中心工作，先后举办了房地产展示会、大别山歌会、“迎驾新娘”集体婚礼、2010年全国青年赛艇锦标赛、2010年国际徽商年会、2011年全国赛艇锦标赛、2011形象中国·百家报社聚焦魅力六安等活动，大别山歌会已成为具有影响力的文化品牌。

【淮北日报社】《淮北日报》为中共淮北市委机关报，创刊于1971年5月1日，主要新闻宣传载体和产品有“三报一刊两网站”，即：《淮北日报》、《淮北手机报》、《淮北晨刊》、《皖北传媒》、淮北新闻网和淮北网。

淮北日报社牢固树立大局意识、导向意识、责任意识，坚持“公众视野、民生情怀” 办报理念，坚持开放式的发展思路，唱响主旋律，打好主动仗，积极改进新闻宣传，加强新闻队伍建设，深化经营体制改革，规范内部管理，探索报网融合新途径，在服务全市科学发展大局中，报社自身影响力和经营实力不断提升。

淮北日报社举办首届读者节

中央媒体看安徽

【概况】为促进中央新闻媒体加大宣传安徽的力度，通过中央新闻媒体的报道视角，充分展现安徽科学发展、加速崛起的实践，从2007年6月15日起，省直及合肥市有关新闻媒体重要版面和新闻节目统一开辟常设性专栏——“中央媒体看安徽”，及时转载（播）中央新闻媒体正面宣传安徽的重点稿件。专栏主要内容为：中宣部组织的全国性集中宣传或重大典型报道中关于安徽的稿件；中央主要媒体关于安徽的重要稿件，《人民日报》、《光明日报》、《经济日报》等报纸头版、专版、其他版面刊发的重要稿件，新华社播发的重要通稿或有分量的专文专稿，中央人民广播电台“新闻联播”、“报纸与新闻摘要”或其他栏目播发的重要稿件；中央电视台“新闻联播”、“焦点访谈”或其他栏目播发的重要稿件；中央其他新闻媒体刊播的关于安徽的重要稿件；《求是》、《半月谈》、《瞭望》等杂志刊发的关于安徽的重点文章；人民网、新华网等重要新闻网站有关安徽的重要稿件；一个阶段中央媒体对安徽的宣传重点和趋势的分析；中央媒体宣传安徽的综述；中央主要媒体记者、编辑在安徽采访报道的体会和感受等。

2011年，协调中央驻皖媒体参与重大主题、重大活动、重大会议报道，中央媒体宣传安徽的力度加大、稿件增多，共刊播宣传报道安徽稿件28600多篇（条）。其中，《人民日报》、新华社、《光明日报》、《经济日报》、中央电台、中央电视台6个主要中央新闻单位，对“调结构、提质量、增效益”、建设皖江示范区和合芜蚌综合试验区、加快皖北地区发展、调整行政区划等20多个重大主题，纪念建党90周年、全国文化体制改革会议、省“两会”、省第九次党代会、五级书记带头大走访、皖粤经贸合作发展会议、第三届动漫产业交易会、第四届中国农民歌会等20多项重大活动、重要会议进行宣传报道，发稿1.9万多篇（条），比上年增长6.9%。“中央媒体看安徽”专栏全年共转载转播132篇（条）。

附：2011年“中央媒体看安徽”稿件统计表

序号	媒体名称	播发时间	报道标题	转发时间
1	光明日报	2010年12月29日	黑色煤城变成五彩城市——安徽淮南市转型发展纪实	1月1日
2	人民日报	2010年12月30日	巢湖承接产业转移引来“凤还巢”	1月3日
3	经济日报	2010年12月31日	安徽省无为县高沟镇采访记（整版）	1月4日
4	中央电台	1月5日	安徽文化产业连续三年增长超过30%	1月6日
5	光明日报	1月5日	皖江城市带企业签约接踵而至	1月7日
6	中央电视台《新闻联播》	1月5日	安徽以软实力扩展文化新版图	1月8日
7	人民日报	1月6日	安徽医改　四降一升　患者受惠	1月9日
8	人民日报	1月8日	政府开支零增　民生投入提速　芜湖财政“一紧一松”倾斜百姓	1月10日
9	中央电台《新闻和报纸摘要》	1月13日	安徽省大力建设保障性住房 2010年解决近20万户城市低收入家庭住房困难	1月14日
10	中央电视台《新闻联播》	1月13日	安徽：33项民生工程惠及6000万城乡居民	1月15日
11	法制日报	1月13日	安徽监狱系统开展“执法大培训 岗位大练兵”活动综述	1月16日
12	人民日报	1月17日	皖江城市带积极承接产业转移	1月18日
13	新华社	1月17日	八百里皖江，扬帆再起航	1月20日
14	新华每日电讯	1月23日	安徽：沉寂多年的皖北，如今人心思变	1月25日
15	中央电视台	1月22日	五岁女孩早当家	1月27日
16	工人日报	1月29日	安徽工会干部“双走访”将成常态	1月31日
17	光明日报	1月29日	安徽记者聚焦基层写新春	2月1日
18	中国纪检监察报	1月31日	滁州推进“阳光村务工程”建设	2月2日
19	中国青年报	1月29日	安徽省金寨县天堂寨镇：“旅游扶贫”点亮大山深处的幸福之光	2月3日
20	人民日报、新华社、中央电台、中央电视台、农民日报	2月4～9日	中央新闻媒体关注我省抗旱保苗	2月10日
21	中央电视台《新闻联播》	2月13日	新春走基层 忙碌在抗旱一线的老教授	2月15日
22	中央电视台《新闻联播》	2月20日	皖江示范区：产业聚集加速	2月22日
23	经济日报	2月21日	安徽探索基本药物制度新模式	2月23日
24	中国艺术报	2月18日	安徽万元重奖“梅花奖”得主	2月24日
25	光明日报	2月22日	安徽医改“四降”让老百姓满意	2月25日
26	中国改革报	2月22日	安徽“十二五”多项指标翻番	2月26日
27	人民日报、新华社	2月23～24日	中央媒体关注安徽省人大常委会立法工作创新	2月27日
28	中央电台	2月24日、26日	转型之路在安徽（上、下篇）	2月28日
29	经济日报	2月25日	安徽启动农业产业化“转型倍增”计划	3月1日
30	光明日报	2月28日	安徽：条条水路润民心	3月2日
31	法制日报	3月2日	合肥综治破解“三车”肇事	3月3日

序号	媒体名称	播发时间	报道标题	转发时间
32	新华社	3月3日	安徽以两条主线布局民生工程	3月5日
33	新华社	3月8日	“西瓜地图”彰显民生	3月10日
34	中央电视台《新闻联播》	3月15日	皖新传媒实现新跨越	3月17日
35	人民日报	3月23日	给文化建设留一份空间 让一片绿地（安徽省省长王三运3月22日在加快推进文化强省建设大会上说）	3月24日
36	中国纪检监察报	3月27日	安徽开展专项清查 确保强农惠农资金使用规范安全	3月28日
37	新华社	3月28日	产业转移加速催化聚集效应——安徽打造家电“金三角”	3月29日
38	经济日报	4月10日	安徽广播电视台争创一流业绩	4月11日
39	法制日报	4月14日	淮北领导干部包案化解疑难信访案件 全市涉法涉诉信访案占信访总量由80%降至5%	4月15日
40	新华社	4月19日	安徽省推行公开承诺特色做法选粹	4月21日
41	人民日报	4月20日	合肥高新区四招力推战略性新兴产业发展	4月22日
42	光明日报	4月22日	煤城的生态突围——安徽资源枯竭型城市淮北的再生之路	4月23日
43	农民日报	4月22日	安徽10年选派万余干部到村任职 涌现出沈浩等一批先进典型	4月24日
44	经济日报	4月23日	安徽：建设文化强省 惠及城乡百姓	4月25日
45	农民日报	4月25日	粮食稳定增产行动 安徽新增亿元资金支持产粮大县	4月26日
46	新华社	4月26日	新华社推出《聚集文化体制改革“安徽现象”》专栏	4月27日
47	新华社	4月27日	安徽：2万文化“单位人”平稳转企	4月28日
48	人民日报、新华社、光明日报、经济日报、中央电台、工人日报、农民日报、法制日报	4月27日	中央媒体聚焦淮北文明创建	4月29日
49	新华社	4月29日	“文化皖军”异军突起的奥秘 ——文化体制改革“安徽现象”调查	4月30日
50	人民日报、光明日报、新华每日电讯	4月30日	春风化雨润江淮——安徽加快文化强省建设综述 体制改革引发创新热潮，安徽文化产业新事多 自主试点，“文化皖军”异军突起——文化体制改革“安徽现象”调查	5月1日
51	中央电视台《新闻联播》	5月1日	安徽：文化体制改革让百姓尽享发展成果	5月3日
52	法制日报	5月4日	安徽司法行政信息化应用系统广受褒扬	5月5日
53	科技日报	5月5日	铸造转型发展的强力引擎——解读合肥发展战略性新兴产业的创新之变	5月6日
54	中央电台	5月19日	文化产业成安徽崛起助推器 连续五年30%以上增幅	5月20日
55	经济日报	5月21日	安徽铜陵：发展循环经济壮大优势产业	5月22日
56	人民日报	5月24日	创先争优的标尺是群众认可	5月26日
57	经济日报	5月23日	安徽蚌埠：在新起点上实现新的腾飞	5月27日
58	人民日报	5月30日	安徽寿县为古城保护释放空间	5月31日
59	人民日报、经济日报、中央电台、农民日报	5月27日至6月2日	中央媒体集中关注安徽小麦收割	6月4日
60	中央电台	6月8日	合肥外来务工子女享受“同城待遇” 高考不必回原籍	6月9日
61	经济日报	6月9日	安徽六安：呵护青山绿水 建设生态家园	6月10日
62	新华社、中央电台、中国青年报	6月10日	合肥铁路女民警李淑华：在群山深处守望安全播撒爱心	6月11日
63	人民日报	6月21日	安徽连续8年夏粮增产	6月23日
64	中国改革报	6月20日	安徽各地积极探索建立乡村医生准入退出机制	6月24日
65	经济日报	6月23日	安徽“菜篮子”吸引经济日报关注	6月25日
66	法制日报	6月24日	二十二条新规护航兴皖富民	6月26日
67	中国企业报	6月24日	“两化”融合打造“数字”合肥	6月29日
68	农民日报	7月5日	安徽小麦走出大旱之年增产路	7月7日
69	人民日报	7月11日	用群众工作统筹社会管理 ——安徽宣城从源头化解矛盾促和谐	7月12日

序号	媒体名称	播发时间	报道标题	转发时间
70	经济日报	7月15日	加速崛起兴皖富民——安徽努力实现转型跨越发展	7月16日
71	农民日报	7月18日	汗水浇出丰收麦——安徽大灾之年小麦生产回眸	7月19日
72	法制日报	7月18日	1.7万个法援站点遍布城乡	7月20日
73	新华社	7月20日	安徽保障房建设:资金用地“两手抓” 质量分配严督查	7月21日
74	光明日报	7月22日	一方水土一方人 一方文化一座城 安徽特色文化张扬皖韵徽风	7月23日
75	中央电台《新闻和报纸摘要》	7月26日	安徽基层医疗卫生体制改革细化服务惠及更多百姓	7月27日
76	经济日报	7月29日	立足煤 延伸煤 不唯煤 超越煤 安徽淮南“四煤”并举谋跨越	7月31日
77	经济日报	7月31日	点染文韵亮煤城（整版）	8月2日
78	人民日报	8月4日	多为发展育人才 敢为事业用人才（安徽省委书记张宝顺8月2日在省委中心组理论学习会上说）	8月5日
79	法制日报	8月6日	1.2万机关干部走进乡村社区 阜阳大走访大整治走出感情访出民意	8月7日
80	人民日报	8月9日	安徽省委书记张宝顺亲笔回复网友留言“把网友的关切转化为改进工作的动力”	8月10日
81	人民日报	8月12日	正确的事看明白了，敢不敢去坚持？（省长王三运在省委中心组理论学习会上说）	8月13日
82	经济日报	8月4日	安徽滁州立体式承接产业转移	8月14日
83	法制日报	8月12日	安庆有效破解信访交而不办难题 初信初访化解率逾八成	8月15日
84	人民日报、新华社、光明日报、中央电台、中国青年报、法制日报	8月3～12日	中央媒体集中宣传报道仇多馥同志先进事迹	8月16日
85	新华社、光明日报、经济日报、农民日报、中国青年报	8月15日	永远留在小岗的“第一书记沈浩”	8月17日
86	法制日报	8月18日	池州检察官自带铺盖自付食宿费用 驻村蹲点办案解民忧	8月19日
87	人民日报	8月19日	安徽淮南连岗村，村干部不再是“强硬派” 柔性自治，让村民自我管理	8月20日
88	经济日报	8月28日	合肥经济技术开发区“制造”与“创造”比翼齐飞	8月29日
89	光明日报	8月28日	服务朝下延 幸福往上升——记城市基层社会管理创新的“铜陵模式”	8月30日
90	光明日报	8月30日	安徽文化体制改革动了真格	8月31日
91	新华社《瞭望》新闻周刊	9月1日	百年煤都戮力转型	9月6日
92	经济日报	9月4日	葡萄熟了 农民乐了	9月7日
93	中央电视台《新闻联播》	9月5日	安徽：民生水利建设全面提速	9月8日
94	新华社	9月5日	安徽铜陵：探索“区直管社区”服务模式	9月9日
95	法制日报	9月12日	从阳光执法中享受公正	9月13日
96	中国青年报	9月16日	受助十年命运改变 残疾青年发帖寻人 寻找108位恩师	9月17日
97	人民日报	9月20日	安徽高扬科学考评指挥棒	9月20日
98	中央电台《新闻和报纸摘要》	9月23日	安徽打造人才高地：从劳务大省向人才大省转变	9月24日
99	经济日报	9月25日	探访动漫产业的“芜湖模式”	9月27日
100	人民日报、新华社、光明日报、经济日报、中央电台、中央电视台、工人日报、中国青年报、农民日报、法制日报、解放军报等	9月25～27日	中央媒体集中报道王现伟	9月28日
101	法制日报	9月28日	书记市长承包创新项目	9月30日
102	经济日报	10月6日	创新体制机制 完善服务体系 芜湖公共文化建设惠民生	10月8日
103	光明日报	10月10日	安徽媒体：拜师群众 服务人民	10月11日
104	法制日报	10月10日	强制隔离戒毒变“一锅煮”为个性矫治“三分四期”成就“安徽经验”	10月12日
105	新华社	10月3日	安徽：[illegible]	10月13日
106	法制日报	10月11日	法援服务送到家门口	10月18日

序号	媒体名称	播发时间	报道标题	转发时间
107	光明日报	10月17日	徽风皖韵融入大时代	10月19日
108	人民日报	10月18日	安徽在服务群众中展现皖风徽韵	10月20日
109	中央电台《新闻和报纸摘要》	10月25日	安徽实施“水利安徽”战略 兴水富民促民生	10月26日
110	法制日报	10月28日	让居民成为社区管理的主人 铜陵基层社会管理体制改革做“减法”获得“加法”效应	11月1日
111	新华每日电讯	10月29日	旅游城市转型请看“黄山读本”	11月2日
112	新华社	10月30日	不以“GDP”论英雄——安徽科学政绩导向舞出发展新气象	11月3日
113	人民日报、新华社、经济日报、中央电台、科技日报	11月8～10日	中央媒体集中聚焦奇瑞自主创新	11月11日
114	人民日报	11月21日	三大区域中心城市联袂引领自主创新 安徽有个“合芜蚌”	11月22日
115	中央电台《新闻和报纸摘要》	11月28日	安徽健全现代文化市场体系 打造千亿元文化产业	11月29日
116	农民日报	12月1日	江淮处处蕴生机——安徽多措并举推进秋冬种工作	12月2日
117	经济日报	12月9日	合肥培育新兴产业显现实效 支柱产业产值持续增长	12月10日
118	法制日报	12月13日	安徽五级书记带头走基层访民生 着力解决群众反映强烈的突出问题	12月14日
119	经济日报	12月13日	兴皖富民 活力江淮	12月15日
120	中国纪检监察报	12月13日	守身持正 风清气正	12月16日
121	新华每日电讯	12月22日	从“粮煤钢”到“合芜蚌”——安徽以“科技突围”树立新的角色定位	12月23日
122	中国纪检监察报	12月25日	安徽加强惩治和预防腐败建设	12月26日
123	法制日报	12月27日	抓评估促稳定化风险为保险 合肥包河社会稳定风险评估工作实现便民惠民	12月28日
124	新华社	12月23日	安徽：打造群众的文化盛宴	12月29日

一个省的主要城市，都应该有这样的博物馆，人民认识自己的历史和创造的力量是一件很要紧的事。

毛泽东 1958年9月17日视察安徽省博物馆时的讲话

□ 出　　版

□ 报纸期刊

□ 数字出版

□ 发　　行

□ 印　　刷

□ 版权管理

□ 出版教育

出版發行印刷

盧紅星

出　版

【概况】 全省现有图书出版单位11个，音像、电子出版单位3个。其中安徽人民出版社等7个图书出版单位和时代新媒体出版社隶属安徽出版集团旗下的时代出版传媒股份有限公司。中国科学技术大学出版社等4个大学出版社为省内4个高校主办。安徽音像出版社为安徽省广播电影电视局主管主办，安徽新华音像出版社为安徽新华发行集团主管主办。7个图书出版单位中，中国科学技术大学出版社、合肥工业大学出版社和安徽科学技术出版社拥有音像制品出版权，安徽教育出版社兼有音像制品、电子出版物出版权。

2011年，全省图书选题出版计划为4985种，音像电子选题出版计划为510种，全年出版新书近4000种。其中200余种选题被列入“十二五”国家重点图书、音像制品、电子出版物等各类重点出版规划和主题出版规划。近30种选题入选新闻出版总署向全国推荐的各类重点目录。100余种出版物获省级以上各种奖项。在新闻出版总署开展的2011年中小学教辅材料出版资质认定中，全省11个图书出版社均获得中小学教辅材料主要科目出版资质。时代出版传媒股份有限公司获2011年中国上市公司综合实力100强称号，安徽出版集团连续三届跻身全国文化企业30强。安徽新华音像出版社增加电子出版权，安徽教育出版社增加独立连续型电子出版物出版权，产业结构和布局更加合理。政策资源配置状况显著改善，在增加书号供应、争取财政资金资助等方面走在全国前列。

【重大主题出版】 围绕巩固马克思主义指导地位，推动党的理论创新成果宣传普及，打造一批马克思主义中国化、时代化、大众化的通俗理论读物。围绕纪念建党90周年、辛亥革命100周年，打造一批反映中共党史、中国革命史和中华民族发展史的精品出版物，出版系列重点出版物120种，其中图书100种，音像制品、电子出版物20种。安徽人民出版社的《一号文件与中国农村改革》，安徽文艺出版社的《人民村官沈浩》、《四面八方》、《一步跨过两千年：来自中国农村的最新调查》和安徽少年儿童出版社的《少年英雄——20名汶川大地震抗震救灾英雄少年的故事》5种图书入选中宣部和新闻出版总署联合向全国推出的庆祝建党90周年优秀图书书目。合肥工业大学出版社等6个出版社的15种重点图书、音像、电子出版物被省委宣传部确定为安徽省“庆祝中国共产党成立90周年重点出版物”。

国家新闻出版总署、安徽省人民政府签署合作框架协议会议

【重点项目出版】 为实施精品战略，推动文化大发展大繁荣，提升文化软实力，省新闻出版局引导、推动实施国家“十二五”重点图书、音像、电子出版物出版规划等重点工程。2011年4月，新闻出版总署颁布《“十二五”时期（2011～2015年）国家重点图书、音像、电子出版物出版规划》，本省共有48种出版物入选。其中，图书40种、音像制品6种、电子出版物2种，入选总量居全国第4位。

做到选题优化、结构合理、切实可行、优质高效。在论证遴选重点项目的同时，征集储备了一批高质量选题，申报一批、准备一批、生产一批的滚动开发格局初步形成，保证精品读物的可持续出版。

【原创图书出版】 新闻出版总署从2006年起，开始组织实施“三个一百”原创出版工程，鼓励和推动出版单位多出原创图书，全面提升全国出版原创的整体水平。在2011年新闻出版总署组织

中共中央政治局委员、国务委员刘延东视察安徽出版集团

开展的第三届“三个一百”原创图书评选活动中，本省7个出版社的9种图书入选，入选数量居全国前列。入选图书分别是：中国科学技术大学出版社的《最弱受约束电子理论及应用》、《核色动力学导论：量子色动力学及其对核子和核结构体系的应用》，安徽美术出版社的《明清戏曲版画（上下册）》、《中国原创新漫画四大名著系列·三国演义（20册）》，安徽人民出版社的《“一号文件”与中国农村改革》，安徽教育出版社的《中国诗学道器论》，安徽少年儿童出版社的《你好，小读者》，安徽科学技术出版社的《黄土与干旱环境》，合肥工业大学出版社的《出生缺陷环境病因及其可控性研究》。

【国家出版基金项目】 自2007年7月国家出版基金公开评审以来，本省22个项目共获4600万元的资助，资助项目数和资助金额分列全国第5位和第4位。2011年，安徽文艺出版社的《中国歌剧音乐剧通史》、安徽少年儿童出版社的《绿色中国（10册）》、安徽人民出版社的《铁血雄风——辛亥革命在安徽》入选国家出版基金资助项目。

在2011年国家古籍整理出版资助项目中，黄山书社《江南女性别集三编》、《晚清桐城三家诗》、《勉行堂文集》3种古籍项目获资助。

【北京国际图书博览会安徽展团】 2011年8月31日至9月4日，第十八届北京国际图书博览会在北京举办。本届博览会展馆总面积5.36万平方米，展台2155个，来自60个国家和地区的近2000家中外出版商携20余万种精品出版物参展。安徽展团由省新闻出版局（省版权局）统一牵头组织，时代出版传媒股份有限公司等17个出版单位参展。安徽展区共28个展位，面积达252平方米，参展出版物达到3000余种，并首设数字展区，集中展示无纸化教材、手机“移动漫”、互动阅读平台、时代e博等最新产品。中共中央政治局常委李长春，中共中央政治局委员、北京市委书记刘淇，中共中央政治局委员、书记处书记、中宣部部长刘云山，中共中央政治局委员、国务委员刘延东在开幕式当天视察了安徽展区，对安徽出版弘扬主旋律、推动中华文化走出去给予充分肯定。

【安徽出版“走出去”速度加快】 继2008、2009、2010连续3年在北京国际图书博览会上版权输出总量居全国第一之后，安徽展团在2011年的第十八届北京国际图书博览会上版权输出在全国率先突破200项大关，签订版权输出合同220项，比上届博览会增长11.7%，占全国各省(市、区)版贸输出总量的13.3%。安徽大学出版社与韩国、澳大利亚等国出版社签订版权输出3项。本届博览会安徽展团引进版权项目13个，其中中国科学技术大学出版社引进版权6个，达成合作出版项目1个。在第62届法兰克福书展上，时代出版传媒有限责任公司输出版权46项，位于全国前列。

【精品及获奖图书】 在第二届中国出版政府奖评选中，安徽教育出版社的《清代东南书院与学术及文学》、中国科学技术大学出版社的《北京谱仪Ⅱ：正负电子物理》、《非线性科学若干前沿问题》3种图书获图书奖，安徽少年儿童出版社的《好好玩泡泡书》获装帧设计奖，安徽少年儿童出版社的《甜趣新童谣》获图书奖提名奖。在本省社会科学文学艺术出版奖（出版类）评选中，全省共有8种出版物获一等奖，28种出版物获二等奖，54种出版物获三等奖。

在第十届输出版、引进版优秀图书评选活动中，安徽人民出版社的《畅游安徽》等6种图书获“第十届（2010年度）全国输出版奖图书”奖项，安徽科学技术出版社的《黄金吸引力法则》等7种图书荣获“第十届（2010年度）引进社科类获奖图书”奖项。

在新闻出版总署向全国青少

年推荐百种优秀图书书目中，安徽少年儿童出版社《冰心奖获奖作家精品书系（5册）》、《你好，小读者》，安徽教育出版社《让数学火起来·李毓佩数学故事会（5册）》，黄山书社《北极村童话》4种出版物入选推荐目录。安徽少年儿童出版社的《魔术笔记》等12种图书入选2011年度“中国图书对外推广计划”。安徽美术出版社的《新版中国美术全集》等3种图书获得国务院新闻办公室“中国文化著作对外翻译出版工程”专项资助。

报纸期刊

【概况】 全省共有报纸98种，其中党报18种，行业、专业报18种，生活服务类报19种，都市报、晚报10种，高校校报31 种，文摘报2种；报社记者站210个，其中中央新闻单位驻皖记者站83个，省内报社记者站127个；期刊180种，其中社科类期刊88种，自科类期刊92种；内部资料性出版物576种，省直255种，市直321种。《少儿科技》入选新闻出版总署向全国少年儿童推荐的优秀少儿报刊名单，《文摘周刊》等39种报刊入选新闻出版总署农家书屋重点推荐目录。当年新闻出版总署批准创办《蚌埠学院学报》和《债券》月刊。2011年，全省报刊系统认真贯彻落实党的十七届六中全会、中央经济工作会议和省第九次党代会精神。围绕党和国家及全省中心工作，认真开展纪念新中国成立62周年、中国共产党成立90周年、辛亥革命100周年等重大主题宣传活动，坚持正确的舆论导向，坚持团结稳定鼓劲、正面宣传为主，坚持贴近实际、贴近生活、贴近群众，努力满足群众多层次、多方面、多样化的精神文化需求，为党的十八大的召开营造良好舆论氛围。

【全省报刊管理工作会议】 2011年6月28日，全省报刊管理工作会议召开。会议全面总结2010年全省报刊出版工作取得的成绩，系统分析报刊业面临的形势，部署2011年的工作任务。省委宣传部有关领导，各市新闻出版局负责同志，各报刊出版单位、内部资料性出版物单位主要负责人，共300多人参加会议。

【非时政类报刊改革】 按照中央和新闻出版总署的统一部署，结合本省报刊出版单位改革发展的现状，2011年底启动全省非时政类报刊改革工作。成立非时政类报刊出版单位体制改革领导小组，开展报刊单位摸底调研工作，提出本省非时政类报刊分期分批转企改制名单草案，细化改革的时间表和路线图。实施分类指导和管理，鼓励报业集团、期刊集团和出版集团以资本为纽带，对转企改制后的报刊进行资源整合，解决阻碍发展的体制障碍，增强报刊出版单位自我发展和公共服务能力。

【新闻采编培训】 加强新闻报刊业务培训，完善从业人员准入退出制度。严格落实报刊主要负责人任职备案制度，分期分批安排报刊主要负责人参加新闻出版总署组织的培训，逐步加强和完善报刊主要负责人任职资格的管理。省新闻出版局2011年举办全省新闻采编人员资格培训班2期，有关报社、期刊社、中央新闻单位驻皖记者站新闻采编人员近400人参加培训。通过培训，提高了新闻采编人员坚持正确导向的能力、服务发展的能力、服务人民的能力和改革创新的能力。

【综合文化类期刊专项审读】 全年59位专家共审读《恋爱·婚姻·家庭》等5种相关期刊100多本，对优秀期刊予以表扬，对存在问题逐一指出，并反馈给主管主办单位，审读报告在《安徽审读》上予以刊发，通过审读，对全省期刊规范出版行为起到了积极作用。

【打击非法报刊和违规广告】 组织全省报刊出版单位自查自纠，自觉纠正买卖刊（报）号、一号多刊（报）、一刊（报）多版等现象，各市新闻出版局积极清理取缔非法设立的报刊编辑部、记者站、工作站、办事处等采编机构，收缴非法报刊。针对虚假违规广告等群众反映较为激烈的问题，省新闻出版局配合工商部门加大对虚假违法广告的查处力度，严格管理。与省委宣传部、省工商局、省食品药品监督局就查处虚假违规广告建立联席会议工作制度。对省城5种都市报进行即时审读，即时查处，对多家都市报违规刊登涉性广告，约谈出版单位，责成其认真整改。与省委宣传部联合召开“整治虚假广告通报会”，审读都市报广告分析报告及时发布，对遏制都市报刊载虚假违法广告蔓延都起到重要作用。

【“走转改”活动】 组织全省新闻报刊单位开展“走基层、转作风、改文风”专题活动。本省报刊出版单位新闻记者深入田间地头，转变作风，整改文风，将镜头对准老百姓，采写了一大批优秀稿件，贴近群众、贴近实际、贴近生活，受到老百姓欢迎。

【报刊记者站专项治理“百日行动”】 从2011年4月15日至7月25日，本省集中开展规范报刊记者站专项治理“百日行动”。结合报刊记者站年度核验工作，对报刊记者站进行评估。对不能正常开展工作、存在违规违纪的记者站予以注销，进一步规范记者站的行为，为管理规范的记者站开展正常新闻采访活动提供保障。在媒体和省新闻出版局网站上公布报刊记者站及其负责人名单，将有违规行为的新闻采编人员记录在案。对全省报刊记者站统一进行重新登记，换发新的报刊记者站许可证。

数字出版

【概况】 全省共有20个企业从事数字出版及相关业务，其中具有数字出版资质的企业有3个。2011年，围绕加快全省数字出版产业发展，传统出版企业向数字出版转型，安徽出版集团开发“时代e博”全媒体数字出版运营服务平台、E时代名师课堂、无纸化教材（电子书包）、高校云课堂等数字出版项目。安徽电子音像出版社获数字出版资质，《佣兵冲冲冲》成为本省第一款国产网络游戏，安徽日报报业集团所属的中安在线，已建成一主网、两平台、五新媒、八子网的传播格局，安徽新华传媒股份有限公司中国数字出版发行中心（CDD）和华仑书城网项目加快实施。“时代e博”全媒体数字出版运营服务平台在全国新闻出版业网站年会上获“最具创新网站”称号。当年5月，合肥鑫虹光电科技有限公司获得新闻出版总署批准的电子书复制资质，该公司系全国第二批获准电子书从业资质单位，也是本省第一个获电子书复制资质的单位。

【举办首次数字出版业务培训班】 为加强数字出版人才培养，2011年6月28日，省新闻出版局邀请中国新闻出版研究院、中国学术期刊电子杂志社、清华同方知网技术有限公司有关专家举办全省首次数字出版业务讲座，全省18个单位100余人参加培训。

【参加第四届中国数字出版博览会】 由新闻出版总署、科技部、工信部、国家广电总局、中科院支持，中国新闻出版研究院主办的第四届中国数字出版博览会7月6～8日在北京国际会议中心举行，省新闻出版局组织安徽日报报业集团、安徽出版集团、安徽新华发行集团、合肥鑫虹光电科技有限公司等单位参加博览会。在此次博览会上，安徽教育网络出版有限公司获“2010～2011年度数字出版示范企业”称号。

【全国首次数字出版工作会议在合肥召开】 为贯彻落实党的十七届六中全会精神，加快实施新闻出版业“十二五”时期发展规划和数字出版“十二五”时期发展规划，加速推动传统出版业转型升级，11月10～11日，全国数字出版工作会议在合肥市举行，这是新闻出版总署组织召开的首次数字出版工作会议。新闻出版总署署长柳斌杰作主题发言，副省长谢广祥出席会议并致辞。广东省、上海市新闻出版局，中国教育出版传媒集团、中南出版传媒集团以及天津、重庆国家数字出版基地等单位作交流发言，有关专家就出版业数字化转型作专题讲座。来自新闻出版总署相关司局、署直单位及各地新闻出版管理部门、出版集团、报业集团、国家级数字出版基地、部分新媒体企业代表以及战略合作方中国移动、中国电信等170多人参加会议。

【国家数字出版基地申报工作启动】 “十二五”期间，新闻出版总署将在全国建设10个国家级数字出版基地。截至2011年7月，经新闻出版总署批复建立的国家级数字出版基地已达到9个。为加快安徽省数字出版企业发展，省新闻出版局积极与新闻出版总署相关部门进行沟通和联系，掌握申报标准和条件，同时组织相关人员赴部分省份考察调研国家数字出版基地的申报和建设工作，与芜湖市人民政府以及芜湖市文化委员会进行对接和研究，共同起草编写了《安徽国家数字出版基地发展规划》。安徽国家数字出版基地申报工作正式启动。

发　行

【发行业概况】截至2011年底，全省共有4660个出版物发行单位，其中出版物全国总发行单位2个，出版物批发单位329个，出版物零售单位4329个，出版物发行行业年销售总额144亿元，发行网点总数6573个。在1月8～11日的北京图书订货会上，本省出版发行企业订货码洋首次突破1亿元大关，达到1.45亿元，再创历史新高。

当年新闻出版行业组织开展全民阅读活动和送书下乡活动，先后对颍上县、金寨县、肥西县进行图书捐赠和项目扶持工作。

【第21届全国图书交易博览会安徽展团】第21届全国图书交易博览会（简称"书博会"）于2011年5月27～31日在哈尔滨市国际会展体育中心举行，由安徽省图书、期刊、音像、发行等单位组成的安徽展团参加本届书博会，并取得丰硕成果，尤其是展台以简洁明快、设计独特的风格获书博会设计奖。全省有11个图书出版社、2个音像出版社、6个杂志社、2个民营发行企业共21个出版发行机构参展，设展位33个，实现现场订货码洋9445万元，再创历史新高。新闻出版总署署长柳斌杰，安徽省委常委、宣传部部长臧世凯等先后视察安徽展区，对安徽出版发行业取得的业绩给予充分肯定。

【规范发行单位管理】省新闻出版局将把好"准入关"和完善"退出机制"作为保证出版物发行市场健康发展的双重保障机制，将规范出版物批发单位行政审批程序作为2011年工作重点之一，全年共批准新设立出版物批发单位申请12起、审批出版物批发单位变更申请41起。全省共有4662个出版物经营单位通过年度核检。

第二十一届全国图书交易博览会安徽展团

印　刷

【概况】截至2011年底，全省印刷企业总数2868个，其中，出版物印刷企业229个、包装装潢印刷企业1284个、其他印刷品印刷企业1317个、专项印刷企业35个。全省复制企业4个。印刷行业从业人员94563人。据统计，全省印刷工业总产值233.88亿元，名列全国第十位，中部六省第一位，占全国印刷工业总产值的2.51%。与上年相比，全省印刷工业总产值增加42.62亿元，增长22.1%。全省印刷业资产总额248.65亿元，利税总额22.16亿元。全省年印刷工业总产值超过5000万元的规模以上重点印刷企业93个，其中黄山永新股份有限公司工业总产值超过10亿元。

【绿色印刷认证】2011年12月5～6日，省新闻出版局在合肥召开推进绿色印刷认证会议。会议宣读了《关于实施绿色印刷的公告》，发布了《绿色印刷手册》（2011年绿皮书），就绿色印刷认证实施工作进行布置交流。全省16个市新闻出版局、40多个重点印刷企业负责人参加会议。当年11月，新闻出版总署和环境保护部在北京公布我国首批获得绿色认证的60个印刷企业名单，安徽新华印刷股份有限公司是本省唯一进入首批获得绿色印刷认证的企业。

【首个数字印刷企业成立】12月12日，安徽联众印刷有限公司获得省新闻出版局颁发的数字印刷经营许可证。这是新闻出版总署颁布《数字印刷管理办法》以来，本省第一个经过批准的数字

安徽新华印刷股份有限公司

印刷企业，标志着安徽省印刷业数字化转型迈出了实质性步伐。

版权管理

【概况】2011年，安徽省版权行政执法和社会监管不断加强。各级版权行政管理部门，依据著作权法及其相关法规、规章，加大对重点地区、重点领域和重点环节的执法力度，共出动检查人员8200人次，取缔不法摊点50个，收缴各类盗版非法出版物15万册，收缴盗版音像制品、软件13万盘(片)。共查处侵权盗版音像制品和出版物大要案15起，网络大要案8起，国家五部门挂牌督办案件1起，移交司法机关15起，已宣判13起。全省16个市均成立文化市场综合执法大队，版权行政执法专业力量明显加强。政府机关软件正版化稳步向前推进。截至2011年9月底，省级机关和淮南、马鞍山、滁州、合肥等市全部实现软件正版化，共采购各类正版软件4.3万多套，采购资金3900多万元。安徽省政府机关软件正版化工作推进迅速，走在全国前列。协调组织珠海金山办公软件公司向金寨、绩溪、阜南3个贫困县免费赠送正版办公软件9000套，价值585万元。版权示范建设再上新台阶。相继成立"安徽省版权教育基地"、"安徽省版权交易中心"，并通过国家版权局考核验收，被正式授予"全国版权示范基地"和"全国版权示范单位"称号，在全国首批8个示范单位名单中占据四分之一，版权公共服务平台初步建立。版权贸易有新的发展。全年版权输出220种，比上年增长11.7%，占全国版权输出总量的13.3%。安徽版权输出到20多个国家和地区，输出地域由过去的以中国香港、中国台湾等华人集中地区为主拓展到越南、波兰、澳大利亚、韩国、美国等非华语国家，占全部输出比例的60%。社会公众版权意识不断提升。各级版权行政部门高度重视版权法律法规的宣传普及工作，通过政府网站、电子触摸屏、法制宣传栏等途径为公众提供版权信息，举办各种类型专题报告会、研讨会和培训会，利用广播电视、报刊书籍和网络等媒体开展多角度、多层面的宣传。扩大版权保护的社会影响，增强人民群众知法、守法的自觉性，提高广大版权所有者维权意识和能力。

【"骑士音乐网"侵犯著作权案结案】"骑士音乐网"侵犯著作权案，是国务院部署开展"打击侵犯知识产权和制售假冒伪劣商品专项行动"期间国家五部委联合督办的重大侵权案件。该案于2011年3月24日做出终审判决，是近年来对网络音乐侵权案件处罚最重的一起案件。中央电视台、安徽电视台、法制日报、中国新闻出版报等媒体相继报道，中央电视台"社会与法"栏目专题播出，投诉人向国际唱片业协会致函感谢。美国《特别301报告》援引此案佐证中国政府保护知识产权的力度和决心。该案位列全国2010~2011年度十大侵权盗版典型案件之首，入选2011年度全国知识产权保护十大重点案件。

【省级政府机关软件正版化】2011年9月20日，省直机关正版软件全面完成招标采购工作,9月30日,完成合同签署工作，共采购各类正版软件42966套，采购资金3500多万元,全面完成省级政府机关软件正版化工作，走在全国前列，受到国务院打击侵犯知识产权和制售假冒伪劣商品专项行动领导小组高度评价，中央媒体专题采访报道。

【安徽省版权教育基地获批为全国首批版权示范基地】安徽省版权教育基地成立于2009年7月，由安徽省版权局和中国科学技术大学共同组建。该基地依托中科大丰富的教育资源，利用版权行政部门的专业管理优势，综合运用学历教育、专业知识学习培训、工作实务培训、法律法规宣传普及等多种形式向社会普及版权知识。自成立以来，举办“海峡两岸数字版权学术研讨会”、网络版权知识大赛、版权司法培训班、数字版权研讨班、国际版权前沿讲座、版权保护博士论坛等活动，取得良好的社会效果，有效地发挥面向社会教育宣传功能。2011年8月被授予“全国版权示范基地”称号。

【安徽省版权交易中心获全国首批版权示范单位称号】 安徽省版权交易中心成立于2010年8月，是省版权局和合肥市产权交易中心为加快本省文化要素市场建设，促进版权产业快速发展，合作共建的专司版权交易专业化市场运营平台，主要组织开展文字、美术、摄影、音乐、影视、动漫、游戏、设计、艺术及软件等版权的许可使用和转让，以及与版权相关权益的交易。省版权交易中心自成立以来，组织开展版权登记，建设版权交易项目库，举办展会，开展招商推介，并与发达地区文化产权交易机构建立广泛的战略联盟，为广大作品创作者和使用者搭建沟通平台。成立一年多来，挂牌项目96宗，成交12宗，交易额2.9亿元。2011年8月被授予“全国版权示范单位”称号。

出版教育

【安徽新闻出版职业技术学院】 该院是一所专门培养出版印刷高技能人才的公办高职院校，隶属省新闻出版局。前身是中德两国政府在印刷包装领域的职业教育合作项目——1999年建成的合肥中德印刷培训中心，1999年7月在中德印刷培训中心的基础上筹建合肥印刷技术学校，2002年4月更名为“安徽新闻出版学校”，2004年6月经批准设置安徽新闻出版职业技术学院，2005年10月被新闻出版总署批准为全国印刷高技能人才培训基地。

学院设印刷工程、包装工程、传媒出版3个系、11个专业，其中2个省级特色专业，2个新闻出版系统职业技术学校骨干示范专业。学院已建成1门国家级精品课程、2门省级精品课程、1门教育部高职高专印刷与包装教学指导委员会精品课程。学院拥有专任教师143人，在校生4022人，生源来自安徽、江苏、山东、河南、江西、广西等12个省区。

学院利用中德政府贷款，建成合肥中德印刷培训中心印刷厂。2004年，学院建立国内规模最大的印刷模拟仿真操作实训室。2006年，学院挂牌建立德国高宝印刷培训中心。学院还陆续建立编校实训室、包装结构与CAD实训室、动漫二维手绘实训室等30个实验实训室，满足学生实训教学需求。截至2011年底，累计为社会培养5942名行业技能型毕业生，就业率98%，其中对口就业率达70%。

如此灿烂的文化，如此博大精深的文化，一定要世世代代传下去，让它永远立于世界文化之林。

江泽民2001年5月视察安徽时的讲话

廣播電視電影

盧紅星

综　述

【概况】截至2011年底，全省有省级广播电视台1座，市级广播电视台2座、广播电台14座、电视台14座，县级广播电视台61座。开办公共广播节目106套，制作节目19.19万小时，播出51.96万小时；开办公共电视节目115套，制作节目76953小时，播出64.13万小时。有中波广播发射台和转播台23座、电视发射台和转播台146座、调频广播发射台和转播台393座、微波站102座。微波线路3796公里，省级干线网6809公里，市级干线网4190公里，县级及县级以下干线网35530公里。有线电视用户490.78万户，入户率23.5%。广播电视从业人员21821人，其中省级广播影视机构从业人员8238人。

建设中的安徽广电新中心

【广电行业管理】安徽广电系统坚持以管理保导向、保安全，促改革、促发展，严肃宣传纪律，规范宣传行为，开展抵制低俗之风行动，加大对广播电视虚假违法和涉黄涉性等不良广告的治理力度，加强对法制类、娱乐类、手机短信参与有奖竞猜类节目的管理，确保导向正确、宣传有力，确保各项宣传任务的圆满完成。广播电视社会管理出重拳、见实效。2006年以来，共计查处非法电视台（点）321个，没收或拆除非法卫视设施7.9万多件（套）；关闭22个非法网站，收缴“网络共享”设备和产品360多个，保障广播电视市场健康有序。针对互联网、移动广播电视等新媒体快速发展的实际，重点加强新媒体新业务管理，着力规范互联网视听节目传播秩序。实行行业自律，截至2011年底，已有19个网站加入《中国互联网视听节目服务自律公约》。为适应广电体制改革的新形势、新要求，加强与政法、宣传、公安等省直有关部门沟通联系，当年分别成立了防范和查处非法电视台（点）工作协调小组、打击非法“网络共享”网站及设备产品专项治理行动领导小组，建立联动机制，推动广电社会管理工作列入全省社会治安综合治理考评项目，将防范和查处非法电视台（点）、打击非法“网络共享”纳入“扫黄打非”工作范围。同时加强与河南、山东等周边省份广电部门的联系协作，建立两省交界处非法电视台（点）的联动核查机制，合作开展专项整治行动，取得了显著成效。此外，全年清理整顿全省51个县(区)的154个乡镇电视转播台，撤销130个，保留24个。建立健全统一调度指挥、分级负责的广播电视安全播出体系，成立省广播电视调度指挥中心，完善安全播出应急预案，全省广播电视安全播出保障能力显著提高。全年全省总停播时长比上年下降18%，确保重大节日、重要活动、重点时段的安全播出，受到国家广电总局表扬。

构建保障和促进科学发展、具有广电特色、切实可行管用的制度体系，努力推动广播影视大发展大繁荣。2010年4月23日，《安徽省广播电视管理条例》经省第十一届人大常委会第十八次会议通过，7月1日起正式施行。这是本省第一部全面系统规范广播电视管理的地方性法规。

【基础设施建设】全省广播电视微波专线于1992年开通，扩大了广播电视节目覆盖范围。2002年1月，安徽广播电视传输发射总台成立，负责统一管理中央和省级广播电视节目的传输和中波、电视调频发射系统与实验工作。2002年和2007年，分别对全省9座中波发射台和5座电视调频转播台成建制上划，对部分骨干台站进行更新改造，全省范围的广播电视传输发射能力进一步增强。2007年，全面完成地面卫星接收设施转星调整任务，提前实现省级广播电视数字化，当年建成全国省级电视台面积最大的播控机房，以及全国规模最大、数字化网络化程度最高的全台编播网。购置一批全国一流水准的广播电视卫星传输和监测车辆，广播电视直播监测技术装备处于全国领先位置。2008年，投资500多万元建成省广播电视收听收看中心机房及全省广播电视节目信号回传网和存储系统，大大提高对全省各级广播电视播出机构自办节目的监听监看能力。全省各市、部分县广电新中心开工建设，并相继投入使用。2009年8月1日，省“861”行动计划项目、占地273亩的省广电新中心正式动工。中心建成后，成为合肥市的标志性现代化建筑，其中亚洲最大的3600平方米多功能演播剧场，2011年1月16日正式投入使用。投资3.5亿元的安徽省广播影视职业技术学院新校区一期工程2010年底完工。2011年投资600万元，启动全省广播电视综合数字监管平台建设，截至2011年11月，一期工程完成，实现省到市的全面监测监管，并在全国第一次将总局与省局有线模拟电视、数字电视、无线广电监测系统和安全播出调度指挥系统、预警信息发布系统、收听收看系统、广告监测系统整合到一个监管平台，增加对CMMB、DTMB、地面移动电视的监测功能。同年，积极争取46座高山无线发射台进入国家“十二五”广播电视高山无线发射台基础设施建设项目，总投资额达9200万元，是全省历史上对广播电视无线发射台站支持力度最大、规划建设项目最多的一次。

全省有线电视网络双向化改造全面启动。截至2011年底，已建设完成覆盖全省60个市县的互动电视平台、高清电视平台、多媒体信息发布平台等多套业务平台。在全省建设移动多媒体广播电视（CMMB）大功率发射站点93个，信号覆盖全省16个地级市及55个县级区域，用户超过65万，居全国前列。省级广播在全省拥有58个发射点、53台中波发射机、133台调频发射机，发射总功率达到1154kw，9个频率覆盖全省6500多万人口，覆盖率名列全国省区广播前茅，收听率和市场份额处在全国广播第一方阵。安徽卫视蝉联“TV地标”中国省级卫视覆盖传播力第一名，覆盖人口近11亿。全省16个市全部开通地面数字电视，有线电视用户490.78万，其中数字电视用户279.4万。

建成全国省级电视台中较为先进的数字编播新闻平台、面积最大的播控机房，以及全国规模最大、数字化网络化程度最高的全台编播网和先进的广播电视转播发射车辆。完成高清媒资系统建设，在线存储容量达30万小时以上。

广电“村村通”工程技术人员正在为农户安装卫星接收设施

安徽广播电视台

【概况】安徽广播电视台成立于2010年12月，由原安徽人民广播电台、安徽电视台、安徽广播电视传输发射总台、安徽广播电视报社合并重组而成，是集广播、电视、报纸、网络、新媒体等多种业务为一体的省级广播电视综合传媒机构。现拥有10套电视频道、9套广播频率、20座传输发射台站、1个报社以及网络电台、网络电视台、移动电视、手机电视等新媒体；目前电视节目日播出时长210多小时，广播节目日播出时长203小时30分钟，传输发射总播出时间180多万小时。

安徽电视台以“剧行天下、爱传万家”为理念，打造以安徽卫视为旗舰的电视品牌集群。安徽卫视首开电视剧特色定位先河，已连续5年保持全国省级卫视收视排名第二，被誉为“电视淮军”。经视、影视、公共、综艺等地面频道定位明确，特色鲜明，收视率不断提升，2011年分别居含有100多个频道的省网内第三、第四、第五和第八位，与安徽卫视共同形成电视品牌的结构性支撑。人物频道获全国“最受目标观众欢迎频道”和“最受网络欢迎的付费频道”称号。

安徽广播电台以“做强新闻、做大交通、做细文艺、做活专业”为着力点，9套频率集体发力，2011年在“全国最具实力省级广播电台”前6强综合实力评选中排名第五位，稳居全国广播业第一方阵。其中新闻综合广播居全国最具实力省级新闻广播第六位，交通广播位于全国最具实力省级交通广播第十位，旅游广播被评为“年度优秀特色广播”，生活广播获“全国广播媒体民生影响力30强”称号。

【重点宣传】2011年，围绕省委、省政府中心工作，牢牢把握正确舆论导向，整合全台多种媒体资源，广播、电视合力，网络、报纸联动，宣传影响力和舆论引导力不断提升。以新闻宣传为中心，着力为建设美好安徽营造良好的舆论氛围，重大主题、重大典型、重大活动的宣传报道有声有色，浓墨重彩。全年共开设41个常态新闻栏目，圆满完成全国和全省“两会”、建党90周年、省第九次党代会、全国文化体制改革工作会议、安徽经贸文化宝岛行、徽商大会等重大宣传报道任务，为推进科学发展、全面转型、加速崛起、兴皖富民营造良好的舆论氛围。

舆论引导能力不断增强。积极创新典型宣传、热点引导、舆论监督，做好突发公共事件的舆论引导，不断提高舆论引导能力。《第一时间》、《帮女郎 帮你忙》、《特别关注》等民生新闻栏目坚持“及时、准确、公开、透明”原则，积极做好突发事件和热点问题的舆论引导；针对群众反映强烈的突出问题，开展科学监督、依法监督、建设性监督。当年安徽广播电视台交通广播、公共频道被省政府列为全省应急广播、应急电视，提升了主流媒体的舆论引导能力。

外宣渠道进一步拓宽。自1987年与美国苹果电视台签订节目交换协议以及在美国、加拿大播放安徽电视节目开始，一直努力拓宽外宣渠道,积极开展对外宣传工作。截至2011年底，在海外开设14个广播电视外宣窗口，每年海外播出广播电视节目近730小时。安徽国际频道覆盖40多个国家和地区，在长城（美国）平台收视位居全国省级国际频道前列。先后在欧洲、美洲、澳洲、非洲等地成功举办16届安徽电视周。广播双语节目《中国安徽之声》自2004年开始远播海外多个国家和地区，形成国际化传播力。

省领导视察安徽广电新中心3600平方米演播剧场

【品牌建设】积极实施品牌战略，大力研发自办节目，打造自主品牌，涌现出一批深受广大人民群众喜爱的品牌活动和精品栏目。“国剧盛典”成为具有全国影响力的年度品牌活动；“江淮情”、“年度新闻人物”、“年度经济人物”、“新安读书月”成为立足安徽、影响全国的年度公益性品牌活动；“春节联欢晚会”、“跨年元旦晚会”、大剧首映礼等，成为全国同类节目中的佼佼者。《安徽新闻联播》、《超级新闻场》、《第一时间》、《帮女郎 帮你忙》、《男生女生向前冲》、《政风行风热线》、《金色田园》和《维权908》等栏目形成品牌影响力。

在中央台发稿名列前茅。加强与中央电台、电视台沟通联系，搭建稿件直传平台，连续多年在中央两台用稿量位居全国省级台前列，扩大了安徽在全国的知名度。2011年，在中央电视台发稿1368条，比上年增长11%。其中，在《新闻联播》发稿246条，单条51条，头条17条；在中央电台发稿1127条，增长22%，居全国省级广播第1位，其中头条30条，在联播和报摘发稿381条。

【广播电视创作】广播剧坚持创优求精。始终坚持将广播剧生产制作作为精品工程来打造，按照“思想精深、艺术精湛、制作精良”的标准，遵循“三贴近”的创作原则，追求完美，不断超越。1997年以来，先后有《红枫树》、《大岭村的故事》、《永远的恰巴山》、《阳光行动》、《新秦琼卖马》、《母亲的童谣》、《“傻子”传奇》等7部广播剧连续在第六至十一届全国精神文明建设“五个一工程”评选活动中获优秀作品奖，取得“六连冠”佳绩。2006～2011年，共创作生产广播剧12部（59集），其中《母亲的童谣》、

《“傻子”传奇》先后获“五个一工程”奖和中国广播影视大奖，《白马调唱出东方红》获安徽省“五个一工程”奖。

电视剧实现由播出大台向制播大台战略转型。坚持将电视剧生产作为推进文化产业发展的支柱性内容，明确战略、建立机制、打造精品，引进市场机制，实施项目管理，自制剧产能实现历史性突破。2006年以来，先后投资制作并在央视或省级台播出新版《三国》、《新安家族》、《高地》、《一一向前冲》、《中国兄弟连》、《政协主席》、《山间铃响马帮来》等多部电视剧，仅2011年就生产电视剧46部1500多集，被誉为安徽电视剧生产“井喷”现象。2010年9月以来，《新安家族》、《永远的忠诚》、《开天辟地》、《下海》、《一一向前冲》等10部自制剧先后登陆央视，其中5部在央视一套黄金档播出。2011年，《永远的忠诚》、《开天辟地》等4部剧入选纪念建党90周年献礼片。

创优获奖成绩斐然。坚持节目立台、内容立台，提高节目质量，广播影视作品连续获“五个一工程”奖、中国新闻奖、中国播音主持金话筒奖、中国电影华表奖、中国电视剧飞天奖、金话筒奖、金帆奖、金鹿奖、金熊猫奖等国内、国际大奖。2006～2011年，共获得全国性奖项320余项、省级奖项1700余项。其中，中国新闻奖11项、“五个一工程”奖4项、中国播音主持“金话筒”奖2项、电视金鹰奖4项、电视剧飞天奖2项、金帆奖一等奖3项、金鹿奖一等奖5项、全国广电系统技术能手竞赛一等奖7项。

【广播电视覆盖面扩大】安徽卫视覆盖人口近11亿，居省级卫视首位。在国家广电总局、《中国广播影视》杂志社于2010年（首届）、2011年开展的“TV地标中国省级卫视覆盖传播力”评选中，安徽卫视蝉联第一名。2011年，安徽卫视继续保持在全国31个省会城市和直辖市、5个计划单列市和301个地级城市100%覆盖，县级城市入网率超过98%，省内乡（镇）、村实现无缝覆盖，同时覆盖港澳台地区及北美30万华人家庭，是全国唯一一个全面覆盖中国大陆和港澳台地区的省级卫视。在新媒体覆盖、高端移动人群覆盖以及境外覆盖方面全面领先于全国省级卫视。安徽国际频道于2009年3月正式开播，覆盖北美、欧洲、澳洲、亚洲等40多个国家和地区。广播9套频率覆盖全省6500多万人口，覆盖率名列全国省区广播前茅。

【安全播出体系完备】以确保重大节日、重要活动、重点时段的安全播出为重点，强化安全播出责任制；建立健全广播电视安全播出体系，完善安全播出应急预案。2011年累计完成电视新闻直播350余场，大型、重要电视直播活动60余场，电视节目累计播出时间总量为7.49万小时；广播共完成各类直播60余次，广播节目累计实播时间7.94万小时。广播、电视节目考核指标播出停播率为零秒/百小时，安全优质播出水平在全国省级台排名第一，受到广电总局肯定和表扬。

【广告创收、产业发展增速较快】近5年来，广告年均增长25.3%。2011年，全台创收30.07亿元，比上年增长26.9%；其中广告收入26.43亿元，电视剧收入1.5亿元。网络广播电视、移动电视、移动多媒体广播（CMMB）、手机台等新兴产业项目发展迅速。移动电视日覆盖观众达300万人次。移动多媒体广播（CMMB）用户超过65万，排名全国前列。安徽手机台全新改版，实现全国3大运营商的全面覆盖。

【动漫创作】为加快推动全省动漫产业发展，2008年6月，由省广电局牵头，省电台、省电视台、省广播影视职业技术学院等省直相关单位和部分社会文化影视公司共同发起成立安徽省动漫协会。近年来，在协会的组织下，各会员单位先后推出《十二生肖》、《九华小和尚》等一批优秀原创动漫作品。2011年6月，协会与合肥华夏银行签订了战略合作协议，加强银企合作，为动漫企业创作出更多更好的作品搭建了较好的融资平台。2011年9月，协会组织安徽同人文化传播有限公司、安徽歌华鸿坤文化发展有限公司等10多个省内动漫企业，携数十部动漫作品参加第三届中国（国际）动漫创意产业交易会，期间成功签约合作项目6个，合同金额达2.25亿元。2011年，全省共创作完成21部7729分钟动画片，动画片产量比上年增长23.9%，排名全国第八，中部省份第一，其中4部动漫作品被国家广电总局评为优秀国产动画片，1部动画片获中国动漫最高奖——美猴奖，1部动画片成功进入韩国和东南亚市场。

【重要频道和频率】安徽广播电视台卫视频道。深化电视剧发展战略，逐步实现电视剧的独播化、自制化和大片化，创建《国剧盛典》、《超级新闻场》、《男生女生向前冲》、《爱传万家——说出你的故事》、《大剧首映礼》、《黄金年代》等一批有竞争力和影响力的节目和活动，形成全国性品牌影响，是全国省级卫视中最具综合影响力的卫视频道之一。省外观众占比92%，在推及人口12亿的全国29省网组，收视排名省级卫视晚间黄金时段第一，全天第二，连续5年保持全国省级卫视收视排名第二，是全国唯一一个全面覆盖内地和港澳台地区的省级卫视。具有全国省级卫视最佳客户满意度的广告营销能力，近5年广告年均增长25.3%，单频道广告收入居全国省级卫视前列。安徽卫视获“中国广电领军品牌”、“中国最具品牌价值卫视”、“中国网络影响力十大卫视”等称号。

安徽广播电视台经济生活频道。2001年正式开播。10年来，已成为安徽地面频道领导品牌，覆盖人口6500多万，品牌影响力和美誉度持续提升，连续多年居省级地面频道收视冠军。以《第一时间》、《帮女郎 帮你忙》、《财经特快》、《健康行天下》等民生新闻栏目为支柱，以民生剧场、民生活动为辅助，构筑民生性、贴近性、本土化的频道定位。2011年，经济生活频道入围“中国网络影响力十大地面频道排行榜”，获“中国最具广告影响力省级地面频道”等称号，单频道广告创收超过2亿元。

安徽广播电视台公共频道。2007年3月1日正式播出，全力打造新闻品质和专业特色，发展成为“安徽第一电视直播平台”、“快频道”的新闻专业频道。注重打造品牌活动，塑造“安徽年度新闻人物评选”、“新安读书月”等多个名牌公益活动，单频道广告创收超过1亿元。2010年，公共频道获省委组织部、省委宣传部、省人社厅、省科技厅联合颁发的“安徽省专业技术人才先进集体”称号，同年入选“2010中国最具成长性媒体”；2011年，被省政府授予“安徽省应急电视”。

安徽广播电视台综艺频道。2010年1月1日正式开播，现有《快乐无敌大PK》、《当红不让》、《全民大精彩》、《周末赛宝会》、《娱乐直通车》、《综艺新气象》6档自办栏目，全天收视连续3年保持高速增长，省、市网排名居前10位。综艺频道始终坚持创新突破，已成功举办“江淮情”、“春节联欢晚会”等系列品牌活动。

安徽广播电视台新闻综合广播。建立于2003年9月，于2004年1月1日正式改版播出，是一套以新闻为主的综合性广播节目，全天播音时间共21小时。节目除采用地面传输外，同时以卫星传输覆盖，专业调查公司数据显示，省内的听众达2400多万人。拥有一批全国知名的新闻、专题、文艺品牌栏目，多次获中国新闻奖、中国广播新闻奖、中国彩虹奖、中国广播剧奖、中国广播文艺奖等政府奖，采编人员多人获“全国优秀新闻工作者”、“六个一批”拔尖人才等称号。特别节目《中国安徽之声》从2004年起先后在澳大利亚墨尔本，美国洛杉矶、华盛顿、马里兰和欧洲摩纳哥相关电台以及覆盖东南亚地区的“北部湾之声”，分别用英语和汉语播出，受到海外关注和好评。大型越洋直播节目《大洋两岸》于2011年5月开播，这是安徽广播节目首次以直播形式在美国落地。

安徽广播电视台交通广播。2004年1月1日正式开播，是以“为出行人服务”为核心，以“突发公共事件交通信息应急宣传报道”为重点的交通专业类广播媒体。以路况信息和突发事件报道为龙头，以服务和伴随类节目为两翼，节目收听率一直名列前茅。经营创收连续7年保持35%的高增长率。该频率举办的“爱心送考”、“夏日送清凉”、“听众服务日”等品牌活动影响广泛。2011年被省政府授予“安徽省应急广播”，是全国第一个省级政府应急广播。同年，建成全国第一个新闻媒体法律援助工作站。

安徽广播电视台音乐广播。1999年3月12日正式开播，在省内听众中享有较高的知名度和美誉度。专业机构市场调查数据显示，音乐广播在省内居家人群收听率居第一，移动人群收听率居第二，平均收听率和市场占有率均居第一，在省会合肥近20个电台中居前四位。音乐广播的听众以25～45岁中青年为主，以成熟人群、成功人士、都市白领为目标受众；以耳熟能详的经典流行老歌为主体内容，以丰富的文化、时尚资讯为辅助，以公益、商业和娱乐活动为带动，成为一个极具可听性和迷恋度的优势频率。

【重点栏目】《安徽新闻联播》。每天18:30在安徽卫视播出。“十一五”以来，该栏目播发新闻4.5万多条，报道题材以时政、经济、民生、监督和国内外资讯为主，具有内容权威、报道鲜活、时效性快、覆盖面广等特点。该栏目先后多次被评为优秀栏目、十佳栏目、名栏目等，播音岗被全国妇联授予“巾帼文明岗”称号，并涌现出一批十佳新闻工作者、优秀新闻工作者、百优节目主持人、“四个一批”拔尖人才、“六个一批”拔尖人才等先进个人。《安徽农村税费改革系列报道》、《阜阳：农村劣质奶粉何时休》等作品获中国广播电视新闻一等奖。

《新安夜空》。安徽卫视一档综合新闻栏目，定位为《安徽新闻联播》的补充，每日24：00在安徽卫视播出，时长10分钟。“十一五”以来，延续《安徽新闻联播》的时政、经济新闻宣传报道，并大力开拓社会、生态建设的新闻宣传。从2007年至今已经播发真情故事800多篇。2011年，《光明日报》以《四年800个真情故事》为题，对《新安夜空》进行报道。

《超级新闻场》。该栏目是一档突破地域界限，用特色表达方式整合全天资讯、新闻热点，为大众提供前卫新锐资讯服务的大型新闻版块栏目。每日6：30在安徽卫视和安徽公共频道播出，时长1个小时。栏目在国内卫视中率先使用多点触摸屏技术。2010年，栏目收视率稳居省级卫视同时段第一名，并获“中国广播影视大奖栏目类大奖”、“《综艺》年度上星频道30佳”、“博雅奖”，以及“安徽省直机关青年文明号”等称号。2011年，在继续保持省级卫视同时段收视第一名的基础上，进一步加强栏目品牌推广和影响力建设。

《相约花戏楼》。栏目创办于1999年，坚持以弘扬戏曲文化为主旨，在全国戏曲栏目中具有独特的地位和影响。多次获国家级奖项：2008年被国家广电总局评为“2008年全国创新创优栏目20佳”；2009年获第21届“星光奖”电视文艺栏目大奖；2010年获首届中国电视十大综艺栏目“博雅奖”、中国电视戏曲“兰花奖”栏目一等奖。

《男生女生向前冲》。该栏目是安徽卫视自2010年起重磅推出的大型户外竞技类真人秀节目。2010年第一季节目即取得省级卫视收视冠军，2011年第二季再次发力，70天连续保持省级卫视同时段第一位，比排名第二位的湖南卫视同时段平均收视率高出44.3%，比第一季提升12%，成为2011年暑期国内最风靡的冲关节目。2011年获评“十大品牌电视栏目”。

《黄金年代》。该栏目是安徽卫视2011年底推出的一档年代主题综艺类节目，引进意大利《The Best Years Of our Lives》节目模式，进行本土化改造，是一档适合中国观众欣赏的真正的跨时代节目。节目侧重选取在老百姓心中具备时代特点、能唤起年代共鸣的艺人嘉宾，通过主题的巧妙设计和年代明星的经典再现，还原每个时代的社会热点事件、娱乐新闻及社会风潮等内容。

《非常静距离》。2009年6月在安徽卫视开播，是一档全明星阵容的新锐娱乐访谈节目。栏目获得多个业内顶级奖项，开播当年即入围《中国广播影视》发布的“2009年度地方卫视谈话栏目满意度”排行榜；主持人李静凭借《非常静距离》获得2009年、2010年《新周刊》中国电视榜“最佳脱口秀主持人”，成为第一位两度蝉联该奖项的主持人。在第四届（2010年）《综艺》年度节目暨电视人评选中，被评为“上星频道30佳”节目。

《爱传万家——说出你的故事》。2010年1月4日进驻安徽卫视，收视排名始终稳定在省级卫视前五位。两年共采访500多位嘉宾，拥有一批庞大、忠实的收视群体，成为安徽卫视晚间收视新高点。

《第一时间》。该栏目是经济生活频道的大型民生新闻资讯栏目，从2003年7月28日开播至今，以时效性强、信息量大为特点，以新闻“三贴近”为努力方向，赢得广泛赞誉。栏目开展的“映山红行动”、“我要飞得更高”等大型公益活动，提升了栏目的亲和力和美誉度，取得良好的社会效益和经济效益。开播以来，其省、市网收视率连续9年居第一，所占收视市场份额遥遥领先。栏目多次获“新闻名栏目”称号，2010年，子栏目《第一调查》获第20届中国新闻奖一等奖。

《帮女郎　帮你忙》。该栏目是经济生活频道的一档热线帮忙节目，2008年10月18日开播。开播以来，以精准的定位、多通道的互动模式、亮丽的屏幕形象和全新的表现手法，迅速占领收视高地，省、市网平均收视率和收视份额一直居可视频道同时段第一位。“名师帮你赢高考”、“中秋寻亲会”等公益活动提升了栏目的公信力和影响力。2010年，栏目获“安徽省新闻名栏目”称号，2011年被中宣部确定为“全国思想政治工作加强人文关怀和心理疏导现场经验交流”表彰典型。

《夜线60分》。该栏目是公共频道重点打造的一档晚间电视新闻杂志，每天60分钟，坚持打造新闻封面、夜线话题、夜线故事等精彩内容。节目视野开阔，以本土新闻为主，强化新闻评论，发动新闻话题，注重对新媒体、新资源的开发和利用。节目形态灵活，集新闻性、话题感、故事性、互动性于一体，被评为2010年度安徽新闻名专栏奖。

《全省新闻联播》。该栏目是各广播频率中历史最长、影响最大、地位最高的名牌节目，在早晨7点《安徽新闻时空》板块中播出，时长25分钟，日均播发新闻18～25条。栏目围绕省委、省政府发展战略和工作部署，承担宣传党委政府中心工作、正确引导社会舆论、开展舆论监督等重要宣传任务。时政要闻权威发布，主题宣传浓墨重彩，热点难点正确引导，舆论监督客观公正，具有权威性、公信力强、时效迅速、影响广泛等特点，多次被评为“十佳栏目”。

《政风行风热线》。该栏目是新闻综合广播一档以直播为主的理政类专题节目，2004年1月4日开播。2011年，共接到听众来电来信咨询投诉约4800件，投诉电话1800多个，收到听众短信留言9500余条，投诉内容反馈率达到96.2%。

《金色田园》。该栏目是新闻综合广播一档面向农村的综合性板块节目，为农民提供信息、政策、科技等方面的优质服务。每年邀请300多名专家、教授、致富能人走进直播室，接受听众热线咨询。节目日均接听数十个电话，每年为老百姓解决1万多个实际问题。每年举办十多场“三下乡”活动。

《维权908》。该栏目在安徽交通广播播出，节目秉承“解决出行疑难事、共建和谐大交通”的宗旨，充分发挥舆论监督作用，为交通参与者排忧解难。自开播以来，接受听众以热线、短信、传真、信件等方式的咨询投诉5万余件，问题解决率达95%以上。2011年3月，以该节目为依托，建立“省法律援助中心安徽广播电视台交通广播法律援助工作站”，这是安徽省乃至全国司法系统在新闻媒体设立的唯一一个法律援助工作站。

《阳光村务热线》。2010年7月20日在安徽农村广播正式播出，每周五17:30～18:30首播，周六同时段重播。该节目配合省纪委开展的“阳光村务工程”建设，解决、答复各项涉农政策和问题。截至2011年底，节目共播出70期，栏目组接听电话715个，已处理或电话回复共计683个，回复率达95.5%。

《特别关注》。2009年2月16日在安徽生活广播正式播出，是一档大型民生类新闻节目。2011年播发自采录音报道2140多条，其中舆论监督类报道780多条，事件和问题解决率达到80%以上。当年安徽生活广播被评为“全国广播媒体民生影响力30强”。

《国剧盛典》。该栏目是安徽卫视重磅打造的跨年品牌节目，旨在成为国内最全面、最专业、最具权威的电视剧评选活动，从2008年开始，已成功举办3届。2010年、2011年《国剧盛典》在跨年之夜全国省级卫视多台晚会中脱颖而出，收视排名均名列前三甲。

【重要活动】“江淮情”大型慰问演出活动。该活动是以“讴歌建设者、赞颂新成就、展示新风貌”为主题的文化演出活动。自2004年创办以来，至2011年底已成功举办21场，原创节目达220个，现场观众达到45万人次。

春节联欢晚会。安徽卫视每年农历十二月二十九向观众奉献的一场综艺性文艺晚会。从2009年开始，安徽卫视春晚已连续3年在中国电视艺术家协会、电视文艺委员会举办的全国春节文艺晚会及春节特别节目评选中获奖，其中，2010年、2011年获“最佳作品奖”。

中国安徽电视周。该活动是面对西方主流社会的专项宣传活动，截至2011年底，在美国、法国、波兰等多个国家共成功举办16届。该活动已进入西方主流社会，初步实现从单纯形象推介、文化宣传向深度合作的转型。2011年，第16届“中国安徽电视周”在波兰成功举办。

安徽年度新闻人物评选。该活动是大型新闻品牌活动，通过回首新闻事件和新闻事件中的安徽人，推举安徽年度人物。评选候选人为皖籍人士和本土新闻事件的非皖籍当事人，评选过程注重候选人在当年具有标志性的事件中的突出作为。自2007年创办以来，已成为省内最专业、最具影响力的评选活动。

安徽年度经济人物评选。该活动是大型公益性媒体评选活动，是对安徽经济发展的一次梳理和检阅，成为安徽经济界和媒体互动的深度年度盛事。从2007年开始，活动已经连续举办5届，以“创新、责任、坚韧、自信”为评选标准，聚焦本年度各

“江淮情”赴金寨大型慰问演出现场

领域为全省经济发展做出突出贡献的领军人物和杰出代表。

“新安读书月”。该活动是大型文化公益活动，2009年开始举办。活动秉承“阅读·分享·进步”宗旨，大力营造“多读书、读好书”的文化氛围。活动已连续举办3届，邀请了王蒙、陈丹青等20多位名家、学者演讲。2009年该活动被中宣部、中央文明办、新闻出版总署评为“全民阅读活动”优秀项目。

“千村百镇唱大戏”。该活动是安徽戏曲广播主办的文化惠民公益系列活动。自2008年12月26日启动以来，已在全省县镇乡村的田间地头举办近70场文艺演出，在上海、江苏、河南、陕西等10多个省市电台同步直播10多场演出。

【新媒体新业态】安徽网络电台。2010年5月21日正式开播，为全国首家省级网络电台。开设新闻、综艺、音乐、旅游4个频道，形成传统广播与网络电台互融互补、共赢共进的发展态势，营造昂扬向上、新锐时尚的网络电台风格。

安徽网络电视台。2010年4月6日正式开播，是国家广电总局批准设立的全国第一个省级网络电视台，是以视听互动为手段、以新闻为核心、以影视娱乐为特色、融网络特征和电视特色为一体的新媒体传播机构。主要从事网站采编、外网合作、版权营销、手机电视、商务频道、IPTV、无线增值、技术运维和研发等工作，通过电脑、电视、手机等多种屏幕传播主流媒体新闻资讯，扩大传统主流媒体的影响。

安徽移动电视。项目于2006年7月获得国家广电总局正式批准。2011年6月，完成发射机和接收终端国标转换。截至2011年底，已在合肥市100多条公交线路2000多辆公交车上、大型超市、楼宇等场所安装了移动电视接收终端，日覆盖观众达300万人次。根据移动人群收视特点，细化编排安徽广播电视台新闻资讯和文娱栏目，不断满足市民收视需求。通过对北京奥运和每年全国两会的直播等，凸显移动电视传播优势，产生较好的社会效应和经济效益。

安徽CMMB。项目由中广传播集团和安徽省广电系统15家单位联合开展，于2010年5月正式运营。CMMB是英文China Mobile Multimedia Broadcasting（中国移动多媒体广播）的简称，是由国家广电总局颁布、由我国自主研发的第一套中国移动多媒体广播行业标准，主要面向手机、PDA、MP4、数码相机以及车载电视等7寸以下屏幕终端和用户提供广播、电视和数据广播服务。截至2011年底，全省共建成CMMB单频网发射点93个，信号覆盖全省16个地级市和59个县级区域，覆盖人口近5000万；在播出7套电视节目、2套广播节目基础上，新上线睛彩财经、睛彩导航2套数据业务；安徽CMMB用户超过65万，其中手机电视用户达38万，居全国31个省（自治区、直辖市）第六位；已发展CMMB合作销售终端网点291个，其中合作营业厅40个。

【广电基础设施建设】安徽广电新中心是安徽省“861行动计划”重大项目，是新中国成立以来安徽省宣传文化系统建设规模最大、投资总额最多、功能最齐全、技术设备最先进、国内一流的广播电视建设工程，工程占地273亩，主楼高226.7米，加上楼顶自立式无线塔，总高度301.7米。一期工程建筑面积37.3万平方米，拥有各类演播和直播室（厅）近80个。

3600平方米演播剧场是亚洲最大的演播剧场，于2011年1月正式启用，可容纳观众3200人，已成功举办8场大型晚会。剧场舞台区面积约3600平方米，台口跨度36米，台宽56米，进深58.5米，均为亚洲之最。剧场灯光设备均选用国际顶级品牌，由数字化网络控制；音响系统具有5.1环绕立体声、48声道数字多轨录音制作功能及观众厅多声道环绕立体场效果；舞台可进行大规模升降、平移、旋转与补偿等，实现形式各异的舞台造型，满足不同节目制作及演出需要。

微波改造项目自2007年开始启动，至2010年完成全省28个微波站点的设备安装调试工作并投入运行。微波数字化改造，为构建全省传输快捷、覆盖广泛、安全可靠的无线传输覆盖体系奠定坚实的基础，为下一步地面数字电视等广播电视新业务开展提供传输渠道保障。

台站建设面在全省各地共有20个发射台站，承担传送的广播电视节目已达80余套。2006～2010年，共投资1.1亿元用于台站基础设施建设和设备更新改造。先后整体建设搬迁滁州转播台、宿州转播台、池州转播台、宣城转播台4个中波转播台，原址重建黄山701发射台，新建宿州屏山发射台；启动实施三十头发射台台区环境综合改造、淮北704发射台机房整修、芜湖转播台台区综合建设、合肥转播台新台区建设等工程。改造后，各台站安全播出保障能力显著提高，广播电视无线覆盖范围明显扩大，受益人群显著增加。

广播电视转播发射车辆位于全国领先水平。拥有12辆先进的

“心动2011”安徽年度新闻人物颁奖典礼

广播电视转播发射车辆，其中，14讯道高清转播车1辆，7讯道高清转播车1辆，6讯道标清转播车1辆，4讯道标清转播车1辆，卫星直播车5辆，数字微波车1辆，广播转播车1辆，广播舞台车1辆。

电　　影

【概况】2009年2月，电影行政管理职能由安徽省文化厅主管划转到省广电局。近年来，中央和省委、省政府大力推动文化产业繁荣发展，先后出台一系列政策措施，安徽电影产业发展进入黄金机遇期。2010年全省城市影院票房收入首次超过1亿元。2011年，全省城市影院票房收入和国家电影专项资金征缴数额分别达2.22亿元、9800万元，比上年增长69.5%、75.7%，增幅双双名列全国第一。当年全省新开城市影院29个、新增银幕137块，影院总数达55个、银幕总数达341块、座位5.61万个、进入本省的城市电影院线达13条；全年放映电影25万多场次，增长1.49倍；观众近710万人次，增长87.1%。

根据国家广电总局有关规定，电影制片严格实施“一备双审制”。2010年，本省上报国家广电总局备案立项数字电影17部，年内拍摄完成13部。2011年，根据《广电总局关于改进和完善电影剧本（梗概）备案、电影片审查工作的通知》精神，电影备案、电影片审查审批权下放省级广电部门。省广电局及时组建省电影审查委员会，并根据审查工作需要，建立特殊题材电影立项审查机制，邀请省委统战部、省安全厅、省民委、省公安厅等部门作为特约咨询单位，确保特殊题材电影立项审查不出问题。全年共上报国家广电总局备案立项数字电影19部。2011年共投资参拍4部电影，包括奇幻爱情电影《画壁》、贺岁喜剧电影《最强喜事》、温情电影《新天生一对》、武侠动作电影《武当风云》。2006～2011年获电影华表奖3项。

广电教育

【安徽广播影视职业技术学院】安徽广播影视职业技术学院隶属于省广电局，始建于1960年，初名安徽省中级广播学校，是全国最早培养广播影视专业人才的高等职业院校之一。2002年7月，经省政府批准、教育部备案，升格为安徽广播影视职业技术学院，面向全国招生。多年来，学院坚持“立足传媒，依托广电，面向社会”的办学思路，先后为全省广电系统培养输送2万多名专业人才，一些优秀毕业生如马滢、刘扬波、吴薇、吕卉等成为省内知名播音员、主持人或记者。在2010年国家教育部人才办学水平评估中，学院被评为“优秀”等次，并连续多年被评为省直“三优”文明单位。2008年6月，经省政府批准在合肥磨店职教基地建设新校区。2010年9月，一期工程15万平方米主体建筑顺利建成，教学楼、图书馆、学生公寓、后勤服务中心、学术报告厅等基础设施齐全、机器设备先进，拥有演播大厅、影视制作中心、实验电台、实验电视台、动漫制作中心、广播电视发射中心等121个综合性校内实验、实训基地，并设有国家职业技能鉴定站。广电学院的设施均居省内高校前列。学院拥有馆藏纸质图书20万册、电子图书15万余册，教学仪器设备总价值达3500万元，新校区可满足8000人办学规模的需要。

学院现开设新闻、影视艺术、信息工程、播音主持等7大科类、12个二类、31个专业，形成文、工、艺、管并举的学科结构。学院现有省级精品课程3门,省级特色（示范）专业5个，省级教改示范（重点）建设专业1个，省级示范实验实训中心3个，中央财政支持项目3个，省级教学团队2个，省级教学名师1人，省级优秀教师3人，省级专业带头人9人，省级教坛新秀2人。先后承担省级以上教科研课题项目56个，其中省社科基金项目2个；获教学成果奖50项，其中省级教学成果一等奖1项、二等奖2项、三等奖3项；教师出版教材（著作）40余部，发表论文700余篇。学院有全日制在校生6000人，教职工283人。学院先后与国家广电总局中国星光电视节目制作基地、中国教育电视台签署《战略合作协议》，与科大讯飞公司联合成立软件研发中心，与中达电子（苏州）公司联合设立中达电子员工定向委培基地及中达电子班。

学院编导和影视广告2个专业是省级特色专业，也是中央财政支持的提升服务产业能力项目；广播电视工程实验实训中心被确定为省级实验实训中心，职业技能鉴定所新增8个鉴定工种。2011年争取青年教师基金项目3项，其中重点项目1项，项目经费400万元；争取省级人文社科和自然科学研究项目3个。

学院大力开展校园文化建设。先后举办“绿色校园、低碳生活”主题活动、“党旗在我心中”演讲比赛和“五月的鲜花·永远跟党走”文艺汇演活动等。组织师生参加“安徽省首届红歌会”、省直机关纪念建党90周年歌咏大会、第二届省直机关“读书月”演讲比赛活动等，营造良好的校园文化氛围。

附：2006~2011年部分广播剧、电视剧、电影生产制作情况一览表

序号	类别	剧名	集数	题材	主要演员	获奖及播出情况	时间
1	广播剧	《皮影艺人传奇》	3	抗日题材	周健龙、姜平	中国广播剧研究会专家奖一等奖	2006年
2	广播剧	《又见阳光》	1	家庭亲情	季婧、毛锐玲	中国广播剧研究会专家奖二等奖	2006年
3	广播剧	《母亲的童谣》	5	军旅题材	钟杨、付娜	第十届中宣部“五个一工程”奖优秀作品奖、中国广播影视大奖	2007年
4	广播剧	《取暖》	1	民生题材	张丽君、刘璐、季婧	中国广播剧研究会专家奖二等奖	2007年
5	广播剧	《潮涌江淮——献给安徽改革开放三十周年》	30	改革开放题材	王刚、洪涛	当中的4集广播剧《“傻子”传奇》获得第十一届“五个一工程”奖	2008年
6	广播剧	《父子》	3	家庭亲情	李惠敏、鲍大志	中国广播剧研究会专家奖二等奖	2008年
7	广播剧	《白马调唱出东方红》	3	建党题材	周健龙、陆路		2009年
8	广播剧	《桑桑和他的伙伴们》	3	农村题材	付娜、张璐		2009年
9	广播剧	《举起你的右手》	1	少儿题材	付娜、张璐	中国广播剧研究会专家奖一等奖	2009年
10	广播剧	《永远的红手印》	3	建党题材	杨立新、李惠敏	中国广播影视大奖提名、广播剧研究会专家奖全奖	2010年
11	广播剧	《十五岁那一年》	3	少儿题材	侯冰玉、王晨光、武风春		2011年
12	广播剧	《大别山往事》	3	革命战争题材	王磊、唐烨、王俪桦		2011年
13	电视剧	《中国兄弟连》	30	军事历史	于震、辛柏青		2006年
14	电视剧	新版《三国》	95	古代传奇	陈建斌、陆毅、黄维德		2007年
15	电视剧	《新安家族》	49	近代传奇	张磊、张静静、吴孟达	央视一套黄金档播出，第二十八届电视剧“飞天奖”长篇电视剧三等奖	2008年
16	电视剧	《鲜花朵朵》	34	当代都市	海清、张嘉译		2008年

序号	类别	剧名	集数	题材	主要演员	获奖及播出情况	时间
17	电视剧	《山间铃响马帮来》	27	近代传奇	王斑、杨恭如、黄奕		2008年
18	电视剧	《红槐花》	34	革命战争	宁静、黄志忠、张桐		2009年
19	电视剧	《西厢记》	33	古代传奇	张晓晨、周奇奇、邓家佳		2009年
20	电视剧	《大汉口》	32	近代革命	杜淳、王姬、苏可		2009年
21	电视剧	《政协主席》	23	当代都市	王志飞、陈逸恒	央视八套黄金档播出	2009年
22	电视剧	《一一向前冲》	28	当代都市	童蕾、霍建华	央视八套黄金档播出	2009年
23	电视剧	《包青天之七侠五义》	40	古代传奇	金超群、何家劲、王莎莎		2009年
24	电视剧	《天涯赤子心》	38	近代传奇	冯绍峰 、隋俊波、 岳虹		2009年
25	电视剧	《幸福一定强》	30	当代都市	明道		2009年
26	电视剧	《包青天之碧血丹心》	40	古代传奇	金超群、何家劲、王莎莎		2009年
27	电视剧	《永远的忠诚》	24	当代都市	张国强、陶虹、吕中、魏宗万	央视一套黄金档播出，第三届全国新农村电视艺术节最佳作品奖、最佳男主角奖、最佳导演奖和最佳女配角奖	2010年
28	电视剧	《开天辟地》	36	近代革命	黄海冰 张萌 靳东	央视一套黄金档播出	2010年
29	电视剧	《洪流》	36	近代革命	杨烁、吴其江、李俊峰		2010年
30	电视剧	《梨花似雪》	29	近代革命			2010年
31	电视剧	《幸福最晴天》	25	当代都市	贺军翔、张钧甯、李易峰		2010年
32	电视剧	《楚汉传奇》	76	古代传奇	陈道明、何润东、秦岚		2011年
33	电视剧	《我的娜塔莎》	41	近代革命	朱亚文、伊莉莎、岳跃		2011年
34	电视剧	《血战长空》	38	近代军事	邵兵、沙溢、李依晓、牛莉		2011年
35	电视剧	《乱世佳人》	30	近代传奇	唐嫣、陈键锋、罗晋		2011年
36	电视剧	《母亲母亲》	30	近代传奇	袁立、陈建斌、斯琴高娃		2011年
37	电视剧	《感动生命》	30	当代都市	王志文、霍建华、李成儒	央视一套黄金档播出	2011年
38	电视剧	《下海》	30	当代都市	张嘉译、刘蓓、范明	央视一套黄金档播出	2011年
39	电视剧	《自古英雄出少年》	38	古代传奇	释小龙、白静、孙一明		2011年
40	电视剧	《文家的秘密》	30	当代其他	朱雨辰、潘虹		2011年
41	电视剧	《将爱进行到底》	30	当代都市	张航、屈菁、洪音、马梓涵		2011年
42	电视剧	《滚滚红尘》	30	近代传奇	郑嘉颖、秦岚、杨烁		2011年
43	电视剧	《义勇军的故事》	42	近代革命	巍子、赵纯阳、张洪睿		2011年

序号	类别	剧名	集数	题材	主要演员	获奖及播出情况	时间
44	电视剧	《墨仙》	40	古代传奇	吴雪婷、黄冰冰、何永龄		2011年
45	电视剧	《阿诚》	32	近代传奇	罗晋、徐露、恬妞		2011年
46	电视剧	《天网》	26	当代其他			2011年
47	电视剧	《终极证据》	26	当代其他			2011年
48	电视剧	《白玉堂之局外局》	26	古代传奇	徐洪浩、斯琴高娃		2011年
49	电视剧	《旋转吧，爱情》	24	当代都市	张峻宁、郑罗茜、伊扬		2011年
50	电影	《最强喜事2011》	1	贺岁喜剧电影	古天乐、张柏芝、甄子丹		2010年
51	电影	《画壁》	1	爱情电影	邓超、孙俪、闫妮		2011年
52	电影	《新天生一对》	1	温情电影	周渝民、陈嘉桦、小小彬		2011年
53	电影	《武当风云》	1	武侠电影	王力宏、谢霆锋、张家辉、周迅		2011年

附：2006~2011年部分全国性奖项获奖情况一览表

序号	奖项	作品名称	授奖单位	获奖类别	获奖等级	获奖时间
1	中国新闻奖	《小岗村的好书记——沈浩》	第二十届中国新闻奖组委会	广播专题	一等奖	2010年
2	中国新闻奖	《第一调查》	第二十届中国新闻奖组委会	新闻栏目	名栏目奖	2010年
3	中国新闻奖	《第100万辆奇瑞汽车隆重下线》	第十八届中国新闻奖组委会	广播消息	二等奖	2008年
4	中国新闻奖	《怀远四兄弟携带特种挖掘车辆，自费奔赴四川汶川地震灾区抢险》	第十九届中国新闻奖组委会	广播连续报道	二等奖	2009年
5	中国新闻奖	《沿江屠龙记》	第十九届中国新闻奖组委会	电视新闻	二等奖	2009年
6	中国新闻奖	《“裸捐”背后的“中国首善”——专访陈光标》	第二十一届中国新闻奖组委会	广播访谈	二等奖	2011年
7	中国新闻奖	《新一代核聚变装置放置实验成功》	第十六届度中国新闻奖组委会	广播短消息	三等奖	2006年
8	中国新闻奖	《新闻直通车》	第十六届度中国新闻奖组委会	广播新闻专题	三等奖	2006年
9	中国新闻奖	《江山如此多娇——安徽黄山篇》	第十七届中国新闻奖组委会	电视新闻现场直播	三等奖	2007年
10	中国新闻奖	《独臂英雄丁晓兵》	第十七届中国新闻奖组委会	电视类系列报道	三等奖	2007年
11	中国新闻奖	《安徽农民“喜耕田”》	第十七届中国新闻奖组委会	电视类系列报道	三等奖	2007年
12	中国播音主持金话筒奖	《永远的红手印——沈浩和小岗村的故事》	2010中国播音主持“金话筒奖”组委会	广播播音作品	广播播音作品奖	2010年
13	“五个一工程”奖	《母亲的童谣》	全国第十届精神文明建设“五个一工程”优秀作品奖组委会	广播剧	优秀作品奖	2007年
14	“五个一工程”奖	《“傻子”传奇》	全国第十一届精神文明建设“五个一工程”优秀作品奖组委会	广播剧	优秀作品奖	2009年

序号	奖项	作品名称	授奖单位	获奖类别	获奖等级	获奖时间
15	“五个一工程”奖	《祈望》	全国第十一届精神文明建设“五个一工程”优秀作品奖组委会	电视剧	优秀作品奖	2009年
16	“五个一工程”奖	《站起来》	全国第十一届精神文明建设“五个一工程”优秀作品奖组委会	歌曲	优秀作品奖	2009年
17	电影华表奖	《人民至上》	第十三届中国电影“华表奖”组委会	电影	优秀纪录片奖	2009年
18	电影华表奖	《十八个手印》	第十三届中国电影“华表奖”组委会	电影	优秀数字电影奖	2009年
19	电影华表奖	《祖国至上》	第十四届中国电影“华表奖”组委会	电影	优秀纪录片奖	2011年
20	电视剧飞天奖	《新安家族》	国家广播电影电视总局	第二十八届电视剧“飞天奖”长篇电视剧	三等奖	2011年
21	电视金鹰奖	《历史的天空》	第二十三届中国电视金鹰奖组织委员会	电视剧	优秀长篇电视剧奖	2006年
22	中国广播影视大奖	《花好月圆春满园——2005年15省市地区元宵戏曲晚会》	中国广播影视大奖组委会	广播电视节目	优秀戏曲节目奖	2006年
23	中国广播影视大奖	《金色田园》	2005~2006年度中国广播影视大奖广播电视节目奖组委会	广播电视栏目	优秀奖	2007年
24	中国广播影视大奖	《母亲的童谣》	中国广播影视大奖组委会	广播剧	优秀奖	2007年
25	中国广播电视奖	GPS之争的背后	中国广播电视学会	广播电视	大奖	2008年
26	中国广播电视奖	超级新闻场	中国广播电视学会	广播电视	大奖	2008年
27	中国广播电视奖	梨园春潮——2009年18省市地区元宵戏曲晚会	中国广播电视学会	广播电视	戏曲节目大奖	2009年
28	第十一届全国电视文艺“百家奖”	《祝福2010——爱传万家欢乐嘉年华》	中国广播电视协会	综艺晚会	综艺晚会类一等奖	2011年
29	金长城传媒奖“2008中国卫视频道十强”	安徽卫视	中国传媒大会	传媒		2009年
30	金长城传媒奖“2009中国十大卫视”	安徽卫视	中国传媒大会	传媒		2009年
31	金长城传媒奖“2008中国区域电视频道十强”	影视频道	中国传媒大会	传媒		2009年
32	中国小康电视工程	《翡翠人家》	中国视协	专题类	最佳纪录片奖	2006年
33	第四届“中国农村小康电视节目工程”最佳作品奖	专题片《人民群众离不开的好干部——沈浩》	中国电视艺术家协会	专题类	一等奖	2010年
34	中国电视纪录片系列片“十优”作品	电视纪录片《淮军》	中国电视艺术家协会、中国视协电视纪录片学术委员会	专题类		2010年
35	第五届《纪录·中国》优秀纪录片评选一等奖、纪念建党90周年电视文艺专题节目好作品奖	《共产党人》	中国广播电视协会纪录片委员会、中国文学艺术界联合会、中国电视艺术家协会	专题类		2011年
36	第三届全国新农村电视艺术节最佳作品奖、最佳男主角奖、最佳导演奖和最佳女配角奖	《永远的忠诚》	中国电视艺术家协会	专题类		2011年

序号	奖项	作品名称	授奖单位	获奖类别	获奖等级	获奖时间
37	电视戏曲栏目	《相约花戏楼》第204期	中国广播电视协会	节目栏目	一等创优节目奖	2006年
38	第三届中国农村小康故事电视专题片最佳作品	《天下安徽人》	中国视协	节目栏目	一等奖	2008年
39	2008年度全国创新创优栏目	《相约花戏楼》栏目	国家广电总局	节目栏目	20佳	2009年
40	中国原创广播电视栏目	《周日我最大》	中国传媒大学、《媒介》杂志	节目栏目	20强	2009年
41	中国电视“星光”奖	《相约花戏楼》栏目	中国广播电视协会	节目栏目	电视文艺栏目奖	2009年
42	入选“新中国60年有影响的60个广播电视节目”	中国民工潮	中国广播电视协会	节目栏目		2009年
43	2009中国优秀广播电视栏目	《周日我最大》	国家广电总局	节目栏目	20佳	2010年
44	中国电视戏曲“兰花奖”	《相约花戏楼》	中国广播电视协会	节目栏目	一等奖	2011年
45	第七届中国电视制片人高峰论坛暨2011名优电视栏目总评榜	《第一时间》	中国电视艺术交流协会	节目栏目	新闻类“2011年十大品牌电视栏目”称号	2011年
46	2011年十大品牌电视栏目	《第一时间》	中国电视艺术交流协会	节目栏目		2011年
47	2010年中国十大最具原创精神电视栏目奖	《相约花戏楼》栏目	国家广电总局、中国电视艺术交流学会	节目栏目		2011年
48	2010年中国十大创新电视栏目奖	《当红不让》栏目	国家广电总局、中国电视艺术交流学会	节目栏目		2011年
49	第四届《综艺》2010年度地面频道20强	《全民大精彩》栏目	综艺报	节目栏目		2011年
50	全国春节文艺晚会及春节特别节目评选	“放飞心愿”——2006年安徽卫视春节联欢晚会	中国电视艺术家协会主办	品牌活动	春节文艺晚会优秀作品奖	2006年
51	2006年春节文艺晚会优秀作品奖	《春风颂》2006华东六省一市新春歌会	中国电视艺术家协会电视文艺委员会	品牌活动	优秀作品奖	2006年
52	全国春节文艺晚会及春节特别节目评选	《相约新春盛典》春节戏曲晚会	中国电视艺术家协会电视文艺委员会	品牌活动	好作品奖	2007年
53	电视文艺晚会类	《江淮情，中国心》安徽省庆祝新中国成立60周年大型文艺晚会	中国电视艺术家协会	品牌活动	优秀作品奖	2009年
54	全国春节文艺晚会及春节特别节目评选	“春潮澎湃起江淮”——2009年安徽卫视春节联欢晚会	中国电视艺术家协会电视文艺委员会	品牌活动	优秀作品奖	2009年
55	全民阅读优秀项目	《新安读书月》	中宣部、中央文明办、新闻出版总署	品牌活动		2009年
56	全国春节文艺晚会及春节特别节目评选	“虎跃江淮”——2010年安徽卫视春节联欢晚会	中国电视艺术家协会电视文艺委员会	品牌活动	春节文艺晚会最佳作品奖（最高奖）	2010年
57	全国春节文艺晚会及春节特别节目评选	“盛世欢歌”——2011年安徽卫视春节联欢晚会	中国电视艺术家协会电视文艺委员会	品牌活动	春节文艺晚会最佳作品奖（最高奖）	2011年

序号	奖项	作品名称	授奖单位	获奖类别	获奖等级	获奖时间
58	全国春节文艺晚会及春节特别节目评选	正月正2011全国十二省市电视台元宵戏曲晚会	中国电视艺术家协会电视文艺委员会	品牌活动	特别奖	2011年
59	2011年十大最具影响力电视营销活动	映山红行动	中国电视艺术交流协会	品牌活动		2011年
60	2005~2006年度中国最具价值媒体100强	安徽电视台	中央电视台广告部、中国传媒大学广告学院、广告导报社、经营者杂志社	综合评选		2006年
61	中国传媒百强产业贡献奖	安徽电视台	中国传媒产业年会	综合评选		2008年
62	2009TV地标电视媒体公益榜省级台8强	安徽电视台	中国广播影视杂志社	综合评选		2009年
63	2009年度最具影响力传媒机构	安徽电视台	中国经典传播大奖组委会	综合评选		2009年
64	2009年度中国最具企业投放价值卫视	安徽电视台	人民日报社、清华大学、复旦大学、未名传播研究中心	综合评选		2009年
65	全国传媒管理十强	安徽电视台	《传媒》杂志社	综合评选		2009年
66	电视媒体公益榜省级台8强	安徽电视台	《中国广播影视》杂志社	综合评选		2009年
67	2010年度中国最具影响力品牌媒体奖（电视类）	安徽电视台	中国品牌竞争力年会	综合评选		2010年
68	2009年度经典传播价值媒体	安徽电视台	中国经典传播大奖组委会	综合评选		2010年
69	品牌贡献奖 影响中国——最具品牌传播价值卫视	安徽电视台	第二届中国品牌与传播大会	综合评选		2010年
70	2001~2010年中国广电（省级卫视）领军品牌	安徽电视台	《传媒》杂志社、北京大学新闻与传播学院、清华大学新闻与传播学院、中国人民大学新闻学院、中国传媒大学媒体管理学院	综合评选		2010年
71	“最受大学生喜爱的品牌”	安徽电视台	中国广告协会、中国大学生广告艺术节学院奖组委会、广告人杂志社	综合评选		2010年
72	首届TV地标中国省级卫视覆盖传播力	安徽卫视	国家广电总局、《中国广播影视》杂志社	综合评选	第一名	2010年
73	TV地标2011省级卫视覆盖传播力	安徽卫视	国家广电总局、《中国广播影视》杂志社	综合评选	第一名	2011年
74	年度最具市场力覆盖大奖	安徽卫视	创新中国电视大奖组委会	综合评选		2007年
75	2007年度中国十大最具投资价值媒体	安徽卫视	传媒杂志社	综合评选		2007年
76	2007年度最具网络影响力的省级卫视	安徽卫视	中国传媒大学	综合评选		2008年
77	中国十大广电品牌	安徽卫视	第四届全国传媒创新年会	综合评选		2008年
78	2010~2011中国最具品牌价值卫视	安徽卫视	第四届中国品牌媒体高峰论坛	综合评选		2011年
79	2009年度中国最具企业投放价值卫视	安徽卫视	人民日报、清华大学、复旦大学	综合评选		2009年
80	全长城传媒奖2009年度十大卫视	安徽卫视	全国十大高校新闻学院联合	综合评选		2009年

序号	奖项	作品名称	授奖单位	获奖类别	获奖等级	获奖时间
81	最具网络影响力频道	安徽卫视	中国广播电视学会、中国传媒大学	综合评选		2009年
82	2009~2010年度中国最具影响力十大省级卫星频道	安徽卫视	广告导报社、中国传媒大学MBA学院	综合评选		2010年
83	2001~2010中国广电领军品牌	安徽卫视	2010中国传媒年会	综合评选		2011年
84	2011全球广告主周最具广告影响力卫视	安徽卫视	2011年全球广告主周组委会	综合评选		2011年
85	2011年度中国最具影响力品牌媒体奖	安徽卫视	中国品牌竞争力年会组委会	综合评选		2011年
86	2010~2011年度卫视推荐品牌	安徽卫视	北京大学新闻传播学院、复旦大学新闻学院、中国人民大学新闻学院、中国传媒大学广告学院、武汉大学新闻传播学院	综合评选	品牌贡献奖	2011年
87	中国网络影响力2010年度十大地面频道排行榜	经济生活频道	中国广播电视协会、中国传媒大学、南开大学和中央民族大学	综合评选		2011年
88	2010最具成长性传媒品牌	公共频道	2010中国传媒年会	综合评选		2011年
89	2009年“最受网络关注付费频道”称号	人物频道	中国广播电视协会、国家广电总局数字广电产业发展中心	综合评选		2010年
90	2010年度全国“最受目标观众欢迎频道”称号、“最受网络欢迎的付费频道”	人物频道	中国广播电视协会、国家广电总局数字广电产业发展中心	综合评选		2011年
91	中国传媒学院奖2011年度传媒机构“最具合作价值媒体机构”	广告中心	中国传媒大学广告学院《媒介》杂志编辑部	综合评选		2011年
92	全国最具实力省级广播电台前六强	广播	国家广电总局、《中国广播影视杂志社》	综合评选	第五位	2011年
93	全国最具实力省级新闻广播	新闻综合广播	国家广电总局、《中国广播影视杂志社》	综合评选	第六位	2011年
94	全国最具实力省级交通广播	交通广播	国家广电总局、《中国广播影视杂志社》	综合评选	第十位	2011年
95	全国广播媒体民生影响力30强	生活广播	中国广播电视协会生活节目工作委员会	综合评选		2011年
96	年度优秀特色广播	旅游广播	国家广电总局、《中国广播影视杂志社》	综合评选		2011年
97	2006年度最具投放价值媒体	安徽卫视	金远奖组委会	金远奖		2006年
98	2009年度最具专业营销团队	广告中心	金远奖组委会	金远奖		2010年
99	2009年度服务广告客户最佳媒体	安徽电视台	中国广告主长城奖组委会	广告主长城奖		2009年
100	2010年度中国广告主长城奖	安徽电视台	中国广告主长城奖组委会	广告主长城奖	金伙伴奖	2010年
101	2011年度中国广告主长城奖	安徽电视台	中国广告主长城奖组委会	广告主长城奖	金伙伴奖	2011年
102	中国影视娱乐营销5S金奖	安徽卫视拉芳多姿沐浴露营销案例	《市场观察》杂志社	广告营销	网台联动营销全场大奖	2011年

序号	奖项	作品名称	授奖单位	获奖类别	获奖等级	获奖时间
103	中国影视娱乐营销5S金奖	安徽卫视高炉家和谐年份酒《水浒》传播案例	《市场观察》杂志社	广告营销	最具市场洞察力大奖	2011年
104	中国影视娱乐营销5S金奖	安徽卫视奇安达《男生女生向前冲》传播案例	《市场观察》杂志社	广告营销	最具销售实力大奖	2011年
105	2010中国媒介创新营销奖	广告中心	中国广告协会	广告营销	最佳媒介营销梦之队	2010年
106	2008中国传媒学院奖	2008中国传媒学院奖	中国传媒大学、《媒介》杂志	广告营销	年度最佳广告经营团队	2008年
107	2010年度最佳广告经营团队	广告中心	《市场观察》杂志社	广告营销		2010年
108	整合营销传播巅峰案例	广告中心	《市场观察》杂志社	广告营销	大奖	2011年
109	2009广告人实战案例奖	《安徽电视台学习型组织创新模式全攻略》	中国广告协会	广告营销	金奖	2009年
110	2010中国媒体创新营销奖	《三国》整合传播案例	中国广告协会	广告营销	金奖	2010年
111	2010中国传媒学院奖	广告中心	中国传媒大学广告学院、《媒介》杂志社	广告营销	年度营销传播机构	2010年
112	电视公益广告年度影响力	安徽电视台	《中国广播影视》杂志社	广告营销	10佳	2009年

安徽文化底蕴深厚，要充分发挥自己的优势，强化精品意识，努力在社会主义文化建设中取得更大成绩。

胡锦涛2008年1月11日视察安徽时的讲话

文化產業

综　述

【文化产业概况】2011年全省文化创意及相关产业增加值613.47亿元，比上年增长28.59%；占GDP比重达到4.01%，比上年提高0.15个百分点，实现了发展的新跨越。

文化集团。2011年，省属报业、出版、发行、演艺、广电五大集团实现营业收入133.91亿元，比上年增长24.57%；利润总额11.13亿元，增长28.50%。安徽出版集团连续3年进入“全国文化企业30强”；安徽出版集团、安徽新华发行集团综合实力分别居国内同行业第四位和第三位。安徽出版集团所属华文国际公司加快股份制改造步伐，引进战略投资者，融资1.8亿元，并被安徽证监局列为上市辅导备案企业。安徽演艺集团正式组建演出院线，首批吸纳7个剧院参加。

文化项目建设。继续实施重大项目带动战略，256个文化项目进入省“861”项目投资计划，总投资2036亿元。省委宣传部坚持每季度对入库项目进行一次跟踪，每月对省属文化企业项目进行一次跟踪管理。列入2011年省“861”行动计划的文化产业项目，当年完成投资195.82 亿元，当年新开工项目53个。

安徽文化产业项目推介会

安徽演艺集团、安徽广电传媒产业集团成立大会在合肥举行

文化园区建设。各地文化产业发展集聚度进一步增强，据初步统计，全省建成和在建文化产业园区（基地）56个，入驻企业4100多家，形成了阜南柳编、桐城印刷、来安文具、蚌埠玉器等一批特色、专业的文化产品加工贸易区。

文化产业招商。征集、编印《安徽文化产业招商项目册》，共推介重点招商项目280个，投资总额1268亿元。全省文化企业积极参加皖台经贸文化交流活动、徽商大会、深圳文博会、北京文博会、厦门投洽会等重要文化经贸活动，文化产业招商活动集中签约项目76个，总投资566.06亿元。截至年底，2006年以来全省文化产业重点招商活动签约项目430个，已履约240个（建成投入使用82个），占55.81%。实际到位资金256.24亿元。其中，2011年度新增到位资金116.56亿元，比上年增长105.03%。

民营文化产业。2011年，13个民营文化企业、29位民营文化企业家，分别入选全省非公有制经济优秀企业和优秀企业家，分别占全省各行业入选总数的13%、11.6%。全省21个民营企业被授予国家级和省级文化产业示范基地；37个民营文化企业商标获“安徽省著名商标”，占总数的8.4%。

文化“走出去”。全省文化企业积极参加“铭传亲缘宝岛行”、“意大利中国文化年安徽文化周”等文化经贸交流活动，安徽文化的对外影响力和辐射力不断提升。安徽出版集团被评为全国文化“走出去”先进单位，在北京国际书博会上版权输出连续4年居全国第一；与波兰马萨雷克出版公司共建时代—马萨雷克集团，成为首个在波兰成立合资公司的中国出版企业。安徽新华发行集团与新西兰TV33电视台达成合作意向，旗下新龙图公司出口额大幅提升，成为全省文化“走出去”的新亮点。

【传统文化产业】出版发行业。2011年，全省新闻出版行业总产值超过470亿元，行业增加值占全省文化产业增加值近30%，总体经济规模在全国居第十位。安徽出版集团在全国出版集团排名中，营业收入、利润、出版能力分别居第六、第五、第五位；集团所属4个出版社获“全国百佳出版社”称号。安徽新华发行集团以打造“现代综合传媒集团”为目标，大力实施重大项目带动和加快文化产业与新技术融合战略，集团总体经济规模跃居全国同业第三位。

广播影视业。全省广播影视经营收入累计达48.12亿元，比上年增长17.46%；全省城市影院票房收入和国家电影专项资金征缴数额分别达2.22亿元、979.23万元，分别增长69.46%、75.68%，增幅双双名列全国第一。全省电视剧生产达51部、1724集，创作完成8部电影，《新安家族》、《祖国至上》、《郎对花姐对花》等20多部（件）广播影视作品获“华表奖”、“飞天奖”、“中国新闻奖”和中国广播影视大奖。中部地区最大的视频产业基地、淮南焦岗湖影视基地、黄山秀里影视基地等多个大型影视产业园区启动建设。全省新开城市影院29个、新增银幕137块，城市影院总数达55个、银幕总数341块、座位5.61万个、院线13条。全年城市影院放映25.23万场次，增长148.5%；观众709.56万人次，增长87.09%；电影票房收入达2.22亿元，增长69.46%，全省城市影院票房收入增幅排名全国第一。

演艺业。省直演艺院团全年创排新剧（节）目35台，比上年增长59.09%；演出2155场次，增长10%；演出收入3480万元，增长33.48%；经营收入4280万元，增长30.88%。全省共拥有民营演艺院团和民间社班1600多个，年演出达40多万场次，年收入超过6亿元；其中，仅“中国马戏之乡”宿州市埇桥区就拥有各类马戏团400多个，从业人员达2万多人。

【新兴文化产业】数字出版。全国首次数字出版工作会议在合肥召开，新闻出版总署署长柳斌杰出席会议并讲话。安徽出版集团打造自主创新品牌“时代e博”全媒体数字出版运营服务平台，被国家新闻出版总署列入“十二五”新闻出版改革发展项目库，出版的手机动漫杂志《移动漫》用户超过120万个，新开发的多媒体交互式阅读数字产品推出3个月用户即达到30万个。集团所属的安徽教育网络出版有限公司分别与中国移动、中国联通、中国电信正式签约，在中国第四届数字出版国际博览会上被授予“2010～2011年度数字出版示范企业”称号。

3D影视。安徽演艺集团和澳门网络动画科技有限公司联手打造“3D全息黄梅戏”《牛郎织女》，在中国戏曲史上首次把传统戏曲与现代高科技手段结合起来，演出22场，收入75万元。

多媒体。移动多媒体广播（CMMB）已建设92个大功率发射站点，信号覆盖全省16个地级市及55个县级区域，用户超过60万个，排名全国前列。安徽手机台实现了全国3大网络运营商的全面覆盖。安徽网络电视台发展迅速，继获得第一张省级网络电视台牌照后，成功转型，成为安徽广播电视台旗下新媒体业务的综合运营机构。

【动漫产业】2011年，安徽省在全国率先出台实施《安徽省动漫产业“十二五”发展规划》，明确了动漫产业发展的目标方向、重点工作和有关政策。

动漫制作。当年全省共制作发行动画片21部7729分钟，分钟数比上年增长23.9%，列全国第八、中部第一，排名分别提升1个位次，优秀片数居全国第五。《淮南子传奇》获中国动漫最高奖“美猴奖”，4部动漫作品被广电总局评为优秀国产动画片向全国推荐。文化部、财政部、国家税务总局公布“2011年通过认定的动漫企业名单”，全国121个企业通过认定，其中本省有8个，通过数居全国第三。至此，全省已有16个企业通过国家认定。

动漫项目。芜湖方特欢乐世界（一期、二期）全年共接待游客364.98万人，门票收入4.92亿元，游客总数和门票收入分别超过黄山、九华山。六安金领欢乐世界、淮南志高动漫科技产业园等一批重大项目加快建设，马鞍山视聆通动漫公司、安徽中卡通动画制作有限公司等一批动漫企业发展迅速。

动漫活动。第三届中国国际动漫创意产业交易会在芜湖市成功举办，央视动画、盛大游戏、巨人网络以及美国、英国、丹麦、西班牙、日本等国家的动漫企业、机构云集展会，现场签约项目55个，投资总额190.2亿元；引进境外投资项目6个，投资额49.5亿元。举办首届安徽动漫大赛，收到参赛作品1446件，一大批原创作品获“金喜鹊”奖。华夏银行合肥分行举行安徽动漫产业合作签约仪式，分别与合肥国家动漫及服务外包产业基地、安徽省动漫协会等签署合作协议。淮南市举办首届“志高杯”国际少儿动漫艺术创作大赛，省内外500余幅优秀动漫作品参赛。

第三届中国国际动漫产业交易会开幕式文艺晚会

文化企业

【**安徽日报报业集团**】2011年，集团坚持“以报为主，多元发展”的经营策略，抓住做大报业主业、做强媒体经营、做优非报产业三个重点，积极转变增长方式，不断拓宽经营渠道，呈现出体制改革不断深化、产业发展持续高效的良好态势。

体制改革稳步推进。2011年4月30日，中共中央政治局委员、书记处书记、中宣部部长刘云山考察报业集团时发表重要讲话，称赞“安徽日报报业集团的改革，也是走在全国党报前列的，是排头兵。”发行体制改革全面深化。报业集团整合集团所属系列报刊、省内行业报刊、市级所属报刊的发行资源，综合邮发、自办发行优势，成立报业集团报刊发行总公司，实现《安徽日报》全面自办发行，着力打造大型物流连锁配送网络，以报刊发行为主的物流连锁配送网络初步形成，党报发行体制改革创造了“安徽经验”。网站转企改制深入推进。报业集团在中安在线转企改制工作完成的基础上，进一步以网站经营性业务为核心，整合集团各媒体网络资源，加快实现全省主流正面网络信息一网传播，中安在线转企改制工作已经基本完成。党报资源整合加快进行。2011年4月，国家新闻出版总署正式批准报业集团兼并亳州报业集团的全部国有资产，在全国开创了省级党报兼并市级党报先河。亳州晚报改版后以全新的面貌更好担负起宣传亳州的任务，受到各级领导和广大读者的充分肯定。积极谋划集团体制改革。按照中央和省委部署，报业集团正在抓紧谋划实施集团体制创新战略，激发产业发展新动力；集团所属非时政类报刊改革正在全面展开、稳步推进。

产业发展态势良好。集团传统主业和非报产业在较为严峻的市场形势下两翼并进。传统主业稳步增长，集团全年营业收入7.37亿元，比上年增长11.84%。非报产业加速推进，全年物业租赁累计实现利润1000多万元，已经成为集团稳定可靠的经济支柱；肥东、铜陵房产开发项目进展顺利，实现新项目转让收益近2000万元。项目谋划重点突破，在报业集团列入省“861”项目库的产业项目中，安徽报业印刷合作项目、中安在线产业拓展系列项目和安徽报刊物流配送网络建设项目持续推进，并已产生明显经济效益；参股小额贷款公司和有关商业银行项目，正在紧锣密鼓进行。

【**安徽出版集团**】2011年，出版集团重点抓思想解放、抓资源整合、抓管理规范、抓人才培养，集团暨时代出版公司积极融入经济大发展、产业大循环，出版主业成果丰硕，产业发展快速增长。集团再次入选“全国文化体制改革先进企业”，再度获“全国文化企业30强”、全国出版行业前10强；时代出版公司入选“中国版权产业最具影响力企业”、“首批现代服务业创新发展示范企业”、“省级优秀企业技术中心”等，取得良好的社会效益和经济效益。集团全年销售收入73.49亿元，利润4.89亿元，分别比上年增长25.90%、21.95%。按集团持有股权市值计算，集团总资产已达122亿元，净资产82亿元。全年出版一般图书9639种，总码洋21.4亿元，分

中共中央政治局委员、中央书记处书记、中宣部部长刘云山视察安徽日报报业集团中安在线网站

别增长15%和26%。承担国家级重大出版工程43项，6种出版物获“国家三大奖”。集团全年获得国家各类文化产业扶持基金5442万元，《中国歌剧音乐剧通史》、《绿色中国》等3种、12册图书获得2011年度国家出版基金资助。《新版中国美术全集》等获国新办“中国文化著作对外翻译出版工程”专项资助，《复兴之路》等成功中标国务院新闻办2011年外宣出版项目。

主业发展。着眼高端文化机构，积极锁定出版资源和作者资源。与中国艺术研究院、故宫博物院、国家博物馆、中国社科院等10多个大型知名文化企业建立战略合作关系，在高端、原创、教育出版市场、数字化等方面有新的突破。《故宫博物院藏品大系》获美术类图书最高奖——金牛奖。全资投入并引进职业经理人专家团队，在北京成立时代华文书局，打破在中国出版资源最集中的北京无产业、无阵地、无影响的状态，全面拓展选题策划、物流配送、新媒体及相关产业，着力打造主副媒体相结合的新型子集团产业格局。聚力挖掘内容资源，强力开拓出版市场，综合实力快速提升。集团强势入围有中国书业“百花奖”之称的中国书业2011实力版图，综合实力进入前10强，新书排行进入全国前8名；安徽教育出版社和安徽少儿出版社双双入选全国出版社总排名前50强，其中，安徽少儿出版社与上年相比上升13个位次，进入全国少儿出版能力排行榜前5位。黄山书社出版能力位列全国古籍出版社第一，其成长性名列全国出版社第11位。129种新书366次登上各类畅销书排行榜。快速拓展国有书店、民营书店、网络、B2B、超市、机场、农家书屋等销售渠道，民营、网络、馆配和农家书屋采购增长较快。安徽文艺出版社在《2010~2011年农家书屋重点出版物推荐目录》中入选全国文化类前10名。《时代漫游》杂志获最佳游戏动漫平面媒体奖。新媒体产业链发展势头强劲。运用3G技术，以图文、音频、视频等形式，全方位、深层次、多元化开发利用出版内容资源，做深、做长、做足内容产业链。与中国移动、中国电信、中文在线、科大讯飞等通讯运营商及高科技企业合作，在线课堂、手机报等数字教育用户量合计已达400余万个。“时代e博”、3G互动阅读等全媒体数字化出版运营平台正式上线，实现内容的多载体增值开发。利用人民币升值、减免税收等有利时机，上市募集资金大部分用于引进大批先进印刷设备，进行数字印刷技术改造。

拓展国际文化市场。集团拥有版权输出、合作出版、出版物实物出口、文化及电子传媒产品出口、境外创办实体、文化装备出口等6大“走出去”板块，辐射100多个国家和地区。版权输出连续4年（2008~2011年）蝉联全行业第一；在第62届法兰克福书展上输出版权46项，居全国前列；公司全年共输出版权266项，比上年增长35%；文化服务贸易出口总额达8000多万美元，增长48%，居全国前列。2011年，国外图书馆从集团采购图书数量居全国第一，占总量64%，仅从国新办获得各项资助就达1300多万元。与波兰马萨雷克出版社成立合资出版机构——时代-马萨雷克集团，引起波兰当地主流媒体的高度关注和大篇幅报道。在斯洛伐克，与UMC公司合作，设立出版传媒产业园，生产数字传媒产品，品种效益位居欧洲第六，全部进入国外大超市。集团以上述合作为依托，逐步打造“走出去”发展实体及产品分拨基地。集团在俄罗斯设立的新时代印务有限公司，是全行业唯一走出去并运营良好的印刷企业。俄罗斯国家电视台、《共青团报》、《真理报》先后采访，《共青团报》用《让中国企业在这里发展得更好更远》作标题，进行了专题报道。二期工程已投入使用，产量、效益大增。2011年，集团被新闻出版总署评为全

时代出版传媒股份有限公司成立暨上市大会在合肥举行

国文化“走出去”先进单位。

多元产业开拓。集团是全国出版行业唯一一个全集团实行ERP管理并通过ISO900认证的企业。集团通过ERP平台，使用蕴通账户，加大资本运营力度，灵活调拨内部资金，进行投资运作，拓宽资本通道和盈利模式。集团先后投资入股读者出版集团、徽商银行、交通银行、华安证券、东方证券、贵阳银行等国内出版传媒和金融证券企业，股权投资已达10个，成为集团利润的重要来源，为主业和产业发展提供了强有力的资本支持。组建专业团队，专注文化产业和全省中小企业 PE投资，取得初步成效，现正加大在文化传媒领域里的股权投资并购，拓展文化资本发展空间。集团围绕主业进行产业链延伸和扩展，搭建主业与其他产业嫁接的桥梁，把多元产业作为人才的蓄水池和培育新媒体、新技术、新业态的孵化器，以产业支撑主业，壮大主业根基。华文国际公司全年销售收入突破40亿元，利润达7000万元，跻身全省外经贸企业前3强。省医药公司全面拓展医药配送业务，成功收购芜湖欣瑞阳光和滁州市医药公司。《市场星报》获中国都市报品牌创新力10强，办报质量、市场占有率和品牌影响力大幅提升，2011年实现8000万元经营收入。普兰德置业公司开发的新天地项目，商业运营日渐规范，招商率达95%。在马鞍山和全椒开发的地产项目有序推进。省中国旅行社大力拓展旅游文化资源，开通电子业务管理系统和网上销售系统，取得第二十届金鸡百花电影节独家票务代理权，主营业务收入超过1.5亿元。

【安徽新华发行集团】安徽新华发行集团是2002年9月经安徽省委、省政府同意和中宣部、新闻出版总署批准，在原安徽省新华书店和安徽省外文书店基础上成立的大型文化企业集团。2007年11月，省委、省政府批复成立安徽新华发行（集团）控股有限公司，授权经营和管理集团国有资产。2008年2月，安徽新华传媒股份有限公司（简称皖新传媒）成立，并于2010年1月18日成功挂牌上市，成为全国发行业主板首发上市第一股，募集资金近13亿元，公司市值突破100亿元，当年即跃入全国文化类上市公司市值第二。集团主要从事图书音像出版物、教材教辅发行及文体用品经营，并进入音像出版、广告传媒、文化贸易、酒店经营、文化地产等相关领域。集团下辖86个子分公司，员工5000余人，拥有近600个发行网点，初步形成覆盖全省、较为完整的图书音像等出版物分销体系。

业务发展。2011年是安徽新华发行集团“转型发展年”，经营形势保持了良好的发展态势，全年实现销售收入35.08亿元、利润总额4.14亿元，分别比上年增长15.28%和42.76%。集团先后被新闻出版总署评为“全国新闻出版行业文明单位”、“中国出版政府奖”，连续7年进入中国服务企业500强、居237名。集团的核心企业皖新传媒先后获“2011中国上市公司综合实力100强”、“2011中国上市公司诚信企业100强”、“全国新闻出版系统先进集体”、“中国AAA级信用企业”等称号。

理清发展思路。围绕科学发展、转型发展、创新发展的要求，集团完成了《安徽新华发行集团“十二五”发展战略规划》的编制，明确了集团新时期改革发展思路。“十二五”期间，集团将重点推进“三大转型”、“五大跨越”，即加快由单一的传统图书流通企业向现代综合传媒企业的转型、由省域集团向全国性集团的转型、由资源经营向资源经营与资本经营结合的转型；实现在做大做强传统主业、发展创新业务、加强资本运作、提高经营管理水平、加强人才队伍建设中的新跨越，把发行集团建成跨区域、跨所有制、跨媒体经营、具有核心竞争能力的现代综合传媒集团。

加强制度建设。集团按照现代企业制度要求，继续完善法人

治理结构和母、子公司管控体系建设，探索建立健全有利于国有资产保值增值、符合企业发展战略、顺应市场竞争要求的管控模式和运行机制。集团公司和股份公司均注重加强和完善内部制度建设，确保两公司在现代企业制度及其法人治理结构框架下形成合力，协同发展。集团公司制定《集团内部借款规定》，并通过NC系统对子公司资金运作情况进行监督管理，提高了资金使用效率。股份公司修订完善《文教图书供应商管理和采购办法》，制定《文体用品、电教数码产品连锁经营的补充意见》、《文体用品连锁经营（托管店）管理暂行办法》、《经营性房产合作经营和租赁的管理办法》、《应收账款管理制度》，编制《“三合一”农民文化家园操作手册》、《内部控制管理手册》。通过建章立制，进一步规范工作流程。

拓展创新型业务。集团公司积极打造创新业务平台，注重培育自身的“造血功能”，取得了明显成效。集团公司直属的新龙图公司利用集团的渠道优势，推动文体数码在全省的连锁经营。截至2011年底，共完成文体用品门店连锁57个、电教数码连锁62个，预计全年可实现销售收入5900万元、利润130万元，分别比上年增长74%、116%。同时，新龙图公司积极进入综合贸易领域，在钢材等大宗贸易中实现销售收入2.5亿元、利润500万元。集团直属的华仑物业公司加强对集团生产、生活设施的服务管理，在积极拓展物业经营的同时，按照集团战略不断加强完善联合品牌——“e家-华仑”连锁酒店的经营管理，有效盘活了资产。物业公司2011年实现收入795万元、利润80万元，分别比上年增长0%和13.17%。华仑国际公司积极打造安徽文化商业地产品牌，加快推进芜湖、合肥等地华仑国际文化广场项目建设。芜湖项目已正式开工，合肥项目已进入规划方案的申报阶段，亳州项目已获省委宣传部预立项批复。积极推进华仑网上书店建设。2011年销售达1086万元，比上年增长6.2%。全力打造特色音像出版。安徽新华音像出版社以农技服务、地方戏曲等特色出版赢得了市场，综合实力跃居全省音像社之首。全年销售2030万元、利润63万元，分别比上年增长42.86%和76.47%。《徽学大讲堂》和《人畜共患传染病防控》选题进入新闻出版总署“十二五”重点音像出版物规划；数字产品《农林牧渔多媒体素材库》，被推荐参评2012年度国家出版基金。首次在台湾诚品书店举办的“徽韵飞扬”音像及文化产品展销，展出152种音像精品，受到市场追捧。完成了跨区域并购重组江苏大众书局。2011年初，大众书局新公司及分支机构各项业务、资产的交接及法人治理结构的建设完成。2011年3～12月实现营业收入10937万元、利润总额823万元。跨行业参股投资新华网。股份公司与新华网正式签订《新华网股份有限公司增资扩股协议》。12月上旬，皖新传媒完成了对新华网股份94.12万股的认购，投资金额1882万元，约占新华网总股本1%。通过成功入股国家级门户网，强化了集团与新华通讯社等文化央企的全面战略合作，实现平媒到网媒的“跨媒体”发展和全媒体拓展。据初步分析，上市后，按保守的50倍市盈率计算，集团可取得3500万元以上的投资收益。

深化改革。通过三项制度改革，激发管理层和员工的创造性、积极性，并逐步建立公平公正的分配体系，不断增强企业发展的内生动力。截至年底，集团共有16个公司完成三项制度改革工作。初步达到“减员增效、优化队伍、降低成本、激活机制”的目标，取得显著成效。累计减少在岗员工559人，精简率为14.8%；精简中层管理人员235人，精简率为31.5%；分配体系、工资结构更趋合理，打破了“高水平的大锅饭”，新工资体系中岗位工资占工资总额的比重最高为30%、绩效工资约占70%左右；较小的市县机构合并，提高了效能。

重大项目建设。全面推进农村“三合一”项目。“三合一”项目是集团结合全省农村出版物

安徽新华发行集团物流园

发行体系建设，在便民店建设取得阶段性成功的基础上，在全国率先推出的创新举措。2010年，集团在阜南、临泉试点后，得到中宣部、新闻出版总署和省委、省政府的高度重视，被列入2011年新闻出版总署改革发展项目库和安徽省“861”项目库。为确保“三合一”项目顺利推进，股份公司运用上市超募资金投资5000万元创立皖新网络科技公司，负责“三合一”连锁网吧的建设、标准管理和规范运营。截至2011年底，舒城南港、肥西官亭等5个“三合一”农民文化家园正式开业；临泉宋集等10余个农民文化家园项目建设已全部竣工，即将开业；桐城孔城等15个农民文化家园已经通过竣工验收，进入办理工商营业执照阶段。扎实推进皖新传媒上市融资的3个募投项目。新网工程（全省图书音像及文化商品经营网点建设项目）、畅网工程（全省图书音像及文化商品物流体系和信息化建设项目）、e网工程（全省数字广告媒体网络建设项目）是股份公司上市募集资金的重点投向，一年来，3个项目建设均取得新进展。新网工程：做好合肥四牌楼新华书店（合肥华仑国际文化广场）新建工作，已完成四牌楼新华书店整体拆迁、地质勘探和项目配套用地育新小学地块的拆迁补偿等前期工作，正在办理规划方案的申报，并完成了全省新华书店24个中心卖场升级改造项目的前期工作。畅网工程：结合新兴物联网技术和发展第三方物流的战略方向，继续完善信息化建设的总体规划。已进行信息化建设规划的专业咨询，开展ERP项目实施选型选商工作，并实施公司业务系统整体优化和提升。e网工程：在全省各市县卖场及合适地段建设LED大屏10块，新增的含山、安庆、和县、芜湖、广德5个市县LED项目投入运营，总投资约600万元，2011年取得广告代理收入409万元。加快推进华仑国际文化广场项目建设。华仑国际文化广场项目是集团“十二五”重点项目，是与社会资本合作打造城市文化综合体的首次实践。芜湖项目于2011年7月正式开工，截至年底，已累计完成土方工程约35万立方米，桩基工程57000米。亳州项目已取得省委宣传部关于项目预立项的批示。

【安徽演艺集团】安徽演艺集团有限责任公司是经省政府批准建立的省属大型国有独资企业，于2010年2月22日正式挂牌成立。旗下拥有安徽省黄梅戏剧院有限责任公司、安徽省歌舞剧院有限责任公司、安徽省话剧院有限责任公司、安徽省杂技团有限责任公司、安徽大剧院有限责任公司、安徽省徽京剧院、安徽乐团、安徽文化艺术中心、安徽省演出总公司、安徽演艺院线有限公司共10个文化艺术单位，有240座剧场1个、300座剧场2个、570座剧场1个、1600座大剧院1个。集团公司艺术门类齐全，有着雄厚的艺术实力和辉煌的艺术成就，拥有一批在全国有影响、省内拔尖的艺术骨干和一批优秀青年艺术人才资源，先后获国家文化部“文华奖”、戏剧“梅花奖”、话剧“金狮奖”、舞蹈“荷花奖”等国家级大奖。

业务发展。2011年，围绕“转体制、换机制，养精兵、出精品，闯市场、创效益”，全面深化文化体制机制改革创新，大力推动演艺产业快速发展，实现“十二五”良好开局，取得良好的社会效益和经济效益。集团全年创排新剧（节）目35台，比上年增长59.09%；演出2155场次，增长10%；营业收入5345万元，增长63.46%。

体制机制改革创新。妥善解决改制院团职工的社保接续问题，421名离退休人员全部进入社保统筹；办妥在职人员的社保、医保接续，全面完成改制任务。同时，围绕重塑合格文化市场主体，改革人事、财务和薪酬分配制度，完善改制院团的微观运营机制，建立起统一管理、精简高效的运营机制。完成了省委省政府交办的“春节团拜”、“庆祝建党90周年文艺晚会”、“第七届中国国际徽商大会开幕式暨文艺晚会”、“铭传亲缘宝岛

安徽演艺集团交响音乐走进警营

行”、“中意文化年·安徽周”等重大文艺演出任务。

推出一批精品力作。集团强化精品意识、品牌意识，面向市场，以打造原创剧目为重点，推出一批有影响的叫好又叫坐的精品力作。省黄梅戏剧院主动融入新业态，创排“3D全息黄梅戏”《牛郎织女》，开创了将3D全息科技手段运用于中国传统戏曲舞台的先河，演出22场，收入75万元。省歌舞剧院推出原创舞剧《徽班》，该剧强化安徽地域特色，以市场为导向，采用“先进市场、再入赛场”的市场化运作模式，演出21场，收入66万元。舞剧《徽班》作为“2011年第九届北京国际戏剧、舞蹈演出季”特邀首演剧目在国家大剧院连演两场，场场爆满；文化部艺术司为该剧在文化部召开专题座谈会，与会专家学者给予高度评价。省话剧院继续弘扬主旋律、唱响正气歌，推动原创话剧《魂系小岗》，在全省16个市巡演103场次，收入310万元，为主旋律作品成功参与市场运作开了一个好头。省徽京剧院创新艺术样式，创排徽韵动漫剧《黑脸大包公》，为传统艺术融入时尚元素，广受欢迎，在省内外演出50场，收入60万元。杂技团面向市场需求，坚持在美国驻场演出，编排《水流星》、《中国结》、《浪桥钻圈》、《大排椅》、《跳板蹬人》、《俏花旦》等一批节目，深受观众喜爱。由省黄梅戏剧院全新打造的黄梅戏《风尘女画家》、大型红色经典黄梅戏清唱剧《红梅赞》，安徽乐团编创的多媒体动漫视听交响音乐会《哆来咪A梦畅想》、省话剧院创作的悬疑剧《记忆底牌》等剧同样受到观众欢迎。省徽京剧院创作排演的现代京剧《天地人心》，以演出107场、收入246万元成为本省京剧历史上演出场次最多、演出收入最高的创作剧目，并入选文化部主办的第六届中国京剧节。在各类赛场上，集团亦表现出色。话剧《万世根本》入围国家舞台艺术精品工程；儿童剧《山里的泥鳅》获全国话剧金狮奖优秀儿童剧目奖、安徽省社会科学文学艺术出版奖一等奖；现代京剧《天地人心》获第六届中国京剧节优秀剧目展演奖。蒋建国获第三届全国中青年德艺双馨文艺工作者称号，王丹红获第二十五届中国戏剧梅花奖，唐大康获全国话剧金狮奖经营管理奖、省政府特殊津贴，孟祥伦获全国话剧金狮奖优秀表演奖、国务院特殊津贴，江松阳享受国务院特殊津贴，蒋建国、朱海燕、李文入选安徽省第三批学术和技术带头人。

市场开拓。集团坚持“立足安徽、面向全国、行销海外”，全力开拓演出市场，取得丰硕成果。先后集中策划承办一批在全省有影响的重大节庆文艺演出：安徽省庆祝中国共产党成立90周年文艺晚会、省直机关庆祝建党90周年红歌演唱大会、第七届中国国际徽商大会开幕式暨文艺晚会、第二十三届马鞍山中国李白诗歌节开幕式暨文艺晚会、2011中国（宁国）乡村休闲旅游文化节开幕式暨文艺晚会，以及“红歌满江淮、合唱促崛起”全省大型红色经典合唱比赛。在转企改制过程中，集团大力推行经营目标管理和成本核算制度，激发所属院团创新经营模式，增强市场运作能力。一年来，所属院团面向市场，主动出击，从省内到省外，从都市到基层，从剧场到广场，从商业演出到公益演出，在全省16个市以及北京、上海、江苏、浙江、海南、广东、湖北、重庆、四川、山东等省市共演出2000余场，收入4000万元，取得社会效益和经济效益的双丰收。

积极“走出去”。集团积极支持院团“走出去”，省杂技团派出两支演出队去美国驻点演出的同时，还先后组队赴俄罗斯、德国、波多黎各、日本、中国香港等国家和地区开辟演出市场。安徽乐团年初在美国成功巡演，历时14天、行程3万公里，在美国华盛顿肯尼迪艺术中心、纽约林肯艺术中心、马里兰州、新泽西州、耶鲁大学、圣约翰大学、肯恩大学刮起皖风，奏响徽韵，产生重大影响。省黄梅戏剧院携《雷雨》、《天仙配》等经典剧目走进新加坡，参加“艺满中秋”大型演出季活动，以纯商业化的运作方式，将被海外观众誉为“中国的乡村音乐”的大戏献给热情好客的新加坡人民，为黄梅戏走向海外进行了有益探索。省歌舞剧院在韩国开展“中韩缘——文化交流演出”，在首尔和天安市与韩国艺术家联袂演出，赢得广泛赞誉，韩国主流媒体纷纷在重要版面和时段给予报道。省话剧院儿童剧《山里的泥鳅》首次在香港进行商演，这是省话剧院建院以来首度赴香港演出，开创了剧院演出史上的先河。此外，由集团演职员作为主力军的“铭传亲缘宝岛行”演出活动及意大利“中国文化年·安徽周”的文化演出活动，展现了皖风徽韵，彰显了安徽魅力。2011年，集团所属各院团共走出国门演出600余场次，为促进文化交流、宣传推介安徽文化做出了贡献。

打造一批关联度高、带动性强的文化产业项目。为激活省内剧场资源，繁荣演艺产业，推进“演艺产业化、产业立体化”，集团启动“安徽演艺院线”建设，构建覆盖全省且具有完整产业链的新型连锁经营体系，安徽大剧院、滁州大剧院、合肥长江剧院、蚌埠大剧院、黄山市徽州大剧院、宣城红星礼堂、阜阳大戏院等7个成员单位正式加盟运作；与安徽广电传媒产业集团合作的首部戏曲数字电影《逆火》完成前期筹备工作；与台湾群和国际文化事业有限公司签署战略合作协议，共同投资2450万元拍摄30集黄梅戏电视剧《梁山伯与祝英台》；推动“天仙配茶戏楼”这一文化品牌走出合肥，落户六安；采用股份制方式打造的“天仙配大舞台”在合肥1912风情街加快筹建，一批与主业关联度高、带动性强的演艺产业项目正加速推进。

培养和签约一批青年演艺人才。启动演艺人才培养计划，先后选拔13名有潜质的演职员分期分批送往北京、上海、天津等地高等艺术院校进行深造培养。各院团积极推行AB组演员制，给更多青年演员施展才华的机会，重点培养“想干事、会干事、干成事”的青年演职员。加强对亟需人才的引进，采取柔性引进、流动配置的方式，先后签约王丽达、汤子星、王庆爽、薛皓垠、张海庆、王彩云、王舸、潘永超、庞妮娜等一批在国内艺坛崭露头角、具有影响的青年演艺人才；2011年8月，又成功签约被誉为“中国小肖邦”的旅德钢琴家叶子。

【安徽广电传媒产业集团】安徽广电传媒产业集团成立于2010年2月22日，是在调整划转省广电局、省电台、省电视台部分经营性国有资产和产权，以及部分经营业务基础上组建的，为省属大型国有独资企业，具有独立的企业法人资格。现有职工5106人，注册资本2.54亿元。集团由省委宣传部领导、省广电局行业管理、省财政厅负责资产监管。所属国有资产由省政府授权依法经营管理，实行母子公司制。拥有安徽广电信息网络股份有限公司、金鹃广告股份有限公司、家家购物股份有限公司、安徽电影集团有限责任公司、安徽五星东方影视投资有限公司5个全资和控股子公司；参股安徽皖宣投资发展公司、安徽移动电视有限公司、安徽移动多媒体广播电视有限公司3个公司。主要经营广播影视内容生产、广告经营、网络传输、电影院线、电视（电子）购物五大产业。

安徽广电集团参加第三届中国国际动漫创意产业交易会

业务发展。2011年，集团积极抢抓机遇，努力破解难题，全力实施“走出去”战略，全面拓展产业经营，改革发展继续保持良好态势。全年实现收入17.44亿元、利润0.96元，分别比上年增长48.05%、42.23%。

体制机制创新。积极巩固解放思想大讨论活动成果，继续推动集团上下解放思想、转变观念，创新思路、改进作风，实现从“事业人”向“企业人”转变。牢固树立以市场为导向、以经济效益为中心的企业经营理念，不断推进体制机制改革走向深入。有效整合内部资源，打造电影产业链，推动安徽电影集团组建工作。网络整合完成合肥等6市网络传输机构和人员上划及资产评估工作，与砀山、潜山、当涂、庐江4县按照市场化运作模式进行业务整合。成立安广网络公司党委，整体上划分公司党员组织关系，实现垂直管理。实施安广网络公司权力下放的“市管县”改革，科学设置管理层级，提高了办事效率。引入广播电视干线代维机制。

网络运营实力增强。全年投资4.5亿元，全面实施城网数字化，基本完成城区光缆网拆分改造和双向覆盖任务。拆分改造光节点14550个，累计完成城区EOC、LAN双向覆盖用户110万户，实现户均10M带宽，建成10个市城域OTN网络，有力夯实了广播电视网多业务承载功能。安广网络全年预计实现收入5.30亿元，比上年增长31.25%；利润4300万元，增长79.92%。新增数字电视用户30.4万户，累计达160万户。全力推进营业厅标准化和服务规范化建设，客服质量和水平不断提升。实行有线电视“一价清”政策，有45个分公司实行了“一价清”，实现增收

1700万元。创新农网发展举措，继续加快农网发展，实施农网数字化、村村通、无线数字化、联网整合、新农村集中居住区“五大项目”，发展农网新用户16.9万户。不断拓展增值业务，全年付费节目销售收入比上年增长38%，互动电视用户发展增长134%，10个市级分公司互动电视开户率达11.4%，有线宽带用户开户率达9.7%。

打造影视精品。全年摄制《枪炮侯》、《梨花似雪》等14部影视剧。首次投资的商业电影《关云长》在海内外发行放映；参与中影集团牵头拍摄的电影《建党伟业》在全球公映；与安徽电视台合作投资拍摄的电视剧《永远的忠诚》在央视一套黄金时段播出，全剧平均收视份额超过8%，成为全国同时段收视冠军，获第三届全国新农村电视艺术节最佳电视剧、最佳编剧、最佳导演和最佳男演员4项大奖。《建党伟业》和《新安家族》分获“华表奖”和“飞天奖”，黄梅戏高清电影《六尺巷》和电影《第一书记》分获“华表奖”优秀戏曲片和优秀故事片提名奖。围绕建党90周年和纪念辛亥革命100周年，重点生产的献礼剧《枪炮侯》已在省级卫视播出，《梨花似雪》、《粟裕大将》、《无法伤悲》即将在央视和部分省级卫视播出；电影《留守姐妹》、《情系拉魂腔》、《你是太阳，我是月亮》、《疯狂的GPS》、《美人劫》等进入后期制作阶段。承办了第二十届中国金鸡百花电影节·安徽电影周活动，并首次举办地方性影展。

拓展媒介经营。集团进行战略重组，将中汇传媒并入金鹃广告，全面整合省广电台5个地面频道资源，形成统一的地面频道群。拓展网络、平面、户外、院线广告和公关等全媒体广告运营业务，与深圳迅雷公司合作建成金鹃迅雷台。成功进军央视等新媒体领域，实现与北京光荣广告公司业务整合，金鹃（北京）公司收入突破1.5亿元。联合安徽、江苏、湖南、浙江、山东等11个省级电视广告资源，发起成立全国省级强势地面频道广告联合体。获第十七届“中国广告长城奖”、“华文报纸广告金奖”，并当选为中国广告协会“常务理事单位”。

影院建设提速。投资6000万元建成武汉汉南、合肥正鼎等4家影城，共26个厅、3082个座位；六安新都会、芜湖赭山2家影城即将建成开业；正在建设的合肥四里河影城，共有16个厅、2238个座位。完成电影产业“十二五”规划，全面开展全省县级城市电影市场调研，制订《县级城市数字影院建设实施方案》，启动县级城市数字影院建设。集团在全力抓好影院建设同时，签约17个影院、储备40个影院（含省外5个）。截至年底，集团已拥有自营、加盟影院27个，银幕55块。

电子商务加快发展。家家购物频道不断加大覆盖力度，已覆盖全省以及北京、天津、湖南、湖北、江西、内蒙古、河北、山西等区域2700万户，全年收入增幅52%。家家购物公司在发展电视购物同时，积极推动电视、网络、广播、型录购物互动。2011年3月，获商务部“国家级电子商务示范企业”称号。

动漫发展初显成效。按照“建设动漫大省”要求，集团将动漫作为重点新型产业加以培育，以安徽动漫频道为依托，以原创动漫作品、服务外包、教育培训及动漫衍生品为重点，构建新的动漫业发展格局。全年原创和加工产量6000分钟，制作完成原创动漫片《十二生肖》（系列3部、120集）、《马克思说经济危机》、《大嘴兔说故事》、《巢湖水下有座城》等6部，正在制作《龙神之子》、《少年华佗》、《数字徽州》等3部，加工完成《中国熊猫》、《大闹天宫》（3D）、《寻找智慧精灵》等3部。与安徽涉外经济学院联合举办动漫专业大专班，首届招收100人，开展动漫职业培训近300人次。在合肥建成全省唯一动漫衍生零售终端品牌《星仔屋》旗舰店。动漫片《十二生肖》、《十二生肖之五福外传》获全国首届10大动漫卡通形象入围奖、国家广电总局“最佳动画形象提名奖”、安徽省精神文明建设“五个一工程”奖、第十届安徽电视剧（动画片）“灰喜鹊”一等奖，集团及所属动漫频道获第三届中国国际动漫创意产业交易会“突出贡献奖”、“最佳人气奖”。

资本运营再上台阶。发起创立的中科·安广股权投资基金出资3.28亿元，重点投入安徽华文国际经贸股份有限公司、迎驾贡酒业、地球卫士环保新材料股份有限公司3个优质项目。金鹃广告IPO全面启动并已重组改制。与国开行、工行、建行签订21.6亿元的全省最大文化产业融资项目——《安徽广播电视数字化》项目，将大大推动全省网改及数字化建设。

“走出去”发展成效明显。与北京光荣广告公司合作开发央视等新媒体领域；与香港恒芯中国公司合作开发有线数字电视双向增值业务；合作承制青海省文化厅民族语动漫发展中心民族语系列影视剧；建成武汉汉南影城，实现集团影院建设首次走向省外；与新加坡新亚卫视公司合作推进电视节目制作、发行和推广，成功将《十二生肖》版权输出到韩国、泰国和印度尼西亚；与韩国韩艺文化传播有限公司签订电视剧《金乔觉》项目合作框架协议。

【民企文化集团】 安徽华教集团投资股份有限公司。华教集团是一家涉及出版、发行、印刷产业、工艺美术产业、传媒产业、动漫产业、文化地产等方面的综合性文化企业，固定资产近1.2亿元，总部坐落在合肥。集团拥有合肥新世纪少年儿童教育研究所、安徽华教文化教育用品有限公司、安徽徽班工艺美术发展有限公司、安徽华教海南分公司、安徽金色太阳动漫文化传播有限公司、安徽华夏传统与民间工艺美术研究所、一品徽韵（合肥）会馆等10个研发和经营实体，经营面积2万多平方米。集团坚持“一主两翼”的发展方针，即出版、发行、印刷产业作为集团主导产业，工艺美术产业和动漫产业作为两翼，实行多元化发展。近年来编辑、出版、印刷涉及从小学到高中各年级的教材辅导用书，特别是为配合全省开展中小学传统文化教育，集团公司组织专家精心编写的《魅力安徽——安徽优秀文化》读本，一经进入市场就产生热烈的反响。安徽徽班工艺美术发展有限公司研究开发了“一品徽韵”八大系列产品：石雕、瓷器、木雕、砖雕、雪木画、陶艺、竹雕、漆器，其中徽州石雕、徽州砖雕、徽州木雕已列入首批国家级非物质文化遗产名录。同时，集团在合肥长丰县卧龙山自然生态风景区投资建设了占地233公顷的中国（合肥）非物质文化遗产园，以“传承民族文化、弘扬民族精神”为宗旨，开展各种展示、演绎、旅游等19个文化体验项目，力求打造一个以中国传统非物质文化为主题、荟萃世界文化精品、老少皆宜的文化生态乐园，并成为辐射中部地区和华东地区的重要文化旅游目的地。

安徽金辉印务有限公司。创建于1996年，注册资金5000万元，是集设计、研发、制版、彩色包装、烟标印刷、书刊印刷、票据印制为一体的综合型高科技专业印务公司，现为安徽省国家税务局、安徽省地方税务局、安徽省财政厅和安徽中烟工业有限公司票据、烟标定点印刷单位，产值居安徽省票据、烟标印刷单位前列。公司坐落在阜阳市颍东经济开发区，厂区占地面积10公顷，建筑面积达9.5万平方米。公司计划总投资2.28亿元进行金辉工业园新项目建设，建设期3年，建成投产后预计年产值为5.35亿元，实现利税8000万元。截至年底，一期工程已经完工。公司投资5000万元引进10色带UV印刷电子轴传动凹印机组生产线和后道设备用于烟标印刷，已正式投入生产运行；投资2500万元引进日本柔版9色印刷机组用于票据印刷；投资2100万元引进德国产罗兰及海德堡平张印刷和模切、覆膜等后道设备用于酒类包装印刷；投资1200万元引进德国产CTP全自动制版系统等国际先进印刷设备用于商务印刷。

安徽省儒林图书有限责任公司。儒林公司是一家植根安徽、面向全国经营各类图书出版发行业务和科教设备研发、生产、销售业务的科技文化产业集团。集团创建于1998年，注册资金3000万元，总部坐落在合肥市，下辖安徽儒林文化传播有限责任公司、北京儒林图书有限公司、北京儒林信息技术有限公司、广东儒林科教设备有限公司等4个全资子公司。集团主营业务涉及图书出版发行、科教设备研发、生产、销售和电子商务等文化和科教领域，主要包括：为各级各类图书馆提供图书装备业务，为大中专院校提供教材业务，为中小学提供教材、教辅材料供应业务以及图书出版业务等。儒林公司已全面完成布局合理、服务全国的营销网络建设，其营销网络遍及全国所有省会城市和重要城市，服务的高校图书馆、公共图书馆、企事业单位图书馆和中小学图书馆达到3000余个，合作的供应商已达2000多个。2011年销售收入超过3.5亿元，实现了经济效益和社会效益双丰收。

儒林公司成功开发了拥有自主知识产权的六大技术平台：儒林图书网、儒林高校图书荐购系统、儒林供应商业务管理系统、儒林OA办公系统、儒林ERP系统和集团财务管理系统，实现了从集团总部至各子公司及各营销网点的办公网络化、自动化，物流动态和编目数据完全实现信息同步。

文化园区（基地）

【文化园区概况】 2011年，全省建成和在建文化产业园区（基地）86个，入驻文化企业4100多个。建成文化产业园区（基地）35个，其中，国家部委授牌文化产业园区（基地）10个、省直部门授牌5个、地市设立8个、县级12个。

【芜湖方特欢乐世界】芜湖方特坐落于芜湖长江大桥开发区，是国内规模最大的第四代主题公园，总面积125万平方米，其中陆地53万平方米、水面72万平方米。芜湖方特由深圳华强集团投资兴建，总投资18亿元，由阳光广场、方特欢乐大道、渔人码头、太空世界、神秘河谷、维苏威火山、失落帝国、精灵山谷、西部传奇、恐龙半岛、海螺湾、嘟噜嘟比农庄、儿童王国、水世界、火流星等15个主题项目区组成，主题项目、游乐项目、休闲及景观项目共计300多个，2008年4月18日正式营业。方特二期项目——方特梦幻王国占地70万平方米，总投资25亿元，2010年12月8日对外运营。“方特梦幻王国”以中国元素为主，由方特乐园、卡通城堡、水漫金山、盘丝洞、古文明之光、古墓惊魂、猴王、未来警察、生命之光、魔法城堡、欢乐天地等10多个国内自主知识产权的大型娱乐项目区组成，包含主题项目、游乐项目、休闲及景观项目200余个。公园还拥有24米×22米的亚洲最大3D屏幕、能容纳1620人的巨大室内剧场。2011年，芜湖方特欢乐世界（一、二期）共接待游客364.98万人，门票收入4.92亿元。

【马鞍山动漫游戏产业基地】该基地位于马鞍山市雨山工业园九华西路两侧，视聆通、清华紫光、掌控手机游戏、徽游网络等41个动漫游戏和软件外包类文化企业入驻该基地，签约企业达100多个。基地及入驻企业先后获得省级服务业集聚区、高新技术企业、国家级动漫企业等称号。2011年二期建设启动，投资总额10亿元，预计全部建成后，入驻企业将达300个，年产值30亿元以上，从业人员2万人，将成为中国中部地区动漫、软件及服务外包产业发展高地之一。

【中国文具产业示范区】示范区由贝发集团股份有限公司、中国文教体育用品协会、中国制笔协会、来安县人民政府联合共建，集生产、展示服务、仓储物流、商业配套为一体，总投资达40亿元。在3～5年内，将引进文具礼品相关企业50～100个，带动产业投资100亿元，建成后将实现年产值500亿元，提供创业机会2万个，形成产业集群配套、低碳绿色、具有国际先进制造水平的文具产业集中区。

【五千年文博园】该园区位于安庆市太湖县，规划占地120公顷，总投资18亿元，为国家文化产业示范基地、国家4A级旅游景区。五千年文博园分为一期、二期和三期。其中，一期“艺术千年”景区占地40公顷，由中华百工坊、五千年文化长廊、五千年根雕文化园等百座人文景点及艺术展馆组成，2011年5月开园，截至年底，已接待中外游客60多万人；二期“诗画千年”景区规划建设三百六十行文化园、中国水乡文化园等；三期“记忆千年”景区规划建设展示中华56个民族风采的中华民族塔等。

【蚌埠花鼓灯嘉年华乐园】花鼓灯嘉年华位于蚌埠市陶山西麓，由安徽嘉恒文化旅游集团股份有限公司投资兴建，总投资将达到9.3亿元，一期工程2011年底基本建成。“花鼓灯”曾被周总理赞为“东方芭蕾”，是最具代表性的“汉民族舞蹈艺术”，被列为首批国家级非物质文化遗产。花鼓灯嘉年华依托地域传统文化元素，充分挖掘安徽花鼓灯艺术的精髓，保护、传承和发展安徽花鼓灯文化，创造了现代旅游休闲与传统非遗文化深度融合的文化旅游产业开发新模式：以非遗文化的合理保护利用为宗旨，以旅游为载体，走产业化经营之路，达到文化与旅游经济互为促进、共同繁荣、永续发展的目的。

花鼓灯嘉年华项目规划以花鼓灯为中心，融合民俗文化、民间艺术、尖端娱乐科技于一体，配套演艺、餐饮、娱乐、购物等多个模块，共分为三大功能版块：一是文化演艺版块。包括花鼓灯演艺广场、花鼓灯主题激光水幕秀、花鼓

2011年5月举办的第七届深圳文博会安徽馆

灯民俗剧场、花鼓灯大舞台等。以花鼓灯为代表的民间艺术，是蚌埠的气韵所在，也是演艺广场的核心主题。二是花鼓灯艺术陈列馆及展示长廊。以独具皖北风韵的建筑形式，结合现代手法，构筑四个院落，集中展示花鼓灯文化遗产和泗州戏、鼓书、凤阳花鼓、皮影戏、相声、快板书等其他民间艺术。花鼓灯名人堂、拜师堂、灯场可以让游客瞻仰名家风采、现场拜师学艺、即兴参与表演，在娱乐中领略传统艺术的魅力。三是游戏体验版块。包括富有童趣的亲子游戏区、震撼新奇的高科技项目体验区、东南亚海滨风情的水上乐园和以陶山作为景观腹地的生态休闲区等。 共分为：儿童浪漫亲子体验、高科技娱乐体验、水上娱乐体验、生态游览体验4个部分。

【中国非物质文化遗产园】坐落在合肥北部的长丰县卧龙山自然生态风景区，距市中心17.6公里，交通四通八达。这里风光优美，景色宜人，古遗迹、遗址以及寺庙等人文景观散落其间，景区内各种动植物资源丰富，令人流连忘返。

园区总体规划占地3500亩，总投资20亿元，属于省“861”项目。园区以“传承民族文化，弘扬民族精神”为宗旨，以旅游、欢乐、文化为主基调，涵盖19个子项目，上百种业态。按照历史和形态将文化加以分类，设置了楚汉文化园、千年文房四宝园、佛艺园、大自然玩乐园、中华物产园等子园区。核心项目区域已于2011年12月正式开园，并举办了为期半年的中国非遗园（合肥·自贡）灯会艺术节，俄罗斯国家芭蕾舞团《天鹅湖》舞剧在此倾情上演，“2012年安徽汽车音乐文化节”将于8月11~12日在此举办。非遗园先后获“安徽省文化产业示范基地”、“优秀非公有制企业”称号，获“中国改革开放三十年改革与创新示范单位”、“中国创意产业园区最具品牌价值和投资价值园区”等一系列称号。集“吃、住、行、乐、游、购、学、思”于一体的多业共生产业模式，必将强力激发都市活力，强化旅游功能，必将成为最具消费人气的世界著名文化旅游目的地。

【天井小镇文化旅游区】天井小镇文化旅游区（原名中国江南文化园）为中国生物多样性保护与绿色发展示范基地，安徽省“861”计划重点项目，安徽省文化产业示范基地。该项目位于国家4A级景点天井湖风景区的东侧，是一个开放式的文化旅游园区。总建筑面积22.6万平方米，2011年实现营业收入8000万元，资产总额达13.8亿元。

项目一期建筑面积6.3万平方米，投资3.2亿元。主要由青铜文化、民俗文化、茶文化、休闲文化、婚庆文化、美食文化、金石文化、火车文化等八大文化元素组成，2008年10月投入运行，于2010年5月成功举办首届安徽省民俗文化节。项目二期建筑面积约8万平方米，投资约6.7亿元，由水上休闲文化、影视文化、素食文化、凤丹文化、动漫文化、安徽民俗村等六大文化元素及铜雀台开元酒店组成，2011年10月投入运营，并于11月成功举办第二届中国安徽民俗文化节。项目三期建筑面积8.3万平方米，概算投资3.7亿元，由商埠文化、驿站文化、宅院式酒吧街、安徽民俗展览馆和康体养身休闲综合会所等元素组成，预计2012年底建成。

【蚌埠市光彩玉器文化城】该园区占地21公顷，总投资5亿元，是一个以蚌埠玉雕为主线，集玉器、奇石、古玩、书画于一体的文化交易特色市场，为皖北乃至中原地区最大的玉器奇石工艺品加工、销售和博览中心，被文化部授予“国家文化产业示范基地”。预计项目全部建成后，将入驻商户2000个，年交易额超过30亿元。

【桐城玉雕文化产业园】桐城玉雕文化产业园由安徽国翠置业有限公司投资建设，占地15公顷，按国家4A级旅游文化风景区建设，总投资10亿元，2011年12月19日奠基。该项目系安徽省“861”行动计划重点项目，能容纳商户1213户，贸易区可容纳1万人。园区总体框架由玉器博物馆、精品馆、加工区、贸易区、玉雕大师园、休闲区等功能区组成。

网絡文化

方茂鸿题

□ 综　述

□ 网络网站建设

综　述

【概况】全省现有各类网站9.65万个，网民超过2000万人，网页更新率在全国居前列，属于互联网较活跃地区。2006年8月成立互联网宣传管理办公室，2011年进一步完善机构,成立省互联网信息办公室；增设2个处，共5个处室；增加16个行政编制，达34个。现设有网络综合协调处、网络宣传处、网络监测和管理处、网络阅评处、网络信息应急处。16个省辖市及67个县（市、区）成立网宣办。

省网宣办履行互联网内容管理职能，以围绕中心、服务大局为宗旨，以内聚力量、外树形象为目标，着力提高网上舆论引导能力，加强网络新媒体建设、服务和管理，为全省改革发展稳定大局和美好安徽建设，营造出积极、正面、客观、友善的网上舆论环境。

【网络文化建设】中央和省委省政府高度重视网络文化建设和管理工作。省第九次党代会提出扎实推进社会主义核心价值体系建设，要“牢牢把握正确舆论导向，壮大主流舆论，整合宣传资源，加强网上思想文化建设，规范网上信息传播秩序，形成健康向上的舆论环境”。

省网络文化建设和管理工作领导小组成员单位认真贯彻中央和省委的决策部署，坚持一手抓发展、一手抓管理，相互协调，共同奋进，积极推进网络文化建设和管理。

加强网上正面宣传和正确舆论引导。组织策划的主题报道、集中采访、专题宣传在100次以上，省网宣办成立之初首次推出网络直播“省第八次党代会”；组织“闪亮安徽”大赛在全国获得好评；“红色故土安徽行”活动吸引国内网络大腕齐聚安徽，全国各网络媒体对“科学发展看安徽”进行报道。组织网络媒体践行“三贴近”，深入第一线，从群众的视角，用感人的细节，讲述群众身边的故事，反映社会生活的发展变化，引导和激励干部群众投身科学发展，为加速崛起做贡献。皖江城市带文化强省建设的宣传卓有成效。为庆祝中国共产党成立90周年，在网上开设“红土地的记忆”、“先锋事迹耀江淮”等宣传专题72个，刊发转载各类宣传稿3.8万多篇，图片8200多幅，音视频报道5000条，网上在线访谈22场，总访问量超过2000万人次；中安在线、省网络电台、省网络电视台等网站首次采用“多终端”直播方式，对省第九次党代会开幕式实况进行同步视频音频直播，省内90多个新闻网站同步链接中安在线的视频直播和专题报道，使党代会盛况、会议精神在第一时间送达海内外。网上有关安徽正面宣传稿件每年都以30%的速度增长。2011年8月20日，中央外宣办、国家互联网信息办在人民大会堂举行庆祝中国共产党成立90周年互联网宣传工作先进单位和优秀作品表彰会，本省获“优秀组织奖”，中安在线获“优秀网站奖”和“优秀专题奖”；总成绩与北京、上海、广东等互联网发达省市并列进入第一方阵。在中宣部、国家互联网信息办、中央文明办、中央党史研究室等单位组织的庆祝中国共产党成立90周年“伟大历程”网上作品征集活动中，本省再次获“优秀组织奖”，中安在线、合肥在线推荐的10部作品全部获奖，获奖总量在省级排名中居第一。

“大兴网络文明风 喜迎党的十八大”演讲比赛

创作生产网络文化产品，提高服务供给能力。全省各地、各部门抓住文化体制改革的发展机遇，实施网络文化内容建设工程，推动本省具有地域特色、传统特色、时代特色的优秀文化精品网络传播，增强网络文化原创能力，制作适应互联网和手机等新兴媒体传播的精品佳作，打造一批体现皖风徽韵、时代特色的网络文化品牌。开发健康有益的网络文化产品，引导网站把微博客服务更多向商务类、生活类、教育类、文娱类等方面拓展和延伸，更多的发布广大网民关心、关注的内容，发挥微博客促进经济发展、服务社会大众的积极作用。

【网络管理】省互联网宣传管理办公室、省互联网信息办公室负责互联网信息内容管理，省经济和信息化委员会及省通信管理局负责互联网行业发展管理，省公安厅负责打击网络违法犯罪活动，省国家安全厅负责打击利用互联网从事危害国家安全的违法犯罪活动，省国家保密局负责加强互联网涉密信息检查监管，文化、广电、新闻出版、教育、卫生等相关部门负责本部门的互联网信息内容前置审批事项。各部门提出相应的管理办法，落实按登记和备案机构所在地进行属地管理、分级管理的责任；加大对接入服务企业的日常监管力度，落实信息安全管理责任。形成统一协调、各司其职、相互配合、上下联动的综合管理体系。集中开展严格防范和杜绝网上虚假新闻信息整治活动，开展非法网络公关行为、涉性用品药品非法信息等10多项治理和清理行动，共整改违规网站54个，删除封堵各类非法、有害信息1.67万条，依法从严规范网上信息传播秩序。

加强社会热点问题的引导。运用翔实数据和生动事例，阐明政策措施，反映党和政府所做的工作，把公众情绪引导到健康理性的轨道上来。加强突发事件的网上引导。完善快速反应机制，畅通信息发布渠道，发布权威信息，网上引导和网下处置相同步、相协调。提高网上评论工作水平。充分发挥"版主"、"意见领袖"作用，运用网言网语引导网上舆论，增强网上评论的亲和力、感染力。推进网上新业务新应用管理。出台《关于加强微博客管理工作的实施意见》。推动各级党政机关特别是与民生密切相关的部门开设微博客。开展手机报资质审批工作，加强资质年检和内容监管。

【文明网站创建】开展创建"文明网站"活动。成立安徽省创建"文明网站"活动组委会，组委会下设办公室，出台考评办法和测评体系，拟定创建"文明网站"评选办法，制定印发《安徽省文明网站测评体系》。重点反映网站创建工作的规划部署、机制建设、实施情况以及思想道德教育、法律法规教育、内容管理、内容服务、行业自律、技术安全情况等，并增加反映网站日常运行的组织、队伍、作风建设情况，反映网站创建活动的宣传情况、服务社会的大型主题活动和获得国家级、省级称号等。《安徽省文明网站测评体系》的建立，彰显创建"文明网站"活动的导向性、示范性、带动性和科学化、规范化、长效化特色内涵，受到国信办的肯定。

"文明网站"创建活动从2011年6月份开始启动。16个省辖市和各主要网站制订活动方案，成立工作机构。各参评网站制作"创建文明网站"专题，并动员网民运用博客、播客、微博客等各种互动方式，宣传创建"文明网站"活动。开展"深化文明办网、共建美好安徽"主题实践活动。活动从3月开始至10月结束，各新闻网站普遍开设专题专栏，宣传各地各部门在走出"六条新路"、打造"三个强省"中的重大举措及成就，宣传各行各业在加速崛起、兴皖富民进程中涌现出来的先进典型、成功经验和有益探索，为建设"美好安徽"营造网上舆论氛围；开展"学雷锋、树新风"专题宣传活动。共推出"学雷锋、树新风"、"保卫雷锋"、"与雷锋精神同行"等专题68个，开设"道德模范"、"身边好人"、"雷锋语录"、"雷锋故事"等栏目700多个，刊发转载文字稿件18000多篇，图片6000多幅，视频500多条。开展"网络文明进基层"活动。各网站不仅组织网站管理员、编辑、版主、主持人以及网站文明志愿者深入城市社区、农村乡镇，通过散发宣传资料、座谈、走访、采风等形式，向群众宣传文明上网的重要意义，引导群众提升文明上网自觉性。全省网站共开展各类社会公益活动2600多场次，帮扶对象5000多人，捐资800多万元，组织志愿服务队60多支，参加人数达15万。中安在线、新安传媒、合房网、淮北人论坛、马鞍山OK论坛等网络组织爱心义工队伍，传播网络文明。开展争创文明频道、文明版主、文明博主活动。举办全省网站骨干编辑培训班，组织开展非法"网络共享"及设

《文明办网自律公约》启动仪式

备产品、非法网络公关行为、传播翻墙软件信息、网上虚假违法广告、网上淫秽色情及低俗信息、“网络欺凌”现象、互联网新闻信息服务违规行为等专项整治行动。对网站、手机报、论坛等内容出口进行24小时监控，稿件从内容发布到页面设计、配发声音图像，通过关键字过滤等手段，从源头上保证网站内容健康。

根据《首届安徽省文明网站评选办法》、《安徽省文明网站测评体系》，全省有89个网站被授予“首届安徽省文明网站”称号。

网络网站建设

【中安在线】中国安徽在线网站(简称“中安在线”)，是经国务院新闻办批准，于2006年1月1日开通的安徽省最大的综合性门户网站，隶属于安徽日报报业集团，是安徽唯一重点新闻门户网站，成为继安徽日报、安徽广播电视台之后新兴的省级主流媒体。经过6年的发展，已形成一主网（中安在线新闻网站）、两平台（网上问政、SNS社区）、五新媒（手机报、语音报、网络电视、网络报刊、掌上安徽）、八子网（教育网、旅游网、车网、今日安徽英文网、房产网、喜购网、新徽商网、财经网）的舆论引导格局。中安在线已跻身全国新闻门户网站“第一方阵”，先后荣获“中国新闻网站十强”、“全国报社网站10强”、“中国十大媒体网站品牌”、“影响中国十大媒体网站”、“中国最具品牌价值网络媒体”等42项国家级、省级荣誉。

全年获得各种奖励11项，日发稿量保持在7000篇（幅）左右，页面点击率（PV）突破1200万次。

【安徽广播网、安徽网络电台】安徽广播（http://www.ahradio.com.cn）由安徽广播电视台主办的具有鲜明广播特色的网站，是传统广播媒体与新兴网络媒体的联姻、融合，主要提供新闻、文化和经济类信息，并以丰富的音频节目为特色，通过互联网让安徽的声音传向世界各地。

网站依托安徽广播电视台各套广播节目资源和近千万广播听众的支持，为受众查询、收听电台相关节目提供方便，最大限度的推介电台的精品栏目和新栏目，展现安徽广播电视台主持人的风采，网站弥补了广播稍纵即逝的弱点，拓展了新的传播空间和渠道。

内容包括各套频率网页、焦点新闻、英语新闻、品牌栏目、DJ风采、影音、图片、资讯、收听指南、专题、安广商讯、时尚街、广告服务、论坛等栏目，同时为网民提供安徽广播电视台10套节目的在线直播及多个重点栏目的在线点播，为安徽广播电视台重大活动提供视频直播、录播等服务。

全国首家省级网络电台——安徽网络电台（www.ahir.cn）是安徽广播电视台开办的具有鲜明网络特色的，综合性、多频道的网络广播网站，四套网络节目以新闻为龙头，以科教、文娱为两翼，突出安徽特色，彰显网络优势，融汇广播特点，打造“热爱网络人的广播、热爱手机人的广播、热爱时尚人的新媒体”，形成传统广播与网络电台互融互补、共赢共进的发展态势，营造昂扬向上、新锐时尚的网络电台风格。网站依托传统主流媒体的品牌优势、资源优势，借助互联网平台，利用最新的传播技术，打造全新的“听得见的网络，看得见的广播”。

2011年，安徽广播网围绕宣传任务，积极整合电台新闻资源，融合传统媒体与新媒体的各自优势，做好各大主题宣传活动和台内宣传活动，营造绿色网络交流空间。截至年底，安徽广播网全站发稿总数已达44.83万篇，访问量（IP）达657.77万人次；PAGE访问量4160万次。全球中文排名第5322位，安广社区会员超过25万人，主题帖数量达到46.59万帖，帖子总数突破1000万，综合价值在全国广播类新闻网站中

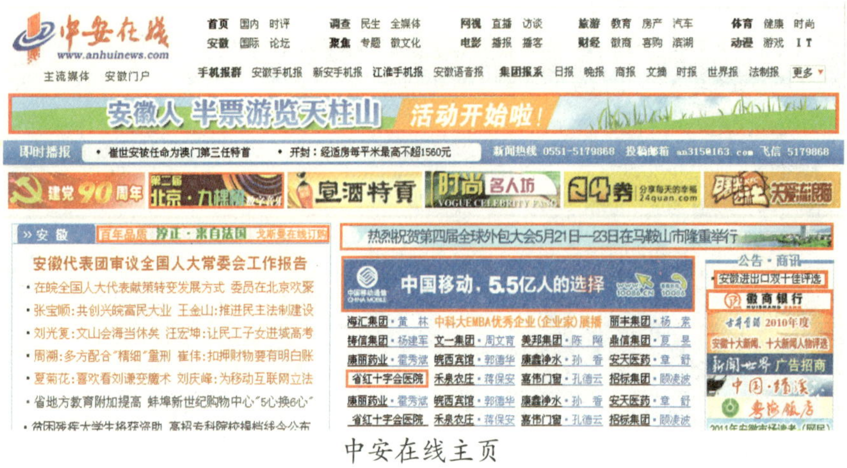

中安在线主页

2010年5月安徽网络电台开播仪式

处于第一方阵。

【安徽网络电视台】安徽网络电视台是国家广电总局批准设立的全国第一个省级网络电视台，是安徽广播电视台新媒体事业的综合运营机构和全媒体战略的重要组成部分。安徽网络电视台以新闻资讯为核心，以影视娱乐为特色，以视听互动为手段，以宽带互联网、移动通信网等新兴信息网络为节目转播载体，是融网络特征和电视特色为一体的新形态的广播电视播出机构，主要从事安徽广播电视台各类新媒体的内容采编、渠道建设以及上述相关技术的运维和研发，力求以电脑、IPTV、手机等多种屏幕转播主流媒体的内容。

【省人民政府网站】“中国·安徽”是安徽省人民政府办公厅主办的政府门户网站，是各部门在互联网上发布权威政府信息和提供在线服务的总平台，是各部门和市县政府子网站与公众联络交流的总窗口。网站于1999年建成，发挥着发布政府信息、拓展网上办事、提供便民服务和开展互动交流的主体功能作用，已成为政府与人民群众之间信息沟通的桥梁，接受社会监督、推进政务公开的主要窗口，为民服务、网上办事的重要平台。网站每天信息更新量500条以上；主要栏目有省长之窗、徽风皖韵、信息公开、网上办事、政民互动、网站导航、个性定制等，日点击量5万人次以上，特别是省长信箱，日均受理量近100封。在2010年中国优秀政府网站推荐及综合影响力评估活动中，省政府门户网站当选年度“中国互联网最具影响力政府网站”，并获2010年度“中国政府网站领先奖”。

【安徽先锋网】安徽先锋网由省委组织部于2003年创办，由安徽省党员电化教育中心承办，2004年被授予全国优秀党建网站称号。该网站是安徽省党员干部现代远程教育辅助教学网站，是安徽省组织系统面向社会公众的党建宣传与党员教育门户网站。主要栏目有时政要闻、党建工作、干部工作、远教电教、万村网页等18个。网站首页设有部长信箱、书记访谈、干部任免动态、省委组织部发布等专栏，并可与全国各地党建网站、中央部委网站和全省各网站链接。

【安徽农网】安徽省农村综合经济信息中心（简称安徽农网）于1998年9月成立，是从事安徽省农村信息化工程的事业单位。安徽农网有1个省中心，16个市、61个县（市）信息服务中心，1327个乡镇信息服务站和1000多个村级信息服务点，构建一个覆盖全省、服务到人、互联互通的农村综合信息服务平台，形成五级农村综合信息网络服务体系。主要服务内容有信息查询、远程培

全省“五老”网吧监管先进表彰暨工作座谈会

训、手机短信、语音热线、网络电视、电子政务、电子商务、农村劳务、应急减灾等。安徽农网先后承担省政府、科技部、工信部、中国气象局、国家发改委等部门30多个农村信息化项目。被国家发改委授予承担“国家信息化试点工程”，科技部授予星火科技远程培训基地和星火信息化建设基地。安徽农网日均点击率超过25万次；访问用户遍及158个国家和地区；省内外注册会员32万人；农村短信用户200万；农村手机报用户近10万人；通过电话、短信、网络远程回答网民提出的农业科技问题15万条；接受农业科技知识远程培训100万人次；代建代管网站800个，节约政府支出1亿元；促成网上交易额超过180亿元。

【旅游信息化建设】 全省旅游信息化建设推进会召开，对全省旅游信息化工作进行全面部署。全省网络覆盖面进一步扩大，71个市县旅游局建有独立域名网站，比上年增加14个；85个A级景区建有独立域名网站，增加15个；139个星级酒店建有独立域名网站，增加42个；72个旅行社建有独立域名网站。安徽旅游资讯网和政务网成功改版升级，建立安徽旅游门户集群网站，建成安徽旅游英文网、安徽旅游日文网、安徽旅游韩语网、旅游政务网政务公开、在线服务、公众交流三大服务功能进一步强化。安徽省旅游局网站访问量在全省厅局网站中排第二名，在全国省级旅游局网站排第三名，安徽旅游外文网访问量排全国第二名。省旅游局网站获安徽省优秀政府网站“特色栏目”奖。安徽旅游诚信网累计点击率超过323万次，当年累计点击率达100万次，日均点击率超过2700次。在新浪网、腾讯网开通安徽省旅游局官方微博。

【合肥热线】 成立于2003年，拥有合肥论坛、HOUSE365地产家居网、合肥热线，合肥互动频道、合肥生活频道等5大品牌栏目，截至2011年底，拥有200万注册用户。先后获得“全国中文论坛50强”、“中国城市论坛前十名”、“中国20个最有影响力的地方性互动网站”、“全国最具商业价值地方网站”、“全国最具媒体影响力地方网站”、“中国合肥网友最喜爱的网站”等称号。

【安徽新华发行集团跨媒体发展】 安徽新华发行集团推出《农林牧渔多媒体素材库》等多种数字产品，实现传统出版向数字出版的转型。华仑网上书城销售能力大幅提升，服务指标在同行居前列，完成电子商务综合业务管理开发，完成淘宝、拍拍商城接口整合并分别实现上线。相继完成含山、安庆、和县、芜湖、广德等地LED屏建设并投入运营，依托公司自有物业，已成为全省拥有LED屏体数量最多的公司。组建皖新网络公司，建设以新华书店便民店、农家书屋、绿色网吧“三合一”的农民文化家园，以“皖新网络”为品牌进行资源整合，建立农村文化服务体系。2011年，公司成功参股新华网，强化公司与新华通讯社等文化央企的全面战略合作，有利于公司进入网络新媒体前沿，实现平媒到网媒的“跨媒体”发展和全媒体拓展。

【反腐倡廉网上宣传】 建立反腐倡廉网上宣传联席会议制度。加强反腐倡廉网上宣传阵地建设，安徽纪检监察网站年访问量超过85万人次，累计访问量超过300万人次。全省纪检监察网站群已覆盖14个市、64个县市区。编发《安徽省反腐倡廉网络舆情动态》6册。

【“五老”网吧监督先进表彰暨工作座谈会】 11月18日，省关工委、省文化厅、省文明办联合在马鞍山市召开全省“五老”网吧监督先进表彰暨工作座谈会。会上授予许传荣等20位老同志为先进“五老”网吧监督员；马鞍山市关工委等9个单位和赵剑平等8位“五老”网吧监督员作经验介绍。会后，向省委作专题汇报，省委组织部部长王炯和宣传部部长唐承沛分别作出批示。

【万家网站签署《文明办网自律公约》】 全省万家网站签署《文明办网自律公约》启动仪式于2011年3月2日在淮南市举行。省政府门户网站首批签署《文明办网自律公约》。此项活动旨在倡导网络文明，抵制淫秽色情和低俗信息传播，促进网络文化健康发展，由省网络文化建设和管理工作领导小组办公室组织，为期3个月，参与对象为各类网站、手机报和网络运营接入商。活动由全省10个政府网站、10个新闻网站、10个商业网站、10个企业网站、10个手机报和10个网络运营接入商等60个单位共同倡导发起，也是全省互联网行业响应和贯彻落实全国全省关于加强网络文化建设和管理要求，深入开展整治互联网和手机媒体淫秽色情及低俗信息专项行动的重要举措之一。

【瑶海门户网进入全国区县政府网站百强】 2011年，“中国·瑶海”门户网站再次进入全国区县政府网站百强，在安徽省县区网站中名列第一。

文学

吴雪题

□ 文学创作

□ 文学理论

□ 重要活动

文学创作

【**概况**】近年来，安徽文学创作呈现良好态势。长篇小说的创作可谓独领风骚、成绩斐然。就题材而言，既有展现徽商百年来艰苦创业、经商济世壮丽画卷的，又有表现改革开放30年来沧桑巨变的；既有正面反映国民党将士抗击日军的、又有直面当前农村留守人群生存状态的。从小说创作来看，现实主义依然具有强大的生命力。作家们看重故事的铺陈、情节的架构、人物的塑造、个性的刻画、细节的运用以及着意“典型环境中的典型性格”塑造。这是中国的文学土壤、文学传统、文学受众、文学审美使然。现代主义的布局与叙事手法已自觉或不自觉地呈现在作品中。对文本更加文学性的华丽追求，已令作家趋之若鹜。50、60后的作家刚刚“红了樱桃”，70、80后的作家又“绿了芭蕉”。尤其是刚踏上作家园地的80后，似乎已不讲究章法，直把生命的体验化作内容，将生命的激情凝成形式。散文创作已不再着眼于宏大叙事抑或私密叙述，而重在情感的真实和感悟的睿智。对灵山秀水的彩绘，对历史事件的钩沉，对古代名人的臧否，对域外风情的采撷，对过往岁月的反顾等等，都写得一片斑斓、灵气飞动。另外，作家们越来越懂得创作积累的重要。有的足迹踏遍中国大地，有的精心收存史料多年。有的处女作即获成功，看似偶然，实为苦心积蓄、妙手偶得之必然。创作的队伍更加年轻化。60后、70后的作家已成创作的中坚，80后的开始进入文学创作的各个行当。

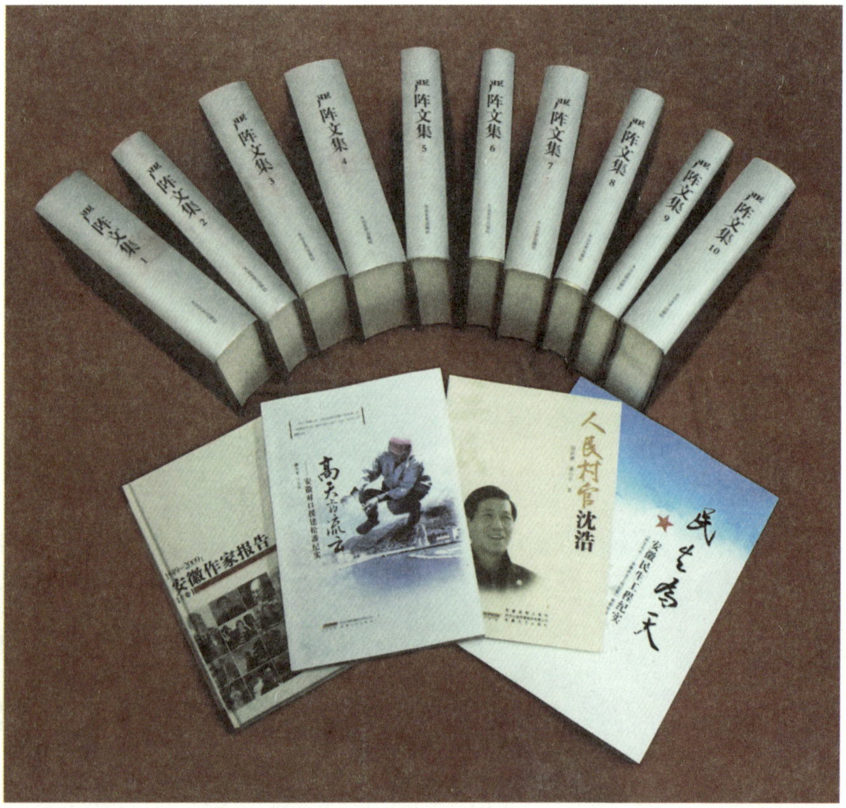

文学创作成绩斐然

【**小说**】2011年，季宇的中短篇小说集《猎头》由安徽文艺出版社出版，收入他近10年来创作的中短篇小说19篇，共计53万字。许春樵推出中篇小说精选集《一网无鱼》、中短篇小说集《城里的月光》，长篇小说《放下武器》再版，中篇小说《知识分子》被《小说选刊》、《中篇小说选刊》、《中华文学选刊》等文学期刊收入，又入围“2011年度中国小说排行榜”。陈家桥推出《中如珠宝店(陈家桥中短篇小说集)》，收集自1990年以来不同时期发表的部分小说作品。一些中青年作家发表了许多中短篇小说，如张子雨等的中短篇小说分别为《小说月报》、《小说选刊》选载，曹多勇的一批中篇小说在《钟山》、《小说月报原创版》等发表，多篇小说被有关选刊、选本选载。公开发表的小说主要有：

①长篇小说《沈小品的幸福憧憬》，何世华著。是一部反映当代中国农村青少年成长史的作品。以沈小品为代表的一群从小学升至初中的农村留守儿童，他们是改革开放年代的新生儿，所以从他们身上可以折射出当代社会生活的气息。作者善于组织情节，尤擅长细节的刻画，笔下的人物皆有灵动，沈小品一家3口都写得栩栩如生。以气球贯穿全文，具有强烈的象征寓意：气球的脱手飞走似乎象征着希望的破灭；而抓住了气球也就抓住了生活和人生的希望。

②长篇小说《新安家族》，季宇著。作品以清末民初徽州地区汪、许、鲍三大家族为代表，努力从历史的尘埃中再现当年徽商滥觞、发展、壮大的过程。全书架构庞大，线条繁复。作者

善于编织故事，精心组织情节，匠心独运，将50余位有名有姓、有言有行的角色，用一张结构之网笼罩，使其相互纠葛、往来穿梭、各占其位、各得其所。人物众多，进退有序，情节错综，从容开阖。叙事舒缓有致，尤注意节奏，不少段落都写得较为精彩。主人公程天送是作者努力塑造的一个理想人物，苦难身世，多舛人生，从山区走出，到外界磨练，终成徽商的典型。关于徽商方面的知识散见书中，一览无遗，给人以知识性和趣味性。

③长篇小说《罂粟果》，方兆祥著。小说以3个刑事犯罪和1个职务犯罪案件为主线，塑造了郝平、贺坚等公安干警英勇智慧的正面形象，揭露了过江龙、李洪保、马茹等犯罪分子贪婪纵欲的丑恶嘴脸，细腻解析了华媛媛、马驷等人物的内心矛盾，生动展示了徐良朋、于水生两个传奇人物的曲折经历，交织着父子、夫妻、朋友、情人之间的生死恩怨和爱恨情仇，诠释了人性争斗的多重层面与多个侧面，揭示了主要人物鲜明的个性特征与丰富的情感内涵，激发了人们对灵与肉、善与恶、情与法、物与欲的深层认识和深入思考。《罂粟果》兼具侦探小说和反腐小说的特点，集中探索、悬疑、推理、言情等通俗小说的经典元素，用曲折的故事情节、生动的人物形象、细致的人性开掘，真实反映当今中国社会的世间百态。

④长篇小说《酒楼》，许春樵著。《酒楼》是一部新时期家族小说，小说的笔触直指物质理想背后的家族伦理崩溃与精神异化，经营老字号酒楼的齐氏家族，父子两代尖锐冲撞，兄弟之间冷酷相搏，在家族危机日益剧烈的演绎中，深刻揭示了诱惑对人心的篡改，利益对亲情的突破，物本主义对人本主义进行公开的挑衅。小说的主人公齐立言通过自己的奋斗，最终赢得的是物质上的胜利和精神上的失败。这一悖反的结局记录并反思了经济背景下两代人的命运史和心灵史，人性的动荡与诡异使这部小说的故事走向和人物性格错综复杂、扑朔迷离。

⑤长篇小说《农民工》，许辉、苗秀侠合著。小说以一个普通农民工张如意的故事为主线，以杨稳当、王四清等农民工的故事为副线，讲述一群淮河流域的农民，从进城务工求生存、求温饱，到求自立、求发展、最终创业有成的奋斗故事。全书以改革开放的大时代为背景，真实、形象地描写了当代农民朴素、可贵的品质，以文学的力度把人生的不幸和对命运的抗争酣畅淋漓地表现出来，再现了中国城市化进程中进城务工农民对城市建设和发展做出的巨大贡献，表达了当代农民的命运和希望，是一部形象记录时代大潮的农民工史诗。

⑥长篇小说《老板娘》，郭明辉著。作品将女主人公放在改革开放30年来的时代大背景下，从一个20多岁年轻漂亮的守寡女人写到心宽体胖、阅透人生的半老徐娘。作品用尽笔墨来写李玉芝的成长、成熟、渐老渐悟的人生过程，努力写出她在务农、养猪、经商、家庭、婚姻、性爱、生儿、育女诸多方面的平凡之中的不同寻常，大众之中的与众不同。

⑦长篇小说《留守》，姚岚著。作品较集中地描写了代课女教师常翠萍及其好同学腊香两个家庭，他们原本平静的农村生活，因为外出和留守而发生了一系列非常的变化。留守在这里只是肉体躯壳的留存，而情感、道德的底线早已冲破，但有谁又能责难他们？

⑧长篇小说《杀人有理》，李国彬著。作品通过12个案例，深刻地反映了当代社会生活的方方面面。这里有官场风光的年子豪、蒲沅沅，有艰辛打工的农民工旱河、石榴、水响、陆文锦、韵韵，有年轻迷惘的知识分子许度、阿了、安培、乔莎、花语，有靠年龄、色相吃着青春饭的周小雪、瓜纽，有在天堂和地狱间徘徊的私企业主邢国公等，还有生活在城市最底层但仍涉入命案的王皮匠、范长生、齐德武……这些芸芸众生构成了当代社会生活的群生图，他们的行为和活动乃至罪恶无不折射出社会的矛盾和焦点。

⑨长篇小说《流年错》，张静著。这是一部青春激情小说。作品中的小舞、阿千、小牛及王浩、马龙、宋从限个性独特，他们之间的情感纠葛以及众星摇散，或亡或离，或走或留，或杳无音讯，或去国离乡，爱情终以大悲剧或小凄凉收场，都给人留下合情合理、难以忘怀的印象。作品向我们打开了另一个文学世界，传统的成人世界里的道德观、是非观、爱情观、价值观……在这里都会受到挑战，遭遇改写，这就是现实的状态，也是未来生活的流向。

⑩长篇小说《冷枪》，吴超著。这是一部从正面描写国民党将士抗击日本侵略者的作品。作品选择了两支小规模的特种部队的生死较量，即中国军队的白虹突击队和日本军队的挺进队之间的斗智斗勇、命在旦夕、杀身成仁、舍生取义的对决。透过这种侧面的、隐形的，以突袭、奔袭、夜袭、偷袭为主要战斗手段的精彩展现，人们依然能够感受到“国破山河在”的切齿之痛，

聆听到铁马冰河、鼙鼓动地的战争啸声，预测到亲日派企图建立日伪政权的春梦破灭……作品成功地塑造了一批军人硬汉形象。

⑪长篇小说《大学囚徒》，黄书泉著。这部学者创作的现实主义长篇小说，以主人公南方大学教授水清浊20世纪初至世纪末的人生经历为纵线，以他和学校、社会、商界、官场、家庭、女性以及社会底层的复杂关系为横线，交织出一幅中国社会转型期斑驳陆离的浮世图。作品深刻揭示出高校知识分子的困惑、躁动、突围、蜕变的人生轨迹和"魂归何处"的心路历程，尖锐地批判了高校学术体制化、教育商品化、工具化，以及学术腐败对知识分子人格、精神的种种诱惑与摧残，具有强烈的现实感，对社会真实的揭露令人震撼，对人生精神世界的开掘发人深省。

当年，公开发表的长篇小说还有：赵宏兴著的长篇小说《隐秘的岁月》等，中篇小说有孔阳著的《陌上桑》、陈斌先的《铁木社》、杨小凡著的《工头儿》、张殿权著的《一个人的冷暖》等。

【散文】2011年，苏北、闫红、钱红丽、江少宾等一批安徽中青年作家推出新作，在《散文》等国内纯文学杂志发表。

①散文集《在淮河边上讲中国历史》，赵焰著。将远去的历史人物再次置于眼前，用当代眼光进行重新审视，自我拷问，臧否之间，观点自现。而哲学的思考穿行在智慧的叙述中，使得一个个逝去的或早有定论的圣哲、贤人、英雄们又穿上时尚的服饰，说着现代的语言，注入当代的思想，又活跃隐现在当下的人群和生活中。作者将阅读之得与行走之见任意灵巧糅合，文采斑斓、文风典雅，才情在文学流淌中掬手可见。

②散文集《人生就是一种经历》，张武扬著。这是一本以游记为主的散文集。作者观察细致入微，将描写、议论、抒情巧妙糅合，将历史的纵向和联想的横向交叉为坐标，将自己对人生的空灵感悟和睿智思考化为历史和山水的话语。给人以域内外风土人情的纸上浏览，历史地理知识的间接收获，哲理禅意的另类思辨。

③散文集《萍踪浪迹几度秋——我的梨园记忆》，黄新德著。作者谈个人从艺踪迹，叙黄梅发展历史，忆老师（王少舫为主）艺术形象，描搭档（马兰为主）黄金岁月，写黄梅代代佳人才子。说真话，抒真情，一清见底，无丝毫浑浊龌龊之气。探讨黄梅艺术，独吐一家心声，人从中来，理从行来，宛若清言在耳，倩影身环，具有独到的文献价值。

④散文集《和自己的脚步单独在一起》，许辉著。收录了作者迈开脚步、行走天涯的近200篇散文，是作者身体行走、精神运动的结晶，是作者游迹各地目光、心灵、思想的实录。作者追求的是"独立行走，独立思考，独立为人，独立看世界"的个性化理念。这本书既承袭了作者散文短小精粹、意境高远的特有文风，也凸显了作者孜孜不倦的人文思考。

【诗歌】安徽是诗歌大省，诗人群体庞大，作品经常在《诗刊》、《星星诗刊》、《诗歌月刊》、《诗潮》等全国著名的诗歌刊物上发表，有的还在全国范围内引起反响，一批青年诗人作品还入选年度诗歌选本。

①诗集《羊之谣》，洪哲燮著。共收录诗人诗作120余首。《羊之谣》研讨会于2011年12月在合肥市召开。与会专家学者认为诗人具有赤子之心，有着肩负社会责任感的批判和独立的思考；具有平民情怀，关注生活，亲近心灵。

②诗集《写碑之心》，陈先发著。获中国海南首届诗歌双年奖，复旦大学中文系、复旦诗社等举办了陈先发诗歌研讨会。

【传记、纪实、儿童文学】2011年，全面展示安徽省经济建设、社会发展和民生工程建设巨大成就的纪实文集《见证安徽新崛起》，反映沈浩先进事迹的《村官沈浩》出版、发表。

①纪实文学《燃烧的铁血旗——辛亥武昌首义纪实》，季宇著。作品以武昌首义为中心，全景式地再现了辛亥革命这一伟

《燃烧的铁血旗——辛亥武昌首义纪实》首发式

大的历史事件，在成功塑造了孙中山、黄兴等重要历史人物的同时，再现了战斗在革命一线的熊秉坤、吴兆麟、彭楚藩、刘复基等人的英雄事迹。作品注重思想深度开掘，对辛亥革命的成败进行了深刻的反思，并用当代人的眼光重新审视和诠释历史。书中大量采用当事人、亲历者的回忆、日记、书信，以及当时的报纸、官方文件的记载，力求让史料说话，做到事事有出处。

②报告文学《高天上的流云：安徽对口援建松潘纪实》，主编潘小平。省长王三运在序言《无疆大爱铸丰碑》中指出，这部纪实作品是安徽人不畏艰险、敢于担当的群体写真，是安徽和松潘人民深情厚谊的历史见证，同时也是省委、省政府向全省人民汇报援建工作的出色答卷。5月10日在松潘举行的安徽对口援建项目移交大会上，省委常委、宣传部部长臧世凯将此书和一批安徽书画家松潘采风作品赠送给松潘县藏、羌、回、汉4个民族小学生代表。2010年7月，一直关注松潘灾后重建的安徽文艺出版社和安徽文学院组织10多位作家，深入松潘进行实地采访，作家以真挚的情感、朴实的文字，再现了一幅幅艰苦而又难忘的援建画面，传播着一个个普通而又不平凡的精彩故事。

③传记《王洛宾》，言行一、王海成合著。作品以王洛宾一生主要音乐作品的诞生为主线，以事牵人，以人推事，写出了王洛宾一生的感人事迹。作者之一王海成是王洛宾的小儿子，所提供的照片、手稿为全书锦上添花。

④报告文学《民生为天——来自安徽民生工程的报告》。由省财政厅、省文学艺术界联合会和省作家协会、省文学院共同组织创作，省长王三运作序。该书全面展示了安徽省民生工程建设取得的成就，真实再现了党和政府践行科学发展观、加速崛起进程、建设和谐安徽的生动实践。

⑤儿童文学《中国心童话·第二辑》，王玲著。透过儿童的眼光去看世界，用儿童的思维去想象和感悟世界，上至天文，下至地理，将大自然中人们常见的以及又不常见的，有生命抑或无生命的动物、植物等等加以连缀、嫁接，编织出一个个优美迷人的小故事，塑造出一个个可爱的童话形象，创造出一个个令人难忘的整体意象和意境。而每一篇故事之后的“心灵树下”，既是对正文的概括和总结，也是阅读的延伸和继续。

【剧本】大型黄梅戏《红杜鹃》，编剧侯露。是安徽省纪念中国共产党成立90周年重点文艺项目。《红杜鹃》讲述了一段发生在上世纪30年代国民党围剿大别山革命根据地时，一名普通农家妇女杜鹃嫂与红军女战士马秋燕生死相依的动人故事，反映了人民群众对党的赤诚之心。剧本从独特的角度，在血与火的人生底色上，演绎了一段爱恨交织的壮歌，凸显出杜娟嫂的质朴善良、大仁大义和马秋燕的坚贞不屈、勇敢美丽。舞台上的巨幅透明大幕上，适时呈现与剧情相关的战争纪录片、大别山景、杜鹃花开、杜鹃嫂与儿子母子情深，与马秋燕生死相依等场面。在唱腔上，词曲作家将现代文学的韵味融入原汁原味的黄梅戏中，清新流畅，随着剧情发展，一阕阕唱段或急或缓、或轻或重，将剧中人物的内心矛盾表现得淋漓尽致。

《红杜鹃》剧照

文学理论

【概况】2011年安徽文艺理论在基础理论、地域文化、中西比较、古典文学、近现代文学、儿童文学、美术、戏剧等方面的研

2011年安徽文艺创新发展论坛

究均有建树，出版不少文艺理论评论专著。《安徽散文小说》、《乡土皖南的书写者——吴组缃创作论》将安徽地域文学融入中国文学发展史的大背景中，展示安徽散文、小说的精华，评述安徽作家风貌。《理论与批评一体化》、《消费时代的情感印象——当代文学与批评的文化观照》对中国当代尤其是新时期作家、作品、文学思潮展开研究，概括并提升出文学批评理论和文学概念，具有一定的创见性。《中西叙事精神之比较》、《陌生化理论新探》对中西文学进行分析、比较，力求形成新的理论见解，对于中西文学作品的研究和比较具有一定的参考价值。古代文学研究专著《支遁诗文译释》、文学史研究专著《颠覆与重建：20世纪中国小说创作研究》、现代文学研究专著《民国南京旧体诗人雅集与结社研究》、儿童文学研究专著《幼者本位：儿童文学论集》、美术理论研究专著《游观：中国古典绘画空间本体诠释》与《绘画色彩学》、戏曲研究专著《中国戏曲读本》等，或填补空白、有所创新，或雅俗共赏、图文并茂。

【古代文学研究】《支遁诗文译释》，李正西著，宗教文化出版社出版。对东晋高僧支遁的佛玄诗和散文进行评析、解读，由于作者在逐篇译释其诗文时，融进了许多自己的研究心得，使得该书具有较强的学术性。该书是作者先前出版的《支遁评传》的姐妹篇。

【近现代文学研究】①《乡土皖南的书写者——吴组缃创作论》，黄书泉著，北京师范大学出版集团安徽大学出版社出版，“徽学与地域文化”丛书之一。是我国第一部较为系统、完整、全面论述皖籍中国现代著名作家、学者吴组缃创作的专著，还原吴组缃作为现代文学史上体现小说美学特征的、具有某种艺术独创性的作家面貌，为当今文学创作提供某些可以借鉴的经典性写作经验。

②《民国南京旧体诗人雅集与结社研究》，尹奇岭著，中国社会科学出版社出版。从大量的史料出发，复原民国南京繁荣的旧体诗词活动场景，通过对民国南京旧体诗词雅集与结社的研究，将传统文学纳入新文学的视野，打破了中国现代文学界长期以来秉持的片面民国文学观，使人在看到新旧文学斗争表象的同时，了解到两者之间复杂的交流与沟通。

【儿童文学研究】《幼者本位：儿童文学论集》，韩进著，接力出版社出版。涉及儿童文学基本理论、儿童文学史论、儿童文学家个案研究、儿童文学现象管窥、大自然文学印象五大方面。对“什么是儿童文学”、“中国儿童文学的发生”、“儿童文学发生期杰出儿童文学家的独特风采”、大自然文学的内涵本质以及大自然文学的起源流变、发生发展、价值前景等问题进行了深入探讨与研究，将学术视角伸向了儿童观、儿童文学发生等一系列重大而基本的理论问题。

【文学基础理论、文学史、当代文学研究】①《安徽散文小说》，钱念孙主编，胡功胜著，安徽文艺出版社出版，“安徽文化精要”丛书之一。从散文、小说视角，较为系统地梳理了安徽文学从先秦到当代的发展历程，对主要作家、作品和文学思潮作了较为全面的阐述。从中华民族文学发展的宏观背景中，透视和发掘安徽散文、小说的地域文化特色及其在整个中华民族文学中的历史地位。以平实的语言，严密的逻辑，中肯的评价，集中展示安徽散文、小说的精华，广大读者可以在尽可能短的时间内把握安徽散文、小说的整体风貌和艺术特色。该书获安徽省社科院2011年度学术成果精品奖。

②《理论与批评一体化》，安徽教育出版社出版，第二版（修订版），收录了王达敏20多年来发表于《文学评论》、《文艺理论研究》等重要刊物的学术论文19篇，着重研究新时期至新

世纪中国小说及其文学思潮。在宏观研究突出史论的原创性和学术性，在具体作家作品研究中突出思想创新和理论特色，先后提出了“性描写艺术原则”、“荒诞叙述”、“神秘现实叙述”、“魔幻叙述”、“寓言叙述”、“民间叙事”、“命运叙事”、“世俗人道主义”、“生命伦理人道主义”、“人性本位人道主义”等文学批评理论和文学概念，形成了“理论与批评一体化”的研究格局。

③《颠覆与重建：20世纪中国小说创作研究》，方雪松著，作家出版社出版。以小说史稿的编撰形式，对20世纪中国小说创作进行了梳理、描述和评析，从创作史的高度，对不同时期小说的创作思想、创作流派、写作特征、创作成就与失误、审美情趣、审美风格等进行了较为全面、系统的研究、概括和总结。该书从文学史角度对20世纪中国小说进行全面、系统研究的学术专著，具有一定的开创意义。已有部分高校将此书作为非中文类学生公选课的教材。

④《消费时代的情感印象——当代文学与批评的文化观照》，方维保著，辽宁教育出版社出版。对中国当代文学的重要作家作品和理论现象进行了宏观的梳理和微观的论析，展现了当代尤其新时期文学的文化本质和审美风貌。同时对安徽地方创作给予了充分的重视，将安徽作家作品放到当代中国文学的宏观背景中加以考察论证，客观上提升了安徽文学创作在中国当代文学中的地位。

⑤《中西叙事精神之比较》，吴家荣、江守义、钱奇佳著，北京师范大学出版集团安徽大学出版社出版。分别对中西的神话、戏剧文学、小说和叙事学进行比较，从具体的文本分析开始，终之以抽象的叙事理论，舒缓有致，层层推进。作者谈论文学既能紧扣主旨，又不局限于文学本身，自然地引进历史、哲学、社会学等领域的知识，与当下正风行的文化研究热潮相呼应。

⑥《陌生化理论新探》，苍耳著，中国戏剧出版社出版。是国内专门研究陌生化理论的极少数专著之一。陌生化原理作为俄国形式主义学说乃至整个西方诗学中最具影响力和生命力的部分，对于二十世纪的文艺学、文学写作以及各艺术门类的创作产生了广泛而深刻的影响。该书对这一源远流长且纷繁散杂的理论话语进行必要的疏理、辨析与批判，试图在融贯中西多维视界的基础上加以整合、拓进与重构。

此外，还出版一些结合自身的创作心得，从理论的高度考评、探讨书法、绘画、文学、戏剧等的艺术规律，谈论对艺术的感受与理解等的文艺论丛，如《平心而论——沙鸥文艺论丛》、《兰庐艺概》等。

重要活动

【纪念改革开放30周年·中国作家看凤阳采风活动】由省文学艺术界联合会与中国作家协会、省委宣传部联合举办。高洪波、王充闾、陈忠实、陆天明、徐贵祥等知名作家及安徽省签约作家30余人，先后深入凤阳县小岗村、滁州市部分企业实地考察、采风，切身感受安徽敢为天下先的创新精神和加速发展、奋力崛起的巨大变化，并推出一批歌颂改革发展、描绘安徽农村崭新气象的优秀文学作品。

【编纂出版大型文学评论专著《1949～2009：安徽作家报告》】由省文学艺术界联合会、省文艺评论家协会共同主编。本书从共时性上来说，将安徽文学从当代文学中抽取出以作为个案来研究；从历时性上来说，则是站在60年的高度上进行宏观的考察。既是庆祝新中国成立60周年献礼珍品，也是对安徽文学在当

安徽作家松潘采风

第三届签约作家合影

代特定语境下的集中检阅。本书参照文学史的进程，遴选出创作成就斐然、具有文学史意义和代表性的20位安徽作家作为研究对象进行论述。书中收录了大量具有史料价值的图片，以及对作家生平的介绍，是一部研究安徽文学不可或缺的工具书。

【颁发首届安徽省老作家文学贡献奖】安徽老一辈作家是具有辉煌成就的群体，为安徽乃至全国的文学事业做出过巨大贡献。据不完全统计，全省年龄在70岁以上的老作家有210人。为了表达对为文学事业流过汗水、付出心血、作出贡献的老一辈作家的崇高敬意，开展了首届安徽省老作家文学贡献奖评选活动，共有109位老作家获此项荣誉。

【安徽省签约作家】2008年1月第二届签约作家签约，共21人。其中，小说作家9人：陈家桥、何世华、郭明辉、余同友、韩旭东、周恒、陈斌先、洪放、张殿权，特邀小说作家1人：曹多勇，散文随笔作家2人：闫红、苗秀侠，诗歌作家4人：杨键、金肽频、赵宏兴、黄玲君，纪实文学作家1人：杨小凡，儿童文学作家2人：邢思洁、傅志宏，理论、批评家1人：何冰凌，80后青春文学作家1人：叶枝。安徽文学院、省作家协会向21位安徽省第二届签约作家提供了各种后勤帮助，主要是召开作品研讨会，推荐参加各种研讨活动和进修深造，提供与国内著名作家、编辑共同参加采风活动的机会。签约期间，签约作家均按时完成或超额完成《第二届签约作家招聘方案》规定的创作任务，发表和出版了大量文学作品，一些作品被全国重点文学选刊转载并获奖，有的作品被改编成影视剧本，《安徽省第二届签约作家丛书》出版并举行隆重的首发式和研讨会。2010年12月举行第三届签约作家签约仪式，共13人。其中，小说作家9人：孙志保、何世华、陈斌先、沙玉蓉、程迎兵、毛立新、贾鸿彬、邱晓鸣、吴问银；诗歌作家2人：许敏、陈忠强；散文作家1人：项丽敏；文学评论家1人：江飞。

【创办《作家文荟》】2010年创刊，主要栏目有：作家协会报告、本期专栏、作品评论、会员采风、创作谈、上榜作家、市县作家协会传真、江淮文讯等。刊物版式朴素大气、内容贴近实际、形式新颖活泼、具有较强的创新性和可读性。刊物寄赠后，受到广大读者的欢迎和好评。

【首届安徽省文学内刊主编联席会议】会议商讨了联席会议运作形式和有关活动安排，决定设立、评选安徽省文学内刊联席会议年度“金穗文学大奖”。此外，省作家协会推荐5位作家作品参评茅盾文学奖，推荐5部作品申报中国作家协会重点扶持项目，推荐青年作家参加鲁迅文学院高级研修班学习。

舞臺藝術

楊興玲書

- □ 戏曲戏剧
- □ 舞　　蹈
- □ 音　　乐
- □ 杂　　技
- □ 艺术科研与教育

戏曲戏剧

【概况】安徽省地处江淮之间，文化形态南北兼备，地方戏曲既有北方戏曲粗犷豪放的品性，也有南方戏曲清甜绵软的神致。代表性剧种有24个。其中，徽剧、黄梅戏、庐剧、泗州戏、青阳腔、岳西高腔、徽州目连戏、池州傩戏、文南词、坠子戏、花鼓戏、二夹弦等12个剧种是国家级非物质文化遗产项目，嗨子戏、推剧、洪山戏、含弓戏、芜湖梨簧戏、淮北梆子戏等剧种是省级非物质文化遗产项目，此外还有曲剧、扬剧、凤阳花鼓戏、端公戏、清音戏、沙河调等。

2010年，全省国有院团转企改制，注册成立文艺院团53个，涵盖徽剧、黄梅戏、庐剧、泗州戏、淮北梆子戏、曲剧、坠子戏、二夹弦、嗨子戏、皖南花鼓戏、文南词、岳西高腔、淮北花鼓戏、推剧等14个剧种。

大型3D全息黄梅戏舞台剧《牛郎织女》剧照

【黄梅戏】黄梅戏是安徽最具代表性的文化品牌，首批国家级非物质文化遗产项目。代表人物有严凤英、王少舫、马兰、黄新德、韩再芬等艺术家，有代表性剧目《天仙配》、《女驸马》、《红楼梦》、《徽州女人》、《雷雨》等。2010年全省国有院团转企改制后，全省以黄梅戏冠名的国有院团有14个：省黄梅戏剧院、安庆再芬黄梅艺术剧院、安庆黄梅戏艺术剧院以及桐城、枞阳、怀宁、潜山、望江、太湖、宿松、六安市金安区、马鞍山市当涂县、芜湖市南陵县、池州市贵池区黄梅剧院（团）。另有5个国有院团，即滁州市演艺公司、马鞍山市艺术剧院、芜湖市艺术剧院、铜陵市艺术剧院、池州市艺术剧院，演出也以黄梅戏为主。

省黄梅戏剧院是国家级非物质文化遗产代表性项目保护单位。2011年，转企改制成立安徽省黄梅戏剧院有限责任公司，成为安徽演艺集团有限责任公司的直属子公司。院团改制后，创作演出3D全息黄梅戏舞台剧《牛郎织女》、大型黄梅戏《风尘女画家》、清唱剧《红梅赞》等。其中，《牛郎织女》由省黄梅戏剧院与澳门杨氏设计网络动画科技有限公司联合制作，是国内第一部3D全息舞台戏剧艺术作品，央视《焦点访谈》、国际中文频道、《中国文化报》、《中国戏剧》以及安徽卫视等多个媒体均给予报道。2011年，该剧入围“国家动漫精品工程”和“中国文化艺术政府奖首届动漫奖”评选。剧院全年演出547场，演出收入963万元。3月，赴淮北矿区为矿工演出；赴广东佛山参加“精品戏剧演出季”展演，演出《天仙配》、《雷雨》。4月，黄新德、吴亚玲、蒋建国、李文、周源源等“梅花奖”获得者和部分青年演员赴台湾，参加“精彩徽文化，两岸一家亲”安徽经贸文化宝岛行展演。5月，在国家大剧院演出《天仙配》。6月，赴意大利参加“中国文化年·安徽周”活动，举办《黄梅戏经典唱段演唱会》。7月，剧院携黄梅戏舞台剧《风雨丽人行》应邀赴上海参加“东方名家名剧月”。8月，推出《魂梦依旧，情深如许——旅美黄梅名家陈小芳黄梅戏专场演出》。9月，剧院携《天仙配》和《雷雨》赴新加坡，参加“艺满中秋”大型演出季活动；与六安“一笑堂”茶叶有限公司联合，成立“天仙配茶戏楼”六安分部。当年，省黄梅戏剧院国家一级演员蒋建国当选第三届全国中青年德艺双馨文艺工作者。

安庆是黄梅戏形成与发展的重要之地，截至2011年，拥有9个国有院团，分别为安庆再芬黄梅艺术剧院、安庆市黄梅戏艺术剧院和桐城市、怀宁县、枞阳县、潜山县、望江县、太湖县、宿松县黄梅戏剧团（院）。2011年，各院团相继推出《徐锡麟》、《独秀山下的女人》、《桐城六尺巷》、《相知吟》、《双合镜》以及情景黄梅戏歌舞剧《红色黄梅》等黄梅戏作品，并将京剧

京剧《天地人心》剧照

《浮生六记》移植创排为黄梅戏舞台剧，保留复排《天仙配》、《女驸马》、《徽州女人》等黄梅戏经典名剧。全年演出1875场，平均每个院团演出200多场。

马鞍山市艺术剧院由原市歌舞团、市黄梅戏剧团、市艺术实验中心合并组建，设有歌舞团、黄梅戏剧团、儿童剧团、乐团等机构。2011年，该团以原创黄梅戏神话剧《千羽锦》为主体，在省内外演出212场。铜陵市艺术剧院有限公司“周末小剧场”，一年演出40多场，演出剧目有黄梅戏《喜脉案》、《罗帕记》、《天仙配》、《戏牡丹》、《佛手姜》等大小剧目。滁州市演艺公司戏剧院由原市黄梅戏剧团与京剧团合并组建，成立后复排传统戏《天仙配》、《女驸马》、《春江月》、《红丝错》、《借妻》和现代戏《血泉》等6台黄梅戏，在周边地区及江苏演出。芜湖、六安、池州等地黄梅戏剧团（艺术剧院）全年演出均在百场以上。

1.艺术创作

排演大型3D全息舞台剧《牛郎织女》。2011年初，安徽省黄梅戏剧院有限责任公司联合澳门杨氏设计网络动画科技有限公司，共同推出国内首部3D全息舞台戏剧艺术作品《牛郎织女》。该剧对《牛郎织女》这一源远流长的动人爱情故事作出一番全新的舞台演绎，通过3D技术、多层渲染、幻影成像等完成的舞台呈现，使传统的地方戏曲艺术在审美品质及意蕴体现等方面实现并完成了现代化的技术提升与艺术转换。2011年1月，该剧首推合肥“新春贺岁档”。中央电视台《焦点访谈》、央视国际中文频道、安徽卫视、《中国文化报》、《中国戏剧》等媒体均对其给予较高评价。此后，该剧又相继走进江苏及安徽省其他地区。该剧分别入围“国家动漫精品工程”和“中国文化艺术政府奖首届动漫奖”评选活动。

复排舞台剧《风尘女画家》。大型黄梅戏舞台剧《风尘女画家》，是根据本省著名作家石楠的长篇传记小说《画魂》改编而成。该剧描绘了近代旅法绘画大师张玉良曲折、坎坷而又传奇的一生。作品不仅细腻地刻画了她的成长与心路历程，展现了她与同盟会会员、芜湖海关监督潘赞化的一世情缘，更彰显了张玉良富有魅力的人格与对祖国的一腔深深情意。2011年4月，省黄梅戏剧院有限责任公司将此剧重新打造推出，并对唱腔、舞美、配器等表现形式进行了全新演绎和升级。

大型清唱剧《红梅赞》。为迎接中国共产党成立90周年，2011年7月，安徽省黄梅戏剧院有限责任公司特创排推出大型红色经典黄梅戏清唱剧《红梅赞》。该剧在黄梅戏《江姐》（移植于同名歌剧）的基础上加工打造，精选其中为广大观众熟悉和喜爱的唱段与主要情节重新结构编织，以一种全新的艺术形式诠释并展现了这部红色经典的艺术神韵与革命情怀。

2.演出活动

送文化下基层，送高雅艺术进校园。2011年2月底、3月初，安徽省黄梅戏剧院有限责任公司经过精心策划，将一台以黄梅戏为主的综合文艺演出送到淮北矿区进行慰问演出。为煤矿生产第一线的工人们送去丰厚的精神食粮，满足并丰富基层企业职工的文化生活。10月中旬，在全国开展的“高雅艺术进校园”活动中，剧院大型红色经典黄梅戏清唱剧《红梅赞》和“黄梅戏名家名段演唱会”相继走进合肥师范学院和安徽财贸职业学院等高校，拉近青年学子和传统艺术之间的距离，也促进剧院广大青年演员与高校大学生们的沟通、交流与互动。

参加各类重大文艺演出。3月下旬，省黄梅戏剧院携精品剧目《雷雨》、经典剧目《天仙配》赴广东佛山，参加“2011魅力佛山·戏剧春天——精品戏剧演出季”的展演活动。5月中旬，剧院经典剧目《天仙配》三进国家大剧院，参加国家大剧院庆祝建党90周年系列演出，为建党90周年献上厚礼。为纪念辛亥革命100周年，应上海市文化广播影视管理局与上海东方艺术中心等邀请，7月上旬，剧院携大型新创黄梅戏舞台剧《风雨丽人行》赴申，亮相“东方名家名剧月”。9月底，在文化部、新闻出版总署、广电总局和省政府共同主办的中国芜湖第三届中国国际动漫创意产业交易会上，剧院3D全息大型黄梅戏舞台剧《牛郎织女》作为闭幕式压轴剧目演出。为促进安徽、海南两省之间的文化交流，11月16～21日，在省政协副主席、党组副书记田维谦的带领下，剧院一行60余人携精品剧目《雷雨》和经典剧目《天仙配》赴海南参加“海南—安徽省政协文化交流黄梅戏演出活动”。此活动推动安徽、海南两省之间的文化交流与融合，实现对于传统文化和地方戏曲的推广与弘扬。

文化“走出去”活动。4月中、下旬，黄新德、吴亚玲、蒋建国、李文、周源源等“梅花奖”获得者和部分青年演员远赴台湾，参加由安徽省文化厅组织的以“精彩徽文化、两岸一家亲”为主题的安徽经贸文化宝岛行展演活动，演出黄梅戏表演唱《文房四宝》和诸多经典唱段，为树立安徽形象、打造安徽品牌，增进台湾民众对徽文化的深度了解作出贡献。6月中旬，剧院将汇集名家名角，独具安徽风采与神韵的“黄梅戏经典唱段演唱会”带到意大利首都罗马，参加“中国文化年·安徽周”文化演出活动，展现古风徽韵，彰显安徽魅力，促进中意文化的交流与合作，提升安徽在意大利乃至欧洲的知名度和美誉度。应新加坡滨海艺术中心邀请，剧院携黄梅戏经典剧目《天仙配》和精品剧目《雷雨》远赴新加坡，参加“艺满中秋”大型演出季活动。这是时隔17年后，再一次将被誉为“中国的乡村音乐”的黄梅戏带给新加坡人民。

此外，剧院还参与并圆满完成第20届中国“金鸡·百花奖”开幕式、第四届中国农民歌会和第七届徽商大会开幕式等各项重大文艺演出活动，以及省第九次党代会等一批重要接待演出任务，足迹遍及淮北、宿州、芜湖、淮南、六安金寨与京、沪、苏、粤、琼、台等地。

【徽剧】 徽剧由青阳腔发展而来，是中国古老剧种之一、是安徽省代表性地方戏剧种、首批国家级非物质文化遗产项目。清雍正年间，即流行于华东、中南和西南诸省。乾隆五十五年（1790年），安庆艺人高朗亭率“三庆班”入京后，“四喜”、“春台”、“和春”等班社也相继进京，“四大徽班”在京演出盛极一时，为京剧的形成奠定基础。

安徽省徽京剧院成立于2005年11月，由原安徽省徽剧团和安徽省京剧团合并组建而成，是国务院颁布的第一批国家级非物质文化遗产（徽剧）项目保护单位，省级非物质文化遗产传习基地。2010年，全省国有院团转企改制，省徽京剧院是唯一保留事业性质的徽剧国有院团。剧院设有演员剧团、民乐团、舞台美术中心和梨园剧场。该院有国家一级演员15人，中国戏剧“梅花奖”获得者3人，“文华奖”获得奖1人，“白玉兰”获得奖2人，国家级非物质文化遗产项目传承人3人。

2011年，剧院依托剧院小剧场，推出每周固定演出的梨园剧社，轮换上演传统剧目。全年商演、展演和重要接待任务演出282场，演出收入380万元。6月，国家一级演员王丹红赴成都参加第25届中国戏剧“梅花奖”评选，凭借《贵妃醉酒》、《纪年珠》、《虹霓关》等3出戏对3个不同类型的人物塑造，获得“梅花奖”。10月，应上海文广集团邀请，赴上海举办徽剧专场演出，上海广播电台戏曲台和安徽广播电台戏曲频道作现场直播。11月，组织由国家级徽剧传承人李龙斌、章其祥、谷化民和“梅花奖”获得者王丹红等演员参加的强大阵容，应邀参加第六届中国京剧艺术节，获展演奖。剧院有徽剧保留剧目《水淹七军》、《百花亭》、《齐王点马》、《百花公主》、《借靴》、《小宴》、《断桥》、《兰关渡》、《马嵬情》、《刘铭传》等。

剧院根据自身艺术特点，创作演出徽韵动漫舞台剧《小红帽梦幻奇遇记》和《黑脸大包公》，新华社、中央电视台、《中国文化报》、《光明日报》、《安徽日报》、安徽电视台、安徽广播电台等新闻媒体宣传报道。2011年戏曲动漫剧《小红帽梦幻奇遇记》赴广州、上海和济南演出近百场，获中国首届动漫艺术节动漫舞台剧优秀演出奖，在中国首届儿童戏剧节上获优秀剧目奖。

【庐剧】 庐剧，旧称“倒七戏”，是安徽省地方戏主要剧种之一，首批国家级非物质文化遗产项目。流行于安徽境内的淮河以南、长江以北地区，是在大别山歌、淮河流域花鼓灯歌舞的基础上吸收锣鼓书（门歌）、端公戏、嗨子戏的唱腔发展而成。庐剧因地域不同，有上、中、下三路之分，即三个流派。上路（西路）以六安为中心，音乐粗犷高亢，跌宕起伏，具有山区特色的山歌风；下路（东路），以芜湖为中心，音乐清秀婉转，细腻平和，具有水乡特色的水乡味；中路以合肥为中心，音乐兼有上路、下路两地特色。由于流行区域是在皖中古庐州一带，1955年3月，经安徽省委宣传部批准，正式将“倒七戏”改名为“庐剧”。庐剧唱腔分主调和花腔两个部分。主调富于叙事，也可抒情，适合表现较复杂的戏剧感情；花腔曲调绝大部分是民歌小调，一般曲式固定，反复演唱。全省有2个以庐剧为主要演出载体国有院团，即合肥演艺公司庐剧院、六安市皖西演艺传媒集团有限公司庐剧团。6个院团由庐剧团改制而来，即芜湖艺术剧院、肥西文广演艺有限公司、长丰县新欣演艺公司、全椒县文化传媒艺术有限责任公司、寿县楚风演艺有限公司、和县天门演艺有限公司。

2011年，合肥演艺公司庐剧院以原创农村题材现代戏《村长娘子》为主体，结合传统剧目，下基层、进社区、到校园演出146场，演出收入400多万元。合肥演艺公司庐剧院现有《李清照》、《野百合也有春天》、《拨浪鼓传奇》等多出保留剧目。长丰县新欣演艺公司创作推出四幕庐剧《女村长》，全年演出近100场。

2010年9月，原皖西庐剧团改制组建皖西演艺传媒有限公司庐剧院推出大型庐剧现代戏《杜鹃啼血》，在省内外巡演150多场；复排演出庐剧清唱《观画》、红楼梦选段《读西厢》、“梁祝”选段《十八里相送》以及小戏折子戏等，到大别山区、乡镇、街道、军营、校园演出累计300多场。

【泗州戏】 泗州戏又称拉魂腔，流行于皖北一带，距今已有200多年历史，是安徽省地方戏主要剧种之一、首批国家级非物质文化遗产项目。泗州戏是在民间小唱和花鼓灯舞蹈的基础上发展起来的，表演基础是花鼓灯舞蹈的“压花场”，唱腔要求伴奏“跟着演员的演唱走”，艺人们把这种形式名之为“怡心调”。其女腔常常在尾音处翻高八度，拖一个上翘的尾巴，明快冶艳，风情万种，所谓“拉魂”源于此处。现在经常演出的剧目，以群众喜闻乐见、表现现代生活的小戏为多。全省现有3个国有院团以泗州戏冠名，即安徽省泗州戏剧院有限责任公司（蚌埠）、宿州市泗州戏剧团、泗县泗州戏演艺有限公司；1个国有院团由泗州戏团改制而成，即灵璧县艺术剧院。2011年，4个院团共演出655场。

安徽省泗州戏剧院有限责任公司由蚌埠市泗州戏剧团改制而成，先后参加广州、四川、云南等地的国家级演出活动。赴澳门参加“欢乐中国年”春节活动，赴贵州参加第九届全国少数民族运动会开幕式，参与中国文联和中国侨联春节演出，参加春节团拜会、徽商大会以及央企对接会等演出。2011年，剧院精选泗州戏名段，重新编创、配器，用交响音乐丰富和表现泗州戏不同风格的唱腔，推出了《泗州交响》音乐会，在传承与发展上迈出新步伐。

宿州市是泗州戏重要的流行区域。宿州市演艺集团泗州剧团由原宿州市泗州戏剧团改制而。改制后，剧团编排创演反映时代气息的优秀剧（节）目，坚持下基层为群众服务，全年演出130多场，春节期间慰问农民工演出30多场。剧团创编的现代小戏《风流村官》，参加中国戏剧家协会举办的中国滨州国际小戏节获三等奖。

【话剧】 全省现有2个国有话剧院团，即是省话剧院有限责任公司和安庆京话剧团。2011年，省话剧院有限责任公司转企改制之后，倾力创作出大型话剧《魂系小岗》，该剧以沈浩为创作题材，贴近现实生活，一经推出即受到广泛好评。话剧《万世根本》入选2009～2010年度国家舞台艺术精品工程年度资助项目，儿童剧《山里的泥鳅》获2007～2008年度安徽省社会科学文学艺术出版奖一等奖，孟祥伦获国务院政府津贴。

话剧《魂系小岗》剧照

1.以精品剧目为龙头，带动市场全面发展。

话剧《万世根本》。该剧反映凤阳小岗村农民甘冒风险按下红手印，实行包产到户，从此拉开中国农村改革序幕的历史事件。该剧应中宣部、文化部邀请，作为新中国成立60周年献礼剧目，《万世根本》在北京天桥剧场进行专场演出；作为安徽省庆祝建党88周年活动，在合肥等地进行专场演出；先后参加第九届中国艺术节、第六届全国话剧优秀剧目展演、中宣部优秀剧目全国交流巡演等活动；进矿区、学校，演出达120多场，受到群众高度赞扬，截至年底，仍在全国各地演出。该剧先后获得中宣部第十一届“五个一工程”优秀作品奖，第十三届文华优秀剧目奖，第六届全国话剧优秀剧目展演参演剧目奖，2009～2010年度国家舞台艺术精品资助项目等。

原创话剧《魂系小岗》。该剧讲述为凤阳县小岗村工作直至生命最后一刻的好书记沈浩的感人事迹，已在全省各市巡演104场，收入310万元。并到学校、部队、机关和企事业单位演出，为安徽省庆祝建党89周年活动进行专场演出，获省第九届艺术节优秀剧目奖。

2.不断推出新品种，开拓新市场。

2011年7月，省话剧院与上海现代人剧社合作，推出悬疑剧《记忆底牌》，首轮演出9场，收入13万元。都市喜剧《不作你作谁》已制作完成。转企改制以来，剧院先后创排儿童剧《山里的泥鳅》、《老巴克与小巴克》、《灰姑娘与水晶鞋》等适合儿童和家庭观看的剧目，强化“双休日儿童剧场”品牌，场均人数接近200人,并在省内外多个地市开展演出，开辟市场。

【花鼓灯】 花鼓灯是安徽省最具代表性的民间舞蹈、汉民族舞蹈的代表之一、首批国家级非物质文化遗产项目。其舞蹈语汇丰富，舞姿优美，节奏明快，表演时锣鼓喧天，气氛热烈，具有浓郁的乡土气息和鲜明的艺术特色。据凤台县志记载，花鼓灯宋代就流传于淮河流域的凤台、怀远一带。花鼓灯主要由舞、歌、锣鼓演奏组成，通过情节性的双人歌舞与情绪性的集体歌舞表现生活，抒发情感，有比较完整、系统的艺术形式和民俗特征，并因地域不同，形成了怀远、凤台和颍上三大流派，保留《抢板凳》、《抢手绢》、《游春》等较为完整的有人物、有情节的传统节目。花鼓灯舞蹈《欢腾的鼓乡》获第二届全国民间音乐舞蹈大赛大奖、文化部第三届“群星奖”金奖。全省现有国有院团2个，即安徽省花鼓灯歌舞剧院有限责任公司（蚌埠）、凤台县花鼓灯艺术团有限责任公司。此外，在沿淮地区还有大量民间花鼓灯班子。

上世纪九十年代以来，为弘扬民族民间文化，安徽省共举办8届花鼓灯会，命名10大安徽花鼓灯艺术家，推出《欢腾的鼓乡》、《夫妻观灯》等一批优秀作品。

省歌舞剧院花鼓灯艺术团是艺术团体，现有演职员50余人。2010年以来，该团先后推出《好一个花鼓灯》、《花鼓新声》、《俺姐的盖头》、《兰花赋》、《淮河舞韵》等作品。应台湾传统艺术中心筹备总处、台湾国乐团邀请，赴台湾演出“花鼓·安徽”，赴港参加香港各界庆祝中华人民共和国成立61周年演出活动，赴韩国参加“欢乐春节”演出活动等，并在广东、浙江等省驻点演出，年均100场以上。

2006年，安徽省花鼓灯歌舞剧院由蚌埠市歌舞团组建而成，2011年改制为花鼓灯歌舞剧院有限责任公司。该院现有演职员120人，其中国家一级演员5人，二级演员12人，三级演员50多人。2011年，该院演出60场。

凤台县花鼓灯艺术团有限责任公司前身是凤台县花鼓灯艺术团，成立于1996年。该团有50多个作品和20多人获国家级、省级大奖，多次参加央视春晚和花鼓灯专题片录制，先后出访英国、法国、土耳其、芬兰、泰国、新加坡等国家和香港地区，代表性作品有《瞧这帮鼓架子》、《兰花嫂》、《鼓乡俏媳妇》、《板凳龙》、《春》、《恋》、《梦在故乡》、《欢腾的鼓乡》等。

颍上县是花鼓灯重要流传区域， 2011年投入40万元建立花鼓灯研究基金，用于组织开展以花鼓灯为代表的非物质文化遗产传承与保护，建立花鼓灯数据库和民间艺术团体、艺人档案，扶持颍上县花鼓灯艺术学校。县文化馆新创舞蹈《打五扇》、《淮水情长》、《 鼓情独舞》等作品。如今，在颍上城乡集镇、社区民间花鼓灯艺术团体比比皆是，休闲娱乐场所打起锣鼓、跳起花鼓灯已经成为颍上群众的日常生活内容。

小资料：四大徽班

四大徽班是指清代乾隆年间活跃于北京剧坛的三庆、四喜、和春、春台四个著名徽班。徽班，是以安徽籍（特别是安庆地区）艺人为主，兼唱二黄、昆曲、梆子、啰啰等腔的戏曲班社。开始多活动于皖、赣、江、浙诸省，尤其在扬州地区。清乾隆五十五年（1790年），为给高宗弘历祝寿，从扬州征调了以著名戏曲艺人高朗亭为台柱的“三庆”徽班入京，成为徽班进京的开始。此后又有四喜、启秀、霓翠、和春、春台等安徽班相继进京。在演出过程中，六班逐步合并成为著名的三庆、四喜、春台、和春四大徽班。当时正是地方戏曲勃兴、花雅争胜的时期，一些新兴的地方剧种，如高腔

（时称京腔）、秦腔等已先行流入北京。徽班在原来兼唱多种声腔戏的基础上，又合京、秦二腔，特别是吸收秦腔在剧目、声腔、表演各方面的精华，以充实自己。同时适应北京观众多方面的需要和发挥各班演员的特长，逐渐形成了四大徽班各自不同的艺术风格，表现为："三庆的轴子（指三庆班以连演整本大戏见长），四喜的曲子（指四喜班以演唱昆曲戏著称），和春的把子（指以擅演武戏取胜），春台的孩子（指以童伶出色）"。嘉庆、道光年间，汉调（又称楚调）艺人进京、参加徽班演出。徽班又兼习楚调之长，为汇合二黄、西皮、昆、秦诸腔向京剧衍变奠定了基础。因此"四大徽班"进京，被视为京剧诞生的前奏，在京剧发展史上具有重要意义。清朝末年，"四大徽班"已相继散落。

舞　　蹈

【概况】安徽歌舞剧院始建于1956年。2010年转企改制以来，省歌舞剧院有限责任公司先后创作、上演舞剧《徽班》，创作演出大量声乐和舞蹈作品，积累一批富有浓郁民族风格和地域特色的剧目。

【舞剧《徽班》为国家舞台艺术精品工程】省歌舞剧院演出的舞剧《徽班》，以徽班回归初期这段悲壮的历史为背景，再现徽班在特定的历史时期的生存状态，以剧中特定的艺术形象，浓缩和承载徽班几百年的舞台记忆，展现徽班百年不渝的戏剧精神。

2011年11月16日，《徽班》应邀作为"第九届北京国际戏剧·舞蹈演出季"开幕式剧目在国家大剧院连演2场，文化部、北京市委领导及专家、学者观看，获得高度赞扬。文化部为《徽班》召开专题座谈会。中央电视台、凤凰卫视、《人民日报》以及北京市所有媒体作全方位报道。该剧获由文化部、财政部授予的"2010～2011年度国家舞台精品工程"称号。

舞剧《徽班》剧照

【舞蹈作品精彩纷呈】推出的反映凤阳小岗人"敢为天下先"的舞剧《厚土》获省"五个一"工程奖；舞剧《冬兰》获"江淮之秋"创作、表演一等奖，并应文化部邀请进京演出。歌舞音画《皖风徽韵》获省社会科学文学艺术出版奖二等奖。舞蹈《连心锁》、花鼓灯舞蹈《灯》、《徽女情》、《乡舞乡情》分别在"全国舞蹈比赛"、"荷花奖"大赛中获得银、铜奖。群舞《80后》、独舞《茶韵》、群舞《嬉雨》分获第九届安徽省艺术节舞蹈比赛创作与表演一、二、三等奖。

音　　乐

【概况】安徽乐团是在新一轮艺术表演团体改革中，经省编制委员会批准，整合省歌舞剧院所属交响乐团、民族管弦乐团组建而成。安徽乐团内设交响乐团（对外称安徽交响乐团）、民族管弦乐团（对外称安徽民族管弦乐团）。徐宏为安徽乐团常任指挥。安徽乐团音乐家小组获国际中华文化艺术交流展演协会颁发的"最佳组织奖"，在第七届亚洲音乐节上获"演出优秀奖"，在韩国江原道太白市大关岭国际音乐节获"最优秀演出奖"。

【"走出去"推动民族音乐奏响

交响乐团在国家大剧院演出

世界】2011年，安徽民族管弦乐团承担国家组织“中华风韵”赴美国巡演任务，历时14天，行程3万余公里。在美国华盛顿肯尼迪艺术中心、纽约林肯艺术中心，在马里兰州的巴尔的摩、安纳波利斯市，在新泽西州的纽黑文市，在康纳蒂克州，在耶鲁大学、圣约翰大学、肯恩大学，演奏员们演奏的曲目如琵琶协奏曲《天鹅》，二胡协奏曲《红梅随想》，美国民歌《杨基督》、《苏珊娜》、《故乡的亲人》，古筝与乐队《广陵散》等，为美国观众献出古朴雅致的皖风徽韵。凤凰卫视在肯尼迪、林肯两个中心都派出报道组进行及时报道，“华盛顿邮报”用大幅版面介绍安徽的演出，路透社派出报道组对宇洪杰团长进行长达2小时专访，《人民日报》北美记者站、新华社驻美记者都派出专人采访并进行报道。“中华风韵”在美国刮起皖风，奏响徽韵，为安徽赢得荣誉。

1月，安徽乐团赴韩国进行文化交流，在首尔和天安市举行文艺演出，让韩国观众欣赏到中国民族乐器和舞蹈。4月，《徽之韵》艺术家小组访美演出，在美国的华盛顿、盐湖城、旧金山、圣地亚哥等地均受到民众欢迎。9月，安徽民族管弦乐团成功创排、上演第九届“两岸情”——中秋民族音乐会，成为安徽对台文化交流的重要品牌项目之一。

【各类演出活动丰富多彩】①“六一”儿童专场演出。2011年，为了在“六一”给小朋友送上一份特殊的礼物，乐团借鉴多媒体在舞台艺术中的运用，打造由12首名曲组成的多媒体视听音乐会，其中包括《铁臂阿童木》主题曲《阿童木》、《名侦探柯南》主题曲、《风中奇缘》主题曲《风之彩》、《花仙子》主题曲《花仙子之歌》、《机器猫》主题曲《哆来A梦》、《龙猫组曲》主题曲《隔壁的龙猫》、《千与千寻》组曲《华尔兹》和《伴随着我》等等，受到孩子们的喜爱和观众的好评。

②应邀参加中国交响乐演出季。6月，第三届中国交响乐演出季在河南举办，安徽交响乐团应邀参加。乐团演奏交响诗《杜鹃红》，小提琴与乐队《春之爱》，管弦乐《花鼓灯波尔卡》、《树上鸟儿成双对》、《我的中国心》，交响乐《黄山黄梅》等。组委会主席、中国音协名誉主席傅庚辰代表组委会给予安徽交响乐较高的评价。

③实施文化下基层活动。7~10月，围绕建党90周年系列活动，乐团创编一台以《洪湖赤卫队》、《江姐》等为主体的红色经典演唱音乐会，在高校、部队、社会上演出，得到一致好评。

④举办“拉魂交响”演唱音乐会。12月，安徽交响乐团与安徽泗州戏剧院合作，打造“拉魂交响”演唱音乐会，这是继2010年泗州戏与交响乐相结合之后的再度合作。新编创曲目有《拉魂交响满园春》、《拾棉花》选段《七月里来》、《喝面叶》选段《石榴花开红似火》、《小女婿》选段《杨香草》、《大拜寿》选段《车夫号子》、《李双双》选段《走过一洼又一洼》、《小二姐做梦》选段《做梦》、《做官难》选段《张飞审瓜》、《李慧娘》选段《休忘却》、《还牛》选段《三求》、《家家有本难念的经》选段《生儿容易当爹难》等，以及联唱《好不过淮河两岸》和《拉魂腔交响喜人间》。戏曲唱段与交响乐相互融合，得到专家和观众的认可和喜爱。

杂　技

【概况】安徽省杂技团有限责任公司前身为安徽省杂技团。建团以来，通过几代杂技人的艰辛努力，规模不断壮大，在国内外杂技艺术舞台上享有盛誉，足迹遍及祖国大江南北及世界100多个国家和地区。改革开放以来，安徽省杂技团创作一批既富浓郁民族特色又充满现代生活气息的优秀节目。创作并演出的《黄山

杂技《女子高空排椅》

魂》、《阳光》、《黄山》等大型杂技专场晚会，受到国内外观众的赞誉，多次代表祖国到世界各地进行访问和商业演出，并多次获国际与国内杂技比赛大奖，为安徽的文化艺术事业走向国际市场做出贡献。省杂技团先后获文化部授予的“全国文化先进单位”、省委授予的“先进党支部”、省政府授予的“贡献奖”及省文化厅授予的“四定一奖”第一名等荣誉。

【转企改制】 2010年，省杂技团完成转企改制成立省杂技团有限责任公司，成为安徽演艺集团所属子公司。省杂技团相继编排《水流星》、《中国结》、《大跳板》、《力绳》、《空竹》、《荡爬竿》、《大车轮》、《空中飞人》、《跳板蹬人》等一批精彩的杂技节目，与同行业优秀团队合作，在增加国内演出次数的同时开拓海外演出市场，连续两年在美国定点演出，同时在德国、法国、俄罗斯、波多黎各等国家和地区巡演，创下年均演出600余场的纪录，成为安徽演艺集团拓展国际演出市场的品牌。

艺术科研与教育

【安徽省艺术研究院】 安徽省艺术研究院成立于1979年2月，时名“安徽省文学艺术研究所”。1988年经省编委批准，“安徽省剧目工作室”挂靠“安徽省艺术研究所”，实行“一个机构两块牌子”，2008年5月更名为“安徽省艺术研究院”，是省文化厅直属事业单位。主要从事艺术学科理论研究、戏剧创作与管理，是全省重要的艺术科研中心、戏曲创作中心之一。

艺术创作科研。2011年，完成文化部课题并出版《安徽濒危剧种》专著；完成省科研课题《安徽乡土民间艺术祭祀》，进入出版阶段；新申报省级课题2项：《民间黄梅戏班社现状调查及其对剧种发展影响研究》、《安徽文化产业现状及发展前景对策研究和安徽文化产业案例库建设》；全年出版《新戏剧》2集，编辑出版《静静地燃烧——薛铁军剧作选》；参加第25届全国田汉戏剧奖评奖会，选送作品获剧本一等奖（1篇）、论文一等奖（1篇）、论文3等奖（2篇），1人获“优秀编辑奖”。徐志远获安徽省宣传文化系统第二批“六个一批双百人才”称号。先后参与安徽省重大历史题材美术创作工程、第四届农歌会、第二届安徽民俗节、安徽省第三届国家级“非遗传承人”及“非遗传承基地”评选工作。

公益活动。完成省人社厅、省文化厅交办的“2011年安徽省文化产业发展及戏剧艺术创作高级编导研修班”工作。继续组织参加《新安晚报》、省图书馆举办的“新安百姓讲堂”《安徽艺术欣赏》系列讲座，派员参与第20届“金鸡百花电影节”、第七届徽商大会等创作工作，协助省委宣传部编辑《舆情快报》若干期。

【安徽艺术职业学院】 安徽艺术职业学院前身安徽艺术学校创办于1956年，1958年升格为安徽艺术专科学校，1959~1963年为全日制的本科院校——安徽艺术学院，1963年之后又调整恢复为安徽艺术学校。1996年与安徽大学联合创办安徽大学艺术学院，2003年将安徽省电影学校并入新成立的安徽艺术职业学院。

学院占地170亩，建筑面积89030平方米。在编教职工330人，其中专任教师227人（高级职称52人，中级职称64人，双师素质教师143人）。设置19个高职专业、28个专业方向，在校生3145人。

创办56年来，为国家培养上万名艺术人才，涌现出我国第一位琵琶女博士李景霞，著名歌唱家马梅、张燕，著名歌星解晓东，黄梅戏“五朵金花”马兰、吴琼、杨俊、吴亚玲、袁玫，文华奖、梅花奖得主马兰、黄新德、吴亚玲、李龙斌、李文、蒋建国，连续三次获得全国舞蹈比赛最高奖的解放军艺术学院刘敏少将，全国首届舞蹈比赛男演员一等奖获得者华超，CCTV全国青歌赛金奖得主王莉，著名画家朱

法国国家音乐学院院长雅克·克洛与参加教学汇报演出的师生合影

松发、徐德隆、葛新民，等等。

学院积极参加国内外艺术赛事，共获得140多个省级奖项，70余个国家级奖项，5个国际奖项，彰显了教学水平；获第三届文化部创新奖1项，省级精品课程1项，完成国家级科研项目2个，体现了学院的科研实力。在全国20所独立设置的艺术高职院校中，安徽艺术职业学院在人才培养、办学水平、艺术成果、校园建设等方面均名列前茅。

近年来，先后参加北京奥运会开幕式、中国农民歌会、第四届中博会、新中国成立60周年天安门彩车巡游、第四届全国体育大会开幕式、上海世博会“安徽周”、安徽省迎接建党90周年文艺晚会、中国第23届金鸡百花奖（合肥）等重大文艺演出，圆满完成演出任务，学院成为安徽省各类重大文化活动中不可或缺的重要力量。先后为省歌舞剧院、省徽京剧院、省黄梅戏剧院、合肥市庐剧团、蚌埠市泗州戏剧院、亳州市委宣传部等单位“订单式”培养国家级非物质文化遗产定向班，已培养“非遗”专业学生300多名，为传承黄梅戏、花鼓灯、徽剧、庐剧、泗州戏、二夹弦等安徽独有的非物质文化遗产做出重要贡献。

小资料：华佗五禽戏

华佗五禽戏是以模仿动物动作和神态为主要内容的组合动功。“五”是一个约数，并非限于五种功式；“禽”指禽兽，古代泛指动物；“戏”在古代是指歌舞杂技之类的活动，在此指特殊的运动方式。

本法之起源可上溯至先秦，如《庄子》中有“熊经鸟伸，为寿而已矣”等载述，可见当时已有多种模仿动物形神的导引图文，更属“五禽戏”原始功法之类。具体将“五禽戏”整理总结并作为一套功法推广者，是汉末著名医家华佗，有关“华佗五禽戏”的原始文字佚失，唯存零星的史籍记载。目前所能见到的较早载录“五禽戏”具体练法的文献，是南北朝时陶弘景所编撰的《养性延命录》。后世医家、养生家因师传之变异，或根据“五禽戏”基本原理不断发展变化，创编了数以百计的“五禽戏”套路。

《养性延命录》所载“五禽戏”指：虎戏、鹿戏、熊戏、猿戏、鸟戏。

美術書法攝影

楊興玲書

□美　术

□书　法

□摄　影

美　术

【概况】2011年，全省申报国家级美术家协会会员34人，批准新会员24人；截至年底，中国美术家协会会员共329人。申报省级美术家协会会员197人，批准新会员167人，会员总数为3615人。2011年，省美术家协会整合多方资源，组织策划一系列美术活动：

①“皖山徽水沐春风”省直机关庆祝中国共产党成立90周年书画作品展。由省美术家协会、省书法家协会、省直机关工委共同主办，展览作品选取90年来在安徽党史上具有重大影响的事件和革命、建设所取得的辉煌成就，命题创作。

②“辉煌丹青”合肥经济圈美术作品联展。此次展览得到全省美术家特别是经济圈内5个城市（合肥、淮南、六安、巢湖、桐城）青年画家的积极响应，百分之八十的作品专为此次展览创作。135件作品涵盖了中国画、油画、版画、水彩画等诸多样式，内容丰富，画面新颖，展示了合肥经济圈美术家艺术创作的整体面貌。

③第四届中国农民歌会“金色田野”全国新农村优秀书画摄影作品展。由第四届中国农民歌会组委会主办，安徽省书法家协会、安徽省美术家协会、安徽省摄影家协会、滁州市文学艺术界联合会承办。作为第四届中国农民歌会重要内容，展览于10月22日在新建成的滁州美术馆举行。省委常委、省委宣传部部长臧世凯，副省长谢广祥等领导出席开幕式，省、市领导和众多市民、书画爱好者参观展览。展出的240幅书画摄影作品，是从全国各地广为征集、精心遴选出来的。作品题材丰富、风格多样、特色鲜明，表现手法既秉承传统、又富有创新，洋溢着浓郁的生活气息和强烈的艺术感染力，饱含着广大农民艺术家对生活的挚爱和眷恋，寄托着全国农民的追求和向往。

④第二届全国小幅水彩画展。安徽省美术家协会承办，2011年春季启动，共收到来自全国各地的应征稿3300余件。最终49件作品脱颖而出，获得优秀奖。此次展览中，安徽省入选作品29件，孙玉石的《暝》、左建华的《细雨》、欧阳小林的《阳光》、管冬梅的《记忆的角落》、江冰的《红色的故事》、张永生的《一种状态》、陈飞翔的《江南月色》、鲁世萍的《古镇秋阳》获优秀奖。

⑤“传承经典”当代中国画名家学术邀请展。此展邀请多次入选全国美展并获奖的实力派画家20名和著名国画家20名参加，展出作品120幅。本次展览对于新阶段中国画学术交流，沟通研究信息，不断开拓中国画发展的新境界，产生较大的影响。

⑥“纵横时空”黑苏皖黔粤当代版画巡回展。11月29日在赖少其艺术馆开幕，省人大常委会副主任郭万清，省政协副主席张学平，中国美术家协会秘书长刘健，以及五省美术家协会负责人、版画家等共计500余人出席开幕式。展出的200多幅作品中包括黑龙江的“北大荒”版画、江苏的水印木刻、安徽的徽派版画、贵州的民族风情版画和广东的岭南版画，展现了5省当下版画创作的最新成果与艺术趋势。

⑦第二届“黄山魂”新徽派版画展。由安徽省文学艺术界联合会、中国美术家协会版画艺委会、安徽省美术家协会、合肥电视台主办，12月9日在合肥市久留米美术馆举行。省委常委、宣传部部长和副省长唐承沛为展览撰写前言，省政协副主席郑牧民等出席开幕式并剪彩。展览入选作品94幅，是近年来新徽派版画创作成果的一次集中展示。开幕式后举行了新徽派版画创作学术研讨会。

⑧“水墨安徽”中国画作品展。由省文学艺术界联合会、省美术家协会联合主办，12月5日在省博物馆开幕。省人大常

郑震教授90寿辰艺术作品展暨学术研讨会开幕式

中国新徽派美术走进俄罗斯

委会副主任任海深等领导出席开幕式。“水墨安徽”中国画创作工程旨在精心创作一批唯以皖独有的名人、山水、风物为内容的中国画作品，高度概括地解读大美安徽，热情讴歌千百年来安徽人文的历史性开拓与进取精神，集中展示安徽独特地域风光和丰富风物特产，展示了安徽中国画家的整体实力。展览展出人物画53件、山水画101件、花鸟画74件。

⑨第二届安徽省陶艺展。展览在淮南师范学院举行，展出近百件作品，其中获奖作品24件。这些作品大多在陶瓷艺术与各种陶瓷材料、制作方式与风格的结合上进行探索，充分发挥和展示“陶瓷材料”艺术创作的特性和魅力。

⑩中国工笔画名家邀请展。展览邀请国内100位名家的300余件作品参展，同时还邀请78位画家参加开幕式，并组织他们去黄山采风。筹备期间，得到著名工笔画家、中国美术家协会副主席何家英的指导。

⑪安徽油画精品高校巡回展。由安徽省油画学会、省美协油画艺委会共同主办，目的是推精品、推新人，发掘、储备人才。展览于2010年9月在安庆师范大学开幕，2011年先后在巢湖学院、滁州学院、安徽财经大学、皖西学院展出。

⑫太湖“五千年文博园”油画名家邀请展。由省美术家协会名誉主席鲍加率领10位画家参加了邀请展。

⑬老一辈美术家及其成就的展示和研讨活动：郑震先生诞辰90周年之际，省美术家协会与省文史馆、安师大联合策划、主办艺术研讨、展览、出版画册、文集等系列活动；主办“八老（萧龙士、孔小瑜、光元鲲、童雪鸿、王石岑、懒悟、徐子鹤、申茂之）研讨会”、“安徽江淮地区老年高级书画师作品展”等。

⑭中国新徽派美术走进俄罗斯。应俄罗斯圣彼得堡市美术家协会的邀请，3月上旬开始，由省文学艺术界联合会、省美术家协会组织的中国新徽派美术走进俄罗斯展览采风团一行32人赴俄罗斯开展文化交流。在圣彼得堡市美术家协会展览中心举行了中国新徽派美术走进俄罗斯美术作品展览开幕式，中国驻圣彼得堡市领事馆段小聪、安徽省美术家协会主席张松、圣彼得堡市美术家协会艺术展览中心主任晒依科夫分别致辞。此次展出中国画作品42件、油画作品10件、雕塑和版画作品5件。

此外，当年还举办了安徽省美术家协会名家作品赴广东东莞精品展、“新徽派”美术走进奥地利作品展，并主办老一辈美术家作品研讨会等活动多次。

【国画创作】在第八届全国工笔画大展中，安徽入选作品14件，其中朱红晖的《青岛圣象》获金奖，孙跃宏的《漫步云端》获银奖，郑虹的《迷影》获优秀奖，谢宗君的《山水本色》获学术奖。在中国“百家金陵”画展中，朱红晖的《青岛圣象》获金奖。在首届全国现代工笔画大展中，鲁刚的《风林惊雉图》获铜奖、谢宗君的《净土》获学术奖。

【油画创作】40位油画家的47幅

大型浮雕《照壁怀古——徽州人文之光》

作品参加“人文江南”吾土吾民系列油画邀请展。人与社会油画展，安徽入选5件。观澜国际版画双年展，安徽入选3件。陈元的油画《惊蛰·皖北》、郭凯的油画《幽意随偶》入选“艺术家眼中的当代中国”中国油画艺术展。李比道的油画《乡塘》入选全国中小学教师美术作品展。

【版画创作】在第十九届全国版画作品展中，安徽入选作品19件，其中李庆玲的《霜华》、李成城的《池州傩》获优秀奖，班苓的《甘南日记》入选评委作品，成绩居全国第4位。“纵横时空”黑苏皖黔粤当代版画巡回展，安徽42件作品参展。第二届“黄山魂”新徽派版画作品展，共展出新作95件。举办安庆版画50年回顾展，参与“中国版画进万家”公益惠民活动。

【雕塑创作】大型浮雕《照壁怀古——徽州人文之光》，徐晓虹领衔创作。作品由1组3件照壁呈弧线状排列构成，总长108米、高8米，主要人物和背景人物有180多人，成为新安江畔一道风景。国务院副总理回良玉、省委书记张宝顺、省长王三运参观照壁。徐晓虹的雕塑作品《皖南事变——叶挺、项英、周子昆、袁国平》、《乡村歌谣》代表安徽省参加在长春举办的第三届世界雕塑大会并展出。

【水彩粉画等创作】第二届全国小幅水彩画展，安徽省有27件作品入选，其中优秀作品6件，15件作品被安徽省博物院永久收藏。第二届中国粉画展，安徽省入选作品5件，其中庞宗超的《沙尘天》获优秀奖。徐公才的《徽州意象·秋》入选第二届全国水彩画展、《皖南秋色》入选第二届全国色粉画展。第九届中国大学生广告艺术节，王倩倩的《腾讯微博文案》获学院奖三等奖。吴洋的《生活，有你才精彩》获LG电子系列佳作奖。

书　法

【“笔墨颂党恩”庆祝建党90周年安徽书坛名家90人大型笔会】由省文学艺术界联合会、省书法家协会主办，2011年6月在合肥举行。省政协副主席田维谦、省书法家协会主席张学群以及来自全省各地的90位书家参加了大型笔会。笔会在庄严的《国际歌》声中开始，中共党员书家现场重温了入党誓词，书写内容均为老一辈革命家的诗词。

【庆祝省书法家协会成立30周年系列活动】春节前夕，皖籍省外书家作品展在合肥开幕，共展出作品124件，作品集同时出版。6月，由省书法家协会主办，淮北市杜集区委、杜集区人民政府、淮北海容实业有限责任公司承办的全国书法、现代刻字名家邀请展暨安徽省第二届现代刻字展在淮北市博物馆开幕，中国书法家协会分党组成员潘文海、中国书法家协会副主席聂成文等出席开幕式。展览汇集了历届国展获奖作者和安徽省的书法刻字作品400余件，既有书法，又有现代刻字，作品集同时出版发行。10月，由省书法家协会和利辛县人民政府联合主办的安徽省中国书法家协会会员作品展在利辛县开幕，展出安徽省现有的366名中国书法家协会会员的精品力作，作品集同时推出。1月，由省文学艺术界联合会合、省书法家协会、滁州市人民政府联合主办的“墨舞雪飞”吴雪书欧阳修滁州诗文作品展在滁州学院举行，省政协副主席田维谦等领导、专家出席开幕式，展出的作品均为欧阳修在滁州任职期间所作诗文，作品形式多样，各具风采。12月，由中国书法家协会、安徽省文学艺术界联合会、安徽省书法家协会联合主办的“翰墨情怀”吴雪书法作品展在合肥开幕，全国人大常委、全国人大农业与农村委员会副主任委员王金山，全国政协教科文卫体委员会副主任方兆祥，省人大常委会副主任郭万清，省政协副主席田维谦，中国书法家协会分党组书记、副主席赵长青，省军区原司令员沈善文和来自全省各地的书画艺术家共300多人出席开幕式。展览共分为“文

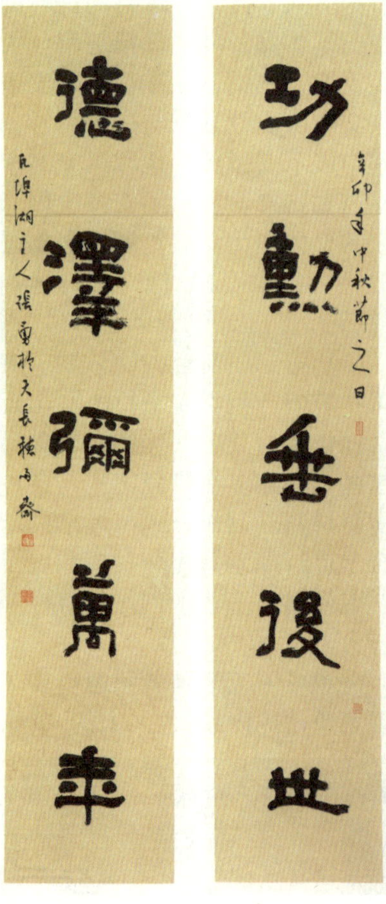

第四届中国农民歌会展出的书法作品

哉安徽”、“美哉安徽”、“壮哉安徽”3大版块，艺术表现形式富有创意，展览主题鲜明，构思新颖，具有鲜明的安徽文化特色和艺术风貌。12月，由省书法家协会和安徽邓石如书法研究院联合主办的《“岁月留痕”桂雍书法30年》作品集首发式暨桂雍书法小品观摩展在合肥举行，共展出桂雍书法小品近百幅，书法集收录了桂雍30年来书法学习探索期、拓展期、创变期等不同时期的作品200多幅。5月，由省书法家协会和省青年书法家协会联合主办的“感恩书法”凌斌、史培刚、石海松书法作品展在合肥举办，共展出3人60幅精品力作，真草篆隶书体皆备。

【承办“邓石如奖”全国书法作品展】展览由中国书法家协会、安徽省文学艺术界联合会共同主办，7月在合肥开幕。中国书法家协会分党组书记、副主席赵长青，中国书法家协会副主席苏士澍、言恭达，省委常委、宣传部部长臧世凯，省人大常委会副主任朱先发、郭万清，副省长唐承沛，省政协副主席张学平，以及来自全国各地的入展书家和书法爱好者500余人出席开幕式。展览自2010年8月开始征稿，共收到来自全国各地的参赛作品14000多件，经评选产生优秀作品奖10件、优秀作品提名20件、入展作品412件，涵盖了不同书体、不同风格、不同流派，许多作品在书体、布局、纸张、色彩和工艺方面都作了大胆尝试。开幕式上，领导和嘉宾为获得优秀作品奖的10位作者颁奖。邓石如书法艺术暨清代碑学书法学术报告会同时召开，省人大常委会副主任郭万清、中国书法家协会研究部主任刘恒、30位论文作者以及相关媒体代表出席。作品集和论文集同期出版发行。

【“中国书法进万家”百名书法家走进阜阳王家坝】由中国书法家协会、中共阜阳市委、阜阳市人民政府、安徽省文学艺术界联合会、安徽省书法家协会共同举办，5月22日在阜阳市清河广场举行。全国人大环境资源委员会副主任委员张文台，中国书法家协会副主席张改琴、聂成文，省人大常委会副主任任海深，省政协副主席赵韩等领导，以及近千名来自全国各地和阜阳书法爱好者、百名书法家出席启动仪式，任海深宣布活动开始。各位书法名家把百米书法长卷献给为治理淮河作出巨大牺牲和贡献的阜阳人民，以此表达全国书法界的敬意。百名书法名家走进王家坝，以阜阳文化和王家坝精神为题材，挥毫泼墨，在百米长卷上留下墨宝。

【“皖军书法华夏行”川藏行】7月26日在成都举行开幕式，省政协副主席田维谦及安徽省文学艺术界联合会、书法家协会负责人，四川省文学艺术界联合会、书法家协会负责人，以及两省书法家代表共200多人出席开幕式。本次川藏行活动参展的60幅书法作品，以安徽当代中青年书法家作品为主。展览还邀请到了四川省部分书法名家的20幅佳作进行交流展览。安徽省书法家协会从2010年开始策划开展了“华彩三洋·书写中国”皖军书法华夏行活动，计划每年在全国选择一个城市举办，旨在展示安徽当代书法名家最新创作成果，加强与兄弟省市书法家们的广泛交流，扩大安徽书法和安徽企业在全国的影响。四川站活动是“皖军书法华夏行”第二站。

【倡议并举办中国中部六省书法联展】2011年9月，第六届中国中部投资贸易博览会隆重开幕之际，由安徽书法家协会倡议、中国书法家协会和中部六省文学艺术界联合会主办，六省书法家协会承办的中国中部六省书法联展在山西美术馆拉开首展序幕，来自六省的书法界同仁参加了开幕式。展览旨在展示中部六省文化底蕴，弘扬书法人文精神；塑造中部文化形象，打造书法艺术品牌；促进中部六省书法艺术交流，扩大合作发展空间；倡导书法精品创作，提升中部书法事业发展水平。展览的主题是“文化中部、互融共赢、促进崛起”。展出的300余件作品出自中部六省书法名家之手，较好地反映了中部地区的书法艺术风貌。安徽参展的50幅精品，统一尺寸，统一装裱，以极富个性的徽派风格卓立展馆，受到兄弟省市书家的一致称赞。首展之后，将相继在其他5省举办展览。

【举办第十二回中日兰亭书法交流展】由省书法家协会、日本兰亭会共同主办的第十二回中日兰亭书法交流展 8月在合肥开幕，中日双方的书法家参加了开幕式。开幕式后，中日书法家进行

“翰墨情怀”吴雪书法作品展

"邓石如奖"全国书法作品展开幕式

了交流笔会，并互相交换了作品，进一步加深了中日两国书法家之间的友谊。兰亭会是日本书道组织之一，此前已在中国的11个省举办过展览，中日兰亭书法展是该会的一项品牌活动。本次展览展出中日双方书法家创作的作品近300件。

【方茂鸿书画展览在马来西亚举行】应马来西亚水墨画协会、书艺协会的邀请，由中国书法家协会、安徽省文学艺术界联合会、马来西亚水墨画协会主办，马来西亚书艺协会协办，广东金水文化传播有限公司、吉隆坡市隆雪中华大会堂承办，5月14～17日在吉隆坡市隆雪中华大会堂举行。中国驻马来西亚特命全权大使柴玺出席开幕式并剪彩、致辞。马来西亚水墨画协会会长钟正川、书艺协会会长王雅与书画界知名人士约百余人参加了开幕式。展出的120件作品是方茂鸿近期创作的精品力作，其中30件为国画作品。中央电视台驻马记者站、马来西亚《中国报》等多家媒体进行现场采访报道及专题访谈。

【省书法家协会制定奖励办法】为鼓励全省书法爱好者积极参加中国书法家协会主办的各类展览，激励书法人才脱颖而出，促进安徽书法创作繁荣发展，省书法家协会出台《关于对在中国书法家协会主办的展览中获奖作者实施表彰奖励的暂行办法》，规定从2012年开始，凡在中国书法家协会主办（不包括挂名）的展览中获奖的作者，给予一定的物质和精神奖励，颁发安徽书法发展贡献奖。在中国书法家协会主办的届展、兰亭展中获一等奖作者（不设奖励等次的，获奖即视为一等奖），发奖金3万元，颁发安徽书法发展贡献奖奖杯（奖状）；在届展、兰亭展中获其他奖和在单项展、专题展中获一等奖的作者，发奖金5000元，颁发安徽书法发展贡献奖奖杯（奖状）；在单项展、专项展中获其他奖的作者，发奖金2000元，颁发安徽书法发展贡献奖奖杯（奖状）。奖励每年进行一次，每年第四季度或次年第一季度实施。在中国书法家协会主办的理论研讨会上获奖的作者，比照该奖励办法进行奖励。

【书画家黄澍入党】中国共产党成立90周年之际，95岁高龄的书画家、黄山学院教授黄澍光荣入党，与440名大学生新党员一起参加入党宣誓。黄澍先生是中国书法家协会会员、安徽省书法家协会名誉理事、中国诗词学会会员、安徽省诗词学会理事、新安画派研究会顾问，毕生从事教育事业，其作品分布于黄山众多名胜古迹之中，出版有《黄澍书画集》。

摄　影

【概况】2011年，省摄影家协会开展一系列活动，取得较好成绩。省摄影家协会召开第四届理事会第二次全体会议，增选刘少宁、许国为安徽省摄影家协会副主席，聘请省人大常委会副主任郭万清为名誉主席、省国资委原主任桂建平为顾问。省摄影家协会积极支持各系统、各行业、各单位的摄影文化活动，将摄影的普及与提高作为协会的一项重要工作内容。参加省直机关工委"送文化"下基层活动，应邀到省电力公司、省人保、省博物馆、合肥市文化馆等单位举办摄影专题讲座，许多单位由此而成立摄影协会。省摄影家协会进一步加强安徽摄影网网站建设，为广大摄影人打造网络交流、展示平台，促进安徽摄影发展。安徽摄影网现有注册会员3万多人，平均日发帖维持在千帖以上。省摄影家协会电子刊物《大家摄影》编辑2期，得到摄影界的一致赞扬。

【摄影作品及理论成果】2011年，安徽摄影家在《中国摄影》、《大众摄影》、《中国摄影报》、《人民摄影》、《中国摄影家》、《摄影世界》、《摄影与摄像》、《摄影之友》、《数码摄影》、《照相机》等刊物上发表众多摄影作品。在中国第十四届国际摄影艺术展览、第十三届全国当代摄影艺术邀请赛、2011卡西欧“魅力中国”全国摄影大奖赛等多项国内外比赛、展览中获得诸多奖项，得到业界一致肯定。同时，摄影家们在摄影技术与艺术理论方面也收获颇丰，在《大众摄影》、《照相机》、《2011第十届中国摄影理论研讨会论文集》、《中国摄影报》等专业报刊上发表多篇文章，并获得2011上海国际郎静山摄影艺术奖（理论类）金像奖。中央电视台摄影频道集中播放安徽省各地摄影家协会及摄影家介绍。《光影长廊》专题介绍张永富、韩飞、李晓红、周冰、栗洪宁、王梅、刘少宁、王娟娟、王武、俞爱华、张东俊、许国等摄影家。《影友园地》介绍合肥、蚌埠、淮北、淮南、马鞍山、芜湖、宣城、中铁四局摄影家协会情况。

【摄影采风活动】省摄影家协会2011年组织100人以上大规模摄影采风和创作活动有4次：3月18～21日“2011之春”黄山脚下最美油菜花摄影创作活动；4月8～13日“2011之春”休闲养生在徽州摄影创作活动；5月20～23日“中国原生态最美山乡——石台”摄影创作活动；11月4～7日“最美花亭湖暨五千年文博园”走进太湖摄影采风活动。

【摄影展览】3月10日至7月20日，省文学艺术界联合会、省摄影家协会、安徽文学院联合举办“大美安徽”摄影大展。9月3日，省摄影家协会、省高校摄影家协会、合肥工业大学建筑艺术学院摄影工作室主办的“创意无限摄影作品展”在合肥工业大学建筑与艺术学院艺术展厅开幕。10月22日，省摄影家协会举办的王兴亮、王泓瀚“盛夏高原”摄影展在中国科技大学东校区现代艺术中心开幕。10月，省摄影家协会完成摄影调研报告《摄影对我省地方旅游景观塑造、传播与效果研究——以黄山市摄影旅游文化建设为例》（入编《2011安徽文学艺术创新发展调研报告集》）。12月24日，省摄影家协会、省旅游协会、宣城市文学艺术界联合会主办鲍克《凡眼看世界》境外摄影展览。

【摄影大赛】1月6日，舒城万佛湖省级旅游度假区管委会、省摄影家协会、合肥晚报社主办的“万佛湖”摄影大赛开始征稿。3月10日至5月20日，黄山市人民政府、安徽省摄影家协会、上海市摄影家协会、浙江省摄影家协会、江苏省摄影家协会主办中国黄山油菜花摄影节“国元证券杯”2011年黄山脚下最美油菜花摄影大赛。4月15日至12月20日，省摄影家协会、太湖县人民政府主办第二届中国花亭湖旅游摄影比赛。4月至12月20日，省摄影家协会、太湖县人民政府、五千年文博园投资有限责任公司主办“我眼中的五千年文博园”摄影大赛。5月16日至9月30日，省文学艺术界联合会、中铁四局集团有限公司主办、省摄影家协会、中铁四局党委宣传部承办全国首个以“农民工”为主题的摄影大赛——中国中铁四局杯“农民工·我的兄弟姐妹”全国摄影大赛。6月13日至8月15日，新华社安徽分社、中国移动通信集团公司安徽分公司、省摄影家协会联合举办“庆祝建党90周年，发现安徽生活之美”手机摄影大赛。9月1日至10月8日，省摄影家协会承办“万象大观·魅力安徽”首届安徽民俗风情摄影大赛。9月17日至10月7日，安徽基石置业有限公司、省摄影家协会主办“新城之光·城市美好办公生活”摄影大赛。9月30日至10月4日，中国安徽国际汽车展组委会、省摄影家协会、奇瑞汽车股份有限公司主办2011中国安徽第八届国际汽车展览会“奇瑞汽车杯”摄影大赛。

《打造“百亿粮仓”》

跳动的五线谱

工余时间

搬运民工

步步高

鸟巢建设者

都市园丁

除夕之夜

档案党史地方志

□ 档　　案

□ 党史研究

□ 地 方 志

档　　案

【概况】2011年全省共有档案行政管理机构123个，各级各类档案馆155个。全省各级各类档案馆、室共藏有纸质档案6144万卷（件），共接待利用者228.65万人次，提供利用档案224.26万卷（件），其中为经济建设提供利用档案43万卷（件）。制发《安徽省档案事业发展“十二五”规划》，确定档案事业转型发展的重点工作任务和奋斗目标。全省档案事业着力在公共档案馆建设、核心档案资源管理、档案展示平台构建、档案安全体系完善、档案信息化推进、档案教育培训改进等方面，改变工作方式方法，注重服务领域由机关向社会拓展，服务方式由档案实体利用向历史文化知识传播扩展，促进档案工作走向开放化、社会化，推进了档案事业发展方式的转变。

【档案展示工程】2011年，省档案局围绕繁荣发展文化事业的大局，在全省推出“档案展示工程”，全年各级档案机构共举办各种展览107次，接待参观7.9万人次。省档案局完成全国档案界首部3D档案纪实片《安徽》的拍摄制作，得到省委、省政府领导和国家档案局的充分肯定。全省档案展示馆建设水平明显提高，霍山、绩溪、宁国、歙县等档案展示馆工作取得新突破。

【民生档案开发与经济档案管理】2011年，全省各级档案机构共接待利用者245万人次，调阅档案资料246.4万卷（件）次。淮北、淮南、马鞍山等市建立招工、知青、计生、婚姻等利用频繁的档案全文数据库，蚌埠市建立退伍安置、破产改制企业、下放知青等专题数据库，滁州市编印《“五七”厂与知青厂组》等资料汇编，铜陵市编印《铜陵市民生工程文件汇编》，安庆市编制《破产企业特殊岗位人员名册》，阜阳市免费为下岗工人、残障人士、失地农民提供民生档案服务。认真贯彻《企业档案工作规范》，组织开展企业档案工作年检，促进国有企业档案工作的规范化管理。召开民营企业档案工作现场会，推进民营企业档案工作。省档案局与省交通厅联合下发《安徽省公路水运建设项目档案管理实施办法》，在全国率先规定建设单位与施工、监理单位签订合同时一并签订档案合同。服务重大建设项目，落实重大建设项目档案管理登记制度和档案验收制度。与有关部门联合下发指导性文件，督促指导做好援川、援疆和江南、江北产业集中区以及开发区、工业园区档案工作。省档案局被评为对口支援松潘县先进集体，受到省政府表彰。

召开全省新农村建设暨民营企业档案工作现场会，与省新农办联合表彰一批社会主义新农村建设档案工作示范乡（镇）村。

【档案馆库建设】省档案馆新馆筹备工作完成相关调研和规划设计准备工作。全省档案馆总建筑面积达23.8万平方米，其中技术用房1.7万平方米，分别比上年增长19%和55%。芜湖、滁州、淮南等市和歙县、霍山、颍上等县共14个档案馆竣工。亳州市档案新馆完成主体工程建设。蚌埠、黄山、太湖、枞阳、阜南、旌德等23个市县档案馆开工建设。

【馆藏档案资源建设】全省各级档案馆馆藏档案数量达到1612万卷（件），比上年增长10.8%。各类档案室保存档案4532万卷（件），增长8.1%。省档案馆优先接收了民政、社会保障等涉及民生工程的档案以及撤销撤并机构、破产企业档案。全年抢救重点档案近4万卷（件）。省档案馆当年征集到王稼祥延安时期毛毯等珍贵档案资料5300多件，建立口述档案20余盘。六安市征集到全境地形地貌航空照片档案，宣城市征集到城市发展影像档案，安庆市征集地方名人墨宝、怀宁县儿童血铅超标事件档案资料，芜湖市征集到李克农将军、卢强院士档案，池州市征集到杏花村旅游商标诉讼文书。

【分布式档案基础数据库建设】省档案馆完成档案文件级目录数字化33万多条、全文数字化近4万页，转储抢救馆藏珍贵音频磁带43盘、累计70多个小时。淮北市建立馆藏档案全文数据库180余万条、200余万页。合肥市完成数字档案馆二期项目建设，对馆藏100多万页档案进行全文扫描。宣城市电子文件档案综合管理利用系统一期工程通过专家组验收。档案室新增机读目录案卷级112.8万条、文件级13.5万条。档案部门参与电子政务和政府上网工程，新开通4个档案信息网站，全省共有档案信息网站52个。

党史研究

【纪念建党90周年系列活动】一是与省委组织部联合举办“光辉的历史、伟大的成就——庆祝中国共产党成立90周年大型党史图片展”；二是在省直单位开展党史宣讲报告50余场；三是与省委宣传部、省委教育工委、团省委联合开展“党史专家校园行”活动；四是与省政协文史委等单位联合举办全省党史界纪念中国共产党成立90周年学术研讨会；五是与省委组织部、省委宣传部、省委党校、省军区政治部等7个单位联合举办全省纪念中国共产党成立90周年理论研讨会；六是联合省委宣传部、省委外宣办组织开展两场“党旗飘扬映江淮”大型新闻发布会，向境内外50多个媒体宣传安徽党史工作；七是与省直工委、省文化厅联合举办省直机关庆祝建党90周年书画作品展，与省新四军历史研究会、省图书馆联合举办“党与人民心连心——庆祝中国共产党成立90周年书画展”；八是与团省委联合举办“学党史、知省情、比贡献”活动；九是在各类媒体广泛开展党史宣传教育。在《安徽日报》开设“追寻红色足迹”专栏20余期，7月1日前后推出庆祝建党90周年大型特刊“丰碑”。与《合肥晚报》联合组织大型采访活动——红色安徽·发现巡礼。与安徽电视台《安徽新闻联播》联合摄制纪念建党90周年特别节目“红色信念——寻找身边的安徽党史”25集，与安徽门户网站“中安在线”联合推出特别报道——红土地的记忆·追寻红色足迹。

【党史编研】以编写地方党史基本著作为中心，做好党史编研工作。完成《中国共产党安徽历史（第二卷）》初稿第一次送审，征得意见、建议10万余字，依据专家意见修改、补充。配合党史学习教育，编写出版党史学习教育系列丛书《中共安徽九十年简史》、《党政干部党史知识手册》、《红色江淮——安徽青少年党史学习读本》。加强党史专题研究，完成中共中央南方局历史研究系列丛书之一——《中共中央南方局与新四军》初稿，《新四军和华中抗日根据地的反腐倡廉工作》专题收进《中国共产党反腐倡廉史》一书，省社科联课题《学习型政党与创新安徽建设》完成结项。扎实开展党史资料征集工作，围绕二卷修订，收集档案资料20余万字，拍摄照片500余幅，启动《安徽省社会主义时期党史资料长编》编写工作，编辑完成《2010安徽工作概要》，为《中国大博览·安徽篇》提供大事记。开展重要党史人物口述史料征集，整理卢荣景口述资料20余万字，完成《昨天的记忆》初稿。做好革命遗址普查工作，编辑完成《安徽省革命遗址要览》，全书约17万字、照片1100幅，共收录全省重要革命遗址367处。与省国土资源厅、省旅游局、省测绘局联合编制安徽红色旅游图《红色江淮》。

【党史宣传教育】一是与省委组织部、省委宣传部联合发出《关于认真组织学习宣传中国共产党历史第二卷的通知》；二是与省委组织部、省委宣传部、省委教育工委、省教育厅、团省委联合发出《关于在党员、干部、群众和青少年中开展中共党史学习教育的通知》；三是与省委组织部联合开展以“回顾党的光辉历程，讴歌党的丰功伟绩，坚定不移地跟党走中国特色社会主义道路”为主题的第二届“全省领导干部党史教育日”活动；四是与省委组织部联合评选第二批全省领导干部党史教育基地，在《安徽日报》开设《红色的印记——我省第二批领导干部党史教育基地巡礼》专版；五是承办华东地区第十二届党史报刊评审会暨中部地区党史期刊第五届年会；六是举办《往事回顾——王光宇口述》首发式；七是与中央党史研究室第一研究部、中共安庆市委在岳西县联合举办“鄂豫皖三年游击战争·红色岳西学术研讨会”；八是发挥好党史刊物的宣传阵地和窗口作用。编辑出版《红色档案——90年记忆》。

另外还举办了党史人物纪念活动。一是举办江上青诞辰100周年系列纪念活动。二是以省委名义举办孙起孟诞辰100周年座谈会，省委书记张宝顺发表重要讲话。三是先后与省新四军历史研究会、省中共党史学会联合举办杨效椿诞辰100周年座谈会、李世农诞辰100周年座谈会，再版《模范共产党员杨效椿》。

地 方 志

【二轮省志编纂】《安徽省志（1986～2005）》由89部分志组成，预计7000万字，共有142个单位承担编纂任务，计划2013年完成。2011年，省地方志办公室加强业务指导与服务，省志编纂工作进展顺利。年底已交付出版分志2部，已评议和即将评议26部，完成分志稿47部，基本实现年初制定的编纂目标。3月在池州召开《安徽省志》编纂工作协调推进会，省政府办公厅下文督促14个承编单位启动修志工作。全年召开4次协作组会议，交流经验，研讨业务。编辑印发《〈安徽省志〉编纂工作手册》，7月举办修志人员业务培训班和研讨班，汇编出版《〈安徽省志〉总纂研讨班论文集》，9月召开《安徽省志》编纂出版工作会议，编制《〈安徽省志〉出版印刷方案》，完成《安徽省志》封面设计工作，与方志出版社、黄山书社签订出版协议，完成4部省志分志的印刷招标工作。

【二轮市县志编纂】 根据全省地方志编纂工作规划，列入规划的共有132部市、县（市、区）志。到年底，全省共出版市、县（市、区）志53部，交付出版13部，已召开评议会志稿40部，计106部。合肥、淮北、马鞍山、芜湖、铜陵、淮南、安庆、宣城、黄山等市规划内的二轮志书编纂工作已基本完成。积极推广“亳州模式”，全年出版7部市、县、区志，召开28部志稿评议会。创新志稿评议方式，蚌埠四区、安庆三区联合开评议会，节约财力人力。编纂出版《安徽地方志论文集》，为第二轮修志实践提供理论指导。加强业务指导，以会代训，6月召开精品工程志书编纂工作经验交流会，7月在宁波大学举办二轮志书主编研修班，9月承办“中国地方志协会城市区志专业委员会2011年学术年会”。淮南八公山区地方志办公室等单位编纂出版《淮南豆腐志》等一批特色志、乡镇志和行业志。宣城市地方志办公室组织编纂《宁国府续志》，进行今人续修古志的探索。

【年鉴编纂】全年新创编县（市、区）级综合年鉴13部，截至年底全省共有72个市、县（市、区）开展年鉴编辑工作，累计出版年鉴369卷（本）。当年出版和在编年鉴50卷。《安徽年鉴》进一步调整编纂框架和充实资料内容，提高信息量，增强可读性，增加发行量，赠送发行已达5000多册，覆盖全省城乡机关和企事业单位，深受社会各界的好评。5月省编办批准成立年鉴处，为省地方志办公室内设处室，同时撤销《安徽年鉴》编辑部，年鉴处职能为编纂出版《安徽年鉴》，对全省年鉴事业进行规划和业务指导，使年鉴编纂工作更加规范严格。10月召开了安徽省年鉴研究会四届二次会员代表大会，布置开展全省年鉴第二届评奖活动。

【旧志整理】 全省规划整理的95部旧志，到2011年底已点校出版41部。当年省地方志办公室影印出版清·光绪《凤阳府志》，安庆市出版明代《安庆府（郡）志》。市、县点校的清·道光《宿松县志》、清·康熙《怀宁县志》和《池州府志》、《池州名胜三志》等完成或基本完成。淮北地方志学会点校的清·嘉庆《萧县志》，亳州市点校的清·光绪《亳州志》，铜陵市点校的清·顺治《铜陵县志》完成点校出版前期工作。

【地方志工作开展30周年纪念活动】 2011年，适逢全省地方志工作开展30周年。12月22日，省委书记张宝顺对全省地方志工作作重要批示：“多年来，全省广大地方志工作者辛勤笔耕、无私奉献，编纂出版了一大批史志文献，为改革发展提供了借鉴，为子孙后代留下了宝贵财富。各级党委、政府要进一步加大领导和支持力度，为方志事业繁荣发展创造良好条件。广大地方志工作者要认真学习贯彻党的十七届六中全会和省第九次党代会精神，进一步增强责任感、使命感，不断提高地方志工作科学化水平，为打造‘三个强省’、建设美好安徽作出新的积极贡献。”中国地方志指导小组常务副组长、中国社科院副院长朱佳木专发贺信，充分肯定安徽省地方志工作取得的成绩。12月22日《安徽日报》整版隆重介绍30年来安徽地方志工作所取得的成就及工作思路，《志苑》刊发纪念专版，《安徽地方志》发表一系列纪念文章。

圖書館博物館文化館

童樹根題

□图书馆

□博物馆

□文化馆

图　书　馆

【概况】公共图书馆是公共文化服务体系建设的重要组成部分。截至2011年底，全省共有公共图书馆100个。2011年，按照文化部、财政部的要求，美术馆、公共图书馆、文化馆（站）实施免费开放。6月28日，全省各级公共图书馆一律向社会免费开放。

安徽省图书馆

省图书馆建于1913年，前身是安徽省立图书馆。经过几次扩建，面积增加到3.69万平方米，有阅览座位1400多个。现有藏书250多万册，古籍线装书近40万册，善本书3121种、3.07万册。调整阅览室布局，增设服务项目，增加借阅册数和延长借阅时间，引进图书自助借还系统和24小时街区图书馆等项目。2011年，省图书馆共接待读者136.26万人次，书刊外借150.62万册次，新办借书证47597个。先后开展“助困爱心一日捐”、“优秀书刊漂流行”、“读者英语沙龙”、“残障人士文化活动日”和“少儿假期主题阅读”等5个公益性项目。

宣城市图书馆推进探索创新项目“五个坚持”：在管理制度上，坚持严格、规范、有序；在开放时间上，坚持“白加黑、五加二”；在资源建设上，坚持“多、好、快”；在设施环境上，坚持优化、美化、便民化；在服务质量上，坚持创新、创优、创先。太湖县图书馆对外服务窗口均安装监控设备，电子阅览室更新50台电脑，印制读者一卡通“借阅卡”1万张，上架新书3814册。五河县图书馆免费开放的第一天，各个阅览室座无虚席，读者比往常增加2倍。马鞍山市图书馆新馆于2008年建成，总建筑面积约2万平方米，设计藏书量140万册，2010年被文化部评为“国家一级馆”；2011年3月14日，率先实行全面免费开放，市民凭有效证件即可入室阅览，当年共接待入馆读者55万人次，外借图书38.7万册；播放公益电影77场，视频讲座20场，各类展览20多次，为盲人读者送书上门服务11次，组织视障人读书座谈会3次。阜阳市图书馆开辟颍州论坛、举办金起点讲座，有效拓展公共图书馆的公益活动。铜陵市图书馆先后在社区、军营、乡镇、村建立图书馆（室），全市社区图书馆（室）普及率已达100%，建立信息资源共享工程基层服务点120多个，举办的“铜都讲坛”系列公益讲座已成为铜陵市文化品牌之一。

【公共数字文化服务体系建设】文化信息资源共享工程、公共电子阅览室建设和数字图书馆推广工程是国家正在实施的三大公共数字文化服务惠民工程，是公共数字文化服务体系建设的重要内容。

2011年，文化共享工程的工作重心从站点建设转移到建管用并重，为人民群众提供数字文化服务。为纪念建党90周年，省级分中心举办“烽火江淮”系列活动，整个活动持续近半年时间。

2010年，本省列入公共电子阅览室建设全国试点省，确定芜湖市、铜陵市、宁国市为试点地区。2011年试点工作任务完成，建成一批规范的公共电子阅览室并向社会免费开放。

2011年文化部组织实施全国数字图书馆推广工程，安徽省图书馆和马鞍山市、芜湖市、铜陵市图书馆列入首批试点单位。3月27日，马鞍山市图书馆数字图书馆建设信息化系统中心机房硬件系统、应用软件系统、技术集成及RFID应用等4个系统顺利通过验收，标志着市图书馆中心馆信息化系统项目建设基本完成。10月15日，马鞍山市图书馆与金陵图书馆举行一体化合作签约仪式，以数字化服务为手段，实现跨省跨行政区域进行文化交流与服务创新。年底，宁马图书馆数字资源服务一体化全面实现。

【古籍保护工作】2007年9月，省古籍保护中心成立并挂牌。省古籍保护中心制订了《安徽省古籍普查工作实施方案》，组织专家赴全省各地调研，对古籍分布及藏量进行普查，并开展《国家珍贵古籍名录》和全国古籍重点保护单位申报工作。截至2010年底，全省已公布的三批国家珍贵古籍名录中有13个收藏单位的259部古籍入选《国家珍贵古籍名录》，已挂牌全国古籍重点保护单位有安徽省图书馆等6个。

通过举办或参加全国的古籍普查编目培训班、参加古籍鉴定与保护研讨活动等，184名从事古籍工作的专业人员接受培训。《中华古籍总目·安徽卷》编纂工作启动，第四批《国家珍贵古籍名录》申报完成。

【图书馆服务宣传周活动】 2011年5月23～29日，全省各级公共图书馆围绕"庆祝中国共产党成立90周年和推进公共图书馆免费开放"主题，举办讲座、展览、读书报告会等活动，宣传、展示中国共产党的光辉历程，增强人民群众爱党爱国之情。省图书馆举办"残障人士读书文化日"、英语沙龙、全国助残日——文化助残、"月月书香"、迎六一"农民工子女"数字资源巡游、"向雷锋那样"电脑小报设计比赛、为残障人士送书上门、优秀书刊漂流阅读、童谣绘画作品比赛等系列活动。合肥市图书馆在宣传周期间开展百本红色书籍征文与演讲比赛活动，向读者宣传免费开放、开架自助借阅服务，并向来馆办证的读者赠送合肥市数字图书馆读者卡。安庆市图书馆联合省图书馆开展推荐红色经典书籍活动，确定102本红色书籍为推荐书目。蚌埠市图书馆服务宣传周期间，以展板形式公布免费开放项目和服务内容，并设立建党90周年百本红色推荐书籍专架，以共享工程支中心为媒介推出庆祝建党90周年和辛亥革命100周年优秀数字资源的内容。

博 物 馆

【概况】 截至2011年底，全省共有各级各类博物馆137座。其中隶属文化文物部门的96座，政府、乡镇、教育等非文物行政部门所属的行业性国有博物馆19座，民办博物馆22座。入选国家一级博物馆1座（安徽博物院）、二级馆4座、三级馆17座。2011年全省纳入国家免费开放的89家博物馆、纪念馆共计举办各类陈列展览591个，接待观众1543万人次。开展博物馆免费开放实施情况检查，并对安徽中国徽州文化博物馆、屯溪区博物馆、歙县博物馆、新四军军部旧址纪念馆等博物馆、纪念馆进行专项经费检查。组织制订《安徽省博物馆服务标准》和《安徽省博物馆免费开放绩效考评暂行办法》，其中《安徽省博物馆服务标准》已于年底出台。2011年共有18个博物馆纳入国家第三批免费开放博物馆、纪念馆名单，全省纳入中央免费开放博物馆、纪念馆累计达89个。黄山市屯溪老街社区博物馆被国家文物局列为全国生态（社区）博物馆（全国5个）建设试点。

【陈列展览】 2011年，安徽博物院共引进、举办、承办各类展览40多个，主要有《纪念江上青同志诞辰100周年生平事迹图片展》、《安徽民间古陶瓷藏品展》、《廖新学绘画作品展》、《陈家泠艺术作品展》、《何家英美术作品展》、《覃志刚、姜昆、徐沛东、郁钧剑四人书画联展》、《李自健油画作品新世纪巡展》等。皖西博物馆陈展面积达6800平方米，当年举办了《走进皖西》、《皖西民风民俗陈列》、《皖西庐剧艺术陈列》、《元亨纪念馆》等陈列展览，以及《馆藏书画作品展》、《六安市非物质文化遗产展》等15个临时展览。安庆市博物馆举办"纪念辛亥革命100周年两省三市书画联展"。杭州、绍兴、安庆等地100多位当代书画名家创作的精品，在三市巡回展。

安徽省博物馆

【安徽博物院新馆开馆】 2011年9月29日，安徽博物院新馆开馆典礼举行。省委书记张宝顺、省长王三运、省委副书记孙金龙等领导出席典礼。国家文物局发信祝贺，并向安徽省博物馆赠拨一批珍贵文物。作为省“十一五”文化设施建设标志性工程、省“861”行动计划重点文化项目——安徽博物院新馆工程经过近5年的建设，正式开馆之日即免费对社会公众开放。新馆建筑面积4.1万平方米，整体造型体现了四水归堂、五方相连的徽派建筑风格。基本陈列是《安徽文明史陈列》，专题陈列有《徽州古建筑》、《安徽文房四宝》、《新安画派》、《江淮撷珍》等。

【纪念建党90周年系列活动】 在纪念建党90周年之际，省博物馆举办《亲切关怀、巨大鼓舞——毛泽东、邓小平等国家领导人在安徽》图片展；安庆市博物馆举办《红色记忆——中共安庆地方史》，展出新民主主义时期图画430幅；宣城市博物馆举办《红色藏品展》，展出红色像章、纪念章、宣传画等；泾县新四军军部旧址纪念馆举办《纪念建党90周年图片展》；淮南市博物馆举办《光辉历程——庆祝建党90周年书画摄影展》，展出200多个作品；铜陵县首次党代会纪念馆和黄山区红军北上抗日先遣队纪念馆在七一前相继开馆；安庆市博物馆、固镇县博物馆、怀宁县博物馆等还制作革命文物展板，送到社区、学校、部队、乡村。新四军军部旧址纪念馆七一期间接待观众近20万人次，渡江战役总前委旧址纪念馆七一期间参观人数超过3万人次。

安徽省博物院新馆

【第六个文化遗产日活动】 6月9～11日，在六安市举办全省第六个文化遗产日活动。全省各类文博机构通过展览、讲座等形式，开展宣传咨询和培训教育活动。选择考古发掘工作现场、文物保护实验室对外开放，让社会各界参观。

【“5·18国际博物馆日”活动】 5月18日，安徽博物院推出“陶缘瓷韵·安徽民间古陶瓷藏品汇珍展”。以“博物馆与记忆”为主题，马鞍山市博物馆开展一系列文化体验活动。安徽中国徽州文化博物馆开展送文化进军营活动，将60多块徽州文化遗产保护展板送到驻地武警部队，20多套徽州文化书籍送到武警战士手中，还聘请徽墨专家汪培坤给部队官兵讲授徽墨的相关知识。皖西博物馆举行“安徽国防科技职业学院爱国主义教育基地、思想理论课实践教学基地”挂牌仪式暨国际博物馆日启动仪式。界首市博物馆于国际博物馆日举办“农村留守儿童走进博物馆”大型公益活动，300多名农村留守儿童到市博物馆参观。

【“鉴宝江淮行”活动】 4月30日，“鉴宝江淮行——走进潜山”活动在潜山县博物馆举办，数百名收藏爱好者到现场聆听专家讲座并参与鉴宝活动。5月17日，“鉴宝江淮行——走进国家历史文化名城安庆”义务鉴宝活动在安庆市中国黄梅戏博物馆广场举办。6月9日，“鉴宝江淮行走进六安”活动在皖西博物馆进行，专家组共为73位持宝人鉴定238件藏品。

徽州文化博物馆

文 化 馆

【概况】文化馆是政府设立的公益性文化事业单位，承担着开展社会宣传教育、普及科学文化知识、组织辅导群众文化艺术（娱乐）活动、培训业余文艺骨干及研究群众文化艺术等重要职能。2009年开始，省政府将文化馆、乡镇综合文化站等建设和使用情况纳入各市政府年度目标管理考核；2011年又将“十二五”期间市政府目标管理考核中文化建设指标设置为“城乡公共文化设施覆盖率”，主要考核公共图书馆、文化馆和市级博物馆以及乡镇综合文化站的建设与服务情况，同时将全省文化建设情况考核延伸到62个县（市）。截至2011年底，全省共有文化馆119个，其中省级馆1个，市级馆13个（亳州、宿州、六安3市文化馆在建），县（市、区）级馆105个，实现县级文化馆全覆盖。

【文化馆（站）建设】根据《全国地市级公共文化设施建设规划》，11个市文化馆以及部分市级图书馆、博物馆列入“十二五”新建和改扩建项目，中央补助资金4.36亿元，部分市级公共文化设施馆舍狭小、设备落后的情况将得到改善。从2009年起，对全省不足800平方米的县级图书馆、不足1500平方米的县级文化馆进行维修改造，总计159个馆，财政投入1.6亿元，截至2011年底，128个县级两馆维修改造完成。乡镇综合文化站建设工程，自2009年起被省政府列入民生工程，截至2011年底，建成文化馆1240个，总投资7.2亿元。已建成的文化站均在300平方米以上，其中500平方米以上的有390个，当涂县太白镇文化中心面积达到3000平方米。

【各市文化馆建设情况】宣城市文化馆新馆于2009年10月交付使用，建筑面积4500平方米；芜湖市文化馆新馆于2008年底建成，馆舍面积8700平方米；淮北市新馆2010年建成，面积4500平方米，老馆继续保留，总使用面积达6750平方米；池州市文化馆在改建中，面积4197平方米；合肥市文化馆内有非遗展厅、排练厅、花戏楼等各类文化活动厅（室）16个，新馆建设项目已经立项，规划建筑面积16500平方米；界首市新馆5000平方米，芜湖县新馆5078平方米，分别于2009年、2010年建成投入使用；宁国市自然博物馆划入文化馆，馆舍建筑面积增加到3000平方米，内有功能齐全的展厅、小剧场、排练厅、画室、多媒体教室、专业录音棚和具有特色的生态馆。

滁州市投入20多万元对馆舍进行改造。马鞍山市文化馆投入40多万元，对原馆进行改扩建，新建多功能厅和电子阅览室，对公众开放厅室达27个。芜湖市文化馆内设各类文化活动培训教室、展厅、文体活动场所共44个，2011年投入20多万元对各开放厅室进行改造，增设专供未成年人、残疾人使用的设施及信息网络传输和数字化服务设备。芜湖市鸠江区、弋江区、芜湖县加大文化馆投入，馆内设备较2006年增长比例均超过50%。

2011年，在全国第三次文化馆评估中，全省共有66个馆上等级，其中一级馆14个、二级馆21个、三级馆31个。与2007年全国第二次文化馆评估结果相比，上等级馆增加45个。

【文化服务】各地文化馆开展的文化服务主要包括：组织举办群众文艺活动，内容涉及音乐、舞蹈、戏剧、曲艺、美术、摄影、书法等方面，形式包括常设阵地活动和社区、乡镇、广场文化等；举办各类群众性与专业性的艺术汇演、比赛、展览及社会艺术培训和考级；组织和辅导群众艺术创作；开展群文调研与理论研究，搜集、整理、研究和开发民族民间优秀文化，挖掘、保护和继承民间文化遗产等。2011年公共图书馆、文化馆（站）免费对外开放，各地文化馆均建立基本文化服务项目并免费向群众提供，馆内常设免费开放服务项目大都在6个以上，活动时间超过6小时/天。马鞍山市文化馆在新建成的多功能厅采取定期或预约开办讲座、培训班、播放电影等形式进行免费服务，全年投入85万多元，共举办各类大型文化活动100多场。芜湖市文化馆在2009年初就实行基本文化服务免费提供。桐城市、怀宁县、宿松县、潜山县文化馆的宣传橱窗以及文化宣传栏，坚持内容每月更新一次。铜陵市文化馆免费开放公共服务用房占总面积82%，2011年组织开展各类大型公共文化服务活动20多场次，参与群众近2万人次，举办培训班12期，培训2500人次。

【文化品牌】中国农民歌会已连续举办4届，安徽省艺术节已连续举办9届，全省“六一少儿文艺调演”已连续举办20届，“金色晚霞——全省中老年合唱节”已连续举办5届。2010年，合肥市文化馆承办“第十六届新春文化庙会”、“第七届少儿艺术节”等大型节庆文化活动5次，共有

34台演出、4次专题展览和60多台基层专场选拔；马鞍山市文化馆连续26年举办“江南之花”群众文化节，并于2007年获文化部“群星奖”服务奖，创办的“周末大舞台”受到群众欢迎；黄山市文化馆提出“群众文艺演出专业化、专业艺术演出群众化”，创立“廉政文化月月演”等群众文化活动品牌；芜湖市文化馆为留守、流浪儿童举办“我在你身边”公益培训班；巢湖市“校园文化艺术节”自1985年起已举办20多届，“农村文化大拜年”、“欢乐巢湖情”等活动已成为特色群众文化品牌。青阳县“激情广场大家唱”，固镇县“珠城欢乐颂”广场纳凉晚会、“固镇县梨花节”系列文艺演出以及春节期间的“民间艺术踩街”活动等，已成为当地群众广泛参与的文化活动品牌。泗县泗州戏艺术节，埇桥区国际马戏节、农民文化艺术节，灵璧县的奇石、钟馗画艺术节，砀山县的梨花节、民俗展演，萧县的业余书画家书画联展等系列群众活动，体现了皖北地域文化特色。滁州市“第四届醉翁亭民间花灯表演大赛”参赛近1000人，近5万人观看。

【文化队伍建设】全省文化馆业务人员数量占总人数的80%以上，具有本科学历人数占业务人员总数的30%以上。淮北市文化馆组建了市民乐团、市中老年合唱团、市豫剧团、兰兰舞蹈队、市黄梅剧社、市夕阳红艺术团等馆办文艺团队；合肥市文化馆有业余文艺团队14支，人员达800多人，建有基层群众文化活动示范点12个、基层文化活动基地8个；滁州市文化馆设有青少年演出团、中老年民乐团、黄梅戏演出队等团队，组建了青年志愿者队伍。芜湖市以文化活动志愿者为骨干，共培育馆办文艺团队30个，挂牌建立各类基层文化活动示范基地31个。

【乡镇综合文化站建设】“十一五”期间，文化部实施乡镇综合文化站建设工程。截至2011年底，全省纳入乡镇综合文化站建设项目库的文化站1240个全部建成。文化站建筑面积均在300平方米以上，其中1500平方米以上的12个，最大的3000平方米。总投资6.58亿元，其中国家配套建设资金1.87亿元；总占地面积136.9万平方米，总建筑面积59.0万平方米。

2009年省政府民生工程项目首次将文化站建设列入其中，按每站40万元标准投资，其中建设资金30万元、内部设施配套10万元。并将全民健身工程、农家书屋工程、农村留守儿童活动建设工程等，与乡镇综合文化站建设统筹规划、资源整合，全面提升文化站的综合服务功能。2011年6月，全省所有文化站全面实行免费开放。

据统计，2011年全省乡镇综合文化站组织文艺活动1.01万次，举办各类培训8912次，培训43.7万人次，指导群众业余文艺团队3598个。

2010年、2011年连续两年对列入省民生工程建成投入使用的乡镇综合文化站进行等级评定工作，共评出等级站508个，其中，一级站94个、二级站184个、三级站230个。

【群众文化活动】元旦、春节期间，全省各地共组织“百团千场万人”文化下乡演出1320余场，惠及群众700余万人次。当年，以省文化馆为龙头的全省各级文化馆站举办展览3747次，组织文艺活动10105次；举办各类培训8912次，培训43.6万人次；指导群众业余文艺团队2998个。马鞍山市制定《公益性文艺演出配送服务试行办法》，推动文化下基层活动常态化、操作规范化、选配市场化。省、市文艺院团开展高雅艺术进校园，演出剧（节）目19场，15个县（市、区）、乡镇被文化部命名为“中国民间文化之乡”。

【对外文化交流】全省共组织文化交流出访项目30批次、482人次，赴12个国家和地区演出649场。春节期间，省文化厅组织本省参加文化部主办的“我们的节日——百名非遗传承人迎春展示活动”，在澳门开展安徽春节习俗展演活动，赴韩国举办“欢乐春节——中韩缘”文化节等活动。当年，省文化厅还组织参加意大利中国文化年安徽周演出展览，配合省委、省政府“铭传亲缘宝岛行”活动，共举办7场特色文艺演出和60幅书画精品展。

全省公共图书馆、文化馆（站）免费开放工作电视电话会议

文物考古

□文　物

□考　古

文　物

【概况】安徽是全国文物资源大省之一。有各种不可移动文物25005处，其中全国重点文物保护单位56处、省级文物保护单位455处、市县级文物保护单位2500多处。有世界文化遗产2处，国家历史文化名城5座、历史文化名镇名村17处，省级历史文化名城9座、历史文化名镇名村39处。全省有各类博物馆、纪念馆137座，国有馆藏文物55万多件。

【文物维修】2011年，《六安双墩汉代王陵保护规划》、《淮北石山孜遗址保护规划》、《巢湖放王岗保护规划》、《阜阳北关古城保护规划》完成，并通过专家评审。安徽省文物局向国家文物局上报了22处国保维修方案，核准国保维修方案7处，审批省保维修方案19处。和县猿人遗址、寿州窑遗址、朱然家族墓地、曹氏家族墓群等保护规划编制立项得到国家文物局的批准。

【文物保护】第六批省保单位申报工作启动。全省16个市、72个县（市、区）申报文本共425份。

省文物局下发《关于加强文物保护单位管理工作的通知》，文物维修履行报批程序，全省国保、省保单位保护规划的编制工作启动，国家及省级历史文化名城、名镇、名村检查工作展开。全省28个文物保护工程资质单位通过年检，获得勘察设计、施工、监理资质单位9个。

国家文物局完成对宣城广教寺等5座违法建筑的文物执法督察任务。全年对国保、省保单位和重点文博单位进行执法督察与安全监管巡查110多次。

【大运河申遗】8月，国家文物局、中国文化遗产研究院专家现场考察调研大运河遗产安徽段，并召开保护规划评审会，原则通过省级保护规划。10月，在宿州召开大运河申遗准备工作促进会，积极开展准备申遗文本编制资料等具体工作。经征求淮北、宿州市政府意见，对国家大运河申遗预备名单遗产点段及大运河保护总体规划提出建议和意见。

【文物鉴定】4月开始，全省第二轮馆藏文物巡回鉴定工作提前启动。5个市、11个文物收藏单位共计鉴定文物3234件套，其中一级文物36件套，二级文物63件套，三级文物850件套，一般文物1450件套，非藏品8件套，残器不定26件套。共受理文物司法鉴定33起，可移动文物涉案物品862件套，古墓葬、地面文物17处，其中公安部挂牌案件2起。审核文物拍卖标的1次（艺海拍卖公司书画艺术品拍卖）。审核合肥海关受理的私人携运文物复仿制品80件。

【学术研究与对外交流】2011年，安徽博物院与中国科技大学科技考古系合作开展科研活动，中国科学技术大学与省直文博单位文物科技保护科研平台建设实施。全省完成多项科研课题立项，其中包括《潘玉良作品综合研究》等国家级课题1项、省级课题2项。《歙县渔梁街历史文化研究》等3项省级课题完成。

省考古所科研室承担安徽省科技厅2个文物保护项目：一是六安双墩一号汉墓出土木俑的脱水保护（2010～2013），对六安双墩一号汉墓出土的200多件木俑开展脱水保护，在对木俑的木材种属鉴定、含水率测定和保存现状研究的基础上，采用PEG法进行脱水保护；二是安徽省文物考古研究所馆藏金属文物保护修复（2011～2012），对馆藏149件青铜文物建立文物档案，根据具体病害种类与程度，分别编制保护方案，并就青铜锈蚀产物分析、青铜合金成分的能谱定量测定、有害锈的去除技术等关键技术与

大运河保护和申遗市厅际会商小组会议在合肥市召开

中国科学技术大学开展合作研究。六安白鹭洲战国墓出土荒帷保护修复方案的编制工作完成。

安徽博物院潘玉良油画赴云南、甘肃、山西等省展出。凌家滩出土玉器精品赴浙江良渚展出。参加日本《大三国志》展览的11件珍贵文物，于6月赴台湾历史博物馆展出。中国文物交流中心组织赴美国“中国元代艺术展”展品在内蒙古博物院进行归国汇报展，本省有6件文物参展。

【第三次全国文物普查】 经过5年时间，2011年安徽省第三次全国文物普查各项工作完成。2010年冬至2011年春，对舒城杭埠河流域先秦时期文化遗存和南陵漳河流域土墩墓开展专项调查。集中对全省普查数据进行了整理、修改和核定工作，经过国家普查办最终核定，安徽省登记不可移动文物25005处，其中新发现17185处，复查7820处，登记消失文物2134处。普查建立电子数据库，包括227个数据包、133006份文件，107881张图纸、照片，采集标本总量20000余件。此次登记的各类文物共有6大类59个子类，包括此次文物普查所含文物类别的全部大类和子类，没有缺项。在省普查办支持下，省文物考古研究所建立安徽省第三次全国文物普查标本库，标本总量约为20000余件。《安徽省第三次全国文物普查工作报告》和《安徽省不可移动文物名录》的编撰和文物普查名录的编排工作完成。2011年12月29日召开全省文物普查总结表彰电视电话会议，全省有先进集体2个、先进个人10人受到国家表彰，获省级表彰的先进集体37个、先进个人120人。合肥市、淮北市、马鞍山市、池州市、铜陵市、天长市、长丰县、太和县、无为县、庐江县、繁昌县等市县，及时将“三普”新发现文物点公布为相应级别的文物保护单位。

考　古

【概况】 2011年，省文物考古研究所共开展20多项考古调查和勘探、发掘，徒步考察1200多公里，勘探文物点100多处，勘探面积近100万平方米。发掘古墓葬800多座、古遗址1万多平方米；出土文物标本3000多件，包括六安白鹭洲战国墓、广德南塘土墩墓群等重要发现。

【当涂县发现战国早期越国贵族墓】 安徽省文物考古研究所于2011年7～9月对当涂县陶庄遗址进行考古发掘，发掘面积800平方米，发现战国时期土墩墓一座，出土陶器、原始瓷器等珍贵文物40多件。陶庄战国土墩墓位于当涂县新市镇临川村陶庄自然村北侧约200米，为长方形浅土坑式土墩墓，墓葬局部已遭到破坏，现存土墩高约1米，土墩底部近椭圆形，长径约23、短径约18米，墓坑基本呈东西向，长约6.7米、宽约3.5米、深约0.55米（其中打破生土部分深约0.3米）。

出土随葬品有陶质明器——仿铜陶礼器和实用器两大类。仿铜陶礼器为鼎、三足

第六个中国文化遗产日城市活动启动仪式

盘、匜、角形器等，经初步整理，鼎有3件以上，形制高度均接近同类青铜器。实用器为陶器、印纹陶器和原始瓷器，有陶釜、甑、钵、纺轮，印纹陶罐、瓮和原始瓷瓿、杯、盅等文物。另发现1件青铜镞和1颗蜻蜓眼玻璃珠。

从随葬品特点、组合以及墓葬形制与规模分析，该墓应是一座战国早期越国贵族土墩墓。陶庄土墩墓是江南地区经科学发掘的少数战国早期土墩墓之一，在安徽地区属于首次发现。随葬品中原始瓷器、印纹陶器和仿铜陶礼器的出土以及殉葬坑的发现，为探讨战国早期越国政治、经济及其与其他地区的文化交流提供了重要线索。

【安庆圣埠战国墓地考古发掘】 圣埠战国墓地位于安庆市菱湖东北部相对高起的缓坡上，东临龙眠山路，西毗菱湖。安徽省考古研究所于2011年3～7月对圣埠墓地建设范围内的古墓葬进行发掘工作。共发掘清理战国时期墓葬49座，出土陶器、原始瓷器、青铜器、玉器、琉璃器、金饰等各类珍贵文物364件。

本次发掘的墓葬均未遭盗窃，形制完整，均为长方形竖穴土坑墓，无墓道，49座墓葬中有9座带壁龛，绝大部分墓葬保留有葬具痕迹，多数为一棺一椁，也有少量为单棺。随葬器物数量多，种类丰富，保存状况良好。常见陶礼器组合有鼎、豆、壶，鼎、敦、壶，鼎、盒、壶、钫。青铜礼器有鼎、盒、壶、匜、勺，乐器有铎和铃，青铜兵器有剑、戈、矛等。玉器和琉璃器有玉璧、玉剑璏和玉饰件以及琉璃璧。

按随葬品种类可将墓葬分为六大类，分别为铜礼器墓4座，陶礼器墓31座，日用陶器墓5座，印纹陶与原始瓷器墓3座，铜兵器墓3座，无随葬品和随葬品形制不清的墓3座。从出土文物判断，圣埠墓地应为楚国中下等贵族和庶民墓埋葬区域。这一发现，为皖西南地区乃至长江中下游地区战国楚墓形制、分期、葬制、葬俗研究提供一批重要实物资料。

安庆圣埠墓群清理墓葬现场

【广德南塘汉代土墩墓】 省文物考古研究所于2011年6～12月对广德县经济开发区南塘汉代土墩墓进行抢救性发掘，共发掘汉代土墩墓62墩，合计269座单体墓葬，出土陶、铜、铁、玉、石、琉璃等器物超过1000件套。

汉墓土墩分为一墩一墓和一墩多墓两类。一墩多墓又分为一墩二墓、四墓、五墓、六墓等，最多达一墩十五墓。一墩一墓的墩子较小，一般在8米左右，封土高约1.5米。一墩多墓大小不一，最大的封土底径达30米左右。土墩下的墓葬分布存在一定规律。墓葬分布主要有一字排开式、前后并列式、向心式和其他形式。

此次发掘出土的随葬品有铜、铁、玉石、（釉）陶、琉璃、鎏金器等。铜器有铜釜、铜甗、弩机、铜镜、铜矛、铜印、带钩和铜钱等，铁器有铁刀、铁剑、铁削、铁镬、铁矛等。玉石器有耳塞、粉板、玉璧等，（釉）陶有壶、罐、瓿、鼎、盒、灶、井等。琉璃有璧等。随葬品分布于墓主人旁一侧，呈一列分布，很有规律。

在出土器物中有泥质半两钱，器物组合是鼎、盒、壶、罐、瓿等，其中一座墓还出土1件青釉陶钫。有的墓出土大泉五十、规矩纹镜、连弧纹镜、四乳神兽镜，有的釉陶壶已具有盘口的趋势。结合墓葬形制推断，该墓葬的时代应在西汉早期到东汉中晚期。

【合肥市新港工业园乱墩汉代墓群】 墓群位于合肥市新港工业园庭湖社区东1000米、新建联想集团主厂房区域的一期工程范围之内。发掘共清理古墓葬51座，出土各类珍贵文物500多件。墓葬多为长方形竖穴土坑、“甲”字形

2种，墓葬保存基本完好。

墓葬出土器物多寡不一，种类有陶（釉陶）、瓷、铜、玉、铁等。其中以陶器、釉陶器居多，组合为钫、壶、瓿等实用器和造型逼真的盒、熏、井、杯、灶等明器。铜器有四乳“家常富贵”、“草叶纹”镜等，保存完好。铜铃24个，基本完整，部分玲上有小孔，小孔所在位置不同，因而发出的声音不同。玉器有璧、琀、鼻塞、耳塞，保存差。铁器有剑和削，均为实用器，刃部保存一般。瓷器多为青瓷，器形有瓿、壶、小口罐，多数口部残缺，疑似早期破坏，且破坏部分未曾葬入墓室内。

墓葬发掘所获资料为研究该地区地域特征、葬俗、葬制及墓葬建造方法和江淮之间汉文化的特点提供了一份重要的实物资料。

【泗县刘圩汴河故道遗址发掘】刘圩遗址位于泗县汴河北岸，南距303省道50米，东南距泗县县城15公里。该遗址分为3个发掘区。在Ⅰ区发现了唐宋汴河北堤、宋代踩踏面及相关遗迹、北宋末土坑墓。

唐宋汴河北堤的发现在隋唐大运河泗县段尚属首次，对该段汴河的考古实物资料进行了必要的补充，再次证实了隋通济渠（汴河）穿过安徽的宿州、泗县流入盱眙。据史料记载，隋大业元年（605年）始挖，耗时仅100多天。因此必然要利用较多的原始河道，使之相接并进行疏通。通过对唐宋汴河北堤的局部解剖，表明该河道最早可能追溯至汉代。

宋代踩踏面土为深褐色，质坚硬，不光滑，从北向南由薄渐厚（2～10厘米），其内夹杂红褐色陶渣和炭粒。面层上多处见有间隔约30～50厘米“V”型小沟数道，沟深2～5厘米，小沟与踩踏面总体方向南北一致，且集中分布于踩踏面中部。通过分析，推测该处为宋代汴河码头或货物运输场，与北宋漕运的发达密切相关。

北宋末墓葬为近长方形竖穴土坑木棺墓。墓口长2.56米、宽0.85～1.00米，方向220度。木棺位于土坑的中部，仅剩朽痕。随葬品有“政和通宝”铜钱10枚、酱釉瓷盏及四系韩瓶各1件。人骨保存较好，仰身直肢，墓底有一层白灰。据文献记载，北宋灭亡后，因受战火影响，汴河的作用大减，并很快断流，局部废弃。此次墓葬的发现说明了汴河废弃后，岸边便成了荒芜之地。

【临泉县辉隆建材大市场考古发掘】临泉县辉隆建材大市场位于老城区西南约2公里处，在102省道南侧，西北距沈子国古城址2公里。发掘分5个区，共计清理墓葬67座，其中汉代墓葬55座，宋墓和清代墓葬各6座。

汉代墓葬均为砖室墓，分单人墓、双人墓和三人墓3类。单人墓29座，双人墓21座，三人墓5座。宋代墓葬分砖室墓和土坑墓2类。砖室墓2座，均为双人合葬墓，1座为单墓道，1座为双墓道，墓道直接与墓室相连，修建时均使用了较多汉砖。土坑墓又分双人合葬墓和单人墓2种，清代墓葬均为土坑竖穴墓，1座为双人合葬墓，其余为单人墓。清墓保存较差，保存深度一般仅有10多厘米。

因历史上多个时期的反复盗掘，本次发掘出土的遗物较少。汉墓出土遗物以陶器残块为主，多数陶器均为施釉红陶，模型明器占绝大多数，另有少量铜钱出土。器型有陶罐、陶井、陶奁、陶狗、陶鸡、陶灶、陶圈厕等。宋墓出土有墓志砖1块，瓷瓶1个和铜钱数十枚。清墓出土有铜钱、首饰和纽扣等遗物。

【六安市城东经济技术开发区发掘古墓葬】2011年在六安市城东经济技术开发区发掘古墓葬，总计541座，其中金领欢乐世界157座（总743座）、经二路132座、大蔚观澜苑42座、曙光度假村二期210座。

墓葬年代自战国中期至唐宋时期，以战国至两汉时期墓葬为主，两汉墓葬略多于战国中晚期。出土文物1000多件，以陶器居多，器类有鼎、豆、壶、钫、罐、灶、屋、圈、杯等。铜器以铜镜居多，铜剑次之。玉器等出土较少。这一批墓葬按等级分类，属于中小型墓葬规模，墓主身份最高者应为当时中下贵族、官吏，大多则为一般平民墓。

【寿县一中新校区建设用地考古发掘】寿县一中新校区位于寿县城关寿春镇，西距宾阳路约300米，属寿春城遗址地下文物埋藏区。发掘采取探沟法，实际布局不同规格的探沟共计15条，面积约600平方米，清理灰坑4个、水井2个、排水沟2条、墓葬10座。

4个灰坑平面形状以圆角长方形为主，壁面陡直较规整，底部平坦。包含物较少，以板瓦、筒瓦等建筑材料为主，还有少量的罐、盆、瓮等器物残片。2个水井井圈保存完整，系单砖错缝平砌而成，井内填灰褐色淤土，出土遗物有盆、罐、瓦等陶器残片。推测始建于汉代，废弃于唐代。2条沟皆长条形，直壁，平底，沟内堆积呈褐黄色土，出土有零碎的瓦片，可能为汉代的水道。10座墓葬中有9座为砖室墓，遭破坏殆尽，另1座为窄长方形竖穴土坑墓，四壁竖直，平底。葬具及人骨腐朽殆尽。随葬青瓷碗1件，铜钱2枚。推测墓葬的年代为明代。

【凤阳县新城区金董大古堆遗址发掘】 该遗址位于凤阳县新城区右弼街西侧，为一处高出地表2～3米的台地形遗址，由于新城区建设右弼街路破坏了遗址的东半部，仅存遗址西半部约2000平方米。该遗址周边环绕壕沟，遗址文化层最厚达2.9米，可分为耕土层、宋明时代层、商周时代文化层、新石器时代文化层。遗迹发现有零星分布的灰坑、柱洞和红烧土残墙基等。文物主要是陶片和少量石器等。

宋明时代陶片1323片，能辨认器形的有碗、罐等陶片和瓷片。商周时代陶片4942片，能辨认器形的有鬲、罐、豆和石器等。新石器时代陶片399片，能辨认器形的有鬼脸鼎足、侧扁鼎足、袋足鬶、杯、罐和石器、蚌器等。该遗址的发掘是凤阳县至今发现最早的一处新石器时代遗址，也是这个地区经过考古发掘的一处新石器至商周时代的遗址。

【灵璧县朝阳镇孟邵墓地考古发掘】 孟邵墓地位于灵璧县朝阳镇孟邵村南侧的山坡上，南距灵璧县城约50公里，东距朝阳镇约7公里。本次发掘共清理墓葬27座，其中汉代墓葬23座、明代1座、清代3座。

本次发掘共出土文物160多件。汉代陶器以泥质灰陶和泥质红陶为主，多为素面，少量饰有绳纹，器型有鼎、壶、盒、盆、罐、钵、杯、熏炉等，并有少量灶、井、仓、磨等模型明器。有少量釉陶器，主要为青黄釉，器表多饰有水波纹，器型有壶、罐等。发现的铜器有铜镜、铜钱、铜带钩等。另外还发现了少量耳塞、鼻塞和口晗等丧葬用品。从墓葬形制和随葬品推测，这批汉墓有少量属西汉早中期，大多为西汉中晚期。

【阜阳市颍州区小吴寨墓地发掘】 墓地位于阜阳市颍州区袁集镇郭王行政村小吴寨自然村北50米。发掘共清理墓葬36座（其中砖室墓31座，土坑墓5座），出土器物120多件（套）。

随葬器物有铜镜、带钩、铜钱、陶鼎、壶、钫、盒、罐、灶、井、杯、鐎斗、陶冥币、滑石口琀及耳塞、鼻塞等。据墓葬形制及出土器物特征推断，墓葬的年代应在西汉早中期。

六安汉墓发掘现场

相关链接：全国十大考古新发现（2011年）

河南郑州老奶奶庙旧石器时代遗址
福建漳平奇和洞遗址
浙江余杭玉架山史前聚落遗址
内蒙古通辽哈民史前聚落遗址
四川宜宾石柱地遗址
湖北随州叶家山西周早期曾侯墓地
辽宁建昌东大杖子战国墓地
江苏盱眙大云山江都王陵
山西大同云冈石窟窟顶北魏辽金佛教寺院遗址
山东京杭大运河七级码头、土桥闸与南旺分水枢纽遗址

民族宗教

- □ 民族文化
- □ 少数民族教育
- □ 少数民族重大活动
- □ 宗教文化
- □ 宗教文化开发利用
- □ 宗教重大活动
- □ 九华山佛学院

民族文化

【概况】安徽省属少数民族散居省份。据第六次全国人口普查统计，安徽省55个少数民族成分俱全，现有少数民族常住人口39.56万人，占全省总人口的0.66%。少数民族在全省呈“大分散、小聚居”状分布，沿淮淮北多且相对集中，沿江江南少而分散。回族、满族、畲族为安徽省世居少数民族，其中回族人口最多，为32.81万人，占全省少数民族总人口82.92%。全省现有9个民族乡、1个民族农场（享受民族乡待遇）、135个民族村、39个民族社区、116所民族中小学。

【民族乡村文化设施建设加强】截至2011年底，全省9个民族乡全部建成综合文化站，其中淮南市潘集区古沟回族乡综合文化站、谢家集区孤堆回族乡综合文化站分别被省文化厅评为二级站、三级站；125个民族村、39个城镇民族社区建成文化活动室或农家书屋；成立多支少数民族群众业余文化演出队，兴建一批文化广场，打造具有鲜明民族特色的安徽宁国市云梯畲族乡民族风情演艺，安徽省首个少数民族文化产业园开工建设。此外，安庆市皖河农场三益回民分场综合文化站建设已列入2012年建设规划。

【民族文化活动丰富多彩】2011年，为庆祝建党90周年，省民委以“民族团结一家亲”为主题，组织开展了“民族歌曲颂恩情文艺汇演”、“民族团结画廊赠基层”、“百张笑脸秀街屏”以及“看服饰、知民俗”有奖竞猜等重点活动，宣传民族文化，普及民族知识，营造了民族团结的良好氛围。

【开展少数民族特色村寨保护与发展试点工作】为加强全省少数民族文化遗产的传承和保护，根据《国家民委办公厅、财政部办公厅关于做好少数民族特色村寨保护与发展试点工作的指导意见》精神，2011年，省民委确定淮南市谢家集区李郢孜镇赖山民族村、宁国市云梯畲族乡千秋畲族村、定远县二龙回族乡中汤民族村、全椒县西王镇管坝民族村为少数民族特色村寨保护与发展试点村。

【宁国市云梯畲族乡加大畲族传统文化遗产的保护和传承力度】一是及时整理和发掘畲族传统民族文化遗产，对民族传统艺术品的工艺和设备进行抢救性挖掘，并积极组织非物质文化遗产的申报工作。二是开展民族传统文化展示评选活动，鼓励各类本民族特色文化活动的蓬勃开展。三是鼓励民族文化传承带头人的传习，对有志于从事畲族传统手工艺的传承人每年一次性发放补贴4000元。四是推进民族传统文化进课堂，在畲族小学的课程中增加了手工制作课，培养小学生对学习民族优秀文化的浓厚兴趣。五是对现存的畲族古民居予以修葺保护，统一制作畲族特色图腾标识，装饰于外墙；对不同历史时期畲族先民生产生活用具进行收集整理，修复后集中展示，用实物展现畲族人民生产生活发生的变化。

【宁国市云梯畲族乡民族文化传承与旅游开发并举】近年来，宁国市多措并举，在保护和传承畲族传统文化的同时，加快发展畲族特色休闲农业与乡村旅游。畲族农家乐、“三月三”歌会、乌饭节、婚嫁表演等吸引了大量的游客涌入云梯零距离体验少数民族风情，推动了当地民族团结进步活动的深入开展。云梯畲族乡是安徽省唯一的畲族乡，历史悠久，文化氛围浓厚。境内有千秋关、桐岭关、壕堑关、烽火台、炮台等历史古迹，千秋关被列入中国名胜词典。2011年5月15日，宁国市云梯畲族乡畲族文化广场开工仪式在该乡千秋村隆重

寿县清真寺

举行。民族文化广场是云梯畲族乡龙麒寨民族风情园旅游开发项目的一期工程，预计投资2000万元，主体工程有民族文化广场建设项目、东津源冲浪项目及封龙湖民族风情园建设项目等。

【阜阳市民族表演节目在非物质文化遗产艺术节获奖】2011年7月26日，阜阳市政府对阜阳市非物质文化遗产艺术节节目进行表彰，反映阜阳市颍州东关回民聚居地区人民几十年生活变迁的话剧《颍州东关》的导演和部分演员分别获导演和表演一等奖。

【百花电影节“民族电影展”在肥举办】2011年10月16～18日，第20届金鸡百花电影节首个节目——“民族电影展”在肥举办，共安排《康定情歌》、《额吉》、《西藏往事》、《永生羊》、《黎歌》、《金沙水拍》、《幸福的向日葵》等7部影片在合肥各大影院展映，其中《康定情歌》为开幕影片，《金沙水拍》等影片还走进校园、社区，与校园和社区的民族团结进步宣传教育活动紧密结合。

【话剧《情满玉树》在肥精彩上演】以玉树地震灾区重建、民族团结、感恩回报为题材的大型话剧《情满玉树》，2011年4月2日下午在安徽大剧院精彩上演。《情满玉树》由青海省戏剧艺术剧院、成都艺术剧院及成都军区战旗文工团联合演出。该剧以玉树地震发生后，龙宝镇灾后重建办公室主任贡达罗布和妻子李月华收养遇难者遗孤的故事为主线，从大灾大难后人们的心灵重建角度入手，展现了基层干群同风雨共患难的感情，再现了抗震救灾中各民族同胞的英雄事迹，塑造了贡达罗布夫妻、贡达罗布挚友的遗孀央金及儿女、军医谢小帅、藏族姑娘卓嘎等鲜活感人的艺术形象。

少数民族教育

【民族教育纳入安徽省中长期教育改革发展规划】《安徽省中长期教育改革和发展规划纲要（2010～2020）》第七章明确提出“重视和加强民族教育”，强调要加强对民族教育工作的领导，全面贯彻党的民族政策，大力支持民族教育事业发展；广泛开展民族团结教育，促进各民族和睦相处；巩固民族乡义务教育普及成果，确保适龄儿童少年依法接受义务教育，全面提高普及水平，全面提高教育教学质量；加快民族乡高中阶段教育发展，大力发展民族乡职业教育，进一步办好高校民族班；加大对民族教育发展的支持力度，积极改善民族教育学校的办学条件，提高教师队伍整体素质，提高学校的办学水平；积极做好教育援疆、援藏工作，认真落实国家和省对口支援任务。

【上海宋庆龄基金会向安徽省少数民族地区和贫困地区捐赠新华字典】2011年10月14日，省民委在肥东县举行了上海宋庆龄基金会向安徽省少数民族地区和贫困地区捐赠新华字典发放仪式。此次捐赠活动，共捐赠10万册新华字典，惠及340所中小学近10万名学生。

【副省长唐承沛与合肥35中藏族师生共庆藏历新年】2011年3月5日，副省长唐承沛到合肥市第35中学看望慰问藏族师生，与他们共度藏历新年，向他们致以节日的祝福。省直有关部门和合肥市负责人参加。

该西藏班是安徽省委省政府根据党中央、国务院关于智力援藏工作会议精神，于1985年在合肥六中开办，于2001年整体迁入合肥市第三十五中学，是安徽省承办的唯一一所内地西藏初中班。近些年来，该班始终在全国内地西藏班升学统考中保持领先，成为备受赞誉的“合肥西藏班现象”。三十五中的养成教育、汉藏师生共同体的建设、分层教学模式、代理家长制度等特色化管理模式，也得到多方关注和肯定。

【当涂二中新疆班开班】9月22日，当涂二中新疆和田高中班正式开班，80名新疆学生在当涂开始为期四年的高中生活。当涂二中新疆和田高中班是安徽省启动教育援疆工作后建立的首批新疆赴内地高中借读班，也是安徽省对口支援新疆的一个重要项目。首期新疆班分2个班，采取全日制寄宿的借读模式，学制四年，其中预科一年、高中三年。此后，当涂二中每年都将接收80名新疆学生。

【3所民族学校幼儿园受表彰】“七一”前期，砀山县民族学校、定远县民族小学、阜阳市民族幼儿园等3所民族学校幼儿园，积极组织参加安徽“百万少年爱安徽·红领巾心向党”书画大赛，成绩突出，受到团省委、省教育厅、少先队省工委等3部门表彰。

少数民族重大活动

【安徽省举办民族歌曲颂恩情文艺汇演】 2011年7月19日下午，安徽省“民族歌曲颂恩情”文艺汇演在合肥举行。省人大常委会副主任文海英，副省长唐承沛，省政协副主席刘光复，省政协副主席、省委统战部部长沈素琍及省民委委员单位部分负责人以及数百名观众一起观看演出。本次活动由省民委主办，全省17个市民委组队参加，合肥市第35中学西藏班的学生和在合肥师范学院参加双语教师培训的新疆学员分别友情演出，200多名演员先后登台，表演了《最美的歌儿唱给妈妈》、《爱我中华》、《草原上升起不落的太阳》等19个精彩节目。经过评选，反映畲族群众生活的歌伴舞《畲族“三月三”对歌》等节目分别获得一、二、三等奖。

【安徽省代表团在第九届全国少数民族传统体育运动会上取得好成绩】 由国家民族事务委员会和国家体育总局主办，贵州省人民政府承办的第九届全国少数民族传统体育运动会，于2011年9月10～18日在贵阳市举行。来自全国各省、自治区、直辖市、新疆生产建设兵团、解放军代表团，台湾少数民族代表团的6700余名运动员、教练员、裁判员，参加16个大项、132个小项的竞赛和188个项目表演。全国少数民族传统体育运动会每4年举行一次，是我国规格最高、规模最大的综合性民族体育盛会。

安徽省组成了以副省长唐承沛为团长的170余人代表团，参加了蹴球、龙舟、押加、高脚竞速、民族式摔跤、武术、秋千、马术等8个竞赛项目和花鼓灯、石锁等2个表演项目的比赛。参加项目、人数、规模均为历届之最，获得一等奖2个、二等奖15个、三等奖14个，并获得运动会“体育道德风尚奖”，获得的奖牌总数和竞赛总成绩居华东第一，在全国少数民族散杂居地区也位居前列，是安徽省参加历届民族运动会最好成绩。

宗教文化

【概况】 安徽是全国宗教工作重点省份，佛教、道教、伊斯兰教、天主教、基督教等5大宗教齐全，信教群众约300万人，共有宗教活动场所6000多处，爱国宗教组织237个。其中省宗教团体7个，即省佛教协会、省道教协会、省伊斯兰教协会、省天主教爱国委员会、省天主教教务委员会、省基督教“三自”爱国运动委员会、省基督教协会。有九华山佛学院和安徽神学院2所宗教院校，佛教有国务院颁布的全国重点寺庙14座。宗教历史文化资源丰富，有禅宗二祖寺、三祖寺，有全国四大佛教名山之一的九华山、四大道教名山之一的齐云山、中国禅宗第一山司空山。

【九华山佛教】 九华山，古称九子山，位于安徽省青阳县西南，素有“东南第一山”、“江南第一山”之誉。唐天宝年间诗人李白来游，睹此山秀异，九峰如莲花，留下“妙有二分气，灵山开九华”的诗句。唐开元末，新罗国（位于朝鲜半岛南端）僧地藏卓锡此山，苦心修行数十载，圆寂后肉身3年不腐，僧众认定其为“地藏菩萨灵迹示现”，建肉身塔以供奉，九华山因此成为地藏菩萨的道场。历经唐、宋、元各个时期的兴衰更迭，至明初获得长足的发展，与五台、峨眉、普陀一起位居中国佛教四大名山之列。九华山有大小寺庙99座，分布在九华前山、街区、闵园、天台及青阳朱备后山九子岩景区等处。

【齐云山道教】 据明《齐云山志》载：“齐云、石桥二岩皆丽，白岳僻在万山中，晋以前草昧，唐宋渐著，明德隆盛，山岳效灵，瑞云灵迹，待时而显，卒为一方胜地，允为东南之福地，神仙一洞天也”。齐云山道教踪迹，始于唐代。据史料记载，唐朝乾元年间（758～760年），道士龚栖霞云游至齐云山，隐居于石门岩（即一天门）和栖真岩下，堪称为齐云山开山祖，道教奠基第一人。至南宋宝庆年间（1225～1227年），方士余道元自黟北（黄山）游至齐云山天门岩，拜请居士金安礼、金士龙筹资兴建佑圣真武祠于玉屏峰下。相传真武大帝神像由百鸟衔泥塑立而成，昭世灵验，崇拜道教的居士信徒纷纷解囊，献地输财，筑祠建观，香火日盛，道士渐增，奠定了道教基础。

1966～1976年，齐云山道教活动一度中止，十一届三中全会后逐步恢复。1984年6月，省宗教事务处批准成立休宁县齐云山道教协会组织，统一管理道教事务，全面恢复法事活动。是年，齐云山道协重新被接纳为全国道教协会成员。1986年10月真武殿兴建。1994年1月，“文革”期间被拆除殆尽的太素宫（第三进）得到省政府拨款予以重建。2002年，玉虚宫全面整修。

道教名山齐云山

宗教文化开发利用

【九华山大愿文化园】 大愿文化园景区位于九华山风景区柯村新区，是九华山打造世界一流旅游胜地和国际重要佛教道场的标志性工程。规划保护面积459公顷，分为地藏菩萨铜像、内外明堂广场、佛文化展示中心、普济院、小西天景区等部分。大愿文化园和地藏菩萨露天铜像工程建设正在紧锣密鼓地进行。

【九华山举行第29届庙会】 2011年8月1~31日，九华山举行第29届庙会。庙会以“游清凉世界、享地藏赐福、感大愿文化”为主题，举行诵经法会、盂兰盆会、祈福撞钟、点莲花灯以及万名游客僧众拜塔等佛事活动。此外，庙会期间还举办一系列纪念仁德法师圆寂10周年活动。作为国家非物质文化遗产的九华山庙会又称“地藏法会”，集佛事、民俗文化、旅游观光活动于一体，是经国家旅游局批准的重要旅游节事活动。为打造独具特色的旅游精品工程，2011年九华山风景区管委会在历届传统庙会的基础上，进一步创新庙会活动内容，完善景区旅游文化内涵，彰显佛教文化特色，挖掘民俗精粹，提升旅游品位，展示发展成果，扩大“九华山庙会”节事活动在海内外的影响力。九华山还以此次庙会为契机，举办龙灯、狮子会和极具地方特色的黄梅戏、傩戏傩舞等广场文艺演出，开展“花台寻宝”、“十城市民”赶庙会旅游直通车开通仪式、百名幸运游客珍藏地藏印文、千人香客团赶庙会拜地藏等旅游活动，让游客参与其中，全面真实感受“莲花佛国”古老神秘而独具地域特色的民俗文化，尽情享受别具一格的旅游风味大餐。

【宁国市宁元寺暨宗杲文化园奠基】 2011年7月16日，宁国市举行宁元寺暨宗杲文化园奠基仪式。该寺规划设计为丛林式寺院，整个寺院分为佛事活动区、

九华山天台寺

宗杲大师纪念馆、僧人生活区、佛教文化及园林景观区、广场区5大部分，建设资金来源为社会捐资。宗杲文化园是为了纪念南宋著名高僧宗杲禅师而建。作为中国佛教的一代宗师，宗杲禅师倡导和完善了“看话禅”，进一步把禅推向了社会，主张释儒融合，提倡忠义，并且能把自己的宗教实践与忠君爱国的世俗理想紧密结合起来。

【齐云山香会】香会是八方四邻的善男信女朝圣齐云山的一种群众性活动，齐云山香会一般从农历七月初一开始，至十月初一结束。农历七月初一，由道长为首，率各院房道众大斋之日，并在玄天太素宫做大型“禳星”道场，祷求玄天大帝保佑香火平安，道业兴旺。十五日为中元节，俗称“祭鬼日”，各院房道士汇聚太素宫，为无人奉祀的孤魂野鬼做水陆超度道场。七月十五以后，浙江省淳安、开化以及徽州各县的各路香客，依照固定吉日起程进香。香客队伍来到登封桥南公馆（为香客登山途中小憩专设的场所，今已改建为民宅。），各取净水梳洗，以除风尘，然后列队登山。这时，山上各主要道房已派有道徒在三天门守候迎迓至道房用茶。茶点有花生、瓜子、米粉糕等，次进敬神。正餐供饭不供酒，饭后休息。次日，由香会会首率领，在本道院（房）道士导引下，遍谒各观祠宫殿，焚香礼神；下午与夜晚举行斋醮法事，道房派有专人为各香客的香袋上加盖“齐云进香”红印鉴，香袋上印鉴越来越多，香客以此为荣。香客视自身经济状况捐输香火费，挑选采购本山土特产品，以赠送亲邻好友，俗称“结缘”。第三天偃旗息鼓离山返回，行至登封桥“回香亭”（今圮），将剩余香烛纸箔全部烧化。

另外，齐云山除每年有朝山香会外，还有楼上楼观音洞农历九月十九日的“观音会”。山下齐云山镇每年正月十五日夜举行龙灯会，村民们抬着香亭，舞着龙灯，登上齐云山，在太素宫前舞龙酬神，锣鼓鞭炮齐鸣，气氛喧闹。兴尽，龙灯、香亭就地焚毁，众人连夜下山。

【纪念老子诞辰朝圣大典在涡阳天静宫举行】 2011年3月19日，辛卯年纪念道祖老子诞辰朝圣大典在涡阳县天静宫举行，海内外道教界代表人士以及老子文化研究专家学者等600多人参加。活动分为朝圣典礼仪式和朝圣活动两个阶段，并进行了集体诵读《道德经》，诵读祈祷文等仪式。

【召开老庄与老庄思想学术研讨会】 2011年5月29日，“中国·亳州老庄与老庄思想学术研讨会”在亳州市召开，海峡两岸60多名专家学者参会议，省人大常委会副主任郭万清出席。研讨会的举办，旨在推动安徽历史文化研究，开发利用安徽历史文化资源，加强安徽文化强省建设，推动安徽经济社会发展。

宗教重大活动

【联合国教科文组织考察团访问三祖寺】2011年7月23日，联合国教科文组织世界地质公园执行局成员、马来西亚科班萨大学教授级高级地质工程师伊布拉西姆·库姆及夫人诺赞妮·阿兹曼博士，欧洲地质公园网络协调委员会成员、国际影响评估协会成员克劳迪娅·埃克哈特博士一行在天柱山地质公园及三祖寺参观考察。联合国教科文组织执行局评委、中国地质科学院研究员龙长兴等陪同考察。省佛协副会长、三祖寺住持宽容法师向来访客人们介绍了禅宗三祖在天柱山修行传法，以及三祖寺现在的建设管理情况，并向考察团专家赠送中国禅宗三祖僧璨著作《信心铭》。

【开展“同心同行”主题爱国主义教育活动】 根据国家宗教局部署，安徽省宗教界扎实开展“同心同行”主题爱国主义教育活动。活动中，九华山天台寺、芜湖广济寺、天长真武庙、安庆天主堂等4处宗教活动场所被评为全国第一批宗教界爱国主义教育基地。之后，这4处宗教活动场所向全省宗教界发出倡议，秉承爱国爱教、团结进步、服务社会的优良传统，切实把宗教界爱国主义教育基地建设好、管理好、使用好，深入开展爱国主义教育，坚定走中国特色社会主义道路，以实际行动向中国共产党建党90周年献礼。

【六祖文化节祖庭体验之旅参访三祖寺】 2011年7月15日，广东六祖寺六祖文化节系列活动之一的“禅宗祖庭体验之旅”到达安徽天柱山三祖禅寺参观访问。本次参访团由六祖寺方丈大愿法师率领，来自韩国20余所著名佛教寺院的诸山长老以及中韩居士、信众、新闻媒体工作者共130余人参加。三祖寺与六祖寺方面一致认为，应该在发展禅文化、弘扬佛教优良传统等方面加强交流与沟通合作。

【省佛协举办第二届全省汉传佛教讲经交流会】2011年11月1～4日，省佛协举办第二届全省汉传佛教讲经交流会。本次讲经交流会得到了全省佛教界的大力支持和热烈响应，经过专家学者初选，有30余篇论文参加交流、29位法师现场登台演讲。经评选，来自庐江实际禅寺的开吉法师获得菩提奖；天然和性空2位法师获妙解奖；常宇、惟现和本周3位法师获精进奖；德天、如焱、界空、如严和海元5位法师获随喜奖。

【省佛教界代表参加全国汉传佛教规范传戒研讨班】2011年7月22～25日，全国汉传佛教规范传戒研讨班在浙江舟山市中国佛学院普陀山学院举行。安徽省佛协副会长慧庆法师、副会长兼秘书长智文法师、岳西二祖寺住持绍云法师、庐江庆复寺住持常学法师等4人参加研讨班。慧庆法师作为传戒寺院代表在研讨班上交流发言。此次研讨班由中国佛教协会主办、浙江省佛教协会协办、普陀山佛教协会承办。中国佛教协会会长传印长老、国家宗教事务局蒋坚永副局长等领导以及来自中国佛协和各省、自治区、直辖市佛协的代表、传戒工作负责人、传戒寺院代表以及开堂师代表100多人参加。

【合肥市佛教界开展庆祝中国共产党建党90周年“同心同行”书画展活动】2011年6月27日，在省佛协支持协助下，合肥市佛协在合肥开福寺举办了庆祝中国共产党建党90周年“同心同行”书画展活动。

【省道教界参加“国际道教论坛”活动】2011年10月23~25日，由中国道教协会、中华宗教文化交流协会共同主办，湖南组委会承办的“国际道教论坛”在湖南省衡阳市南岳衡山举行。省道教协会会长詹达礼、副会长兼秘书长李福应邀参加了开幕式、三教论道、东西论道、五岳论道、四地论道、闭幕式、祈福法会等活动。本次国际道教论坛是继2007年4月在西安、香港举办的国际道德经论坛之后的又一次大型国际道教文化盛会，是对国际道德经论坛的延续和深化。

【省道协举办全省第二期道教教职人员培训班和玄门讲经活动】2011年9月14～6日，省道教教职人员资格认定培训班暨玄门讲经活动在安徽社会主义学院举办，全省60名道教教职人员参加学习和讲经交流。在玄门讲经活动中，省道协会长詹达礼等5位道长分别登台讲经论道，对道教经典和道教和谐思想进行深入浅出的阐释。

【伊斯兰教解经工作深入开展】多年来，安徽省伊斯兰教界以“解经”工作为载体，弘扬伊斯兰教优良传统，努力挖掘和弘扬宗教教义、宗教道德和宗教文化中有利于社会发展、时代进步和健康文明的内容。省宗教局积极指导省伊协开展伊斯兰教“解经”工作，2011年9月29日，省伊协在合肥举办全省第四期“卧尔兹”演讲比赛，有来自全省各地的14名选手登台演讲，演讲的内容涉及维护和平、尊师重教、家庭和睦、团结友爱等方面。经过评委现场评分，张凤娇阿訇获得特等奖，陶应严、赵会军、白国友、马庆山、陶良松、王宏林等6位阿訇分获一、二、三等奖。同年底，省伊协对10年来开展“解经”工作的经验进行总结，并参加国家宗教局在新疆阿勒泰召开的支持伊斯兰教“解经”工作经验交流会。省伊协还组织全省阿訇和穆斯林积极参与民族团结进步宣传月、“宗教与和谐安徽建设”论坛活动等，阿訇利用主麻日到清真寺进行“卧尔兹”巡回演讲，取得了良好的社会效果。

【省级爱国宗教团体召开联席会议促进宗教和谐】2011年4月12日，安徽省省级爱国宗教团体负责人第七次联席会议在合肥召开。会议强调，各宗教爱国团体要加强学习，不断提高政治觉悟和综合素质，同时要加大人才培养力度，有效推进工作开展，进一步发挥积极作用，努力为构建社会主义和谐社会作贡献。安徽省省级爱国宗教团体负责人联席会议从2008年起定期召开以来，省各教之间交流交往不断增多，有力促进了各宗教和谐共处。

【安庆市召开天主教文化长廊设计方案评审会】2010年9月9日，安庆天主教文化长廊设计方案评审会在安庆天主堂召开。会议听取了设计单位安庆市规划设计院建筑室负责人关于“安庆天主教文化长廊设计方案”的介绍，并进行了讨论，强调要打造文物保护修缮工作亮点，为安庆市历史文化名城建设作出新的贡献。

【中国天主教上海佘山修院第30届董事会在黄山市召开】2010年10月25～27日，中国天主教上海佘山修院第30届董事会在黄山市召开。华东六省一市宗教工作部门有关领导、天主教佘山修院董事及天主教代表人士30余人出席会议。

【安徽神学院开展系列爱国主义教育活动】2011年4月，组织安徽神学院毕业班28名师生赴革命老区金寨县开展红色教育；5月，在安徽神学院礼堂举办“红歌嘹亮、唱响校园”——庆祝中国共产党建党90周年红歌会；6月，组织师生观看中国共产党建党90周年光辉历程和学习十七届五中全会精神系列讲座，邀请安徽省外办副主任阮平作关于当前国际国内形势和我国外交政策的形势报告；8月，组织全体教职工赴湖南韶山进行爱国主义学习交流活动。

九华山佛学院

【概况】九华山佛学院位于九华山甘露寺内，1991年4月经安徽省宗教局批准设立，时任九华山佛教协会会长仁德法师任首任院长，仁德圆寂后至今未有院长，是一所地方性的中级佛学院，院刊《甘露》。该佛学院由省宗教局委托池州市宗教局监督管理，招生以本省僧人为主，兼招外省僧人，学制两年，主要开设佛学常识、六祖坛经、八宗概要、金刚经、楞严经等20多门课程。办院方式为“学修一体化，学院丛林化”，结夏安居，半月诵戒，早晚功课，过堂坐禅。至今已招生8届，培养学僧500余人。多年来，九华山佛学院坚持办学宗旨，严肃办学作风，积极为安徽省乃至全国的各寺庙输送人才。后因生源不足，于2007年9月暂停招收学僧。

小资料：安徽省回族、满族、畲族基本情况

回族：回族是安徽人口最多、分布最广的少数民族。早在唐、宋时期，安徽已有回族先民活动。元代以后，因被迁移、调卫、屯田或自然迁徙，回民开始在安徽大量定居。到明末清初时，外省回民大量迁入，省内回族从西北往东南缓慢发展，今皖中、皖南、皖东南一带的回民，不少都是由皖西北迁徙而去。中华人民共和国成立以后，回族人口由其他省、市因工作调动、就业分配和联姻等迁入较多，人数迅速增长。

满族：安徽满族人口主要分布在肥东县完牌坊一带，以完颜为姓。完颜氏满族来自山西云内州，其祖完配随朱元璋征战有功，被封于今合肥肥东一带屯卫，遂居安徽。散居在全省各地的满族，多是新中国成立后由于工作调动或通婚而迁徙的。

畲族：畲族来源于古老的越民族，据传发源地是广东潮州凤凰山，公元7世纪形成民族，后辗转迁至福建、浙江。清光绪五年（1879年）以后，部分畲族从浙江桐庐、兰溪、淳安等县迁到安徽，落户在宁国市云梯乡一带，成为安徽畲族的主要来源。另有来自福建省蒲城等地，数量较少。宁国市畲族人口约占全省畲族的80%以上，有畲族乡1个，其余主要分布在各省辖市。

畲族有自己的语言而无文字，语言属汉藏语系苗瑶语族苗语支。畲族口头文学丰富，有长篇叙事歌、小说歌、杂歌等。畲族“有物必有歌”，内容包罗万象，以杂歌最多。歌唱形式有独唱、对唱与齐唱，以对唱为主要形式。

專題文化概覽

傅秀国题

- □ 校园文化
- □ 省军区军旅文化
- □ 机关文化
- □ 廉政文化
- □ 旅游文化
- □ 司法行政文化
- □ 徽派建筑装饰文化
- □ 古井贡酒文化
- □ 文化黄山

校园文化

安徽省教育文化传统深厚，历史上曾出现过许多教育机构，培养无数文化科技人才和国家栋梁之才。新中国成立后，安徽教育得到飞速发展，兴办了大批各类学校，受教育人数大量增加，为安徽社会经济可持续发展作出了巨大贡献。截至2011年，全省共有义务教育阶段学校（包括小学、普通初中、职业初中）16305所，高中阶段学校（包括普通高中、职业高中、普通中专、成人中专）1234所，普通高校104所（另有11所独立学院）。义务教育、高中教育阶段、普通高校在校生分别为693.5万人、222.7万人、99.1万人。幼儿园4613所，在园幼儿116.8万人；特殊教育学校63所，在校生1.3万人；成人高校6所，在校生16.2万人；研究生培养单位18个，在学研究生4.2万人。各级各类学校专任教师59.7万人。各类学校普遍重视校园文化建设。

一、高校校园文化

各高等院校利用共青团、学生会、学生社团等组织开展内容丰富的文化活动。成立安徽高校文化艺术联谊会，组织多项高校文体活动。举办安徽省大学生社团文化节，充分发挥文艺活动在素质教育中的积极作用，促进大学生德、智、体、美全面发展。2010 年7月，省教育厅发出通知，将《安徽文化概要》正式作为通识课程，供全省电大10万名专本科学生选修学习，这也是安徽文化作为一门独立的课程首次走进大学课堂。2009年12月，安徽省教育厅在宿州学院召开首届安徽省应用性本科高校大学文化建设研讨会，研讨交流大学文化建设，进一步服务地方经济社会发展、促进安徽奋力崛起、实现高等教育强省目标等内容。各校结合自身实际，开展各具特色的校园文化活动。中国科技大学提出以大学精神引领校园文化的口号，在校园举办内容丰富的文化活动。除经常性文体活动外，还举办各类学术讲座，开展青年团员素质拓展培训、青年志愿者迎接新学生等活动。校团委还组织部分师生走访挂职学生，与他们进行交流。合肥工业大学把专业学习融入到校园文化当中，组织学生积极参加国内和校园组织的智能汽车竞赛、机器人竞标赛、大学生科技文献综述竞赛、研究生“斛兵论坛”系列学术讲座等，使校园文化和教育学习有机结合。学校校园文化活跃，举办校园文化艺术节，包括社团文化系列、宿舍文化系列、支部文化系列、才艺大比拼系列等活动。全省高校结合自身实际开展多种形式的校园文化活动，丰富了生活，促进了学习。在高等院校，深入推进中国特色社会主义理论体系进教材、进课堂、进头脑。以校园文化为载体，让高雅艺术进校园，把学生兴趣与学习专业有机结合，推动了学生素质情操的提高。安徽大学大学文化对话活动畅谈大学之道，探讨“大学文化建设中应该坚守什么”；合肥工大举办研究生寝室创意文化设计大赛，既美化了寝室，又彰显了文化氛围；安徽理工大学举办女生文化节，让女生更健康更美丽。

为响应省委省政府承接产业转移、建设文化强省的号召，各高校结合自身实际，主动参与到服务文化强省建设中去。安徽大学成立“泛长三角经济社会发展研究中心”，安徽工业大学成立“皖江城市带承接产业转移与区域发展研究中心”，安徽财经大学筹备成立合芜蚌自主创新与区域经济发展研究中心。安徽师范大学、安徽工程科技学院共同瞄

安徽大学参与第二届安徽省动漫大赛表演

准芜湖市动漫产业发展市场，强力服务文化产业发展。黄山学院彰显地域优势，积极为徽州文化生态保护做贡献，构筑徽州文化研究与保护平台。

2010年6～11月，举办“第二届安徽省大学生社团文化节”，组织多项文体竞赛活动，在校师生广泛参与。合肥工业大学在文化节各类比赛和评比中成绩斐然，曹雨崧同学在校园歌手大赛中获金奖，朱峰、刘苏宁老师获“优秀指导教师奖”，王鹏同学获大学生主持人大赛金奖；在大学生书画大赛中，刘玉琪、洪津津同学分获绘画组银奖和铜奖，金昊、刘佛辉同学分获书法组银奖和铜奖；邵立志等同学的HIPHOP组合获大学生街舞大赛银奖；在大学生社团调研类评比中，合肥工业大学获“省高校组织奖”。安庆师范学院大学生创业协会与大学生皖江学社获“安徽省大学生明星社团”称号。大学社团组织的兴起，为高等院校校园文化建设提供了强大的支撑。

“校园吉尼斯”是中国科技大学每年春季开展的一项传统校园文体活动，包括自行车慢骑、轮滑速度过桩、三分大赛、跳长绳比赛等形式多样、丰富趣味的竞赛单元。活动旨在吸引广大同学走出课堂，走出实验室，参与体育健身，挑战自我极限，展现个性风采，培养团队精神，使同学们在活动中放松身心，提升自我，建立友谊。

安徽大学连续举办20届文化艺术节。文化艺术节由“文化启航·青春畅想时代”、“团旗飞扬·青春拥抱盛会”、“活力绽放·青春跃动支部”和“激情涌动·青春炫映校园”4个主题部分在内的共30余个项目组成，涵盖包括“‘文化之旅’讲座”、“‘阅读·月读·悦读’读书会活动”等文化活动，“高雅艺术进校园”活动、“‘活力青春’主题团日活动”等特色主题活动，“‘新时代·新青年·新文化’征文比赛”、“‘纵横杯’演讲比赛”等竞赛活动，“‘安大好声音’校园歌手大赛”、“‘金话筒’主持大赛”等文艺表演比赛等活动。

合肥工业大学举办大学生科技文化节，旨在展示主题为“投身科技实践，弘扬创新精神”，发掘、培育、扶持一批院级科技创新活动，全面推动在校大学生科技创新工作。全校19个学院大学生科技与创新协会展示各自学院的大学生科技创新成果，提升校园科技文化氛围。

部分高校的校训，高度概括了办学理念和学校精神，对校园文化建设起到较好的引领和指导作用。中国科技大学：红专并进，理实交融。安庆师范学院：敬敷世范，勤学笃行 。安徽大学：至诚至坚，博学笃行。安徽师范大学：厚德、重教、博学、笃行。安徽医科大学：好学力行，造就良医。

二、中小学校园文化

各级教育管理机构和学校把学生组织教育摆到重要位置，进一步加强学生的德育工作，把社会主义核心价值观融入到国民教育和精神文明建设全过程。积极推动青少年校外活动场所建设，促进家庭、社会和学校齐抓共管格局的形成。加强校园及周边环境综合治理，净化校园周边社会文化环境。全省继续建设校外青少年活动场所，发挥校外青少年活动场所的使用效益。全省新课程改革实验积极推进先进的教学方式和成熟的典型经验，建立本省实验区，启动“体育、艺术2+1项目”，开展亿万学生阳光体育冬季长跑活动，保证每个学生每天锻炼一小时。2011年，举办了第十届全省中学生运动会、第二届国家级重点和省级示范中等职业学校田径运动会，组团参加第十一届全国中学生运动会，均取得较好成绩。2009年5月，合肥市教育系统举办“我爱你中国”红色经典歌曲合唱比赛，数万名师生参加演出，充分显示了广大师生热爱祖国、建设家乡的巨大热情。教育部门鼓励在校青少年参加科技创新教育，激发学生将所学的知识转化为有价值的创意。

三、少儿文化

自1989年以来，田家庵区连续举办19届少儿艺术节，推动了辖区少儿文艺的蓬勃发展。田

中国·淮南国际少儿艺术节表演节目——小荷风采

家庵区少儿文艺节目参加国内外大型演出300多场，有近200个节目获得省级以上大奖，其中获国家级的大奖30多个（次），并为艺术院校和团体输送一批新苗。2004年，田家庵区承办首届中国少儿舞蹈艺术节。第一届中国淮南国际少儿艺术节于2007年11月30日至12月3日举办。中国·淮南国际少儿艺术节是由中国文联、全国妇联、安徽省人民政府主办，中国舞蹈家协会、中国儿童中心、淮南市人民政府承办，中国音乐家协会、中国美术家协会、中国书法家协会指导，中国文联组联部、安徽省文联、安徽省妇联、安徽省文化厅协办，中国舞蹈家协会舞蹈杂志社、淮南市田家庵区人民政府执办的国际性盛会，已连续举办三届，被称为继黄梅戏、花鼓灯之后的安徽省第三大文化现象。

国际少儿艺术节以舞蹈大赛为主体，以少儿声乐比赛、少儿器乐比赛、少儿书法比赛、少儿绘画比赛、少儿产品博览会为支撑，以“拥抱世界 健康成长”为主题，坚持政府主导与市场运作相结合，按照“5+1”（“5”即少儿舞蹈、声乐、器乐、书法、绘画五项比赛，“1”为全国少儿产品博览会）的模式，安排了开幕式、少儿舞蹈大赛、少儿声乐比赛、少儿器乐比赛、少儿书法比赛、少儿绘画比赛、少儿产品博览会、中国少儿舞蹈文化发展论坛、中外少年儿童大联欢、闭幕式暨颁奖晚会等十大活动，以展示当代少年儿童的艺术风采，打造中华少儿文化民族品牌。2009年8月3~5日举办了第二届中国淮南国际少儿艺术节。

省军区军旅文化

近年来，安徽省军区按照中央军委《关于大力发展先进军事文化意见》要求，以培育当代革命军人核心价值观为根本任务，以提高省军区部队和后备力量战斗力为根本着眼点，以保持部队高度稳定和团结统一为重要着力点，以满足官兵和民兵预备役人员精神文化需求为出发点和落脚点，适应时代发展，创新方法手段，着力打造富有安徽特色的先进军事文化，为推动部队和后备力量建设科学发展、有效履行历史使命提供坚强思想保证、强大精神动力和有力舆论支持。

一、从实际出发培育当代军人核心价值观

1.加强学习教育。紧紧扭住坚定理想信念、强化军魂意识这个根本，着眼回答解决现实问题，切实打牢官兵养成、践行先进军旅文化的思想基础。一是坚持系统筹划。把核心价值观培育贯穿到理论学习、主题教育、思想作风教育整顿以及经常性教育中去，使军魂、理想信念、历史使命、社会主义荣辱观等学习教育内容贯穿始终，相互补充促进，增强学习教育的整体效益。二是坚持以点带面。针对省军区师团两级政工干部少、力量有限的实际，每次大项教育活动，先抓1~2个单位试点先行，摸索路子，然后再在面上推广，使各级看着能学、照着能做。三是坚持统分结合。针对省军区人员少、单位分散，缺氛围、难组织的现状，采取军师团三级联动的方法组织集中学习和教育，统一计划部署，统一动员辅导，统一交流讲评，参观见学、讨论辨析、解决问题等则由各单位自主安排，在突出省军区指导作用的同时发挥各单位的主观能动性。四是坚持用好资源。充分发挥省军区系统优势，积极开发利用革命纪念场馆、大众传媒、地方教育力量等资源搞好培育工作，利用省市主要媒体和政务网站配合宣传，在全省各地建立92个培育基地，聘请42名客座教授，邀请56名省市县委书记进军营作报告，多渠

省军区“军魂永驻”读书演讲比赛

道、多形式培育官兵核心价值观。

2.运用典型示范。广泛开展“两个活动”，组织官兵认真学习南京军区重点宣传的何祥美、李晓钰、汪锡广、司启富等先进人物事迹。积极挖掘、培养和宣传身边的典型，指导部队结合创先争优，利用建立示范岗、光荣榜等多种形式，广泛开展“学典型、争先进”活动，激发官兵践行核心价值观的积极性。重点推出预备役一团副参谋长王现伟、金寨县人武部政委赵克信、合肥干休五所护师周琪等先进典型。王现伟倾情照顾瘫痪妻子的感人事迹在社会产生强烈反响，2011年当选第三届全国道德模范，预备役师组成王现伟先进事迹报告团先后在省内、河南等地作12场报告。金寨县人武部政委赵克信三进金寨，扶贫帮困13年，他的事迹经新华社《国内动态清样》刊发后，中央军委总政治部、南京军区首长和安徽省委主要领导先后批示，中央驻皖和省内主要新闻媒体进行了集中采访，产生很大影响。

3.注重拓展延伸。结合省军区实际，在抓好现役官兵学习教育的同时，把培育工作向民兵预备役人员拓展延伸。一是利用整组点验和预备役军官、专武干部集训机会，加强学习教育，帮助集训人员了解掌握培育当代革命军人核心价值观的目标、任务和要求，认清意义，增强使命感、责任感。二是利用兵员征集、国防教育日、双拥创建和扶贫参建等时机，加强经常性熏陶，引导民兵预备役人员强化国防观念和宗旨意识，培养他们保卫国防、服务人民、甘于奉献精神。三是利用参加重大演训活动和完成急难险重任务时机，加强实践磨砺，采取现场鼓动、挑应战、成立党团员突击队、立功创模等多种形式，锤炼民兵预备役人员精神意志和战斗作风。

二、结合军事训练开展丰富多彩的文化活动

1.举办文化活动。着眼官兵和民兵预备役人员精神文化需求，结合纪念建军85周年活动，先后举办“双拥杯”领导干部乒乓球赛、军民书画联谊会、“军魂永驻”读书演讲比赛、摄影书画作品巡回展、“八一”杯篮球赛、专场文艺晚会暨军区第八届业余文艺会演、“军歌嘹亮”歌咏通讯赛、双拥书画艺术展、电影放映月等系列活动。提升群众性文化活动质量。省军区成立业余乒乓球队、篮球队、军乐队和摄影、摄像、书画兴趣小组，师旅单位视具体情况建立相关组织。积极组织官兵参加军队高等教育自学考试、职业资格认证考试。开办“周末大讲堂”，引导官兵学习新知识，掌握新技能，拓宽新视野。持续开展文化服务活动。2011年，省军区文艺队顺利完成第24届进基地百花奖电影节开幕式演出，并经常下基层巡演；举办安徽省第33届军民书画联谊会，组织法律小分队为官兵做法律咨询；协调南京军区文化站配发近百万元，指导金寨县人武部探索文化扶贫新路子。各级直属分队认真落实《军队基层建设纲要》，做到队列集会有歌声、周末假日有活动、重大节日有晚会、每月体育有比赛，充分发挥文化育人功能。

2.营造文化氛围。一是加强文化氛围营造。在营区醒目位置设置反映先进军事文化的标语牌、灯箱、橱窗，在办公楼、士兵公寓、民兵预备役营（连）部等场所张贴英模画像、宣传图片、励志标语，悬挂电子播放器（显示屏），进行动态宣传。二是加强文化设施建设。省军区建立了文化艺术中心和军史馆，各级军营都建立了图书阅览室、篮球场、乒乓球室等文体设施。依托国防动员训练基地，建设集军史与国防教育于一体的教育场馆，团单位建立荣誉室，基层营连添置电脑、球类、乐器、棋牌等器材，不断满足官兵强身娱乐需求。

群舞——风雨大堤情

3.整合利用资源。充分发挥全省军事系统优势，挖掘利用地方文化资源，提高先进军事文化建设的综合效益。运用大别山革命老区、皖南新四军旧址、渡江战役总前委指挥部等红色资源，搞好优良传统教育。弘扬小岗村、奇瑞集团敢为天下先的创新精神，增强官兵持续创新、争先进位的意识。学习徽文化、楚文化、汉文化等历史文化，组织名家、名剧、名著进军营，开阔官兵文化视野，提升官兵文化品位。借助地方文化机构全、专业人才多的优势，采取联合办班，共建共育等方式，培育高素质文化人才。加强与地方党政机关门户网站协作，通过政务网、先锋网等网站搞好国防教育和征兵宣传，扩大先进军事文化传播的覆盖面。

4.融入实践磨砺。紧密联系担负的使命任务，在实践中催生和发展先进军事文化。把先进军事文化融入军事训练，通过发展阵地文化、帐篷文化、车厢文化，锤炼战斗意志，激发练兵动力。把先进军事文化融入重大任务，在抗洪抢险、抗旱救灾、森林防火、维稳处突一线，高扬英雄旗帜，唱响战斗歌曲，开展立功创模活动，激发当先锋、打头阵的政治热情。把先进军事文化融入岗位锤炼，广泛开展争当示范岗、放心岗活动，激发岗位建功、岗位奉献的内动力。把先进军事文化融入日常养成，大力挖掘先进军事文化蕴含的重视团结的精神资源，积极培育法治文化、廉政文化，巩固发展团结统一、遵章守纪、和谐友爱的内部关系；广泛推行仪式文化，在重大纪念日、军官晋职晋衔、入伍退伍、出队入队时，组织仪式活动，升华情感，凝聚力量。

机关文化

一、省直机关举行“永远跟党走”红歌会

2011年6月14日，“永远跟党走”省直机关庆祝中国共产党成立90周年红歌演唱大会在安徽省体育馆举行。省领导张宝顺、王三运、段敦厚、余欣荣、臧世凯、王宾宜、詹夏来、王秀芳、任海深、朱维芳、郭万清、倪发科、沈素琍出席大会。省直工委书记张国富主持红歌演唱大会，省委常委、省委宣传部部长臧世凯讲话并宣布演唱大会开始。省直机关和中央驻皖67个厅局单位3600多名干部职工组成10个合唱队，共同演唱红色经典歌曲，歌颂党的丰功伟绩，抒发对党的深厚感情，坚定永远跟党走的信念。

红色经典歌曲是党90年光辉历程的生动写照，是继承革命传统、弘扬时代精神的重要载体，它来自于群众、传播于群众并深深扎根于群众，反映了人民群众拥护党、歌颂党、坚定不移跟党走的真挚心声。在庆祝建党90周年之际，省直机关广大党员和干部职工放声高歌共产党好、社会主义好、改革开放好、伟大祖国好、各族人民好，尽情抒发爱党爱国爱民的炽热情怀，必将进一步激励广大党员和干部群众坚定理想信念，与时俱进、开拓创新，以更加昂扬的斗志、更加出色的业绩，创造安徽更加美好的明天。

整个演唱大会共分“灯塔”、“旗帜”、“信念”、“忠诚”、“奋进”5个篇章。演唱《旗帜颂》、《歌唱祖国》、《春天的故事》、《走向复兴》等18首经典红歌。2400多名观众积极参与，现场气氛被推向一个又一个高潮。最后，演唱大会在《没有共产党就没有新中国》的全场大合唱中精彩落幕。

中央驻皖和省内各家媒体近百名记者采访红歌大会，数百个媒体和网站做了大量报道，腾讯微博现场直播全国网民对红歌会的高度评价和互动情况。

二、第二届省直机关“读书月·书香伴我行”游园活动

2011年4月23日是“世界读书日”，省直机关“读书月·书香伴我行”游园活动在合肥市逍遥津公园举行。省委常委、省委

“永远跟党走”红歌会

秘书长詹夏来出席并宣布活动正式开始，省人大常委会副主任朱维芳、副省长谢广祥、省政协副主席赵韩出席。启动仪式由省直工委书记张国富主持，中央电视台节目主持人、演员、作家倪萍应邀谈了读书感言。

为深入贯彻落实党的十七届四中、五中全会精神，大力推进学习型党组织建设，打造书香机关，引领全民阅读，省直机关举办第二届读书月活动。活动由省直工委、省委宣传部、省新闻出版局联合主办，时代出版传媒股份有限公司、新华传媒股份有限公司承办。这既是第一届省直机关读书月活动的延续，也是庆祝建党90周年的重要活动。“读书月”期间，举行了由中国残联主席张海迪作的主题报告会，评选出了“我最喜爱的10本红色经典”，征集评选了省直机关“读书月”活动标识，开展了“品味红色经典·坚定理想信念”读书演讲竞赛和读书征文。“书香伴我行”游园活动是“读书月”的重头戏，得到广大机关干部的积极响应，129个省直部委厅局、中央驻皖单位共3000多名干部职工踊跃参加。

此次游园活动以“书香机关、引领阅读”为主题，组织机关干部职工在印有“品味红色经典·坚定理想信念”的百米条幅上签名，开展“我为留守儿童捐赠一本书”活动，共捐赠6000多册图书，展出45幅书法家书写的读书格言作品和54幅“我爱书香”摄影作品，并组织了唱红歌、诵红典文艺演出。时代出版传媒股份有限公司、新华传媒股份公司联合举办“红色经典进机关”大型书市，4000多种、数万册红色经典和相关图书优惠展销，省内一些知名作家到场签名售书，引来众多读者购书。同时，还开展了抽奖、有奖知识问答、1000条趣味谜语竞猜、书法家现场书写读书格言警句等活动。

张海迪在省直机关第二届读书月活动作主题报告

廉政文化

多年来，省委、省政府和省纪委一直高度重视廉政文化建设，将其纳入构建惩防腐败体系的总体规划，统一部署，统一安排，统一实施。在近几年全省组织开展的大型廉政文化活动中，领导机关都积极带头参与。省纪委每年全会都对廉政文化建设作出总结和部署。2011年，全省各级党委、政府和纪检监察机关坚持围绕中心、服务大局，统筹谋划、突出重点，开拓创新、积极进取，廉政文化建设不断取得新的成效。

一、廉政文化建设领域不断拓展

各地各单位紧密结合实际，制定规划和方案，将廉政文化建设与群众性精神文明创建活动有机融合，与党委、政府中心工作有机结合，推动廉政文化渗透到社会各行业各领域。一是廉政文化进机关工作强力推进。紧紧围绕创先争优活动，构建学习型、服务型、法制型机关，开展机关作风建设和机关效能建设等，把廉政文化融入其中。利用办公大厅、走廊、办公室、办公桌、电脑等平台，努力营造办公环境的廉政氛围；通过开展主题教育、示范教育、警示教育和岗位廉政教育活动，使机关干部增强了廉政勤政意识。一些省直单位还就廉政文化建设开展专题考察学习活动。二是廉政文化进社区工作有序展开。根据社区实际，利用城市街区、广场、楼宇等建立廉政艺术景观、文化活动场所，组织社区居民开展各种廉政文化活动。截至2011年底，全省70%以上的县（市、区）在城镇主要街道、广场建立了廉政宣传栏和广告牌，发布廉政广告，开展廉政宣传，使广大居民崇廉尚廉意识不断增强。三是青少年廉洁教育工作不断深入。各大专院校和中小学结合教育部印发的廉洁教育指导纲要，把青少年廉洁教育作为实施素质教育的重要内容，制订教学方案，安排专门教师，通过说、唱、看、写等多种形式，推动廉洁教育进教材、进课堂、进黑板报、进学生头脑。省属高校努力构建廉洁教育体系，发挥自身资源优势，成立廉洁教育机构，开展廉政理论研究。四是廉政文化进农村工作逐步推开。各地结合社会主义新农村建设，不断满足农民多元文化需求，利用村部、农家书屋等村民活动场所，依托送文化下乡和农村党员干部远程教育等形式，通过排演地方戏、诵民谣、讲故事、看电影等群众性文化活动，把培育廉洁理念融入基层文化建设和农村党风廉政建设，营造文明乡风民风。淮南市村村有农家廉政书屋，每个书屋由市财政投资2万元；阜阳市在100个文明示范村建立了廉政文化长廊。五是企业廉洁文化建设成效显著。各地企业紧密结合企业文化建设和行业特色，围绕贯彻落实《国有企业领导人员廉洁从业若干规定》，把廉洁内容融入企业各项规章制度，把廉洁教育贯穿企业生产经营管理全过程，增强了企业管理人员的廉洁从业意识。省属企业结合剖析典型案件，深入开展诚实守信、廉洁经营教育。六是家庭助廉教育活动扎实开展。各地各单位结合创建文明家庭活动，教育引导党员干部及家属，牢记“一人不廉、全家不圆”的格言，共建幸福和谐廉洁家庭。通过组织评选“廉内助”、“廉洁家庭”，召开贤内助座谈会，开展廉政家访等活动，推动廉政文化进家庭，努力筑牢家庭廉政防线。

二、廉政文化产品日趋丰富

近年来，各级纪检监察机关加强与宣传、文化、广电、出版等部门的联系合作，积极组织并指导各地各单位以反腐倡廉为主题，开展唱响正气歌，廉政戏曲小品比赛，廉政文学作品有奖征文，廉政文艺专场演出，廉政书画摄影展，廉政赛诗会，故事会、研讨会等系列活动，推出一大批弘扬时代主旋律、思想性和艺术性俱佳的优秀廉政文化作品。一是丰富廉政文化形式。据不完全统计，近年来全省各地共开展以反腐倡廉为主题的文艺演出5000多场次，廉政歌曲大型演唱会1000多场次，开展廉政演讲比赛、书画摄影展览1200多场次，观众达400余万人；先后组织开展“扬正气、促和谐”廉政公益广告大赛和影视类廉政公益广告创意征集评选活动，产生一批社会反响好的获奖作品；在省市县三级广播电台、电视台展播廉政公益广告50000多条次，在城区设置廉政公益广告40000多幅，省纪委向市厅级干部手机发送廉政短信和《皖廉信使》彩信累计达20余万条。二是创作廉政文化作品。各地各单位发挥自身优势，积极组织创作活动，一大批具有特色的廉政作品，像雨后春笋般涌出。亳州、阜阳市纪委分别开展廉政文学作品有奖征文和廉政文艺作品创作评选活动；芜湖市纪委组织创作2部反腐长篇小说；淮北市纪委编辑出版廉政文化“六进”系列读本30000册；马鞍山市纪委创作《不廉行为》漫画册，由方正出版社出版发行；蚌埠市纪委组织创作《廉政准则》动漫宣传短片，在电视台黄金时段滚动播放；亳州市纪委根据沈浩先进事迹，组织创作编排了大型梆剧《民生的印记》，在安徽大剧院演出，收到很好教育效果。三是打造廉政文化品牌。各地各单位着力推进廉政文化精品工程建设，品牌效应正在逐步形成。安庆市纪委将廉政文化内容与地方黄梅戏有机结合，创作廉政题材的黄梅戏等地方戏作品20余件；淮北、蚌埠、安庆等市精心建设廉政文化主题公园，把廉政文化与广大群众的娱乐休闲融为一体；黄山市廉政文化“月月演”活动已连续举办4年多，成为当地的一大廉政文化品牌；宣城市举行市直机关廉政文化理念征集评选活动，得到党员干部和广大群众的支持和拥护；合肥市纪委着力打好“包公”牌，连续举办两届“包公杯”全国反腐倡廉曲艺作品征集活动，成为在全国叫得响、影响大的廉政文化品牌。

三、廉政文化阵地建设不断巩固和扩大

全省各级各部门不断强化阵地意识，努力用先进的廉政文化占领思想舆论阵地。一是强化新闻媒体在廉政文化建设中的作用。加强与相关部门的联系，先后在《安徽日报》上开办《明鉴台》专栏，在省电视台开播《廉政经纬》节目，在省广播电台开播《政风行风热线》节目，在新华网安徽频道开设《廉政之窗》和《廉政前沿》栏目，建成安徽纪检监察网并拓展为网站群，开展网络评论，引导网络舆论，优化网络环境。截至2011年底，全省各级纪检监察机关每年在市级以上新闻媒体上发表有关反腐倡廉方面的稿件达5000多篇。全省16个市的党报、电台、电视台也都开办了廉政建设专栏或专题节目，铜陵、宣城、马鞍山、安庆等市先后开通党风廉政网，绝大多数县级电台、电视台都开播了廉政文化专题节目。二是搭建利用文化平台，各地充分利用文化馆、图书馆、影剧院、博物馆、展览馆以及爱国主义教育基地等场所和设施，发挥文艺演出团体的作用，组织开展丰富多彩的廉政文化活动。这些活动立足本地特色，运用群众喜闻乐见的表现形式，增强了廉政文化的感染力。如安庆市、马鞍山市借助黄梅戏表演艺术，亳州、淮北、宿州等地用梆子戏、豫剧等表演形式创作的廉政文化作品，在当地和省内外都产生了较好的宣传效果。三是积极开展廉政文化示范点创建活动，坚持“示范引导、以点带面、逐步延伸”的工作思路，扎实推进廉政文化示范点创建工作。截至2011年底，省纪委、监察厅在组织检查验收的基础上，已先后分3批命名授牌省级廉政文化“六进”示范点共505个，各市按照示范点建设标准，培育、创建、命名了市县廉政文化示范点近1000个。这些示范点，对全省廉政文化建设起到了很好的引领作用。

四、廉政文化建设机制制度逐步健全

各地各部门在实践中积极探索，不断建立完善相关制度，努力构建廉政文化建设的长效机制。一是加强政策指导和工作规划，把廉政文化建设纳入经济社会发展和构建惩防腐败体系的总体规划，提出明确要求。2007年6月，省委办公厅、省政府办公厅制定印发了《关于加强廉政文化建设的意见》；省直纪工委、省教育纪工委、省国资委纪委、省妇联、省民政厅等部门和单位，也分别制定下发了廉政文化“六进”实施意见，对廉政文化建设作出具体安排。二是建立健全廉政文化协调机制，明确责任分工，研究重大问题，协调解决难题，推动工作落实，初步形成了在党委、政府统一领导下，纪委组织协调，相关职能部门各负其责，社会各方积极支持，干部群众广泛参与的廉政文化建设良好局面。各地各单位都成立了专门领导组织和办事机构，确定分管负责人具体抓落实。黄山市还成立廉政文化促进会，确保了廉政文化建设的扎实开展，并形成整体合力。三是制定完善相关工作制度，2009年9月，省纪委制订印发了《安徽省廉政文化示范点建设标准（试行）》；各地各部门按照建设标准，结合当地文化资源优势和部门行业特点制定实施具有自身特色的建设标准，促使廉政文化建设不断向深度和广度拓展。蚌埠、宿州等市还制订了“六进”示范点动态管理办法，进一步提升了廉政文化建设的规范性、针对性和实效性。

五、第二届“包公杯”全国反腐倡廉曲艺作品征集

在中央纪委宣教室、省纪委的指导下，由中国曲艺家协会、合肥市纪委、市委宣传部、市文联等单位主办的第二届“包公杯”全国反腐倡廉曲艺作品征集活动于2011年6月20日在北京召开新闻发布会。安徽省委常委、合肥市委书记孙金龙，省委常委、省纪委书记王宾宜，中国文联副主席、中国曲协主席刘兰芳，中国曲协分党组书记、副主席董耀鹏，中国曲协副主席、中国文学艺术基金会秘书长姜昆等出席，有关领导和曲艺界知名人士、新闻媒体记者共100多人参加。

活动期间，共收到来自全国各地的作品1267篇，比第一届增长11%。其中，鼓曲唱曲类93篇，评书快书快板类214篇，相声类204篇，小品类264篇，其他类492篇，还包括多篇少数民族曲艺作品，涵盖70个曲种，增长42%。经过初评、复评、终评三轮遴选，评出一等作品2篇、二等作品4篇、三等作品8篇和优秀作品20篇。所有获奖作品都由组委会结集出版。

宿松县检察院廉政文化建设

发挥廉政文化的教育、熏陶、导向、凝聚作用，树立了检察机关“为民、务实、清廉”的良好形象。2006年以来，连续两届被评为全省先进检察院，连续三届被评为省级文明单位，2009年被评为全国先进基层检察院。全院先后制定了廉政文化建设长期规划和年度计划、反腐倡廉教育计划，以及构建惩治和预防腐败体系、加强检察机关自身反腐倡廉建设等一系列制度规定，确保廉政文化建设工作的有序开展。利用近年来通报的反面典型，通过观看警示教育片，使广大干警不断强化廉政意识，增强法制观念，规范廉政执法行为。因地制宜、因时而动，开展丰富多彩的文体活动、读书荐文活动和社会实践活动。通过歌曲颂廉、比赛倡廉、读书学廉、访问思廉，使廉政文化延伸到干警的家庭、延伸到业余生活、延伸到“八小时”之外、延伸到社会实践之中，营造了“以廉为荣、以贪为耻”的浓厚氛围。

全国廉政教育基地揭牌仪式

旅游文化

中国旅游日黄山主题活动启动仪式

安徽旅游景点众多。在旅游景区景点中，文化含量丰富，文化品位较高。黄山是世界名山，早有“黄山归来不看岳”的文化旅游先例；九华山是四大佛教圣地之一，为佛教文化的集中地；西递、宏村被列入世界文化遗产名录，是徽文化的杰出代表。到安徽旅游，似如在文化长廊中行走，在欣赏自然美景的同时，能体验到安徽文化的博大精深和特色。旅游与文化的有机融合，加快了旅游业的发展。2011年，全省接待入境游客262.87万人次，比上年增长32.5%；接待国内游客2.25亿人次，增长46.82%；旅游总收入1891.61亿元，增长65.49%。相当于全省GDP的12.1%，比上年增加2.27个百分点。

一、旅游文化活动精彩纷呈

安徽是文化大省，又是旅游资源大省。近年来，一批重大文化旅游项目先后建成，增添了安徽旅游的文化内涵。如芜湖方特欢乐世界项目、合肥市中国非物质文化遗产园项目、蚌埠市花鼓灯嘉年华项目、淮南市志高文化科技动漫产业园项目、滁州市琅琊山国际旅游度假中心项目、六安市悠然南山度假区项目、铜陵市天井小镇文化旅游区项目、池州市九华山大愿文化园项目、安庆市太湖县五千年文博园项目、歙县历史文化名城保护与开发项目等，已成为或即将成为带动文化产业、促进旅游业发展的引擎。一系列旅游文化活动的开展，展示了安徽的魅力。2011年，省政府组织意大利中国文化年安徽周系列活动，省旅游局与拉齐奥大区签订合作备忘录，省旅游集团与意大利吉利旅游公司、池州市旅游委员会与意中旅游行业协会、黄山友好旅行社与意中友好交流协会分别签订合作项目及战略合作协议。2011年省政府组织安徽经贸文化宝岛行活动，在台北、高雄举办系列旅游宣传推介活动，促成黄山市太平湖风景区与台湾日月潭风景区、安庆市天柱山风景区与台湾阿里山风景区建立合作关系。省旅游局承办第七届中韩旅游交流与合作事务级协商会议，推进中韩旅游合作。另外，还组织参加德国柏林旅游交易会、莫斯科国际旅游展、第十四届海峡两岸旅行业联谊会、2011中华文化游港澳地区主题推广系列活动，邀请并接待台湾雄狮旅行社欣传媒、新加坡旅行商考察团、台湾高雄观光业参访团、朝鲜国家观光总局友好参观团、日本北海道观光协会、日本山梨县旅游交流推广团等在安徽考察踩线，交流合作，取得很好效果。安徽旅游集团与法国乡村旅馆联合会合作的乡村旅馆项目，首批乡村旅馆开业运行。

2011年，全省十大重点旅游项目中，文化旅游项目占8个。开展全省休闲农业示范县、示范点创建工作，引导全省休闲农业向纵深发展。林业部门把森林旅游作为“十二五”期间重点发展的十大林业主导产业之一，每年安排专项资金用于风景林建设，全省“森林旅游人家”达到205个。

二、树立区域旅游的美好形象

2011年，采取合作共建的方式，着力打造“旅游·难忘安徽”品牌，取得较好效果。安徽旅游宣传推广首次亮相中央电视台一套“朝闻天下”、中央电视台二套“第一时间”、中央电视台四套“整点新闻”广告宣传，并与中国国际广播电台建立长期的安徽旅游宣传推广合作机制，与新华网、人民网、乐途网、旅游卫视、北京阳光天女传媒建立了稳定的合作关系，与台湾最有影响力的雄狮旅行社合办“旅游·难忘安徽”繁体中文网，还多次应邀接受《人民日报》、新华网、人民网、凤凰网、香港有线电视台等媒体的专访。先后组织参加由国家旅游局和安徽省政府一系列有重大影响的国际国内旅游宣传推广活动，在香港、北京等地交通窗口设置安徽旅游宣传广告。安徽旅游网开辟了日文、韩文、英文旅游宣传网。特别是探索实践上下联动、左右联合的旅游宣传推广新方法，打造“旅游·难忘安徽”整体形象。

三、加大培养旅游人才力度

2011年，发展旅游业首次纳入省委党校的培训内容，在市厅级干部任职培训班、市县干部“党建理论”进修班安排旅游业发展专题辅导讲座。安徽省教育厅与省旅游局联合下发《关于加快安徽旅游专业人才培养的意见》，进一步密切省内高校与旅游企业在人才教育培训方面的合作关系。安徽省旅游局与台湾铭传大学就两地旅游人才交流培训建立合作关系。安徽省旅游局、省外专局联合举办“引智促振兴——外国专家江淮行”旅游专题培训班，邀请新加坡著名旅游营销策划专家李良义和5位美国旅游专家就景区的保护开发、客源开拓、策划营销与品牌打造，酒店的团队建设、成本控制、人性化服务、信息化管理等方面开展专题讲座。2011年，省旅游局、省旅游培训中心、16个市及广德、宿松县旅游局累计开展各类培训240班次。旅游企业积极开展自主培训或外出参训，全年全省累计参训人数达2.7万余人，行业从业人员整体素质有新的提高。安徽旅游学校招生工作在省属同类旅游学校中名列前茅，毕业生就业率达到100%。

司法行政文化

司法行政文化是中国特色社会主义先进文化的有机组成部分，也是社会主义法治文化的重要内容。近年来，安徽省司法厅弘扬徽风皖韵，融合时代特征，推进文化创造，彰显行业特色，凝聚队伍力量，扩大工作影响，进一步增强全省司法行政系统“软实力”，凸显司法行政文化在建设文化强省中的地位和作用。

一、培育精神理念，引领文化建设

省司法厅认真总结司法行政事业良性循环发展过程中体现出来的价值取向、精神追求和文化内涵，大力培育与社会主义核心价值体系相适应、反映司法行政队伍使命任务和职业特点、以“忠于法律、服务人民、公正廉洁、创新争先”四项内容的司法行政核心价值理念，并提升为司法行政文化建设的核心和灵魂。四者相辅相成、相互交融、共同提升，体现出司法行政队伍价值取向和精神追求，具有鲜明的司法行政职业特色。

全省司法行政系统广泛开展“忠实践行司法行政核心价值理念”学习和讨论、征集主题演讲和征文、组织典型案例评选等形式多样的活动，将司法行政核心价值理念转化为司法行政系统的群体意识，培育司法行政队伍奋发向上的精神力量，提高全省司法行政队伍思想政治素质和文明素质，同时对引领司法行政文化建设的正确方向发挥出重要作用。

二、开展文化实践，活跃文化建设

省司法厅从文化创作、成果展示、文艺评选和演出等方面着手，开展内容丰富、职工欢迎的文化活动，鼓励和支持广大干警职工、法律服务工作者参与，发挥他们在司法行政文化建设中的主体作用。组织专业文艺创作队伍深入基层一线开展采风活动，综合运用文学、音乐、舞蹈、曲艺和书画摄影等形式，将全省司法行政系统重点工作、成功经验、创新举措和先进典型转化为具体的文化成果，展示本省司法行政工作取得的成绩，讴歌广大干警职工和法律服务工作者文明执法、爱岗敬业、开拓进取、创先争优的精神风貌。省白湖监狱管理分局创作的廉政歌曲《我们是人民的纪检监察员》获全国反腐倡廉歌曲创作二等奖、全省反腐倡廉歌曲创作一等奖等。结合重要节点，先后组织开展纪念司法行政机关恢复重建30周年、纪念建党90周年等专场文艺演出活动。在省博物馆、久留米美术馆等举办全省司法行政系统书法、美术、摄影作品展览。

广泛开展文明单位、文明行业、青年文明号和巾帼文明岗为载体的文明创建活动，推动精神文明创建工作向机关处（科）室、（分）监区、大（中）队、司法所、律师事务所和公证处等基层一线延伸。开展“学雷锋、讲文明、树新风”活动，自觉把雷锋精神转化为立足本职、锐意进取、敬业奉献的生动实践，推动学雷锋活动常态化。

三、彰显部门特色，增加文化魅力

省司法厅紧密结合司法行政机关公务员、监狱劳教人民警察和法律服务工作者三支队伍的性质和特点，精心提炼“一种精神”，重点培育“三种文化”，有效地发挥司法行政文化的导向作用、凝聚作用和激励作用。

“一种精神”是司法行政机关精神。“创新、务实、高效、廉洁”是司法行政机关精神，这既是精神上的凝聚与引领，也是工作上的标杆与路径，引导每位公务员始终保持昂扬的工作激情，创造性地完成工作任务。

“三种文化”分别是监狱劳教人民警察文化、法律服务文化和教育改造文化。监狱劳教人民警察文化建设，重点组织开展“弘扬传统、坚定信念、执法为民”、政法干警核心价值观等专项教育实践活动，培育具有安徽特色的监狱劳教人民警察核心价值理念；发挥现代传媒手段，开展生动、直观、参与面广的民警文化活动；探索建立本省监狱劳教人民警察职业道德准则和职业行为规范，推动形成具有监狱劳教（戒毒）工作特色的警察文化；深入开展现代化文明监狱、劳教所创建活动，精心打造“金盾文化”品牌，开展禁毒文艺宣传，提升安徽劳教文化、戒毒文化品位。

开展“中国特色社会主义法律工作者”主题教育活动和“律师行风提升年”活动，大力弘扬以“依法、诚信、尽责”为主要内容的中国特色社会主义律师执业精神。广泛开展法律援助便民服务活动，建设便民服务窗口，完善便民服务措施，优化工作流程，规范服务标准，使用文明礼貌语言，逐步形成以“便捷、高效、优质”为主要内容的法律援助文化。修订公证行业文明创建工作标准，深入开展公证质量事故“零容忍”活动，引导公证机构打造人文环境，体现人文关怀，教育广大公证员严格按程序办理公证事务，规范公证行为，培养良好的社会公共道德和职业道德。司法鉴定、基层法律服务行业开展主题文化实践活动。

围绕改造人、教育人的需要，坚持用社会主义先进文化占领服刑、劳教（强戒）人员思想阵地，用主流文化充实服刑、劳教（强戒）人员思想，着力营造良好的人文矫治环境，引导服刑和劳教、戒毒人员感悟优秀文化，做到在求知修身中学会学习、在律己治心中学会做事、在知荣明耻中学会做人、在习技谋能中学会生存，形成回归社会后仍可长久坚持和持续发展的良好品行。全省监狱、劳教所加强文化基础设施建设，广泛建立流动图书馆，组织服刑、劳教和戒毒人员参加读书活动，营造富有人文氛围的教育矫治环境。

四、健全工作机制，确保文化发展

近年来，全省司法行政文化建设的实践表明，推动司法行政文化发展、繁荣，需要进一步建立健全工作机制，确保文化发展。

完善文化传播体系。与主流报刊、广播、电视和互联网等新闻媒体加强合作，宣传、展演和展示司法行政文化建设成果，向社会传播司法行政工作和队伍的良好精神风貌。以司法行政综合信息网和门户网站为平台，以基础数据管理系统、视频监控系统、OA 办公系统为支撑，大力建设具有司法行政特色的网络文化，鼓励和引导广大干警职工、法律服务工作者积极参与有益的网络文化活动，努力推广现代科技手段在司法行政文化建设中的应用，提高司法行政文化建设信息化水平。

建立经费保障制度。把文化建设经费纳入司法行政机关年度预算，加大文化建设经费投入，支持文化建设重点项目建设和群众性文化活动。建立奖励制度，组织形式多样的司法行政文化产品奖评活动。

培养文化人才队伍。及时发现、培养和选拔文化艺术人才，对内强化教育培训，对外开展交流合作，不断提升综合素质，培养和造就一支司法行政文化骨干队伍；根据工作需要，逐年招录适应工作需要的文化专门人才，不断优化文化队伍结构。充分发挥以安徽省司法行政系统文体书画协会为重点的文体、书画、摄影协会和文学联合会、文化联谊会等文化组织的引领作用，指导成立各种文体活动兴趣小组，定期组织开展各项文化、艺术、体育活动，巩固和扩大司法行政文化建设的群众基础。

徽派建筑装饰文化

建筑装饰通过和传统文化元素的结合，来展示民族性和本土文化特征，成为时代的象征。建筑是文化的载体，是艺术的固化表现形式，是科技发展的具体体现。它反映一定历史阶段人们的生活模式和价值观念，是研究历史的重要参照物。徽派建筑装饰是徽文化的凝结，是中国传统文化的标本。徽派建筑承载了古徽州几千年文明史。它集自然美、艺术美于一体，充分体现了人与人、人与社会、人与自然的和谐统一。徽派建筑是中国古建筑最重要的流派之一，以黛瓦、粉壁、马头墙为表型特征，以砖雕、木雕、石雕、高宅、深井、大厅为居家特点，形成独树一帜的建筑风格。徽派建筑居室的装饰美具体表现在：大门和围墙上的门罩、黑色沉重的大门及雕刻漏窗等。

大门之前往往配有两扇秀气的菱花门，其上半部为镂空的图案，便于主人在开门前对客人进行观察；进入厅堂后，房梁与天花板上，大多有描金绘彩的装饰图案；房梁之下，是雕刻精致的烘托；位于厅堂两侧的卧室，房前有过廊，供主人更衣，厢门通常是一字排开的花木门，上部是镂空图案，中间有戏文、人物，下部雕有花、鸟、虫、鱼等图案。徽派建筑的文化底蕴丰厚，具体表现在：色调上素雅淡秀，造型上别具一格，布局上紧凑通融，结构上奇巧多变，装饰上古朴优美，陈设上精工雅致。

古井贡酒文化

亳州不仅是国家历史文化名城、中华药都，还是中国酿酒业的重要发祥地。古井贡酒不仅是中国老八大名酒之一，更是中原地区酿酒业的杰出代表，是中国传统酿酒业的活文物。亳州市蒙城县尉迟寺遗址，被考古界称为“中国原始第一村”，考古发现的盛酒器皿，把我国酿酒业历史提前1000多年。

汤王定都于亳时，把酒作为祭祀天地、祖先的必备品，甚至对于盛放酒器物的装饰都力求完美。《礼记》对此作了详细记载。公元196年，曹操向汉献帝刘协进献家乡亳州产的九酝春酒，并上奏《九酝酒法》，这是中国历史上关于酿酒方法的最早文字记载。九酝春酒就是后来古井贡酒的历史源头。

宋代熙宁年间，亳州地区的酒税征收额已经达到“十万贯以上”。元代史志记载，当时的亳州地区每年酒税有七万五千七十七锭一十一两五钱，为全国“四大酒都”之一。

元代末年，一户姓怀的人家为躲避战祸，从金陵（今南京）迁居亳州减店（今古井镇）。在吸取当地流传千年的“九酝酒法”基础上，独创了“老五甑”工艺。该酒度高味美，被人称为“怀家一枝花”，简称“怀花酒”。此地糟坊窖池群蕴含酿造古井贡酒的“神泥”，被古井人尊称为“功勋池”。这也是中国目前为止连续使用时间最长的窖池群，属于国家重点文物保护单位。

《本草纲目》认为：酒为药之引，酒乃药之母。生长在亳州的神医华佗将酒用在内服、外敷上，并首创了将酒用在手术上的麻沸散。

1963年10月，在北京第二届全国评酒会上，古井贡酒一举夺得八大名酒第二名。在以后的第三、四、五届评酒会上，古井贡酒蝉联金牌。

古井厂区有两口“古井”，一是北魏时期的古井，一是地下宋井，均已被批准为国家级重点文物保护单位。经北京地质研究院化验，古井水质含有锶、碘、锗、锌等20多种矿物质，是优质天然矿泉水，用来酿酒尤佳。因此，“古井”被有关专家誉为“中国第一井”。

华夏白酒第一馆——古井酒文化博物馆

文化黄山

黄山，是世界文化与自然遗产和世界地质公园、世界著名的风景名胜区，以“五绝”（奇松、怪石、云海、温泉、冬雪）和“五胜”（遗存、书画、文学、传说、名人）著称于世。黄山风景区始终坚持“科学规划，统一管理，严格保护，永续利用”的方针，按照《世界遗产公约》，正确处理保护管理与开发利用的关系，致力于遗产地真实性、完整性保护，不断推进文化与旅游的融合相生，形成了富有黄山特色的文化旅游和旅游文化。

黄山四季分明，气候宜人。集8亿年地质史于一身，融峰林地貌、冰川遗迹等丰富地质景观于一体，36源、24溪、20潭、17泉、3瀑、2湖、1池错陈分布，海拔千米以上的山峰有77个；素有“天然动物园”和“天下植物园”的美称，有植物1660多种，动物550余种。“仁者乐山，智者乐水”。黄山萃集“泰岱之雄伟、华山之险峻、衡山之烟云、匡庐之飞瀑、雁荡之巧石、峨眉之清秀”等众美之所长，春、夏、秋、冬四季景色相映争辉，徐霞客“薄海内外无如徽之黄山，登黄山天下无山，观止矣”的赞叹更是广为传颂，堪称中国山水文化形式的典范和民族山水文化精神的家园。

黄山游览磴道初始于唐代，形成于明清，发展于民国，完善于当代。以天海为中心，分为东、西、南、北四条主干道，辅以支道连接，形成贯通各景区景点的盘道网络。全山现有磴道总长约85公里，石阶6.3万余级，设计精巧，形式多样。历代铺筑登山道路的同时，还在沿线相应修建了一批富有时代特征且与自然风光互为辉映的楼阁、亭台、桥梁、客栈等景观设施，以满足旅行基本所需。这些磴道与建筑映射出黄山建设尊重自然的营构理念和天人合一的人文思想，是人类探知的智慧创造和儒、释、道、民俗等多元文化交融的结果，是一条独特的文化旅游长廊，其建设历史亦是黄山旅游文化发展的历史。

黄山是艺术的殿堂，是书画家、金石家、摄影家、美学家等众多艺术家心目中的圣地。孕育自明清之际的黄山画派传承至今且影响日盛，是众多艺术门类表现黄山的杰出代表。“黄山是大画院”，方圆八百里随处皆可入画，古往今来，受益于黄山的画家不计其数，渐江、梅清、石涛、戴本孝、雪庄、黄宾虹、汪采白、刘海粟、张大千、李可染、赖少其等历代绘画大师引领黄山艺术创作，成为黄山画派的翘楚。传世的黄山画作更是精品纷呈，为世界各大博物馆所珍藏，为世界各国人民所欣赏。

自唐代大诗人李白游山题诗后，历代羽士高僧、文人墨客、官绅名流等慕名探奇访幽，观光览胜，吟咏唱和，寄景抒怀，创作了大量名篇佳作。据不完全统计，历代歌颂黄山的诗词歌赋达2万多首（篇），先后编纂有《黄山图经》、《黄海》等十余部山志，堪称中国文学史上的奇葩。黄山现存自唐以来摩崖题刻300余处，主要镌刻分布于温泉、玉屏、北海、云谷和松谷等景区磴道沿线的岩石崖壁，是一部镌刻在花岗岩石上的黄山“史记”，是一座精华荟萃的中国书法博览馆，它赋予神奇险秀的黄山更具灵妙之蕴和历史体验。此外，以黄山主创的音像、摄影、邮票、邮品、明信片等，也丰富了黄山旅游文化的内涵。

共和国两代领导人邓小平和江泽民，分别于1979年7月和2001年5月亲临黄山，为黄山旅游开山指路，为黄山发展赋诗鼓劲，产生了巨大的社会反响和深远的历史意义。

黄山立足自身品牌影响，通过挖掘黄帝文化、道释文化、徽州文化、红色文化、演艺文化、饮食文化、民俗文化和生态文化等精神内涵，实施文化黄山精品战略，强化景区文化设施建设，增强公共文化服务能力，推出特色文化旅游产品，促进文化事业、文化产业发展，彰显景区文化吸引力，提升景区的综合竞争力。相继实施南大门文化休闲广场、黄山艺术展示中心、温泉休闲度假区、石门水利观光区、花山谜窟激光秀、全山数字电视转换等旅游文化项目建设，创建了黄山书画摄影写生创作基地，协调开展了环黄山五镇休闲度假区块的建设。

旅游文化活动日益丰富。先后成立黄山风景区文化发展中心、文化市场管理办公室、文物管理所、书画院和广播电视台等文化机构，组建摄影、书画、篮球、棋牌、歌舞和读书等协会组织，建成黄山风景区博物馆、美术馆、图书馆、地质博物馆等文化场馆，出版《黄山志》、《世界遗产·黄山卷》、《历代名家书黄山》、《历代名家画黄山》、《黄山摩崖石刻》等文化专著，推出了中国黄山风景名胜区、黄山世界文化与自然遗产、黄山世界地质公园、黄山旅游（途马）、黄山风景区博物馆、黄山书画院等宣传网站，多视角展现了“五绝”风光和“五胜”文化。

2011年，共接待游客270多万人次，实现经营收入18亿多元，上缴税收超过2亿元。

邓小平视察黄山

人物

□ 历史文化人物

□ 纪念人物

□ 2011年度安徽十大新闻人物

历史文化人物

管　仲（?至前645）　春秋时政治家。名夷吾，一称敬仲，颍上(颍水之滨)人。初与鲍叔牙经商南阳，互为知己。经鲍叔牙推荐，齐桓公任以为相。在齐进行多项改革，国力大增。又帮助齐桓公推行“尊王攘夷”政策，使其成为春秋时第一个霸主。有《管子》一书遗世，可能系后人托名之作，约成书于战国，但其中不乏管仲思想。今存14卷，共76篇。

老　子（生卒年不详）　春秋时思想家。姓李，名耳，字聃，或称老聃，春秋时楚国苦县（今安徽涡阳）人。曾任周王朝守藏史。孔子曾向其问礼。后见周室衰微，出函谷关（一说散关），著《老子》。《老子》亦称《道德经》、《老子五千文》。今本分81章，1～37章为道经，38章以下为德经。后老子被尊为道教教主，《道德经》被奉为道教经典，称《道德真经》。

庄　子（约前369至前286）　战国时思想家。名周，字子休，宋国蒙(今蒙城)人。著有《庄子》。《汉书·艺文志》收录52篇，今本经西晋郭象编为33篇，分内篇、外篇、杂篇三部分。唐玄宗天宝元年(742)诏号庄周为南华真人，《庄子》为《南华真经》，列为道教经典。

桓　谭（约前20至公元56）　东汉初年哲学家、经学家。字君山，沛国相（今濉溪）人。王莽新朝时，任掌乐大夫、讲学祭酒诸职。东汉光武帝时，任议郎给事中。好音律，善鼓琴。著有《新论》29篇，早佚。现传《新论·形神》一篇，收入《弘明集》内。

华　佗（约141～208）　东汉末医学家。又名旉，字元化，沛国谯（今属亳州）人。曾创制“麻沸散”，又模仿虎、鹿、熊、猿、鸟等各种动作创“五禽戏”。著有《华氏医方》、《枕中灸刺经》、《观形察色并三部脉经》、《青囊秘录》、《老子五禽六气诀》、《外科方》、《玄门脉诀内照图》等，皆佚。现存《中藏经》，是后人托名之作。

曹　操（155～220）　东汉末政治家、军事家、诗人。字孟德，小名阿瞒。沛国谯（今属亳州）人。20岁举孝廉为郎。汉灵帝光和七年（184），以骑都尉镇压黄巾军有功，迁任济南国相。建安元年（196），迎汉献帝于都许。十八年，进为魏公。二十一年，封为魏王。死后谥武王，葬高陵。子曹丕代汉建魏称帝后，追尊为魏武帝。精兵法，著有《孙子注》十三卷、《兵书接要》十卷、《兵书略要》九卷（已佚）、《续孙子兵法》二卷（已佚）等。善诗文，作《苦寒行》、《蒿里行》、《观沧海》等篇，为世所传诵。与子丕、植皆为当时文坛上风云人物，有“三曹”之称，开建安文风。重要散文有《述志令》、《求逸才令》、《求贤令》、《借贷令》等。

嵇　康（223～262）　三国魏文学家、思想家、音乐家。字叔夜，谯郡銍县（今宿州西南）人。与阮籍、山涛、向秀、阮咸、王戎、刘伶相友善，游于竹林，号为“七贤”。遭陷害，为司马昭所杀。临刑，索琴弹奏《广陵散》。诗文俱佳，以“文辞壮丽”见称，尤以散文成就为高。四言体诗歌在中国文学史上有相当地位，代表作有《赠兄秀才从军》18首和《幽愤诗》。论文以《管蔡论》、《太师箴》、《声无哀乐论》、《难自然好学论》为代表，内容涉及历史、政治、哲学等范畴。又精通音律，擅长鼓琴。著有《嵇中散集》、《圣贤高士传》等。

李　绅（772～846）　唐代诗人。字公垂，原籍亳州，后迁无锡。元和（806～820）间进士，补国子助教。敬宗时，曾因触怒权贵入狱，贬为端州司马、江州长史，迁滁、寿二州刺史，留下许多诗篇。武宗时，官至宰相。作《新题乐府》20首。《全唐诗》录其《追昔游诗》三卷、《杂诗》一卷。

杜荀鹤（846～907）　唐末诗人。字彦之，号九华山人，池州石埭（今石台东北）人。大顺二年（891）进士，为宣州从事。入后梁，依附太祖朱温，表授翰林学士，迁主客员外郎、知制诰。善为诗，辞句切理，语言通俗，吸收许多口语，自编有《唐风集》十卷。《全唐诗》收录三卷及补遗诗《春宫怨》一首，存诗300余首。

李廷珪（生卒年不详）　五代时造墨名家。原名奚廷珪，祖籍河北易县，祖父奚鼐迁居歙州（今歙县），南唐赐姓李。所制墨，不仅用传统“对胶法”，还在配方中加入藤黄、犀角、巴豆等12味药物原料制成，故坚如玉，文如犀，时称“廷珪墨”。与“澄心堂纸”、“龙尾砚”，并称为文房三宝。

陈 抟（？～989） 五代宋初道士。字图南，号扶摇子，亳州人。精通经史百家，尤以诗歌闻名。后唐长兴（930～933）中，隐居武当山九室岩，后移居华山云台观，又居少华石室。宋太平兴国（976～983）年间，两度至京师，太宗赐号“希夷先生”。曾作《无极图》及《先天图》，前者为宇宙生成图说，后者为64卦图式。又有《易龙图》、《三峰寓言》、《高阳集》和《钓潭集》，诗600余首。

毕 昇（?～约1051） 北宋发明家。歙县人，一说英山（今属湖北）人。初为杭州书肆刻工。庆历年间（1041～1048）发明活字版印刷术，为中国古代四大发明之一，曾广泛流传于世界各地。

包 拯（999～1062） 宋代名宦。字希仁，合肥人。景佑四年（1037），始出为大理寺丞、知天长县。在此后20余年宦海沉浮中，历知端、瀛、扬、庐、池等州，江宁、开封二府。先后任工、刑、兵等部员外郎，刑部和右司郎中，监察御史理行、御史、知谏院、谏议大夫、御史中丞、给事中，礼部尚书、枢密副使。以正直敢言、不畏强权、廉洁奉公闻名于时。临终遗训：“后世子孙仕宦有犯赃滥者，不得放归本家；亡殁之后，不得葬于大茔之中。不从吾志者，非吾子孙。”著有《包孝肃奏议》传世。

梅尧臣（1002～1060） 北宋诗人。字圣俞，宣城人。宣城古名宛陵，人称“宛陵先生”。作品以深远古淡为意，间出奇巧，以矫靡丽之习。历知德兴县、襄城县，监湖州税，佥书忠武、镇安判官，监永丰仓。以大臣屡荐，召试赐进士出身，为国子监直讲，官至都官员外郎。预修《新唐书》，书成未奏而卒。著有《唐载记》、《毛诗小传》、《宛陵先生文集》。

吕夷简（979～1044） 北宋名相。字坦夫，寿州（治今凤台）人。仁宗时拜参知政事，后加拜同平章事，主持朝政，阻止浮费。庆历年间，反对范仲淹等人推行新政，招致时论不满。庆历三年（1043），授司徒，以太尉致仕，加封申国公，徙许国公。有文集20卷。

其子吕公弼（998～1073），神宗时为枢密使，反对王安石变法；吕公绰（999～1055），历任知制诰、龙图阁直学士、集贤殿修撰、知永兴军，枢密直学士、知秦州；吕公著（1018～1089），元丰（1078～1085）时期，拜同知枢密院事，出知定州、扬州，元祐元年（1086）拜尚书右仆射兼中书侍郎。

李公麟（1049～1106） 北宋画家。字伯时，号龙眠居士，庐州舒城人，一说舒州（治今潜山）人。与苏轼、黄庭坚、米芾等有深交。长于诗文，好古博学，能辨识历代钟、鼎、尊、彝铭文。曾著《古器图》一卷。工行、楷书，于规矩中特显飘逸，有晋人风度。其画善用线描，多不设色，用澄心堂纸，人称“白描”。存世作品有《五马图》、《临韦偃牧放图》。

朱 熹（1130～1200） 南宋哲学家、教育家。字元晦，一字仲晦，晚年号晦翁、遁翁，又号云谷老人、沧州病叟、紫阳先生。祖籍徽州婺源（今属江西），侨居建阳（今属福建）。儒、释、道、兵法、诗赋、古文辞，无不涉猎，尤留心释典。淳熙二年（1175），与陆九渊、陆九龄会于上饶鹅湖村，朱主“即物穷理”，陆主“发明本心”，不欢而散。自此人称朱学为“理学”、陆学为“心学”。淳熙四年（1177），撰成《论语集注》、《孟子集注》。重建白鹿书院并订立《学规》，书院成为全国闻名的四大书院之一。后人编有《晦庵先生朱文公文集》、《朱熹全集》。

张孝祥（1132～1170） 南宋词人。字安国，号于湖居士，乌江县（今和县）人。绍兴二十四年（1154）中状元，遭秦桧陷害，被诬谋反。秦桧死，起用为秘书省正字，权中书舍人。孝宗时任集英殿修撰兼知平江府。乾道元年（1169），以显谟阁直学士致仕。工翰墨文章，著有《于湖集》、《于湖词》。

罗 愿（1136～1184） 南宋学者。字端良，号存斋，歙县人。乾道二年（1166）登进士第。八年，通判赣州，主管州事。淳熙六年（1179），知南剑州。十年，知鄂州，因抗旱病卒。人称“罗鄂州”。博学好古，长于考证，为文师法秦汉，高雅精炼，受朱熹推重。著有《鄂州小集》、《尔雅翼》、《新安志》。《新安志》在中国方志编纂史上具有较高学术地位。

朱 升（1299～1370） 元末明初官员、学者。字允升，号枫林，休宁人。元末举乡荐，授池州学正，后隐居歙县石门。至正十八年（1358），朱元璋至徽州，召问时务，对以“高筑墙，广积粮，缓称王”。被采纳，遂留作参议。吴元年（1367），授侍讲学士，知制诰，同修国史。明洪武元年（1368），进翰林学士，奉命与诸儒修《女诫》，采古贤后妃事可法者编之。洪武初，大封功臣，制词多为所撰，时称典核。精于经学，所作诸经旁注，辞约义精，著有《枫林集》等。

朱元璋（1328～1398）　明朝建立者。幼名重八，又名兴宗，字国瑞，濠州钟离（今凤阳）人。出身贫寒，少年入黄觉寺为僧。元至正十二年（1352），加入郭子兴农民起义军。韩林儿称帝时，被任命为右副元帅。十六年，率军攻下集庆，改集庆路为应天府。洪武元年（1368），建都南京。同年，攻克元朝首都大都，推翻元朝统治。编纂《大诰》三编和《大诰武臣》，制订并颁布《大明律》，以严典治国。

朱　棣（1360～1424）　即明成祖。濠州钟离（今凤阳）人，明太祖朱元璋第四子。洪武三年（1370）封为燕王，驻守北平。建文四年（1406），攻陷京师（南京），夺取帝位，改元永乐。编纂《永乐大典》。

汪　机（1463～1539）　明医学家。字省之，号石山，祁门人。生于业医世家，刻苦钻研医学典籍，名噪一时。著有《医学原理》、《外科理例》、《运气易览》、《续素问钞》、《痘治理辨》、《治痘图方》、《针灸问对》、《脉诀刊误集解》、《推求师意》、《石山医案》等。

胡宗宪（1512～1565）　明将领。字汝贞，号梅林，绩溪人。嘉靖十七年（1538）进士。先后出任益都知县、湖广道侍御史、宣府和大同巡按监察御史。上《陈愚见以裨边务事疏》（即《安边八议》）和《献愚忠以裨国事疏》（即《筹边八议》）。嘉靖三十三年（1554），出任浙江巡按监察御史，主持抗倭大业。著有《筹海图编》、《三巡奏议》、《督抚奏议》、《忠敬堂汇录》等。

郑之珍（1518～1595）　明戏曲作家。字汝席，号高石山人，祁门人。善诗文，尤工词曲，时人称“文如怪云、变态万状”。万历十年（1582），在民间流行本子基础上，经过精心加工整理，写成新编《目连救母》劝善戏文。结构严谨，线索清晰，念白简洁，曲词晓畅。戏文一经问世，就在徽州各县久演不衰，且随徽商足迹传遍大半中国，形成一个独特剧种目连戏。有《五福记》等著作问世。

汪道昆（1525～1593）　明官员、诗人、戏剧作家。一名守昆，字玉卿、伯玉，号高阳生、太函、南溟等，歙县人。嘉靖二十六年（1547）进士，授义乌知县。历任南京工部主事，襄阳知府，福建按察使，隆庆五年（1571），调任湖广巡抚。六年，升兵部右侍郎。上《防务方略》等奏折，受到朝廷嘉许。工诗文，通音律，是明朝著名诗人、戏曲作家。著有诗文集《太函集》、《太函副墨》、《汪南溟集》、《玄扈搂集》、《玄扈搂续集》；戏剧作品《高唐梦》、《五湖游》、《远山戏》、《洛水悲》。辑有《春秋左传节文》、《秦汉六朝文》、《楞严纂注》等。

朱载堉（1536～1611）　明乐律学家、历数学家。字伯勤，号句曲山人，凤阳人。明宗室郑恭王朱厚烷之子。擅长诗歌，精研乐律、历算、数学。在《律学新说》一书中，创造性地提出12平均律理论。该书亦是音乐史上最早用等比级数音律系统阐明12平均律的科学巨著。另著有《乐律全书》、《律吕正论》、《律吕质疑辨惑》等。

阮大铖（约1587～1646）　明官员、戏曲作家。字集之，号圆海、石巢、百子山樵，怀宁人。万历四十四年（1616）进士。曾创作传奇9种，曲词工丽，文采绚烂，情节热闹。善用巧合与误会之法，富于可演性与观赏性。现存《燕子笺》、《双金榜》、《春灯谜》、《牟尼合》，合称《石巢四种》。另著有诗集《咏怀堂集》。

方以智（1611～1671）　明末清初思想家、科学家、僧人。字密之，号曼公，桐城东乡（今属枞阳）人。勤学好问，博览群书，善诗词歌赋，精琴棋书画。晚年潜心学术，融汇中西，贯通古今，对天文、地理、历史、物理、生物、医药、文学、音韵、书画等均有研究。所著《物理小识》，涉及光学、电学、磁学、声学、力学诸多方面。《四库全书总目》称其“考证奥博，明代罕与伦比”。在《东西均》中，曾提出“合二而一”哲学命题。著述另有《通雅》、《药地炮庄》、《易解》、《物韵声源》、《医学会通》、《诸子燔》、《几表》、《浮山前后集》、《浮山前后编》等。

钱澄之（1612～1693）　明末清初学者。初名秉镫，字饮光，一字幼光，自号田间老人，别号西顽，桐城古塘（今属枞阳）人。明崇祯（1628～1643）年间秀才。先后在南明政权出任吉安府推官、延平府推官、礼部主事、翰林院庶吉士等职，官至编修、知制诰。清兵攻陷桂林后，一度削发为僧。返乡，改名澄之，结庐田间，一意著述。著有《田间易学》、《田间诗学》、《庄屈合诂》、《藏山阁文存》、《藏山阁诗存》、《田间文集》、《所知录》、《钱饮光全集》、《钱饮光遗书》等。

汪　昂（1615～1695）　明末清初医学家。初名垣，字讱庵，休宁人。客居括苍（今浙江丽水）。甲申之变后，弃儒从医。不仅研究医学理论，而且重视临床实践。著有《素问灵枢类纂约注》、《医方集解》、《本草备要》、《汤头歌诀》（合称“汪氏四书”）及《痘科宝镜全书》、《本草易读》、《勿药元诠》、《讱庵诗文集》等。所撰医学著作，被中医学医者奉为入门必读课本。

施闰章（1618～1683）　清文学家。字尚白，一字屺云，号愚山，晚又号蠖斋，宣城人。顺治三年（1646）中举，六年中进士；十八年，举博学鸿词科，授翰林院侍讲，参与撰修《明史》。其诗风格多样，清新俊丽，委婉蕴蓄，有阴柔之美，被称为“宣城体”。五言诗想象丰富，题材广阔；律诗颇有唐人余韵；绝句格调绮丽。一生勤于创作，存诗300余首。著有《双溪诗文集》、《学余堂文集》、《施代家风述略》、《愚山诗文集》等。另与秦蕖春合辑《宛雅》八卷。

梅文鼎（1633～1721）　清天文学家、数学家。字定九，号勿庵，宣城人。康熙七年（1668），完成《方程论》。十八年至北京，结交朱竹垞、徐敬可、李光地及西方传教士安多等人，从《崇祯历书》入手，研究西洋历算。整理总结出中国传统数学中多元一次方程组解法和勾股算法，对笔算、纳白尔算筹、对数、三角等数学问题，多有创见。其方程求解方法和理论，比西欧人早200年。著有《勿庵历算全书》、《积学堂文钞》及《积学堂诗钞》四卷。

张　英（1637～1708）　清官员。字敦复，又字梦敦，号乐圃，又号倦圃翁，桐城人。康熙六年（1667）进士。十二年，授翰林院编修，十六年，以侍讲学士奉命入直南书房，一时制诰多出其手。三十一年后，相继出任国史馆《国史》、《大清一统志》、《渊鉴类函》、《政治典训》、《平定朔漠方略》总裁官。三十八年，拜文华殿大学士，兼礼部尚书。著有《双溪全集》、《笃素堂诗集》、《笃素堂文集》、《张文端公集》、《笃素堂杂着》、《存诚堂诗集》、《南巡扈从纪略》、《易经衷论》、《书经衷论》、《聪训斋语》、《恒产琐言》等行世。

其子张廷玉(1672～1755)，清官员。康熙三十九年（1700）进士。雍正元年（1723）升礼部尚书，加太子太保。四年，授文渊阁大学士。六年，为保和殿大学士，兼吏部尚书。八年，清廷设军机处，受命为军机大臣，规制多出其手。清廷开馆编修《三朝实录》、《玉牒会典》、《治河方略》、《国史》、《明史》时，均受命为总裁。著有《澄怀园全集》、《传经堂集》、《焚馀集》等。

戴名世（1653～1713）　清学者、古文作家。字田有，一字褐夫，号药身、忧庵、栲栳，世人以其曾隐居家乡南山而号之“南山先生”，遭祸后隐名称为“宋潜虚”，桐城人。康熙四十四年（1705）中举，时已五十三岁。四年后参加会试，中一甲第二名进士，授翰林院编修。五十年，因《南山集》中《与余生书》使用南明弘光、隆武、永历年号受弹劾，清廷以此大兴文字狱。五十二年被判处斩，史称《南山集》案。不仅擅长古文写作，更提出“以古文为时文”主张，初步构建了较为系统的古文创作理论。学术界将其与方苞一起，视作桐城派开山之祖。

方　苞（1668～1749）　清学者，桐城派开山之祖。字凤九，一字灵皋，晚年号望溪，桐城义津镇人（今属枞阳），侨居江苏上元。康熙四十五年（1706）进士。因《南山集》案牵连，入狱两年，狱中著成《礼记析疑》与《丧礼或问》。六十一年，任武英殿修书总裁。雍正十一年，升内阁学士、礼部侍郎，任《一统志》总裁。十三年，任《皇清文颖》副总裁。乾隆元年（1736），再次入直南书房，任《三礼义疏》副总裁。治经以宋儒为宗，尤致力于《春秋》、《三礼》；论文提倡“义法”，认为“义”即《易》之所谓“言有物”，“法”即《易》之所谓“言有序”。“义法”被后来桐城派古文作家奉为圭臬，并发展成为系统文学理论。著有《周官集注》、《周官析疑》、《集外文》、《补遗》、《周官辩》、《考工记析疑》等。另删订有

《通志堂宋元经解》。

汪士慎（1686～1759） 清画家。字近人，号巢林，别号溪东外史、晚春老人等，歙县人。侨居扬州，为“扬州八怪”之一。擅画花卉松竹，随意勾点，清妙多姿。尤擅长画梅，作品有香梅、雨梅、雪梅、风梅、骑驴探梅、梅花酒店等，情境各异而笔意幽秀，气清而神腴，墨淡而趣足，秀润而恬静。亦善书，长于篆刻。代表作有《苍松偃寒图》、《潇湘灵芳图》、《绿萼梅开图》、《洒香梅影图》、《月珮风襟图》、《灵根出谷图》等。著有《巢林诗集》。

刘大櫆（1698～1780） 清桐城派作家。字才甫，一字耕南，号海峰，桐城东乡（今属枞阳）人。雍正七年（1729）、十年，两次参加贡生考试都只登副榜。60岁后为黟县教谕。几年后告归，以文学教授生徒。虽出方苞之门，但文风不同，方深于经学，作文讲究义法，用笔严谨，简明确切；刘兼重古文神韵，博采《庄》、《骚》、《左》、《史》、韩、柳、欧、苏之长，才气雄放，波澜壮阔。喜饮酒，好吟诗。著有《刘大櫆集》、《古文约选》、《历朝诗约选》等。

吴敬梓（1701～1754） 清小说家。字敏轩，一字文木，号粒民，晚号文木老人、秦淮寓客，全椒人。29岁参加举人考试，名落孙山，还遭到考官侮辱，被讽为“文章大好人大怪”。自此，对科举制度产生不满，放浪形骸。32岁诀别家乡，移居江宁（今南京）。写下长篇小说《儒林外史》，是为中国古代小说史上第一部“讽刺之作”，其批判矛头直指科举制度与封建礼教。另著有《文木山房集》、《史记纪疑》等。

戴　震（1724～1777） 清学者。字东原、慎修，号杲溪，休宁人（今黄山市屯溪区）。乾隆二十七年（1762）中举。三十八年，四库开馆，特召为纂修官。博闻强记，对制度、名物、天文历算、历史、地理等均悉心钻研，尤精音韵、训诂。治学由声音文字以求训诂，由训诂以寻义理，实事求是，不偏主一家。所创古音九类二十五部之说，及阴阳入声对转理论，对经学、语言学贡献很大。辑佚整理古代算经十种，系统总结前人成就。所校《水经注》，纠正许多经、注错误。著有《原善》、《原象》、《孟子字义疏证》、《考工记图注》、《东原文集》、《声韵声》、《声类表》、《方言疏证》、《水地记》、《勾股割圜记》等50余种。后人编有《戴氏遗书》、《戴震集》。

姚　鼐（1732～1815） 清学者、桐城派作家。字姬传，一字梦谷，室名惜抱轩，旧时或称惜抱先生，桐城人。乾隆二十八年（1763）中进士，选翰林院庶吉士。四库全书开馆，被荐入馆任纂修官。修成后辞官，先后主讲扬州梅花、安庆敬敷、歙县紫阳、南京钟山等书院，三十余年间，广授门徒，大倡桐城派古文，被公认为桐城派集大成者。治学以经为主，兼及子史、诗文。散文创作主张“考据、义理、辞章”兼备，“神、理、气、味”与“格、律、声、色”相济。为文简洁生动，为诗清泊淡远，作品说理议论较多。著有《惜抱轩全集》、《法帖题跋》、《左传补注》、《国语补注》、《公羊传补注》等。选编古文辞赋集《古文辞类篡》、《五七言今体诗钞》等。

胡天注（1742～1808） 清商人、胡开文墨店创始人。原名正，字柱臣，号在斗，绩溪人。少入休宁汪启茂墨店学徒，乾隆四十七年（1782）承继汪启茂墨店，将店名改为“胡开文墨店”。所制锭墨品种繁多，质量上乘，外形美观，集实用性和艺术性于一体。产品常作贡品进献宫廷。后代多经营墨业。1915年，胡开文墨获巴拿马万国博览会金奖。

洪亮吉（1746～1809） 清学者。字君直，又字稚存，号北江，歙县人。生于江苏阳湖。乾隆五十五年（1790）年以一甲第二名中进士，授翰林院编修，充文颖馆纂修。嘉庆二年（1797）为上书房行走。曾三游黄山，皆有诗文纪行。治学涉及经史注疏、说文及沿革地理等诸多领域，著有《左传诂》、《六书转注録》、《比雅》、《三国疆域志》、《东晋疆域志》、《十六国疆域志》、《泾县志》、《宁国府志》等。

邓石如（1747～1805） 清书法家、篆刻家。原名琰，字石如，更字顽伯，号完白山人，又号古浣、古浣子、游笈道人、凤水渔长、龙山樵长等，怀宁人。入梅镠幕，工四体书。乾隆五十五年（1790）入京，篆书名震京师。书法各体均善，以篆隶最为突出。篆书以二李（秦李斯、唐李阳冰）为宗，纵横捭阖，杀锋以取劲折，字体微方，刚柔相济。又擅刻印，且“书从印入，印从书出”，篆刻与书法相融合，作品精神饱满，流利清新，印坛面貌为之一变。以篆刻与书法风格独具，世称“邓派”，也称“皖派”。著有《完白山人篆刻偶存》、《完白山人印谱》、《邓石如印存》等。

王贞仪（1768～1797） 女，清历算学家。字德卿，天长人，寄居江苏江宁。好天文、数学，并有深入研究。著《地圆论》，宣传地圆学说。著《月食解》，阐述月食理论。在《历算简存》、《筹算易知》等著作中，对梅文鼎算学著作进行简化和诠释。著作还有《星象图释》、《重订策算证讹》、《西洋筹算增删》、《象数窥余》、《女蒙拾诵》、《沉疴呓语》、《文选诗赋参评》等。文集有《德风亭集》。

高朗亭（1774～？） 清戏曲演员。安庆人。早年加入徽班“三庆班”，在扬州、杭州一带演出，工旦角。乾隆五十五年（1790），随“三庆班”赴北京为乾隆祝寿。所演《傻子成亲》得到乾隆赞赏，在宫中连演多日。一时名满京师，达官贵人、平民百姓争相一睹为快。后为“三庆班”班主、京师戏曲艺人“精忠会”会首。饰演女性惟妙惟肖，唱腔糅合南北各派之长，对京剧形成和发展贡献甚大。

包世臣（1775～1885） 清学者。字慎伯，号倦翁、小倦游阁外史，学界称之为安吴先生，泾县人。嘉庆十三年（1808）中举，此后屡试进士不第。道光八年（1828），预见英国将发动侵略战争，建议《该早为预防之计》。二十二年，得知清廷与英国侵略者签订《南京条约》，于当天作《歼夷议》，主张与侵略者进行决战。擅长书法，为世人称道。著有《安吴四种》、《小倦游阁集》和《说储》，今有《包世臣全集》行世。

王茂荫（1798～1865） 清官员。字椿年，一字子怀，歙县人。道光十二年（1832）进士，升员外郎。咸丰元年（1851）迁御史，上《条议钞法折》，提出发行可兑现纸币主张，未被采纳。之后，复上《论行大钱折》和《再议钞法折》，主张纸币必须兑现。马克思在《资本论》中曾提及此事。著有《王侍郎奏议》、《王茂荫集》。

程长庚（1811～1879） 清京剧演员。潜山人。少受环境熏陶，以迷恋看戏而被称为“抱台柱”，亦曾在当地戏班客串演出。后赴京城投靠舅舅，先后入昆曲和盛成科班、徽班坐科学戏。以主演《文昭关》一剧名震京城，被誉为“程叫天”。从道光二十五年（1845）起执掌三庆班，直至逝世。其间，咸丰十年（1860），率三庆班应召入宫演出，获得钦赏，赐六品顶戴。专攻老生，兼擅生、旦、净、丑、末，艺高而全，被称之为“京剧鼻祖”。代表作还有《华容道》、《战长沙》、《捉放》、《骂曹》、《鱼藏剑》、《群英会》、《镇潭州》、《举鼎观画》等。

李鸿章（1823～1901） 清政治家。字少荃（一云号少荃）、子黻、渐甫，号仪叟，合肥人。道光二十七年（1847）进士，选庶吉士，散馆授编修。咸丰三年（1853），应安徽团练大臣吕贤基邀，回籍组织团练对抗太平军。以裕溪口之捷，授六品官。八年，赴江西建昌曾国藩幕。曾氏曾以“李某才大心细，可独当一面”荐之。同治元年（1862）春，领13营6500人，租乘8艘轮船赴上海，被命署江苏巡抚，得以独领一方军事。以其组建时期统领及成员主要为江淮间人，而被称之为淮军。创办上海洋炮局，以自供军需。并在上海设立广方言馆，培养科技外语人才。同治三年，太平天国败亡，以功封一等肃毅伯。四年，署两江总督，主持创建江南机器制造局、金陵机器制造局等，为中国第一批近代军用企业。五年，代曾国藩为钦差大臣，主持剿捻。七年，捻军败亡，以功赏骑都尉世职，加太子太保衔，兼协办大学士。八年春，接任湖广总督。著有《李文忠公全集》。曾代表清政府签订《越南条约》、《马关条约》、《中法简明条约》等不平等条约。

胡元龙（1835～1924） 清末茶商。字仰儒，祁门人。弱冠便以文武全才闻名乡里。轻功名，重实业。咸丰（1851～1861）年间，建培桂山房，在家乡贵溪垦山千余亩，兴植茶树，自制干茶。后因绿茶滞销，乃考察红茶制造之法。光绪元年（1875），筹建日顺茶厂，用自产茶叶，按宁红制法改制红茶，获得成功。八年，终以色、香、味、形俱佳之上等红茶，打入国际市场。1915年，获巴拿马万国博览会金质奖章。后人尊其为“祁红鼻祖”。倡导新学教育，于光绪三十年（1904）创立梅南学校，开祁门办新学之先河。

杨月楼（1844～1890） 清末京剧表演艺术家。名久昌，谱名久先，怀宁人。因演《芭蕉扇》、《五花洞》、《蟠桃会》等猴戏，得外号“杨猴子”。咸丰（1851～1861）年间，随父至京，卖艺天桥。同治（1862～

1874）中，至上海搭班，隶丹桂园，演《安天会》中孙悟空，声誉大噪。程长庚去世后，接任三庆班主、“精忠会”会首。文戏擅《打金枝》、《四郎探母》、《取洛阳》、《五雷阵》、《牧羊圈》等，武戏除猴戏外，又擅《长坂坡》、《恶虎村》、《连环套》、《吴天关》、《贾家楼》等。

其子杨小楼(1877~1938)，京剧艺术家。幼入小荣椿科班学艺，11岁登台，曾在天津、烟台、上海、北京等地演出，擅长《长坂坡》、《挑滑车》、《闹天宫》、《霸王别姬》、《野猪林》等剧目。被誉为京剧“武生一代宗师”。1937年，日本占领北平后，不再登台演戏，以示民族气节。

黄宾虹（1865～1955） 画家、美术教育家。初名懋质，后改名质，字朴存，别号朴岑（亦作朴丞）、劈琴、予向，晚年作品多署名虹叟、黄山山中人，世称黄宾虹，歙县人，生于浙江金华。1880年肄业于金华丽正书院。1886年起，游学往来于歙县、安庆、芜湖、南京和扬州之间，放弃科考，立志专事书画创作。在潭渡村办惇素小学，兼收男女生，增设自然科学和音、体、美等课程，开风气之先。1907年到1937年，侨居上海，先后在《国粹学报》社、商务印书馆等处从事新闻和美术编辑工作，并在上海暨南大学、上海美术专科学校任教授，讲授画史、画理和国画艺术。抗日战争爆发后，专心从事绘画和著述。新中国成立后，任中央美术学院国画研究所所长、中央美术学院华东分院教授、中国美术家协会理事、中国美术家协会华东分会副主席。擅长山水画，能诗文、书法，兼治金石文字、篆刻，精于鉴赏。著有《黄山画家源流考》、《虹庐画谈》、《古画微》、《画学编》、《金石书画编》、《画法要旨》、《八十感言》等。

周学熙（1866～1947） 官员、实业家。字缉之，晚年别号止庵老人，建德（今东至）人。同治十一年（1872），随父周馥宦居天津。光绪十九年（1893）中举人。光绪二十八年起，奉直隶总督袁世凯之命筹办直隶银元局，并赴日本考察工商币制，归国后任天津官银号督办。次年，任直隶工艺局总办，创办实习工厂、劝业铁工厂、劝业所、北洋高等工业学堂等。光绪三十二年起，通过以官联商兴工办厂，先后筹资创办启新洋灰公司、滦州煤矿公司、京师自来水公司等。同时又先后任署天津道、长芦盐运使、直隶按察使和工商部丞参等官职。1912年8月，任北京国民政府财政总长。1918年，接办并扩充华新纺织公司，并在天津、青岛、唐山、卫辉设立4个纱厂。同年被总统徐世昌委任为整理全国棉业督办。1919年，创办中国实业银行，成立华新纺织总公司。1921年，创建耀华玻璃公司。1923年，在大同银号基础上组建华新银行，为启新、华新等企业提供金融支持。著有《东游日记》、《中学正宗》、《西学要领》、《文辞养正举隅》等。

陈独秀（1879～1942） 政治家、思想家。谱名庆同，官名乾生，字仲甫，号实庵，怀宁人。1903年4月从日本回国，在安庆筹组“安徽爱国会”，继续鼓吹革命，因清廷“查拿”而潜往上海，参与编辑《国民日日报》。1904年，创《安徽俗话报》，发表爱国文字，后该报被官方勒令关闭。1911年，武昌起义爆发，曾起草、散发革命檄文。安徽军政府成立，应都督孙毓筠电召，回安庆任都督府秘书长，后改任都督府顾问。1915年9月15日，在上海创办《青年杂志》（从第二卷起改名为《新青年》），提倡民主和科学，新文化运动由此兴起。1917年1月，出任北京大学文科学长。《新青年》移京后，曾发表鲁迅《狂人日记》、李大钊《庶民的胜利》等文章，为新文化运动注入新内容。1918年12月，与李大钊等创办《每周评论》。五四运动爆发，执笔起草《北京市民宣言》。1920年8月，在上海发起成立中国共产党组织，并任书记。不久，又创建中国社会主义青年团，创办《共产党》月刊，起草《中国共产党宣言》。1921年7月，中共召开一大因故未能参加，仍被选为中共中央局书记，直至1927年八七会议被撤销总书记职务。著有《独秀文存》等。

冯玉祥（1882～1948） 近代爱国将领。原名基善，字焕章，巢县（今属巢湖）人，出生于河北青县，长于保定。12岁当兵，1914年升任第十六混成旅旅长。袁世凯复辟时，将军队改为护国军第五师。1924年发动北京政变，赶贿选总统曹锟下台，驱逐溥仪出宫，改所部为中华民国国民军，并邀请孙中山北上，商讨组建新政府。1926年9月16日，率部在绥远五原誓师，自任国民军联军总司令，宣布所部集体加入中国国民党，并参加北伐革命，继而平定甘陕。1927年5月1日，在西安就任国民革命军第二集团军司令，1928年就任国民党行政院副院长兼军政部部长。同年起兵反蒋，发动蒋冯战争和中原大战。九一八事变爆发，通电全国，提出抗日救国13项主张。

1933年5月，在共产党人帮助下，组织抗日同盟军，在长城以北抗击日寇。1935年12月，出任军事委员会副委员长。抗日战争全面爆发后，出任第三战区司令长官，负责指挥淞沪抗战。1946年9月2日，赴美国考察水利，在美国组织旅美中国和平民主同盟，反对内战。1948年初，与李济深等发起组织中国国民党革命委员会，任中央常委兼政治委员会主席。同年7月31日，应中国共产党邀请，由苏联回国参加新政协会议，不幸于8月22日在黑海因轮船失火遇难。著有《我的生活》、《我所认识的蒋介石》等。

吴忠信（1884～1959） 民国官员。字礼卿，号守坚，合肥人。1905年毕业于江南武备学堂，1906年加入中国同盟会。辛亥革命爆发后，任革命军总司令部总执法官兼兵站总监、南京警察总监。“二次革命”失败后东渡日本，参加中华革命党。1915年回国，参加护国战争和护法运动。先后任粤军第二军总指挥，第七独立旅旅长、桂林卫戍司令，淞沪警察厅长，安徽省政府主席，贵州省政府主席。1936年8月，任蒙藏委员会委员长。1939年10月，经印度抵达拉萨，代表中央政府主持十四世达赖喇嘛坐床事宜，1944年，任新疆省政府主席兼保安司令。1949年去台湾，任国民党中央纪律委员会“主任委员”。著有《西藏纪要》、《入藏日记》等。

朱蕴山（1887～1981） 革命民主人士。又名汶山，字锡蕃，六安人。1907年，参加徐锡麟刺杀安徽巡抚恩铭行动，事败后，被绑赴刑场陪斩。1908年加入同盟会。同年，参加安庆马炮营起义。1921年，在安庆创办《评议报》。1924年加入中国国民党，1925年加入中国共产党，协助成立国民党安徽省党部临时筹委会（左派），并任常务委员。1927年蒋介石发动四一二政变后，公开反蒋。同年，参加南昌起义。七七事变后，回安徽发动民众开展抗日救亡工作，参与筹建第五战区安徽省民众动员委员会，任总务部长，后改任秘书。1943年，参加中国民主政团同盟，任国内关系委员会副主任。1944年，中国民主政团同盟改称中国民主同盟，当选为中央执行委员，后任中央常委。抗战胜利后，参与发起成立中国国民党革命委员会。新中国成立后，任政务院人民监察委员会委员，第五届全国人大常委会副委员长，第五届全国政协副主席，第五届民革中央主席。

高语罕（1888～1948） 政治活动家、学者。原名高超，寿县人。曾留学日本早稻田大学。1907年回国，在安庆从事秘密反清活动，参加马炮营起义。辛亥革命时，任安徽青年军秘书长。1915年，在上海参加新文化运动，是《新青年》主要撰稿人之一。1916年秋，在芜湖省立五中任学监并教英文。所编《白话书信》，对传播新思想新文化起到积极作用。编辑出版《自由之花》，反对强权、专制、礼教。1920年10月，经李大钊等介绍加入北京共产主义小组。1926年1月，被中共中央指定为中共出席国民党二大的党团书记，并当选为国民党中央监察委员会常务委员。北伐战争期间，任张发奎部第二方面军秘书长。1927年2月，赴上海负责主办“中央特委会”机关报——《平民日报》，后跟随陈独秀赴武汉，任汉口《民国日报》主笔，并兼国民党安徽党务干部学校校长。1929年被开除出党。著有《国文作法》、《理论与实践》、《现代的公民》、《康德的辩证法》等。

刘文典（1889～1958） 学者。字叔雅，笔名天明等，合肥人。1906年，慕名前往芜湖安徽公学就读，翌年加入中国同盟会。1909年东渡日本，应章太炎之邀，参加编辑同盟会机关报《民报》，宣传爱国思想和反清政纲。1912年回国，在上海任《民立报》翻译。1914年加入孙中山中华革命党，并担任孙中山秘书。1917年在《新青年》杂志编辑部担任英文编辑，翻译《近世思想中之科学精神》、《叔本华自我意识说》、《富兰克林自传》、《美国人之自由精神》等外国学术论著。1923年出版《淮南鸿烈集解》，为近现代《淮南子》研究代表作。1927年任安徽大学校长，为保护进步学生，在安庆当面顶撞蒋介石。1956年，被评为一级教授。去世后，其著述被整理编辑成四卷本《刘文典全集》。

萧龙士（1889～1990） 画家、美术教育家。原名品一，字翰云，萧县人。早年从师范学校毕业后任美术教师。1922年经李可染等人介绍，入上海美术专科学校插班二年级学习，毕业后，任萧县师范学校、徐州艺术专科学校美术教师。20世纪30年代，作品“幽兰”被选送赴英国伦敦国际艺术展览会上展出，收入画册。先后在无锡、上海、南京、徐州等地举办过个人画展10多次。1947年在南京举办个人画展，轰动画坛。1949年，拜齐白石为师，画风开始向泼辣、厚重、拙朴方面发展，绘画、书法、诗文、篆刻俱佳。擅长写意花鸟，尤精兰草、荷花。兰草作品柔中见刚，拙中寓巧，圆转处藏挺拔，滞涩处蕴通达。新中国成立后，历任安徽省文史馆馆员、中国美术家协会安徽分会副主席、名誉主席，安徽书画院副院长、名誉院长，国家一级美术师等。出版有《萧龙士画集》、《萧龙士蕙兰册》、《萧龙士百寿纪念集》等。

张治中（1890～1969） 爱国人士。原名本尧，字文白，巢县（今属巢湖）人。1924年到黄埔军校任职。从1929年5月起，任中央陆军军官学校教育长近10年。在家乡洪家疃捐资创办黄麓小学、黄麓乡村简易师范。1937年任京沪警备司令、第九集团军总司令，指挥前期淞沪会战，抗击侵华日军。1937年11月调任湖南省政府主席。1945年国共重庆和谈，奉命负责迎送毛泽东。1946年2月，作为国民党代表，与周恩来、马歇尔组成最高军事三人小组。3月任西北行营主任兼新疆省政府主席。1949年4月任国民党政府代表团首席代表，与共产党代表团谈判《国内和平协定（最后修正案）》。被国民党政府拒绝后，发表《对时局的声明》，公开同国民党决裂，随即应邀出席中国人民政治协商会议。受毛泽东委托，致电新疆军政首脑陶峙岳、包尔汉，促成新疆和平解放。新中国成立后，任中央人民政府委员、国防委员会副主席、全国人大常委会副委员长、国民党革命委员会中央副主席等职。1955年获一级解放勋章。著有《张治中回忆录》。

胡　适（1891～1962） 学者、教育家。幼名嗣穈，行名洪骍，字适之，号冬友，曾用笔名天风、希疆、藏晖、铁儿等，绩溪人。生于上海。1906年考入中国公学，参加竞业学会，在《竞业旬报》用白话文发表章回小说和诗歌，后任该刊主编。1910年考取清华庚子赔款留美官费生。1917年初在《新青年》发表《文学改良刍议》，反对文言，提倡白话，主张文学革命。回国后任北京大学教授。参加编辑《新青年》，并发表论文《历史的文学观念论》、《建设的文学革命论》，出版新诗集《尝试集》，为新文化运动代表人物之一。1919年6月，接办《每周评论》。7月，在该刊发表《多研究些问题，少谈些主义》一文，主张改良主义。提出“大胆假设，小心求证”研究方法，影响颇大。1946年7月就任北京大学校长。1949年4月赴美，先后任美国普林斯顿大学葛斯得东方图书馆馆长，加利福尼亚州大学教授。1958年离美去台，任台湾“中央研究院院长”。著有《中国哲学史大纲》（上卷）、《白话文学史》（上卷）、《胡适文存》等。

张恨水（1895～1967） 作家。原名心远，笔名愁花恨水生、恨水，潜山人。生于江西南昌。1911年考入南昌甲种农业学校，1913年考入蒙藏垦殖学校，后因学校解散而返回潜山自学。1918年经朋友推荐任芜湖《皖江日报》编辑。1919年发表第一篇小说《南国相思谱》。同年赴北京，任《益世报》校对、上海《申报》驻京办事处编辑、北京世界通讯社编辑。1924年任《世界晚报》副刊《夜光》编辑，并为该报撰写长篇连载小说《春明外史》，在文坛崭露头角。1925年开始写作《金粉世家》，在《世界日报》上连载后，声名鹊起。1929年为上海《新闻报》撰写《啼笑姻缘》，引起轰动。九一八事变后，发表抗日战争题材小说《热血之花》、《东北四连长》。抗日战争爆发后到重庆，任《新民报》主笔，并主编副刊，被推选为中华全国文艺界抗敌协会理事。1946年回到北平，任《新民报》北平版经理，编辑副刊《北海》。50多年写作生涯中，共完成作品3000万字，中长篇小说达110部以上。还有古典文学论集《水浒人物论赞》、散文集《山窗小品》、回忆录《写作生涯回忆》，以及大量杂文和诗词等。

王子云（1897～1990） 美术史学家。原名青路，萧县人。早年曾在上海美术专科学校学习，后任北京中法大学孔德学院美术教师。1931年自费留学法国，先后在巴黎高等美术学校、巴黎高等装饰艺术学校学习雕塑、油画，同时在西欧各国考察美术。1937年回国到杭州艺术专科学校等校任教。1940年率教育部艺术文物考察团，对陕西、河南、甘肃、青海等地古代美术遗迹、遗产进行系统考察，并对敦煌莫高窟壁画和藻井图案进行摹绘。1945年后，先后任西北大学、成都美术专科学校、西安美术学院教授。长期从事美术史研究，著有《唐代雕塑选集》、《中国古代石刻线画选集》、《中国古代雕塑百图》、《中国雕塑艺术史》、《陕西古代石雕刻》等。

朱光潜（1897～1986） 美学家、文艺理论家和翻译家。字孟实，笔名盟石、明石，桐城东乡（今枞阳）人。1916年考取武昌高等师范学校国文系，次年被选送到香港大学教育系就读，获文科学士学位。参与筹办开明书店和《一般》杂志（后改名《中学生》）。1925年出国留学，先后就读于爱丁堡大学、伦敦大学、巴黎大学和斯特拉斯堡大学，以论文《悲剧心理学》获文学博士学位。1933年回国，先后任四川大学文学院院长、武汉大学教务长、北京大学文学院代理院长、商务印书馆《文学杂志》主编。1937年，创刊《文学杂志》并任主编。1946年后，在北京大学任教，讲授美学和西方文学。新中国成立后，为北京大学一级教授，中国科学院哲学社会科学部委员，第一届中国美学学会会长。论著、译著700万字。著有《西方美学史》、《文艺心理学》、《诗论》、《变态心理学》、《谈修养》、《美学批判论文集》、《谈美书简》、《美学拾穗集》、《艺文杂谈》等。译著有柏拉图《文艺对话集》、雪莱《拉奥孔》、克罗齐《美学》、爱克曼《歌德谈话录》、黑格尔《美学》、维柯《新科学》等。

宗白华（1897～1986） 美学家、诗人。原名之櫆，字伯华，祖籍江苏常熟，出生于安庆。1916年入同济大学医科预科学习。1918年毕业，投身于新文化运动，负责编辑《少年中国》。8月受聘上海《时事新报》任副刊《学灯》编辑、主编，使之成为五四时期著名四大副刊之一。1920年留学德国，先后在法兰克福大学、柏林大学学习哲学和美学。1925年回国，任东南大学、南京中央大学哲学系教授。1949年至1952年任南京大学教授，后任北京大学哲学系教授。是中国现代美学的先行者和开拓者之一。著有《美学与意境》、《美学散步》、《歌德研究》、《论中西书法之渊源与基础》等，译著有《判断力批判》、《欧洲现代画派画论选》、《海涅生活与艺术》等。另有《宗白华全集》、《宗白华美学文学译文选》等编辑出版。

王步文（1898～1931） 中共安徽省早期领导人、革命烈士。字伟模，化名王自平、朱华、王华，潜山资福寺（今属岳西）人。1918年考入安庆省立第一师范学校。五四运动时期，参加和领导安庆学生运动。协同蔡晓舟在安庆创办《黎明》周报、《安庆学生》等进步刊物，宣传新思想。并开办工农夜校、工商夜校、义务小学，向工人、店员等宣传反帝反封建思想。1922年，参与组建安庆社会主义青年团活动，1923年加入中国共产党，领导学生参加反对曹锟贿选斗争。1924年进入上海大学社会系学习。同年冬返回安徽，恢复并改组安徽省学生联合会，任学联副主任委员。5月，任中共安徽临时省委组织、宣传委员。1928年3月，任中共安徽省临委委员，分管组织工作。9月，在上海编辑出版《社会运动辞典》。1930年，任中共中央巡视员来安徽指导工作。1931年，中共安徽省委成立，任省委代理书记兼宣传委员。5月31日因叛徒出卖，在安庆北门就义。

林散之（1898～1989） 书画家。原名以霖，以痴诗、痴书、痴画而号三痴，由“三痴”谐音而改名散之，别号左耳、散耳、聋叟、江上老人，和县人。生于江苏江浦。1928年到上海，拜黄宾虹为师，用笔用墨，深得真传。1933年，游历河南、陕西、四川、湖北、江西、安徽等省名山大川，通览九州名胜古迹，从此胸襟开阔，气质大变，终生受用。新中国成立后，任江浦县副县长、南京市政协副主席，1962年入江苏省国画院任专职画师。为国家一级美术师、南京书画院院长、江苏省书法家协会名誉主席。晚年笔墨出神入化，诗中有画，画中有书，更用画法入书，有书、画、诗“三绝”之誉。其中书法成就最高，尤擅长狂草书，被誉为“当代中国草圣”。作品有《林散之书画集》、《林散之书法集》、《林散之诗书画选集》、《江上诗存》等。

方东美（1899～1976） 学者。原名珣，桐城杨湾（今属枞阳）人。早年毕业于南京金陵大学，曾任学生自治会会长、金大学报《金陵光》总编辑。在此期间，加入少年中国学会，任《少年世界》、《少年中国》编辑。1921年赴美留学，获哲学硕士学位，并通过博士考试。1924年回国，任东南大学哲学系教授20年，1948年8月去台湾，任台湾大学哲学系教授。早年主要研究西洋哲学与比较哲学。1961年后，转而研究中国哲学，以儒家为本位，融合中西文化，统摄百家，以建立新儒家。著有《实验主义》、《哲学三慧》、《新儒家哲学十八讲》、《中国人生哲学概要》、《坚白精舍诗集》等。

阿　英（1900～1977） 作家、文学家、戏剧家。原名钱杏邨，学名德赋，笔名谦吾、张若英、魏如晦等，芜湖人。1918年考入上海中华工业专门学校，1910年退学返皖，在合肥、宣城等地任语文教师。1926年加入中国共产党。1927年到上海与蒋光慈等人发起组织“太阳社”，编辑《太阳月刊》、《海风周报》等,宣传革命文艺。1930年参加中国左翼作家联盟筹备工作，选为常委。抗日战争爆发后，参加编辑

《救亡日报》及主编《文献》，创作南明史剧多种，宣传抗日救亡。1941年冬，举家奔赴苏北抗日根据地，主编《江淮文化》、《新知识》及《盐阜日报》副刊，为新四军及地方文工团排戏、讲课，撰写剧本等。著述甚丰，在中国近代文学资料整理与研究方面成就卓著。著有小说集《义冢》，散文《夜航集》，剧本《碧血花》、《海国英雄》、《李闯王》，文学论著《现代中国文学论》、《抗日战争期间的文学》、《晚清小说史》，辑录有《鸦片战争文学集》、《晚清文学丛钞》等。

蒋光慈（1901～1931） 作家、诗人。原名中恒，又名侠僧、光赤，霍邱白塔畈（今属金寨）人。1917年入芜湖省立第五中学读书，接受新思想、新文化。五四运动爆发后，改名光赤，歌颂十月革命，是芜湖学生运动领袖之一。1920年春，入上海社会主义青年团所办"外国语学校"学习，并加入社会主义青年团。次年，赴苏联莫斯科东方大学学习。1922年加入中国共产党。1924年回国，先在河南固始开展建党活动。后到上海大学任教，一边教书培养革命人才，一边从事革命文学创作活动。出版诗集《新梦》、《哀中国》，短篇小说集《鸭绿江上》，中篇小说《少年漂泊者》、《短裤党》等作品，给青年巨大影响。第一次国共合作破裂后，根据瞿秋白指示，组织太阳社，创办春野书店，主编《太阳月刊》杂志，并陆续出版诗集《哭诉》，小说《野祭》、《菊芬》、《最后的微笑》、《丽莎的哀怨》、《冲出云围的月亮》，并翻译苏联名著《一周间》。1930年"左联"成立，被选为候补委员，负责主编机关刊物《拓荒者》，同时完成长篇小说《咆哮的土地》。

王　明（1904～1974） 中国共产党早期领导人。原名陈绍禹，又名陈绍玉，字露清，金寨人。1925年10月加入中国共产党，同年秋去莫斯科中山大学学习。1929年回国，次年发表《为中共更加布尔什维克化而斗争》小册子，提出"左"倾政治纲领。1931年1月中共六届四中全会上被选为中央委员和中央政治局委员，主持中共中央工作。1931年到1934年间掌握中共中央领导权，在政治上和军事上推行教条主义、"左"倾冒险主义，使中国革命事业遭到严重破坏。遵义会议后，离开中央领导机构去苏联。1937年11月回国，任中共中央书记处书记、中共中央长江局书记。1938年中共中央六届六中全会决定撤销长江局，免去其书记职务。在1942年延安整风运动中受到严厉批评。中华人民共和国成立后，曾参与起草新中国第一部《婚姻法》。1956年去苏联就医，后留居苏联。60年代及70年代，先后撰写、发表《论中国事件》、《列宁、列宁主义和中国革命》等书，歪曲中国共产党历史，攻击毛泽东，攻击中国共产党。

刘开渠（1904～1993） 雕塑艺术家。萧县人。早年考入北京美术专科学校。1928年，入巴黎高等美术学校专攻雕塑。九一八事变后回国，任教于杭州艺专，1949年被聘为校长。1951年任中央美术学院华东分院院长。1959年任中央美院副院长。1990年当选国家教委艺术教育委员会副主任。曾担任北京天安门广场人民英雄纪念碑设计处处长和雕塑组组长、全国城市雕塑规划组组长、城市雕塑建设指导委员会主任、中国美协副主席、中国文联委员等职。是第一、二、三届全国人大代表，第五、八届全国政协委员，第六、七届全国政协常委，中国民主同盟中央常委。代表作有雕塑《一·二八淞沪抗战阵亡将士纪念碑》、《川军抗日英雄纪念碑》，浮雕《农工之家》、《胜利渡江解放全中国》和《毛泽东主席像》、《周总理像》、《蔡元培像》、《鲁迅像》、《李劼人像》、《萧友梅纪念像》、《梅兰芳像》等。先后出版《刘开渠雕塑选集》、《中国古雕塑集》、《刘开渠美术论文集》等著作。

常任侠（1904～1996） 美术史家、诗人。别名李青、牧原、常征，颍上人。青年时期先后就读于南京美术学院、南京中央大学文学院，学习古典文学与宗教、民俗艺术史。1935年赴日本东京帝国大学文学部研究东方艺术史。翌年回国，参加抗日战争，编演宣传抗日文艺节目，并在武汉军委政治部任职。40年代中期曾赴印度圣蒂尼克坦国际大学讲学，研究印度佛教艺术史。1949年回国，先后担任国务院华侨事务委员会委员、中华全国归侨联合会常委、国务院古籍整理出版规划小组顾问等职。主要从事中国以及中亚、东亚、东南亚诸国美术史以及音乐、舞蹈史研究，对中国与印度、日本的文艺交流史研究作出开拓性贡献。著有《中国古典艺术》、《汉画艺术研究》、《东方艺术丛谈》、《印度与东南亚美术发展史》等。

王稼祥（1906～1974） 无产阶级革命家。原名嘉祥，又名稼蔷，泾县人。1925年，因参与领导芜湖教会学校反对帝国主义奴化教育爱国学生运动而被校方除名。同年，进入上海大学附中部学习，不久，被派赴苏联莫斯科中山大学学习。1928年加入中国共产党。1930年学成归国，在上海中共中央宣传部任中共中央党报委员会秘书长和《红旗》、《实话》总编辑。1931年，任中共苏区中央局委员、中国工农红军总政治部主任、中华苏维埃共和国中央执行委员兼外交人民委员、中央革命军事委员会副主席。1935年1月，在遵义会议上，批判“左”倾错误领导，拥护毛泽东出任党和红军领导。会后，与周恩来、毛泽东组成中央三人军事指挥小组。1938年任中共驻共产国际代表。回国后，先后任中共中央军委副主席，军委总政治部主任，中共中央华北、华中工作委员会主任，八路军总政治部主任，军政学院院长。1943年首次提出“毛泽东思想”概念并论证其科学内涵。1981年被中共中央列为建党以来38名卓越领导人之一。

赵朴初（1907～2000）　佛学家、书法家、社会活动家、爱国宗教领袖。太湖人。1928年后，任上海江浙佛教联合会秘书、上海佛教会秘书、佛教净业社社长、四明银行行长。1938年后，任上海文化界救亡协会理事，中国佛教会秘书、主任秘书，上海慈联救济难民委员会常委兼收容股主任，上海净业流浪儿童教养院副院长，上海少年村村长。曾把所培训难民中千余名进步中青年，分批送往皖南、苏南、苏北等地参加新四军投身抗战。1945年参与发起组建中国民主促进会。1951年，代表中国佛教界主动送观音像给日本佛教界，打开中日民间友好大门。1953年后，先后任中国佛教协会副会长兼秘书长，中日友好协会副会长，中缅友好协会副会长，中国红十字会副会长、名誉副会长，中国人民争取和平与裁军协会副会长。1980年后，任中国佛教协会会长、中国佛学院院长、中国宗教和平委员会主席、中国书法家协会副主席，第六、七、八届全国政协副主席。工书法，擅诗词。著有《佛教常识问答》、《滴水集》、《片石集》等。

吴组缃（1908～1994）　作家、古典文学专家。原名祖襄，笔名寄谷、野松等，泾县人。1929年考入清华大学中文系，1931年参加社会科学研究会和中国反帝大同盟。1935年后曾任冯玉祥国文教师和秘书。抗日战争期间，任教于南京中央大学国文系，当选为中华全国文艺界抗敌协会理事。后任中央大学师范学院讲师，四川教育学院、南京金陵女子学校教授。新中国成立后，任北京大学中文系教授，兼任中国作家协会理事、作协书记处书记、《人民文学》编委、北京市作协副主席、《红楼梦》研究会会长。著有《鸭嘴嘮》（又名《山洪》）、《一千八百担》、《天下太平》、《樊家铺》、《某日》、《西柳集》、《饭余集》、《吴组缃小说散文集》、《吴组缃文集》、《吴组缃全集》等。

张　曙（1909～1938）　音乐家。原名思袭，小名五喜，歙县人。1926年考入上海艺术大学音乐系，后转入南国艺术学院和上海国立音乐学院学习。先后参加南国社和左翼戏剧家联盟等进步文艺团体，曾两次被国民党当局罗织罪名投入监狱。1933年，参加“苏联之友社”，与聂耳、吕骥等共同组织中国新兴音乐研究会、歌曲研究会，从事革命群众歌曲研究和创作。同年，加入中国共产党。次年，创作《抗战进行曲》、《还我山河》、《保卫国土》等表现人民强烈救国热情歌曲。抗日战争爆发后，应邀到军事委员会政治部队第三厅第五处工作，创作《洪波曲》。武汉失守后去桂林，途中创作《丈夫去当兵》、《负伤战士之歌》、《我们要报仇》等名曲。1938年12月24日，遭日机轰炸遇难。先后创作歌曲200多首，现存70余首。

黄　镇（1909～1989）　外交家。桐城东乡（今属枞阳）人。1925年起在上海美术专科学校、上海新华艺术大学就读，毕业后从事艺术教育。1931年参加宁都暴动，加入中国工农红军。次年加入中国共产党。长征途中，创作大量写生画。抗战胜利后的国共谈判期间，曾任军调部执行小组中共驻新乡首席代表。中华人民共和国成立后，转入外交战线，先后任驻匈牙利、印度尼西亚大使。后为外交部副部长，随周恩来总理访问亚、非、欧14国，参与和平共处五项原则及对外经济援助八项原则的制定。1964年后，为首任驻法大使、中国驻美国联络处主任、中宣部第一副部长兼文化部部长和对外文委主任。1982年起，任中共中央顾问委员会委员、常委。出版有《黄镇书画选集》、《长征画集》等，其中《长征画集》被翻译成、法、日等外文出版。

葛介屏（1912～1999）　书法家。谱名葛德藩，以字行，合肥人。曾任中国书协理事，安徽省书协名誉主席，安徽金石学会会长，安徽诗词学会顾问。幼承家学，于诗书文诸方面打下坚实基础。书学传统，崇尚碑学，注重功力。书法格调高雅，古朴雄浑，苍劲有力。工四体，篆隶尤精。以书法入印，运刀如运笔，赵朴初赋诗赞曰“葛翁篆刻今绝伦，驰骋秦汉腕有神。从今铺素挥毫日，助我诗情席上珍”。出版有《葛介屏书法金石集》、《斛兵塘诗词集》和《斛兵塘文稿》。

王　莹（1913～1974）　女，电影、戏剧演员，作家。原名喻志华，又名克勤、克洵，芜湖人。1927年入湘雅医院护士学校学习。后入中国公学和复旦大学文学系学习，为复旦剧社主要演员。1930年加入中国共产党。1932年后加入明星影片公司和电通影片公司，曾主演《炭坑夫》、《少奶奶的扇子》、《酒后》、《夜光杯》、《赛金花》等舞台剧及《女性的呐喊》、《铁板红泪录》、《同仇》、《自由神》等影片。1934年，赴日本学习戏剧、电影，因拒演“日中亲善”影片而遭迫害，次年回国。抗日战争爆发后，参加上海救亡演剧队二队，辗转15个省区，深入前线和农村，演出《卢沟桥》、《放下你的鞭子》等抗战剧目。1942年赴美国，先后在贝满女子学院、耶鲁大学文学系、邓肯舞蹈学校学习，用英文写成长篇小说《宝姑》。1955年回国后任北京电影制片厂编剧。1962年创作长篇小说《两种美国人》。

周一良（1913～2001）　历史学家。字太初，建德（今东至）人。生于山东青岛。1931年入辅仁大学历史系，1932年转入燕京大学历史系。1939年入美国哈佛大学研究院东亚语文系，学习日本语言文学，兼修梵文。1944年以《唐代印度来华密宗三僧考》获哈佛博士学位。1946年回国，1947年任清华大学外文系教授、历史系教授。1952年院系调整，任北京大学教授，兼任中国日本史学会名誉会长、中华日本学会副会长、北京中日文化交流史研究会会长等职。1981年，任《中国大百科全书·中国历史》编辑委员会委员，后任常务副主任，并兼任分支学科三国两晋南北朝史主编。著有《亚洲各国古代史》、《中日文化关系史论集》、《魏晋南北朝史论集》、《中外文化关系史论》、《唐代密宗》、《明代援朝抗倭战争》、《周一良学术论著自选集》等；与赵和平合著《唐五代书仪研究》，合作主编《中外文化交流史》，与吴于廑主编《世界通史》；译著有《折焚柴记》等。

宋　涛（1914～2011）　经济学家。利辛人。1936年进入安庆圣保罗中学学习，接触马克思经济理论。陕北公学毕业后留校任教，主要教授《政治经济学》、《中国经济思想史》、《中国经济史》和《外国近代经济史》等课程。1940年后，相继在晋察冀边区中学、华北联合大学任教。1950年起，在中国人民大学任经济学系主任、教授。1980年起兼任中国社会科学院经济研究所学术委员会委员、北京市经济学总会会长、中国经济学团体联合会会长、国务院学位委员会经济学科评议组召集人、全国《资本论》研究会会长等。著有《政治经济学》、《〈资本论〉辞典》、《〈资本论〉与当代中国经济》、《马克思主义经济理论全书》、《社会主义市场经济读本》、《宋涛选集》等。主编《中国大百科全书》经济学卷。

周而复（1914～2005）　作家。原名祖式，笔名吴疑、荀寰等，旌德人。生于江苏南京。1933年考入上海光华大学英文系，参加左翼文艺活动和中国文艺界抗敌协会，参与编辑《文学丛报》、《小说家》、《小说》、《收获》等文学刊物，投身抗日救亡运动。1938年赴延安，担任陕甘宁边区文化协会顾问委员会主任。1944年去重庆，任中国共产党机关杂志《群众》半月刊编辑，并担任《新华日报》、新华社特派员。曾随周恩来、马歇尔、张治中三人小组赴各地巡视工作和会谈。1946年至1949年，在香港从事文化工作，曾任中共南方局香港工作委员会文化工作委员会委员、副书记，主编《北方文丛》，介绍解放区文学作品。新中国成立后，任中国人民对外友好协会副会长、文化部副部长等职。先后当选为中国书法家协会副主席、顾问，中国作家协会顾问等。出版小说、散文、诗歌、戏剧、报告文学、杂文和文艺评论等著作多部。代表作有长篇小说《白求恩大夫》、《上海的早晨》、《长城万里图》，长篇叙事诗《伟人周恩来》，诗集《夜行集》等。

滕茂桐（1914～2003）　经济学家。舒城人。1937年毕业于燕京大学，考入南开大学经济研究所攻读研究生，随后去英国伦敦政治经济学院学习。1939年后转入伦敦大学彼德豪斯学院学习，获经济学国际金融专业硕士学位，并获斐陶斐世界励学会金钥匙奖。1943年回国后历任西南联合大学、华西联合大学、南开大学教授。新中国成立后，任安徽大学等高校教授。曾任安徽省政协副主席，中国国际贸易学会副会长，安徽省财政学会副会长，安徽省金融学会副会长，安徽省外国经济学说研究会会长等。著有《货币新论》、《工商业与投资公司》、《旧中国通货膨胀史料》、《资本主义发展之研究》、《资本主义国家对外贸易统计》等，译著有《凯恩斯传》、《米尔顿·弗里德曼论通货膨胀》（合译）。

汪道涵（1915～2005） 政治活动家。原名导淮，嘉山（今明光）人。1932年考入上海交通大学物理系。1933年加入中国共产党。同年受聘于明光中学任教员，先后组织马克思主义“二三读书会”、新生剧团、绥远抗日后援会，出版《抗日快报》，成立中国共产党明光临时支部，并任书记。1937年10月，与父汪雨湘率领全家及亲友28人奔赴延安。1940年3月任嘉山县抗日民主政府首任县长。1980年起，任中共上海市委书记、副市长、市长，1986年任上海市政府顾问、国务院上海经济区规划办公室主任。1991年12月起任海峡两岸关系协会会长。1993年4月27日，与台湾海峡交流基金会董事长辜振甫在新加坡举行会谈，就加强两岸经济合作与科技文化交流、两会会务交流等达成四项协议。1998年10月，再次与辜振甫在上海会晤，就两岸政治对话等达成四项共识。1994年被上海交通大学董事会聘为名誉董事长。兼任北京大学、复旦大学、同济大学、上海交通大学等校教授，主讲世界经济、经济管理、政治经济、城市经济等课程。

舒绣文（1915～1969） 女，戏剧、电影表演艺术家。学名彩云，曾用名许飞琼，黟县人。生于安庆。1931年，到上海天一影片公司配音，并在中国第一部有声电影《歌女红牡丹》中任配音演员。后到集美歌舞剧社、五月花剧社、春秋剧社任演员，曾参加《活路》、《名优之死》等话剧演出。1932年加入上海艺华影片公司，参加《民族生存》和《中国海的怒潮》等影片拍摄。1934年转入上海明星影片公司，在《女儿经》、《热血忠魂》、《劫后桃花》等影片中出演主角。1938年到内蒙古参加故事片《塞上风云》拍摄，途经延安停留，深受影响。回重庆后主演过多部宣传抗战话剧。抗日战争胜利后回上海，先后在国泰、昆仑、大同等影片公司主演《裙带风》、《一江春水向东流》、《凶手》等影片。1950年调上海电影制片厂，主演或参加《女司机》、《一场风波》和《李时珍》等影片拍摄，并为《乡村女教师》等影片配音。1957年，调北京人民艺术剧院，主演《骆驼祥子》、《关汉卿》、《伊索》等话剧，塑造许多鲜活艺术形象。1958年加入中国共产党。“文化大革命”期间被迫害致死。

董寅初（1915～2009） 民主人士。合肥三河（今属肥西）人。1934年考入上海交通大学，攻读实业管理。在校期间，发起成立救国会，被推选为执行主席。1938年毕业，去香港邮政汇金局工作，曾任香港《早报》编辑。1939年到印度尼西亚，创办《朝报》，任经理兼总编辑，从事抗日救国宣传，在华侨中很有影响。1947年回到上海，创办上海酒精厂等企业。1980年加入中国致公党，历任致公党上海市委主任委员，上海市政协副主席，致公党中央副主席、主席、名誉主席。1993年3月当选为全国政协副主席。出版有《董寅初文集》。

王子野（1916～1994） 出版家、翻译家。原名程扶铎，绩溪人。1930年到上海亚东图书馆当练习生。1938年在延安陕北公学学习，同年加入中国共产党。先后任中共中央书记处图书资料室副主任，中央军委编译局翻译处处长、编译局秘书长，《晋察冀日报》编委兼编辑部部长，中共中央华北局宣传部出版科科长、出版委员会委员。1975年后，任国家出版局副局长、党组副书记，国家出版委员会主任委员兼国务院古籍整理出版规划小组副组长，中国出版工作者协会主席，中国翻译工作者协会副会长。著有《槐下居丛稿》、《王子野出版文集》等，译著有《思想起源论》、《财产及其起源》、《西洋哲学史简编》、《历史唯物论》、《论戏剧》等。

田 间（1916～1985） 诗人。原名童天鉴，无为人。1933年考入上海光华大学外文系，开始诗歌创作。1934年加入中国左翼作家联盟。出版《未明集》、《中国牧歌》、《中国农村的故事》等诗集，反映旧中国农民痛苦及斗争。1937年去日本。抗日战争爆发后回国，写成著名诗篇《给战斗者》，短诗集《抗战诗抄》、《短歌》，叙事长诗《戎冠秀》、《赶车传》（第一部）等。新中国成立后，写成长篇叙事诗《赶车传》六部续篇。部分诗作被译为俄、日、德、法、朝鲜、罗马尼亚等国文字。另著有《板门店记事》、《海燕颂》、《新国风赞》及《亚非游记》等。

孙大光（1917～2005） 政治活动家。寿县人。1932年在寿县中学读书期间参加革命活动。1933年在上海加入中国共产主义青年团，1934年加入中国共产党。抗日战争时期，先后在广州、重庆、贵阳等地从事抗战工作。1948年参加内蒙古土改工作，任区党委政策研究室主任。1952年调入国家交通部，历任交通部计划司司长、部长助理、副部长、常务副部长、部长，1975年起任国家地质总局局长、地质矿产部部长。晚年将毕生精心珍藏文物和字画，捐给安徽省博物馆。

光仁洪（1918～1991） 历史学家。桐城人。1939年毕业于南京中央大学法律系，任重庆高级商业学校教员，国民政府交通部秘书厅科员，国民政府水利委员会秘书。1947年到美国芝加哥大学攻读国际关系研究生。1949年任上海法学院教授。新中国成立后，历任安徽师范学院、合肥师范学院、安徽师范大学副教授、教授、系主任。1984年起，任安徽大学历史系教授，安徽省社会科学界联合会副主席、主席，安徽省历史学会会长，安徽省第五、六届政协副主席，农工民主党第十届中央委员会副主席。是第七届全国政协常委。主编或合作主编《世界近代史教学大纲》、《世界史近代史》、《国际关系史》、《世界近代史辞典》等著作。

王少舫（1920～1986） 黄梅戏表演艺术家。江苏南京人。始为京剧演员，1933年随父搭班来安庆，正式登台演出。1950年，正式由京剧改唱黄梅戏，主演《梁山伯与祝英台》、《宝莲灯》、《白蛇传》，都用新改编唱腔演唱，配合采用灯光、布景等新艺术表现手法，轰动安庆。1952年，应邀与潘璟琍合演《天仙配》中《路遇》一折，所扮演董永，得到上海观众一致好评。1953年，调入安徽省黄梅戏剧团。1955年，与严凤英合拍第一部黄梅戏电影《天仙配》。一生塑造众多人物形象，如《天仙配》中董永、《女驸马》中刘文举、《韩宝英》中石达开、《无事生非》中侯爷、《陈州怨》中包拯等，为黄梅戏“生行”代表人物。“文革”中受到不公正待遇，“文革”结束后重返黄梅戏舞台。曾获华东地区戏曲观摩大会演员一等奖，两次获得省戏曲会演一等奖，并获文化部金质奖章。

欧远方（1922～2001） 学者。五河人。1938年至1941年任五河县、灵璧县抗日工作队队员，1941年1月至1945年11月任《团结报》主编、中共淮北三地宣传科科长。1945年11月至1948年5月任《拂晓报》主编、副社长、社长；1948年5月至1952年任皖北区党委机关报《江淮日报》、《皖北日报》副社长；1952年至1954年8月任《安徽日报》副总编辑；1956年9月至1961年2月任中共安徽省委宣传部副部长、《安徽日报》总编辑、省委副秘书长，参与创办《虚与实》杂志并任负责人；1961年2月至1962年6月，任中共安徽省委宣传部部长。1983年5月起先后任安徽省社会科学院院长、省顾委常委。曾兼任安徽省哲学社会科学联合会主席、省经济学会会长、省发展战略研究会会长、省新闻工作者协会会长、省老年新闻工作者协会会长、省炎黄文化研究会会长、《安徽年鉴》主编等职。著有《安徽包干到户研究》、《欧远方文选》等。

邓稼先（1924～1986） 核物理学家。怀宁人。1941年考入西南联合大学物理系。1948年入美国印第安纳州普渡大学研究生院，获物理学博士学位。1950年8月回国，从事原子核理论研究。1958年8月调第二机械工业部核武器研究所任理论部主任、研究员。后任研究所副所长、所长，负责领导核武器理论设计，并开展爆轰物理、流体力学、状态方程、中子输送等基本理论研究。1962年底，领导起草中国第一颗原子弹理论方案，并参与指导核试验前爆轰模拟试验，成功解决原子弹试验关键性难题。1964年10月，中国第一颗原子弹成功爆炸后，又投入对氢弹研究。仅两年零8个月就试爆氢弹成功。1972年后，任核工业部第九研究设计院副院长、院长，核工业部科技委副主任，国防科工委科技委副主任。参加和组织指挥15次核试验，全部成功。与周光召合著《我国第一颗原子弹理论研究总结》。获国家自然科学一等奖1项、国家科学技术进步奖特等奖4项。1980年当选为中国科学院学部委员。1986年被授予全国五一劳动奖章，1999年被追授“两弹一星功勋奖章”。

亚　明（1924～2002） 画家。原名叶家炳，斋名悟园、觉斋、沙砚居，合肥人。1939年参加新四军，1941年到淮南艺术专科学校学画。毕业后任记者、美术编辑、画报主编等，主要从事木刻和宣传画创作。1953年调江苏省文联筹委会。1956年出任中国美术家协会江苏分会副主席。1960年担任江苏省国画院副院长。曾当选中国美术家协会常务理事、中国美术家协会江苏分会主席、江苏省文联顾问，兼任南京大学教授。主要作品有《货郎图》、《滚炉前》、《石壕吏》、《海滨生涯》、《巫峡烟云》、《日寇南京大屠杀》等。出版《亚明》、《亚明画集》、《亚明近作选集》、《亚明作品选集》、《三湘四水》等著作。

鲁彦周（1928～2006） 作家。巢县（今属巢湖）人。1950年任《皖北文艺》杂志编辑，1954年开始发表作品。1956年开始从事专业创作，所作话剧《归来》，当年获全国第一届话剧会演剧本一等奖。电影剧本《凤凰之歌》在1958年获文化部全国电影剧本创作三等奖。小说《天云山传奇》获1977年至1980年全国中篇小说一等奖，并被翻译成德文、俄文、日文等在国外出版，小说改编的电影获金鸡奖和百花奖。曾当选为中国作家协会安徽省分会副主席，中国电影家协会安徽省分会副主席，安徽省文联党组书记、副主席、名誉主席等职。被评为全国劳动模范。代表作有电影剧本《春天来了》、《三八河边》、《风雪大别山》（与陈登科合作）、《柳暗花明》（与陈登科、肖马、江深合作）、《廖仲恺》等，短篇小说《找红军》，中篇小说《山魂》、《乱伦》、《逆火》，长篇小说《古塔上的风铃》、《阴阳关的阴阳梦》、《梨花似雪》。

严凤英（1930～1968）　女，黄梅戏表演艺术家。乳名鸿六儿，本名黛峰，艺名凤英，桐城人。12岁拜师学唱黄梅戏，辗转演出于贵池、青阳农村和安庆及皖南一带。1946年，以《小辞店》、《游春》轰动安庆。1952年，应邀赴上海演出，演唱传统小戏《打猪草》、《蓝桥会》和现代戏《柳树井》，获得成功。1953年调安徽省黄梅戏剧团。1954年再度赴上海参加华东区戏曲观摩演出大会，演出《天仙配》、《砂子岗》、《打猪草》，获演员一等奖。此后，共演出大小剧目50多个，包括《红色宣传员》、《刘三姐》、《牛郎织女》、《党的女儿》、《江姐》等。严凤英唱腔吸收京剧、昆曲、越剧、评剧、评弹、民歌等唱腔之长，融会贯通，自成一家，被公认为黄梅戏一代宗师。代表作品《天仙配》、《女驸马》、《夫妻观灯》、《牛郎织女》，曾被拍摄成黄梅戏电影艺术片，其中《天仙配》获文化部“金质奖章”。“文化大革命”中蒙冤去世。

海　子（1964～1989）　诗人。原名查海生，怀宁人。1979年考入北京大学法律系，1983年分配至中国政法大学哲学教研室工作。1989年3月26日在山海关卧轨自杀，年仅25岁。1984年创作成名作《亚洲铜》和《阿尔的太阳》，第一次使用“海子”作为笔名。从1982年至1989，海子用超乎寻常的热情和勤奋，创作近200万字的作品，结集出版《土地》、《海子、骆一禾作品集》、《海子的诗》、《海子诗全编》等。主要作品有：250余首抒情短诗；《太阳·七部书》，即诗剧《太阳》、诗剧《断头篇》、诗剧《但是水，水》、长诗《土地篇》、第一合唱剧《弥赛亚》、仪式和祭祀剧《弑》、诗体小说《你是父亲的好女儿》。作品被收入近20种诗歌选集，以及各类大学中文系《中国当代文学作品选》教材。

纪念人物

孙起孟（1911～2010）　著名教育家和社会活动家，休宁人。中国民主建国会和全国工商联的卓越领导人，第七、八届全国人大常委会副委员长。2011年3月1日，纪念孙起孟诞辰100周年座谈会在人民大会堂举行，中共中央政治局常委、全国人大常委会委员长吴邦国出席会议。孙起孟1930年毕业于苏州东吴大学政治学系。1945年参与发起组织民建，任常务理事。1948年，代表民主建国会赴解放区，参加筹备新政治协商会议，任筹备委员会副秘书长。1949年出席中国人民政治协商会议第一届全体会议，当选为第一届全国政协委员。新中国成立后，曾任政务院副秘书长，全国青联委员，中央人事部副部长。1950年加入中国共产党。后任中央财政经济委员会第六办公室副主任，国务院第八办公室副主任，中华职业教育社总干事、副理事长，《教育与职业》杂志社社长，中国统战理论研究会副会长。是民建第一、二、三届中央委员会副主任委员，第四届中央委员会副主席，第四、五、六届中央委员会主席，第七届中央委员会名誉主席。是第一、二、三、四、五届全国人大代表，第二届全国人大常委会副秘书长，第七、八届全国人大常委会副委员长。第二、三、四、五、六届全国政协常委，第四、五届全国政协副秘书长。

江上青（1911～1939）　原名江世侯，江苏江都人。1939年8月牺牲在皖东北抗日根据地第一线，年仅28岁，是为新中国成立作出突出贡献的“双百英雄模范”人物之一。2011年4月12日，中共安徽省委在合肥举行纪念江上青诞辰100周年座谈会。江上青1927年加入中国共产主义青年团，1928年冬在扬州高中被国民党当局以学运骨干分子为名逮捕入狱，1929年6月出狱后，改名江上青，就读于上海艺术大学文学系，同年转为中国共产党党员，并担任上海“艺大”地下党支部书记。1929年冬，在上海参加党组织的秘密会议时再次被捕，1930年冬出狱。“九一八事变”后，参与创办《新世纪周刊》、《写作与阅读》、《抗敌周刊》等，宣传抗日救亡、爱国主义和唯物主义思想。1938年春夏时节，参加安徽省抗日民众动员委员会第八工作团，在六安、寿县、颍上和河南固始、商城一带开展抗日宣传工作。1938年，负责开辟皖东北抗日根据地的准备工作，担任国民党安徽省第六行政区专员公署秘书兼保安副司令、第五游击纵队司令部政治部主任，创办皖东北军政干校。亲自编写教材，为军政干校学员讲课、作报告，宣传党的抗日民族统一战线政策。1939年3月，中共皖东北特委成立，江上青为特委委员。1939年7月29日，在协助张爱萍做国民党地方实力派的工作后，返回司令部途中遭地主反动武装伏击，身中数弹，壮烈牺牲。

李世农（1911～2006） 原名王者俊，河北巨鹿人。中共安徽省委原书记。2011年11月10日，纪念李世农诞辰100周年座谈会在合肥举行。李世农1930年3月加入中国共产主义青年团，同年夏转入中国共产党。因从事党的秘密工作，根据组织上的要求改名为李世农。历任中共皖中工委书记，中共皖东省委委员、组织部部长，中共苏皖边区委员会副书记，中共蚌埠市委书记、军管会副主任兼警备司令部政委等职；1951年至1958年先后任中共安徽省委组织部部长、省委副书记等职；1958年被错定为“右派分子”。1962年平反，任中共安徽省委书记处书记。“文化大革命”期间受迫害；1978年10月任安徽省政协副主席。1979年1月起，先后任中共安徽省委书记、省人大常委会副主任、省纪委第一书记等职。1983年3月任中共安徽省顾问委员会（筹）主任。

程长庚（1811～1879） 名椿，字玉珊（一作玉山），号荣椿，乳名长庚。主演老生，是京剧的奠基人之一。2011年11月19日，“安徽省学术界戏剧界纪念徽班领袖、京剧鼻祖程长庚诞辰200周年座谈会”在合肥召开。（详见本篇“历史文化人物”栏）

2011年度安徽十大新闻人物

李孝香　刘士圣 合肥市新站区磨店社区沿河村村民。二人入选2011年10月份的“中国好人榜”，当选“诚实守信好人”。

吴　群 生前任蚌埠市检察院民事行政检察处副处长。2011年最高人民检察院追授他“全国模范检察官”称号，中共安徽省委追授他“全省优秀共产党员”称号。

潘建伟 中国科技大学教授、博导，中组部首批“千人计划”入选者，量子科学实验卫星先导专项首席科学家。在中国科学院2011年院士增选中，他当选为数学物理学部院士。

朱恒银 省地矿局313地质队副队长。先后被授予全国劳动模范、全国优秀科技工作者，曾获国家科学技术进步奖二等奖。2011年12月，获得中国地质行业最高奖——李四光地质科学奖。

陈霄云 石台县籍在温州务工的一名普通打工妹。她获得“温州市第二届百佳新温州人”称号。她的事迹被评为2011年8月安徽省精神文明十佳事迹。

胡承霖 安徽农业大学教授，小麦专家，1985年受聘为农业部小麦专家组成员。2010年9月，省政府授予他小麦高产攻关特别贡献奖,并奖励人民币10万元。

赵克信 金寨县人武部政委。扎根金寨山区10余年，为老区扶贫开发做贡献，赵克信与老区人民结下深情厚谊，被人们亲切称为“扶贫政委”。

胡文传 长丰县岗集镇大窑村村民。2011年，他当选第三届全国见义勇为道德模范(详见本卷“精神文明建设”篇)。

水巨洋 凤阳县巨洋批发部经理。3岁时因麻疹双目失明，经过多年创业，他成为拥有千万资产的民营企业家。10多年里，他共出资100多万元捐资助学、扶贫助残，用爱心照亮他人。

高亚飞 省人大代表，安徽浩翔农牧公司总经理。先后获“全国农村青年致富带头人”、“首届感动安徽十大新闻人物”、“安徽省大学生创业先进典型”等称号。

市縣區文化概覽

石涵松題

- □ 合肥市
- □ 宿州市
- □ 淮北市
- □ 阜阳市
- □ 亳州市
- □ 蚌埠市
- □ 淮南市
- □ 滁州市
- □ 马鞍山市
- □ 芜湖市
- □ 铜陵市
- □ 安庆市
- □ 黄山市
- □ 六安市
- □ 池州市
- □ 宣城市

合　肥　市

【文化概览】合肥地处安徽省中部，长江、淮河之间，环抱五大淡水湖之一——巢湖，因东淝河、南淝河由此发源而得名，并因隋唐明清时为庐州路、郡、府治所在地而别称庐州，1952年成为安徽省省会。现辖巢湖市，肥东、肥西、长丰、庐江4个县，瑶海、庐阳、蜀山、包河4个区。有3个国家级开发区和14个省级开发区。全市总面积1.14万平方公里，常住人口752万。

历史悠久。自秦置县，至今有2200多年历史。人文底蕴深厚，宋代名臣包拯、晚清重臣李鸿章、台湾首任巡抚刘铭传、诺贝尔物理学奖获得者杨振宁等都是合肥人。现有文物保护单位72处，其中国保单位3处、省保单位39处。列入省级以上非物质文化遗产名录15项，其中国家级4项、省级11项。

区位优越。承东启西、连南接北，正在成为全国重要的区域性综合交通枢纽。现有6条铁路、7条高速公路在此交汇，未来将有6条高速铁路、4条电气化铁路交会；已实现1小时内到南京，2个小时到武汉、上海，2012年将实现3个多小时到北京。设计年吞吐能力1200万人次的4E级合肥新桥国际机场将在2012年底投入运营。合肥新港建成后，1500吨级货轮可通江达海。

科教资源丰富。在肥工作两院院士达60人，拥有博士后科研站77个、各类研发机构344个、省部级重点实验室105个；高等院校59所，在校大学生48万人。中国第一台窗式空调、微型电子计算机及世界第一台VCD、仿生洗衣机、变容式冰箱等均诞生于此，是全国重要的科教基地、国家创新型试点市、全国唯一的国家科技创新型试点市，同时也是世界科技城市联盟会员城市。

2011年，合肥市文化、广电、新闻出版系统先后获全国广播影视系统法制宣传教育先进集体、中国合唱节组织贡献奖、全省新闻出版版权工作综合先进单位、全省广播影视重点工作目标考核先进单位、全省乡镇文化站建设组织奖、全省文化市场“十大案件”和“十佳案卷”办理单位等多项荣誉。

李鸿章故居

群众文化活动丰富多彩。组织参与具有示范性、指导性的群众文化活动，相继举办新春文化庙会、“文化遗产日”系列展、“幸福家园”、“中国好人道德传承大型晚会”活动，深入农村、社区、大建设一线开展群众文化活动。由市政府和中国合唱协会主办的“在灿烂阳光下——中国合唱节庆祝建党90周年献礼歌会”被《人民日报》、《光明日报》、中国国际广播电台、中新社等多个中央媒体报道。

文化惠民与民生工程扎实推进。“书香庐州·文化合肥”读书送书活动广泛开展。新建51个乡镇文化站，569个农家书屋，1100个直播卫星“村村通”用户，并全部投入使用。农村电影放映工作提前超量完成国家、省、市下达目标任务，全年公益放映16042场，观众近400万人次。按照文化部要求，全市公共图书馆、文化馆、美术馆等公共文化设施于2011年6月28日全部免费开放。市图书馆、市少儿图书馆不断扩大基层服务点建设，延伸服务取得显著成效。市图书馆先后开通了数字图书馆、社区分馆、基层阅览点等；市少儿图书馆全年接待未成年人40.1万人次，举办各类科普读书活动约110场，被授予“第九届安徽省文明单位”称号。“书香庐州·文化合肥”活动倡导“全民阅读”理念，号召全社会捧起书本，营造全民阅读氛围，彰显书香庐州特色。

文化产业快速发展。以招商引资为抓手，以重大项目带动为契机，大力发展文化创意、影视制作、数字动漫等新兴文化业态，进一步提高文化产业增加值占全市GDP的比重。全年文化产业增加值达210亿元，占全市GDP的5.8%，已经成为合肥市支柱产业。编制了文化产业项目册，筹建“中国·合肥国际影视制作基地”，组织优秀动漫企业参加第三届中国（国际）动漫创意产业交易会，为企业自主创新、转化成果提供服务。

文化体制改革积极稳妥。公益性事业单位三项制度改革进一步深化，文化市场综合执法改革和国有艺术院团改制完成。2011年4月27日，合肥市广播电视台、合肥文广演艺集团有限公司正式挂牌成立。新组建的合肥市广播电视台是集广播、电视、网络、影视剧产业、多媒体等为一体的省内最大的市级综合性传媒单位，辐射覆盖合肥全域及周边近1000万人口。同时以全额投资、以节目生产和广告经营为主的大型文化骨干企业——合肥广电传媒公司、合肥广播公司也应运而生。合肥演艺有限责任公司引进外部资金、资源、品牌和理念，激活内部机制，形成以广电传媒、新兴媒体、影视剧拍摄、网络公司、文艺演出等为主营业务的发展脉络。合肥大剧院实行“委托经营、市场运作、业主监管”的运营管理模式，取得了良好的经济和社会效益。

国家级非物质文化遗产——洋蛇灯

2011年市政府公布第四批市级文物保护单位18处，全市市级文物保护单位的数量达到30处。市文物管理处完成合肥市第三次文物普查资料复核、数据汇总，并完成2007～2011年全市第三次全国文物普查工作。

李鸿章故居陈列馆全年接待国内外游客近30万人次，门票收入超过400万元，比上年增长20%，并于8月23日成功晋级为国家4A级旅游景区。李鸿章故居陈列馆与大型央企——香港招商局集团有限公司合作举办《李鸿章与招商局》专题展览，首次举办“探索与自强——走向世界的李鸿章”国际学术研讨会暨“全国名人故居创新发展研讨会”。

广播影视事业蓬勃发展。电视新闻《世界最安全电话在合肥诞生》获中国广播影视大奖提名奖。合肥有线宽带网络公司研发建设的“有线电视双向网络监控管理系统”，获全省广播影视科技创新特等奖，填补了行业空白。另有17件作品获全省广播电视新闻类一等奖，8件作品获全省广播电视科技类一等奖。

新批建8个城市影院，全市现有20个电影院、97个放映厅、15984个观众座位，全年电影票房收入1.32亿元，占全省票房收入的三分之二以上；继续推进有线电视数字升级和互动业务,全市数字电视用户终端数达70万个，互动电视终端2万个，付费节目用户终端20万个，有线宽带用户8万个，网内传输150套数字电视频道、15套数字音频广播频道、25000小时的电视点播节目。

文化市场监管成效显著。出动行政执法人员8530人次，检查经营单位13172个次，查处非法出版物窝点1处，收缴盗版音像和书刊电脑软件等各类非法出版物约72319张（册）、赌博机和电路板750余台（块），取缔非法出版物摊点（游商）67个，取缔“黑网吧”36户，查处4户未经许可擅自销售“电视棒”卫星电视地面接收设施的经营户，查扣用于非法经营的电脑580余台。全市共检查相关电器市场和集市非法销售卫星电视接收设施店铺、摊点80多个，没收非法“网络共享”接收设备35套，拆除卫星地面接收设施3套，下发自拆通知19次。市网络文化市场计算机技术监管系统（“净网先锋”）拦截、屏蔽非法网站、游戏和有害信息达38万次（条），公安网监部门处置各类违法有害信息24520条。

未成年人思想道德建设加强。建立未成年人心理健康咨询室136处、乡村学校少年宫48个，推动科技馆、包公园、名人馆及各类爱国主义教育基地免费开放。开展爱国主义读书教育、“做一个有道德的人”等主题实践活动和首届“合肥十佳美德少年”等评选表彰活动，引导青少年树立社会主义荣辱观。举办第三届广玉兰杯中华经典诵读大赛，推动优秀传统文化不断融入青少年日常学习、生活。

市民文明素质提升。宣传“开明开放、求是创新”的合肥城市精神，开展道德礼仪教育进机关、进企业、进学校、进社区、进乡村、进家庭“六进”活动和“我们的节日”、“讲文明、树新风”等系列主题活动，着力提升公众文明素养。结合“我推荐、我评议身边好人”及“最美合肥人”评选活动，广泛征集爱心线索，大力宣传爱心之举，树立身边典型。举办“2011思想道德建设合肥论坛”、“爱洒江淮、情暖庐州——全国道德模范和身边好人现场交流活动”，编发《合肥道德故事》，大力弘扬社会主义核心价值观，孕育了“以德报德”的“磨店佳话”，培育了“好人如潮”的合肥现象。截至12月底，全市共有52个个人或群体入选“中国好人榜”，入选数量居全国省会城市前列。

全国文明城市创建再创佳绩。开展创建文明单位、文明行业、文明街道、文明社区等活动，引导社会向善向好。充分发挥各级文明单位的模范带头作用，组织文明单位与居民小区结对共建、参与文明交通整治。开展关爱空巢老人、留守儿童等志愿服务活动，制定出台《关于在全市开展关爱农民工志愿服务活动的实施意见》，为农民工筹集100万元志愿服务关爱基金，铁四局员工贾志茹当选“全国百名优秀志愿者”。实施城乡联动，推进农村综合环境整治活动，开展创建文明村镇、文明集市、十星级文明户活动，不断提升乡村文明程度。再次获全国文明城市提名资格，肥西县被评为“全国文明县城”，19个先进典型获“全国文明单位”和“全国文明村镇”等称号。

纪念建党90周年。7月15日，“在灿烂阳光下——中国合唱节庆祝建党90周年献礼歌会”在合肥大剧院开幕。本次合唱节由合肥市人民政府、中国合唱协会主办，有来自22个省市共46支合唱队参赛。经过4场比赛，产生17名金奖、20名银奖、9名铜奖获得者，合唱节活动被《人民日报》、《光明日报》、中国国际广播电台、中新社等多个中央媒体报道。中国合唱节的成功举办，推动了合肥市合唱事业的发展。

【市级非遗项目增加】12月16日，合肥市确定第三批市级非遗项目及第二批市级非遗项目传承人名单，将肥西县浮顶山宝筏寺庙会、庐阳花布等16项纳入市级非物质文化遗产项目名录，把“传统剪纸”葛崇云、“植物种子画”刘开武等17人纳入市级非遗项目传承人名录。

至此，全市有非遗项目115项，其中国家级4项（庐剧、洋蛇灯、传统纸笺加工技艺和巢湖民歌）、省级11项、市级55项、县区级60项。全市共有86名代表性传承人，其中国家级4人（丁玉兰、孙邦栋、黄冰和邵传富）、省级11人、市级26人、县区级45人。

非遗项目涉及传统文学（口头文学）、传统美术、传统音乐、传统舞蹈、戏曲、曲艺、传统手工技艺、消费习俗、民间信仰等15大类。全市已建立健全比较完备的非物质文化遗产资源和非遗项目、传承人的资料档案，非遗保护工作扎实开展。

【李鸿章故居陈列馆和享堂晋级国家4A级旅游景区】8月24日，国家旅游局公布了新增的39个4A级旅游景区，安徽省有6个入选，李鸿

纪念建党90周年歌会——《璀璨之路》

章故居和享堂榜上有名。

李鸿章故居坐落于合肥市淮河路步行街中段，属典型的晚清江淮地区民居建筑，布局整齐，结构严谨，雕梁画栋。故居占地面积3500平方米，分为东西两院，西院由南向北依次分为大门、前厅、中厅（福寿堂）、走马楼（小姐楼），东院为淮系集团展馆。作为国内唯一以李鸿章为主题的专题陈列馆，故居内陈列了《晚清军政重臣李鸿章》、《李鸿章墨宝》、《李鸿章与招商局》以及《淮系集团与中国近代化》等一系列展览，图文并茂地展现李鸿章风云变幻的一生。自1999年开放以来，故居就以打造精品展览、塑造高水平的讲解员队伍以及树立“以人为本”的服务理念为宗旨，先后接待江泽民、吴邦国、贾庆林等党和国家领导人。

享堂即李鸿章墓上建筑的总称，建于1903年，晚清江淮地区建筑风格。现存享堂占地面积14000平方米，建筑面积3000平方米，有墓园、享堂和仓房。享堂内有清代散文大家吴汝纶为李鸿章撰写的神道碑文、光绪皇帝亲赐的御制碑等珍贵文物，是国内保存较为完好的名臣享堂。

【合肥市代表团获2011维也纳国际中老年合唱节金奖】在2011维也纳国际中老年合唱节上，由合肥市中老年合唱爱好者组成的“安徽童心合唱团”获得金奖第一名，市文广新局国家一级指挥曹效建获“杰出合唱指挥家”奖。

国际中老年合唱节由维也纳市政府、世界音乐艺术教育协会、奥地利合唱协会主办，始于2010年，2011年举办第二届，共有4个国家的12个中老年业余合唱团共400余人参赛。

【合肥市文联与韩国原州艺总开展双边文化交流】7月5日，以韩国原州市艺总会长权大瑛为团长的原州市艺总代表团一行对合肥市进行访问，与合肥市文联签订两市文化艺术交流补充意向书，在美术、书法、摄影、音乐、舞蹈、文学、戏剧、曲艺、民间艺术、电影、电视等领域开展互访交流活动。8月28日至9月2日，合肥市委宣传部副部长、市文联党组书记王浩率市艺术代表团一行13人出访韩国，并在原州“市民节”庆典系列演出和访问活动中展示宣传合肥，韩国YBN电视台、《汇原时报》、《道明日报》、《联合日报》均作报道。

【第二届“包公杯”全国反腐倡廉曲艺作品征集】在中央纪委宣教室、省纪委的指导下，由中国曲艺家协会、合肥市纪委、市委宣传部、市文联等单位主办的第二届“包公杯”全国反腐倡廉曲艺作品征集活动6月20日在北京召开新闻发布会。安徽省委常委、合肥市委书记孙金龙，省委常委、省纪委书记王宾宜，中国文联副主席、中国曲协主席刘兰芳，中国曲协分党组书记、副主席董耀鹏，中国曲协副主席、中国文学艺术基金会秘书长姜昆等出席，其他有关领导和曲艺界知名人士、新闻媒体记者共100多人参加。

活动期间，共收到来自全国各地的作品1267篇，比第一届增长11%。其中，鼓曲唱曲类93篇，评书快书快板类214篇，相声类204篇，小品类264篇，其他类492篇，还包括多篇少数民族曲艺作品。涵盖70个曲种，比上届增长42%。经过初评、复评、终评三轮遴选，评出一等奖作品2篇、二等奖作品4篇、三等奖作品8篇和优秀作品20篇。所有获奖作品都由组委会结集出版。

【《人文合肥》丛书（下卷）首发式举行】9月16日，合肥市“十一五”文学艺术创作成果展示暨《人文合肥》丛书（下卷）首发式在梅山饭店举行。历时两年编撰的《人文合肥》丛书（下卷）共五册，分为《合肥美文》、《合肥书画》、《合肥诗词》、《合肥包公》、《合肥民俗》，由安徽文艺出版社出版发行，与前期出版的四册（《合肥名人》、《合肥胜迹》、《合肥故事》、《合肥方言》）一起，全方位介绍合肥的文化，是一套合肥文化百科全书。

合肥市2011年基本情况一览表

项　目	绝对数	比上年增长%
国土面积	11429平方公里	62.0
总人口	752.0万人	31.9
生产总值	3600亿元	16.0
财政总收入	623.8亿元	22.7
公共文化投入	4.26亿元	22.2
科技经费投入	19030万元	5.9
各类学校在校学生	115.2万人	28.9
考取本科人数	1.5万人	21.9
各类图书馆藏书	50.0万册	11.1
农家书屋	1377个	70.4
文化馆（站、室）	—	—
医疗机构病床数	3.43万张	7.0
人口自然增长率	—	—

蜀　山　区

【文化概览】蜀山区位于合肥市西南部，现辖8个街道、2个镇、1个产业园区，面积246.83平方公里，常住人口64.77万。区域内东有环城公园、琥珀潭旅游景区、西山景区，南有徽园、明珠广场和欧洲风情街，西有蜀山森林公园、野生动物园、天鹅湖，北有董铺水库、合肥植物园、江淮风情园；五里飞虹、蜀山春晓、环城翡翠、琥珀流光，天鹅湖畔、蜀山览胜、科学绿岛分别入选“合肥十景”、“合肥新十景”。“抛头狮”表演被列为省级非物质文化遗产；“柴门大鼓”、“吴氏船模”、“马家轩蛋雕”被列为市级非物质文化遗产；五爷的故事、月姥姥、小板凳、歇后语等31项被列为区级非物质文化遗产。陈德荣、马云城为非物质文化遗产传承人。截至2011年底，共有文化馆1个、农家书屋16个、文化广场33个、电子阅览室1个、多媒体播放室1个。

公共文化基础建设。形成以区文化馆为龙头，乡镇综合文化站、农家书屋、文化信息资源共享工程服务点为载体的区、镇、街、村（居）三级公共文化服务网络。2011年，投资100万元专项用于推动公共文化资源向基层延伸，在井岗镇与南岗镇各建成500平方米以上的乡镇综合文化站。全区11个街道（镇、园区）、57个社区的文化活动场所全面达标，基本实现每万人拥有550平方米室内文化活动场所目标。

文化民生工程建设。从2007年开始，先后在南岗镇、井岗镇、新产业园规划建设农家书屋16个。每个书屋配送不少于1500册图书、30种报刊、100张（套）电子音像制品，并统一配置标牌、制度牌、消防器材。建成全国文化信息资源共享工程区级支中心1个、乡镇基层服务点2个。拥有机房15平方米、电子阅览室75平方米、电脑41台、多媒体播放室75平方米。

精神文明建设。当年通过开展重大节庆日文化活动，带动开展企业文化、社区文化、校园文化、军营文化、乡村文化活动，进一步提升群众文化活动影响力。全年开展文化市场环境专项督查行动16次；集中开展网吧整治行动435次；组织开展各类文化活动共150余场。开展“数字电影”进村（居）、农民文化广场建设等活动，促进农村文化阵地建设。组织街道业余艺术团开展形式多样的广场文艺演出。开展节日文化活动，营造欢乐、祥和的节日气氛。

【蜀山区首届艺术节】2011年3～6月，蜀山区举办首届社区文化艺术节。艺术节内容包括：文化惠民文艺演出、艺术节开闭幕式、蜀山区第二届才艺大赛、蜀山区非物质文化遗产作品展、“梨园风采”戏曲大赛、“春之魅”蜀山区文化广场文艺大赛、蜀山区高校师生书画联展、“靓丽蜀山”摄影展、社区特色的文艺演出系列活动、“颂歌献给党”蜀山区歌咏大赛等10项。参加活动演员2000余人，观众2万余人次。

蜀山区2011年基本情况一览表

项　目	绝对数	比上年增长%
国土面积	246.83平方公里	—
总人口	64.77万人	5.3
生产总值	263.0亿元	—
财政总收入	19.0亿元	40.6
公共文化投入	1393万元	—
科技经费投入	—	—
各类学校在校学生	4.37万人	—
考取本科人数	—	—
各类图书馆藏书	—	—
农家书屋	16个	—
文化馆（站、室）	11个	—
医疗机构病床数	—	—
人口自然增长率	—	—

庐　阳　区

【文化概览】庐阳区位于合肥市中北部，庐阳老城区即“古庐州府”衙，现为安徽省委、省人民政府驻地。1999年获得“全国文化先进县(区)”称号。现辖9个街道、1个乡、1个镇和1个省级开发区（庐阳工业区）。有国家4A级景区3处、省级重点文物保护单位7处。截至2011年底，全区有公共图书馆2个、文化馆1个、体育场馆6.96万平方米；有规模以上文化企业18个、省级文化产业示范园区2个。全年公共文化建设投入174万元，区、街、居三级文化网络健全，各类文化活动蓬勃开展，广场文化、社区文化、校园文化、民俗文化等文化形式丰富多彩，共开展文艺演出、民族民间广场舞、各类文化艺术展等活动175场次；农村电影放映263场次；举办庐阳区文化艺术节、三十岗乡西瓜节等一系列有影响力的文化品牌活动。围绕文化产业特色街区的打造，形成逍遥津街道婚庆文化节、阜南路美食文化节、双岗街道义井路民俗文化节等特色文化节庆品牌。全区有一定规模的业余文艺团队94支，天籁女子合唱团、徽州女舞蹈队等品牌业余文化团队多次在国际、国内重大比赛中获奖。

文化民生工程建设。2011年三十岗乡和大杨镇综合文化站高标准建成，规模和功能设置达到一级站水平。有农家书屋33个，全区所有乡镇实现全覆盖。当年农家书屋建设获合肥市唯一“社会效益最佳单位”称号。双岗、杏林街道社区卫生服务中心获首批“全国示范社区卫生中心”称号，城乡卫生服务水平全面提升。

文明城镇建设。大杨镇获“全省创建文明村镇先进乡镇”称号，三十岗乡东瞿村获第三批“全国文明村镇”称号。以创建全国文明城市工作为主线，扎实开展文明创建活动。全面推进首善之区和辐射源建设，居民生活质量和幸福指数显著提高，城市社会管理创新工作和乡村文明建设向前推进。

庐阳区第六届艺术节红歌会

庐阳区2011年基本情况一览表

项　目	绝对数	比上年增长%
国土面积	139.0平方公里	—
总人口	60.0万人	—
生产总值	401.0亿元	14.8
财政总收入	18.61亿元	23.2
公共文化投入	174.0万元	54.0
科技经费投入	1300万元	50.5
各类学校在校学生	—	—
考取本科人数	—	—
各类图书馆藏书	5.95万册	10.0
农家书屋	33个	—
文化馆（站、室）	14个	—
医疗机构病床数	—	—
人口自然增长率	—	—

瑶　海　区

【文化概览】瑶海区位于合肥市城区东部，2002年合肥市区划调整时在原东市区基础上更名为瑶海区。面积90平方公里，常住人口90万。现辖12个街道、1个镇、1个开发区。现有省级风景名胜区1处、省级重点文物保护单位1处。洪氏装裱、葫芦烙画被列为省级非物质文化遗产，洪富庚、郑小良为非物质文化遗产传承人。

文化事业和文化产业。2011年，区文化馆被文化部评为国家二级馆。裕丰花市作为安徽省唯一的“全国重点花卉市场”，获“第三批安徽省文化产业示范基地”称号。选送舞蹈《花儿为什么这样红》

参加“舞动社区——第四届全国社区健身舞蹈汇演”，获得金奖。先后获2011中国合唱节热身赛三等奖、安徽省少儿书画大赛优秀组织奖、合肥市第九届“幸福家园”社区广场文化周文艺演出优秀组织奖、合肥市第六届合唱节——瑶海区专场优秀组织奖、合肥市扫黄打非工作先进集体。举办瑶海区纪念建党90周年“美在瑶海·走向文明”书画、摄影展及瑶海区庆祝建党90周年第五届“颂歌献给党”歌咏大赛暨合肥市第六届合唱节瑶海区专场演出；举办民族舞蹈、合唱指挥、书画鉴赏等培训班。开展“扫黄打非”专项行动30余次。

文化民生工程建设。大兴镇7个农家书屋、区文化馆免费开放，开设免费公益性文化艺术培训班、讲座，区文化信息资源共享中心建成。实施1个基本公共卫生服务均等化项目、创建全国社区中医药工作先进区、全省中医药特色社区卫生服务示范区，全国计划生育优质服务区。

瑶海区第五届歌咏大赛

瑶海区2011年基本情况一览表

项 目	绝对数	比上年增长%
国土面积	90.0平方公里	—
总人口	90.0万人	—
生产总值	290.0亿元	18.2
财政总收入	11.32亿元	46.7
公共文化投入	145.0万元	20.0
科技经费投入	261.0万元	25.0
各类学校在校学生	6.38万人	—
考取本科人数	—	—
各类图书馆藏书	90.0万册	15.0
农家书屋	7个	—
文化馆（站、室）	15个	—
医疗机构病床数	853张	2.0
人口自然增长率	8.0‰	2.9个千分点

包 河 区

【文化概览】包河区于2002年合肥市区划调整时成立，位于合肥市南部，濒临巢湖，是国家可持续发展实验区、国家科技进步先进区。区域内汇聚了中国科学技术大学、合肥工业大学等30多所高等院校和科研院所，以及省广电中心、省图书馆、省体育馆、安徽大剧院、中国包公园、卫立煌故居等一批文体机构和名胜古迹。门歌、火笔画、铸胎掐丝珐琅制作技艺为省级非物质文化遗产，贾德云、刘凯、王金林为非物质文化遗产传承人，中粤金属有限公司为国家文化产业示范基地。全区共有公共图书馆3个、文化馆1个、青少年文化活动中心2个、广播电台2个、体育场馆10000多平方米。春色滨湖旅游节等节庆活动建成品牌，“邻里艺术节”等社区文化活动受到群众欢迎，“书香包河”读书节等主题活动氛围浓厚。

公共文化建设。2011年投入1000多万元，区文化馆、图书馆新馆封顶；建成文化信息资源共享工程包河支中心、农家书屋60个、农村文化体育健身广场25个、民间文艺队伍138支。

精神文明建设。有全国文明单位1个、省文明单位12个、市文明单位108个。7人入选“中国好人榜”，4人获评省、市道德模范，4人获评省精神文明十佳，3人获合肥市首届“十佳美德少年”提名奖。屯溪路小学获“全国未成年人思想道德建设工作先进单位”称号。作为全省文明示范区，有1个全国文明镇，1个省级文明镇，4个市级文明街道，2个省级、36个市级文明社区，11个市级文明村。

包公祠

【包河公园】包河公园为国家4A级旅游景区，因北宋清官包拯及其后裔居住之地而得名。风景区内有包公祠、包公墓、青天阁、包公纪念馆、功德广场等景点。明嘉靖年间，在包拯幼年读书的河心香花墩上修建包公祠。包公祠正殿端坐八尺高的包公塑像，两边厢房陈列着包公墓出土文物，包括《家训》及包氏家谱等展品。祠东六角亭有井一口，名“廉泉”。包河东南是包拯及其夫人、子孙的墓园，占地3公顷。1999年，为纪念包公千年诞辰，在包河公园规划建设包公文化园，简称“包公园”。

【包河区文艺活动丰富多彩】近年来，包河区发挥区、街镇、村居“三级”文化网络作用，全面摸排调研文艺队伍组建情况，派出文艺骨干分片包干，指导优秀文艺团队建设，扶持群众文化向精品化发展，丰富居民业余文化生活。截至2011年底，全区9个镇街共有黄梅戏队、模特队、健身舞蹈队、花船队、狮子队、二胡队、笛子队等业余文艺团体128个，业余文体队员3840多人。包河区大圩镇获得“中国民间艺术之乡”称号，骆岗街道盛大社区被国家文明委和文化部授予第三批“全国文化先进社区”称号。

包河区2011年基本情况一览表

项 目	绝对数	比上年增长%
国土面积	340平方公里	—
总人口	108.0万人	—
生产总值	485.9亿元	14.7
财政总收入	25.3亿元	15.6
公共文化投入	1020万元	11.0
科技经费投入	1450万元	12.2
各类学校在校学生	10.1万人	7.5
考取本科人数	268人	3.6
各类图书馆藏书	489.0万册	8.9
农家书屋	60个	—
文化馆（站、室）	10个	—
医疗机构病床数	6000张	—
人口自然增长率	6.0‰	—

巢 湖 市

【文化概览】巢湖古称南巢、居巢，春秋时设居巢县，唐朝设巢县，1984年设县级巢湖市。有文字记载的历史达3000多年。国土面积2031平方公里，总人口90万。巢湖民歌和以粉蜡笺为代表的纸笺加工技艺被列为国家级非物质文化遗产。2011年，巢湖市再次被文化部命名为“中国民间文化艺术之乡”，掇英轩加工厂为“安徽省文化产业示范基地”。全市有公共图书馆1个、文化馆1个、健身广场4个。全年公共文化建设投入462万元。新建柘皋等乡镇综合文化站5个，建成农家书屋20个。

文化节庆活动。组织“红旗飘飘，歌声嘹亮”大型红色经典合唱比赛，全市30多支代表队、1000多名干部群众参加合唱比赛。举办以“活力·实力·魅力”为主题的广场文艺演出，重点突出“天河之夜”、“卧牛山之夜”、“凤凰山之夜”、“亚父之夜”等4个品牌演出。全年共举办市（县）级广场文艺活动18场，参演节目232个，观众4万人次。市文化馆组织送文化下

巢湖中庙

乡巡演13场，编辑出版《巢湖文化》6期。

文明创建活动。巢湖监狱、巢湖市地税局、烔炀中学等8个单位被命名为安徽省第九届文明单位。管绍仲、邵军等3人入选全省精神文明月评“十佳事迹”。全市先后有2人被省文明办推荐入选中央文明办“我推荐、我评议身边好人”候选人，其中黄麓镇退休教师张秉柱入选“中国好人榜”。全面启动“路段长”和网格化管理创建活动。

巢湖市2011年基本情况一览表

项 目	绝对数	比上年增长%
国土面积	2031平方公里	—
总人口	89.6万人	0.5
生产总值	184.6亿元	8.9
财政总收入	29.3亿元	32.3
公共文化投入	462万元	71.1
科技经费投入	2041万元	168.6
各类学校在校学生	9.4万人	−1.8
考取本科人数	2397人	3.9
各类图书馆藏书	16.0万册	2.0
农家书屋	78个	60.0
文化馆（站、室）	5个	−25.0
医疗机构病床数	4207张	−6.2
人口自然增长率	5.0‰	−0.11个千分点

长 丰 县

【文化概览】长丰县位于合肥市北部，面积1841平方公里，人口77.37万。1964年10月31日经国务院批准设县，现辖6个乡、8个镇和1个省级开发区。有国家4A级旅游景区2个、全国农业旅游示范点1个、工业旅游示范点1个，省级重点文物保护单位1处。全县共整理出非遗资料12类343条，“吴山铁字”列入省级第二批非物质文化遗产名录，并申报国家级非遗保护项目；“下塘火狮”、“吴山铁字”、“长丰葛家唢呐”、“水湖花鼓灯”、“水湖闫氏锣鼓”列入合肥市非物质文化遗产名录。全县有公共图书馆、文化馆、县广播电视台各1个，乡镇综合文化站14个、农家书屋249个，225个自然村开通广播电视“村村通”。当年出版各类图书20余部，戏剧作品6部。其中汪洋主编的庐歌剧《女村长》、闫立秀的长篇小说《淮河作证》推荐申报省“五个一”工程奖。

公共文化建设。全年投入资金2360万元，用于乡镇综合文化站、农家书屋、广播电视“村村通”三项文化惠民工程建设与文体活动的开展。“十二五”期间，长丰县将投资20亿元建设包括一级标准图书馆、文化馆、博物馆、影视城、广电中心等在内的8个公共文化项目。

文化产业。有规模以上文化企业21个，实现增加值3.1亿元。其中以丰乐生态园、元一高尔夫球会等4A级国家旅游风景区为龙头。全县文化休闲产业初具规模；岗集镇的中国（合肥）非物质文化遗产园一期工程投资超过5亿元，2011年12月18日正式对外开放，举办为期5个多月的首届中国非遗园（合肥·自贡）国际灯会艺术节。杜集生态文化旅游区一期工程建设项目规划总用地面积523公顷，由核心区、盛庄餐饮服务区、鸟岛生态观光区、黄亮岗生态社区、田园风情体验区五大景区组成，总投资2.5亿元，已具备对外接待能力。

精神文明建设。涌现出全国第三届道德模范胡文传及“中国好人”陆凤奎、李必友、田红军等典型；2011年获“全省文明县城建设工作先进县”称号；城市管理创新综合改革和乡村少年宫建设成为当年全省范例。

【庐剧《分房》、《相亲》获省小戏小品大赛7项奖】9月16～18日，由省文联主办，省戏剧家协会、省徽京剧院协办的第五届安徽省小戏小品大赛在省徽京剧院“梨园剧社”举行。本届大赛汇集全省近2年新创作的徽剧、

中国（合肥）非物质文化遗产园

黄梅戏、庐剧、梆子、坠子、泗州戏、嗨剧、话剧等小戏小品28部。全省各地共有28个剧目200多名演员参赛，长丰县新欣艺术团参赛庐剧《分房》、《相亲》获编剧一等奖1个，表演一等奖1个、二等奖3个，优秀剧目奖1个，优秀组织奖1个。

长丰县2011年基本情况一览表

项 目	绝对数	比上年增长%
国土面积	1842平方公里	-0.5
总人口	77.37万人	0.7
生产总值	214.0亿元	19.2
财政总收入	21.24亿元	53.0
公共文化投入	2360万元	30.0
科技经费投入	2248万元	28.0
各类学校在校学生	13.8万人	-15.6
考取本科人数	1784人	25.9
各类图书馆藏书	44.04万册	43.5
农家书屋	249个	30.0
文化馆（站、室）	14个	160.0
医疗机构病床数	1665张	2.5
人口自然增长率	8.3‰	0.9个千分点

肥 东 县

【文化概览】肥东县南滨巢湖，西融合肥市区，既有“吴楚要冲、包公故里”之盛名，又有“襟江近海、七省通衢”之美誉。面积2206平方公里，人口108.4万。现辖18个乡镇、3个开发区，是散文之乡、庐剧之乡。现有国家4A级风景区1处、3A级2处，国家级重点文物保护单位1处、省保单位7处。大邵洋蛇灯被列为国家非物质文化遗产，门歌和安徽大鼓为省级非物质文化遗产，邵传富为国家非物质文化遗产大邵洋蛇灯传承人，殷光兰与梁月银分别为省级非物质文化遗产门歌传承人和安徽大鼓传承人。2011年，全县共有公共图书馆、文化馆、广播电台、电视台各1个，体育场馆2.6万平方米，编著出版图书15部。

公共文化建设。全年投入6048万元，其中县重点建设工程文广大厦完成投资4800万元，文化民生建设投入1248万元，建成18个文化站、129个农家书屋。出台《2011年肥东县乡镇综合文化站建设实施方案》，每新建1个文化站投入50万元，其中县政府配套6.5万元。投入40万元，用于保护和发展国家非物质文化遗产大邵洋蛇灯。投入50万元为肥东县剧场、文化馆更新影视音像设备。

精神文明建设。围绕争创全省文明县城，开展群众性道德实践活动。2011年被省文明委再次授予“第二届安徽省创建文明县城工作先进县城”称号。开展省、市道德模范推荐评选及“中国好人榜”学习宣传和投票评选工作，姚延顺先后获第二届省、市道德模范称号，姚延顺、陈万霞、殷保刚、王汝新入选“中国好人榜”；殷保刚勇闯火海见义勇为事迹被评为全省精神文明十佳。加强未成年人思想道德建设，店埠学区中心学校刘成龙被评为合肥市“十佳美德少年”。建成7所乡村学校少年宫。5个单位获第九届“安徽省文明单位”称号；石塘镇获“第二届安徽省文明村镇”称号，八斗镇、撮镇镇、长临河镇被评为“第二届安徽省文明村镇创建工作先进村镇”。撮镇镇农贸市场、八斗镇农贸市场获“安徽省文明集市”称号。

【渡江战役总前委旧址纪念馆】纪念馆位于肥东县撮镇镇瑶岗村，1996年被国务院公布为全国重点文物保护单位，国家4A级旅游景区,景区占地98亩。1949年3～4月间，由邓小平、刘伯承、陈毅、粟裕、谭震林率总前委机关进驻瑶岗，以邓小平为书记的总前委

渡江战役总前委领导在瑶岗合影图片

在瑶岗运筹帷幄，指挥震惊中外　　的渡江战役。

肥东县2011年基本情况一览表

项　目	绝对数	比上年增长%
国土面积	2206平方公里	—
总人口	108.4万人	-0.8
生产总值	298.64亿元	18.9
财政总收入	23.55亿元	57.0
公共文化投入	6048万元	20.0
科技经费投入	4458万元	7.5
各类学校在校学生	18.9万人	—
考取本科人数	5547人	12.4
各类图书馆藏书	50.3万册	66.5
农家书屋	296个	77.2
文化馆（站、室）	21个	600.0
医疗机构病床数	1804张	8.9
人口自然增长率	5.8‰	0.2个千分点

肥　西　县

【文化概览】肥西县地处合肥市西南、巢湖之滨，1948年建县，现辖4个乡、10个镇、5个园区，总面积1970平方公里，人口93.6万。有“淮军故里、改革首县、巢湖明珠、花木之乡、工业新都”之称。2005年被评为“全省文化先进县”，2009年、2010年连续跻身全国百强县，2011年获“全国文明县城”称号。现有国家级森林公园1处、国家4A级旅游景区3处，全县A级以上景区14个，省级农家乐14个，国家级重点文物保护单位1处，省级重点文物保护单位3处。紫蓬山庙会、庐州大鼓、刘铭传故事等被列为省级非物质文化遗产名录，窦常胜、丁政权、施茂宜、胡益留等被评为非物质文化遗产传承人。全县有图书馆、文化馆、文物所、广播电台、电视台各1个，体育场馆2个（不含学校体育场）、面积计9600平方米。文艺创作有《风韵肥西》、《刘铭传》、《烟雨三河》、《乡风乡情》等，多年连续出版摄影、楹联和书画作品集。

文化民生工程。2009年以来共投入8900多万元，完成县文化馆、图书馆三级馆达标和县文物所装修改造工程；建成乡镇综合文化站15个、农家书屋268个，在全市率先完成乡镇综合文化站、村农家书屋等多项公共文化服务基础设施建设任务。文化信息资源共享工程拓展至行政村。广播电视“村村通”覆盖率达100%。2011年县乡举办各类文艺演出520场次，放映公益数字电影4350场次。

地域特色文化。先后举办5届“安徽紫蓬民间诗歌节”、10届“肥西广播电视主持人大赛”、10届“三河民间文化艺术节”、5届三河水文化节，以及

“唱红歌、颂党恩、创千亿”——肥西县纪念建党90周年大型演唱会

中国历史文化名镇三河镇庆国庆专场文艺演出

企业职工文化艺术节、庐剧文化节、美食文化节、休闲旅游文化节和红歌会、青歌赛、舞蹈赛、“风韵肥西”、“快乐周末”广场文化等活动。

文化产业。大力发展歌舞娱乐、音像、印刷、艺术培训、互联网等文化产业，以旅游文化产业为突破口，近3年累计投入4亿多元，着力打造以紫蓬山、巢湖、三河镇、小井庄、三岗、刘老圩为重点的精品旅游路线，构建环省城旅游带，并发展中国中部花木城、肥西老母鸡家园、坤育灵璧石精品博览园、小团山香草农庄以及星级农家乐等一批旅游、休闲、饮食文化企业。

精神文明建设。2010年获第二届“全省文明县城”称号，2011年获“全国文明县城”称号。开展农村环境综合整治，开展月评“身边好人”活动，高刘镇张冠环2011年6月份被评为“中国好人”；开展网络文明传播活动，依托“我们的节日”、“身边好人评选”等平台，广泛开展网上拜大年、祭英烈、热议雷锋精神、县道德模范评选以及网上签名寄语活动等文明传播志愿服务。

肥西县2011年基本情况一览表

项　目	绝对数	比上年增长%
国土面积	1970平方公里	—
总人口	93.6万人	3.2
生产总值	346.5亿元	17.0
财政总收入	40.0亿元	37.9
公共文化投入	3420万元	21.1
科技经费投入	1.25亿元	—
各类学校在校学生	13.7万人	3.1
考取本科人数	1801人	4.0
各类图书馆藏书	71.95万册	71.7
农家书屋	268个	87.4
文化馆（站、室）	16个	60.0
医疗机构病床数	2317张	0.4
人口自然增长率	6.5‰	—

庐　江　县

【文化概览】庐江地处皖中，北濒巢湖，南近长江，西连大别山余脉，是合肥市“南大门”，面积2348平方公里，人口120万。现辖17个镇。庐江历史悠久，新石器遗址分布广泛，古为舒国。汉武帝元狩二年（前121年）建置舒县，距今有2100多年的历史。隋唐以后，除南宋隶属无为以外，大多时期属庐州府管辖。汉代教育家文翁、三国名将周瑜、大文学家王蓄、中国魔术鼻祖左慈、南唐状元伍乔均为庐江历史名人。涌现出晚清淮系北洋海军提督丁汝昌，抗法名将刘秉璋、潘鼎新，援朝统帅吴长庆，福州船政大臣吴赞诚，以及二战期间名将孙立人等一大批爱国将领。2011年，县财政用于文化建设与文化事业投资5000多万元，占当年财政收入的3.3%。县、乡、村三级的公共文化服务网络体系初步建成。县图书馆、县文化馆分别被评为国家“三级图书馆”、“三级文化馆”，同大镇综合文化站2010年被中宣部、文化部、广电总局、新闻出版总署联合表彰为“全国服务农民服务基层先进集体”。

文化基础设施建设。陆续建成周瑜墓园、奎星楼、刘秉璋墓园，塔山广场、莲花泊公园；维修改造县图书馆、县文化馆、新四军江北指挥部等一批公益性文化基础设施项目；庐江大剧院、庐江广电中心、汤池影视文化产业基地等大型文化设施即将建成；庐江县图书艺术馆，中国稻米博物馆，武壮公祠修建等项目启动。

文化惠民工程。全县已建

成镇综合文化站17个、农家书屋231个。建成文化信息资源共享工程庐江县支中心，217个行政村建成文化信息资源共享工程信息接收点。全面完成广播电视“村村通”、有线电视入户工程。自2007年起全面实施农村电影“2131”工程，17个镇均有放映队伍，2011年放映数字电影3018场次，实现每村每月一场电影的目标。图书馆、文化馆、综合文化站、农家书屋实行免费开放。

群众文化活动。举办“新春广场文艺演出活动月”、“新春灯会”、“情暖敬老院巡回演出”、“庆‘五一’国际劳动节暨塔山公园开园文艺演出”、“庐江县首届风筝文化节”、“少儿红色经典诵读大赛”、“庐江县爱国主义歌曲大合唱比赛”、“首届县直机关交谊舞比赛”等演出、比赛活动，以及“首届周瑜文化节”、“同大葡萄文化旅游节”、“周末广场”、“巢湖民歌会”等。庐江县文化艺术团、群英艺术团、汤池镇群众艺术团、白山镇文化艺术团、汤池业余戏剧团送戏下乡80余场次；庐江县文化艺术团、群英艺术团多次在省、市组织的各类文艺演出中获奖。庐江县文化艺术团被评为安徽省“双百工程”示范点，被省文化厅授予全省“百佳剧团”称号。

文化艺术创作。在国家、省、市级以上媒体发表各类文学作品300余篇（首），美术、书法、摄影作品200余幅，戏剧、曲艺、小品作品20余个，歌曲30余首。图书《三国名将周瑜》、《淮军名将吴长庆》、《周瑜研究论丛》等出版发行。摄影《太太先吃》获中国书画家联合会三等奖，《奔腾的庐江》获安徽省创作三等奖，国画《野山》获安徽省创作二等奖。

文化遗产保护。县文物管理所2011年升格为县文物管理局。完成第三次全国文物普查工作，共登录文物点262处，公布26处县级重点文物保护单位。县文物普查小组获安徽省第三次全国文物普查田野调查阶段突出贡献先进集体。现有馆藏文物2000多件，其中一级文物9件、二级文物11件、三级文物184件。对周瑜墓园、奎星楼、刘秉璋墓园、金刚寺、伏虎寺进行修复重建。新四军江北指挥部旧址为省爱国主义教育示范基地。设立非物质文化遗产保护中心，完成非物质文化遗产普查工作，编纂《非物质文化遗产田野调查庐江卷》，建立省、市、县三级名录和传承人档案。庐江传统钾明矾制作技艺列入省级非遗名录，庐江小红头制作技艺、手撕书法技艺和泥河朱三卤鹅被列入市级非物质文化遗产名录。

【周瑜文化节】2010年举办第一届周瑜文化节，周瑜后裔、周氏宗亲客商和嘉宾200多人参加节庆活动，中央电视台、江苏电视台、《安徽日报》、新华社安徽分社、安徽电视台、中安在线等新闻媒体均作报道。文化节期间，举办周瑜文化节专场演出和周瑜与三国文化学术研讨会，召开庐江周瑜故里建设暨庐江承接产业转移座谈会，展示“周瑜烧饼”、“小乔面”、“小乔米饺”、“周瑜”牌电动车，制作节徽纪念章、泥塑、雕塑等，海神黄酒、白云春毫、小红头、百花菜等地方名特优产品进行展示展销。

中国庐江首届周瑜文化节在周瑜故里举办

庐江县2011年基本情况一览表

项　目	绝对数	比上年增长%
国土面积	2343.7平方公里	—
总人口	118.6万人	0.5
生产总值	138.4亿元	12.8
财政总收入	15.0亿元	49.6
公共文化投入	1981万元	48.3
科技经费投入	24.7万元	36.5
各类学校在校学生	13.5万人	-6.7
考取本科人数	3843人	3.0
各类图书馆藏书	5.8万册	6.0
农家书屋	231个	47.0
文化馆（站、室）	18个	56.0
医疗机构病床数	2239张	1.2
人口自然增长率	5.0‰	—

宿　州　市

【文化概览】宿州市位于安徽省最北部，与苏、鲁、豫3省11个市县接壤，是安徽省距离海岸最近的城市。1999年撤地建市，辖砀山县、萧县、灵璧县、泗县、埇桥区和1个省级经济技术开发区。面积9787平方公里，人口649万。宿州是“中国酥梨之乡”、“中国书画艺术之乡”、“中国书法艺术之乡”、“中国马戏之乡”、“中国民间艺术（钟馗画）之乡”、“中国观赏石之乡”、“泗州戏之乡”。砀山唢呐、淮北梆子戏、萧县渔鼓道情、泗州戏、坠子戏、淮北花鼓戏、埇桥马戏被列入国家级非物质文化遗产名录。另外有省级非物质文化遗产24项、市级非物质文化遗产41项。宿州文化底蕴深厚，人文资源丰富。是中国第一次农民大起义发生地、楚汉决战之地、淮海战役主战场。有各类不可移动文物点1542处。全国重点文物保护单位1处，省重点文物保护单位15处，市文物保护单位10处。著名历史人物有闵子骞、嵇康、刘伶、刘裕、朱温、马皇后等，还有刘开渠、朱德群、王子云、萧龙士等当代名人。

2011年，全市基础文化设施建设、民生文化工程建设、文化事业和文化产业发展等都有新突破。博物馆、文化艺术中心等一批标志性文化设施相继投入使用。举办了庆祝建党90周年红歌大赛、“日出东方”大型红歌晚会、“红色信念”歌咏比赛、“红色经典”优秀剧目展演、“时代抒怀”读书演讲比赛、“红色记忆”革命文物展、“盛世神韵”新年音乐会等专题文化活动。

日出东方·大型红歌晚会

群众文化活动。组织开展第五届群众文化活动月，举办开幕式大型文艺演出、国家级非物质文化遗产艺术展演、三项艺术赛事、廉政文化展演、社区文化展演和爱国影片展演等文化活动。组织参加红色颂歌——首届安徽省社区文艺大赛，获一等奖1名，二等奖5名，三等奖2名，并获赛会唯一一个优秀组织奖。推动民间文化走出去。组织参加文化部非物质文化遗产司、中国非物质文化遗产保护中心、河北省文化厅举办的首届中国吹歌节，砀山唢呐组合获最佳演奏奖,市文广新局获优秀组织奖。参加全省“六一”少儿文艺大赛，获演出二等奖。参加第四届中国农民歌会，市环宇社区艺术团获表演奖。开展文化下乡活动，抓好“百戏进百乡”文化惠民工程，全年市直专业演艺团体送戏到农村150余场次，观众达10万余人次。

文艺精品创作。加大文艺精品创作生产力度。先后创作《马秀英》、《垓下绝唱》、《鞭打芦花》、《八张村的笑声》等6部剧本。专业文艺演出院团精品生产成绩突出。坠子戏《惊梦》、泗州戏《山外青山》和《凤兰闹塘》获第五届“安徽省小戏小品大赛”优秀剧目奖，获奖数量位居全省第一。坠子戏《惊梦》、泗州戏《风流村官》入选全国小戏艺术节展演，并获得大奖。编写出版《宿州文化春秋》。继续办好《文化宿州》。

文化民生工程建设。推进乡镇综合文化站建设。2011年，完成39个乡镇综合文化站建设任务，并实现设施配置、制度建设、活动开展、创新管理都有新突破。在72个乡镇综合文化站建立管理“六项登记制度”，得到省文化厅的充分肯定并在全省推广。推进农家书屋建设。全市1259个行政村全部建有农家书屋，提前一年完成省下达的目标任务，受到表彰。推进广播电视村村通建设。完成142个广播电视村村通建设任务。

文物与非物质文化遗产保护。组织完成宿州基督教堂建筑群、芦城孜遗址等15处文化遗产申报第六批省级重点文物保护单位工作。加强非物质文化遗产项目和代表性传承人申报推荐工作，当年新增3项国家级非物质文化遗产。“泗州戏剧团”被确定为安徽省首批非物质文化遗产传习基地。萧县的书画造型艺术、砀山县的唢呐表演艺术成功申报为中国民间艺术。灵璧县的钟馗画造型艺术、萧县的书画造型艺术、砀山县的唢呐表演艺术、泗县的泗州戏表演艺术被确定为2011～2013年安徽省民间文化艺术。

文化市场管理。查处网吧违规接纳未成年人违法行为，全年出动执法人员930人次、车辆180台次，对420个经营场所进行检查，对50个违规接纳未成年人网吧进行立案查处，对未经行政许可擅自营业的5个游戏动漫城分别下达限期整改通知书。开展“音像市场天天查行动”，依法整治“四假”行为，推进正版软件进机关工作。举办网吧业主、歌舞娱乐场所业主培训班，加强文化市场监督。

文化产业发展。2011年，总投资47亿元的神游世界动漫产业园项目开工建设，投资60亿元的宿州文化园暨万通砚湖小镇项目签约。宿州首个加入全国院线制联盟的横店电影城投入运营，华夏世贸广场、尚街国际新天地数字影城加快建设。以奇石、马戏为代表的宿州特色文化产业蓬勃发展，马戏业年收入达10亿元，灵璧石、乐石产业年收入8亿元，书画业收入3亿元。

【宿州博物馆】宿州博物馆是全省10大地标性建筑之一。该馆占地50亩，建筑面积1万平方米。全馆共分为三层，一层为民间艺术馆临时展厅和学术报告厅，二、三层展示宿州历史文化。建筑风格吸纳汉文化元素，仿汉式高台大屋顶规制，大理石外墙装饰，正立面镶嵌取自汉化像石图案的浮雕，庄重古朴，典雅敦穆。基本陈列包括人文溯源、秦汉雄风、汴水咽喉、明清遗韵、现代风云、人杰地灵等7个部分。馆藏文物2万余件，展陈文物700余件。2011年初实现免费对外开放，全年接待观众10多万人次。

【文化艺术中心开工建设】6月28日，市文化艺术中心（大剧院、文化馆、图书馆）项目开工建设。中心设计萃取宿州市独特的地方文化——奇石、国画、书法、戏曲、马戏等魅力文化的内涵，建筑单体外观呈花朵形状。总建筑面积1.7万平方米，总投资1.5亿元。主要设施有宿州大剧院、宿州图书馆、宿州文化馆，另外设有室外剧场、多功能厅和两个出入口雨篷等群众文化业余活动的辅助设施。截至年底，已经完成三分之一工程，预计2012年建成使用。

【大运河宿州段三处遗址列入大运河申报世界文化遗产预备名单】9月8日，国家文物局印发《关于印发〈大运河申报世界文化遗产预备名单〉‘修订稿’的通知》，将宿州市汴河遗址宿州段（宿州—灵璧）、安徽泗县—江苏泗洪段（泗县隋唐运河故道与唐河交叉处—古汴河与新濉河连接处）和宿州灵璧县花石纲遗址列入申遗保护遗产点。

大运河宿州段是隋唐大运河通济渠的重要组成部分，开凿于隋大业元年（605年），全长约140公里。2007～2008年，先后对西关步行街和埇上嘉苑小区进行两次考古发掘，共出土文物4500件，确定古运河河口及河堤的边界，河口平均宽度约为40米，北堤为40米，宽度南堤为20米。因建设取土等人为干扰因素和自然风化等导致河口局部变窄。泗县有水段长约25公里，水深1.5～2米，基本保持通济渠的原貌。

宿州市2011年基本情况一览表

项　目	绝对数	比上年增长%
国土面积	9787平方公里	—
总人口	649.23万人	9.0
生产总值	802.4亿元	13.7
财政总收入	64.06亿元	48.5
公共文化投入	2051万元	18.0
科技经费投入	9600万元	34.0
各类学校在校学生	92.03万人	—
考取本科人数	19068人	—
各类图书馆藏书	168万册	6.0
农家书屋	1259个	39.0
文化馆（站、室）	—	—
医疗机构病床数	13000张	5.6
人口自然增长率	—	—

埇 桥 区

【文化概览】埇桥区位于安徽省东北部，辖25个乡镇、11个街道，面积2868平方公里，人口187.9万。是“中国书法之乡”、“中国马戏之乡”、“中华烧鸡之乡”。周朝时设宿国。公元605年，隋炀帝开挖汴河，在此设埇桥重镇，成为“扼汴河咽喉、当南北要冲”之地。1998年，由县级宿州市更名为埇桥区。现有省级风景名胜区1处、省级自然保护区1处、省级重点文物保护单位7处、市级文物保护单位1处。埇桥马戏、淮北花鼓戏被列为国家级非物质文化遗产；民间杂技马戏、淮北花鼓戏、符离集烧鸡制作技艺、乐石砚为省级非物质文化遗产，李正丙、杨恒军、杨志远、吕金玲、牛正印、刘金华、李英为非物质文化遗产传承人。

文化民生工程建设。2011年完成民生工程10个乡镇综合文化站和109个农家书屋建设任务，在全市乡镇综合文化站建设评比中居榜首。文化馆、图书馆、乡镇综合文化站免费开放。为3个社区文化活动室配送音响、乐器、投影、电脑、体育器材等，促进社区文化活动开展。

群众文化活动。举办埇桥马戏展演活动；指导排演的民生工程文艺宣传作品天津快板《赞农保》，被制成光盘送国家人社部观摩；举办埇桥区庆祝建党90周年广场专题文艺演出、红歌演唱会、读红书座谈会、“红色七月”经典影片展映，开展“你读书、我买单、大家共阅读”大型全民读书活动等。参加宿州市第五届群众文化活动月及送文化下乡、进社区活动。花鼓戏作为列入国家级非物质文化遗产名录的地方剧种，参加非遗展示及演出活动。

文化市场管理。全年先后开展打击侵犯知识产权和制售假冒伪劣商品专项行动、“扫黄打非”文化安全保障专项行动、庆祝建党90周年文化市场专项保障行动、“十一”黄金周净化节日文化市场专项行动等。查缴低俗音像制品及走私盗版音像制品1万余盘，收缴盗版图书2600册、带有赌博性质的游戏机电路板35块，对10余个非法接纳未成年人的网吧经营户给予罚款和停业整顿的行政处罚。对全区乡镇文广站站长进行培训，并签订《协助管理农村文化市场委托书》，发挥乡镇文广站协管作用。

文艺创作生产。杂技团、动物表演团精心排练的杂技、马戏节目常年在山东、湖南、广西等地演出。区民间剪纸艺术家尤彩霞创作的大型剪纸作品《月宴图》，获浙江省民间工艺品大赛金奖。华立仁创作的摄影作品集《风雨花鼓情》，记述花鼓剧团20年的发展变迁，由安徽美术出版社出版发行。

非物质文化遗产保护。成功挖掘整理出具有1000多年历史的埇桥锣鼓文化，包括《十番锣鼓》、《鲤鱼跳龙门》、《七鼓还朝》、《追星赶月》等，其中《十番锣鼓》已排练成型，并在中国农民歌会和安徽省艺术节开幕式演出。埇桥马戏、符离集烧鸡制作技艺等项目传承人中，有4人获得省级认证。埇桥剪纸艺术完成项目整理。孝、贤、忍文化挖掘整理有序进行，已形成项目开发文本。

宿州·埇桥第二届国际马戏节开幕式

【举办第二届国际马戏节】埇桥马戏起源于清末民初。改革开放以来逐渐规模化、集群化、节庆化。2006年埇桥区被中国文联、中国杂技家协会授予“中国马戏之乡”称号。先后举办“合肥马戏展演周”、“中国·埇桥首届马戏艺术节”、“中国·埇桥第二届国际马戏艺术节”和“中国·埇桥马戏艺术研讨会”。1万多人的从业队伍，每年2亿多元的演出收入，全国70%的演出市场份额，使得埇桥马戏名声大震，现已成为埇桥区文化产业发展的主力军之一。

【埇桥淮北花鼓戏】淮北花鼓戏源于明初，流传于苏、鲁、豫、皖交界地区，因发源于淮北地区，表演时男角上场身背花鼓，乐队伴奏时也以花鼓为主乐器，而得名淮北花鼓戏。其唱腔、表演和剧本创作都贴近生活，充满浓郁的乡土气息，深受百姓喜爱。唱腔融说唱和咏唱为一体，舒展、抒情又激越昂扬；舞蹈为压花场和大小武场两种，有文有武，舞姿优美；主要曲调有宿州调、浍北调、口子调、平板、寒板等；戏曲语言质朴，角色行当齐全，剧目丰富，具有较高的文化价值和审美价值。该剧种2008年被列入国家级非物质文化遗产保护名录。近年来，区文化新局采取举办暑期花鼓戏少儿培训班等措施，加大后备人才培养力度，使淮北花鼓戏艺术得到有效传承。

埇桥区2011年基本情况一览表

项 目	绝对数	比上年增长%
国土面积	2868平方公里	—
总人口	187.9万人	7.9
生产总值	281.0亿元	14.0
财政总收入	20.0亿元	42.7
公共文化投入	680.3万元	107.0
科技经费投入	2038万元	10.0
各类学校在校学生	19.0万人	-10.5
考取本科人数	4494人	14.0
各类图书馆藏书	4.24万册	8.0
农家书屋	238个	50.0
文化馆（站、室）	29个	—
医疗机构病床数	1850张	6.9
人口自然增长率	—	—

砀 山 县

【文化概览】砀山县位于安徽省最北部，地处黄淮海经济区中心地带，东连萧县，南、西、北与豫鲁苏3省5县接壤。面积1193平方公里，人口99.7万。是著名的“中国酥梨之乡”、“中国民间艺术之乡”、“中国唢呐之乡”。砀山唢呐列入国家级非物质文化遗产名录；有省级非物质文化遗产3项、市级非物质文化遗产11项。砀山县历史悠久，秦始皇元年（前221年）置砀郡。现有各类不可移动文物点103处，省重点文物保护单位1处，市级文物保护单位2处。2011年，县文广新局以庆祝建党90周年为契机，举办庆“七一”红歌大赛、“红色记忆”革命文物展等活动。

群众文化活动。举办“和谐梨都”砀山县春节联欢会，举办“闹元宵、猜灯谜”活动和2011砀山县第四届梨花旅游暨民俗文化节；结合传统佳节和农闲时节，开展“三下乡”集中服务活动，全年共送戏下乡400场、送电影下乡4000余场。各镇（办事处）举办各类文化活动32次。砀山唢呐参加深圳“雄关漫道”迈瑞公司成立20周年庆典活动和在澳门举办的“根与魂”中国非物质文化遗产展演；参加文化部举办的中国吹歌节，获最佳演奏奖；参加第四届中国农民歌会。砀山唢呐、砀山年画、砀山毛笔制作工艺、砀山梅花篆字、砀山兰花印染工艺参加在铜陵举办的第二届中国安徽民俗文化节展示；组队参加由省政府主办的“红色颂歌之幸福家庭笑起来”活动，有2人获一等奖；组队参加省第二十四届少儿器乐大赛，有2人获一等奖。

非物质文化遗产保护。开展非物质文化遗产普查工作，砀山四平调、砀山年画申报省级非物质文化遗产，并获省政府批准公布。申报获批县级非物质文化遗产代表性传承人130人、市级代表性传承人16人、省级代表性传承人1人。

【2011中国·砀山梨花旅游暨民俗文化节】2011年4月，中国·砀山梨花旅游暨民俗文化节在砀山百万亩梨园举办。省人大常委会副主任文海英、省政协副主席赵韩及来自全国各地的嘉宾出席开幕式。本届梨花旅游文化节以“游黄河故道，赏万顷梨花，品梨乡文化，享农家风情”为主题，有《梨花颂》文艺演出、吉尼斯中国种植梨树规模最大的县授牌仪式、安徽省旅游一号首飞仪式、梨神宫开馆仪式、诗歌笔会、华商砀山论坛等一系列活动。

第三届酥梨采摘节文艺演出

砀山县2011年基本情况一览表

项　目	绝对数	比上年增长%
国土面积	1193平方公里	—
总人口	99.73万人	8.0
生产总值	100.13亿元	15.0
财政总收入	5.13亿元	59.0
公共文化投入	2051万元	18.0
科技经费投入	785.0万元	-55.0
各类学校在校学生	11.36万人	-13.8
考取本科人数	—	—
各类图书馆藏书	7.8万册	—
农家书屋	75个	275.0
文化馆（站、室）	18个	100.0
医疗机构病床数	2611张	37.6
人口自然增长率	—	—

萧　县

【文化概览】萧县位于安徽省北部，苏、鲁、豫、皖4省交界处，古有“四省通衢”之称。面积1885平方公里，人口143.6万，现辖23个乡镇、1个省级经济开发区。

萧县古为萧国，秦时置县。萧县人文底蕴深厚，古为文献之邦，书画艺术源远流长，传承千年，是文化部命名的“中国书画艺术之乡”，涌现出刘开渠、朱德群、[illegible]、[illegible]、萧龙士、卓然、吴燃、郭公达等艺术大师。萧县古迹众多，国家级森林公园皇藏峪自然保护区被授予“中国历史文化遗产”称号，为国家4A级风景旅游区，景区内瑞云寺为佛教重点寺院；淮海战役总前委会议旧址——蔡洼是全国100个红色旅游经典景区之一，为国家级重点文物保护单位和安徽省国防教育基地。有省级非遗项目3个，渔鼓道情被列入国家级非遗项目名录。

皇藏峪国家森林公园

公共文化设施建设。2011年新建7个乡镇综合文化站，完成100个农家书屋工程及配置设施建设。建立并开通文化资源共享支中心，文化馆、图书馆、博物馆免费开放。开展农村文化“三下乡活动”，送戏下乡245场，开展书画活动20余场次。

文化产业发展。推进蔡洼红色旅游一期景区工程建设，泵房、环境治理、高档旅游厕所基本完工，2000平方米的誓师广场开工建设。依托中央文史馆书画院安徽创作基地，推动书画产业集聚发展，延伸书画艺术创作经营产业链，形成交流、创作、装裱、展销为一体的特色产业。推进蔡洼红色旅游景区、皇藏峪旅游基础设施项目、梅村生态园建设项目、卧佛山天一角乐园——地下溶洞文化旅游开发项目、黄河故道湿地开发项目建设。

【萧县“民间书画”蓬勃发展】萧县书画有得天独厚的优势和悠久的发展传承史，据考证新石器时期已有绘画萌芽，汉代形成第一个绘画高潮，经唐宋至明清形成龙城画派。上世纪30年代以后，萧县走出了王子云、刘开渠、朱德群、王肇民及萧龙士、吴燃、郭公达、卓然等50多位书画家。萧县水墨写意和书法有较厚的群众基础，至上世纪90年代初，书画队伍已达4万人，近3000人笔墨成趣，出版书画集60多部，举办展览670多次，1993年被文化部命名为“中国书画艺术之乡”。

【萧县伏羊文化节】伏羊节是萧县特有的一种饮食文化节。地产山羊经春夏两季自然饲养，膘肥肉嫩，宰杀后肉味醇厚，膻味小、汤汁鲜美。伏羊节于每年初伏之日开始，持续月余。期间，人们吃羊肉、喝羊肉汤，称为吃伏羊。萧县人在最热的季节吃伏羊习俗，已流传千年，民间有“喝了伏羊一碗汤，不用神医开药方”的说法。至2011年，萧县已成功举办六届伏羊文化节。

萧县2011年基本情况一览表

项　目	绝对数	比上年增长%
国土面积	1885平方公里	—
总人口	143.6万人	8.7
生产总值	142.0亿元	13.0
财政总收入	8.09亿元	39.9
公共文化投入	3232万元	17.0
科技经费投入	1680万元	30.0
各类学校在校学生	21.43万人	1.5
考取本科人数	4399人	0.5
各类图书馆藏书	80.0万册	4.0
农家书屋	273个	2.3
文化馆（站、室）	24个	—
医疗机构病床数	165张	5.0
人口自然增长率	4.98‰	—

灵　璧　县

【文化概览】灵璧县位于安徽省东北部，北与江苏省铜山、睢宁两县接壤，面积2054平方公里，人口124.3万。现辖6个乡、13个镇和1个省级开发区，是“中国观赏石之乡”、“中国民间艺术（钟馗画）之乡”。

灵璧县于宋元祐元年（1086年）建县，钟馗画、皮影戏、琴书、磬石雕、菠林喇叭、垓下传说为省级非物质文化遗产；大鼓、五月二十八古会、白龙庙会、剪纸钟馗、大魏狮子舞、划旱船为市级非物质文化遗产。王宝亮、高小眼、赵英汉、周本祥、唐兆福、尹庆科为非物质文化遗产传承人。

截至2011年底，全县有公共图书馆1个，农家书屋314个，文化馆1个，广播电台、电视台各1个，体育场馆6.79万平方米。全年公共文化建设投入580万元，文化产业总产值4.43亿元，比上年增长25%。

文化民生工程建设。当年完成12个乡镇综合文化站工程建设，并配齐健身器材、电脑桌椅、乐器、摄像机等设备；建成154个农家书屋，每个书屋按照图书1361种1650余册和报刊33种标准进行配送，农家书屋覆盖全县314个行政村。

精神文明建设。围绕“讲文明、树新风、我行动”主题开展“文明单位创建成果展”、“净化、美化、绿化单位内部环境”等活动。在县直党政群机关和灵城社区，开展“讲礼仪、改陋习”活动。向基层群众印发近两万张宣传品。在省级文明单位

灵璧县钟馗文化园

中召开公民道德思想教育现场会，表彰一批示范单位。围绕创建省级文明县城目标，加大城市管理力度和资金投入，开展城市交通、农贸市场、环境卫生等专项治理活动，推动文明创建向小街小巷、居民小区、城乡结合部延伸。获首届“安徽省未成年人思想道德建设先进县”称号。举办“中华经典诵读”比赛和“送文明下乡”活动。开展农村“四创”活动，渔沟镇获省第二届“创建文明村镇工作先进镇”称号。对全县公共文明指数进行了测评。

【灵璧磬石乐坊登演徽商大会】有“天下第一石”美誉的灵璧石，集质、声、形、色诸美于一身，磬石乐器的研发成功和专利获批，真正实现了灵璧磬石形象美学与音乐美学的有机结合，标志着灵璧石文化体系的进一步拓展。灵璧县艺术剧院排练的“中国·灵璧磬石乐坊”首次参加第七届中国国际徽商大会暨第十一届中国（合肥）自主创新要素对接会活动，28家新闻媒体对此宣传报道，展示了灵璧地方文化特色。

灵璧县2011年基本情况一览表

项 目	绝对数	比上年增长%
国土面积	2054平方公里	—
总人口	124.3万人	1.5
生产总值	111.78亿元	12.4
财政总收入	4.25亿元	54.6
公共文化投入	580.0万元	8.0
科技经费投入	723.0万元	13.3
各类学校在校学生	17.44万人	−4.8
考取本科人数	2811人	16.9
各类图书馆藏书	35.0万册	5.0
农家书屋	314个	96.3
文化馆（站、室）	20个	—
医疗机构病床数	2127张	1.7
人口自然增长率	7.25‰	—

泗　县

【文化概览】泗县位于安徽省东北部，东部与江苏省接壤。现辖15个乡镇和1个省级经济开发区，面积1787平方公里，人口92万。泗县是“泗州戏之乡”、“中国民间文化艺术之乡”。汉初置夏邱县，后改为虹县。公元634年，将虹县纳入泗州。1680年，泗州城陷没于洪泽湖。1777年，迁泗州州治于虹，虹县并入泗州。现有中国鞋博物馆、泗县烈士陵园、江上青纪念园、李月华墓等旅游景点。有省级文物重点保护单位1处（文庙大成殿），市级保护单位1处（古汴河）。2006年，泗州戏被列入首批国家级非物质文化遗产保护名录。

2011年，全年文化产业总产值5000多万元。有公共图书馆、文化馆、广播电台、电视台各1个。设立泗州戏、大运河文化发展、剧目创作演出、文物保护等扶持文化产业发展专项资金，打造泗州戏、大运河、红色文化、生态文化四大文化品牌。“中国星光”皖北影视文化产业园和中谷体育产业园建设启动。

*文化民生工程建设。*全年投入民生工程资金6.71亿元，其中县级配套8300万元。当年承担54个村农家书屋建设任务，年内实现农家书屋村村全覆盖目标。完成10个综合文化站选址工作。在全市民生工程工作评比中再次获第一名，蝉联全省民生工程工作先进县称号。泗县文广新局连续3年被市委、市政府授予民生工程工作先进单位称号。

*群众文化活动。*纪念江上青诞辰100周年书画展于4月6日～10日分别在泗城城区和刘圩镇江上青烈士纪念园展出；“党旗更鲜艳——泗县庆祝中国共产党建党90周年大型歌舞晚会”于6月29日演出；“红歌大家唱——大型演唱会”于7月1日在泗州体育广场举行；纪念辛亥革命100周年书画邀请展10月15日在老年大学礼堂举行。全年送电影下乡5400多场次，送戏下乡200多场，送书下乡

中国（泗县）泗州戏文化艺术节开幕式

3万多册。

【中国（泗县）泗州戏艺术节】2006年，泗州戏经国务院批准列入第一批国家级非物质文化遗产名录，同年泗县被省戏剧家协会命名为“泗州戏之乡”。2008年10月，文化部命名泗县为“中国民间文化艺术之乡”。为保护国家非物质文化遗产，自2006年起，县委、县政府决定每两年举办一次“中国(泗县)泗州戏文化艺术节”，唱响“戏曲泗州”，提高泗县知名度。每届文化艺术节都有一个主题，2010年艺术节的主题为“诗溢田园景，魂系泗州戏”。艺术节活动包括开幕式、泗州戏研讨会、“拉魂腔”戏曲演唱大赛、青少年泗州戏选段（戏歌）大赛、泗州戏器乐（唢呐）大赛、颁奖晚会、泗州戏调演、招商引资洽谈会暨招商引资项目签约仪式等。

泗县2011年基本情况一览表

项 目	绝对数	比上年增长%
国土面积	1787平方公里	—
总人口	92.0万人	2.2
生产总值	108.42亿元	12.9
财政总收入	5.12亿元	53.9
公共文化投入	8300万元	86.4
科技经费投入	1275万元	329.3
各类学校在校学生	12.09万人	1.0
考取本科人数	2798人	1.0
各类图书馆藏书	9.34万册	3.0
农家书屋	179个	40.0
文化馆（站、室）	16个	—
医疗机构病床数	1730张	—
人口自然增长率	5.0‰	0.1个千分点

淮 北 市

【文化概览】淮北市位于安徽省北部，地处淮海经济区腹地，辖1个县、3个区，面积2741平方公里，人口221.8万。淮北历史悠久、人文荟萃。4000多年前，商汤十一世祖在相土开始建城。蹇叔、桓谭、嵇康、刘伶等先贤圣哲，现代雕塑大师刘开渠，皆生于斯。现有全国重点文物保护单位3处；省级重点文物保护单位7处；省历史文化名镇1个；国家级非物质文化遗产项目1个，传承人1人；省级非物质文化遗产项目3个，传承人3人。先后获全国卫生先进城市、国家园林城市、全国科技进步先进市、全国无障碍建设城市、全国未成年人思想道德建设工作先进城市等称号，三次蝉联创建全国文明城市工作先进城市。截至2011年底，有广播电视台2个、报纸4种、期刊3种、图书馆和文化馆7个、博物馆2个、纪念馆3个、体育场馆7个、农家书屋361个、乡镇综合文化站21个、专业艺术创作机构和表演团体各2个、电影放映机构2个、有线电视传输网络4个、网吧67个、电子游戏室46个。全年文化产业总产值9.23亿元，占地区生产总值1.7%。

精神文明建设。2011年，先后获“全国文明城市提名奖”和第二届“全省文明城市”称号，市地税局、海宫社区等4个单位被评为第三批“全国文明单位”，杜集区高岳街道任庄村和相山区渠沟镇桥头村被评为第三批“全国文明村镇”。在全国精神文明建设工作表彰大会上，市委书记毕美家作为提名奖城市的唯一代表，作了经验介绍。建设淮北“好人长廊”，组织开展道德模范、“身边好人”评选活动，涌现出全省“孝老爱亲道德模范”田建园等一批新典型，姚勇等38人入选“中国好人榜”，上榜总人数达79人。与中宣部、中央文明办合作，共同举办“激情广场·爱国歌曲大家唱”和“全国道德模范与身边好人现场交流活动”。

文化体制改革。完成文化体制改革任务，获“全国文化体制改革工作先进地区”称号。编制淮北市《“十二五”文化改革发展规划纲要》，出台《加快推进文化强市建设意见》。淮北日报社举办创刊40 周年庆祝大会、“汉韵佳人”旅游形象大使选拔赛、第二届读者节等系列活动，组建1500人的“小记者”队伍。淮北市广播电视台深化三项制度改革，电视栏目全面改版，《政

2011年5月，全国道德模范与身边好人现场交流活动在淮北举行

风行风热线》实现广播、电视同步直播，被评为全省十佳新闻栏目，《直播淮北》获全省名牌栏目奖，《说办就办》帮助群众解决问题2360个。转企改制后的淮北市豫剧演出有限公司排演的大型现代豫剧《和谐矿山》，在2010年省第九届艺术节上获6个奖项，在2011年第二届中国豫剧节上获"参演剧目奖"、"演员表演奖"。

公共文化建设。2011年全市公共文化投入6894万元，比上年增长22.5%。完成4个乡镇综合文化站和150个农家书屋建设任务。"2131"农村电影放映工程全年免费放映7584场次。市文化中心、国家矿山博物馆建成并免费向社会开放。截至"十一五"末，全市已建成农家书屋361个，乡镇综合文化站21个，完成148个20户以上已通电广播电视"盲村"村村通工程。

文艺精品创作。"十一五"以来，参与拍摄《大姐》、《美丽的村庄》等影视作品，获全国精神文明建设"五个一"工程奖等奖项。2011年，参与拍摄20集电视连续剧《嘉定寻宝记》。文艺工作者先后创作短剧《技班长》、情景诗《端阳抒怀》、诗朗诵《交通人一心向党》和《为党旗争光》、三句半《美德颂》、群口快板《美丽淮北我的家》、小品《清风颂》、长篇说唱《北疆丽影》等文艺作品多部，完成全省重大历史题材的美术创作。国家一级美术师张宇撰写的《张宇书历代名篇字帖》共7本3800多字，由上海书画出版社出版。市老年合唱团连续3次获全国老年合唱节最高奖，市民族乐团在上海国际艺术节民乐团邀请赛上获金奖团队第一名，并入选世博会演出。

文化艺术活动。2010年底，市歌舞剧院有限公司率团赴马里、科摩罗、博茨瓦纳等非洲3国参加"文化安徽，走进非洲"巡演活动。2011年，市美术家赵规划、张此潜应邀在美国洛杉矶举办中国画作品展。2010年和2011年，组织庆祝建市50周年大型文艺晚会和图片展、世界华语诗人诗歌大赛、庆祝建党90周年全国书法现代刻字名家邀请展等30多场大型文艺活动。与中央电视台两度合作，举办"电影之歌——走进淮北"大型演唱会、中国（淮北）煤矿机械博览会"口子之夜"群星演唱会。2011年，组团参加全省"六一"少儿文艺调演，并获一、二、三等奖，市文化馆获"优秀组织奖"。

文化产业发展。以徽商大会等为平台，开展文化产业招商，南湖光影文化传播基地、梦幻王国、电视剧《徽班进京》3个文化产业项目成功签约，投资总额达27.4亿元。加强文化产业项目库建设，洪庄文化创意产业园、柳孜运河码头遗址文化景区仿古街、市文化产业园项目列入省文化产业推介项目册。临涣古城景区旅游开发项目等一批重大文化产业项目先后规划立项。洪庄文化创意产业园开工建设，总投资8.9亿元。与中国人民大学共同举办"文化创意产业与城市品牌高峰论坛"。全市形成以文化旅游业、广播电视业、印刷复制业、文化娱乐业等为主体的文化产业

2011年5月，央视《激情广场》爱国歌曲大家唱走进淮北

群体。2011年全市文化产业总产值9.23亿元。

文化保护传承。推进大运河保护和申遗工作。柳孜运河码头遗址和汴河遗址百善老街及柳孜码头段进入世界文化遗产预备名单，柳孜镇遗址和百善镇运河河道遗址剖面进入后续项目名单。与中国古陶瓷学会联合举办淮北隋唐大运河出土陶瓷器学术研讨会。持续开展非物质文化遗产保护工作，口子窖酒酿造技艺传承人张国强、临涣酱培包瓜制作技艺传承人蒋化清被省文化厅批准为省级非遗项目传承人。临涣酱培包瓜制作技艺、淮北大鼓和泥塑3个非遗项目参加第二届安徽省民俗文化节。淮北首个非物质文化遗产传承基地——民间泥塑传承基地正式挂牌。“石山孜遗址”保护工作通过专家评审。

【获全国文明城市提名奖】在中央文明委召开的全国精神文明建设工作表彰大会上，淮北市被授予“全国文明城市提名奖”。淮北市坚持把文明创建作为推动城市转型、促进科学发展、改善民生的重要载体，致力于打造“皖北江南、文明淮北”，并将2011年确定为“文明城市创建年”。全面实施道路、公园、广场绿化，完成75个既有旧住宅小区综合整治和城区主干道路的升级改造。大力弘扬“燃烧自己、温暖他人”的煤城精神，79人登上“中国好人榜”，居地级市全国第二、全省第一。《人民日报》、《新华社》、《光明日报》、《经济日报》、《工人日报》等10余家中央和省级主流媒体先后以“煤城盛开文明花”、“文明自觉打造幸福家园”、“左手皖北，右手江南”等为题，对淮北市精神文明及文化建设工作进行报道。

【《淮北方言》出版】2011年，《淮北方言》正式出版。该书由淮北作家贾申历时8年创作，收词1万余条，69万字，由安徽黄山书社出版。《淮北方言》语汇丰富，个性鲜明，例句有趣，突出淮北方言存在的价值，体现创造和使用淮北方言人的聪慧。作为一项保护非物质文化遗产的优秀成果，《淮北方言》兼具资料性、知识性、趣味性、可读性，具有收藏价值。

【中国隋唐大运河博物馆】淮北市中国隋唐大运河博物馆（原名淮北市博物馆）创建于1976年，新馆始建于2001年8月，2004年9月开馆，占地40亩，建筑面积1万多平方米。博物馆现有馆藏文物1万余件，陈列面积约5000平方米，共设8个固定展厅，分别展出淮北地区出土文物和征集的全国名人字画。

【市歌舞剧院赴非洲演出】为庆祝中马建交50周年、中科和中博建交35周年，2010年10月14日至11月1日，中国安徽艺术团赴非洲马里、科摩罗、博茨瓦纳3国开展“文化安徽，走进非洲”巡演活动。这次活动由文化部主办，安徽省文化厅和淮北市歌舞剧院有限公司、安庆杂技团承办。淮北市歌舞剧院有限公司承担此次赴非访演整台节目的编导和组织工作，编排反映安徽和淮北大地风土人情的歌舞节目，学唱当地的歌曲。整个巡演活动历时20天，行程10万里，正式演出9场。

【《相城印记——淮北市非物质文化遗产普查资料汇编》编辑出版】2008年，淮北市成立非物质文化遗产保护工作领导小组，市文化馆加挂“淮北市非物质文化遗产保护中心”牌子，负责组织、研究、指导全市非物质文化遗产保护的相关工作。从3月份起，保护中心工作人员分赴县区开展普查工作，总行程达1000多公里，对包括“民间文学”、“民间手工艺”在内的全部16个大项展开全面深入的调查。建立第一批县区级非物质文化遗产名录7大类别21个项目。2008年6月，包含民间文学、民俗、曲艺等计6类12个项目被市政府公布为第一批市级非物质文化遗产。2009年对全市非物质文化遗产信

中国隋唐大运河博物馆

息两次普查，撰写完成“淮北市非物质文化遗产概况”和“淮北市非物质文化遗产普查工作报告”两份资料。同年8月，编辑出版《相城印记——淮北市非物质文化遗产普查资料汇编》，刊载有代表性的16类、157个具有较深历史文化底蕴及鲜明地方特色的项目。

淮北市2011年基本情况一览表

项 目	绝对数	比上年增长%
国土面积	2741平方公里	—
总人口	221.8万人	1.0
生产总值	554.9亿元	20.2
财政总收入	90.4亿元	29.1
公共文化投入	6894万元	22.5
科技经费投入	11648万元	40.2
各类学校在校学生	42.24万人	0.8
考取本科人数	8017人	5.5
各类图书馆藏书	69.04万册	165.3
农家书屋	361个	—
文化馆（站、室）	—	—
医疗机构病床数	11166张	8.8
人口自然增长率	7.38‰	0.15个千分点

相 山 区

【文化概览】相山区是淮北市政治、经济、文化中心，辖1个镇、10个街道，面积142平方公里，人口47万。相城始建于公元前697年。相传夏朝商族部落领袖商汤十一世祖相王定居于淮北相山脚下，组成氏族方国，古名相国，国都相邑，邑之主山名曰相山。新相山区成立于1984年。现有省级重点文物保护单位1处。2011年公共文化投入475万元，比上年增长42.4%。先后建成区文化馆、区图书馆、区文化信息资源共享支中心、人民路办事处综合文化站、31个农家书屋。2011年送戏下乡20余场次，送电影进社区、进农村100余场次，市知名书画家为农民书写春联1000余副。举办相山区第五届文化艺术节及“再唱山歌给党听”文艺晚会。

精神文明建设。围绕“争创全国文明城市”目标，推进文明村镇、文明社区、文明行业创建活动，连续5年被市委、市政府授予“创建文明城市优秀单位”。全年组织开展3大类11项群众性精神文明创建活动，并开展“公民道德宣传月”和“做文明有礼的淮北人”等系列主题活动、“红色光辉”系列读书活动。被评为“全国社区建设示范城区”；打造安康、民生、永安、体育、庆相桥5个精品社区。渠沟镇桥头村和相南办海宫社区分别被评为第三批“全国文明村镇”和“全国文明单位”。

【社区文化建设】组织人员对辖区内具有音乐、舞蹈、美术、书法、摄影等方面专业特长的人员进行调查摸底、登记建档,并聘为社区文体指导员。举办全区文体骨干培训班并积极组织人员参加省、市文化体育部门举办的培训班,加强文体骨干的培训。整合组建各类文体骨干队伍,全区有太极拳（剑）、木兰系列、健身操等骨干队伍50余支,聘请各类文体指导员265名,建立全民健身指导站点100多个。黎苑健身舞辅导站的梁淑英被省体育局授予“安徽省优秀社会体育指导员”称号。打造社区文化品牌，推出“社区邻里节”、“相山区文化艺术节”等系列专题文化活动，构筑社区特色文化，提升全区文化软实力。

刘开渠纪念馆

相山区2011年基本情况一览表

项 目	绝对数	比上年增长%
国土面积	142.0平方公里	—
总人口	47.0万人	0.6
生产总值	75.3亿元	18.9
财政总收入	8.8亿元	21.4
公共文化投入	475.0万元	42.4
科技经费投入	782.0万元	53.3
各类学校在校学生	3.06万人	4.1
考取本科人数	24人	—
各类图书馆藏书	3.4万册	55.0
农家书屋	31个	30.0
文化馆（站、室）	13个	15.0
医疗机构病床数	610张	5.1
人口自然增长率	7.8‰	—

杜 集 区

朱北社区腰鼓队在开放式村部广场参加腰鼓大赛

【文化概览】杜集区位于淮北市北部，辖高岳、矿山集2个街道和朔里、石台、段园3个镇，面积240平方公里，人口34.18万，是淮海经济区的中心。杜集区历史悠久，文化底蕴丰厚，春秋文化名人、孔子的学生颛孙子张在此生活，并葬于朔里镇。主要文化遗存有汉画像石馆、点将台、抱元洞、小仙洞、小朱庄战斗烈士纪念塔、肖亚珍烈士墓等，有刘开渠故居等市级文物保护单位多处。2010年对全区文化遗产进行普查登记，2011年申报石雕艺术、坠子丝弦和民间传说等非物质文化遗产54项。

精神文明建设。围绕争创“全国文明城市”目标，开展“清洁乡村、美化家园”活动；整修博山路、光明路、高岳步行街，修建岱河广场；建设国家二级文化馆，开渠广场建成文化广场，增添灯光文化长廊。

公共文化建设。建成国家二级图书馆、国家二级文化馆各1个，以及国家三级综合档案馆、文化信息共享工程杜集区支中心等区级公共文化设施。完成5个镇（办）综合文化站、3个镇公共电子阅览室、94个农家书屋、70个广播电视“村村通”等一批文化民生工程。区、镇、村三级公共文化服务体系初步建成。2011年，全区公共文化建设投入300万元。实施“2131”农村电影放映工程，免费放映电影1000多场次。

文艺创作和文化艺术活动。有省作家协会会员4人、省诗词协会会员3人。“十一五”以来，全区创作长篇小说3部（《日落长河》、《雄关漫道》、《岁月留痕》），诗集1部（《春天的遐想》），小戏小品5个。朗诵诗《腾飞的杜集》获省诗歌大赛三等奖。2008年以来，在全区40个村（社居委）建成文体活动室、图书阅览室和群众文化广场。多次举办“迎新春 乐万家”等一系列主题鲜明的大型群众性文体活动。建成农村文化大院3个。区文化广电体育旅游局获全省全民健身工作先进单位称号、全省全民健身优秀组织奖、全省乡镇综合文化站建设先进组织奖、全省文化市场管理先进单位称号。

【汉画像石馆】汉画像石馆位于淮北市北山中学院内，1986年建成，馆内收藏汉画像石25块。汉画像石雕刻精美，内容丰富，有《龙虎斗》、《后羿射日》、《车马出行》、《古乐图》、《乡射礼图》、《舖兽衔环图》

等，是汉代雕刻艺术中的精品。

刘开渠题写馆名。

杜集区2011年基本情况一览表

项 目	绝对数	比上年增长%
国土面积	240平方公里	—
总人口	34.18万人	0.6
生产总值	49.5亿元	19.4
财政总收入	5.4亿元	25.2
公共文化投入	231.0万元	202.0
科技经费投入	219.0万元	69.8
各类学校在校学生	3.73万人	14.7
考取本科人数	208.0人	20.2
各类图书馆藏书	20.0万册	333.0
农家书屋	47个	—
文化馆（站、室）	46个	—
医疗机构病床数	458张	—
人口自然增长率	4.7‰	—

烈 山 区

【文化概览】烈山区位于淮北市东南部，辖烈山、宋疃、古饶3个镇和杨庄、临海童、百善、任楼4个街道，面积384.9平方公里，人口35.5万。拥有“中国土地复垦示范区”、“全国经果林建设百强县（区）”、“全国农业旅游示范区”、“南湖国家城市湿地公园”、“安徽省平安县（区）”等多张城市名片。烈山区历史悠久，因炎帝名“烈山氏”而蜚声海内外。区内有石山孜新石器早期文化遗址、华家湖新石器中期文化遗址、龙脊山大方寺、老毛洞等古迹。有“二十四孝”之一蔡顺等美丽传说。

文化事业和文化产业。截至2011年底，有公共图书馆、文化馆、广播电台各1个，乡镇综合文化站3个，农家书屋50个，农村公益电影放映队3个，艺术团体17个，专业演出队伍19个，有音乐协会、舞蹈协会、戏曲协会、书画协会、威风锣鼓协会、太极拳协会、柔力球协会等18个民间团体组织，会员5000多人。按照国家二级馆标准新改造的档案馆、图书馆、文化馆实行免费开放，全年累计接待读者、观众3万人次。

精神文明建设。农村公益电影放映队全年在50个村（社居委）巡回放映。春节、元宵节期间，全区开展各种群众文化活动100多场。协助中央文明委、中央电视台举办“激情广场大家唱”活动。开展“千名干部下基层、同创共建文明城”、“书香烈山——首届读书节”、“送戏下乡、送电影下乡、送书下乡”等文化惠民活动。

文化产业发展。出台《关于进一步加快文化产业发展的意见》。结合旅游业发展，重点打造“两山两湖”旅游文化宣传品牌。洪庄村创办洪庄文化艺术公司，邀请中国结、剪纸、竹笔书法等艺术大师，对农民进行免费培训，2011年产品销售收入800多万元，吸纳就业人员250多人。总投资8.9亿元的洪庄文化创意产业园开工建设；成功引进总投资20亿元的南湖光影文化传播基地项目和总投资50亿元的淮北国购汽车主题综合体项目。

【塔山石榴旅游文化节】塔山石榴旅游文化节从2010年开始举办，每年举办一次，系列活动有石榴王评选、石榴盆景根雕展、石榴画展、石榴摄影、剪纸、赞美石榴古诗书法及石

淮北市第一届塔山石榴旅游文化节

总投资8.9亿元的洪庄文化创意产业园开工建设

榴赋展和游园、采摘活动等。通过以石榴为媒介，开展一系列的特色旅游文化和经济贸易活动，宣传淮北，推介烈山，招商引资。塔山石榴旅游文化节已成为烈山区乃至淮北市宣传旅游文化的品牌。

【洪庄文化艺术产品获国家专利】2009年底，洪庄村开始创办文化产业，聘请“中国结”技师王斌、宫廷剪纸技师张秀珍和周学才、绫刻技师贺馥、根雕技师焦福建、漫塑技师许家坤等为洪庄村的荣誉村民。2010年3月，成立洪庄文化艺术有限公司，手工生产“中国结”、剪纸、绫刻、根雕、泥塑等工艺品。已有5件“中国结”作品被授予国家专利。3年来，洪庄生产的“中国结”、剪纸、绫刻、漫塑等作品先后代表安徽参加上海世博会、首届中国农民艺术节、徽商大会、中国（深圳）国际文化产业博览会等，得到中央及省领导的高度评价和社会各界赞誉。

烈山区2011年基本情况一览表

项 目	绝对数	比上年增长%
国土面积	384.9平方公里	—
总人口	35.5万人	0.8
生产总值	55.8亿元	19.1
财政总收入	4.07亿元	35.4
公共文化投入	143.0万元	—
科技经费投入	422.0万元	—
各类学校在校学生	2.94万人	—
各类图书馆藏书	5.0万册	—
农家书屋	50个	—
文化馆（站、室）	3个	—
医疗机构病床数	314张	—
人口自然增长率	8.2‰	—

濉 溪 县

【文化概览】濉溪县位于安徽省北部，与河南省永城市接壤，现辖11个乡镇和1个省级经济开发区，面积1987平方公里，人口109万。濉溪历史悠久，拥有柳孜运河码头遗址、淮海战役总前委旧址纪念馆、临涣古城遗址3个国家级重点文物保护单位。淮北大鼓、临涣酱培包瓜制作工艺入选省级非物质文化遗产名录；淮北花鼓戏入选国家级非物质文化遗产名录。2011年，全县有公共图书馆1个，文化馆（站）12个，广播电台、电视台各1个，体育场馆1个。

公共文化建设。2011年，全县公共文化建设项目9个，新建乡镇综合文化站1个、农家书屋130个、农民体育健身工程11个。争取上级项目资金支持，维修淮海战役总前委旧址纪念馆南院。建成的130个农家书屋，每个可供借阅的实用图书不少于1000册，报刊不少于30种，电子音像制品不少于100种（张）。

精神文明建设。刘桥镇通过全国文明乡镇复查验收，南坪镇升级为全省“文明乡镇”，百善镇获“创建全省文明乡镇工作先进乡镇”称号。健全完善学校、家庭、社会“三结合”的未成年人思想道德教育网络。开展“讲文明树新风”等系列主题实践活动，做好各级各类道德模范的推荐、评选及投票组织工作。5人当选淮北市第二届“道德模范”，10人入选“淮北好人”。开展“千名干部进社区环境卫生大扫除”、“清洁乡村、美化家园”和农村环境连片整治等活动。

【临涣古城首届民俗文化节】临涣古城是安徽省级历史文化保护

区，现存有古城墙、文昌宫、城隍庙、蹇叔墓、嵇康旧居、传统老街、特色古茶馆、淮海战役总前委旧址（文昌宫）等，临涣古城墙被国务院列为全国重点文物保护单位。为传承、挖掘、整理地方优秀民俗文化，打造濉溪文化品牌，提升文化软实力，2011年4月17日，临涣古城首届民俗文化节在中国民间文化艺术之乡临涣镇开幕。通过举办民俗文化艺术表演、艺术展览展示、饮食文化展示等民俗活动，宣传推介濉溪和临涣。民俗文化节历时3天，共展出书法、绘画、剪纸、泥塑、面人、布艺线艺等作品800余件，演出唢呐合奏、淮北大鼓、拉魂腔、竹马旱船等地方民俗节目30余场，接待参观者近20万人次。

【濉溪纺织画】纺织画是用胶水和纺织原料在普通布料上直接作出的画，不受绘画工具、布料、尺寸的限制，且防水、不褪色、不掉色，由濉溪县画家马泰先生和妻子李凌女士共同创制完成。十多年来，马泰夫妇先后创作出纺织画50多幅，其中《生命之泉》、《山父》等作品被有关单位和个人收藏。

临涣古城民俗文化节

濉溪县2011年基本情况一览表

项 目	绝对数	比上年增长%
国土面积	1987平方公里	—
总人口	109.0万人	—
生产总值	143.0亿元	19.0
财政总收入	20.06亿元	33.6
公共文化投入	745.5万元	—
科技经费投入	2640万元	0.3
各类学校在校学生	19.18万人	—
考取本科人数	4597人	—
各类图书馆藏书	6.3万册	5.0
农家书屋	130个	282.0
文化馆（站、室）	12个	9.1
医疗机构病床数	2221张	—
人口自然增长率	6.75‰	−0.7个千分点

阜　　阳　　市

【文化概览】阜阳市位于黄淮海平原南端、淮北平原的西部，是淮海经济区重要组成部分和皖西北重要门户。西部与河南省周口市、驻马店市相邻，西南部与河南省信阳市接壤。阜阳古称汝阴、顺昌、颍州，从夏、商、周至元、明、清，一直是中原重要州郡。现辖界首市和太和、临泉、颍上、阜南4个县及颍州、颍泉、颍东3个区。面积9775平方公里，人口1025.8万。先后获“2010年度最佳投资城市”、“2010年中国人居环境范例奖”、“中国特色魅力城市200强”、“安徽省人居环境奖”、“安徽省园林城市”、“安徽省文明城市”、“中部最佳投资城市”、“最具投资潜力的中国城市”、“中国书法城”等称号，是“中国杂技马戏艺术之乡”、“中国彩陶艺术之乡”、“中国书画艺术之乡”。

阜阳市文化资源丰富，辖区

内有文峰塔、奎星楼、刘公祠、欧阳修故居等古迹，是管仲、鲍叔牙、甘茂、吕蒙、嵇康、刘福通故里，民间流传大量关于姜子牙、孙叔敖等历史人物的故事和传说。现有国家4A级风景区3处；重点文物保护单位111处，其中省级17处。颍上花鼓灯、界首彩陶烧制技艺、临泉肘阁和抬阁、界首苗湖书会、阜阳剪纸等5项为国家级非物质文化遗产；太和清音、临泉毛笔制作技艺等14项被评为省级非物质文化遗产。

文化体制改革和文化事业稳步推进。2011年，全市公共文化建设投入资金3866万元，其中中央投入1856万元、省投入871万元、县市区投入363万元、乡镇自筹776万元，建设103个文化站。截至2011年底，全市共有公共图书馆7个、文化馆9个、广播电台1个、电视台1个、市级体育场馆4.8万平方米。征集各种影视剧目多部。

文化产业发展迅速。全年文化产业产值占GDP比重超过5%；规模以上文化类工业企业55个，居全省首位；阜南柳编年产值达11亿元，为全省文化产业工艺品类单项最高；全市文化产品出口额近2亿美元。全年共征集并编报"十二五"时期重大文化建设项目45个，有17个文化产业项目收入《安徽省重点招商项目册和安徽省文化产业招商项目目册》；25个文化产业招商项目纳入《市重点招商项目册》，5个文化产业项目合同在第七届中国国际徽商大会上签约；规划投资60亿元的阜阳国际工艺美术基地前期筹备工作正在推进。

文化民生工程建设扎实推进。市博物馆、图书馆、文化馆、大剧院和各县图书馆、文化馆建设等纳入市"十二五"发展规划。由"新华书店便民书店"、"农家书屋"、"农民电子阅览室"组合的新型"农民文化家园"做法在全省推广、全国媒体报道。完成103个乡镇综合文化站建设和823个农家书屋工程建设配套设施的采购、配送工作。博物馆、纪念馆当年免费接待参观人数约10万人次。

文艺创作精品迭出。电影《农民工》获中国首个为农村题材电影专门设立的奖项——"金麦穗奖"，并被中宣部列为"纪念改革开放30周年"10部重点影片之一，获省精神文明建设"五个一工程"奖。电影《到阜阳六百里》获第十四届上海国际电影节"亚洲新人奖"的"最佳导演奖"、第四十八届台湾电影金马奖最佳原著剧本和最佳女配角奖。以全国道德模范刘丽为原型的大型梆剧《最美洗脚妹》入选省重点文艺项目。曲剧《王家坝》获省"九艺节"一等奖，花鼓灯《淮水欢歌》获第十五届全国群星奖。彩陶作品《福禄》获2011年中国工艺美术"百花奖"银奖，手工剪纸《四季平安》、《生命树》获第二届中国剪纸艺术节银奖。歌曲《祖国畅想曲》获省纪念改革开放30周年公益创作一等奖。

碧荷辉映文峰塔

文化艺术活动精彩纷呈。举办第四届颍淮群众文化艺术周暨阜阳剪纸艺术节等一系列文化艺术活动。为纪念建党90周年，推出一批重点报道、重点评论、重点文章和特色专题，举办理论研讨会、红歌比赛、文艺晚会、摄影展、书法展等系列活动。在全省"红歌满江淮、合唱促崛起"大型红色经典合唱比赛中，阜阳市代表队获金奖和"最佳组织奖"。举办2011年市春节联欢晚会、"中国书法进万家——百名书家走进阜阳王家坝"、市第四届党代会晚会演出活动和第五届皖西北（阜阳）投资贸易洽谈会迎宾晚会。

文化市场进一步净化。全年共出动400余人次检查网吧，查处各类违规经营网吧100余个次，立案处罚40余个次，吊销严重违规经营网吧经营许可证1个。共检查各类出版发行单位100余个，立案调查违规经营行为3起，没收盗版图书5000余册、盗版音像制品300余盘。对非法电视发射点和有线电视小片网进行拉网式排查，依法取缔8个非法发射点。做好打击非法"网络共享"工作，共出动车辆50多台次、执

阜阳境内出土的国家一级文物龙虎尊（商代）

法人员240多人次，检查城区电脑及电子产品经营、维修户180多个，收缴非法“网络共享”设备（电视棒）62个，依法查处非法经营户6个。建立“扫黄打非”举报奖励机制。

精神文明建设成效显著。在全国第三届道德模范评选中，刘丽、王现伟当选，任影、马虎获提名奖；在省第二届道德模范评选中，有3人入选。在中央文明办举办的“中国好人”评选活动中，阜阳市有14人当选；2008年以来累计43人当选，当选人数居全省前列。承办全省“全国道德模范故事汇”基层巡演活动，举办刘丽、任影、王现伟先进事迹报告会。“五城同创”活动深入开展。当年阜阳市被省委省政府评为第二届“安徽省文明城市”。双拥创建、园林城市创建取得重要成果，启动全国园林城市创建工作。争创省卫生城市、省环保模范城区、农村“清洁文明村、环保模范村”等五创活动全面展开；“三下乡”活动形成常态。“关爱农民工志愿服务”活动受中央文明办表彰，做法与经验在中国文明网显著位置刊发，省文明委要求在全省推广。江淮志愿服务推报、当选人数连续两年居全省第一，涌现出侯现中、颍上公益志愿者联盟等一批全国优秀志愿者和全国优秀志愿者组织。

文明村镇建设力度加大。围绕“创文明，奔小康”的奋斗目标，重点推动“三三三一工程”，即“三下乡”（文化、科技、卫生下乡）、“三改”（改水、改厕、改变居住环境）、“三反对”（反对封建迷信、反对赌博、反对红白喜事大操大办）、“一提倡”（提倡健康文明的生活方式），开展“文明村”、“十星级文明户”、“好媳妇、好婆婆”评选等系列活动。结合新农村建设要求，开展“清洁示范村”、“文明生态村”、“绿色小康村”、“移风易俗示范村”、“平安文明村”等各类创建活动。推出一批国家、省、市先进典型，颍上县谢桥镇、八里河镇，颍州区西湖景区白行村和临泉县谭棚镇郭大庄等4个村镇获“全国文明村镇”称号，受中央文明委表彰。7个村镇获“全省文明村镇”称号，评选出两届、55个市级文明村镇。

【第十四届亚洲跳伞锦标赛暨国际跳伞公开赛在阜阳举办】10月14～22日，第十四届亚洲跳伞锦标赛暨国际跳伞公开赛在阜阳市举办。该赛事是1995年由中韩等国共同发起的一项大型体育赛事。本次大赛由亚太跳伞联合会和中国航空运动协会主办，安徽省体育局、阜阳市政府承办，来自新西兰、日本、泰国、韩国、新加坡、阿曼、沙特阿拉伯、马来西亚、哈萨克斯坦、罗马尼亚、巴林、印尼、澳大利亚、加拿大、波兰、俄罗斯、乌克兰等23个国家和地区近200名选手报名参赛。中国队派出一队30人、二队15人参加所有项目比赛，共获集体定点跳伞、女子个人定点跳伞、个人全能跳伞、四人跳伞造

2011年10月14~22日，第十四届亚洲跳伞锦标赛在阜阳举办

2011年6月15日，电影《王家坝》开机仪式在阜南举行

型等6个项目第一名。

【电影《王家坝》拍摄完成】由阜阳市委宣传部组织策划，反映阜阳城市精神的精品力作——电影《王家坝》完成拍摄，将于2012年在全国公映。“王家坝精神”由温家宝总理于2010年7月24日第五次在王家坝部署指导防洪抗讯时提炼总结，和“农民工精神”一同构成阜阳的城市精神。阜阳市在构建社会主义核心价值体系过程中，将弘扬两种精神作为重点，组织创作生产一批优秀文艺精品。以反映2亿多农民工创业历程和精神风貌为背景拍摄的电影《农民工》获得成功，受到社会各界的一致好评。《王家坝》通过对剧中人物的细腻刻画，真实表现了淮河儿女甘于奉献牺牲、自强奋斗的崇高精神，立意高、定位准，真正做到“见微知著、以小见大”，以艺术手法展现了淮河儿女的时代精神风貌。

相关链接：王家坝精神

王家坝精神就是舍小家、为大家的顾全大局精神；不畏艰险、不怕困难的自强不息精神；军民团结、干群同心的同舟共济精神；尊重规律、综合防控的科学治水精神。

【阜阳市获“中国书法城”称号】2011年，阜阳市正式获得中国书法家协会授予的“中国书法城”称号。阜阳文化积淀厚重，名人荟萃，书家辈出，具有悠久的书法历史。近年来，阜阳市把创建“中国书法名城”作为文化强市的重要方面，把书画广场和书画艺术馆规划、设计列入政府工作，将书法教育列入全市中小学书法教学之中。书法普及面广，老、中、青、少书法爱好者众多，群众性书法活动丰富多彩，形成一个在国内外有影响的书法家群体，市、县、乡(镇)及社区书法组织网络不断健全。全市有中国书法家协会会员93人，其中在阜55人；省书协会员529人，市书协会员1607人。会员居全省市级书协首位。

阜阳市2011年基本情况一览表

项　目	绝对数	比上年增长%
国土面积	9775平方公里	—
总人口	1025.8万人	1.4
生产总值	853.2亿元	12.0
财政总收入	115.0亿元	30.5
公共文化投入	7949万元	4.5
科技经费投入	13133万元	124.0
各类学校在校学生	161.65万人	37.6
考取本科人数	1.91万人	-3.0
各类图书馆藏书	12.3万册	4.3
农家书屋	1907个	72.0
文化馆（站、室）	172个	66.0
医疗机构病床	22.08万张	20.6
人口自然增长率	11.07‰	0.23个千分点

颍　州　区

【文化概览】颍州区历史文化悠久，古为郡、县、州、府治所。1996年经国务院批准设立县级新区，是阜阳市委、市政府所在地，阜阳市政治、经济、文化、金融、商贸中心区。面积529平方公里，人口66.8万。现辖8个乡镇、5个街道、颍州经济开发区和颍州工贸园。境内有国家3A级风景名胜区、省级湿地保护区——颍州西湖。颍州区是中国民间文化艺术（剪纸）之乡、中国健身球之乡。民间舞蹈肘阁为省级非物质文化遗产，李德明为代表性传承人。民间音乐颍州淮词、传统技艺颍州枕头馍制作技艺为市级非物质文化遗产，代表性传承人分别为李思三、洪亮君。有区级文化馆1

个、农家书屋107个、综合文化站7个。有9个文学艺术协会，有国家级会员9人、省级会员86人、市级会员270人。阜阳市首届宣传文化系统“六个一批”拔尖人才14人。当年举办“翰墨颍州·六人书法篆刻展”。中国美协会员张小村作品《锦绣家园》入选由中国美协主办的2011国画年展。区作家协会主席徐传庆小说集《独手之爱》获冰心儿童图书奖。颍州黑陶作品在第九届全国陶艺展中获银奖1个、优秀奖1个；在全省第二届陶艺展中获金奖1个、优秀奖1个；颍州剪纸参加全国剪纸大赛5次，获金奖6个、银奖7个、组织奖1个。

精神文明建设。先后组织全国文明单位、创建工作先进单位和阜阳市第二届文明单位申报工作。截至2011年底，共有46个区文明单位、13个市文明单位和3个省文明单位。

文明村镇建设。有3个村镇被授予“市文明村镇”称号，西湖景区办事处白行村被评为“全省创建工作先进村镇”、第三批“全国文明村镇”。在文明社区创建中，有11个社区被市委、市政府授予第二届“文明社区”称号。

颍州区2011年基本情况一览表

项　目	绝对数	比上年增长%
国土面积	529平方公里	—
总人口	66.8万人	1.5
生产总值	61.75亿元	12.2
财政总收入	7.01亿元	46.0
公共文化投入	602.0万元	12.6
科技经费投入	1631万元	11.3
各类学校在校学生	16.88万人	1.6
考取本科人数	3270人	10.8
各类图书馆藏书	14.63万册	1.5
农家书屋	107个	12.0
文化馆（站、室）	7个	—
医疗机构病床数	4786张	11.2
人口自然增长率	9.4‰	—

颍　东　区

【文化概览】颍东区地处京九经济带腹地，是阜阳市的东大门，设立于1996年，现辖12个乡镇和街道，面积685平方公里，人口64.8万。区内民间文化遗产丰富，历史文化遗迹众多，其中程文炳宅院被列为省级重点文物保护单位和国家2A级旅游景区；程氏剪纸、杜氏刻铜为省级非物质文化遗产，程兴红、杜平为非物质文化遗产传承人。全区共有公共图书馆（文化资源共享中心）、文化馆各1个，乡镇综合文化站7个。2011年文化产业总产值1900万元，比上年度增长15.5%。当年文化民生工程建设投资260多万元，建成“全国文化资源共享工程区支中心”1个、乡镇综合文化站3个、农家书屋27个。

精神文明建设。开展各级文明单位、文明村镇、文明社区以及道德模范推荐评选工作，涌现出一批省、市、区文明单位和“中国好人”、“江淮志愿服务活动优秀典型”、“阜阳十大孝星”、“颍东精神文明十佳”等道德模范人物。“五城同创”系列文明创建活动和争创省级文明城市活动成效显著。

文明城镇建设。在农村开展清洁示范村、文明生态村、绿色小康村、移风易俗示范村、平安文明村“五创”帮扶活动。插花镇获第二届“全省创建文明村镇工作先进镇”称号，插花镇、正午镇、袁寨镇西康村获首届“阜阳市文明村镇工作先进村镇”称号，枣庄镇获第二届“阜阳市文明镇”称号。

程文炳故居

佳”，张丽当选为11月份“中国好人榜”助人为乐好人，刘腾宵入选9月份“中国好人榜”助人为乐好人候选人。组织开展“志愿者名片”活动。开展农村“五创”活动，首批上报候选点12个。宁老庄镇申庄村、伍明镇梁营村获第二届“阜阳市文明村镇”称号。

文明城镇建设。新拓展城区面积7平方公里，城市化率提高8个百分点。全年累计修建区乡公路286公里，加固危桥13座；利用“一事一议”财政奖补资金修建村内户外道路401公里；建设农村清洁工程4个，建成农村饮水安全工程37处，新增户用沼气池7917口，完成改厕1万户。伍明镇梁营村被授予“安徽省卫生村”称号。

颍东区2011年基本情况一览表

项　目	绝对数	比上年增长%
国土面积	685平方公里	—
总人口	64.76万人	1.2
生产总值	50.73亿元	12.0
财政总收入	4.28亿元	41.8
公共文化投入	—	—
科技经费投入	390.0万元	1.8
各类学校在校学生	10.26万人	3.6
考取本科人数	1609人	9.9
各类图书馆藏书	8000册	—
农家书屋	103个	35.5
文化馆（站、室）	7个	75.0
医疗机构病床数	1738张	6.0
人口自然增长率	6.39‰	—

颍　泉　区

【文化概览】 颍泉区为1996年阜阳撤地设市时成立的县级区，因位于颍河、泉河之畔而得名。现辖4个镇、2个街道、2个园区和1个城乡统筹试验区，面积648平方公里，人口70万。有1个区级文化馆、4个乡镇综合文化服务站，当年出版图书1部。2011年，全区以纪念建党90周年为主题，组织各类文化活动350多场。重点举办红歌比赛、元宵灯会、艺术展演、首届校园文化艺术节、送文化下乡、送电影下乡等活动，其中送电影下乡3120场次。全年投入公共文化建设经费319万元，文化产业产值达6068万元。

精神文明建设。以开展“文明创建和春季爱国卫生运动”、“创建文明整治环境迎接盛会”为契机，开展群众性精神文明创建活动，区精神文明建设取得成效。在辖区4个镇建立4个留守儿童活动室，建成60多个未成年人心理辅导室，拥有心理咨询师培训资格证人员140余名。涌现一批精神文明建设先进典型，其中张哲生入选全省精神文明建设“十

颍泉区生态园灯展

颍泉区2011年基本情况一览表

项　目	绝对数	比上年增长%
国土面积	648平方公里	—
总人口	70万人	20.3
生产总值	52.3亿元	13.5
财政总收入	5.5亿元	57.0
公共文化投入	319.0万元	7.6
科技经费投入	17.0万元	23.0
各类学校在校学生	81100人	−13.7
考取本科人数	3198人	9.4
各类图书馆藏书	—	—
农家书屋	34个	—
文化馆（站、室）	5个	80.0
医疗机构病床数	992张	18.6
人口自然增长率	7.16‰	—

界首市

【文化概览】界首市位于安徽省西北部，现辖3个街道、12个镇、3个乡，是中国民间文化艺术剪纸之乡、中国彩陶艺术之乡。有省级重点文物保护单位2处；界首彩陶、界首书会（苗湖书会）被列为国家级非物质文化遗产；界首渔鼓、界首剪纸、大黄庙会、扁担戏、界首刺绣为省级非物质文化遗产；卢群山、王京胜为国家级非物质文化遗产传承人。截至2011年底，全市共有公共图书馆、文化馆、博物馆、广播电台、电视台各1个，体育场馆3.46万平方米。

公共文化建设。当年新建乡镇综合文化站10个，比上年增长2倍；新建农家书屋22个，增长7.7%；各类图书馆藏书8.6万册。全年向上级争取资金1256万元，文化民生工程建设地方配套资金193万元。15个乡镇建成综合文化站并投入使用。光武、邴集综合文化站被授予“安徽省一星级综合文化站”（2010年），新马集、任寨综合文化站被授予“安徽省二级文化站”（2011年），全市文化站舍总面积6000平方米。文化信息资源共享工程点140个，农家书屋160个，15个乡镇文化站一线工作人员30人，农村业余文艺队108个。以市文化活动中心为龙头、乡镇综合文化站为枢纽、村（社居委）农家书屋为基础的基层公共文化网络基本形成。

精神文明建设。加强组织协调，部门联动，合力推动文明创建。以测评体系为导向，把文明创建工作任务分解到40多个涉创单位，明确责任主体和完成时限。围绕“创建文明城市”、“职业道德、家庭美德、社会公德建设”、“先进典型人物、事件”，丰富活动载体，营造浓厚创建氛围。有序推进未成年人思想道德建设。严厉打击“黑网吧”；丰富未成年人文化生活，当年界首市选送的“童心向党”网上展播节目被中央文明办采用，在全国百家网站展播；各级各类学校通过给留守儿童建立档案、明确帮扶人、推行“代管家长”制、集中生活管理等形式，全方位关爱留守儿童。做好“中国好人”推报工作，马林英、李秀荣、张枫、王鹏宇、吕波被评为“中国好人”。弘扬志愿服务精神。健全组织机构，引导各单位成立志愿服务队伍。开展丰富多彩的志愿服务活动，实行志愿服务“月主题”和“月通报”制度。开展“江淮志愿服务，党员带头先行”活动。本市志愿者协会、大妈义务巡逻队被评为全省“我最感动的江淮志愿服务”优秀集体，郭凤英、柴进、黄好德、王同仁、陈复豫被评为“我最感动的江淮志愿服务”优秀个人。

文明城镇建设。坚持以建促创，城市建设东扩北延，市医院东城分院、新一中、政务新区成为城市建设新亮点。制定“345678城市建设工作目标”，形成宜居、舒适的城市环境；坚持以管促创，创新城市管理方式，采取主干道、环卫、市容管理外包机制；坚持以教促创，以学校为基地，以思想建设为抓手，文明办、关工委、综治办等多部门联动，人人参与创建；以农村“五创”为抓手，坚持城乡联动，乡镇文明创建同布置、同考核。2011年，界首被省文明委授予“第二届安徽省创建文明县城工作先进县城”和“首届安徽省未成年人思想道德建设先进县”称号。

界首市2011年基本情况一览表

项目	绝对数	比上年增长%
国土面积	667.0平方公里	—
总人口	76.0万人	—
生产总值	68.0亿元	13.0
财政总收入	9.67亿元	37.7
公共文化投入	1389万元	8.1
科技经费投入	1795万元	86.3
各类学校在校学生	96502人	—
考取本科人数	1595人	2.49
各类图书馆藏书	8.6万册	—
农家书屋	138个	15.0
文化馆（站、室）	10个	—
各类医疗机构病床数	1734张	—
人口自然增长率	6.86‰	—

临 泉 县

【文化概览】临泉县地处皖西北边陲，与河南省接壤。公元前1042年，周文王第十子聃季载被封于此。秦、汉、魏、晋、唐均在此设县，1935年建临泉县。现辖31个乡镇，1个工业园区，面积1839平方公里，人口223万。是“国家级生态建设示范县”、“中国绿色名县”、“全国文化先进县”、“全国体育先进县”、“中国民间杂技马戏之乡”、“中国民间文化艺术之乡”。有省级重点文物保护单位1处；馆藏文物一级8件、二级32件、三级373件。肘阁、抬阁为国家级非物质文化遗产；杂技、马戏，火叉、火鞭、毛笔制作为省级非物质文化遗产；丁玉祥为肘阁传承人，侯忠义为杂技、马戏传承人，尹波、尹红为杂技传承人，陈军队为鲖城火叉、火鞭传承人，曹殿超、张晓晨、张修汤为毛笔制作技艺传承人。全县有公共图书馆、文化馆、广播电视台各1个,体育场馆3万多平方米。

2011年，全县文化事业和文化产业发展迅速。承办安徽省第二届民间杂技艺术节，举办第七届桃花艺术节、第三届山羊美食文化节。全年文化产业总产值16.8亿元，比上年增长12%。当年公共文化建设投入1018万元，建成群众晨晚练点60个，组织开展文艺活动362次，举办展览46次，举办村级文化培训班72次。文化民生工程建设投入354万元，建设22个乡镇综合文化站、225个农家书屋。购置图书1.6万册，报刊150多种。编著出版图书6部。

精神文明建设。李美兰、侯子功入选“中国好人榜”，侯子功被公安部评选为全国热心消防公益事业十佳人物，侯现中被评为全国百名优秀志愿者候选人，任影被评为全国最美乡村教师并获“第三届全国道德模范提名奖”、“CCTV2011三农人物奉献奖”和“安徽省第二届道德模范”称号。全年建立82支专业志愿者服务队，开展286场志愿服务活动。

文明城镇建设。开展文明创建暨春季爱国卫生运动，集中整治城区公共秩序和市容环境，开展农村“五创”（创建清洁示范村、文明生态村、绿色小康村、移风易俗示范村、平安文明村）活动。

第二届安徽省民间杂技艺术节开幕式

临泉县2011年基本情况一览表

项 目	绝对数	比上年增长%
国土面积	1839平方公里	—
总人口	223.0万人	1.2
城镇人口	27.1万人	3.4
生产总值	102.8亿元	8.2
财政收入	6.4亿元	33.3
公共文化投入	1018万元	1.5
科技经费投入	3061万元	270.0
学龄儿童入学率	100%	—
各类学校在校学生	30.75万人	—
考取本科人数	4835	—
各类图书馆藏书	60万册	—
农家书屋	225个	—
文化馆（站、室）	23个	—
医疗机构病床数	2456张	—
人口自然增长率	7.9‰	—

太　和　县

【文化概览】太和县位于安徽省西北部，与河南省郸城县接壤。面积1822平方公里，人口173万，现辖31个乡镇。是国家书画艺术之乡和民间文化艺术之乡。太和县自秦设县，名新阳县，汉置细阳县，宋置万寿县，元大德年间置太和县。现有国家级湿地公园1处、省级重点文物保护单位1处；太和清音被列为国家级非物质文化遗产，太和狮子灯、细阳刺绣、太和唢呐被列为省级非物质文化遗产，张洪奎、赵继虎、苑玉玲为非物质文化遗产传承人。

截至2011年底，有公共图书馆、文化馆、广播电台、电视台各1个，体育场馆4万平方米。文化产业总产值 1.2 亿元，与上年持平。全年公共文化投入1468万元，比上年增长1.8倍。建成综合文化站24个、建农家书屋154个。当年免费送文化下乡35场；举办庆“七一”、“十一”、元旦、建党90周年等各类大型广场文艺活动11场次；送电影下乡9588场；举办中国第七届“华药会”暨第四届安徽(华润)华源医药流通峰会、太和县第四届“椿樱旅游文化节”；启动“中华诗词之乡”创建工作。

群众体育。投资 2.5亿元、占地 10万平方米的现代化综合体育场馆开工建设；新建健身广场2处；肖口镇被省体育局、省农委授予“亿万农民健身先进乡镇”；县体育场、太和中学、太和第三中学、太和化肥厂、人民公园被省体育局、省文明办授予“省全民健身示范点”称号。成功承办省第三届老年人运动会。

精神文明建设。当年建压缩式垃圾中转站3个、地埋式垃圾中转站11个、公共厕所1个；在7个乡镇建立完善垃圾收集、转运、处理的处置机制，实现垃圾集中无害化处理。参与“我推荐我评议身边好人”活动，开展学习张宁海烈士活动，“助人为乐”模范谢光被评为九月份身边好人候选人。

首届中国·太和书画艺术节开幕式

太和县2011年基本情况一览表

项　目	绝对数	比上年增长%
国土面积	1822平方公里	—
总人口	173.0万人	—
生产总值	125.0亿元	7.0
财政总收入	10.3亿元	16.6
公共文化投入	1468万元	180.0
科技经费投入	150.0万元	2.6
各类学校在校学生	248000人	0.4
考取本科人数	4216人	11.0
各类图书馆藏书	1.2万册	—
农家书屋	154个	308.0
文化馆（站、室）	24个	480.0
医疗机构病床	3829张	2.0
人口自然增长率	7.8‰	—

阜　南　县

【文化概览】阜南县位于安徽省西北部，与河南省淮滨县、固始县接壤。1947年11月建县，现辖29个乡镇、1个省级工业园区。是安徽省文化先进县、中国柳编之乡。千里淮河第一闸王家坝闸坐落在境内。阜南人民长期为淮河流域防洪保安做出巨大贡献，被温家宝总理赞誉的“王家坝精神”,已成为阜阳市的“城市精神”。

阜南县历史文化底蕴深厚，境内留有万沟新石器、商代贺胜台、春秋原鹿古城、田集东岳等众多遗址。出土的商代青铜器龙虎樽被列为国宝级文物，现存于国家历史博物馆。有省级重点文物保护单位2处、县级27处，发源于阜南县的黄岗柳编技艺和阜南嗨子戏被列入国家级非物质文化遗产保护名录；淮河琴书被列为省级非物质文化遗产；谢学芳、李玉英、孙丽侠、王文中被评为非物质文化遗产传承人。

截至2011年底，有县级公共图书馆、文化馆 、广播电台、电视台、体育馆各1个，建成乡镇综合文化站29个、农家书屋278个、农民体育健身工程点71个。投资4000万元的县体育场主体工程完工；王家坝国家水利风景区获批授牌。当年编著出版图书4部，参与制作的电影《王家坝》拍摄完成。全年文化产业总产值17亿元，比上年增长17.2%。各类图书馆室新增藏书29万册，农家书屋128个，乡镇文化站21个，体育场馆26个，健身广场2个，新增民间文化艺术团体8个。全年公共文化投入943万元，其中文化民生工程建设投入681万元。

精神文明建设。2011年，阜南县第三次获省创建文明县城先进县、省首届未成年人思想道德教育先进县称号，成为省第一批经典诵读示范基地；中岗镇获“全国文明创建先进乡镇”、“省文明乡镇”称号；县地税局获“全国文明创建先进单位”，县地税局、国税局、检察院、教育局、供电公司获“第九届全省文明单位”称号；有13人入选中国文明网“我推荐、我评议身边好人”。

【**柳编产业**】柳编技艺经几百年的发展传承，花色品种已有上万个，远销欧美等数十个国家和地区，阜南柳编企业发展到69个，拥有出口经营权的企业42个，2011年柳编产业产值12.5亿元。柳编出口总额1.15亿美元，其中有3个企业出口额超过1000万美元、24个企业出口额超过100万美元。2008年，黄岗柳编生产基地被省文化厅命名为“全省文化产业示范基地”。

阜南柳编产品

阜南县2011年基本情况一览表

项 目	绝对数	比上年增长%
国土面积	1768平方公里	—
总人口	162.0万人	0.8
生产总值	94.0亿元	11.0
财政总收入	4.4亿元	35.0
公共文化投入	943.0万元	20.0
科技经费投入	443.0万元	4.2
各类学生在校学生	28.95万人	−0.6
考取本科人数	2676人	0.6
各类图书馆藏书	29.0万册	82.0
农家书屋	128个	85.0
文化站	29个	262.0
医疗机构病床数	2570张	124.0
人口自然增长率	7.8‰	—

颍 上 县

【**文化概览**】颍上县地处淮河北岸，是全国生态示范区、平原旅游县。先后获“全国造林绿化百佳县”、“国家园林县城”、“全国科技进步先进县”、“全国水利建设管理先进县”称号。现辖30个乡镇，面积1859平方公里，人口171.9万。颍上县于西周建邑治，秦汉置慎县。隋大业二年（606年）定名颍上。现有八里河、迪沟2处国家4A级风景区，管鲍祠、尤家花园2处省级重点文物保护单位。颍上花鼓灯被列为首批国家级非物质文化遗产，淮河锣鼓、推剧、“管仲的传说”3项为省级非物质文化遗产；冯传礼、曹树枝、陈玉华、朱占用等78人为非物质文化遗产传承人。

截至2011年底，有公共图书馆1个、农家书屋268个、文化馆1个、乡镇综合文化站30个、广播电台1个、电视台1个及体育场馆1200平方米。以八里河、迪沟、尤家花园、小张庄为龙头的文化旅游产业发展迅速。景区全年接待游客298.3万人次，比上年增长11.3%；旅游门票收入5812万元，增长46.3%。打造以颍上花鼓灯为代表的文化演艺产业，成立颍上县鼓韵文化演艺公司。全年文化产业总产值7.2亿元，占全县生产总值的4.8%。

公共文化建设。全年投入530万元，组织举办颍上县第六届管子文化旅游节和民间艺术巡游展演，30个乡镇的1500名民间艺人组成16个民俗文艺表演队，展示颍上花鼓灯、龙灯、狮子灯、小车子灯、旱船、高跷、肘阁、锣鼓棚子等18项国家、省、市、县级非物质文化遗产的艺术风貌。组织举办春节联欢晚会和元宵灯会等活动，送戏下乡演出97场。文化馆、图书馆、博物馆接待参观3.6万人次，读者9.8万人次。新建成的文化资源共享室可同时接待90名读者上网查询。举办“颍上籍名人著作收藏”活动，已收藏戴厚英、阿红等97位颍上籍作者的10余类、1000余册作品。实施文化精品工程，组织开展文艺创作，颍上花鼓灯节目《淮水欢歌》获全国群众文化政府最高奖群星奖。

文化民生工程建设。投入经费1058万元，建成149个农家书屋，每个农家书屋配备1616册图书及部分报刊、音像制品。建成19个乡镇综合文化站。先后举办乡村文化节、桃花文化节等活动，组织群众文化培训4500人次。当年获全省文化民生工程组织奖。

文明创建。印发《颍上县文明市民手册》，整治市容环境、交通秩序、集贸市场、建筑工地、文化环境等。形成以“和谐家园、你我共建”为主题，全社会共同参与的创建氛围。新增城市道路140公里，安装路灯4755盏，城区亮化率100%；建成污水处理厂2个，配套管网217公里，建无害化垃圾处理厂1个、公厕42个；改造自来水管网217公里，城市自来水普及率达92%；完成老城河、M水系综合改造工程，新增绿地面积310万平方米。新建改建十润路、新余路、夏谢路等县乡道路10条226公里，完成农村公路“村村通”1003公里。建成农村户用沼气池4700口；建设农村清洁工程13处；完成农村人饮安全工程58处，解决23万人饮水安全问题。完成290个中心村、1311个居民点规划布点。八里河镇被评为全国环境优美乡镇、全国文明镇，迪沟镇获“国家园林城镇”称号。

【安徽省管子研究会】管子（前723年至前645年），蔡国颍上人。春秋齐国丞相，古代杰出的政治家、思想家、经济学家和军事家，宰相制度的奠基人。身后留下传世经典《管子》一书。故里颍上于明万历初年建管鲍祠，内存管仲衣冠冢和历代碑刻，现为安徽省重点文物保护单位。1974年，颍上县成立“管子研究小组”，整理、收集资料，编印《管子注》；1991年成立颍上县管子研究会，2002年创办《管子研究》会刊。2008年5月12日，成立安徽省管子研究会，利用刊物和网站，先后发布论文、管子研究资讯、资料等1500万字，图片2000多幅。研究会编辑出版《管学论集》，并承担“颍上管仲鼎”、“中国管园”、“管子廉政文化主题公园”等项目规划和编制工作。管子学术研讨会已举办7届，2009年定名为“全国管子学术研讨会”，已成为国内管子学术研究的重要平台，编印《交流论文集》5部，参会者超过1000人次，收录全国各省、市包括台湾和香港学者的论文300余篇260余万字。研讨会从2007年起举行“主题年会”。2007年至2011年研讨主题分别为：“管子和谐思想与当代和谐文化建设”，“管子治国理念与当代科学发展观战略”，“管子思想与中国传统文化”，“管子与淮河文化”，“管子与国学”。

安徽颍上第六届管子文化旅游节开幕式

颍上县2011年基本情况一览表

项 目	绝对数	比上年增长%
国土面积	1859平方公里	—
总人口	171.9万人	1.7
生产总值	150.9亿元	11.1
财政总收入	25.3亿元	37.3
公共文化投入	530.4万元	8.0
科技经费投入	1145万元	−3.9
各类学校在校学生	19.8万人	−19.4
考取本科人数	1928人	3.0
各类图书馆藏书	5.59万册	7.5
农家书屋	149个	125.0
文化站（馆、室）	[illegible]	100.0
医疗机构病床	2335张	2.0
人口自然增长率	5.5‰	—

亳州市

【文化概览】亳州市位于安徽省西北部，黄淮平原南端。西部、北部与河南省接壤，西南部与阜阳市毗连，东部与淮北市、蚌埠市相倚，东南部与淮南市为邻。辖谯城区和涡阳、蒙城、利辛3县。是国家历史文化名城和全国首批优秀旅游城市。

历史悠久。亳州是中华民族古老文化发祥地之一。境内国家级重点文物保护单位花戏楼，砖木镂雕双绝，以其建筑巧夺天工闻名于世。全国道教第一大殿天静宫规模宏大，气势非凡。商成汤衣冠冢丘埠巍然，古木虬枝盘空。被誉为“地下长城”的曹操运兵道，为古代军事史上的奇迹。建于唐代的华祖庵，庙祠完整，古朴典雅。占地10多平方公里的曹氏宗族墓群，殿宇宽敞的道德中宫，高耸的薛阁塔和万佛塔，明清风格犹存的白衣律院及清真古寺，古色古貌依旧的老街古巷等。亳州二夹弦、五禽戏、老子传说故事被国务院公布为国家级非物质文化遗产；亳州清音、淮北大鼓、古井贡酒酿造工艺等，被省政府公布为省级非物质文化遗产。开发与保护的还有蒙城尉迟寺古遗址、涡阳新兴集新四军四师司令部旧址等。

英才辈出。道家学派创始人老子，留下《道德经》五千言，在中国思想史领域占有重要地位。一代圣哲庄子，著有彪炳千秋的《南华经》。著名的政治家、军事家、文学家曹操及其子曹丕、曹植，成就霸业，开创独具风骨的建安文学。神医华佗发明的“麻沸散”，在世界医学史上最早应用于全身麻醉手术，比西方国家早1600多年，华佗首创的“五禽戏”开体操健身之先河。宋初名士陈抟博学多识，精于诗、文、书、画、易学，被誉为奇人。宋代欧阳修、曾巩、晏殊等文坛巨子相继在亳为官。还有杂剧作家孟汉卿、悯农诗人李绅、捻军首领张乐行等，历史长河，群星灿烂。创造了闻名于世、享誉海内外的道家文化、曹魏文化、中医药文化、酒文化等亳州特色文化，为中华文明作出了贡献。

文化事业和文化产业。2011年末，全市共有专业艺术表演团体2个、文化馆4个、公共图书馆4个、博物馆3个、乡镇综合文化站85个。全国重点文物保护单位5处，省级重点文物保护单位18处，市级重点文物保护单位137处。列入国家级非物质文化遗产名录3项，省级名录13项，市级名录17项。广播电台4座，中波发射台和转播台5座，广播人口覆盖率100%。电视台4座，有线电视用户12万户，电视人口覆盖率100%。全年出版报纸2种，总印数1350万份。各级档案馆7个，馆藏档案资料39.8万卷（件、册），库馆总建筑面积5500平方米。

老子文化生态园、华佗文化广场等重大文化旅游项目的建设进度加快，曹操地下运兵道三期工程项目、蒙城庄子祠三期工程项目、南京巷钱庄扩容改造项目扎实推进，全市在建文化旅游项目19个（其中新开工12个），当年完成投资4.2亿元。与省新华发行集团达成合作协议，投资30亿元建设华仑国际文化城市广场。郑店子中华养生文化园、大寺闸旅游度假区等项目的招商引资取

花戏楼

地下运兵道

得重大进展。组团参加第七届徽商大会，签约文化产业合同项目2个，分别是投资3600万的元凯得利影城建设项目和投资3.2亿元的涡阳县华华印业项目。

文化管理体制改革。推动已转制文化企业建立现代企业制度，认定13个转企改制文化企业，享受各项财税优惠政策。亳州晚报社整体划转安徽日报报业集团，市级党报纳入省党报体系。亳州广播电视台深化内部改革，综合实力增强。《亳州市旅行社奖励办法》出台。亳州文化旅游公司创新管理方式，全年接待游客18.79万人次，门票收入突破500万元，比上年增长35.9%。在4月底召开的全国文化体制改革工作会议上，亳州被授予全国文化体制改革先进地区称号。

精神文明建设。开展“共建和谐，共享文明”创建文明城市主题实践活动和“窗口”行业创建、城市管理综合整治等活动；进行环境卫生综合整治，推进“文明交通行动计划”；推进农村“四创”，实施清洁工程，优化生态环境，营造文明乡风。亳州市获“首届安徽省未成年人思想道德建设先进城市”、“第二届安徽省创建文明城市工作先进城市”称号，蒙城县、涡阳县双双获“第二届省文明县城”称号，市食品药品监督管理局等46个单位获“第九届安徽省文明单位”称号，蒙城县板桥集镇等5个村、镇获“第二届安徽省文明村镇”称号，利辛县江集镇等3个村镇获“第二届安徽省创建文明村镇工作先进村镇”称号。

【中国·亳州老庄与老庄思想学术研讨会】 5月27～30日，由安徽省社会科学院、中国先秦史学会、安徽省社会科学界联合会、安徽大学、安徽国际老子文化交流协会及亳州市政府联合主办的“中国·亳州老庄和老庄思想学术研讨会”在亳州举行。来自国内以及台湾地区的专家学者60余人参会。研讨会围绕老庄行迹与思想研究、老庄思想与地域文化的关系、老庄思想的现代意义等专题开展交流与讨论，有24位专家学者现场发表专题演讲。与会专家认为，老庄思想是一笔宝贵的精神财富，继承并光大其思想精华，是新时期文化建设的重要内容。

【“华佗五禽戏”入选国家级非物质文化遗产名录】 东汉名医华佗创演的五禽戏，以模仿虎、鹿、熊、猿、鸟五种动物动作和神态为主，是我国较早的一套健身体操。1982年，卫生部、教育部和国家体委发出通知，把五禽戏等中国传统健身法作为在医学类大学中推广的“保健体育课”的内容。2003年，国家体育总局把重新编排后的五禽戏等健身法作为“健身气功”的内容向全国推广，亳州市已有10万多名五禽戏爱好者。2011年6月10日，国务院公布华佗五禽戏为第三批国家级非物质文化遗产。

【亳州报业集团整体上划安徽日报报业集团】 12月7日，安徽日报报业集团亳州晚报社正式揭牌成立。亳州晚报社整体划转至安

二夹弦《诺言》剧照

徽日报报业集团，由报业集团主管主办。把市级党报纳入省报体系，开创了全国省级党报吸纳市级党报的先河，是“报业皖军”深化改革，实现跨地区、跨行业、跨所有制发展的战略选择。划转后的《亳州晚报》作为中共亳州市委机关报性质不变，原有的发行政策支持、发行业务渠道、税收政策支持不变。

【中国（亳州）白酒文化节】 5月8日，亳州市举办以养生、文化、创新、发展为主题的“2011年中国（亳州）白酒文化节”。文化节由安徽省人民政府、中国酒类流通协会、中国酿酒工业协会主办，亳州市人民政府、安徽省酒业协会承办。文化节立足养生亳州，打造白酒养生文化名城，服务白酒企业，促进酒类产业大发展。文化节的举办受到了全国酒类行业的关注，吸引了近百家知名酒企，以及来自全国各地的400多个物流、酒类包装设计、酿酒机械等相关涉酒企业和酒类行业媒体、服务机构前来参展。本届白酒文化节活动，除“中国酒类产品展”和“中国（亳州）投资环境说明会暨项目签约仪式”外，还举办了“中国白酒和谐健康化发展趋势高峰论坛”、“曹操献酒1815周年纪念大典”等相关活动。

亳州市2011年基本情况一览表

项目	绝对数	比上年增长%
国土面积	8374平方公里	—
总人口	604.22万人	0.6
生产总值	626.7亿元	12.9
财政总收入	62.17亿元	46.7
公共文化投入	—	—
科技经费投入	1.26亿元	—
各类学校在校学生	86.31万人	-0.2
考取本科人数	14750人	—
各类图书馆藏书	35.2万册	5.1
农家书屋	1219个	—
文化馆（站、室）	85个	—
医疗机构病床数	10193张	—
人口自然增长率	5.21‰	—

谯城区

【文化概览】 谯城区位于安徽省西北部，与河南省商丘市、虞城县、永城市、鹿邑县接壤。1986年撤县（亳县）建县级亳州市，2000年成立地级亳州市，原县级亳州市整建制改为谯城区。全区辖22个乡镇、3个街道。谯城始自商成汤王建都，是一座具有3700多年历史的文化古城。有国家和省级重点文物保护单位10处，市级文物保护单位36处，一般文物古迹150处。地方戏“二夹弦”、健身气功“华佗五禽戏”被列为国家级非物质文化遗产，亳州剪纸被列为省级非物质文化遗产。

文化事业和文化产业。推进文化体制改革，区文化馆、区图书馆完成改制，区梆剧团成功转企。亳州剧场与中影凯得利联合建成全市唯一一个五星级影城。打造文艺精品，战争题材戏剧《诺言》在省第九届艺术节和第四届农民歌会展演并获奖，小小说《诱饵》获《小说选刊》第三届全国笔会一等奖。图书馆免费向社会开放，每周接待读者4000余人次；电影公司放映农村公益电影7747场，其中，与中国电影协会合作放映红色电影310场。投资280多万元，建成15个乡镇综

曹操纪念馆

合文化站和140个农家书屋，实现村级全覆盖。大众剧团、双沟镇剧团获省民营“百佳院团”称号。截至2011年底，全区有公共图书馆1个、文化馆（站、室）23个、农家书屋278个、各类图书馆藏书56万册、体育场馆130个、健身广场10个、民间专业文艺团体2个。

精神文明建设。11人入选“中国好人榜”，3件事迹入选省“月评十佳事迹”，居全市第一。青少年爱国主义读书教育活动征文比赛获市一等奖，建立未成年人公益性上网服务场所30多个。开展迎“两会”、“两节”大干60天和“五纵五横”10条文明示范路创建活动，市容环境明显优化。开展乡镇“七个一工程”创建和农村“四创”活动，乡镇新建改造街道58条，建农贸市场30个、文化广场44个、垃圾中转站15个、垃圾填埋场24个，新建和改造水冲式卫生公厕74个，评选文明信用户、孝老爱亲户680户。

谯城区2011年基本情况一览表

项　目	绝对数	比上年增长%
国土面积	2226平方公里	—
总人口	163.8万人	1.3
生产总值	180.57亿元	13.1
财政总收入	12.67亿元	50.3
公共文化投入	1710万元	—
科技经费投入	1710万元	14.9
各类学校在校学生	22.24万人	—
考取本科人数	2846人	—
各类图书馆藏书	56.0万册	—
农家书屋	278个	—
文化馆（站、室）	23个	—
医疗机构病床数	3554张	14.8
人口自然增长率	6.2‰	—

涡　阳　县

【文化概览】涡阳县位于淮北平原腹地，居涡河中游，素有“皖北门户”之称。涡阳县设立于清同治三年（1864年），先秦伟大的思想家、哲学家、道家学派创始人老子出生于今涡阳闸北郑店村，捻军起义领袖张乐行在此聚众起义。1996年涡阳县被批准为省级历史文化名城。2001年12月被授予“全省文化先进县”。现有省级重点文物保护单位6处，市县级文物保护单位150多处。有民间文化、传统戏曲、传统手工艺等县级非物质文化遗产21项。2009年，涡阳老子传说、棒鼓舞被省人民政府列为第二批安徽省非物质文化遗产。2010年，涡阳老子传说被列为第三批国家级非物质文化遗产重点保护项目。

文化事业和文化产业蓬勃发展。截至2011年底，全县有公共图书馆、广播电视台、文化馆各1个，农家书屋480个，乡镇综合文化站24个。全年投资630万元新建14个综合文化站。在建的中国老子文化生态园，是涡阳县重点打造的文化

涡阳老子塑像

产业园区。该项目在原涡阳天静宫的基础上，利用涡河、武家河现有水系，结合煤矿塌陷区治理，重点打造集道家故事、历史典故、文化景观、自然景观为一体的湿地公园。是一处以文化为核心，具有健身、养心、餐饮、影视、动漫、演艺、娱乐、医疗功能的休闲娱乐文化产业园。项目总投资12亿元，总规划面积502公顷。一期工程预计2012年国庆节前对游客开放。

【《老子传说》入选国家级非物质文化遗产名录】涡阳县《老子传说》作为民间文学类项目，是安徽省唯一入选国家级非物质文化遗产的项目，填补了涡阳县国家级非物质文化遗产的空白。《老子传说》包括“老子的故事”和“神话传说”。“老子的故事”用17个故事讲述了老子一生中经典的人生经历，寓含深刻的哲学内涵；“神话传说”展示涡阳地方特色风俗、物产，专门摘录老子名言名句，并配有译文注释，通俗易懂。

涡阳县2011年基本情况一览表

项 目	绝对数	比上年增长%
国土面积	2107平方公里	—
总人口	150.0万人	0.4
生产总值	154.72亿元	13.2
财政总收入	13.01亿元	30.0
公共文化投入	—	—
科技经费投入	—	—
各类学校在校学生	18.7万人	—
考取本科人数	3225人	—
各类图书馆藏书	5.7万册	—
农家书屋	480个	—
文化馆（站、室）	25个	—
医疗机构病床数	2639张	—
人口自然增长率	8.2‰	—

蒙 城 县

【文化概览】蒙城县是全国楹联之乡、全国文化模范县、全国文物工作先进县、省级历史文化名城。蒙城商称北冢，周曰漆园，秦置蒙县，唐天宝元年（742年）更名为蒙城县，沿用至今，是先秦思想家庄子的故里。现有国家3A级旅游景区2处，国家级重点文物保护单位2处、省级1处。

文化事业和文化产业。截至2011年底，有公共图书馆、文化馆、广播电台、电视台各1个。当年编著出版图书2部。其中《2010对联中国》已出版第六卷，用楹联的形式记录国内外一年发生的重大事件；《大美蒙城》是“安徽作家看蒙城”作品集，收录全省各地知名作家的作品近30篇。2011年全县公共文化建设投入2769万元，建成并投入使用258个农家书屋。乡镇综合文化站17个，功能结构为“四室一厅”，即有书报刊阅览室、文化科技培训室、文化信息资源共享服务室、办公室、多功能活动厅等。

精神文明建设。县国税局获“全国文明单位”称号，县移动公司、闸管处等10个单位获全省第九届“文明单位”称号，县财政局、交通局等23个单位获亳州市第六届“文明单位”称号，16人进入“中国好人榜”。2011年，蒙城县蝉联第二届“全省文明县城”称号，城关镇蝉联“全国文明村镇”称号，许疃镇许疃村获“全国文明村”称号。

【蒙城庄子祠创建国家3A级旅游景区】庄子祠始建于宋代元丰元年（1078年），北宋著名文学家苏轼应蒙城县令王竟邀请作《庄子祠堂记》。后庄子祠多次毁于洪水和战火，又多次重修。1995年，蒙城县决定在原址重修庄子祠，占地52亩。主要建筑为大三门、庄子门、濮池、观鱼台、五

蒙城庄子祠

笑亭、汉阙门、逍遥堂、梦蝶楼、南华经阁、碑廊、五五池、养生堂等。庄子祠内茂林修竹、曲径通幽，“十一五”期间共接待来自全国各地参观者、国际友人140万人次，2011年成功创建国家3A级旅游景区。

背景资料：

王安石题蒙城《清燕堂》诗

清燕新碑得自蒙，
行吟如到此堂中。
吏无田甲当时气，
民有庄周后世风。
庭下早知闲木索，
坐间遥望御丝桐。
飘然一往何时得，
俯仰尘沙欲作翁。

蒙城县基本情况一览表

项 目	绝对数	比上年增长%
国土面积	2091平方公里	—
总人口	132.4万人	0.4
生产总值	139.76亿元	12.9
财政总收入	11.50亿元	40.0
公共文化投入	3120万元	12.0
科技经费投入	3311万元	35.0
各类学校在校学生	244129人	10.4
考取本科人数	5054人	1.89
各类图书馆藏书	17.96万册	6.0
农家书屋	258个	102.0
文化馆（站、室）	18个	89.0
医疗机构病床数	2677张	7.0
人口自然增长率	8.47‰	0.02个千分点

利　辛　县

【文化概览】利辛县辖26个乡镇，是皖北农业大县。利辛于1965年建县，现有省级重点文物保护单位4处，县级文物保护单位35处，馆藏珍贵文物300件套（其中一级品5件、二级品6件、三级品71件），省级非物质文化遗产项目3个，市级非物质文化遗产项目7个，优秀旅游乡镇3个，五星级生态农家乐2个，三星级农家乐4个，国家3A级旅游景区1个，县城大型休闲健身广场5个。

文化事业和文化产业发展较快。截至2011年底，有公共图书馆、文化馆、广播电台、电视台各1个，体育场馆总面积2万平方米。建设完成标准乡镇综合文化站23个，农家书屋368个，公共电子阅览室9个，投入专项经费2300万元。

利辛县2011年基本情况一览表

项 目	绝对数	比上年增长%
国土面积	1950平方公里	—
总人口	158.0万人	0.5
生产总值	12.0亿元	30.0
财政总收入	6.0亿元	30.0
公共文化投入	5000万元	10.0
科技经费投入	5000万元	10.0
各类学校在校学生	30.0万人	5.0
考取本科人数	1200人	40.0
各类图书馆藏书	20.0万册	50.0
农家书屋	368个	10.0
文化馆（站、室）	24个	—
医疗机构病床数	1200张	—
人口自然增长率	6.0‰	—

蚌　埠　市

【文化概览】蚌埠市地处皖北，居淮河中游，是京沪与淮南铁路交汇点和安徽省重要综合性工业城市。全市辖怀远、五河、固镇3个县、龙子湖、蚌山、禹会、淮上4个区，面积5952平方公里，人口365万。蚌埠拥有机械、化工、医药、电子、建材等行业齐备的工业体系，科研院所和高等院校众多。京沪高铁风驰电掣，蚌埠新港百舸争流，交通便利。市辖3县均为全国商品粮大县，怀远石榴、五河螃蟹、固镇花生闻名遐迩。基础完备的工业、方兴未艾的农业、繁荣兴旺的商贸流通、蓬勃发展的外向型经济，构成这座城市的综合经济框架。

蚌埠于1947年1月1日设市，是安徽省第一个设市的城市。史载蚌埠"古乃采珠之地"，故有"珍珠城"美誉。"禹风厚德，孕沙成珠，务实开放，创业争先"是这座城市的精神写照。全市现有国家级湿地公园1个、国家级水利风景区2个、省级森林公园1个、省级风景名胜区2个、4A级旅游景区4个、3A级旅游景区3个、省级文物保护单位10处。花鼓灯、泗州戏、五河民歌被列为国家级非物质文化遗产；卫调花鼓、余家皮影戏、临北狮子舞、钱杆舞、旱船舞、涂山禹王庙会、五河清明庙会、涂山大禹传说、垓下民间传说、淮河琴书、端公腔、杨氏微雕被列为省级非物质文化遗产；冯国佩、李宝琴、鹿士彬为国家级非物质文化遗产传承人，杨其鹏等25人为省级非物质文化遗产传承人。

2011年，全市公共文化设施体系建设取得新进展。市图书馆、文化馆、博物馆实现免费开放；市图书馆新增纸质图书1万余册、电子资源13万册、电子期刊2000多种，持证读者增至5000余人；文化馆、博物馆和渡江战役总前委孙家圩子旧址陈列馆接待观众13万人次。全年投入1500多万元，新建成27个乡镇综合文化站；投入近1000万元，新建成450个农家书屋，基本实现全覆盖。组织实施农村电影放映工程，实现每个行政村每月放一场电影的目标，全年共放映电影9200多场次，受益人数达百万人次。大力开展群众文化演出与展览活动，利用春节、"十一"等节日，在市科学宫、淮河文化广场等地举办10余场广场文化活动，8万余人享受到免费文化大餐。组织开展送文化下乡、送戏下乡百场次。

理论武装工作不断深化。市委中心组全年组织集中学习16次；评选表彰22个优秀党委中心组和21名党委（党组）中心组工作先进个人。组织召开纪念建党90周年暨"创先争优"理论研讨会，先后举办"蚌埠大讲坛"讲座400多场，"蚌埠大讲坛"已逐渐成为普及党的理论创新成果的重要"品牌"。开展"学习型党组织示范点"创建活动，在全市100多个单位党组织自查自评的基础上，经过综合考评，命名市纪委（监察局）等23个党组织为"蚌埠市建设学习型党组织示范点"。举办市青年干部业余读书班，共有近200名年轻干部参加学习。

社会宣传主题鲜明。以纪念津浦铁路通车和蚌埠开埠百年为契机，围绕发展大局，策划组织系列纪念庆祝活动，编辑出版"百年蚌埠"图书和"百年蚌埠"纪念邮册，举行重点项目集中开工和经贸洽谈活动，特别是开埠百年纪念大会、开幕式演出和开埠百年陈列展，将系列活动推向高潮。举办第六届淮河文化研讨会，苏鲁豫冀皖五省200余名专家学者参加会议，取得丰硕成果。以纪念建党90周年为契机，开辟"创先争优专栏"，推出杨苗苗等一批创先争优典型。在"江淮百所学校童心向党歌咏活动"评选中，蚌埠市选送的2个节目均进入全省前6名，并代表安徽省参加"童心向党"歌咏活动全国评选。在省首届优秀童谣征集评选活动中，蚌埠市获一等奖1名，二等奖2名，三等奖2名，位列全省各市第一。精心组织开展蚌埠"好人之城"亮点提升工程，欧兴田当选"中国网事·感动2011"十大网络人物；黄凤当选"第二届全国十佳自强女孩"；孙尚传当选全省年度十大经济人物。在"心动2011·安徽年度十大新闻人物"评选中，蚌埠3人当选，获奖人数居全省第一；在全省第二届道德模范评选中，蚌埠市2人当选，2人获提名奖，入选人数居全省首位；全年新当选"中国好人"28人，列全省前三位。

文化产业快速发展。全市创办重大文化产业项目27个，总投资额199.82亿元，主要涉及文化旅游、文化基础设施建设、文化娱乐、艺术品、文博会展、出版印刷、文化创意等七大类。1亿元以上重大项目显著增多，投资10亿元的花鼓灯嘉年华项目、投资5亿元的光彩玉器文化城项目即将完工，总投资40亿元的星宇文化创意产业园、总投资30亿元的"湖上升明月"、总投资25亿元的大明文化产业园、总投资14亿元的百乐门文化综合体等一批重大项目已准备开工建设。蚌埠市委、市政府相继出台《蚌埠市关于支持文化体制改革促进文化产业发展的若干规定》、《蚌埠市"十二五"文化产业规划》，并正在拟定《关于加快推进文化强市建设的实施意见》、《关于加快文化产业发展若干政策的意见》等文件。采取放宽市场准入、鼓励多元投资等一系列政策措施，充分调动社会资本参与文化产业发展的积极性。社会资本先后参与兴建10多个投资额1亿元以上的高档歌舞娱乐场所、10

多个投资额3000万元以上的大型网吧、6个投资额达数亿元的印刷企业。中小文化娱乐休闲经营场所遍布全市，现有歌舞厅、网吧、电玩等文化娱乐场所近500个。近年来，蚌埠艺术品加工业悄然兴起，全市共有仿古玉器加工厂（坊）2000多个，从业人员4万多人，年产值数十亿元，每年有数十万件工艺品远销海内外，形成以仿古玉器和青铜器为主，包括微雕、奇石、盆景等工艺品的交易市场，仿古玉器和青铜器已成为蚌埠民间工艺的特色产品。

新闻外宣工作再创佳绩。充分利用三级四类媒体优势，精细植入蚌埠传播元素，“百年蚌埠·百年铁路”、“产业转移看蚌埠”等主题外宣活动渐次展开、高潮迭起，全市在省级以上媒体累计发稿7281篇(条)，其中在国家级媒体发稿2318篇(条)。进一步发挥新兴媒体作用，市主要领导先后接受人民网、新华网等知名网站专访，宣传推介蚌埠新优势。“网上大讲堂”、“十二五规划解读”正式开栏。在“首届全国温馨感人博文帖文大展贴”活动中，蚌埠4篇作品全部获奖。在全省“文明办网，喜庆七一”知识竞赛中，蚌埠代表队夺得桂冠。在“庆祝建党90周年网上专题宣传”中，蚌埠新闻网被评为省十佳网站。广泛开展“聚力促崛起、百年新跨越”主题宣传实践活动，20多个责任单位有计划、有组织地联动实施“升级提速新标杆新形象”评选、“四个不让”和“蚌埠要崛起，我该怎么办”大讨论等30项子活动。

精神文明创建成效显著。蚌埠是安徽省第二届文明城市，为创建“全国文明城市”，组织开展具有蚌埠特色的创建活动，2011年全市有5个单位获“全国文明单位”称号，3个村镇获“全国文明村镇”称号，69个单位获“省级文明单位”称号，2个县分别获“第二届省级文明县城”和“省级创建文明县城工作先进县城”称号，5个村镇获“第二届省级文明村镇”称号，4个村镇获“第二届省级创建文明村镇工作先进村镇”称号。在全国百名优秀志愿者推荐活动中，蚌埠市有1人当选。以整治农村环境卫生为突破口，以各级文明单位结对帮扶为抓手，以实施农村精神文明建设“四创”活动为载体，出台了《蚌埠市国省道公路沿线乡镇文明创建实施意见》，全年开展4次农村创建检查活动，培育一批农村创建新的典型。

文化体制改革稳步推进。中央和省下达的文化体制改革任务已全面完成。实现“三局合一”，合并市、县（区）两级原有的文化（新闻出版、版权）局和广播电视局，成立文化广电新闻出版局，统一履行文化行政管理职能。实现“两台合一”和“局台分离”，合并市广播电台和市电视台，组建蚌埠广播电视台。市、县两级成立了统一的文化市场综合执法机构，列入全额预算事业单位管理序列，集中履行文化、广电、新闻出版市场监管执法职能。完成电影发行放映单位改制，市电影发行公司、人民电影院等单位转企改制，组建了蚌埠华夏文化传媒有限公司，新公司建立了完善的法人治理结构。完成广电网络公司改制，市及所辖县广电网络公司已整体加入省级网络公司，市网络中心实现了转企改制。完成国有文艺院团改制，全市仅有的两个国有文艺院团实行转企改制，于2011年9月成立安徽省花鼓灯歌舞剧院有限责任公司和安徽省泗州戏剧院有限责任公司。近年来，蚌埠市文化改革发展获得一系列荣誉。花鼓灯文化生态保护工程入选文化部“2011年国家文化创新工程”；歌曲《好一个花鼓灯》获全国“五个一工程”大奖；花鼓舞《鼓乡情韵》获中国鼓舞大赛唯一金奖，并参加了北京奥运会开幕暖场演出和上海世博会演出；光彩玉器文化城被命名为“国家文化产业示范基地”。2010年、2011年连续2年被授予“全国文化体制改革工作先进地区”称号。

【中国花鼓灯艺术保护发展研讨

中国花鼓灯歌舞节开幕式表演

会在京召开】由中国非遗保护中心、中国舞协、文化部非遗司、安徽省文化厅、蚌埠市人民政府主办的“中国花鼓灯艺术保护发展研讨会”2011年12月12日在北京召开。

中国艺术研究院党委书记、中国非遗保护中心常务副主任张庆善，中国舞协名誉主席白淑湘，中国舞协分党组书记冯双白等出席。北京、安徽有关方面的专家、学者，《人民日报》、《光明日报》等中央媒体记者等40人参加。与会专家对安徽省多年来在花鼓灯保护、传承方面取得的成绩给予充分肯定，对花鼓灯的保护发展提出建议和希望。这次研讨会将进一步推动花鼓灯艺术的保护与发展，为花鼓灯的研究、保护、传承、教学、创新、发展提供学术指导和理论支持，为申报“世遗”做了理论铺垫和推进。花鼓灯老艺人及学院派花鼓灯传人进行了现场表演。

【中国首届玉文化节在蚌埠开幕】由中国收藏家协会、安徽省文化厅、蚌埠市人民政府共同主办，蚌埠市文广新局、蚌山区人民政府、蚌埠文化发展集团公司、蚌埠光彩投资公司承办的“2011年中国首届玉文化节暨安徽(蚌埠)第六届玉器奇石古玩盆景博览会”，于2011年12月28日在蚌埠市光彩玉器文化城开幕。自2006年以来，蚌埠市已成功举办5届玉博会，取得了良好的经济和社会效益，蚌埠光彩玉器文化城被授予国家级“文化产业示范基地”。本次节会首次将“安徽(蚌埠)第六届玉器奇石古玩盆景博览会”提升为国家级展会。“2011年中国首届玉文化节”，旨在打造城市名片，为玉文化行业构建一个展示、交流、招商的平台，提升蚌埠文化产业形象，实现蚌埠玉器市场上档升级，促进蚌埠玉器奇石古玩盆景行业快速健康发展。活动的内容主要包括玉文化节开幕式及“走进光彩玉器城”文艺演出、光彩玉器文化城(二、三期)及玉博馆开馆、名人名作展、商务洽谈及展品展示销售，玉器、奇石、盆景精品“华夏奖”评奖，现场插花、盆景制作竞技表演比赛及“走近蚌埠玉器”高端论坛等。

中国玉文化节开幕式

【蚌埠花鼓灯文化生态保护工程入选“2011年度国家文化创新工程”】花鼓灯是中国民族民间歌舞的代表，是中国汉族民间歌舞的典范之一。蚌埠花鼓灯文化生态保护工程以保护花鼓灯原生生态、原生形态，实现文化艺术传承为重点，力图通过对花鼓灯文化特质及与之关联的自然生态和人文生态实行整体保护，建成有形物质文化遗产和无形非物质文化遗产相依相存、自然和文化生态环境和谐相处的文化生态保护区，在确保花鼓灯获得有效保护的前提下，促进抢救、保护、利用的有机结合和协调统一。保护工程拟在以下创新点上实现突破：运用3D技术等高科技手段来保护传承花鼓灯艺术，建设数字化中国花鼓灯博物馆；提出“保护花鼓灯自然形态、自然生态，实现优质基因自然传承”的核心理念，构建三层环状的保护模式；创新花鼓灯保护模式，提出并实践花鼓灯生态保护村的概念，人、自然和人文环境三大要素在一个复合体内同步得到保护，文化空间、灯班子、传习所、博物馆等同步得到建设；提出并实施花鼓灯保护的“三千双百工程”，根据不同的空间和群体，完善、延伸和创新花鼓灯传承链；构建专业性保护机制，成立花鼓灯保护专家委员会，加强与中国艺术研究院和国家非遗保护中心的合作，召开花鼓灯保护高端学术研讨会，集中专家的智慧，不断推进花鼓灯保护的理论创新，并产生研究成果；创新文化空间的内容，认定农历三月二十八日涂山庙会为花鼓灯在农村的文化活动时间，认定正月十五为花鼓灯在社区的文化活动时间，并在这一天开展抵灯、赛灯、灯歌比赛，以及举办篝火晚会、放河灯等民俗活动，彰显花鼓灯愉悦集体、凝聚人心、和谐乡里、祈求幸福的文化内涵。通过上述努力，为花鼓灯的生存与传承寻找科学路径，为非遗保护提供示范和借鉴，为中华文化“走出去”做出贡献，为文化旅游事业发展和农民致富创造条件。

【蚌埠市举办开埠百年庆典】 2011年，是蚌埠开埠100周年。6月15日，在蚌埠市龙湖体育馆举行开埠100周年大会暨“百年跨越”大型歌舞诗报告文艺晚会。“百年跨越”倾情再现1911年蚌埠淮河铁路大桥建成，津浦铁路南段通车，蚌埠正式开埠，城市发展曲折前行的历史篇章；再现了100年来居于津浦铁路和淮河交汇点的蚌埠，由一个小渔村发展成为皖北商贸重镇、淮河流域中心城市的峥嵘历程；彰显100年后的2011年，京沪高铁全面通车并在蚌埠设站，蚌埠从此跨入“高铁时代”的辉煌场景。整台晚会气势恢弘，真实再现珠城蚌埠百年沧桑巨变，以回顾光辉历程、讴歌发展成就、颂扬蚌埠人民和英雄人物、展望美好未来为主旨，融入百年蚌埠历史文化元素，原汁原味，大气磅礴。演出以《盛世欢歌》为序，分为《大铁桥的记忆》、《老槐树的诉说》、《淮河一路歌唱》、《百年辉煌跨越》4个篇章，并在尾声《乘着高铁飞翔》中落幕。

蚌埠市2011年基本情况一览表

项　目	绝对数	比上年增长%
国土面积	5952平方公里	—
总人口	365.45万人	0.3
生产总值	780.2亿元	22.3
财政总收入	136.0亿元	34.0
公共文化投入	1.49亿元	22.2
科技经费投入	4.51亿元	30.2
各类学校在校学生	55.86万人	2.8
考取本科人数	8780人	3.7
各类图书馆藏书	40.04万册	72.2
农家书屋	—	—
文化馆（站、室）	—	—
医疗机构病床数	13853张	5.1
人口自然增长率	10.71‰	—

蚌　山　区

【文化概览】 蚌山区是蚌埠市中心城区，因辖区内有“南山”得名，是全市政治、科技、文化、金融和商贸中心。蚌山区北依淮河，南接滁州市凤阳县，东临津浦铁路、龙子湖，呈扇形向南延伸。全区面积83平方公里，人口28万，辖5个街道办事处和2个乡。

蚌山区内有全省最大的综合性专业市场——蚌埠光彩大市场、二马路小商品批发市场和中国古玩玉器商城；全市最繁华的商业中心——淮河路中央商务区，国内外知名商业企业沃尔玛、安徽天洋新世纪、安徽商之都、百大购物中心均坐落区内，各类商业社区服务网点林立，金融、证券、保险机构齐全；拥有巨大投资潜力的发展区域——蚌埠城南新区，以打造高新电子信息和现代服务业两大产业为支柱，未来5～10年将成为蚌埠市最具活力的科技新城、文化新城和生态新城。

蚌山区2011年基本情况一览表

项　目	绝对数	比上年增长%
国土面积	83.03平方公里	—
总人口	27.85万人	1.3
生产总值	34.14亿元	12.1
财政总收入	6.5亿元	81.4
公共文化投入	334.0万元	80.7
科技经费投入	498.0万元	90.8
各类学校在校学生	1.41万人	—
农家书屋	22个	—
文化馆（站、室）	27个	3.8
医疗机构病床数	96张	—
人口自然增长率	5.0‰	2个千分点

龙子湖区

【文化概览】龙子湖区位于蚌埠市东部，东南部与滁州市凤阳县接壤，西部与蚌山区毗邻，北部与淮上区、五河县隔淮河相望。面积161.68平方公里，人口24.3万，辖6个街道办事处和2个乡镇。

1947年1月，蚌埠市设东安、国庆、中山、西市、小蚌埠5个区。1949年7月，合并东安、国庆两个区成立国安区。1951年8月，国安区改为东市区。2004年3月，东市区更名为龙子湖区。龙子湖区铁路、公路和水路交通发达，火车站、长途汽车站、京沪高铁蚌埠站均坐落在辖区内，有京沪线上华东地区最大的货运编组站，淮河水运四季通航，是蚌埠市重要的交通枢纽。

境内有曹山、锥子山、东西芦山、老山和龙子湖，山水相依、风景秀丽，国家4A级风景区龙子湖水域面积8平方公里。辖区历史人文资源丰厚，有始建于东汉的栖岩寺、三国的鲁肃井、明东瓯王汤和墓、长淮卫古大街等一批省级重点文物保护单位。长淮卫调花鼓被列入安徽省非物质文化遗产名录，李夕茹为安徽省非物质文化遗产传承人。

坐落在辖区内的蚌埠大学城，汇聚安徽财经大学、蚌埠医学院、蚌埠学院、安徽电子信息学院、蚌埠工艺美术学校等大专院校近10所，各级各类职业培训机构20余所，集聚大批专业科技人才、管理人才和技工人才。

2011年，龙子湖区文化事业和文化产业发展迅速。截至年底，先后投资近200万元建成区文化馆1个、乡镇文化站2个、农家书屋32个。乡镇文化站均按要求设置“四室一厅”（即书报刊阅览室、文化科技培训室、文化信息共享服务室、办公室、多功能活动厅），并安排配置了电脑、摄像机、音响、数字电影放映设备、文化体育器材，开设了宣传栏，开辟了室内外活动场所；每个农家书屋面积20平方米以上，均配置了书柜、阅览桌、椅子以及1600余册图书、100余张科技光盘、30余份报刊杂志、投影仪，安排1名兼职图书管理员。文化站和农家书屋均实现全覆盖。

龙子湖区2011年基本情况一览表

项 目	绝对数	比上年增长%
国土面积	161.68平方公里	—
总人口	24.3万人	—
生产总值	49.07亿元	14.1
财政总收入	5.92亿元	26.0
公共文化投入	270.0万元	—
科技经费投入	321.0万元	—
各类学校在校学生	1.46万人	5.0
农家书屋	32个	31.0
文化馆（站、室）	3个	33.0
医疗机构病床数	600张	—
人口自然增长率	3.4‰	—

禹会区

【文化概览】禹会区位于蚌埠市西部、淮河南岸，东邻蚌山区，西北与怀远县、淮上区隔淮河相望，南与滁州市凤阳县、淮南市接壤。面积125.21平方公里，人口22.94万。辖5个街道办事处和2个乡镇。

禹会区前身是蚌埠市西市区。据史书记载，坐落于秦集镇禹会村的禹墟，属古涂山氏国，距今有4000多年历史。由中国社科院组织实施的中华文明探源工程，在禹墟发现了大量距今5000年左右龙山文化时期的鬼脸鼎足、石镞等人类文化遗迹，以实物佐证了大禹治水和“禹会诸侯、执玉帛者万国”的伟大业绩。位于秦集镇的冯嘴子村，是著名花鼓灯表演艺术家、国家一级演员冯国佩的出生地，2004年10月和2005年4月分别被国家命名为“中国花鼓灯原生态保护村”和中国花鼓灯第一村”。花鼓灯被列入国家级非物质文化遗产名录，花鼓灯传习所、演艺广场等游览设施已对外开放。国家级水利风景区蚌埠闸景区，以蚌埠闸水利枢纽工程为依托，集湿地公园、别墅旅游度假、会务商贸洽谈、水利工程观光和公众科普教育为一体，有“淮河上的葛洲坝”之称。位于西部的天河，是省级风景名胜区涂山——白乳泉景区的组成景区，天河渔乐水乡景点是省级“农家乐”旅游示范点、国家2A级旅游景区。张公山公园为国家4A级旅游景区，规划面积175公顷，现有陆地面积57公顷，山顶海拔71.2米，是山水相映、景色秀丽的大型综合性公园。

2011年，禹会区文化事业和文化产业发展迅速。截至年底，共有国家二级文化馆1个、乡镇综合文化站2个（其中一级文化站1个）、街道和社区文化活动室27个、农家书屋32个，形成了较为完备的区、乡镇（街道）、行政村社区三级文化活动场点网络。

文化民生工程建设。2011年为长青乡、秦集镇2个乡镇投资80万元，建成总面积3000平方米，内设有文化信息共享室、科技文化培训室、图书室、文化娱乐活动室、体育健身活动室，电脑、图书、体育健身设备比较齐全的乡镇综合文化站。投资64万元，建成了覆盖全区32个行政村的“农家书屋”。每个书屋建设面积20平方米，分别配备1500册图书、100盘科技影像资料、以及5套书柜及阅览桌椅等设备，并全面免费开放。

文明城镇建设。全面检查文化市场，对辖区内45个网吧、38个练歌房、7个游艺厅和1个飚歌城进行动态跟踪检查，整顿规范文化市场，消除杜绝违法和不文明现象。围绕“全民健身”主题，积极组织开展元旦、春节群众体育趣味系列活动，努力推动全民健身运动的开展。根据“全国第三次全民体质测试”工作要求，完成全区800人次测试和400名社会体育健身指导员录注工作。

禹会区2011年基本情况一览表

项 目	绝对数	比上年增长%
国土面积	125.21平方公里	—
总人口	23.0万人	—
生产总值	85.0亿元	14.0
财政总收入	4.5亿元	41.4
公共文化投入	129.0万元	61.2
科技经费投入	375.0万元	32.7
各类学校在校学生	1.87万人	−5.0
农家书屋	32个	39.1
文化馆（站、室）	30个	114.0
医疗机构病床数	251张	13.0

淮 上 区

【文化概览】淮上区成立于2004年，面积245平方公里，人口20万，辖4个乡镇、1个街道办事处。

淮上区具有悠久的历史文化，有省级重点文物保护单位3处，沾火神功打铁技术被列为省级非物质文化遗产。境内的双墩新石器遗址距今7300年，是淮河中游地区已发现的年代最早的新石器时代文化遗址，是中国文字起源的重要源头之一，代表着淮河流域的灿烂文明。双墩春秋一号墓为钟离古国国君之墓，入选2008年度中国十大考古新发现。

2011年，全区文化事业和文化产业发展迅速。一是加大基层文化阵地建设，成立“淮上区乡镇综合文化站建设和农家书屋工程建设领导小组”，建成了4个标准化乡镇综合文化站、51个标准化村级“农家书屋”，并实现对附近村民免费开放，受到省文化厅的通报表彰。二是加大重点文化工程建设，建成区文化信息资源共享支中心，已经规划即将开工的还有全区青少年活动中心项目、老年服务中心项目和淮上明珠广场以及文化馆、图书馆、档案馆项目等。这些项目建成后将会进一步提升文化承载能力和文化品位。三是开展丰富多彩的基层文化活动，主动搭建各类活动平台，组织和引导群众开展健康向上的文化娱乐活动。

文明创建工作再上新台阶。区政府被评为市级文明单位，小蚌埠镇被评为全国文明村镇，曹老集镇被评为省文明村镇。以评选道德典型为抓手，广泛发动群众投身道德实践，积极推介先进典型参加全国道德模范和“中国好人”评选，由区推荐的林述光、高正权当选“中国好人”。

淮上区2011年基本概况一览表

项 目	绝对数	比上年增长%
国土面积	245.0平方公里	—
总人口	20.0万人	—
生产总值	32.39亿元	25.0
财政总收入	4.06亿元	52.0
公共文化投入	300.0万元	20.0
科技经费投入	524.0万元	24.0
各类学校在校学生	1.47万人	−19.0
农家书屋	54个	74.0
文化馆（站、室）	4个	—
医疗机构病床数	240张	9.0
人口自然增长率	9.8‰	—

怀 远 县

【文化概览】怀远县位于蚌埠市境西部、淮北平原南部。境内荆山海拔259米，涂山海拔339米，夹淮河对峙，蔚为壮观。怀远县为淮河文化、大禹文化的重要发源地之一，是全国商品粮生产基地、安徽省杂交稻制种基地、全国无公害蔬菜生产基地、水产品生产基地。

怀远县始建于1291年，现辖19个乡镇、1个省级风景名胜区和2个省级经济开发区。县内有国家级重点文物保护单位1处、省级重点文物保护单位3处；花鼓灯被列为国家级非物质文化遗产，端公腔、大禹传说、禹王庙会为省级非物质文化遗产；杨再先、郑九如为国家级非遗传承人；葛士静、石春彩、石春全、常谦德、梅其柱、梅连社、葛松等为省级非遗传承人。

公共文化建设。2011年，全县完成10个乡镇综合文化站和197个农家书屋工程建设任务。通过政府采购，为每个乡镇配备了文化信息资源共享工程设备（包括数码相机、打印机、办公桌椅、阅览桌、期刊柜、书橱、报架等），配置二胡、锣鼓、乒乓球桌、羽毛球、图书等一批文体器材。认真贯彻落实《体育法》和《全民健身计划纲要（2011～2015）》，加大对全民健身基础设施投入，建成涡北新村、城关镇、唐集镇3处乡镇健身广场，每处配置篮球架、乒乓球桌等健身器材13套（件）。

文化民生工程建设。截至2011年底，全县有公共图书馆1个、文化馆2个，广播电台、电视台各1个，县体育场馆正在进行扩建改造。文化民生工程建设投入资金794万元，比上年增长133％。

精神文明建设和文明城镇创建。提升全民文明素质，加强核心价值体系建设；以重大纪念日为契机，提振加快发展、强县富民的精气神；加强未成年人思想建设，优化未成年人成长环境，开展关爱留守儿童结对帮扶活动；培育和宣扬先进典型，广泛开展推选第三届道德模范和“中国好人”活动；提升公共文明指数，深化文明县城创建；加大综合整治，优化农村环境，深入开展城乡结对共建活动，进一步加强乡镇文明创建工作；提升特色创建活动，推动社会文明和谐，深化志愿服务活动；深入开展“我们的节日”主题活动，以主题活动深化公民思想道德建设；加强创建队伍建设，提高人员素质。

怀远县2011年基本情况一览表

项 目	绝对数	比上年增长%
国土面积	2384平方公里	—
总人口	134.0万人	0.7
生产总值	165.0亿元	24.0
财政总收入	13.5亿元	67.0
公共文化投入	2192万元	53.0
科技经费投入	10071万元	34.4
各类学校在校学生	20.76万人	0.4
考取本科人数	4072人	11.0
各类图书馆藏书	6.0万册	45.0
农家书屋	197个	267.0
文化馆（站、室）	10个	100.0
医疗机构病床数	3043张	13.0
人口自然增长率	6.98‰	—

五 河 县

【文化概览】五河县地处皖东北，淮河中下游，因境内淮、浍、漴、潼、沱五河汇聚而得名，与江苏省泗洪县以及本省明光市、泗县、灵璧县、凤阳县、固镇县和蚌埠市淮上区接壤。辖15个乡镇、1个省级经济开发区。面积1595平方公里，人口73万。是全国文化先进县、体育先进县，安徽省民歌之乡。

五河历史悠久。唐代为古虹县，南宋咸淳七年（1271年）置五河县，至今700多年。

五河区位优越，是安徽省东向发展的23个县（区）之一，也是蚌埠市唯一毗邻外省的县。蚌宁高速公路、正在建设中的徐明高速公路均在境内设有出入口。

五河风光秀美，境内有“五河”、“三湖”（沱湖、天井湖、香涧湖）、“一水库”（樵子涧水库），有国家3A级景区——沱湖湿地、大巩山省级森林公园和天井湖、樵子涧风景区。以沱湖省级自然保护区为核心的湿地，鱼蟹竞游，鸟类翩飞。县城四面环水，城中河水缠绕，水在城中，城在水间，素有

“淮北水乡”之称，五河是“全省园林县城”。

五河文化底蕴丰厚，有省级重点文物保护单位2处、县级重点文物保护单位9处；五河民歌是国家级非物质文化遗产，临北狮子舞、旱船、钱杆舞、清明庙会为省级非物质文化遗产；王芹、薛胜友、顾祖元、陈广州、欧明荣等为安徽省非物质文化遗产项目传承人。

全县文化事业和文化产业发展迅速。截至2011年底，共有公共图书馆、文化馆、广播电视台各1个，县体育中心占地115亩，由体育馆和体育场两部分组成。体育馆总面积8149平方米，内有座位2387个；体育场有1个八跑道的标准田径场、1个足球场、4个网球场、4个篮球场。全年文化产业总产值达1.5亿元，比上年增长16.5%。自2009年以来，中央、省、县财政共投入5700多万元，用于文化体育基础设施建设，基本建成县乡村公共文化服务体系。全县15个乡镇全部建成综合文化站，面积平均在350平方米以上，有2个乡镇文化站面积超过800平方米；223个村建成农家书屋213个，覆盖率达95.5%。2011年上述两项文化民生工程分别代表蚌埠市接受安徽省文化厅、安徽省新闻出版局的检查验收，县文广体新局获得“全省乡镇综合文化站建设工作组织奖”。

精神文明建设。开展“十佳人物”评选活动，涌现出一大批先进典型。积极开展“板车女孩”黄凤事迹宣传活动，黄凤被评为“中国好人”和安徽省第二届道德模范、蚌埠市第三届道德模范，并当选安徽省2011年度十大新闻人物和“全国十佳自强”女孩。双忠庙镇刘蔡村“一吻救命”女孩刘文秀，高票当选2011年7月份“中国好人”（见义勇为好人）。

文明城镇建设。县委县政府把文明城镇建设摆到突出位置，将文明城镇建设目标任务层层分解，每月集中解决人民群众关心关注的热点、难点、重点和突出问题，在机关、企事业单位广泛开展争创省、市、县文明单位活动。2011年有3个单位被评为安徽省文明单位，有57个单位被评为蚌埠市文明单位，沱湖乡被评为安徽省文明村镇。

五河县2011年基本情况一览表

项　目	绝对数	比上年增长%
国土面积	1595平方公里	—
总人口	73.0万人	0.6
生产总值	110.9亿元	14.0
财政总收入	8.5亿元	78.0
公共文化投入	2006万元	27.8
科技经费投入	2683万元	155.3
各类学校在校学生	90584人	-4.5
考取本科人数	2276人	13.0
各类图书馆藏书	12.5万册	23.0
农家书屋	213个	74.6
文化馆（站、室）	16个	—
医疗机构病床数	1513张	5.0
人口自然增长率	5.51‰	—

固　镇　县

【**文化概览**】固镇县位于安徽省北部、淮河北岸。汉高祖刘邦曾在此设立谷阳县，遗迹尚存；北魏太和年间改设谷阳镇，后演变为固镇；1965年析宿县、灵璧、五河、怀远边缘建立固镇县。全县面积1360公里，人口63万。辖11个乡镇、1个省级经济开发区和1个省级台湾工业园。

固镇县具有悠久的历史，现有省级重点文物保护单位2处——垓下遗址和谷阳城遗址；垓下民间传说被列为省级非物质文化遗产，李凤兰、丁向军、张公为、丁玉群为市级非物质文化遗产传承人。2011年，全县文化事业和文化产业发展迅速。截至年底，有公共图书馆1个，馆舍面积1400平方米，馆藏图书3万多册、期刊110余种；文化馆1个，建筑面积1516平方米，2011年被文化部评为国家三级馆；广播电台、电视台各1个，体育场馆3.07万平方米。全县已有中国书协会员9名、省书协会员70多名。正积极申报“书法之乡”。

公共文化服务体系建设。覆盖城乡的公共文化服务网络初步形成，文化服务能力得到进一步改善和提高。县文化馆、图书馆、博物馆均实行免费对外开放，此项工作走在全市前列。与此同时，积极对上争取项目资金支持，投入230万元新建115个农家书屋，2011年投入160万元新建4个乡镇文化站，使全县乡镇文化站和农家书屋数量分别达到11个和213个，实现全覆盖。此外，当年还建成农村文化信息资源共享工程项目192个。

2011年，全县以开展城乡环境整治为突破口，以创建文明县城和文明乡镇为载体，以提高人的素质为根本，深入开展公民思想道德建设和群众性精神文明创建活动，并取得一定成效，先后获“第二届安徽省创建文明县城工作先进县城”、“蚌埠市创建第二届安徽省文明城市工作先进单位”称号，4人入选“中国好人”、1人获安徽省道德模范提名奖，濠城镇获得“第二届安徽省文明村镇”称号，城关镇通过全国文明村镇复核验收。

固镇县2011年基本情况一览表

项 目	绝对数	比上年增长%
国土面积	1360平方公里	—
总人口	63.2万人	1.0
生产总值	99.0亿元	13.5
财政总收入	6.22亿元	70.0
公共文化投入	1147万元	3.9
科技经费投入	411.0万元	37.2
各类学校在校学生	7.65万人	-4.0
考取本科人数	2078人	4.3
各类图书馆藏书	2.5万册	25.0
农家书屋	213个	53.0
文化馆（站、室）	11个	36.0
医疗机构病床数	1345张	0.1
人口自然增长率	6.41‰	1个千分点

淮　南　市

【文化概览】淮南市位于淮河中游，有着亿年生命起源史、千年文化史、百年工业和城市建设史，是安徽省重要工业城市。“五彩淮南”是指黑色煤炭的富集地、红色火电的输出地、白色豆腐的发源地、蓝色生命的起源地、绿色生态的宜居地。淮南市东与滁州市的凤阳、定远县毗邻，南与合肥市的长丰县接壤，西南与六安市的寿县相连，西及西北与阜阳市的颍上县和亳州市的利辛、蒙城县交界，东北毗邻蚌埠市怀远县，辖5个区、1个县、1个国家级综合实验区，面积2596平方公里，人口245.6万。1984年被国务院批准为享有地方立法权的较大的市。是全国13个亿吨煤基地之一、6个煤电基地之一。

淮南于1952年6月2日建市，因位于淮河南岸且为古淮南国属地而得名。殷周时为淮夷所居，战国时为楚地。市内名胜古迹众多，有国家级森林公园3处，省级风景名胜区3处，国家级重点文物保护单位1处，省级重点文物保护单位6处。历史名山八公山方圆100多平方公里，集国家地质公园、国家森林公园、国家4A级旅游景区为一身，被誉为“皖北第一名山”；中国历史上以弱胜强的著名战例——淝水之战的古战场、闻名于世的古窑址之一寿州窑、赵国大将廉颇及西汉淮南王刘安等著名历史人物古墓群、“淮上胜境”——古茅仙道观、“淮南虫”古生物化石群以及八公山豆腐“五古一珍”等，均驰名中外。

淮南文化底蕴深厚，由淮南王刘安主持撰写的《淮南子》一书，综合诸子百家学说中的精华，对后世研究秦汉时期文化具有不可替代的作用；被誉为“东方芭蕾”的花鼓灯数千年传承不衰；少儿艺术，享誉国际；已连续举办18届的中国豆腐文化节，成为中国最有影响力的十大品牌节会之一。花鼓灯、火老虎被列为国家级非物质文化遗产，马戏灯、采莲灯民间舞蹈等12个项目被列为省级非物质文化遗产。著名花鼓灯艺术家陈敬芝、邓红、张士根，著名马戏灯艺术家孙永超为国家级非物质文化遗产传承人。独特的文化资源、厚重的文化底蕴、鲜明的文化特色，为加快淮南文化改革发展带来比较优势。

近年来，淮南市委、市政府立足地域文化特色，整合优势文化资源，加快文化强市建设步伐。歌曲《走进西部》、小说《美丽的村庄》先后获得全国“五个一工程”奖；第一部淮南主创、淮南出品的30集电视连续剧《念恩桥》，在焦岗湖海顿影视城拍摄完成并在淮南电视台播出。由市委宣传部、市广播电视台与央视动漫公司、中国传媒大学联合制作的大型动画系列片《淮南子传奇》第一部26集，获2011年度中国动漫专业最高奖——“美猴奖”。

2011年，文化事业和文化产业发展迅速。全市共有公共图书馆4个、文化馆8个、广播电台2个、电视台5个、体育场馆15万平方米，当年编辑出版图书19部。全年文化产业增加值11.65亿元，比上年增长17.7 %。

公共文化设施建设。建筑面积达4.5万平方米、占地43.8亩的淮南市文化艺术中心于2011年底开工建设。该中心集图书馆、文化馆（含标准化剧院）、美术馆、少儿文化艺术活动示范基地等为一体，是一项大型综合文化服务设施。建筑面积达12000平方米的八公山区文化活动中心，已完成主体工程建设。凤台县花鼓灯艺术学校二期工程，已建成投入使用。大通区文化活动中心、田家庵区文化活动中心、毛集实验区文化活动中心的建设规划工作全面推进。全市县、区文化信息资源共享工程支中心全部建成。

文化民生工程建设。建成乡镇综合文化站26个、农家书屋260个，实现了全市46个乡镇综合文化站、农家书屋建设全覆盖。淮南市文广新局获全省乡镇综合文化站先进集体一等奖和组织工作奖，省文化厅专门在淮南召开全省乡镇综合文化站建设推进会。乡镇综合文化站、农家书屋管理、使用工作进一步加强，经全省乡镇综合文化站等级评定，全市共有一级站7个、二级站7个、三级站4个。

精神文明建设。组织评选表彰第二届淮南市道德模范，组建道德模范事迹报告团并在全市进行巡回报告。深入推进月评“十佳事迹”、“中国好人榜”等活动，组织开展“中国移动杯”感动淮南“十佳事迹”评选。维和女警汪雪艳忠诚履职等10件事迹被评为“十佳事迹”， 4人入选“中国好人榜”。组织“童心向党”歌咏大赛，田家庵区第二小学选送的《少年中国》和八公山区新庄孜街道选送的《红梅赞》获得全省比赛一等奖。推进“乡村学校少年宫”建设，组织4所乡村学校少年宫申报中国体育彩票公益资金资助。淮南市被命名为安徽省首届未成年人思想道德建设先进城市。

文明城镇建设。以迎接合肥经济圈城市党政领导第二次峰会、中国淮南国际少儿艺术节、第十八届中国豆腐文化节等节会为契机，“全力迎节会、争创文明城”不断掀起热潮。深入推进城市基础设施建设和综合管理，全市投入306.75亿元进行城市建设，完成整治改造95条小街小巷，命名一批文明街巷和达标街巷，城市建设和管理水平得到加强，市容市貌得到显著改观，获得“全省创建文明城市工作先进城市”称号。开展“关爱生命、文明出行”等系列活动，加强摊点管理，提升环卫管理水平，深入开展基层文明创建活动。田家庵区洞山街道黎明社区、八公山区新庄孜街道建东社区、新培社区等3个社区获“安徽省绿色社区”称号。

【淮南少儿艺术被确定为首批创建国家公共文化服务示范项目】 2011年5月，在文化部、财政部组织开展的第一批创建国家公共文化服务示范区（项目）申报中，淮南少儿艺术发展项目脱颖而出，被确定为首批创建国家公共文化服务示范项目。

在安徽，淮南少儿艺术已成为新的文化现象。淮南市将少儿艺术发展作为文化建设的“名牌产品”来经营，经过20多年的探索、积累，已形成平台众多，基础坚实，投入丰厚，渐成体系的格局，是名副其实的文化工程。20多年来，淮南市举办三届“中国淮南国际少儿艺术节”。所辖区县都开展了各具特色、相对固定的少儿艺术活动。据不完全统计，2004年以来，淮南市少儿艺术有20余件作品在国际比赛中获得金奖，200余件在国家级比赛中获得大奖。“中国少儿舞蹈艺术研究发展基地”落户淮南。淮南市少儿文艺节目多次登上中央电视台、人民大会堂等国家级舞台，多次赴港澳地区和土耳其、

淮南国际少儿艺术节开幕式

美国、新加坡、马来西亚等国家演出。淮南每年有2000多人考进全国各类艺术学校，许多人学有所成，成为有影响力的文化人才，如著名主持人周涛、著名歌星张燕、青年舞蹈家夏小虎、少年钢琴新星叶子等。

【凤台花鼓灯艺术团出访新加坡】应中国驻新加坡大使馆和新加坡“春城洋溢华夏情”筹委会的邀请，安徽省文化厅组派以凤台县花鼓灯艺术团为主的安徽省艺术团，于2011年12月30日出访新加坡，参加2012新加坡农历新年系列庆祝活动暨第十九届“春城洋溢华夏情”牛车水亮灯仪式。

“春城洋溢华夏情”活动是新加坡三大春节文化活动之一，在当地具有较大影响，已连续举办18年。在亮灯仪式上，凤台县花鼓灯艺术团表演的花鼓灯舞蹈《欢腾的鼓乡》和《板凳龙》轰动全场。仪式结束后，该团又在牛车水为新加坡人民和当地华人举办了一场花鼓灯专场演出，中国驻新加坡大使馆参赞陪同安徽省代表团领导共同观看演出。此次凤台县花鼓灯艺术团出访新加坡，充分展示中华民族优秀传统文化的独特魅力，极大地提高了花鼓灯艺术的海外知名度。

多年来，淮南依托“全国花鼓灯艺术之乡”——凤台县的资源优势和群众基础，充分发挥政府的主导作用，促进生态建设、人才培训、专业演出和艺术研究“四位一体”发展，精心打造出《瞧，这帮鼓架子》、《千里长淮一条线》等优秀作品，先后夺得“群星奖”、“荷花奖”等多个国家级大奖，获“安徽花鼓灯研究基地”、“中国民间文化艺术之乡”等一系列命名、称号。

【第十八届中国豆腐文化节在淮南举办】2011年9月15～17日，第十八届中国豆腐文化节在淮南成功举办。本届中国豆腐文化节以“传承·交流·合作·共享”为主题，坚持豆腐为媒、依节造势、广交朋友的办节宗旨和政府主导、市场运作、社会参与的办节模式，进一步发挥节庆活动的独特作用，做到以节促发展、以节扩开放、以节引投资、以节惠民生，为促进淮南“两型城市”建设和打造“五彩淮南”新形象作出了贡献。

淮南八公山是豆腐的发源地。从1992年起，由中国商业联合会和安徽省政府主办、淮南市政府承办的中国豆腐文化节已经成功举办18届。豆腐文化节是一种集文化、旅游、经贸于一体的国际性商旅文化节庆，是唯一在台湾海峡两岸同时举办的国家级节庆，已经成为具有重大影响力的经贸桥梁、文化舞台、形象窗口和群众盛会，成为淮南走向世界的重要纽带。

淮南市有关部门已收集整理出400多种豆腐菜肴烹制方法，推出全部以豆腐为主料的“豆腐宴”，全国第一个豆腐制作技术标准通过认定并公布。“豆腐文化”已成为崭新的“淮南符号”。

【《淮南子》学术研究成果丰硕】“塞翁失马”、“削足适履”、“居高临下”等成语，都出自西汉淮南王刘安主持编撰的《淮南子》。为加强对《淮南子》文化的研究、保护和传承，淮南市在2004年12月成立了《淮南子》研究会，这是全国唯一的《淮南子》学术研讨团体，其宗旨是组织省内外的专家学者，通过全面系统的研究整理工作，将《淮南子》博大精深的文化精神发扬光大。

《淮南子》研究会成立以来，共组织召开六届全国研讨会及多次小型学术交流会，与国内外50多所高校和研究机构建立了联系，共征集学术论文近200篇。2004年以来，研究会编辑出版学术论文集《淮南子研究》4卷，收录文章100余篇、近百万字。这些论文涉及《淮南子》研究的各个领域，从不同角度对《淮南子》内涵进行了深入发掘，使《淮南子》的价值得到新的提升，《淮南子》中蕴含的优秀思想得到进一步的传播。其间，研究会还出版会刊《淮南子通讯》9期，发布刊登各类信息、资料200余条。由会员编著的《淮南子故事》、《问道淮南子》、《淮南子名言录》等书籍

第十八届中国豆腐文化节开幕式大型综艺晚会

先后出版。由淮南市广电局、中国传媒大学和央视共同制作的大型动漫片《淮南子传奇》第一部26集已制作完毕，2012年将在中央电视台及其他电视媒体播出。此外，淮南市还在八公山风景区建设《淮南子》文化园，对《淮南子》文化进行物化。

【淮南市大通万人坑教育馆获批3A级旅游景区】2011年3月,大通万人坑教育馆被批准为国家3A级旅游风景区，正式揭牌。

大通万人坑教育馆始建于1968年，占地面积3.1万平方米，建筑面积4600平方米，展室面积2400平方米。存列文字解说、文字图片60张，旧社会矿工生活用品及生产工具98件，泥塑像91个，日寇侵占大通煤矿期间形成的白骨大坑3处，修建的碉堡2座，秘密水牢1处，还有日寇摧残矿工的刑具器械，等等。其中，秘密水牢、碉堡、白骨大坑、窑神庙等在1986年被列为省重点文物保护对象。

大通万人坑教育馆景区1995年被命名为安徽省爱国主义教育基地，2007年被批准为国家2A级景区，2008年开始筹备创建国家3A级风景区。在3年里，淮南市共投入100多万元资金，改善服务设施和环境卫生，提升服务水平。2010年9月，万人坑教育馆被安徽省人民政府命名为安徽省国防教育基地。大通“万人坑”教育馆建馆以来，共接待来自全国各地参观者、国际友人约1200万人次。

淮南市2011年基本情况一览表

项 目	绝对数	比上年增长%
国土面积	2596平方公里	1.1
总人口	245.6万人	12.1
生产总值	709.5亿元	30.9
财政总收入	138.9亿元	16.0
公共文化投入	11731万元	58.0
科技经费投入	20076万元	−4.8
各类学校在校学生	418422人	−2.7
考取本科人数	5288人	0.9
各类图书馆藏书	32.7万册	17.9
农家书屋	577个	7.6
文化馆（站、室）	56个	11.4
医疗机构病床数	11736张	—
人口自然增长率	7.5‰	—

凤 台 县

【文化概览】凤台县位于淮河中游，古称州来，又谓下蔡。清雍正十年(1732年)置县，县名沿用至今。现辖7个镇、9个乡和1个省级经济开发区，面积894平方公里，人口63.54万。县内煤炭资源储藏丰富，达120亿吨,是全国深井采煤第一大县和新兴的煤电化基地。

凤台县文化源远流长、底蕴深厚。有全国稀有剧种“推剧”等淮河流域民间艺术，有茅仙古洞、硖山口、黑龙潭等“州来八景”。被誉为“东方芭蕾”的凤台花鼓灯艺术，经过多年的发展，已成为展示凤台品位和魅力的名优品牌。作为被文化部命名的中国民间艺术（花鼓灯）之乡，已挂牌成立安徽省花鼓灯艺术学校和安徽省花鼓灯研究基地，县花鼓灯艺术团的演出节目多次在国家级大赛中获奖，数次代表国家赴英国、法国等多个国家演出，受到海内外好评。

2011年，全县文化事业和文化产业发展迅速。截至年底，共有县级文化馆1个、广播电视台1个、农家书屋103个、乡镇综合文化站16个。

全年教育投入4.9亿元，实施中小学校舍安全工程149个，建成留守儿童之家59个，全县教师待遇有了较大提高和改善。

【凤台县获全国文明县城称号】近年来，凤台县以争创全国文明县城为抓手，把精神文明建设作为“龙头工程”、“民生工程”、“品牌工程”，扎实有效地推进各项创建工作。2011年12月20日，获“全国文明县城”称号。

【凤台县再次被命名为“中国民间文化艺术之乡”】凤台县花鼓灯是国家首批非物质文化遗产项目，是安徽的文化品牌之一。近年来，县花鼓灯艺术团多次出国参加国际民间艺术交流演出，中央电视台及韩国、日本等国家的艺术家多次专程到凤台采访。推剧艺术已成为省级非物质文化遗产，拥有全国唯一的推剧专业演出团体。组织创作《情》、《醉了的晚霞》等一大批优秀作品。《瞧这帮鼓架子》在中国第六届荷花奖舞蹈大赛上获表演银奖、最佳人气奖和“群星奖”，《千里长淮一条线》获第七届荷花奖，《兰花嫂》在华东六省一市舞蹈大赛中获表演和创作一等奖。在文化部公布的2011～2013年度“中国民间文化艺术之乡”名单中，凤台县再次列入。

凤台县举办“祥泰杯”花鼓灯、推剧（业余）大奖赛

凤台县2011年基本情况一览表

项 目	绝对数	比上年增长%
国土面积	984.0平方公里	—
总人口	63.54万人	—
生产总值	196.25亿元	8.6
财政总收入	36.47亿元	10.0
各类学校在校学生	10.41万人	—
考取本科人数	1024人	—
各类图书馆藏书	105.0万册	—
农家书屋	103个	—
文化馆（站、室）	23个	—
医疗机构病床数	800张	—
人口自然增长率	6.6‰	—

大 通 区

【文化概览】大通区位于淮南市东部、淮河中游南岸，与蚌埠市怀远县和滁州市凤阳县、定远县交界。全区辖上窑镇、洛河镇、九龙岗镇、孔店乡4个乡镇和大通街道，面积350平方公里，人口18.6万。淮南经济技术开发区坐落境内。

大通历史悠久。隋、唐、宋时属寿州，元至元二十八年（1291年）至明、清、民国一直属于怀远县管辖。从解放初到1956年，淮南煤矿特别行政区、淮南矿区政府、淮南矿区行政办事处、淮南市委市政府、淮南矿务局均驻大通区，曾是淮南的政治经济文化中心。大通区现有国家4A级森林公园1处，省级优秀旅游乡镇2个，国家级重点文物保护单位1处（寿州窑遗址）、省级重点文物保护单位1处（日军侵华罪行遗址），新四军纪念林、大通“万人坑”被列为省级爱国主义教育基地。寿州窑陶瓷制作技艺被评为“省级非物质文化遗产保护项目”，民间艺人崔怀伦、鲍峰为非物质文化遗产传承人。

2011年，全区文化事业和文化产业发展迅速。截至年底，共有文化馆1个，体育场馆600平方米。全年文化产业总产值3950万元，比上年增长17.2%。“十一五”期间，区财政对全区文化事业经费投入累计365万元，是“十五”时期的5倍。建成文化信息资源共享工程县支中心、2个乡镇全民健身活动广场、4个乡镇综合文化站、2个社区体育俱乐部、4个全民健身苑、51个农家书屋、25个农民体育健身工程、34个村级文化信息工程项目基层点。

开展社区广场文艺汇演、群众花鼓灯锣鼓大赛以及送文艺节目、送电影、送戏下乡等文化活动，丰富了城乡群众的精神文化生活。通过举办大通区少儿文化艺术节，指导、推荐优秀节目参加省市比赛，舞蹈《快乐童年》获安徽省少儿艺术节三等奖，舞蹈《牧场小乖乖》获“小荷风采”全国少儿舞蹈展演金奖，三幅少儿书画作品获得“童星奖”第五届全国青少年书画摄影大赛金奖。结合重大节日和纪念日，举办了元宵节文化系列活动、中华经典诵读、花鼓锣鼓大赛、“大地欢歌”文化惠民演出；结合纪念建党90周年，开展“辉煌的历程”书画摄影展、“永远跟党走”广场文艺演出、“童心向党”歌咏大赛等主题活动；以《公民道德建设实施纲要》颁布10周年为契机，组织开展公民道德建设宣传月等活动，举办“道德模范事迹报告会”、“感动淮南十佳事迹”评选活动，在全社会培育良好的道德风尚，营造浓厚的文明创建氛围。

重视镇村文明创建基础设施建设，以“道路硬化、拆除净化、墙体美化、四旁绿化、路灯亮化”为主要内容，打造优美文明的新农村。近年来，通过多方筹措资金、结对共建等方式，投入资金2000余万元，改造乡村道路60余条，为200户农民进行房屋改造。积极开展环境优美乡镇、绿色学校、生态村等特色生态示范创建活动，创建1所市级绿色学校、1个绿色社区，申报1个省级生态村、8个市级生态村，进一步提升全区的生态文明创建水平。2011年以来，全区新增1个省级文明村、2个市级文明村、4个市文明站所和10余个“四创”示范村。辖区内有省级文明单位3个，市级文明单位（标兵）28个，区级文明单位10个。

大通区2011年基本情况一览表

项 目	绝对数	比上年增长%
国土面积	350.0平方公里	—
总人口	18.6万人	0.7
生产总值	44.7亿元	12.1
财政总收入	3.6亿元	31.5
公共文化投入	227.0万元	52.0
科技经费投入	326.0万元	48.1
各类学校在校学生	16419人	-9.2
考取本科人数	12人	-100.0
各类图书馆藏书	30.0万册	30.0
农家书屋	51个	21.2
文化馆（站、室）	4个	100.0
医疗机构病床数	1320张	14.4
人口自然增长率	1.9‰	—

田家庵区

【文化概览】田家庵区是国家大型能源基地淮南市的政治、经济、文化和商贸中心，北濒淮河与潘集区相望，南与长丰县为邻，东与大通区毗连，西与谢家集区接壤。面积251平方公里，人口54万，是淮南市城市人口最多的市辖区，综合经济实力位居全省前列。田家庵区历史悠久，文化积淀深厚，古今名人辈出，淮南王刘安、春申君黄歇、战国名将廉颇、清末状元孙家鼐等均在这块土地留下过足迹。

城市面貌变化较快。“六纵六横”的城区交通道路形成规整的网络，宽广笔直的马路两侧绿树成荫、花团锦簇，别致典雅的城市园林令人心旷神怡，新型高架桥、城市雕塑和文化广场展示了城市的气韵和经脉。

2011年，全区文化事业和文化产业发展迅速。截至年底，田家庵区有文化馆1个、乡镇综合文化站5个、农家书屋42个、农民体育健身工程26个、文化活动健身广场25个、健身队伍和文化艺术团体86个。全年公共文化投入57万元，文化民生工程建设投入80万元，精神文明建设投入2691万元，文明城镇建设投入2442万元。

【举办第23届少儿艺术节】田家庵区被誉为“中国少儿艺术之乡”，少儿舞蹈艺术蜚声海内外，一大批少儿文艺节目在全国、全省文艺汇演中获大奖。全国人大常委会原委员长乔石曾视察并题词：“重视幼儿素质教

田家庵区少儿舞蹈

育，培养全面发展人才”。少儿舞蹈《我真棒》应邀赴京演出，演出人员受到党和国家领导人的接见。2007年、2009年、2011年，淮南市在田家庵区先后成功举办3届“中国·淮南国际少儿艺术节”，对促进少儿文化艺术发展、增进中外少年儿童之间的友谊发挥了积极作用。

2011年5月15～28日举办的田家庵区第23届少儿艺术节，有176个少儿节目参加少儿舞蹈、声乐器乐、钢琴双排键等专场演出活动，有400多幅少儿书画笔绘作品参加展出，是迄今举办时间最长，演出节目、表演形式和参演人数最多，整体效果最好的一届少儿艺术节。

田家庵区2011年基本情况一览表

项　目	绝对数	比上年增长%
国土面积	251.0平方公里	—
总人口	54.0万人	—
生产总值	175.39亿元	12.4
财政总收入	11.63亿元	20.4
公共文化投入	57.0万元	—
科技经费投入	979.0万元	64.0
各类学校在校学生	–	–
农家书屋	42个	61.5
文化馆（站、室）	6个	—
医疗机构病床数	5782张	20.5
人口自然增长率	9.3‰	—

谢家集区

【文化概览】谢家集区成立于1960年10月，南与合肥市长丰县接壤，西与六安市寿县比邻，北依淮河、八公山，是淮南市西部城区。面积275.7平方公里，人口33.7万，辖4个镇、2个乡、5个街道和1个省级开发区——安徽淮南工业园区。区内保留有战国楚相春申君黄歇墓、赖山集清真寺等历史文化古迹，有省级风景区卧龙山森林公园等自然景观。“赖山清真寺”、“赖山集膏药”、“瓦埠湖‘三秀’”等13项文化遗产被列入淮南市非物质文化遗产名录。

2011年，全区文化事业和文化产业发展迅速。少儿舞蹈《绝不上当》在“小荷风采”决赛中获全国二等奖，区文化馆在全国第三次文化馆评估中被评为一级馆。区财政用于公共文化服务体系建设方面的资金近300万元。区文化馆免费开放，全年举办各类艺术演出、公益讲座、展览等活动78场次，接待群众和文艺团体近5万人次，并免费为26个固定文艺团体提供排练场所和艺术辅导。区全民健身中心项目批复立项，规划占地面积33.3亩，计划总投资6065万元。文化信息资源共享工程区支中心通过验收。全区建成3个乡镇文化站、21个农家书屋、8个农民体育健身工程，并于年底全部投入使用。全区已实现文化站乡镇全覆盖、农家书屋行政村全覆盖，农民体育健身工程已完成27个行政村建设。

全年组织各类群众文化活动142场次。继续打造“社区大家乐”群众文化品牌，丰富和活跃广大社区群众的业余文化生活，群众直接参与演出1000多人次，观众达数万人。为庆祝中国共产党成立90周年，组织350余人的合唱队参加淮南市歌咏大会，举办1000余人参加的“全民健身与秧歌大赛”活动，全年组织文化下乡15场次，农村电影公益性放映672场。

谢家集区2011年基本情况一览表

项　目	绝对数	比上年增长%
国土面积	275.7平方公里	—
总人口	33.7万人	−0.1
生产总值	82.3亿元	12.3
财政总收入	4.02亿元	23.5
公共文化投入	287.0万元	40.7
科技经费投入	470.0万元	11.9
各类学校在校学生	25175人	−4.6
考取本科人数	138人	−15.9
各类图书馆藏书	24.8万册	15.3
农家书屋	56个	60.0
文化馆（站、室）	7个	75.0
医疗机构病床数	1809张	—
人口自然增长率	5.84‰	0.02个千分点

八公山区

【文化概览】八公山区位于淮南市西部，东邻谢家集区，西与凤台县、西南与六安市寿县接壤，北隔淮河与潘集区相望。1955年2月建区，面积96.24平方公里，人口18万，辖八公山、山王2个镇，土坝孜、新庄孜、毕家岗3个街道和1个国家林场——妙山林场。八公山区有着丰富的历史底蕴和文化内涵，豆腐文化、楚汉文化影响深远，鸿篇巨著《淮南子》千古流芳，“淝水之战”闻名遐迩，“一人得道、鸡犬升天”的神话传说妇孺皆知。李白、苏轼、欧阳修、刘禹锡、韦应物足迹踏遍八公山，留下不少脍炙人口的名篇。八公山风景区是国家地质公园、国家森林公园、国家4A级旅游区、安徽省风景名胜区。八公山紫金砚制作技艺、八公山豆腐手工制作技艺、寿州窑陶瓷制作技艺为省级非物质文化遗产项目，李俊、杨舜天、沈德亮、路福传为非物质文化遗产传承人。

近年来，八公山区按照“文化兴区”的发展战略，依托豆腐文化、历史文化、淮南子文化、地质文化，不断发展壮大文化旅游产业，健全完善文化基础设施，建设覆盖城乡的公共文化服务体系，文化产业文化事业蓬勃发展。截至2011年底，有文化体育活动中心1个、乡镇综合文化站2个、农家书屋21个、文化活动健身广场3个、民间业余文化艺术团体28个。2011年公共文化投入3000万元（包括新建区文体中心），文化民生工程建设投入63万元。

【文化旅游蓬勃发展】文化是八公山的特色资源，旅游是八公山的优势产业。八公山区努力塑造和利用好八公山国家地质公园、国家森林公园、国家4A级旅游区三块招牌，不断提高区域旅游影响力和知名度，以豆腐为媒，文化搭台、经济唱戏，结合一年一度中国豆腐文化节的举办，八公山旅游节已成功举办11届。经过多年努力，八公山区已形成以豆腐文化产业园为主的豆腐文化区域，以白塔寺、青龙山为主的宗教文化区域，以汉淮南王宫、登高台、淮南子文化园为主的汉文化区域，以地质博物馆、地质文化广场、景观大道和古生物遗迹为主的地质文化区域。同时，加快发展紫金砚、凤鸣壶、轟子、豆制品等度假休闲旅游产品，改造升级农家乐，完善景区配套设施，形成了吃、住、行、游、购、娱为一体的服务体系。2011年旅游项目投资2.62亿元；接待游客32万人次，比上年增长12.3%；实现旅游业总收入5.4亿元，增长10%。

八公山区2011年基本情况一览表

项 目	绝对数	比上年增长%
国土面积	96.24平方公里	—
总人口	18.0万人	—
生产总值	48.95亿元	12.2
财政总收入	2.85亿元	37.0
公共文化投入	3000万元	—
科技经费投入	315.0万元	20.0
各类学校在校学生	11814人	−7.2
各类图书馆藏书	30.0万册	—
农家书屋	21个	61.5
文化馆（站、室）	2个	—
医疗机构病床数	890张	10.0
人口自然增长率	3.16‰	—

潘 集 区

【文化概览】潘集区位于淮南市北部，南濒淮河，北临茨淮新河，东与蚌埠市怀远县接壤，西与凤台县毗邻，面积600平方公里，耕地3万公顷，是淮南市面积最大的区。潘集于1972年建区，辖7个镇、3个乡、1个街道，户籍人口45万（其中农业人口36.1万）。潘集还是中华美食豆腐的发源地，祁集乡祁圩村被誉为“中国豆腐文化第一村”。夹沟乡被文化部命名为“首批中国民间文化艺术之乡”，李成云是非物质文化遗产花鼓灯传承人。架河镇等沿淮地区“采莲灯”民间舞蹈被列入淮南市首批非物质文化遗产保护名录。具有本土特色且被当地群众普遍认可的祁集农民文体节、潘庄社区运动会、企地联谊会等节会蓬勃开展。坐落在区内的“凤台县抗日民主政府纪念园”是省级爱国主义教育基地。

潘集是安徽省第一煤电大区，同时又是一个农业大区，境内物产丰富，已建立优质粮、精细菜、养殖业、豆制品四大基地。今日潘集正在成为淮南煤电化三大基地建设的“主战场”和经济发展的“增长极”。

2011年，全区文化事业和文化产业发展迅速。截至年底，全区共有文化馆、图书馆、广播电视台各1个，乡镇综合文化站11个、农家书屋150个、农民体育健身工程66个、文化活动健身广场4个。全年公共文化投入652万元，文化民生工程建设投入371万元，精神文明建设投入2898万元，文明城镇建设投入2342万元。

【淮南市农民文化节暨夹沟“4·20”文体节】上世纪70年代初期，夹沟乡农民利用春季农闲时间自发开展拔河、象棋、跳绳、六洲棋、篮球等民间体育活动。1984年夹沟乡确定每年4月20日（即“四喜二全”的日子）为农民文化体育节活动日，每届3～5天，至今已举办十八届。2009年经淮南市政府批准，更名为“淮南市农民文化节暨夹沟‘4·20’文体节”，并确定“新时期、新农村、新农民、新生活”的节日主题，迄今已连续举办四届。节会期间，举办大型户外演出、戏曲歌舞演出、全市民间灯舞展演、体育比赛以及背媳妇、托土坯、斗膝等极富地方特色的文体活动，同时举办农产品展销等活动。据不完全统计，四届文化节参与和观看人数累计近50万人次。该节会已经成为潘集区乃至淮南市的文化名片，被评为淮南市三大品牌节会之一。

2011年文化节于4月20～22日举办。节庆期间举办了“大地欢歌，精彩潘集”大型文艺演出，签约招商项目23个，引资26.8亿元。

潘集区2011年基本情况一览表

项　目	绝对数	比上年增长%
国土面积	600.0平方公里	—
总人口	45.0万人	—
生产总值	118.2亿元	16.0
财政总收入	6.65亿元	31.8
公共文化投入	652.0万元	141.0
科技经费投入	622.0万元	7.0
各类学校在校学生	4.41万人	—
考取本科人数	124人	—
各类图书馆藏书	1.45万册	61.1
农家书屋	150个	102.0
文化馆（站、室）	12个	—
医疗机构病床数	1100张	7.0
人口自然增长率	5.06‰	—

毛集实验区

【文化概览】毛集实验区位于淮河中游，北与凤台县接壤，西邻阜阳市颍上县，东与历史文化名城六安市寿县隔河相望。辖毛集、夏集、焦岗湖3个镇，43个行政村。于1999年11月经安徽省委、省政府批准设立。毛集实验区为正县级建制，享受国家试点县优惠政策，是国家可持续发展综合实验区。

境内有4000公顷天然湖泊焦岗湖，是国家4A级旅游景区。其中焦岗湖影视城属国家3A级旅游区，正在打造全国微电影创意基地。毛集镇花家湖社区民间马戏灯为省级非物质文化遗产，村民王献兵为非物质文化遗产传承人。

2011年，全区文化事业和文化产业发展迅速。截至年底，共有综合文体站3个、广播电台1个、电视台1个、农家书屋43个、全民健身广场1个、村级健身体育场地38个。编著出版图书3部，另有2位农民各完成30万字的长篇小说1部，正在筹备出版。全年文化产业投入1.4亿元，主要用于焦岗湖影视城建设。

全区公共文化建设投入394万元，其中文化民生工程建设投入256万元。全区有各类藏书9.2万册。全区有民间专业团体28个（其中民间唢呐艺术团24个）。

2011年，毛集实验区被市委、市政府授予“创建文明城市工作进步奖”；毛集镇连续三届获“全国文明村镇”称号，夏集镇获市级“文明村镇”称号。

毛集实验区2011年基本情况一览表

项　目	绝对数	比上年增长%
国土面积	201.0平方公里	—
总人口	13.35万人	1.0
生产总值	19.7亿元	10.2
财政总收入	2.53亿元	35.9
公共文化投入	394.0万元	108.6
各类学校在校学生	14474人	2.2
考取本科人数	23人	−0.9
各类图书馆藏书	9.2万册	10.0
农家书屋	43个	40.0
文化馆（站、室）	3个	33.0
医疗机构病床数	278张	30.0
人口自然增长率	7.13‰	—

滁州市

【文化概览】滁州市位于安徽省东部，长江三角洲西部边缘，面积1.35万平方公里。现辖琅琊、南谯2个区，来安、全椒、定远、凤阳4个县，代管天长、明光2个省辖县级市。2011年末全市总人口452.9万，其中非农业人口100.12万。全市建成区面积195平方公里，其中市辖区面积70.4平方公里。

滁州历史悠久，素称“金陵锁钥”、“江淮保障”。滁州山青水秀，文化旅游资源蕴藏丰富。国家级森林公园有：琅琊山国家森林公园、皇甫山国家森林公园、韭山国家森林公园、神山国家森林公园等。琅琊山森林公园集自然景观和人文景观于一体，主景区8平方公里内有始建于唐大历六年（771年）的开化律寺和始建于北宋庆历六年（1046年）的醉翁亭。唐宋时期先后任滁州刺史、知州的李幼卿和李德裕、韦应物、李绅、欧阳修、辛弃疾等文人雅士都在这里留下诗文佳篇，其中以欧阳修的《醉翁亭记》最为著名。醉翁亭名列全国“四大名亭”之首。1951年11月，毛泽东主席亲笔为滁县地委文工团（今滁州市歌舞剧院）题词——“面向农村”。2011年滁州市获“全国文化体制改革先进地区”称号。同年，滁州市委宣传部被全国“扫黄打非”工作小组评为“2011年全国‘扫黄打非’先进集体”。

文明创建。加强公民思想道德建设。为庆祝建党90周年，先后组织开展市级文明单位“红五月、唱红歌”群众性歌咏活动6场次；举办“童心向党”全市中小学生大合唱比赛30余场；开展“第三届全国道德模范”评选活动。开展“中华经典诵读”10场，“我们的节日·清明节”等主题活动20余场；举办“红歌大家唱”广场夏季纳凉晚会10场。开展城市形象百日提升行动。市委市政府两办联合下发通知，市文明办、市效能办联合，每月开展一次创建工作效能督查，10个单位受到年度工作目标绩效加分奖励，3个单位受到绩效扣分处罚。组织开展城市交通秩序专项整治。

文化产业。市委、市政府制定出台《关于加快推进文化强市、打造文化滁州的实施意见》，并设立文化强市建设专项资金1000万元。组织实施“1131”工程，即“十二五”期间全市要创建10个以上文化园区（基地）、谋划100个以上项目、培育30个以上骨干企业、实现文化产业增加值超100亿元。编辑出版《文化滁州》；编创《凤阳花鼓全书》，展现凤阳花鼓的产生、发展及流行情况；编辑出版《凤阳民歌集》，展现国家级非物质文化遗产凤阳民歌的独特魅力。徽商大会文化产业活动成果丰硕，24个项目入选安徽文化产业招商推介项目册，项目数量居全省第二；总投资200多亿元，居全省第一；3个文化产业项目成功签约，总投资5.58亿元。截至2011年底，全市有文化经营单位近2000个，从业人员5万人，其中规模以上文化企业近200个。全年文化产业增加值40.23亿

醉翁亭

元，比上年增长30.0%。

文化广电新闻出版事业。开展“打击侵犯知识产权和制售假冒伪劣商品专项执法行动”。全市共收缴非法书报刊和盗版教辅图书7580册、非法音像制品13558盘、盗版软件45张。查处各类行政违法案件55件。圆满办结国家五部委挂牌督办的“骑士音乐网侵犯著作权案”，市文广新局获国家版权局授予全国查处侵权盗版案件有功单位一等奖。加强网吧管理。2011年全市共检查网吧25301个次，受理举报113件，责令改正103个次，立案调查122件，移交案件1起，办结案件89件；警告49个，责令停业整顿7个。加强大滁城建设中的文物保护工作，抢救性清理发掘两座元代古墓葬，共出土28件文物，经鉴定有国家一级文物（甲）1件，国家二级文物6件。完成第三次全国文物普查工作，南谯、琅琊两区共普查不可移动文物点213处，其中新发现115处，复查98处。免费开放全市公共文化馆、图书馆。全市公开发行报纸4种（《滁州日报》、《皖东晨刊》、《滁州广播电视报》、《滁州学院报》），新闻单位在滁州设有记者站7个（安徽日报社、新安晚报社、市场星报社、安徽经济报社、安徽法制报社、工商导报社、皖江晚报社）。

广播电视事业。2010年，按照省、市文化体制改革要求，滁州人民广播电台、滁州电视台和滁州广播电视报合并组建成滁州广播电视台，于2010年6月17日正式挂牌。全台共有职工210人。广播电视台内设八个中心、部、室。电视栏目有新闻综合、公共和科教三个频道，全天总播出时长50多个小时；广播有一个中波频率和三个调频频率，播放新闻综合、交通音乐和文艺故事三套节目，全天总播出时长约54个小时。《滁州广播电视报》每周一期。2011年，滁州广播电台播发新闻9000多条，在省台新闻综合播发稿件360多篇；电视台播发新闻6000多条，在安徽电视台新闻联播发稿382条，居全省第七位，获2011年度“全省电视新闻宣传工作先进集体”称号。《效能观察》和《政风行风热线》是滁州广播电视台两档舆论监督类节目。2011年，滁州广播电视台加强《政风行风热线》与《效能观察》、《天天360》等节目的整合，实行话题互通、结果共享。《效能观察》全年制作播出52期，其中曝光类节目占70%。《政风行风热线》播出主管部门和单位负责人专访252次。

演艺业。按照省、市文化体制改革要求，滁州市演艺有限公司于2010年6月成立，由原滁州市歌舞团、京剧团、黄梅戏剧团和滁州剧院、琅琊剧场5家单位改制组建而成。有人员329人，其中中高级职称33人。当年创作编排大型现代京剧《沈浩》，2011年共演出150余场。电影放映600余场，是改制前的2倍；收入180万元，比上年增长1倍。

【第四届中国农民歌会】10月22日，由文化部、农业部、安徽省人民政府主办，省文化厅、省农委、滁州市人民政府、省文联、省广电局承办的第四届中国农民歌会在滁州开幕。全国人大常委会副委员长、民建中央主席陈昌智宣布开幕，省委副书记、省长王三运等省市领导出席开幕式。第四届农歌会主题为“希望的田野”。前后四届歌会，从“希望的田野”、走上“小康大道”、唱响“幸福之歌”，再回归到“希望的田野”，“希望的田野”成为中国农民歌会永久名称。

开幕式文艺演出分“响鼓放歌庆丰收”、“幸福的种子”、“多情的土地”、“快乐的农家”、“城乡的交响”、“龙腾中华新天地”6个篇章。《歌邀天下》、《金色的种子》、《万世根本》3首歌曲首次传唱，《唱支山歌给党听》、《四季歌》、《对花》、《沂蒙山小调》、《家和万事兴》和四川松潘县歌舞《花灯》、西藏山南《高原魂》、新疆和田《逛巴扎》以及特色民歌《隔山隔水心相连》、《快乐的鸭老哥》、《一支秧歌一趟秧》、《我们的田野》、《飞出山沟沟》等，艺术地表现了中国农民生存状态、精神追求和命运轨迹，生动地描绘了希望的田野万物蓬勃发展、城乡共同走向进步和盛世欢歌庆丰年的场景。参加演出的演员有才旦卓玛、郁钧剑、张也、张燕、王莉、万山红、燕妮、旭日阳刚、阿宝、王二妮、刘仁喜、马广福等。80余家中央级媒体、涉农媒体、香港媒体、省内外媒体和网络媒体宣传报道第四届农歌会，集中刊发农歌会稿件、图片3220篇（条、幅）；用“百度”搜索“第四届中国农民歌会”关键词，查询结果89300个，2.3万人次关注农歌会微博，开幕式当天的点击率达18000余次。农歌会系列活动精彩纷呈，经贸活动成果丰硕。举办滁州旅游推介暨旅游项目投资说明会，全国各地300多位旅游客商参加说明会；举行第三届中国（滁州）国际农机展览开幕式，邀请百家企业主演、百种农机展示、百个展位展销、百名农机大户观展，并开展百把金钥匙发放、百个农机项目推介活动；举办三场经贸活动，集中签约项目106个，总投资730亿元。

【举办吴敬梓诞辰310周年系列纪念活动】2011年11月25～27日，由安徽省文化厅、安徽省文联、滁州市人民政府、滁州学院和中国民协节庆委员会主办，中国社会科学院《文学遗产》编辑部、北京大学中文系、中国人民大学文学院、安徽大学文学院协办，全椒县人民政府承办的吴敬梓诞辰310周年纪念大会暨中国《儒林外史》高峰论坛在全椒县举行。活动内容包括：吴敬梓诞辰310周年纪念大会、中国儒林外史学会筹备会议暨高峰论坛、《吴敬梓集系年校注》和《儒林外史鉴赏辞典》出版首发仪式、吴敬梓诞辰310周年纪念书画（馆藏精品）展、新编现代庐剧《儒林超人》首演式、吴敬梓诞辰310周年纪念邮票展览发行活动、参观吴敬梓故居复建工程及吴敬梓纪念馆等。全国政协副主席、中国文联主席孙家正为本次大会亲笔题词。成立中国儒林外史学会（筹）。

滁州市2011年基本情况一览表

项 目	绝对数	比上年增长%
国土面积	1.35万平方公里	—
总人口	452.89万人	0.4
生产总值	850.49亿元	14.0
财政总收入	125.81亿元	39.1
公共文化投入	—	—
科技经费投入	—	—
中小学校在校学生	53.39万人	4.9
考取本科人数	—	—
各类图书馆藏书	59.1万册	6.3
农家书屋	—	—
文化馆（站、室）	—	—
医疗机构病床数	11683张	20.1
人口自然增长率	—	—

琅 琊 区

【文化概览】隋开皇九年（589年）正式设置滁州，琅琊区是滁州市主城区。现辖8个街道、1个省级经济开发区和琅琊新区。有国家级森林公园、国家重点风景名胜区、国家4A级旅游区、省级重点文物保护单位——琅琊山，省级重点保护单位3处。截至2011年底，有公共图书馆1个、文化馆（站）9个、体育场（馆）22个，全年文化产业总产值12.77亿元。

公共文化建设。区委、区政府出台《关于加快推进文化强区建设的实施意见》，把公共文化设施建设纳入经济社会发展总体规划，纳入财政预算，建立健全区、街、社居委（村）三级文化基础设施网络。2011年，区政府投资近2000万元的琅琊区文化馆和青少年活动中心基本竣工。巩固扩大广播电视“村村通”成果；继续推进文化信息资源共享、农村数字化电影放映、农家书屋等工程建设。编制的文化产业项目——菱溪生态文化园已纳入省“861”行动计划。

文化民生工程建设。实现街道有文化站、社区（村）有文体活动中心（室）的目标。15个行政村高标准建成农家书屋，配备图书2.5万多册、报刊540套、电子音像制品3000多张。当年先后开展文化“三进”（进企业、进社区、进建设工地）专场演出活动10场，举办社区纳凉晚会21场，放映经典红色电影150场，组织文艺演出队深入村（社区）进行慰问演出45场次。8月，市级非物质文化遗产——“琅琊酥糖”制作工艺入选央视《欢乐中国行——魅力滁州》专题节目。10月，花灯队登上第四届中国农民歌会舞台。区文化馆选送的节目获省第二届合唱节暨第四届金色晚霞合唱节“金葵花”奖，琅琊街道古道社区被评为“全省十大文化特色社区”。

精神文明建设。组织庆祝中国共产党成立90周年系列活动；创办区委机关报《琅琊》；编著出版图书《琅琊人文》；李平被授予“全国孝亲敬老之星”称号；印发《琅琊区创建省级第二届文明城市工作实施方案》等文件，细化“五城联创”目标任务，组织“迎歌会、庆国庆”市容环境整治等多项活动。

【省级文物保护单位何郢遗址】何郢遗址为皖东地区首次大规模发掘的商周时期聚落遗址，基本确立为一支新的考古学地方文化类型，填补了本地区的一项空白。该遗址的聚落布局大体分为居住区、墓葬区和祭祀区。其中最具特点的是大规模的祭祀活动所留下的遗迹，出土20余具与祭祀活动密切相关的猪、狗、羊完整的动物骨骼，发现一片较为完整的卜甲（龟腹甲），上面呈长方形整齐排列了数十个浅圆形钻孔，部分孔上还有极为清晰的烧灼痕迹。迹象表明，该遗址的祭祀活动十分频繁且集中，应为一地方性的祭祀活动中心。其丰富的文化内涵以及出土的大量文物，为多学科综合研究提供了有价值的资料，具有较高的历史价值、科学价值和文化价值。

琅琊区2011年基本情况一览表

项 目	绝对数	比上年增长%
国土面积	108.4平方公里	—
总人口	24.5万人	4.2
生产总值	47.0亿元	13.2
财政总收入	7.5亿元	46.5
公共文化投入	1196万元	590.0
科技经费投入	910.0万元	58.8
各类学校在校学生	2.94万人	2.2
考取本科人数	1880人	-4.4
各类图书馆藏书	22.0万册	15.0
农家书屋	17个	15.4
文化馆（站、室）	9个	—
医疗机构病床数	310张	6.9
人口自然增长率	0.55‰	—

南 谯 区

【文化概览】南谯区位于皖苏两省交界处，东南隔江与南京市相望。现辖8个镇、2个街道、1个省级工业开发区。面积1187.11平方公里，人口32.68万。南谯历史悠久，南朝置南谯州，隋以后属滁州。现有国家级森林公园1处，省级重点文物保护单位2处。滁菊手工技艺为省级非物质文化遗产，龚建国为该项目省级非物质文化遗产传承人。

文化事业和文化产业。截至2011年底，有广播电台、有线电视台各1个。编著出版图书2部。全年文化产业总产值6.91亿元，比上年增长26.6%。全年公共文化建设投入206万元，新建乡镇综合文化站4个、农家书屋23个。

精神文明建设。开展思想道德教育、科普教育、文明礼仪教育等；围绕庆祝中国共产党建党90周年，开展系列群众性爱国主义教育活动。以迎接第四届中国农民歌会、城市形象百日提升行动等活动为契机，开展群众性精神文明创建活动，投入经费2000多万元，出动人力1600人次、车辆200多台次，清运垃圾305吨，清理垃圾死角86处，铺设草皮1万多平方米，铺垫石子2万多平方米，刷白墙体8000多平方米，一举改变了城区和滁州进出口镇村、街区“脏乱差”的现象。沙河镇、沙河镇新塘村分别被评为全省文明镇村和国家文明村；珠龙镇被评为省级文明创建先进乡镇；区检察院、区人社局、区地税分局被授予“省级文明单位”称号；区委宣传部被评为全省创建工作先进单位。

【民俗文化品牌二郎庙会】二郎庙会原本是一种传统民俗活动，每逢会期人们为了祈祷来年风调雨顺，纷纷到庵上烧香拜佛，现已发展成以民间商贸流通为主要内容的商品物资交易会。区委区政府本着庙会搭台、经济唱戏的原则，开展文化、科技、卫生三下乡活动，组织商品物资交易，大力招商引资。初步形成小商品交易一条街，大宗物资交易一条街，政策咨询服务一条街，民间美食一条街及众多民间文艺活动场所。每年参加庙会群众逾10万人。2008年二郎庙会被市政府列入市级非物质文化遗产名录。

南谯区2011年基本情况一览表

项 目	绝对数	比上年增长%
国土面积	1187.11平方公里	—
总人口	32.68万人	—
生产总值	—	—
财政总收入	7.6亿元	—
公共文化投入	206.0万元	66.0
科技经费投入	—	—
各类学校在校学生	—	—
考取本科人数	—	—
各类图书馆藏书	—	—
农家书屋	23个	4.5
文化馆（站、室）	4个	100.0
医疗机构病床数	—	—
人口自然增长率	—	—

明光市

【文化概览】明光于汉初置县，距今已有2000多年历史。1932年国民政府设立嘉山县，1994年经国务院批准设立明光市。明光诞生了明太祖朱元璋、清代封疆大吏吴棠等历史名人，是原上海市市长、海协会会长汪道涵的家乡。明光是“中国水产之乡”、“中国甜菊之乡”、“中国红薯之乡”、“中国凹土之乡”。面积2335平方公里，辖12个镇、1个乡、4个街道、139个行政村、10个社区，人口65.2万。曾获全国科技先进市、全国文化先进市、全国体育先进市、全国双拥模范城、全国水产百强市、浙商（省外）投资潜力城市等称号。积极开发“一园二山三湖”（女山地质公园，抹山、老嘉山，女山湖、栖凤湖、跃龙湖）等旅游文化资源，女山地质公园已经开园，总投资56亿元的跃龙湖旅游休闲度假园和总投资10亿元的栖凤湖国际生态休闲度假区项目正在加快建设。

【非物质文化遗产】全市现有9大类148项列入“非遗”名录，包括民间文学38项，民间美术2项，民间音乐61项，民间舞蹈8项，民间曲艺10项，民间手工技艺5项，人生礼俗2项，民间信仰2项，民间知识10项。其中，省级3项：“流星赶月”、“端鼓”、“丰收锣鼓”；市级4项：“流星赶月”、“端鼓”、“丰收锣鼓”、“缕雕”。

明光市2011年基本情况一览表

项目	绝对数	比上年增长%
国土面积	2335平方公里	—
总人口	65.2万人	-0.2
生产总值	81.6亿元	11.2
财政总收入	7.16亿元	39.0
公共文化投入	2724万元	2.3
科技经费投入	900.0万元	—
各类学校在校学生	9.48万人	—
考取本科人数	1946人	5.6
各类图书馆藏书	8.0万册	—
农家书屋	143个	—
文化馆（站、室）	18个	—
医疗机构病床数	1448张	—
人口自然增长率	7.0‰	—

天长市

【文化概览】天长市位于安徽最东部，被江苏五县、市、区（高邮、仪征、金湖、盱眙、六合）环抱，素有“安徽东大门”之称。面积1757平方公里，人口63.5万，现辖14个镇、1个街道、2个省级经济开发区。是世界名曲《好一朵茉莉花》的发源地。天长建县于公元742年，是唐玄宗李隆基为纪念自己的生日而特设的县。为纪念已故新四军罗炳辉将军曾两度更名为“炳辉县”。1993年9月18日，经国务院批准撤县设市。现有省级重点文物保护单位3处，源于宋代朱寿昌弃官寻母的“孝文化”和起源于唐代、兴盛于清代和民国的民间文化艺术“天官画”，现为省级非物质文化遗产，王立成为非物质文化遗产（天官画）传承人。郑集镇2011年被国家授予“千万农民健身运动先进乡镇”称号。1991年底在三角圩发掘的汉墓群被列为“全国十大考古新发现”之一，出土文物749件。

文化事业和文化产业。截至2011年底，有公共图书馆1个、文化馆1个、博物馆1个、广播电台1个、电视台1个，体育场馆面积2.4万平方米，编著图书1部。全年文化产业增加值近10亿元，比上年增长18.0%。公共文化建设投入2850万元，新建乡镇综合文化站6600平方米。修复龙岗抗大八分校纪念馆及旧址；相继建成红草湖湿地公园、市民广场、市民公园、图书档案大楼、永福路街区休闲广场等文化设施。

精神文明建设。继2008年获安徽省首届文明县城称号之后，2011年再次获第二届安徽省文明县城称号。2008年、2010年秦栏镇连续两届获“全国文明村镇”称号；2010年铜城镇获“安徽省文明村镇”称号。

【《天官画》入选省非物质文化遗产名录】天长的天官画，与凤阳凤画、灵璧钟馗画并称“安徽三大民间画”。“天官画”起源于17世纪60年代，距今已有350多年历史。画材为白棉布和宣纸，人物造型有传承画谱。形式上有天官像、堂神、五堂、三堂。除此还有赐福天官、招财天官、消灾天官、太平天官、送子天官、进宝天官、镇宅天官、水上天官等数十种。其中招财天官的题材又分出许多种类，如监察财神、镇宅财神、聚宝财神、金鞭财神、三路财神、九路财神、水路财神等。内容上主要宣扬人间真、善、美，反映百姓祈盼平安、吉祥、富裕、幸福的心灵诉求。天长“天官画”广泛流传于天长及江苏高邮、金湖、仪征、六合一带，部分作品流传浙江、上海、广东、福建等地。

天长市2011年基本情况一览表

项 目	绝对数	比上年增长%
国土面积	1757平方公里	—
总人口	63.5万人	0.5
生产总值	184.9亿元	18.0
财政总收入	22.0亿元	42.0
公共文化投入	2850万元	30.0
科技经费投入	1926万元	35.1
各类学校在校学生	9.60万人	—
考取本科人数	2505人	10.4
各类图书馆藏书	9.4万册	6.8
农家书屋	—	—
文化馆（站、室）	16个	—
医疗机构病床数	2165张	8.0
人口自然增长率	2.37‰	—

来 安 县

【文化概览】来安县地处安徽省东部，介于长江、淮河之间，县城距离南京市区60公里，是南京“1小时都市圈”的核心层。面积1481平方公里， 人口50万。现辖12个乡镇，130个行政村。来安历史文化悠久，西汉武帝元狩元年（前122年）始置建阳县，南唐升元二年（938年）定名来安县。历来为兵家必争之地，历史上在此曾发生多起战事。抗日战争时期，来安县是淮南抗日民主根据地的中心地区，刘少奇、张云逸、谭震林、邓子恢、罗炳辉等老一辈无产阶级革命家在此居住、战斗过。现在的来安文化旅游资源丰富，以“山、水、泉、洞、寺、岛、花”为特色，逐步形成景色各异的白鹭岛、孔雀寺、林桥生态园、张山桃花园、龙源风电场、皖东烈士陵园等“五色”旅游景点。尊胜禅院至今保存有《红楼梦》作者曹雪芹祖父曹寅撰写的碑刻。白鹭岛生态旅游度假区为国家4A级风景区；有省级森林公园2处；全国重点文物保护单位1处、省级文物保护单位1处（尊胜禅院旧址）；全国红色旅游经典景区1处（大刘郢新四军二师师部旧址）；省级非物质文化遗产项目4个（“洪山戏”、“秧歌灯”、“手狮灯”、“白曲”），省级非遗传承人6人（洪山戏传承人吴德才、顾红霞，秧歌灯传承人章思林，白曲传承人徐秀山、李奋勤，手狮灯传承人付国先）。

文化事业和文化产业。全年公共文化建设投入1458万元，比上年增长22.5%；文化产业总产值3.43亿元，增长1.27倍。建成132个农家书屋；建成12个乡镇综合文化站和36个农民体育健身工程。截至2011年底，全县共有出版物零售店18个、音像制品零售店22个、印刷企业12个、公共图书馆1个、文化馆1个、皖东革命纪念馆1个。馆藏文物161

白鹭岛森林公园

件（套），其中二级文物4件，三级文物61件；文具产业基地1处，规模以上文化企业33个，产品包括数码产品、油墨、儿童玩具、文具等312个品种。自2007年以来，成功举办两届白鹭岛生态文化旅游节。

精神文明建设。县国税局等6个单位被省委、省政府命名为“安徽省第九届文明单位”；在中宣部、中央文明办召开的“全国农村精神文明建设工作经验交流会”上，来安县在农村建立“宣传文化中心户”的做法，被列为全省农村精神文明建设创新典型，作书面交流，并被收入由中央文明办调研室编发的《农村精神文明建设典型经验》一书中；2011年底，县文明办被省文明办评为“2011年度全省文明创建工作先进集体”。

来安县2011年基本情况一览表

项 目	绝对数	比上年增长%
国土面积	1481平方公里	—
总人口	50.2万人	0.4
生产总值	85.5亿元	14.1
财政总收入	10.05亿元	58.0
公共文化投入	1458万元	22.5
科技经费投入	1833万元	39.7
各类学校在校学生	6.24万人	0.2
考取本科人数	1673人	14.1
各类图书馆藏书	6.42万册	4.9
农家书屋	132个	94.1
文化馆（站、室）	13个	44.4
医疗机构病床数	1178张	5.4
人口自然增长率	5.1‰	—

全 椒 县

【文化概览】全椒县位于安徽东部，距南京市48公里，面积1568平方公里，人口46.7万。现辖10个镇、1个省级经济开发区，是全国生态农业建设先进县、绿化先进县、省民间文化艺术之乡。全椒建制于西汉（前122年），历史文化深厚。境内古迹众多，明代四大高僧之一憨山大师和讽刺小说《儒林外史》的作者吴敬梓都是全椒人。境内有神山国家森林公园、吴敬梓纪念馆、岱山湖旅游度假区、碧云湖、三塔寺、龙山寺、大王庙等景点。国光楼为省级重点文物保护单位；正月十六“走太平”为省级非物质文化遗产。

文化事业和文化产业快速发展。截至2011年底，有公共图书馆1个、文化馆1个、纪念馆1个、广播电视台1个，体育场面积2.57万平方米。全年文化产业增加值2.73亿元，比上年增长11.1%。全年公共文化建设投入1450万元，建成3个乡镇综合文化站，维修改造县文化馆和县图书馆、县南屏影剧院。排演现代庐剧《匡超人》。文化民生工程完成古河、武岗、十字3个镇综合文化站建设任务。

【全椒县获第二届省文明县城称号】全椒县在获两届省创建文明县城工作先进县基础上，全面实施“五城联创”战略，争创省级文明县城。2011年新增绿地面积270万平方米，完成襄河景观带等道路和公园绿化；加大城市环境综合整治力度；开展文明单位、文明行业、文明公路、安全文明社区、和谐社区、文明楼院、洁美小区等创建活动以及“文明服务示范点”、“青年文明号”、“巾帼示范岗”等文明行业创建活动；推进文明交通、农村“清洁家园行动”以及多项集中专项整治活动；新建26个新农村居民点；新建续建城乡建设重点

全椒正月十六走“太平”盛会

项目44个；县内主街硬化率达100%，新架路灯延伸到背街小巷，完成后街巷道亮化12条，硬化约1万平方米；组织实施校舍安全工程、农村公路“村村通”工程等数十项重大民生工程项目。2011年10月，全椒县被省委、省政府授予“安徽省文明县城”称号。

【“百米长龙”登上央视大舞台】全椒县二郎口镇综合文化站组织的“百米长龙”参加了中央电视台三套节目《欢乐中国行——魅力滁州》的拍摄，并在第四届中国农民歌会开幕式上进行表演。

全椒县2011年基本情况一览表

项 目	绝对数	比上年增长%
国土面积	1568平方公里	—
总人口	46.7万人	0.5
生产总值	79.7亿元	13.5
财政总收入	10.35亿元	56.7
公共文化投入	1549万元	-24.6
科技经费投入	2621万元	55.5
各类学校在校学生	5.46万人	-5.6
考取本科人数	1627人	9.5
各类图书馆藏书	5.6万册	3.7
农家书屋	110个	—
文化馆（站、室）	11个	—
医疗机构病床数	1024张	23.8
人口自然增长率	3.88‰	0.06个千分点

定 远 县

【文化概览】定远县地处安徽省东部，面积2998平方公里，人口96.8万，辖22个乡镇、253个行政村、2个省级工业园区。定远近入南京、合肥都市圈，远融长江三角洲经济区。古有“境连八邑，衢通九省”之誉，是全国商品粮油大县、生猪生产大县、岩盐资源大县、石膏资源大县。定远历史悠久，人文荟萃。这里有新石器时代人类留下了足迹——侯家寨遗址。秦汉时境内曾置阴陵、东城两县和曲阳侯国，南北朝梁武帝普通五年（524年），置定远县,取安定远方之意。历史人物有东吴名将鲁肃；民族英雄戚继光；南宋名相董槐；明朝丞相胡惟庸和李善长、名将蓝玉、沐英等。在古阴陵城遗址出土了有“绣像汉代史”之称的汉代画像石。清代定远文墨佳誉天下，有“寿（县）字、怀（远）画，定（远）文章”之盛誉。抗日战争时期，老一辈无产阶级革命家刘少奇、徐海东、罗炳辉、张云逸、谭震林等，曾在这里战斗和生活过。境内现有省级重点文物保护单位3处。凉亭锣鼓、二龙戏珠被列为省级非物质文化遗产，李教泰、王再善为非物质文化遗产传承人。2011年6月由定远选送的相声《父与子》，参加全省群文系统建党90周年“红色颂歌——首届安徽省社区文艺调演”，获社区家庭才艺大赛三等奖。

文化事业和文化产业。截至2011年底，有图书馆1个、文化馆1个、博物馆1个、剧院1个、乡镇综合文化站22个、广播电台1个、电视台1个。编著出版图书5部，联合筹拍电视剧1部。全年文化产业总产值2.16亿元，比上年增长15.5%。当年公共文化建设投入2000万元，文化民生工程建设投入1200万元。

精神文明建设。未成年人思想道德建设得到加强，广泛开展“学雷锋志愿服务”活动。推出以好人沈锡美为代表的公民道德先进典型。开展“省级文明县城、卫生县城、园林县城”创建活动，推进“文明村镇”创建活动和农村“四创”工作。

【凉亭锣鼓、二龙戏珠入选省级非物质文化遗产】定远县凉亭锣鼓作为民间音乐类项目、二龙戏珠作为民间舞蹈类项目，入选省

民间舞蹈二龙戏珠

级非物质文化遗产名录，填补定远县省级非物质文化遗产空白。凉亭锣鼓是定远县流传至今的古老民间打击乐，以生动朴实的形式内容，综合反映广大民众的生活情境、思想感情和追求。二龙戏珠是根据定远县独有的传说形成的民间舞蹈。

【县文化馆被评为国家二级馆】定远县文化馆占地面积2870平方米，是提供文化服务的公共文化场所，公共文化服务覆盖全县，并对全县22个乡镇和社区文化活动进行业务指导。该馆完成舞蹈、美术、音乐等各门类免费艺术培训千余人。2011年，定远县文化馆被国家文化部评定为二级文化馆。

定远县2011年基本情况一览表

项　目	绝对数	比上年增长%
国土面积	2998平方公里	—
总人口	96.8万人	0.2
生产总值	102.79亿元	10.0
财政总收入	8.04亿元	57.4
公共文化投入	2000万元	5.0
科技经费投入	2380万元	36.5
各类学校在校学生	15.2万人	2.0
考取本科人数	3017人	30.0
各类图书馆藏书	9.1万册	10.0
农家书屋	128个	420.0
文化馆（站、室）	14个	280.0
医疗机构病床数	1400张	10.0
人口自然增长率	6.65‰	0.15个千分点

凤　阳　县

【文化概览】凤阳县是大明王朝开国皇帝朱元璋的故里、中国农村改革的发源地，有帝王之乡、花鼓之乡、改革之乡、石英之乡美誉，获中国曲艺之乡、中国民间文化艺术之乡、省级历史文化名城等称号。凤阳古为淮夷之地，春秋时名为钟离子国，隋称濠州，历唐、宋、元三朝未变，明洪武七年（1374年）朱元璋为家乡赐名“凤阳”，沿用至今。现辖15个乡镇、1个凤阳工业园区、1个凤阳硅工业园。面积1949.5平方公里，人口76.02万。

小岗村大包干纪念馆

凤阳境内有韭山国家森林公园1处，凤阳山省级风景名胜区1处，小岗村乡村旅游区、狼巷迷谷等国家4A级旅游景区2处。有国家级重点文物保护单位1处（明中都皇故城及皇陵石刻），省级重点文物保护单位5处。凤阳花鼓、凤阳民歌被列为国家级非物质文化遗产项目；凤阳民歌、凤阳花鼓、凤阳凤画、凤阳花鼓戏为省级非物质文化遗产项目；有国家级非物质文化遗产传承人1人、省级非物质文化遗产传承人5人。

文化事业和文化产业。至2011年底，有图书馆4个、县级文化馆1个、乡镇综合文化站16个、农家书屋224个、广播电台1个、电视台1个。有体育场馆5000平方米，承办“全国青年男子篮球俱乐部联赛”、“全国CBO女子篮球总决赛”、“全国少年摔跤锦标赛”3项全国性体育赛事。有30多支民间文艺演出队，摄影、书画等文体协会12个。2011年举办凤阳春节联欢晚会、夏季广场纳凉晚会、纪念建党90周年系列文化活动、民间民俗文艺展演、青年歌手大赛、乡镇综合文化站文艺汇演等活动近400场次。全年公共文化建设投入2771万元（含文化、体育、传媒），比上年增长46%。

文化民生工程建设。当年建成综合文化站9个，完成农家书屋建设工程112个。截至2011年底，全县16个乡镇实现乡镇综合文化站全覆盖；198个行政村、26个农村社区实现农家书屋全覆盖。广播电视村村通工程已于2010年全部完成。

精神文明建设。先后开展第二届“道德模范”评选活动、首届“美德少年”评选活动。小岗村获“全国文明村”、“全省文明村”等称号。

【“粮安天下，丰收中国”大型文艺演出在小岗村举办】10月21日，为反映全国粮食生产连续8年增长的成果，中央电视台农业频道与凤阳县共同举办“粮安天下，丰收中国——秋收行动走进小岗村”大型主题公益演出活动。央视农业频道总编赵泽琨，著名主持人杜云、刘栋栋以及市县领导和近千名群众参加活动。央视网、腾讯网进行视频直播，《安徽日报》等20余家媒体进行报道。

【小岗村获“全国文明村”称号】12月20日，小岗村获“全国文明村”称号，这是继获“中国幸福村”后该村获得的又一全国性殊荣。近年来，小岗村坚持走“四型”新农村道路，大力弘扬大包干精神和沈浩精神，从硬件和软件方面全面提升文明创建工作，先后建成大包干纪念馆、沈浩同志先进事迹陈列室，成为全国红色教育重要场所。小岗村成功申报国家4A级旅游景区，获安徽省爱国主义教育基地、安徽省历史文化名村、国家民主法治示范村、国家首批新农村建设科技示范村、中国幸福村等称号，并成为清华大学、中国人民大学、中国科技大学等30多所高校学子的社会实践基地。

凤阳县2011年基本情况一览表

项 目	绝对数	比上年增长%
国土面积	1949.5平方公里	—
总人口	76.02万人	0.92
生产总值	103.31亿元	12.1
财政总收入	12.04亿元	45.2
公共文化投入	2771万元	46.0
科技经费投入	1198万元	-4.9
各类学校在校学生	1.28万人	20.3
考取本科人数	1564人	—
各类图书馆藏书	9.5万册	—
农家书屋	112.0个	142.8
文化馆（站、室）	17.0个	26.0
医疗机构病床数	1510张	-0.2
人口自然增长率	5.77‰	—

马 鞍 山 市

【文化概览】马鞍山市位于安徽省东部，1956年10月建市，面积4042平方公里（其中市区面积340平方公里），辖3个县、3个区。2011年8月22日，经国务院批复，原巢湖市所辖含山县、和县(不含沈巷镇)划归马鞍山市管辖，马鞍山市走进跨江发展的时代。马鞍山是中部地区第一个全国文明城市。境内有李白遗迹和六朝墓葬。全市有各级文物保护单位132处，其中国家重点文物保护单位4处、省级文物保护单位16处。市馆藏各类文物1771件，其中国家一、二、三级文物560件。有非物质文化遗产70项，其中国家级2项、省级12项、市级33项。公共图书馆7个，藏书53.7万册；群众艺术馆1个，县、区文化馆6个；游戏机室39个，歌舞厅70个，网吧205个，音像制品经营点60个，录像放映单位12个。

新闻宣传。2011年，经济建设宣传深入推进。开设专栏，大力宣传全市新一轮“大规划、大建设、大发展”的成果。适时开展统筹城乡发展、春季农业生产、节能减排、发展非公经济、推进自主创新、积极融入长三角等20多项经济建设类专项宣传。整体推进社会各项宣传，做好全球服务外包大会、东盟系列会议宣传和“四城同创”各项宣传。深入推进“创先争优”、“七项推进行动”、民生工程、信访维稳、“我们的节日”等宣传。组织医改、“扫黄打非”专项行动、银企对接活动、“做一个文明有礼的马鞍山人”、安全生产宣传月等60多项专项宣传。

对外宣传。组织召开新闻发布会40多场次，接待外来媒体记者400多人次。在中央、省级以及境外主流媒体刊发稿件4000多篇。围绕市委七届十四次全会精神和皖江承接产业转移示范区建设等，开展外宣活动。对东盟系列会议、第四届全球服务外包大会和第二十三届中国马鞍山李白诗歌节进行对外宣传，开展“对话都市圈、聚焦马鞍山”苏皖媒体走马看新区集中采访活动的对外宣传，对“感知安徽”两岸媒体联合采访团集中采访、第三十一届全国最佳邮票颁奖暨“中国古代书法——草书”特种邮票首发式活动、第五届马鞍山李白国际户外旅游节、徽商大会等进行对外宣传。与南京市开展对口交流、座谈，就宁马两市新闻宣传合作提出框架性意见。

公共文化体系建设。2011年5月，马鞍山市被确定为首批创建全国公共文化服务体系示范区。新市、太白、历阳、西埠4个镇综合文化站建成投入使用。建成农家书屋236个，实现全覆盖。推进农村公益电影放映工程，共开展农村公益电影放映5700多场次。市文化馆、图书馆、博物馆、朱然家族墓地博物馆全年接待观众、读者共计100多万人次。市文化馆免费开设舞蹈、声乐等成人培训班10个，辅导培训1000多人次。市图书馆采取数字化服务模式，实行免费开放。市博物馆、朱然家族墓地博物馆免费讲解1400多场。

纪念建党90周年宣传教育活动。制定下发《全市纪念中国共产党成立90周年活动方案》和宣传报道方案，组织各新闻单位统一开设专栏，运用消息、通讯、评论、专稿、图片、专访、对话等形式，报道全市庆祝中国共产党成立90周年活动。在濮塘烈士陵园开展“缅怀先烈、重温誓词”活动，组织开展“党啊，亲爱的妈妈”和“唱支颂歌给党听”红歌会，举办以“历史的选择”为主题的全市青少年爱国主义读书教育活动和党史报告会、纪念建党90周年理论研讨会，开展“学先进、讲奉献、比贡献”演讲活动，举办“江南之花——颂歌献给党”文艺演出13个专场。

网络宣传。组织网评员参与省“两会”、文化体制改革、建党90周年网上作品大赛等评论工作。围绕热点敏感问题及突发事件，开展舆论应对和引导。关注网络、传统媒体及社会舆情，准确把握舆情动态，编报《每日舆情》200多篇。开展网络文化活动。举办全市“文明办网、文明上网”知识竞赛，组队参加全省“文明办网、喜迎七一”知识竞赛，获全省第二名。组织马鞍山文明网等网站，举办“和谐诗城，飞扬青春”青年摄影大赛。先后组织杜绝网上虚假新闻信息、“四城同创”净化网络环境、非法网络公关行为及违规登载新闻等专项整治工作。妥善应对网上各类突发事件，及时应对雨润火腿肠事件、“9·11”特大交通事故等引发的多起网上突发舆情。

文化事业与文化产业。2011年，创作《红旗的一角》等多部作品，在省部级以上专业艺术赛中获奖4项。艺术展演蓬勃开展，市艺术剧院完成各类演出212场，观众20余万人次。全年送电影下乡进社区6713场，送戏下乡132场；抢救性发掘古墓葬10处，清理文物千余件。举办马鞍山第六届社科优秀成果评奖，81项成果获奖。举办四期“江东人文讲坛”。市档案馆晋升为国家一级档案馆。《马鞍山年鉴》已连续出版24卷。至年底，先后编纂出版《我们的节日》、《姑溪河古瓷片聚珍》、《马鞍山六朝墓葬》、《马鞍山之最》、《马鞍山战争史话》等地情书籍；编纂出版《中国共产党马鞍山历史大事记（1921～2011）》；组织开展党史宣讲、专题辅导、知识竞赛、读党史正本、党史教育日等多种形式的宣传教育活动；开展革命遗址普查，全市3县3区共审核确定革命遗址101处。全市有各类文化经营单位2804个，经纶文化传媒、影星银幕、视聆通、洪滨丝画、德化堂、敦厚堂、四季剧院、山歌影视、千字文公司等一批文化企业发展迅速。以马鞍山市动漫游戏基地为主体的新兴产业集群初步形成，注册企业93个，从业人员1800人。现有3个国家级动漫企业，全年完成动画片制作9000分钟，自主研发操

2011年做一个文明有礼的马鞍山人主题活动

作系统或应用软件250个，当年产值8.32亿元，已连续举办4届COSPLAY动漫游戏大赛暨漫画大赛、3届EOG全球电子竞技大赛。

文化民生工程。2011年，列入民生工程建设的当涂县新市镇、太白镇，和县历阳镇、西埠镇综合文化站均已建成投入使用。太白镇综合文化站占地面积1.33万平方米，拥有13个活动室(馆)、9个工作室、5块户外活动场所，为全省规模最大、功能最全的乡镇综合文化站。全年完成236个农家书屋工程建设任务（其中原计划新建104个，区划调整后新增和县69个、含山县63个）。改造新建市文化馆公共电子阅览室、多功能活动厅，文化馆被评为国家一级馆。

群众文化活动。组织第二十六届“江南之花”、第二届“周末大舞台”、第四届“马鞍山音乐节”、十运会开幕式演出、2011年春节晚会、建党90周年文艺晚会和全球服务外包大会、台商协会成立等演出。全年举办各类广场演出活动200多场。举办公益性文物展、书画展、摄影展等各类展览53次，接待观众近40万人次。组织各类演出活动107场。

文化交流。先后组织艺术剧院赴珠江三角洲、日本伊势崎市演出，组织少儿合唱团赴韩国交流演出，与台湾花莲县、南京市分别签订文化交流合作协议。10月15日，市图书馆与金陵图书馆举行一体化合作签约仪式，以数字化服务为手段，跨省跨行政区域进行文化交流与服务创新。

文化市场管理。结合“四城同创”等中心工作，坚持集中整治与日常巡查相结合，加强文化市场监管。组织开展专项整治行动15次。全年共出动9200多人次，查处违规经营户53个次，责令停业整改22个次，没收非法出版物2142册，非法音像制品5万多张，收缴赌博类游戏机176台，主板31块，取缔无证照经营场所17个。

非物质文化遗产保护。《马鞍山市非物质文化遗产名录图典》出版发行，当涂县文化馆为首批安徽省非物质文化遗产传习基地，2名市级非遗传承人入选第四批省级非物质文化遗产项目代表性传承人。国家、省、市、县四级非物质文化遗产保护和传承体系初步建立。

精神文明建设。开展“马鞍山精神”大讨论活动，宣传“聚山纳川、一马当先”的城市精神。表彰马鞍山市第十九届“十佳道德模范、十佳道德模范集体”，制作道德模范宣传墙，宣传道德模范、道德集体事迹。组织道德模范巡讲团赴学校、农村、企业、社区作事迹巡讲报告，编写出版《与文明同行——马鞍山好人风范》，向全市免费发放。推选“中国好人”和省精神文明“月评十佳”，7人次入选省精神文明“月评十佳”，2人入选“中国好人”榜。举办马鞍山市第五届公民道德论坛，开展“讲文明树新风”、“排队日”、“让座日”、“爱市日”等系列主题活动。开展“文明有礼的马鞍山人”、“文明家庭”推荐评选。组织开展“我们的节日·红红火火过大年、闹元宵”系列文化活动。组织学生参与中国文明网“网上祭先烈”活动，“我们的节日·清明”经典诵读系列活动被中国文明网刊载宣传。推进关爱留守儿童、关爱空巢老人、关爱农民工、关爱残疾人志愿服务以及“热心志愿服务，党员带头先行”活动，志愿者傅强当选全国百名优秀志愿者。组织举办“关爱农民工志愿服务活动启动仪式”，募集100万元资金捐赠给志愿服务基金。

【马鞍山市蝉联“全国文明城市”称号】2009年1月，马鞍山市成为中国中部地区第一个全国文明城市。2011年复查考评成绩优异，名列地级市第四，蝉联“全国文明城市”称号。马鞍山市一批精神文明建设工作先进典型同时受到表彰，其中，当涂县博望镇、雨山区佳山乡芦场村继续保留“全国文明村镇”称号，马鞍山供电公司、马钢设计研究院有限责任公司继续保留“全国文明单位”称号，雨山区雨山街道半山花园社区继续保留“全国文明社区”称号；含山县陶厂镇卜李村、当涂县太白镇宁兴村和太仓村获第三批“全国文明村镇”称号，市地方税务局、市第二中学、安徽星马汽车集团有限公司获第三批“全国文明单位”称号。

【采石风景区“牧子藏馆”开馆】2011年10月18日，“牧子藏馆”开馆仪式在采石风景区举行。“牧子藏馆”坐落在采石风景区延园内，面积260平方米，总投资130万元，陈列了吕系学先生捐赠的《签名藏卷》、《书画藏卷》、《寿星寿卷》、《龙年龙卷》4个专题和单幅书画共计218幅书画珍品。“牧子藏馆”根据延园风貌，利用展馆有效空间，呈现现代陈列设计风格。

【李白墓园建成文化精品】全国重点文物保护单位——李白墓园位于马鞍山市和芜湖市之间，是以李白墓为主题而开发的文化旅游景点，占地100亩，分前、中、后3个景区，有牌坊、太白碑林、眺青阁、太白祠、李白墓、十咏亭、青莲书院、盆景园等景点，太白碑林和李白墓冢为景区核心景点。

李白墓园以生态旅游和文化旅游为主题，集休闲娱乐、欣赏李白诗文和书法作品、观光园林艺术和凭吊诗仙李白为一体的综合旅游景区。李白墓完整地保存了唐代名人墓葬形制，太白祠、享堂集中展现明清宗族祠堂的建筑风格，宋碑则详细记载了李白生平身世和诗歌成就。太白碑林内镶嵌了众多著名书法家书写的李白各个时期的经典诗句108首，作者有毛泽东、鲁迅、郭沫若、于右任、沙孟海、林散之、楚图南、启功、陈立夫、沈鹏等，溶诗歌、书法、建筑艺术于一炉，是文化精品的代表作。

李白墓园年接待国内外游客30万人次左右。2006年李白墓园被国务院公布为全国重点文物保护单位，2008年被评为国家3A级旅游景区，是安徽省、马鞍山市、当涂县爱国主义教育基地，马鞍山市、当涂县文明创建单位。

【太平府铜壶制作工艺】当涂县制作紫铜壶始于唐代中期。元至正十五年（1355年），朱元璋自采石渡江取太平路（当涂），改太平路为太平府后，当涂紫铜壶即冠以“太平府”三字，称“太平府铜壶”。

“太平府铜壶”既有容量达百公斤以上的特大件，也有玩于股掌之间的袖珍件，规格和造型种类较多。民国初年，江南芜湖举办铜壶展评，“太平府铜壶”凭其优美的造型和精湛的工艺位居榜首，其纯手工制作工艺具有较高的历史价值、文化价值、艺术价值和实用价值。2006年，太平府铜壶技艺被列入安徽省第一批省级非物质文化遗产名录。

李白墓园

马鞍山市2011年基本情况一览表

项　目	绝对数	比上年增长%
国土面积	4042平方公里	—
总人口	228.6万人	0.3
生产总值	1144.3亿元	12.1
财政总收入	186.35亿元	22.0
公共文化投入	22427万元	30.5
科技经费投入	6680万元	19.3
各类学校在校学生	34.4万人	—
考取本科人数	8837人	6.0
各类图书馆藏书	65.3万册	18.3
农家书屋	—	—
文化馆（站、室）	—	—
医疗机构病床数	6486张	5.7
人口自然增长率	4.6‰	—

雨　山　区

【文化概览】雨山区位于马鞍山市城区西南部，东与南京市江宁区接壤，南与当涂县相连。境内景色秀丽，古迹众多，有“长江三矶”之首采石矶、20世纪80年代中国考古十大发现之一的朱然家族墓群。近年来新发现的烟墩山文化遗址及宋山墓、陶安墓等古墓群，表明雨山地区早在5000年前的新石器时代即有先民在此繁衍生息。

2011年，雨山区文化事业和文化产业发展迅速。截至年底，共有文化馆（站、室）44个，体育场馆128个，健身广场66个，民间专业团体78个。

文化惠民工程。乡镇综合文化站评星定级完成。佳山乡、向山镇文化站分别被评为全省三星级、二星级综合文化站。完成16个农家书屋建设，全区农家书屋实现全覆盖。实施数字化学习中心延伸工程，平湖街道、佳山乡两个“数字化学习分中心”和雨山街道翠湖社区“数字化学习点”项目全部建成并投入使用。对全区破损、超期服役的16套132件健身器材进行了全面维护、更新或更换。

公共文化服务体系。区文化馆已达到国家一级馆标准。公益性文化场馆全部免费开放。公益性文化设施基本实现区、乡镇（街道）、村（社区）三级全覆盖。群众文化活动丰富多彩，涌现出大批基层文化骨干队伍，群众自发文艺队伍不断壮大，全区共有社区文化队伍100多支，民间艺术团体78个，社区艺术节、农民文艺调演已成品牌。文化服务产业正在全面培育，形成采石古镇、雨山经济开发区、东湖公园及梅山公园四大文化项目集聚区。

群众文化活动。建立公益性演出配送服务制度，总计给各乡镇、街道配送24场文艺演出活动。举办第四届农民文艺调演，全年演出87余场，完成诗歌节、“江南之花”等文艺活动演出任务。开展送经典电影到基层活动，全区放映公益电影334场，诗歌节期间举办电影周活动。

【马鞍山动漫游戏产业基地】该基地坐落在马鞍山雨山经济开发区，由雨山区政府与香港Heyspace集团联合，利用Heyspace集团自主研发的游戏动漫公共服务平台，为动漫企业提供动画后期渲染、制作、音效合成等全方位的服务，提供游戏产品销售、运营和客服等配套服务，同时培养动画影视制作人才，为游戏动漫行业提供高端的人力资源。基地被评为首批“省级现代服务业集聚区”、“省级文化产业示范基地”，拥有国家级动漫企业2个。已制作52集动漫片《森林日记》、26集全三维动画片《欢笑满城》、26集动漫片《快乐的兔子》及52集《李白漫游记》等作品，《无双勇气》、《大富翁（马鞍山版）》、《决战中原》等十多款网络游戏陆续上线，并在海外营销。

全国文明社区半山花园社区

雨山区2011年基本情况一览表

项　目	绝对数	比上年增长%
国土面积	173.0平方公里	—
总人口	26.65万人	—
生产总值	—	—
财政总收入	14.44亿元	54.6
公共文化投入	284.26万元	20.4
科技经费投入	876.26万元	383.4
各类学校在校学生	1.62万人	-1.2
各类图书馆藏书	11.85万册	7.0
农家书屋	29个	40.0
文化馆（站、室）	44个	11.0
医疗机构病床数	50张	—
人口自然增长率	2.94‰	-0.17个千分点

花　山　区

【文化概览】花山区东与南京江宁区毗邻，处于南京都市圈核心圈层，是全省东向发展和皖江城市带承接产业转移示范区最前沿；紧邻南京禄口国际机场和南京高铁南站，区内有宁安城际铁路马鞍山站，高速公路与长三角连为一体；产业层次较高，地处中心城区，商贸服务业发达，社会消费品零售总额占全市一半以上；生活配套功能完善，属马鞍山市教育、医疗中心区，集中了全市主要大学、科研机构、中小学校、三级医院以及文化体育资源，国家4A级景区濮塘风景区景色宜人。

2011年，文化强区建设迈出坚实步伐。文化公共服务能力提高。区文化馆、图书馆建设完成，率先免费向社会开放。农家书屋建设实现全覆盖、常态化，结合实际开展阅读宣传月活动，提高农民群众的阅读积极性。积极开展“我们的节日”活动，先后举办群众性文化活动70余场次。选送优秀节目参加庆祝建党90周年暨市第二十六届“江南之花”群众文化节汇报演出，舞蹈《我和我的祖国》参加全省首届社区文艺调演获广场舞蹈大赛二等奖。举办以“推进文化强区、打造幸福花山”为主题的第六届社区文化节，拓展东方艺术团、民间艺术团、四季剧院的公益性演出范围。区书法美术家协会在市展览馆举办“丹青颂党恩”纪念建党90周年书画展，并发行书画作品集。大力扶持街道“三个一”工程，各街道成立一支素质较高的文化队伍、建设一个稳定的文化阵地、培育一个文化品牌。在全市率先成立社会体育指导员培训基地，健身气功、太极、木兰、空竹等协会先后成立，共拥有会员1000多人。全区拥有社会体育指导员717名，其中国家级6名，平均每万人中有社会体育指导员20名以上。组团参加市十运会，共获得38块金牌，位于区县前列。

立足花山实际，理清文化产业发展思路。彰显市域商业中心的优势，加强文化与商业的融合。打造环雨山湖（花山片）商业休闲文化产业带；培育打造团结广场、解放路商业街、宁安城际铁路广场等文化商业中心，形成文化味浓、市场旺、人气旺的文化商业圈；结合旧城改造，兴建马鞍山国际文化体育广场。利用濮塘风景区自然人文资源和革命传统文化优势，大力推进文化与旅游的融合。在霍里街道凤山村打造仙人坝生态农业文化产业园，发展健康休闲和演艺文化产业；以打造国家级体育运动基地及长三角知名休闲度假基地为目标，规划濮塘产业项目龙湾生态农业休闲度假示范基地、濮塘·印象影视基地，同时着力打造红色文化教育基地。发挥马鞍山（花山）软件园的集聚效应，大力推进文化与软件的融合。开展促进服务外包发展的各项工作，形成产业特色；促进与动漫游戏产业的互动发展，着力构建软件技术支撑平台；加快文化创意产业的自主创新，形成创意文化产业集群。

花山区2011年基本情况一览表

项　目	绝对数	比上年增长%
国土面积	123.0平方公里	—
总人口	30.0万人	—
生产总值	—	—
财政总收入	14.8亿元	47.4
公共文化投入	288.0万元	11.2
科技经费投入	2489万元	136.0
各类学校在校学生	2.59万人	2.0
考取本科人数	430人	8.0
各类图书馆藏书	10.0万册	30.0
农家书屋	15个	20.0
文化馆（站、室）	40个	40.0
医疗机构病床数	2256张	—
人口自然增长率	2.68‰	—

金家庄区

【文化概览】金家庄位于马鞍山市西北部，西临长江，面积53平方公里，常住人口约11万。截至2011年底，金家庄区有公共图书馆、文化馆、乡综合文化站各1个，农家书屋13个。当年文化馆创作文艺作品14篇，其中《心中的太阳》获全国原创音乐一等奖，《周末大舞台》获全国原创音乐二等奖。

文化民生工程建设进度加快。行政村农家书屋实施点建设全面完成。按照市民生工程建设要求，每个书屋使用面积不少于20平方米，配备图书不少于1500册。截至6月，金瑞新城瑞南、瑞北2个农家书屋实施点已通过国家新闻出版总署的验收，并对外开放。

【“幸福之花”文化节入选马鞍山市十大会展品牌】金家庄区“幸福之花”文化节自2008年举办以来，已连续举办四届。文化节以“现代新城区，幸福金家庄”为主题，贴近群众、服务群众、面向群众。为期一个多月的第四届“幸福之花”文化节，共有6大板块，举办区级大型文艺演出10场，乡街道文艺演出30余场次，优秀电影社区、乡村巡回展映100场，主题各异的文体活动60余场，整个文化节参与群众达3万多人次。

【映山红舞蹈艺术团赴新加坡参赛】2011年7月9日，金家庄区映山红舞蹈艺术团赴新加坡，参加新加坡国际文化艺术盛典——第十一届新加坡“金狮奖”国际舞蹈合唱服饰艺术大赛。艺术团在大赛中表演的省级非遗项目马鞍山民间舞蹈“跳和合”《太平盛世和满天》、大型唐装古典服饰表演《东方神韵》、非遗项目民间舞蹈“打莲湘”《欢天喜地》一举摘得优秀指导教师奖、最高编导奖、组织金奖、最佳上镜奖、最佳风格奖、最佳服装奖6个国际奖项。映山红舞蹈艺术团赴新参赛，对于弘扬马鞍山民间群众文化和加强对外交流具有重要意义。

金家庄区2011年基本情况一览表

项 目	绝对数	比上年增长%
国土面积	53.0平方公里	—
总人口	11.0万人	—
生产总值	—	—
财政总收入	—	—
公共文化投入	130.0万元	130.0
科技经费投入	—	—
各类图书馆藏书	6.4万册	15.0
农家书屋	13个	18.0
文化馆（站、室）	2个	—

当　涂　县

【文化概览】当涂县位于安徽省东部，介于南京与芜湖之间，地处长三角城市群顶端，与江苏省江宁、高淳、溧水3县(区)接壤，是安徽省重要的沿江、沿边县。面积1346平方公里，人口65.57万，辖11个镇、3个乡。先后两次获“安徽省文明县城”称号，两度荣获“中国民间文化艺术之乡”称号。

当涂有2200多年置县史，秦代设丹阳县，隋开皇九年(589年)定名当涂，曾为宋代太平州、元代太平路、明代太平府治所，清代长江水师提督署和安徽学政署驻地。现有国家级风景名胜区1处，国家级重点文物保护单位4处。当涂民歌被列为国家级非物质文化遗产，太平府铜壶制作技艺、博望铁艺、湖阳打水浒和丹阳天仙配为省级非物质文化遗产，陶小妹等8人为省级非遗传承人。

2011年，全县文化事业和文化产业发展迅速。截至年底，共有公共图书馆、文化馆、广播电台、电视台各1个，体育场馆9.87万平方米。全年文化产业总产值5.2亿元，比上年增长30%。

公共文化建设投入逐年加大。总投资700多万元，建成当涂文化馆。全县还建有乡镇综合文化站10个，农家书屋137个，休闲体育健身场所158个，文化休闲广场7个。即将动工的当涂县综合文化中心，投入6亿元，将建成集体育馆、图书馆、博物馆、档案馆、影剧院、体育场为一体的全县最大的公共文化设施。2010年，全县公共财政对文化建设投入1756万元，比2009年增长11.2%；2011年，投入3290万元，比2010年增长 87.4% 。文化民生工程建设覆盖城乡。2006年开始实施“农民体育健

当涂民歌唱响维也纳金色大厅

身”工程，2007年开始实施“农家书屋”工程，2009年开始实施“乡镇综合文化站”建设工程。当涂文化馆为国家县级一级文化馆，拥有馆舍近3000平方米，免费开设了多功能厅、艺术展览室、舞蹈室、书画室、器乐室、阅览室、少儿培训室等活动场所。当涂县图书馆为国家三级馆，公共电子阅览室实现各乡镇和社区全覆盖，率先建成覆盖城乡的数字文化服务体系，人均占有图书0.6册。全县共建有乡镇综合文化站10个，其中太白镇综合文化站占地面积13337平方米，拥有13个活动室（馆），为全省规模最大、功能最全的乡镇综合文化站。农家书屋137个，农民体育健身工程118个，共投入资金近2亿元，在全省县级率先实现全覆盖。全县已有70个村建有不低于100平方米的文化活动室。大力实施电影放映2131工程，“四下乡”活动常态化，群众文化生活丰富多彩。全县初步形成了布局合理、功能齐全的公共文化设施体系。

精神文明建设特色鲜明。广泛宣传“团结奋进、务实创新、和合包容、激情争先”的新时期当涂精神，举办当涂县公民道德论坛，组织开展“十佳道德集体”、“十佳道德模范”评选活动，用身边的先进典型树道德标杆。开展“我推荐、我评议身边好人”活动，石桥派出所周继祥登“中国好人榜”。深入开展未成年人道德实践活动，组织开展当涂县首届“美德少年”评选活动，共评选出45名美德少年。在全县建成10所学校乡村少年宫，各乡镇中心学校和各中小学全部设立心理咨询室，全面建立少年之家、儿童俱乐部，设立未成年人专属或共享活动场所，拓展广大未成年人精神文化活动空间。

文明村镇建设势头强劲。在全县农村广泛开展以争创清洁示范村、文明生态村、绿色小康村、移风易俗村为主题的“四创”活动，全力推进农村文明创建工作。注重提高农民思想道德素质和科学文化素质，摒弃不良陋习，提倡健康文明生活方式。太白镇获“全国创建文明村镇工作先进村镇”、“安徽省文明村镇”称号，姑孰镇获“安徽省创建文明村镇工作先进村镇”称号，提署、东大社区获省级文明社区称号，太白镇永宁村、护河镇园艺村分别获“全国文明村”、“安徽省文明村”称号。全县共评选出“五好文明家庭”17257户，“十星级文明户”2807户。

【当涂民歌享誉海内外】当涂民歌是当涂人民智慧的结晶，是劳动人民口头创作、口头演唱、口耳相传的文化表现形式的典型代表。经过历代文化人的艺术加工后，更具有历史、文化和艺术价值，是音乐和语言艺术珍品。2006年5月成为首批国家级非物质文化遗产。

当涂县高度重视对当涂民歌的推介工作。2006年9月举办第一届当涂民歌大赛，2007年在省城合肥举办当涂民歌专场演唱会，2009年举办第二届当涂民歌大赛，2010年搜集整理编辑出版大型史料性书籍——《当涂民歌》，共收入当涂民歌225首，2011年举办首届当涂民歌艺术节暨第三届当涂民歌大赛。现有省级传承人5名，市级传承人9名，传承途径主要通过传承人以师带徒、集体教唱、举办民歌大赛、建立传承教学点、民歌进校园等形式进行。当涂民歌两次唱响维也纳金色大厅，登上世界舞台。

【当涂龙舟锦标赛成民俗文化品牌】当涂赛龙舟有着悠久的历史传统和广泛的群众基础。每年端午节、六月六都有赛龙舟活动，并由此创作了当涂民歌——《划龙船》。自2008年开始，县委、县政府为深入贯彻落实《体育法》和《全民健身条例》，努力打造群众体育活动品牌，在县护城河行春桥以北水域，成功举办4届龙舟锦标赛。全县14个乡镇的龙舟代表队你追我赶，为数万观众献上一份丰盛的端午盛宴。龙舟锦标赛已成为全县重要的民俗文化品牌。

当涂县2011年基本情况一览表

项 目	绝对数	比上年增长%
国土面积	1346平方公里	—
总人口	65.57万人	—
生产总值	249.0亿元	20.8
财政总收入	35.0亿元	58.0
公共文化投入	3000万元	87.0
科技经费投入	5000万元	81.0
各类学校在校学生	8.43万人	-5.7
考取本科人数	2473人	6.4
各类图书馆藏书	26.0万册	10.0
农家书屋	137个	40.0
文化馆（站、室）	11个	10.0
医疗机构病床数	1513张	—
人口自然增长率	5.5‰	—

含 山 县

【文化概览】含山县位于长江中下游北岸，与巢湖市、和县接壤，辖8个镇，2008年、2009年、2010年连续3年获全省科学发展先进县称号。

含山于唐武德六年（623年）建县，现有国家森林公园1处，省级风景名胜区1处，国家级重点文物保护单位1处、省级4处。含山民歌（巢湖民歌组成部分）被列为国家级非物质文化遗产，伍子胥过昭关传说、含弓戏、含山民间扎彩为省级非物质文化遗产，时泽雨、马正德、周昌发为非物质文化遗产传承人。

2011年，全县文化事业和文化产业发展迅速。截至年底，共有图书馆、文化馆、广播电台、电视台各1个，体育场馆7070平方米。公共文化建设投入1819万元。县体育馆开工建设，项目占地面积2万平方米，设计为综合性室内场馆。县博物馆由建筑主体工程和文化休闲广场两部分组成，总建筑面积6830平方米，总投资7000多万元。县博物馆展示陈列面积近4000平方米，以展示凌家滩“玉文化”为主，以及含山悠久的人文历史和新中国成立60年的伟大成就，设计日接待游客2000人次。

精神文明建设。2011年10月，含山县获第二届安徽省创建文明县城工作先进县城称号，县地税局、县国税局、县质量技术监督局、县供电公司、含山中学、县移动公司获第九届省级文明单位称号；2011年8月，1人获第二届巢湖市道德模范、2人获道德模范提名奖。开展“保护大渔滩”、“奉献社区”等志愿服务活动160多场次，县文明办获“全省精神文明建设工作先进集体”称号。

文明城镇建设。开展社区、新农村示范村季度考评和“五星级文明户”评选，承办巢湖市“农村美好家园”创建现场会；陶厂镇卜李村荣获第三批全国文明村镇称号，陶厂镇和陶厂镇卜李村分获第二届安徽省文明村镇称号，大庆社区获2011年度全市“优秀学习型党组织”称号，其“四联四创”经验分别被省精神文明建设简报、省文明网等多个媒体刊发。

【凌家滩遗址】该遗址1985年被发现，位于含山县铜闸镇凌家滩村，总面积约160万平方米，经测定距今约5800~5300年，是长江下游、巢湖流域迄今发现的面积最大、保存最完整的新石器时代聚落遗址。自1987年以来，先后进行了5次考古发掘，发掘面积2960平方米，1998年被评为全国十大考古发现之一。遗址包括1座祭坛、68座墓葬以及房屋遗址、近3000平方米红陶土块等，出土玉器、陶器、石器2000多件，其中玉器1100余件。出土的重要文物有：玉龙、玉猪、玉人、玉戈、玉勺、玉钻及石斧等，均为同时期其他遗迹出土文物中所罕见。

【昭关温泉综合文化产业园区】项目位于含山县昭关镇境内，项目区规划面积8.42平方公里，紧邻昭关风景区、褒禅山风景区，三面环山，风景秀美，内有占地200公顷的昭关水库，水库岸线绵延曲折，多处形成半岛状，周边群山环绕，保持原生态的自然风光。温泉富水区达1平方公里，现有2口出水井，日出水量3000吨，自然溢出温度43℃，富含有微量元素氡。2011年12月，县政府引资建设含山县昭关温泉综合文化产业园区，计划3年内在该项目区完成水墨文化基地、影视文化基地、温泉休闲度假文化基地和配套文化产业的居住用地建设，总建筑面积不少于66万平方米，总投资30亿元。

含山县2011年基本情况一览表

项 目	绝对数	比上年增长%
国土面积	1029平方公里	—
总人口	44.68万人	0.5
生产总值	80.43亿元	15.7
财政总收入	8.27亿元	30.6
公共文化投入	1819万元	36.3
科技经费投入	1875万元	8.8
各类学校在校学生	6.43万人	−15.2
考取本科人数	1648人	14.7
各类图书馆藏书	4.0万册	—
农家书屋	141个	44.7
文化馆（站、室）	9个	—
医疗机构病床数	800张	10.0
人口自然增长率	5.48‰	—

和　县

【**文化概览**】和县位于安徽省东部，长江下游西北岸，与南京、芜湖等城市隔江相望，东北与南京市浦口区一桥相隔，西北与滁州市全椒县毗邻。全县面积1318.6平方公里，人口54.4万。和县古名历阳，因“县南有历水”而得名。公元555年，南梁、北齐议和于历阳，罢兵休战，改历阳为和州。辛亥革命胜利后，废州设县。2011年8月区划调整划入马鞍山市，现辖9个镇。和县是全国文化先进县，安徽省首批历史文化名城。

现有国家级森林公园1处（鸡笼山国家森林公园），国家级重点文物保护单位1处（“和县猿人”龙潭洞遗址），省级重点文物保护单位3处，和县东路庐剧被列为国家级非物质文化遗产，和县霸王祠“三月三”庙会、和县剪纸、和县羽毛画被列入省级非物质文化遗产，武道芳（和县庐剧）、徐石生（和县剪纸）、田恒浩（和县羽毛画）为省级非物质文化遗产传承人。

2011年，全县文化事业和文化产业发展迅速。截至年底，共有公共图书馆1个，农家书屋115个，文化馆（站）10个，广播电台、电视台各1个，体育场馆44.36万平方米。全年公共文化建设投入2380万元。文化民生工程建设自2007年实施以来已投入389万元，主要用于广播电视“村村通”、乡镇综合文化站、农家书屋、公共文化信息建设等项目建设。精神文明建设卓有成效，推出的典型人物叶连平入选2011年全省精神文明“十佳事迹”。

【**东路庐剧入选国家非物质文化遗产名录**】东路庐剧属于庐剧上、中、下三路中的下路，以和县为中心流布于八百里皖江的南北两岸区域，距今已有200多年历史。东路庐剧唱腔清秀婉转、细腻平和，具有浓厚的水乡味。因为种种原因，东路庐剧的专业演出团体仅存和县庐剧团一家。该团先后三次荣获中国剧协最高奖——曹禺戏曲奖专业组创作和表演奖。

【**和县猿人遗址为国家重点文物保护单位**】和县猿人龙潭洞遗址位于和县陶店乡汪家山北坡。1980年发掘出一具完整的猿人头盖骨，一块左下侧下颌骨碎片和三个零星的牙齿，在同一层位中还发现猿人遗留的工具、骨器、角器、牙器等以及大批动物化石。经专家初步鉴定，和县猿人头盖骨是目前中国唯一保存完好的猿人头盖骨化石，属旧石器时代初期，距今有三四十万年。和县猿人是我国20世纪80年代的重大考古发现，为研究人类的起源和发展，以及研究南方和北方古人类的共性与差异，提供了重要的实物资料。1988年，和县猿人遗址被国务院公布为全国重点文物保护单位。

和谐文化广场演出

和县2011年基本情况一览表

项　目	绝对数	比上年增长%
国土面积	1318.6平方公里	—
总人口	54.4万人	0.3
生产总值	92.02亿元	15.7
财政总收入	9.2亿元	43.1
公共文化投入	2380万元	38.4
科技经费投入	2402万元	34.9
各类学校在校学生	8.38万人	0.7
考取本科人数	1549人	2.6
各类图书馆藏书	146.65万册	1.2
农家书屋	115个	52.0
文化馆（站、室）	10个	[illegible]
医疗机构病床数	994张	3.8
人口自然增长率	3.74‰	0.77个千分点

芜湖市

【文化概览】芜湖市位于安徽省东南部，市域面积5988平方公里，人口385万，其中市区面积1065平方公里、人口124万。辖无为、芜湖、繁昌、南陵4个县和镜湖、弋江、鸠江、三山4个区，有2个国家级开发区。是全国卫生先进城市、全国环境综合整治优秀城市、全国园林绿化先进城市、中国优秀旅游城市、全国文明城市提名城市、全国双拥模范城，3次获中国人居环境范例奖。

芜湖春秋时为吴国边陲要塞鸠兹邑，汉武帝元封二年（前109年）始称芜湖。现有国家级森林公园2处，国家4A级景区7处，3A级景区7处，全国重点文物保护单位4处，全国重点保护寺庙1处，省重点文物保护单位15处。芜湖铁画锻制技艺、无为鱼灯被列为国家级非物质文化遗产，芜湖梨簧戏、南陵目连戏、南陵十兽灯、繁昌民歌、无为剔墨纱灯、中分村徐氏祭祖习俗、无为民歌、广济寺庙会、耿福兴传统小吃三大件、八社神灯、送春、大王冲佛香手工技艺、九连麒麟庙会、群龙朝神山为省级非物质文化遗产，杨光辉为国家级非物质文化遗产传承人，汪邦云、储金霞、俞时金、吴清海、张振清、王兴辉、胡德双、王伟峰为省级非物质文化遗产传承人。

文化事业和文化产业。截至2011年底，共有公共图书馆6个，文化馆8个，广播电视台5个，教育电视台1个。体育场馆262.2万平方米，人均1.14平方米（不含无为县）。全年编辑出版图书18部，王建华的小说集《蓝太阳》、子薇的小说集《此情可待成追忆》获第八届安徽省政府文学奖。文化产业增加值约为35.46亿元，比上年增长36%。

精神文明建设。编制完成《芜湖市“十二五”精神文明建设发展规划》，召开全市争创全国文明城市暨市容整治提升年活动动员大会，对各县区及市直单位进行4次公共文明指数测评，并在媒体上公布测评结果，以通报形式责成相关部门限期整改。组织开展“做文明有礼的芜湖人”、“‘三六’集中行动日”、“文明交通行动计划”、“百万市民大走访”、“微笑服务、温馨窗口”等一系列活动。针对不同群体开展“我们的节日”、“做一个有道德的人”、经典诵读、优秀童谣传唱、“童心向党”歌咏比赛和首届美德少年评选表彰等主题活动。年底，全市有53人入选“中国好人榜”，入选全省精神文明“十佳事迹”59件，位于全省前列。举办4届公民道德论坛，建立居民道德档案5.47万户，以道德模范何志城为原型创作舞台剧《让未来铭记红旗的来历》，并在全省巡演。深入开展以创建清洁示范村、文明生态村、绿色小康村、移风易俗示范村为主的农村文明“四创”活动，组织举办全市首届文明魅力乡村评选活动。广泛开展关爱空巢老人、文明交通劝导、“爱心送考”等形式的主题志愿服务活动。全市已建立13.8万人的注册志愿者队伍，开展“江城十万志愿者和谐行动”、“文明传爱心、温暖你我他”文明单位关爱月及首届芜湖市优秀志愿者、志愿服务集体先进典型评选表彰等活动，“一米阳光”志愿服务已成品牌。2011年，芜湖市获“全国文明城市提名资格城市”、“安徽省文明城市”称号，繁昌县蝉联全国文明县城，

第三届中国国际动漫创意产业交易会

芜湖县获第三批“全国文明县城”称号，全市共有全国文明村镇6个、省文明村镇7个、省创建文明村镇工作先进村镇8个。有全国文明单位8个、省级文明单位80个、省级文明社区14个。

公共文化服务体系建设。当年全市公共文化投入3.35亿元，公共文化建设投入资金6136万元，其中市级投入1374万元，县区投入4762万元。市级文化基础设施建设投入资金700万元，县区投入419万元。全年共放映电影13020场次，受益观众301万人次，市、县两级财政投入补助78.6万元。建乡镇综合文化站23个、农家书屋356个，累计完成乡镇综合文化站44个、农家书屋755个，实现全市乡镇综合文化站全覆盖。百花剧场改造完工投入使用，芜湖县图书馆新馆建成开馆，南陵县文化馆、图书馆、博物馆改造完工，镜湖区文化馆、图书馆及市图书馆三山区分馆建成。全市公共图书馆、文化馆（站）全部免费开放。市文化馆通过文化部市级一级馆评估，芜湖县、繁昌县、镜湖区文化馆被评为县级一级馆，南陵县、弋江区、鸠江区等县区文化馆评为县级二级馆，无为县文化馆评为县级三级馆。

群众文化活动。开展芜湖市文化艺术节、市民读书月等群众文化活动。组织举办第三届中国国际动漫产业交易会、中国（芜湖）首届“刘开渠奖”国际雕塑大赛和8场“中江大讲堂”。开展文化科技卫生“三下乡”，坚持“送演出下乡、进社区”，2011年向镇村、社区、基层送演出200余场次，组织开展演出、讲座、展览、比赛等群众性文化活动20余场，参与群众近100万人次。开展红色经典歌曲“四进”活动及颁奖晚会，各县区企事业单位、街道社区组织近300场大合唱活动，近20万人参加比赛。

文艺创作。2011年，共确定重点文艺项目24个。红色系列电影《红色别动队》（共10部）、反映芜湖地域文化和特色风情的电影《关关雎鸠》已拍摄完成，电视连续剧《王稼祥》进入后期制作阶段。反映芜湖作为“长江巨埠”、“徽商门户”的年代剧《大码头风云》，已获国家广电总局批准。由市委宣传部、安徽恒天文化传媒公司出品的大型原创黄梅戏舞台剧《严凤英》，已在国家大剧院、北京保利剧场、上海大剧院等知名剧场演出56场。华强文化科技公司创作生产《十二生肖》、《小鸡不好惹》等系列动画片，安徽飞天文化传媒有限公司、芜湖梦德嘉动画设计有限公司等原创生产的248集《皮皮猪》、10集《鸠兹传奇》等动漫片，先后在湖南电视台金鹰卡通频道、浙江电视台少儿频道、成都电视台少儿频道播出。华强文化科技公司在方特梦幻王国中推出的《猴王》节目，全年观众达200多万人次。当年全市作者在省、市级以上报刊共发表小说、诗歌、散文类作品1000多篇，出版各类专著18部，子薇的散文作品《帘卷西风，人比黄花瘦》获全国散文作家论坛征文大赛一等奖。扶持张双柱的《双箫劫》、刘勇的《归去来兮》、吴兰波的《将军魂》等3部长篇小说，以及赵文放、庄润深的《拥抱春天》、汪永年、王凯东的《青春放歌》、高康的《摸着石头过河》等3首歌曲的创作。组织“安徽省美协会员作品大展暨首届芜湖中国画作品展览”。鸠江区老年大学参加第三届“七彩夕阳”全国中老年才艺大赛，舞蹈《火凤凰》获凤凰金奖、踢踏舞《中国，中国，心中的太阳永不落》获孔雀金奖。舞蹈《印度风情》和《祝福祖国》参加全国第四届社区中老年舞蹈大赛获金奖。张蕾当选安徽省第三届“十佳”青年书法家，全市有51人次在国家级、省级美术、书法、摄影比赛中获奖。《芜湖市志（1986～2002）》举行首发式，《国史中的芜湖》编纂工作启动，《芜湖通史》付印，《芜湖古城》、《芜湖科技之光》出版发行。

文化体制改革。继续推进市艺术剧院有限公司、大江印务传媒有限公司、芜湖市广电传媒有限公司的产权制度改革，深化市文化馆、图书馆、书画院等公益性文化事业单位内部劳动、人事、分配等“三项制度”改革。继续推动党报党刊发行体制改革，深化非时政类报刊改革，推动资源配置向新闻网站倾斜，强化主流媒体地位。继续推进广播电视节目制播分离改革，

方特二期梦幻王国

试行独立制作人制度。组建文化市场行政执法大队。《芜湖日报》报业集团列入2009～2011年度“中国十大城市传媒集团”，获得“中国品牌媒体百强地市党报品牌10强”称号；《大江晚报》获“2011年中国十大地市晚报”称号；芜湖广播电视台加强栏目品牌化建设，推出《天天热线》、《绝对可乐》、《芜湖新闻》、《第一看点》、《生活传真》、《1890好实在》、《财经芜湖》、《教育360》等品牌节目。广播自办栏目 48个，每天播出时长2700分钟；电视自办栏目22个，每天播出时长479分钟。

文化产业项目建设。编制“十二五”文化产业发展规划，明确提出重点发展数字动漫、创意设计、演艺演出、影视传媒和文化旅游等五大主导业态。文化产业在建项目48个，总投资118亿元，其中超1亿元项目16个，8个项目被列入省“861”文化产业重点项目。橙天嘉禾影院、星光灿烂文化娱乐广场、汽车影院、南陵大浦生态体验园建成并投入使用；华仑（芜湖）文化广场、芜湖文化创意产业园、华强文化科技产业园、滨江文化艺术中心、文化戏剧公园（严凤英大舞台）等大项目如期推进。包括数字动漫基地、游戏软件基地、创意产业基地和影视拍摄基地在内的华强文化科技产业基地加快建设，华强文化科技产业园内特技摄影棚、动漫制作基地、影视楼、专家公寓建成投入使用，形成“文化+科技+旅游”的文化科技产业融合发展新模式。全市有3个原创动漫企业获得国家广电总局颁发的原创动漫制作许可证。安徽飞天文化传媒有限公司被国家文化部认定为国家级动漫企业。安徽飞天文化传媒等10个企业、单位和个体的11个作品获安徽省首届动漫大赛最高奖“金喜鹊”奖。当年动漫年产量1.5万分钟。

文化市场监管。356个网吧、105个歌舞娱乐场所、17个民营文艺表演团体、187个印刷企业、28个出版物批发企业、36个内部资料性出版物、31个音像制品零售企业、7个记者站、5个公开报纸期刊单位完成年检工作。组织开展“打击侵犯知识产权专项行动”、“加强两节、两会期间文化市场监管专项行动”、“全国文化体制改革工作会议期间文化市场专项保障行动”、“打击无证经营及虚假信息等非法出版活动专项行动”、“查缴虚假医疗信息非法出版物行动”，开展境外卫星电视接收设施管理工作。各级文化主管部门出动行政执法人员3万多人次，开展联合集中行动18次，检查各类音像、出版物市场、印刷复制企业、音像、网吧等各类市场和店档2.4万多个次，查处各类案件116起，其中有6人因销售盗版音像制品侵犯知识产权被依法判刑，收缴各类非法音像、出版物32.8万盘（册）、非法“网络共享”设备产品（电视棒）32个，销毁6.69万盘非法音像制品、2075盘非法电子出版物、3957册（本）非法书报刊、17件非法设备。

【三次蝉联“全国文化体制改革工作先进地区”称号】继2009年、2010年后，2011年再获“全国文化体制改革工作先进地区”称号,受到中宣部、文化部、国家广电总局、新闻出版总署的通报表彰。

近年来，芜湖市把文化体制改革列入党委、政府的重要工作。截至2011年底，全面完成经营性文化单位转企改制任务，文化、广播电视、新闻出版(版权) 实行“三局合一”；市、县均成立了文化市场行政执法大队，解决了文化市场管理长期存在的多头执法、条块分割的问题。覆盖全市城乡的公共文化服务体系基本建立。广播电视“村村通”工程已实现通电的自然村全覆盖；文化信息资源共享工程建立了市、县（区）两级支中心，实现基层服务点设备全覆盖。

大力推动重点文化产业项目建设。华强文化科技产业基地、芜湖文化创意产业园、星光灿烂文化娱乐广场、汽车影院、南陵大浦生态体验园、滨江文化艺术中心、芜湖古城、文化戏剧公园、大江商务印刷基地等一批重大文化产业项目已经建成或顺利推进，成功举办第三届中国国际动漫创意产业交易会。

【获全国文明城市提名】2011年，芜湖市以争创全国文明城市为契机，组织开展4次公共文明指数测评，文明城市、文明村镇、文明行业等群众性精神文明创建活动进一步深化，道德模范学习宣传评选活动广泛开展。何志城被授予第三届全国道德模范提名奖，张磊等5人被评为第二届安徽省道德模范，佘敦欢等15人入选2011年“中国好人榜”。加强未成年人思想道德建设，通过乡村少年宫、留守儿童之家、爱国主义教育基地，开展“做一个有道德的人”主题实践活动和首届芜湖市“美德少年”评选表彰活动；“一米阳光”志愿服务、爱心储蓄银行等志愿服务特色品牌形成，周家山社区和王保健分获国家级志愿服务先进集体和先进个人。12月20日，芜湖市获全国文明城市提名资格城市。繁昌县、芜湖县入选全国文明县城。

芜湖市2011年基本情况一览表

项 目	绝对数	比上年增长%
国土面积	5988平方公里	—
总人口	385.36万人	0.1
生产总值	1658.24亿元	16.0
财政总收入	286.8亿元	31.3
公共文化投入	33494万元	167.0
科技经费投入	145933万元	41.9
各类学校在校学生	66.28万人	-2.1
各类图书馆藏书	104.8万册	8.3
农家书屋	—	—
文化馆（站、室）	—	—
医疗机构病床数	1.4万张	8.5
人口自然增长率	3.65‰	2.05个千分点

鸠 江 区

【文化概览】鸠江区成立于1990年3月，位于芜湖市东北部。辖沈巷镇和清水、官陡、湾里、四褐山、裕溪口5个街道办事处，以及省级鸠江经济开发区，面积470平方公里，人口32.5万。位于官陡街道内的粟裕将军纪念馆，为芜湖市青少年爱国主义教育和革命传统教育基地。

文化事业和文化产业。截至2011年底，全区有文化馆1个，文化站6个，农家书屋38个，体育场馆5300平方米。全年公共文化建设投入889万元，举办大型群众性文化活动15场次，送文化下乡演出15场次，送电影下乡进社区432场次。文化民生工程建设投入41.29万元，建成街道综合文化站1个、农家书屋4个。当年文化创意企业产值4亿元，税收2500万元，比上年增长1.5倍。先后引进各类文化创意企业102个，其中注册资本1000万元以上10个。主要文化产业项目6个，分别为投资5.5亿元的芜湖市（鸠江）文化创意产业园、投资16亿元的芜湖华强文化科技产业园、投资3亿元的芜湖大江商务印刷基地、投资1.5亿元的芜湖铁画创意园、投资10亿元的中华情文化产业园、投资30亿元的芜湖市文化创意产业园扩大区。芜湖华强动漫产业园区入驻动漫企业10个，年产动漫作品共计14590分钟，安徽飞天文化传媒有限公司为文化部认定的国家级动漫企业。以储氏铁画为代表的芜湖铁画是国家级非物质文化遗产。

精神文明建设。在安徽工程大学举办以“弘扬中华文化，做有道德的人”为主题的公民德行教育公益大讲堂，听众4000多人次。开办“文明鸠江大讲堂”15期。开展“做文明有礼的鸠江人”活动，每月组织开展“我推荐、我评议身边好人”、“道德模范”、“江淮志愿服务典型”评选活动。凤鸣实验小学9岁学生陈沛鋃成为7月份“中国好人榜”的“诚实守信好人”典型。成立鸠江区道德模范基层宣讲团，在各社区、企业、机关、学校巡回宣讲。针对空巢老人、孤寡老人、农民工、留守流动儿童等群体开展“清洁家园”、“爱心妈妈”、“我在你身边”、“进家门、知家情、解家难”等志愿服务活动。

鸠江区2011年基本情况一览表

项 目	绝对数	比上年增长%
国土面积	470.0平方公里	—
总人口	37.5万人	—
生产总值	144.5亿元	16.9
财政总收入	15.18亿元	38.5
公共文化投入	989.0万元	2.0
科技经费投入	1696万元	83.7
各类学校在校学生	6.3万人	4.1
考取本科人数	426人	-1.2
各类图书馆藏书	6.0万册	70.0
农家书屋	38个	65.2
文化馆（站、室）	28个	28.5
医疗机构病床数	605张	24.7
人口自然增长率	4.08‰	—

弋 江 区

【文化概览】弋江区位于芜湖市南部，东至荆山河，西濒长江，面积178平方公里，辖7个街道办事处和1个社区公共服务委员会，人口30.95万。

文化新区建设。南瑞金坤园社区、锦坤园社区先后获“全国文化先进社区”和“安徽省十大特色文化社区”称号。全区有达标二级文化馆1个，街道文化站5个，文体活动队伍96个，演出场所、演出团体各1个。

文化惠民工程。实施农民体育健身工程4个，建农家书屋21个、体育健身路径32个、健身广场1处，数字电影进农村、进社区播放100多场，送文化进农村、进社区演出活动50多场。区文化信息资源共享服务中心建成投入使用。文化馆、街道及社区文化站对外免费开放。

文化活动。从2010年开始举办“人文荟萃耀弋江”大学生嘉年华活动，2011年的活动历时7个多月，共开展17项主题活动，上万名大学生参与。从2002年开始举办金秋文化月活动，已举办7届。

文化产业发展。2011年，投资在建1亿元以上项目有文化戏曲公园、华仑国际文化广场、和瑞科技园。奥体公园一期改造完工，演艺、娱乐、餐饮、健身功能基本齐全；服务外包园一期签约入驻企业59个，二期65万平方米开工建设。美丽华新视听、严凤英大剧院等已成为知名品牌。中国（芜湖）国际旅游商品博览交易会，中国（芜湖）科普产品博览交易会等知名会展的影响力进一步提升。在东部生态区以及沿长江、青弋江、荆山河、漳河环线滨水湿地公园以及芦花荡公园，建设休闲旅游产业带。

弋江区2011年基本情况一览表

项 目	绝对数	比上年增长%
国土面积	178.0平方公里	—
总人口	30.95万人	0.6
生产总值	219.24亿元	21.6
财政总收入	21.65亿元	44.1
公共文化投入	648.0万元	35.0
科技经费投入	1078万元	28.0
各类学校在校学生	9.98万人	1.0
考取本科人数	1424人	8.0
各类图书馆藏书	300.0万册	3.5
农家书屋	21个	19.1
文化馆（站、室）	26个	9.2
医疗机构病床数	377张	15.0
人口自然增长率	6.61‰	—

三 山 区

【文化概览】三山区位于芜湖市城区西南部，北濒长江，2006年2月9日经国务院批准，在繁昌县的原三山镇、峨桥镇基础上设立。辖峨桥镇和三山、保定、龙湖3个街道办事处。面积320平方公里，常住人口18.74万。三山历史悠久，境内发现商周时期多处人类遗址，如三山镇大神墩遗址、浮山乡珠墩船墩、新淮乡磨盘墩、中沟疙瘩头遗址等。三山自古盛产铜、铁，境内有采铜和冶铜遗址。

文化事业和文化产业文化。2011年，开展非物质文化遗产普查，共查出民间文学、民间杂技、生产商贸习俗、人生礼仪、民间信仰等五大类15小项。全年文化产业总产值680万元，比上年增长2%。公共文化建设投入资金112万元。文化信息资源共享工程三山区支中心建成并免费对外开放，建有健身广场3个、农家书屋6个，实现农家书屋全覆盖。至年底，建立基层文化站2个、农村留守儿童之家12个。文化民生工程建设投入资金2.2亿元。推进义务教育均衡发展，市五十中和碧桂园小学投入使用，市四十一中异地重建，保定中心小学进行扩建，三山中心小学教学楼增建完成。

精神文明建设。现有省级文明单位1个。开展道德模范及身边好人推荐评选和学习宣传、实践活动。评选表彰“爱岗敬业”典型20人，组织10位道德模范到基层巡讲。加强未成年人思想道德建设，印制1.1万套《传统文化读本》和《中小学生第二课堂指南》。开展“美德少年”评选表彰活动，有12人当选为市“美德少年”。

三山区2011年基本情况一览表

项 目	绝对数	比上年增长%
国土面积	320.0平方公里	—
总人口	18.74万人	0.7
生产总值	36.2亿元	17.0
财政总收入	6.04亿元	34.0
公共文化投入	112.0万元	4.0
科技经费投入	1248万元	1.5
各类学校在校学生	1.43万人	−2.0
考取本科人数	300人	0.5
各类图书馆藏书	—	—
农家书屋	6个	100.0
文化馆（站、室）	—	—
医疗机构病床数	83张	27.6
人口自然增长率	8.74‰	0.2个千分点

镜 湖 区

【文化概览】镜湖区南依青弋江，西滨长江，辖12个街道办事处、60个社区居委会、12个行政村。

镜湖区已有2000多年历史，三国吴黄武（222～229年）初年，芜湖县城移至境内。自古商贸业发达，近代又逐步形成开放的码头和商埠文化。现有省级重点文保单位9处，近代西洋建筑32处。芜湖铁画锻制技艺被列为国家非物质文化遗产，杨光辉、储金霞为国家级非遗传承人，张家康为省级传承人。

文化事业和文化产业。至2011年底，共有图书馆5个，广播电台2个，电视台 2个，体育场馆3.06万平方米。2011年公共文化建设投入1.245亿元（其中硬件投入1.2亿元，软件投入450万元）。12个街道均建有综合文化站，提供免费服务项目76个，共享工程服务群众19560人。建筑面积2.56万平方米的区级文体活动中心落成。区文化馆被文化部评定为一级文化馆，区首家公共电子阅览室揭牌。公布区级第一批非物质文化遗产名录11个，当年被文化部命名为“中国民间文化艺术之乡”。第三届中国（国际）动漫创意产业交易会期间，完成落地项目2个，签约项目7个，推荐项目5个。

文化惠民工程。以“我们的节日”为主题，举办各类文化活动600场。举办第二届群众艺术团体擂台赛、第四届镜湖邻里节、第四届皖南旅游购物节和第十届芜湖凤凰美食文化节，开展社区文化活动956场。新建农家书屋 4 个，农村电影放映166场。

公共体育事业。举办规模体育赛事12次，参与人数3万多人，获“安徽省全民健身活动优秀组织奖”。成立象棋、老年人体育协会，新增4条健身路径。

文化市场监管。检查网吧100多次，销毁盗版低俗音像制品2723套、盗版低俗出版物2372册、游戏机主板12块。开展文化市场专项行动13次，检查经营单位340个。对253个经营单位进行年检，巡查文化企业200多个。

文化产业发展。设立1000万元专项文化产业基金。建成新华958文化创意园，编制文化产业园区专项规划5个，推进重点文化产业聚集区项目建设2个。在已启动的3个文化创意园中，投资超1亿元文化产业园2个。现有规模以上文化产业经营单位75个、文化企业148个、文化馆3个、博物馆3个（其中徽商博物馆获“安徽省文化产业示范基地”称号）、收藏馆3个、院线5个、剧院3个、演出剧团6个、演艺娱乐场所44个、休闲娱乐重点企业5个、文化创意重点企业5个。

精神文明建设。有全国文明单位4个、省级文明单位22个、全国文明社区1个、省级文明社区8个。区文明办获“全省精神文明建设先进集体”称号。投入300多万元，制作动漫节大型广告宣传牌65块，动漫墙1万多米。

志愿服务。10支志愿者队伍被授予区志愿者服务队队旗，235支志愿者队伍在媒体上公示。周家山社区获全国社区志愿服务工作组织奖，志愿者王保健被评为全国“奉献之星”。“一米阳光”志愿服务活动受到第三批学习实践科学发展观活动中央巡视组和安徽省巡视组的赞扬和肯定，并在全市范围内推广。在全省“我最感动的江淮志愿服务典型”评选活动中，2个单位被评为先进集体，1人被评为先进个人，3个项目被评为优秀志愿服务项目，2人入选省月评精神文明“十佳事迹”，4人入选中国好人榜。

镜湖区2011年基本情况一览表

项 目	绝对数	比上年增长%
国土面积	121.0平方公里	—
总人口	46.8万人	-4.3
生产总值	267.1亿元	15.0
财政总收入	33.03亿元	34.8
公共文化投入	450.0万元	33.0
科技经费投入	1209万元	3.0
各类学校在校学生	14.2万人	—
考取本科人数	2521人	-18.6
各类图书馆藏书	100.0万册	5.0
农家书屋	14个	29.0
文化馆（站、室）	72个	18.0
医疗机构病床数	6495张	1.6
人口自然增长率	2.84‰	—

芜湖县

【文化概览】芜湖县位于安徽省东南部，长江下游南岸。辖湾沚、六郎、陶辛、红杨、花桥5个镇，是全国文明县城、科技进步先进县、群众体育先进县、计划生育优质服务先进县、农村社区建设实验县。为全省双拥模范县、社会治安综合治理模范县、科学发展先进县。

芜湖县历史悠久，古称鸠兹，西汉元封二年（前109年）置县。境内现存楚王城、南唐九十殿、北宋东门渡官窑、南宋珩琅塔等古迹，现有省级重点文物保护单位1处（东门渡窑址），六郎镇的八社神灯为省级非物质文化遗产，胡德双为非物质文化遗产传承人。

文化事业和文化产业。截至2011年底，有公共图书馆、文化馆、广播电台、电视台、文物管理所、影剧院各1个，体育馆2个，乡镇综合文化站5个，农家书屋112个。当年编著出版图书3部，分别是作品集《美哉东湖》、《爱国主义电影畅想曲》、《乘风破浪正当时》。全年文化产业总产值3.75亿元，比上年增长10.9%。

公共文化建设。全年公共文化建设投入2535万元，主要用于县图书馆新馆建设，文化馆、文物所修缮，乡镇综合文化站、农家书屋、公共电子阅览室、社区文化广场的建设等。广播电视“村村通”工程继续深入。农村放映电影2074场，确保每个行政村每月放映一场电影。文化设施建设纳入城乡建设整体规划，城市新建小区、集镇和农民新村建设配套文化设施，实行规划审批前置。文化服务实行政府采购，免费送文化下乡；推进文化信息资源共享工程建设，文化信息资源共享工程覆盖镇、村，形成县、镇、村三级服务体系。建立在职人员业务培训和继续教育制度，引导文艺工作者、经纪人、企业家发展生态文化旅游等各类文化产业。

文化民生工程建设。文化民生工程共建设乡镇综合文化站5个，总建筑面积2000多平方米，农家书屋112个，5650平方米的县图书馆新馆1个。全年举办文化活动50多次，农科培训班100多次。全县112个村已全部建成农家书屋。新建的县图书馆为部颁三级馆，图书藏量6.4万多册。送文化下乡进村社区活动共开展150多次，赠送图书杂志630多册，文艺演出43场，送戏下乡演出68场（黄梅戏）。全年举办文艺演出、黄梅戏优秀剧目展演等大型文艺活动30多场次。举办“苏皖国际杯”2011中国安徽“激情红杨山”首届越野车王争霸赛。

精神文明建设。持续开展精神文明创建活动，获“安徽省第一届未成年人思想道德建设先进县”称号。县委、县政府把文明创建作为德政工程、民生工程和民心工程。在公交车体、出租车车载显示屏、县城主要道路等公共场所和多家新闻媒体进行文明创建宣传，开展“记者上路”活动，捕捉文明创建的好人好事，曝光不文明现象并督查解决，提高广大市民对文明创建工作的知晓率、支持率和参与率。推进市容市貌和居民小区整治，市民广场、截洪沟景观带、东湖公园、阳光半岛等城市健身广场已成为市民生活休闲的理想之地。开展“知荣辱、讲正气、树新风、促和谐”、“做一个文明有礼的芜湖县人”、夕阳红志愿服务、党员“一米阳光”志愿服务等活动，开展“邻里一家亲”、好婆婆好媳妇等评比表彰活动。

文明城镇建设。严格执行“七无”标准，建立网格化划片包干管理机制。对卫生死角整理，对店招、户外广告、渣土运输的管理力度加大。开展以市容管理和生活垃圾治理为主要内容的农村清洁工程。建成并启动数字化城管，优化车辆通行路线，建设免费停车场，规范汽修行业。加强对公园、景观带、绿化的管理和维护。2011年，芜湖县被命名为第三批“全国文明县城”。花桥镇获“第二届安徽省文明镇”，陶辛镇获“安徽省创建工作先进镇”称号，湾沚镇经复查确认蝉联“全国文明镇”称号，六郎镇永和村获“全国文明村镇”称号。

芜湖县2011年基本情况一览表

项目	绝对数	比上年增长%
国土面积	651.0平方公里	—
总人口	34.8万人	0.3
生产总值	125.08亿元	21.5
财政总收入	20.09亿元	48.5
公共文化投入	2535万元	23.1
科技经费投入	6679万元	454.6
各类学校在校学生	4.6万人	-3.9
考取本科人数	1638人	21.2
各类图书馆藏书	6.4万册	4.9
农家书屋	112个	138.3
文化馆（站、室）	9个	12.5
医疗机构病床数	629张	-26.9
人口自然增长率	2.74‰	—

繁 昌 县

【文化概览】繁昌县位于长江南岸，面积584.6平方公里，人口28万，辖6个镇。是全国文化先进单位、全国文物保护先进单位、全国文明县城、省级文明县城和安徽省首届未成年人思想道德建设先进县。

繁昌历史悠久，汉武帝元封二年（前109年）立春谷县，三国时期东吴名将周瑜曾任春谷长。现有国家级森林公园1处，国家4A级旅游景区1处，国家级重点文物保护单位3处、省级1处，“繁昌人字洞”是迄今亚欧大陆发现的最早古人类活动遗址。繁昌民歌、孙村镇中分村徐氏祭祖习俗、繁阳镇群龙朝神山、孙村镇九莲麒麟庙会被列为省级非物质文化遗产，俞时金、汪邦云为省级非物质文化遗产传承人。

文化事业和文化产业。截至2011年底，有公共图书馆、文化馆、广播电台、电视台各1个，体育场馆55.87万平方米。当年编辑出版《繁昌文化丛书》四卷和《繁昌民歌》。黄在玉的中短篇小说选集《血型》在作家出版社出版，佘之文长篇历史小说《胡蓝传奇》在安徽人民出版社出版，全年文化产业总产值50580万元，比上年增长31%。编制和更新文化产业项目库，总投资16.09亿元。举办人祖山祈福文化旅游节。组团参加第三届中国（国际）动漫产业交易会，芜湖露华春漫文化传播有限公司在交易会上获最佳创意奖。

公共文化建设。全年投入2400万元，县青少年活动中心、文化馆、图书馆文化主体工程完工，县规划馆、博物馆、影剧院建设启动。新建乡村少年宫8所。先后举办建党90周年红色经典歌曲演唱会、“永远跟党走”大型广场文艺演出、红色经典阅读有奖征文、图片展、美术摄影作品展、党史知识竞赛等活动。组织开展魅力繁昌明星演唱会、“峨溪豪庭杯”社区文艺擂台赛等群众文化活动。博物馆、图书馆免费开放。全年农村放映数字电影1128场，放映中小学生爱国主义教育影片760场。举办繁昌县第一届全民健身运动会，76支代表队、近9000名运动员参加。县文化馆创作的少儿舞蹈《梦想的歌谣》获全省“六一”少儿文艺调演二等奖；县图书馆在省红色经典阅读征文演讲比赛中获二等奖1名，三等奖4名。获全国第四届国际标准舞大赛团体第一名。

文物保护。公布第五批县级文物保护单位，编制皖南土墩墓群保护规划。人字洞遗址监控安防设施项目通过国家文物局审批，并纳入国家远程数控管理。对工业园区和重大建设项目工地文物进行抢救性发掘，共发掘100多座古墓葬，出土大量金、银、青铜器以及瓷器、钱币等文物。

文化民生工程。2011年，新建乡镇综合文化站4个，农家书屋31个，实现镇、村文化站（室）全覆盖。完成2个自然村的有线电视接通工程，发展用户65户。建成农村留守儿童之家20个，留守儿童活动室2所。完成新河村、三元村、汪洋村等6个村农民体育健身工程；为老旧居民小区安装全民健身路径5条。新港镇全民健身广场升格为国家级；孙村镇全民健身广场被定为省级。

文化市场管理。开展校园周边环境治理和保护知识产权专项行动，共检查各类出版物经营摊点50多个，查缴非法、盗版图书资料900多册（本），各类非法音像制品550多张（盘）。

精神文明建设。倡导“讲文明树新风”，开展“做文明有礼的繁昌人”主题活动和第三届全国道德模范推荐评选活动。坚持开展“交通文明行”志愿劝导、“关爱空巢老人”、“关爱留守儿童”和“关爱农民工”等志愿服务活动；开展“小手牵大手”、经典诵读等未成年人道德教育和实践活动。

文明城镇建设。通过全国文明县城检查验收，蝉联全国文明县城和省级文明县城，获“安徽省首届未成年人思想道德建设先进县”称号。孙村镇被评为全国文明村镇。开展每月社区创建督查考核和每季度的公共文明指数测评，巩固创建成果。数字化城管系统基本建成。

繁昌县2011年基本情况一览表

项 目	绝对数	比上年增长%
国土面积	584.6平方公里	—
总人口	28.0万人	—
生产总值	140.5亿元	22.3
财政总收入	25.9亿元	51.0
公共文化投入	2400.1万元	25.0
科技经费投入	2248万元	16.4
各类学校在校学生	3.66万人	−3.1
考取本科人数	1018人	38.3
各类图书馆藏书	83.3万册	1.1
农家书屋	75个	70.5
文化站（村、室）	441	—
医疗机构病床数	730张	1.1
人口自然增长率	1.9‰	—

南陵县

【文化概览】南陵县历史悠久，在新石器时代即有古人类繁衍生息，西汉武帝元封二年（前109年）始置春谷县，南朝梁武帝普通六年（525年）置南陵县。西周大工山古矿冶遗址为国家级文物保护单位，此处所出“丹阳铜”为数代铸币首选。唐代高僧金乔觉曾驻锡南陵。大诗人李白曾三度寓居南陵，遗有《南陵别儿童入京》等诗作18篇。

“目连戏”、“十兽灯”、“送春”和“大王佛香加工技艺”入选省级非物质文化遗产名录，县级非物质文化遗产保护名录有18项，包含民间习俗、民间时令、民间礼仪等。

公共文化建设。文化馆、图书馆、博物馆由原南陵二中主教学楼改建而成，面积1万多平方米，已投入使用，并对外免费开放。新建镇综合文化站5个，改建镇综合文化站3个。建设农家书屋157个，实现全覆盖；兴建农民体育健身工程56处；实现广播电视村村通。

文化事业。实施全国文化信息资源共享工程南陵支中心建设工程，组织开展“送文化下乡”、“春节灯谜会”、“节庆文艺晚会”等文化专场演出活动和各类书画、摄影展览。实施农村电影放映“2131”工程，组织民营电影放映队，赴各镇村开展科教电影、廉政电影、爱国主义电影放映专场活动，活动覆盖全县157个村。开展“送戏下乡”活动。

文化遗产保护。大工山古铜矿遗址、皖南土墩墓群为全国重点文物保护单位，牯牛山古城遗址为省级文物保护单位。中央电视台《探索发现》栏目组在南陵县拍摄《古韵芜湖·南陵大工山古铜矿》电视专题片。从2006年4月开始，历经4年，普查各类非物质文化遗产项目200个，编印非物质文化遗产汇编《春谷遗韵》；开展民间歌谣收集整理工作，收集整理南陵县民间歌谣五大类共计105首。

安徽省文物保护单位——牯牛山古城遗址

南陵县2011年基本情况一览表

项目	绝对数	比上年增长%
国土面积	1264平方公里	—
总人口	55.5万人	0.2
生产总值	125.7亿元	15.0
财政总收入	13.36亿元	32.9
公共文化投入	1425万元	12.0
科技经费投入	2547万元	56.0
各类学校在校学生	6.78万人	-6.1
考取本科人数	1857人	7.7
各类图书馆藏书	35.2万册	3.7
农家书屋	157个	49.0
文化馆（站、室）	9个	33.0
医疗机构病床数	1009张	—
人口自然增长率	0.7‰	—

无为县

【文化概览】无为地处皖中，临江滨湖，面积2433平方公里，人口143万。辖23个乡镇，2个省级经济开发区，高沟镇、姚沟镇、鹤毛乡分别被评为“全国环境优美乡镇”和“全省生态乡镇”，县城为首届“全省园林县城”。先后获“全国科技进步先进县”、“全国金融生态县”、“全国计划生育优质服务先进县”、“全省教育强县”、“全省双拥模范县”等称号。

“无为”源于《老子》。

三国时期，曹操在濡须河壖地筑城，号“无为”。隋开皇元年（581年）设无为镇，北宋太平兴国三年（978年）置无为军，北宋熙宁三年（1070年）建无为县。

至2011年底，全县有各级文物保护单位55处，其中省级3处（黄金塔、周氏宗祠、杭西墩遗址），市级5处，县级47处。馆藏一级文物6件（套）、二级文物6件（套）、三级文物212件（套）。第三次全国文物普查工作完成，共调查登录不可移动文物163处（复查99处、新发现64处，消失31处），其中古遗址36处、古墓葬21处、古建筑59处、石窟寺及石刻5处、近现代重要史迹及代表性建筑35处、其他类7处。

“无为鱼灯”入选第三批国家级非物质文化遗产名录，“无为剔墨纱灯制作技艺”、“无为民歌”入选安徽省非物质文化遗产名录，任俊堂、朱晓钟、胡晓兰为省级项目代表性传承人。传说北宋仁宗时期(1023～1063年)，包公陈州放粮回朝后，普召全国各地向朝廷敬供花灯。当时无为人敬献了八条鱼灯，得到朝廷赞扬。自此无为民间舞蹈“鱼灯”得以流传。

公共文化服务体系建设。新图书馆建设列入县重点工程，于2011年1月开工建设，面积约9600平方米。23个乡镇文化站建设任务完成，农家书屋实现全覆盖。2010～2011年，全县共送戏下乡70多场，送书下乡5万多册，共举办群众文化活动30多场。全县文化馆、图书馆和乡镇文化站实行免费开放。

精神文明建设。加大力度宣传王坤友、吴玉民等先进典型事迹，开展“我推荐、我评议身边好人”活动。把服务人民、奉献社会理念贯穿于文明单位创建的全过程。在农村倡导文明健康新风尚，以“道路干净、河渠畅通、村居整齐、院落清洁、圈厕卫生”为目标，推进乡村清洁工程。

文明城镇建设。对城区道路两旁路肩进行全面改造，补植、栽植树木1000多棵，对南门外大街、无仓路等路段绿化带进行绿化补植约2000多米，完成投资187万元。检查超限超载车辆2457辆，卸载货物25412吨。开展“文明出租从我做起”活动，倡导“文明行驶，文明载客，规范用语”。环境卫生重点清理滩边河岸、背街小巷、城乡结合部和集镇暴露垃圾，全面整治废品收购点和洗车点。加强户外广告、店招管理，限制门头小条幅等软体广告的设置，取缔无城地区的条（横）幅悬挂。

无为鱼灯

无为县2011年基本情况一览表

项　目	绝对数	比上年增长%
国土面积	2433平方公里	—
总人口	142.9万人	0.3
生产总值	270.2亿元	14.5
财政总收入	20.31亿元	14.3
公共文化投入	2730万元	54.6
科技经费投入	3300万元	22.3
各类学校在校学生	19.95万人	−3.0
考取本科人数	4003人	1.2
各类图书馆藏书	33.5万册	1.2
农家书屋	302个	—
文化馆（站、室）	23个	—
医疗机构床位数	1949张	−13.0
人口自然增长率	4.0‰	—

铜 陵 市

【文化概览】 铜陵市位于安徽省南部、长江下游南岸，辖1县3区、1个国家级开发区和3个省级开发区，面积1113平方公里，人口74.15万，是中国优秀旅游城市、全国科技进步市、国家卫生城市、全国文明城市提名城市。

铜陵以悠久灿烂的青铜文化闻名于世，是中国青铜文明的发祥地之一，有“中国古铜都，当代铜基地”之称。采冶铜的历史始于商周，盛于汉唐，延绵3000余年。新中国第一炉铜水和第一块铜锭出自铜陵，第一家铜工业基地建于铜陵，第一支铜业股票发自铜陵。铜文化已成为铜陵城市文化的核心元素。现有国家级重点文物保护单位1处，省级3处；省级非物质文化保护遗产4项。铜陵是黄山、九华山的北大门，境内拥有国家4A级风景区天井湖公园、天井小镇文化旅游区、凤凰山风景区等自然人文名胜，是中国三大牡丹生产基地之一。2011年铜陵人均生产总值超过8万元，人均财政收入超过1.5万元，均居全省首位；全面小康社会建设实现程度达96.8%，市民幸福指数达88.84。

2011年，铜陵市围绕“四个之城”（现代产业之城、创新创业之城、精致大气之城、平安幸福之城）建设，加快文化强市步伐，深化文化体制改革，实施文化惠民工程和重点文化产业项目带动战略，提升文化市场管理水平，不断丰富群众文化生活，文化事业和文化产业加快繁荣发展。

文化设施建设。标志性重点文化场馆建设进度加快。市博物馆基础施工完成，市体育馆施工进展顺利，市图书馆新馆、美术馆工程批准立项，在西湖新区重新办理规划选址。基层公共文化设施建设持续推进。新建乡镇综合文化站3个，单站建筑面积均在500平方米以上，在全省率先实现乡镇综合文化站建设全覆盖。新建65个农家书屋工程点，每个农家书屋配置标准为2.1万元，完成覆盖全市所有行政村的工程建设总体目标。建成文化共享工程县级支中心3个，配送共享工程设备233套，实现县级支中心和“村村通”的目标。完成6个社区、3个乡镇、5个村的14个公共电子阅览室建设和设备配送，成为全省首个共享工程信号全覆盖市。建成社区阅报栏100多处。市行政服务中心、铜官山区鹞山社区、铜陵县西联乡梨桥村等22条健身路径安装完成。铜陵市城市文化社区建设入选第一批创建国家公共文化服务体系示范项目。

群众文化。结合庆祝建党90周年，广泛开展“我们的节日”系列广场公益文化活动、群众歌咏比赛活动。启动“文艺进社区”活动，市8个文艺协会分别与8个社区进行对接，开展文艺采风、创作、辅导、交流、展演等系列活动，打造社区居民家门口的“文艺活动之家”。举办第四届凤丹文化旅游节、首届民生工程文艺晚会、2011年春节文艺晚会和2012新年音乐会。唱响“全民健身，健康铜陵”主题，先后举办元旦迎新春长跑、春节全民健身大拜年、中心城区第十届桥牌联谊赛、第十一届全市城乡10万青少年春季远足健身游、

安徽民俗文化村大舞台

第五届青少年体育节中小学校登山比赛等活动。举办铜陵市第一届非公有制企业运动会，全市40个非公企业，近2000名企业职工参加。承办和参加安徽省健美比赛、安徽省小学生围棋定（升）段赛、安徽省冬泳锦标赛、县处级干部乒乓球赛等赛事20余项，参加人数达6000余人次。2011年，全市城乡经常参加体育锻炼人口比例达43.8%，其中城市人口达45%。铜陵市被确定为全国全民健身示范试点市。

文化普及。开展文化科技卫生“三下乡”、科教文体法律卫生“四进社区”和“送书、送戏、送画、送电影”进社区、进农村、进军营活动，全年送戏下乡30场，送书下乡、进社区6700余册。全年农村公益电影放映2677场次，观众58万人次。市图书馆、文化馆、博物馆实现免费开放。开展面向基层的文化服务和培训，市文化馆、图书馆先后举办4期培训班，培训乡镇、村、社区文化骨干和信息服务工作者。全年共办12期少儿艺术培训班，培训学员达1000余人次。在市图书馆学术报告厅举办五期“铜都讲坛”，听众逾千人。

文艺创作。铜陵市作家李云、朱斌峰创作的第一部反映铜陵白姜历史文化的广播剧《白姜传奇》获第十一届中国广播剧专家奖银奖，由广播剧《大通风云》改编的长篇小说《风起大通》出版发行，市艺术剧院新编黄梅小戏《佛手姜》获第五届安徽省小戏小品大赛9个奖项，市美术馆创作的“一代宗师黄宾虹版画”入选庆祝建党90周年全国版画展和第十九届全国版画展。《春天的芭蕾》、《红旗颂》、《红旗飘飘》分获皖江八市第五届群艺（新红歌）大赛一、二、三等奖。市文化馆推出的西洋打击乐合奏《在北京的金山上》在全省“六一”少儿文艺专题调演中获一等奖，并参加“全省六一少儿文艺调演”精品汇报演出。由铜陵永利祥禾影视传媒有限公司策划制作的电影《拳来拳往》获第二届北京国际电影节特殊贡献奖。

文化体制改革和文化产业发展。2011年，继续深化文化体制改革，推进微观层面改革。市艺术剧院有限公司等转企改制单位现代企业制度构建完成，铜陵日报社剥离经营性项目新组建企业的市场化机制进一步完善，市广播电视台剥离经营性项目组建广电传媒公司。连续2年被授予“全国文化体制改革工作先进地区”称号。颁布实施《全市文化产业发展规划（2011～2015年）》，并编制《铜文化及相关产业中长期发展规划》。出台《关于培育和发展战略性新兴产业的意见》，将文化创意产业纳入全市六大战略性新产业中，设立铜陵市战略性新兴产业发展引导资金，2011年文化产业项目实际扶持资金超过2000万元。一批重点文化产业项目陆续开工建设或建成：天井小镇文化旅游区二期建成，入选第三批安徽省文化产业示范基地，成功举办第二届中国安徽民俗文化节；华谊兄弟影城正式运营；国际文化城、铜陵飞越文化城破土动工；青铜帝国文化产业园、国际铜文化创意产业园项目取得实质性进展。铜都明清经典建筑园、汽摩越野运动中心、澳中体育文化中心等一批有特色、有潜力的项目成功完成前期论证，郊区大通澜溪老街、铜陵县凤凰山等文化旅游项目加紧开发。以铜文化为特色的优势品牌不断壮大，投资千万元以上的文化企业10余个，全市文化产业在建项目总投资超100亿元。文化产业基础门类逐步健全，涵盖文化艺术服务、文化休闲娱乐服务、新闻出版印刷、文化旅游、影视传媒、文化用品及相关文化产品生产等10多个大类，文化产业增加值约占GDP的2.6%。

文物和非物质文化遗产保护。文化遗产申报和保护力度加大，第三次全国文物普查第三阶段工作完成，公布铜陵市第二批市级重点文物保护单位21处，对第一批市级重点文物保护单位9处文物保护范围予以确定。完成省级非物质文化遗产项目和传承人申报工作，传统失蜡法被确

第十一届中国（铜陵）青铜文化博览会开幕式

定为省第四批非物质文化遗产项目，传统失蜡法传承人郑东平、铜陵白姜制作技艺传承人金如林被确定为省级非物质文化遗产项目代表性传承人。截至2011年，铜陵市4项省级非遗项目铜陵牛歌、钟鸣竹马灯、传统失蜡法和铜陵白姜制作技艺的传承人全部入选省级代表性传承人。举办五大类18项非物质文化遗产项目展。组织铜陵县钟鸣镇“灯彩纸扎”申遗工作，钟鸣镇被确定为“中国民间文化艺术之乡”。争创国家级非遗项目相关工作启动，大通镇和澜溪街两个历史文化名镇申报工作推进。编辑出版《青铜文化研究》，收录国内权威青铜文化研究专家论文42篇、38万字，全面反映了近年来青铜文化研究方面的新成果。建立文物调查及数据库管理系统，完成首批“非遗”数据库98个项目及省“非遗”田野调查（铜陵卷）编印工作，公布第二批4个市级“非遗”保护名录。铜陵市成为全省五个非遗试点市之一。

文化市场监管。在全市网吧安装“净网先锋”网络监控系统，对网站信息和网吧经营进行实时监控。全年出动执法人员9330余人次，检查网吧1.28万余个次，立案查处违规网吧19个次，其中停业整顿10个次。开展歌舞娱乐、电子游戏场所专项治理集中联合执法行动15次，查扣违规电子游戏机、电路板160台（块），查处歌舞娱乐及电子游戏经营场所27个次。组织开展3次校园周边文化市场专项整治行动。开展卫星接收设施专项整治活动，查获卫星电视地面接收天线及设备3套，下发自行拆除通知书65份。

精神文明建设。树立“以人为本、创建为民”理念，确立“让城市更靓丽、让市民更幸福”目标，以实施“惠民、便民、育民、亲民”四大工程为抓手，开展创建国家卫生城市和争创全国文明城市活动。强化市民文明素质与思想道德教育，组织开展“铜陵好人”评选、第三届全国道德模范评选推荐活动，涌现出一批道德模范和先进典型。全市评出“铜陵好人”41位，其中11人入选“中国好人榜”。方海鹰获第三届全国道德模范提名奖。加强未成年人思想道德建设，开展青少年爱国主义读书教育、“做一个有道德的人”主题实践活动和经典诵读活动，完成14个乡村学校少年宫建设任务。组织开展“讲文明树新风”铜都志愿服务活动，以及关爱“空巢老人”、关爱农民工、关爱留守儿童、关爱残疾人等志愿服务行动。2011年，铜陵市创建国家卫生城市成功，并获全国文明城市提名资格、“第二届安徽省文明城市”称号。全市有64个单位获“第九届安徽省文明单位”称号，铜陵县蝉联“全国文明县城”称号。

新闻宣传。围绕全市中心工作，重点开展实施“十二五”规划、纪念建党90周年、“双创”、党委人大政府政协换届等重大主题、党的十七届六中全会和省、市第九次党代会等重要会议的宣传。加大外宣发稿力度，开展系列“外媒看铜陵”活动。创新社会管理工作被中央媒体和省委宣传部列为重大宣传典型，新华社、人民网等国为数十家媒体到铜陵采访，《光明日报》、《京华时报》等头版头条报道，在全国产生重大影响。精心策划全国“两会”、亚举赛期间的宣传。据统计，全年在省以上新闻媒体刊播各类外宣稿件达3000多篇（不包括互联网稿件），其中中央级媒体360余篇。在全市新闻战线深入开展“走基层、转作风、改文风”活动。全年共举行新闻发布会30余场，新闻发布会工作做法被中央外宣办、国务院新闻办《对外宣传通讯》刊文推介。加强重点新闻网站建设，改版铜陵新闻网，开通铜陵广播电视网。加大舆情分析研判力度，全年编报《互联网舆情》250余期、《每天重点舆情分析》159期，向省委宣传部报送舆情信息549篇，采用443篇，4篇信息被省委领导批示，60篇信息被中宣部采用。

【“四提四促”解放思想大讨论】 从3月30日启动，至6月底结束，延续“崛起，铜陵”主题，以“提效能促跨越、提胆略促创新、提标杆促转型、提幸福促和谐”为主要内容，在全市组织开展“四提四促”解放思想大讨论活动。活动期间，共编印《大讨论简报》55期。市直媒体先后推出《铜陵：崛起，再崛起》等3篇重点文章、16篇评论员文章和16个讨论专版，刊播有关报道600多篇（条）。同时，组织座谈讨论、理论征文，开设网络互动专题，开展大讨论宣讲，吸引社会广泛参与，大讨论活动取得良好成效。

【承办亚洲举重锦标赛】 铜陵市首次承办洲际性国际大赛，完成“六国化工杯”2011年亚洲举重锦标赛承办工作。来自亚洲30个国家和地区的近200名运动员，参加男女15个级别、45项次的角逐。赛事期间，《人民日报》、新华社等50多个媒体刊登播发锦标赛新闻稿件1000多篇。铜陵市人民政府、铜陵市体育局分别被亚举联、举摔柔运动管理中心和中国举重协会授予大赛特殊贡献奖。

【铜陵市获全国理论宣讲先进集

体称号】铜陵市2004年启动学习型城市建设，2009年市编委批准成立常设机构市建设学习型城市指导委员会办公室（简称“学习办”），市级财政每年按全市人均5元的标准设立建设学习型城市专项资金。开展学习型城市建设以来，坚持把面向基层群众的理论宣讲作为理论武装的重要抓手，2007年4月创办“铜都讲坛”，2011年整合全市讲坛资源，成立“铜都讲坛”百人宣讲团，设立20个子讲座。截至2011年底，先后邀请国内专家学者和市内有关专业人士举办各类讲座1300余场次。“铜都讲坛”以传播先进理念、宣传社会公德、弘扬青铜文化、解读民生政策为主要内容，逐渐成为宣讲党的创新理论的大舞台、提升市民素质的大讲台、推进学习型党组织建设的大平台、宣传惠民政策的大展台，为创新宣传思想工作的内容、形式、方法提供了有益的探索和启示。2011年10月25日，铜陵市学习办获全国“理论宣讲先进集体”称号，成为受中宣部表彰的全国十个先进集体之一。

【城市文化社区建设入选首批国家公共文化服务体系示范项目】 2011年，铜陵市城市文化社区建设在继“社区文化家园”获得文化部第十五届“群星奖”之后，又获得国家公共文化服务体系示范项目创建资格。铜陵市城市文化社区创建工作以“重管理、提标准，重培训、抓队伍，重活动、出品牌，重资源、成网络”为总体建设思路，以“社区文化阵地标准化、社区文艺队伍制度化、社区文化活动特色化”为方向，“八轮驱动”构架建设项目。主要项目有“三中心”（社区图书室调配中心、社区公共电子阅览室援建中心、社区文艺人才培训中心）、“三工程”（业余文艺团体“样板工程”、社区文化活动“品牌工程”、社区文化建设“示范点工程”）、“一平台”（公共文化服务和管理平台）、“一课题”（社区文化建设模式研究课题）。

【铜陵市获“国家卫生城市”称号】 2011年11月底，铜陵市被全国爱卫会命名为“国家卫生城市”，成为安徽省近19年来第二个获此殊荣的城市。多年来，铜陵市高度重视城市环境卫生和市容市貌建设，加大精神文明创建力度，城市环境卫生和社会文明程度不断改善和提升。特别是2011年，市委市政府把创建国家卫生城市和争创全国文明城市工作统筹推进，创建工作力度明显加大，创建工作水平也得到较大提升。广泛发动群众参与，利用各新闻媒体和宣传载体加大创建公益宣传，开展志愿者文明劝导、“百家单位千名干部走访万家”等活动，营造浓厚创建氛围；着力解决影响城市形象和环境卫生的难点问题，开展25项专项整治行动；坚持以创建为民为导向，创造性地提出并组织实施“惠民、便民、育民、亲民”四大工程；健全创建工作机制，开展“队伍网格化、管理标准化、督查制度化、奖惩公开化”四化建设，建立市级领导干部包路段、包社区创建督导机制，健全“机关结对社区、干部联系市民”工作体制，推行创建周考月测年总评，实行创建通报、报道、约谈、奖惩联动。通过全市共同努力，在成为国家卫生城市同时，还获全国文明城市提名资格。

铜陵市2011年基本情况一览表

项 目	绝对数	比上年增长%
国土面积	1113平方公里	—
总人口	74.15万人	0.2
生产总值	579.4亿元	12.6
财政总收入	115.0亿元	30.0
科技经费投入	13.83亿元	10.8
各类学校在校学生	12.2万人	-0.3
考取大学人数	5700人	13.1
各类图书馆藏书	57.0万册	20.0
农家书屋	91.0个	71.4
文化馆（站、室）	—	—
医疗机构病床数	4261张	8.6
人口自然增长率	2.05‰	—

铜官山区

【文化概览】 铜官山区是铜陵市主城区，辖18个社区，面积36平方公里，人口30万，是铜陵市政治、经济、文化和商贸中心。

2011年，铜官山区以社区文化建设为重点，按照“一居一品”发展模式，全面加强文化设施、文化队伍建设，不断丰富群众文化活动，全区文化事业快速发展。社区文化特色明显，朝阳社区获“全国先进文化社区”称号。截至年底，全区共有文化馆

1个、社区图书室26个，总面积3000多平方米的区图书馆和文化馆建设启动。整合社区文化活动场所资源，建设较高标准的文化活动室，全区社区直接或间接用于开展社区文化活动的房舍面积超过6000平方米，室外活动场地约30万平方米。加强社区图书室建设，每个社区都建成中心图书阅览室，房舍面积约140平方米，藏书总量4.5万册。投资68万元，按较高标准建成铜官山区文化信息资源共享工程支中心。投入20万元，建成阳光社区、映湖社区、螺蛳山社区、幸福社区等4个社区电子阅览室。群众文化活动方面，"十一五"以来，每年举办迎新春系列文体活动，举行专场文艺演出和春节团拜会等文艺演出，连续11年开展社区文化活动月活动，期间举办多场大中型广场文艺演出，同时在各社区开展风采展示、邻里联欢、吟诗赋词、书画盆景花鸟展览等各具特色的社区文化活动。开展公益电影进社区、全民读书月等文化活动。

加强公共文化业务技能培训，加大社区文化人才专业培训力度，打造特色文化队伍。鼓励社区成立文艺团体，在活动场地、建设资金上给予扶持，全区社区文艺体育健身团体数量发展到82个，拥有各级社会业余文艺体育骨干2000余人，每年组织各类群众文化活动300余场次。

铜官山区第七届社区文化活动月启动仪式

铜官山区2011年基本情况一览表

项 目	绝对数	比上年增长%
国土面积	36平方公里	–
总人口	30万人	–
生产总值	198亿元	13.2
财政总收入	7.12亿元	40.6
公共文化投入	200万元	20.0
科技经费投入	517.1万元	23.0
各类学校在校学生	17117人	0.2
各类图书馆藏书	4.5万册	–
社区图书室	26个	–
文化馆	1个	–
医疗机构病床数	85张	–
人口自然增长率	2.5‰	–

狮子山区

【文化概览】 狮子山区位于铜陵市主城区东部，设立于1958年。全区总面积59平方公里，人口9.9万。现辖1个镇、1个街道办事处、5个社区和1个省级经济开发区，辖区内驻有11个省属大中型国有企业。

狮子山区资源丰富，盛产金银铜铁硫，有储量100万吨的"亚洲第一深井"铜陵冬瓜山铜矿，储量2.8亿吨、居全国第二的新桥硫铁矿，以及全国文明村、安徽黄金第一村——朝山村。生态资源优良，气候温暖湿润，人居环境良好，拥有乌木山八景、西湖公园、东湖湿地公园等自然人文景观，建成省级生态村——农林村。有铜陵学院、铜陵职业技术学院、铜陵市委党校等全市优质教育资源，拥有教授专家300多人，各类专业人才3000多人。国家级高新技术企业19个，省级民营科技企业36个，省级技术研发中心2个。

近年来，狮子山区相继获全国科技进步先进区、全省知识产权示范创建区、全省和谐社区建设示范区、全省计划生育优质服务先进区等称号。2011年，全区公共文化建设投入242万元，比上年增长53.2%，文化民生工程建

狮子山区乡村少年宫棋艺培训

设投入52.4万元。全区共有农家书屋12个、文化馆9个，藏书达3万余册；健身团队协会32支，各类公开健身场所62个。狮子山区重点文化产业项目中，中国铜都·铜艺文化产业园项目已部分建成投产，铜陵飞越文化城项目即将开工建设，澳森体育文化休闲中心项目、中国铜陵博古文化园项目进入前期准备阶段，铜都明清经典建筑文化园（铜都古街）项目处于选址阶段，5个项目总投资29.5亿元。积极开展城市管理创新工作，得到市民的全面拥护。

狮子山区2011年基本情况一览表

项　目	绝对数	比上年增长%
国土面积	59平方公里	–
总人口	9.9万人	–
生产总值	41.6亿元	12.3
财政总收入	3.7亿元	47.1
公共文化投入	242.0万元	53.2
科技经费投入	496.0万元	74.6
各类学校在校学生	5628人	–
农家书屋	12个	–
文化馆(站、室)	9个	–
卫生机构数	31个	29.0
医疗机构病床数	313张	12.0

郊　区

【文化概览】 铜陵市郊区地跨长江两岸，区域面积179.02平方公里，下辖1个乡、2个镇、2个街道办事处，人口7.7万。

人文资源丰富，境内拥有大通千年古镇、曾被誉为“小上海”的和悦洲、淡水豚自然保护区、“九华山头天门”大士阁等景点。铜陵淡水豚自然保护区为国家级自然保护区，九华山头天门大士阁、云鹤寺为国家2A级景区，罗家村大炼渣为省级重点文物保护单位，天主教堂钟楼、大通龙泉井、大通日报报馆旧址、老镇遗址、铜山铜矿工人俱乐部旧址、普济圩农场场部旧址为市级重点文物保护单位。铜陵白姜制作技艺被评为省级非物质文化遗产项目，金如林被评为省级非物质文化遗产传承人。口头文学（讲故事）、铜陵白姜制作技艺、鹊江龙舟赛和小磨麻油制作技艺先后被列入铜陵市市级非物质文化遗产名录。

2011年，郊区投入公共文化建设、文化民生工程建设资金1500余万元。共有区级图书馆、区级文化馆、文化信息资源共享工程铜陵市郊区支中心、区级青少年校外活动中心各1个，建成6个乡村学校少年宫、42个文化信息资源共享工程村级服务点、4个杜鹃花工程、4个社区文化建设点、5个乡镇综合文化站、19个农家书屋、18个社区文化家园、19个村级文化活动室、3个社区电子阅览室，初步形成区有馆（图书馆）、乡有站（乡镇综合文化站）、村有屋（农家书屋）、社区有园（社区文化家园）的城乡一体化公共文化服务体系设施网络。文化创意产业蓬勃发展，铜陵首部数字电影《拳来拳往》摄制，获第二届北京国际电影节特殊贡献奖。

群众性文化活动丰富多彩。2011年，先后举办纪念建党90周年文艺汇演、“唱红歌、促崛起”群众性歌咏比赛、社区文化活动月、“千年江南名镇——郊区大通”大型文艺演出、“政企一家·共创辉煌”元旦联欢晚会等大型文艺活动。孝道文化、楼道文化、广场文化成为特色文化品牌。开展文化“三下乡”活动，举办“双创”文艺进社区、“同心协力·共创和谐”四联四促广场文艺演出等活动12场；放映电影110场，观看群众近15万人次。开展大通镇国家级历史文化名镇申报工作。联合策划摄制四

铜陵市郊区孝道文化成为品牌

集历史文献专题片《辛亥风云大通潮》，在新华网和市广播电视台播出。

大通镇获第二批“全国文明村镇”称号，铜山镇获“全国文明创建工作先进镇”和“省文明村镇”称号，灰河乡获“省文明村镇工作先进单位”称号，有20个单位被评选为市级文明单位。涌现出以杨文革、周美香、刘康健、胡运峰等为代表的各类先进典型40余例，胡运峰当选为2011年7月孝老爱亲“中国好人”。组织开展“优秀童谣传唱”活动，编创的《盖新房》、《书包》、《雪花》、《懂事了》四首童谣被选送到中央文明办，在中国文明网、中国网络电视台、中国妇女网、中国未成年人网等网站展播。

郊区2011年基本情况一览表

项　目	绝对数	比上年增长%
国土面积	179.02平方公里	－
总人口	7.7万人	6.4
生产总值	57.43亿元	11.1
财政总收入	7.18亿元	78.6
教育经费投入	3526万元	0.9
文化传媒经费投入	436万元	38.9
科技经费投入	160万元	15.6
各类学校在校学生	3137人	2.1
教职员工人数	395人	5.8
各类图书馆藏书	3.8万册	27.6
农家书屋	19个	42.1
文化馆（站、室）	24个	8.3
医疗机构病床数	208张	－
人口自然增长率	1.8‰	－

铜　陵　县

【文化概览】 铜陵县位于安徽省中南部，辖8个乡镇，是国家级文化、体育先进县，全国文明县城，国家地理标志保护产品“凤丹”之乡、“铜陵白姜”产地。

铜陵县于南唐保大九年(951年)建县，现有国家级重点文物保护单位1处、省级2处。竹马灯、铜陵牛歌为省级非物质文化遗产，牧怀柱、王晓梅为非物质文化遗产传承人。

2011年，全县文化事业和文化产业发展迅速。截至年底，有公共图书馆、文化馆、广播电台、电视台各1个。完成东联乡综合文化站和51个村农家书屋的民生工程建设任务。全年财政累计投入文化、文物、广播电视、旅游、传媒等公共文化事业发展资金1918万元。

成功举办第四届中国（铜陵）凤丹文化旅游节，提升铜陵县知名度和影响力。举办文化科技卫生“三下乡”活动，全年开展送戏送电影进乡村、进企业、进社区、进敬老院等活动100多场次。

开展精神文明创建活动，蝉联全国文明县城，并获得“安徽省首届未成年人思想道德建设先进县”称号。全县有3个单位被命名为省级文明单位，47个单位被命名为市级文明单位。开展“铜陵县好人”评选，叶官山、孙元圣、张万保、潘阿碎、何德操被命名为市级“铜陵好人”，叶官山被评为4月份“安徽省精神文明十佳”。加强未成年人思想道德建设，以每所先期投资20万元的标准再建6所乡村学校少年宫，实现乡镇全覆盖。推进农村精神文明建设，实施农村清洁工程，成立乡镇环卫所8个，建设垃圾池1800余座，在全省率先实现农村清洁工程县域农村全覆盖。推进农村“四创”工作，开展文明村镇创建活动，顺安镇、天门镇朱村村被命名为第二届安徽省文明村镇，钟鸣镇、西联乡被命名为第二届安徽省创建文明村镇先进村镇，13个村被市委、市政府命名为市级文明村。

【铜陵县蝉联全国文明县城称号】 铜陵县继2009年获全国文明县城称号之后，2011年蝉联全国文明县城称号。铜陵县高度重视精神文明创建工作，成立以县委、县政府主要领导为指挥长的再创全国文明县城工作指挥部，建立健全创建督查协调指导制度、创建工作例会制度、文明委常务会议议事规则等，重新修订《铜陵县创建成员单位考核考评奖惩办法》。强化舆论宣传，拓宽市民参与渠道，开通创建举报热线，建立创建信访接待日制度，实行通报批评和责任追究制度。强化领导督查，实施县领导创建分片包保制度和创建职能单位督查制度，实现队伍网格化、管理标准化、督查制度化、奖惩公开化。强化查违拆违，进行交通秩序、小区物业、市容环境卫生及各类市场整治。开展创建文明单位工作，全县共有3个省级文明单位、47个市级文明单位、131个县级文明单位。

铜陵县第四届凤丹文化旅游节

铜陵县2011年基本情况一览表

项　目	绝对数	比上年增长%
国土面积	823平方公里	–
总人口	29.3万人	0.5
生产总值	92.92亿元	13.0
财政总收入	17.53亿元	40.0
公共文化投入	1918万元	5.1
科技经费投入	3244万元	46.7
各类学校在校学生	29106人	–7.1
考取本科人数	769人	29.7
各类图书馆藏书	14.6万册	4.2
农家书屋	51个	15.0
文化馆（站、室）	9个	–
医疗机构病床数	586张	24.2
人口自然增长率	2.96‰	–

安　庆　市

【文化概览】 安庆市位于安徽省西南部，皖鄂赣三省交界处，是国家历史文化名城、国家园林城市、中国优秀旅游城市和中国黄梅戏艺术基地。国土面积1.53万平方公里，人口619万。

安庆是2000多年前古皖国所在地，安徽简称“皖”即由此而来。东晋诗人郭璞曾称“此地宜城”，故安庆又别名“宜城”。1760年到1938年间，一直是安徽省府所在地。安庆是古皖文化和桐城派文化根据地，戏剧文化和禅宗文化发祥地，也是新文化运动和辛亥革命策源地之一，中国近代工业文明重要发源地之一。著名人物有陈独秀、程长庚、邓稼先、黄镇、张恨水、赵朴初、严凤英等。现有国家级森林公园5处，国家级自然保护区1处，国家级风景名胜区2处，5处国家级、54处省级重点文物保护单位，6个国家级、23个省级非物质

迎江寺振风塔

文化遗产项目，5个国家级、32个省级非物质文化遗产项目代表性传承人。

文化事业。截至2011年底，共有公共图书馆8个，文化馆（站）181个，博物馆7个，广播电视台9个。全年文化产业增加值约为33.0亿元，比上年增长24%。

当年市博物馆组织“鉴宝江淮行”走进安庆，举办“安庆民间收藏精品展”、“安庆大讲坛”；市文化馆组建群星乐团并开设女子形体训练班和依泽小学少儿黄梅戏培训班;公共图书馆、文化馆（站）、市世太史第（赵朴初故居）、陈独秀纪念馆、严凤英故居免费开放。宿松县、怀宁县、望江县入选2011～2013年度“中国民间文化艺术之乡”。举办庆祝中国共产党建党90周年文艺晚会——“红色黄梅”、非物质文化遗产国庆展演周、第二届“宜城处处唱黄梅”等系列活动。举办“永远的记忆——辛亥革命在安庆”展览等纪念辛亥革命100周年专题活动。参加全省群文系统庆祝建党90周年“红色颂歌——首届安徽省社区文艺调演”系列活动，获奖项7个。安徽黄梅戏学校升格为安徽黄梅戏艺术职业学院。启动省“861”重点工程项目市博物馆新馆建设，怀宁县文化馆被评为国家一级馆，桐城市、宿松县文化馆被评为国家二级馆。大型黄梅戏《独秀山下的女人》获第十二届中国戏剧节优秀剧目奖，女主演刘丽华获优秀表演奖。黄梅戏《待到山花烂漫时》剧本创作完成，黄梅歌舞《黄梅故里·魅力安庆》献演2011年徽商大会。

文化民生工程。在枞阳县召开全市文化民生工程建设现场会。全市42个乡镇综合文化站、609个农家书屋、2136个20户以下已通电自然村广播电视“村村通”工程全部建成启用。开展“文化下基层进社区”活动2859场，送图书38432册，农村电影放映19947场，370余种优秀文化信息资源实现共享，市区新建基层图书室11个。

文化产业发展。五千年文博园一期开园运营。安徽再芬黄梅艺术股份有限公司成立。孔雀东南飞文化产业园、大别山映山红生态文化大观园建成；桐城玉雕文化园、宿松黄梅戏文化主题公园等加紧建设。举办北大企业家“文化产业与中国经济转型”前沿论坛。天柱山成功申报世界地质公园。当年本市再获“全国文化体制改革工作先进地区”称号。成立安庆市振风农村数字电影院线公司，4个数字影院落户安庆。孔雀东南飞文化发展有限公司获评“安徽省文化产业示范基地”。赵朴初故居成为“安徽统一战线教育基地”。独秀园、五千年文博园成功申报国家4A级旅游景区。潜山县“桑皮纸”、“痘姆陶器”等非物质文化遗产项目参加第二届中国安徽民俗文化节展销活动。市直院团全年完成商业性演出804场，比上年增长37.0%。文化旅游板块

黄梅戏著名表演艺术家 韩再芬

23个项目在市银企洽谈会上达成意向性贷款14.8亿元。大力开展“扫黄打非”工作，全年共出动检查人员2.14万人（次），检查文化经营场所20610家（次），收缴非法出版物2.4万余件，查处违规经营户40个（次），取缔黑网吧11个，净化文化市场环境。

文化遗产保护。全市“三普”工作完成，共登录六类2752处不可移动文物。市文物普查办公室荣获第三次全国文物普查先进集体。编纂全市文物普查成果丛书《三普·三篇》。开展打击文物犯罪专项行动，破获“8·19”文物盗卖案，追回三级文物百余件。对邓石如读书处、“二陈”读书处、“高岗鸣凤”等重点文保单位进行修缮保护，“熊范”二烈士专祠维修工程竣工，推荐赵昀墓、江西会馆、邓石如碑刻等文物申报省保单位，制作安装30处第四批市保单位保护标志。抢救发掘圣埠战国墓葬群和石化五里村工地明代古墓，出土器物总计366件。有3个项目被列为省级非物质文化遗产传习基地，4人被认定为省级非遗项目传承人。加强国家级非物质文化遗产黄梅戏传承保护工作，完成11部优秀黄梅戏传统剧目连环画拍摄和《孟丽君》、《桃李无言》音像摄制工作。

精神文明建设。建立市领导创建联系点、文明创建联席会议等制度，实施“文明交通行动计划”，开展公共文明指数测评、文明创建督察和志愿服务活动，成功创建第二届省文明城市。市气象局等77个单位被评为省第九届文明单位，安庆医药高等专科学校等7个单位被评为全国文明单位。桐城、太湖获第二届“省级文明县城”称号，怀宁、潜山保持“省级先进县城”称号，望江被评为新一届“省级先进县城”。潜山县源潭镇等8个乡镇（村）被评为“全国文明村镇”，迎江区龙狮桥乡等13个乡镇被评为第二届“省级文明村镇”和“先进村镇”。组织开展“清洁示范村”、“文明生态村”、“绿色小康村”、“移风易俗示范村”等农村“四创”活动。开展公民道德建设活动，刘磊获第三届全国道德模范提名奖、“安徽省第二届道德模范”称号，岳西县扎根山区教师郭中干等5人入选“中国好人榜”，第二届全市道德模范评出。开展第三届文明行业评比表彰、万人评行风、职工职业道德双“十佳”评选、“讲文明、树新风、促和谐”等一系列活动，评选表彰一批市级文明窗口和模范职工。华茂集团等7个单位获“全国文明单位”称号，市国税局等78个单位获“省第九届文明单位”称号。开通安庆文明网，在市区主要路段设置一批文明创建宣传广告牌，在市主要媒体开设“文明之窗”、“交通文明行”等专栏专题。

【安徽再芬黄梅艺术股份有限公司揭牌成立】2011年4月13日，安徽再芬黄梅艺术股份有限公司正式揭牌成立，省委常委、宣传部部长臧世凯等省市领导出席揭牌仪式。这是全国第一家转企改制、股份制改造和上市融资“三步并作一步走”的国有文艺演出院团，也是全省第一个省市共建的转企改制演艺院团，标志着安庆市深化文化体制改革、培育现代大型演艺企业取得重大阶段性成果。

【五千年文博园开园运营】5月18日，安庆市太湖县五千年文博园一期600亩人文历史景区正式开园运营。该园有核心景区12个，包括中华百工坊、五千年根雕文化园、四大名著文化园、三教合一文化广场、华夏爱情文化园、五千年文化长廊、皖街等。五千年文博园定位于“中华文化主题公园”，于2008年8月动工建设，规划总面积为80公顷，总投资18亿元，由人文历史景区、主题公园景区和休闲度假景区三大部分组成，集旅游、展演、研讨、休闲、娱乐等多种功能于一体，是安徽省“861”工程重点项目和国家4A级旅游景区。

安庆市2011年基本情况一览表

项 目	绝对数	比上年增长%
国土面积	1.53万平方公里	—
总人口	618.65万人	—
生产总值	1215.7亿元	13.2
财政总收入	156.7亿元	29.4
公共文化投入	4.12亿元	54.3
科技经费投入	3.47亿元	39.9
各类学校在校学生	94.23万人	−0.7
考取本科人数	3.25万人	—
各类图书馆藏书	97.3万册	5.0
农家书屋	1532个	195.0
文化馆（站、室）	333个	—
医疗机构病床数	1.48万张	—
人口自然增长率	4.9‰	—

大 观 区

【文化概览】大观区地处安庆市西部，长江之滨，辖3个乡镇、7个街道，面积236平方公里，人口27.25万。1949年4月，安庆市军事管制委员会接收国民党怀宁县政府大观镇公所，成立大观区人民政府。境内大观亭是“宜城八景”之一，大观区由此得名。现有国家4A级旅游风景区2处，省级风景名胜区1处，省级文物保护单位6处。

文化事业发展。全区7个街道建成街道文化设施112个，其中街道文化活动中心6个、图书室2个、社区文化活动室37个。2011年新建标准乡镇文化站3个、大型村文化活动中心2个、农家书屋28个、村级体育广场10个、乡镇体育健身广场2个。完善3个乡镇和皖河农场4个广电站建设。全年文化产业总产值3.5 亿元，比上年增长5%。

文化民生工程建设。结合纪念建党90周年及辛亥革命100周年，举办100余场丰富多彩的文化活动。全年完成大型文艺演出16场，送戏下乡43场，文化进社区演出64场，农村电影放映286场。文化馆（站）全部免费开放。

文明创建。建立文明创建每日一报告、每日一调度以及文明创建工作约谈制度。开展“脏乱差”、占道经营、店外店、农贸市场、违法建设等一系列专项整治活动，先后组织20多个单位1000多人次开展“文明交通劝导”、科普进社区、义务家教、义诊义疗、关怀空巢老人等志愿服务活动。涌现出菱湖、荣升、湖心等一批省级文明社区和菱湖新村、杨家塘、龙门、湖心社区等一批市级文明社区。

广场演出

大观区2011年基本情况一览表

项　目	绝对数	比上年增长%
国土面积	235.5平方公里	—
总人口	27.25万人	—
生产总值	60.0亿元	15.1
财政总收入	3.51亿元	19.6
公共文化投入	147万元	15.7
科技经费投入	924万元	43.9
各类学校在校学生	1.81万人	—
考取本科人数	—	—
各类图书馆藏书	—	—
农家书屋	28个	—
文化馆（站、室）	11个	—
医疗机构病床数	513张	—
人口自然增长率	4.44‰	—

迎 江 区

【文化概览】迎江区是安庆中心城区、滨江城区、商贸城区以及人文历史丰富的老城区。辖4个乡镇、6个街道办事处。迎江区始建于1949年4月，现有国家级重点文物保护单位2处，省级8处。辖区内有始建于北宋的迎江寺，被誉为“万里长江第一塔”的振风塔，有安徽省历史最悠久、面积最大的伊斯兰教清真寺。有赵朴初故居、太平天国英王府、倒扒狮、百花亭、紫云阁、徐锡麟纪念台以及中国共产党创始人陈独秀故居等著名的古迹与纪念地。标志中国近代工业发源的第一台蒸汽机、第一艘轮船、第一个军械制造所诞生于此。五千年工艺美术有限公司及皖江文化园被命名为“国家文化产业示范基地”。

全区有文化馆1个，体育场馆3个，农村书屋33个；有特色文化活动6项：长风龙舟节、孝肃邻里节、建设民族大舞台、火正广场文艺、五爱广场大家唱、先锋民欢舞台。共开展基层群众性文化活动42场次，举办大型文化活动10余场。全年公共文化建设投入72万元，文化民生工程建设投入82万元，精神文明建设投入600万元，文明城镇建设投入40万元。

【人民剧院改造】人民剧院始建于1954年，有近60年历史，2002年下划迎江区管理，是安庆市最大的综合文化娱乐场所。2011年，通过自筹经费及“文化强省”资金支持，打造2个数字电影放映厅及1个可容纳1000人的集大型会议接待、文艺演出兼数字4K3D电影放映为一体的超大观众厅，为安庆市内最大的3D电影院。当年收入120万元，实现社会效益和经济效益双丰收。

迎江区2011年基本情况一览表

项 目	绝对数	比上年增长%
国土面积	207平方公里	—
总人口	20.86万人	-0.1
生产总值	98.99亿元	12.7
财政总收入	4.2亿元	28.0
公共文化投入	391万元	-8.4
科技经费投入	440万元	4.5
各类学校在校学生	3.07万人	-5.0
考取本科人数	—	43.0
各类图书馆藏书	—	—
农家书屋	33个	—
文化馆（站、室）	10个	—
医疗机构病床数	2718张	—
人口自然增长率	2.88‰	-0.02个千分点

宜 秀 区

【文化概览】宜秀区是2005年5月经国务院批准设立的安庆市辖区，地处长江中下游北岸，现辖3个镇、2个乡、2个街道，面积410平方公里，人口21万。区内有国家4A级风景区1处、省级风景名胜区1处、国家级森林公园1处、国家级农业旅游示范点1处、国家级重点文物保护单位3处。有张嗣墩新石器时代遗址。宜秀区是清代书法篆刻家邓石如、两弹元勋邓稼先、近代山水画家萧谦中、著名黄梅戏表演艺术家严凤英的故乡。

文化事业和文化产业。截至2011年底，有文化馆1个，文化站4个，全民健身广场3处，村级农民健身工程10个。2011年文化产业产值1.52亿元，占全区生产总值5.0%。58个村（社区）农家书屋建设全面完成。

文化设施建设。当年实施文化馆东区改造工程，配置音响等设备，设免费图书阅览室、多功能厅及特色活动室7间。当年开办书法、舞蹈、瑜伽、少儿美术、古筝、珠心算等培训班，培训学员150名，成为市音协定点音乐考级中心。在文化馆北区建立乒乓球馆、瑜伽馆、健身房等。利用中央配套资金100万元，新建罗岭、五横、白泽湖、大龙山等4个乡镇综合文化站。

文化活动。组织文化馆等单位在6个乡镇（街道）开展送戏下乡巡回演出17场。编排黄梅大鼓《国税儿女好风采》、抗震救灾文艺演出、《相约春天》等晚会。举

严凤英故居

办《农机工程进万家》、“贴民情、听民意、惠民生”等6场文艺演出，举办学唱“七一”红歌会。文化市场管理查处违规出租设施5个、盗版书籍400多册，清除涉嫌低俗音像制品390张（盘）、非法淫秽制品110余张（盘）、盗版光盘300张（盘）、非法报纸130份，查处违规经营的网吧3个。

宜秀区2011年基本情况一览表

项目	绝对数	比上年增长%
国土面积	410平方公里	—
总人口	21万人	4.6
生产总值	33.16亿元	12.7
财政总收入	3.41亿元	13.0
公共文化投入	485万元	21.0
科技经费投入	642万元	23.0
各类学校在校学生	1.37万人	5.0
考取本科人数	200人	11.0
各类图书馆藏书	1.2万册	81.0
农家书屋	58个	43.0
文化馆（站、室）	6个	50.0
医疗机构病床数	264张	12.0
人口自然增长率	4.6‰	—

桐 城 市

【文化概览】桐城市位于安徽省中部，辖12个镇、3个街道和2个省级经济开发区，面积1571平方公里，人口75万。

桐城历史悠久，文风昌盛，为江淮文化圈的发祥地和集中地。早在春秋时代，即称桐国；公元757年正式建县，1996年撤县设市。以戴名世、方苞、刘大櫆、姚鼐为代表的“桐城派”久负盛名。黄梅戏艺术孕育了以严凤英为代表的众多表演艺术家。桐城是省历史文化名城，享有“文都”盛誉，现有国家级重点文物保护单位2处，省级 11处。桐城文庙和文和园已通过国家有关部委的批准，列入第七批国保单位。桐城文庙保护获中国孔庙保护协会授予的“全国孔庙保护先进单位”称号。国家级非物质文化遗产名录1项、省级5项，省级非物质文化遗产项目代表性传承人4个；3本古籍图书入选国家珍贵古籍名录。

文化事业。截至2011年底，有公共图书馆、文化馆、广播电台、电视台、交通音乐台各1个，体育场馆2.3万平方米。由韩再芬、黄新德主演的黄梅戏电影《六尺巷》公开放映，《醉酒》、《山茶花开啊开》等剧目在省第五届小戏小品大赛中夺得6个奖项。全年公共文化建设投入3200多万元，图书新馆建成投入使用，被文化部评定为一级馆（县级）。桐城文化博物馆开工建设。文化惠民工程先后建成文化信息资源共享工程支中心和220个村级基层服务点。举办歌手大赛、戏迷大赛、“桐城歌演唱会”等大型文艺演出活动70多场,送戏下乡100余场，送电影下乡1200多场,开展文艺辅导150多次，举办各种展览30多个、各类培训班150多期（次）。

文化产业。全市文化产业单位3000余个，资产80多亿元，从业人员近5万人，已成为全国三大包装印刷基地之一和全国白玉小件加工重要产业基地。佛光公司被评为国家文化产业示范基地。嬉子湖生态湿地成为国家4A级景区，孔城老街等一批精品景区（点）建成开放。2011年被评为省第二届文明县城。

【桐城派文化】桐城派是我国清

桐城文庙

代文坛上最大的散文流派，亦称“桐城古文派”，它以文统的源远流长，文论的博大精深，著述的丰厚清正，在中国古代文学史上占有显赫地位，是中华民族传统文化中的一座丰碑。戴名世、方苞、刘大櫆、姚鼐被尊为桐城派“四祖”，师事、私淑或膺服他们的作家遍及全国，传世作品2000余种，主盟清代文坛200余年，其影响延及近代和当代。不少名篇佳作，如方苞的《狱中杂记》、《左忠毅公逸事》，姚鼐的《登泰山记》，薛福成的《观巴黎油画记》等，一直被选入大中学校文科教材。昔时桐城有“天下高文归一县”、“声名冠天下”之盛誉。1985年11月，桐城举办首次全国桐城派学术讨论会，2000年7月“桐城派研究会”在桐城成立。2011年7月4日，中共中央政治局常委、国务院副总理李克强考察桐城六尺巷、文庙等古迹，详细了解桐城派文化发展的脉络。

桐城市2011年基本情况一览表

项　目	绝对数	比上年增长%
国土面积	1571平方公里	—
总人口	75.0万人	0.3
生产总值	170.0亿元	26.7
财政总收入	15.7亿元	38.9
公共文化投入	3200万元	65.0
科技经费投入	17500万元	4.7
各类学校在校学生	6.58万人	-2.0
考取本科人数	4800人	11.0
各类图书馆藏书	57.64万册	37.0
农家书屋	217个	7.0
文化馆（站、室）	15个	—
医疗机构病床数	2146张	5.0
人口自然增长率	3.76‰	—

怀　宁　县

【文化概览】怀宁县是著名的“文化之乡”、“教育之乡”、“英烈之乡”，被称为“独秀故里、黄梅家乡、爱情圣地”。从东晋年间建县以来，至今已有1600多年历史。面积1276平方公里，辖20个乡镇，人口69.7万。第三次全国文物普查共登记不可移动文物303处，其中新发现117处，复查186处，县文物管理所被国家文物局评为“突出贡献集体”。现有省级重点文物保护单位2处。“孔雀东南飞传说”为省级非遗项目。2011年文化中心大楼、体育活动中心和黄梅阁剧场建成并使用。黄梅阁剧场总投资1800万元，建筑面积2600平方米，建有标准化戏剧舞台、观众大厅和黄梅戏史料陈列馆等基础设施，是集演出、排练、创作研究、史料陈列等为一体的综合性文化艺术活动场所。月山、平山、清河、小市、茶岭、高河综合文化站先后被评为省级二级或三级综合文化站；广播电视“村村通”工程实现全覆盖；县文化馆、图书馆分别晋升国家一、二级馆；建成计生婚育文化园25个。

文化活动精彩纷呈。举办“红歌嘹亮——走进怀宁”大型广场演出，在独秀公园、观音洞水库等地分别录制四档“全民大精彩”节目，并在安徽卫视综艺频道播出；举办“第五届孔雀东南飞文化艺术节——为十年喝彩”大型文艺演出；开展“新县城、新家园”征文比赛、县城迁址十周年书画摄影展、青年发展论坛、巾帼风采展示大赛等文化艺术节活动。举办“第二届怀宁县红色经典歌曲演唱大赛”、“‘红歌大家唱’歌咏活动”、“‘金瓯商务广场杯’红歌赛”、“古皖新曲”大型文艺晚会和“庆祝建党90周年书画摄影暨非物质文化遗产图片展”。参加“2011年安徽省少儿书画摄影大赛”、“安徽省第二届民俗文化节”和“安庆市首届非物质

为十年喝彩大型广场文艺演出

文化遗产展演展示周”等活动。再获“中国民间文化艺术（黄梅戏）之乡”称号。大型黄梅戏《独秀山下的女人》亮相第十二届中国戏剧节，并获优秀剧目奖和优秀表演奖。全年共组织文化下乡等活动100场次，电影下乡2000余场，捐赠图书1.3万册，流动图书2万册。

文化民生工程。建成乡镇综合文化站20个，建筑面积达7050平方米；建成农家书屋205个，其中省级农家书屋示范点1个，每家书屋拥有各类图书报刊近2000册；建成农民体育健身工程58个，每村按1个篮球场和2张室外乒乓球台的标准建设。

精神文明建设。举办第十七届全县青少年爱国主义读书活动，18名学生获全国表彰，15名学生获省级表彰，怀宁中学和独秀初中分别获全国组织特等奖和优秀奖，实验小学获全省组织优秀奖，参加全省“童心向党歌咏比赛”活动，实验小学校园情景剧《游子吟》获省优秀奖；月山中心学校被列为全国首批“乡村学校少年宫”建设项目。省市媒体集中宣传姚俊因公殉职的感人事迹，刘长春获“安徽好人”称号并被省文明办推荐参加“中国好人”评选。高河镇谢山村、高界高速公路管理处分别被评为第三批“全国文明村镇”和“全国文明单位”，县国税局等7个单位获第九届安徽省“文明单位”称号。参与全省“魅力乡镇”评选活动，高河镇入选省十大“魅力乡镇”。

【再次获“中国民间文化艺术之乡”称号】怀宁县2008年被国家文化部命名为“中国民间文化艺术之乡”。2011年初，文化部启动新一轮“中国民间文化艺术之乡”评审命名工作。怀宁县积极组织申报，经文化部专家评审、实地抽查和社会公示，最终获2011～2013年度“中国民间文化艺术之乡(黄梅戏)”称号。

怀宁县2011年基本情况一览表

项　目	绝对数	比上年增长%
国土面积	1276平方公里	—
总人口	69.7万人	0.7
生产总值	138.9亿元	14.2
财政总收入	15.8亿元	39.8
公共文化投入	5331万元	22.7
科技经费投入	3843万元	38.2
各类学校在校学生	10.0万人	-4.4
考取本科人数	3580人	46.9
各类图书馆藏书	8.3万册	20.0
农家书屋	205个	214.0
文化馆（站、室）	21个	12.6
医疗机构病床数	1605张	10.0
人口自然增长率	4.8‰	—

枞　阳　县

【文化概览】枞阳县位于安徽省中南部、长江下游北岸，总面积1808.1平方公里，辖22个乡镇，人口97.1万。枞阳于汉武帝元封五年（前106年）设县。隋开皇十八年（598年）改为同安县。唐至德二年（757年），改同安县为桐城县。1949年2月桐城县分为桐城、桐庐两县，今枞阳县属桐庐县辖区，县治初设项镇铺，后移汤家沟（均在今枞阳境内）。1951年改桐庐县为湖东县。1954年县治迁入枞阳镇，1955年7月1日恢复汉时县名——枞阳县。有国家级森林公园和4A级风景区——浮山；有省级重点文物保护单位8处，馆藏文物2000余件。挖掘整理出全县非物质文化遗产109项，已有18个项目经县政府批准公布为枞阳县非遗保护名录，2项被公布为安庆市非遗保护名录。省级非遗保护名录1项，省

黄镇图书馆

级非物质文化遗产“东乡武术”传承人1人。

文化事业发展。全年公共文化建设投入3123万元。截至2011年底，有公共图书馆1个，文化站馆23个，广播电视台1个。当年新建成枞阳县体育中心、黄镇图书馆等，总投资1亿元。县文广影视中心工程开工建设，总建筑面积1.7万平方米，集会议中心、广播电视中心、有线电视传输中心、文艺活动中心等多功能于一体。创作编排黄梅戏《寸草心》。完成5个乡镇综合文化站工程建设，截至2011年8月底，全县22个乡镇全部建成综合文化站，免费对群众开放。完成80个农家书屋工程建设任务，截至6月底，全县已建成并投入使用农家书屋196个。全年组织送图书下乡3800册，送戏下基层进社区120场次，送电影下乡2000场次。广播电视“村村通”工程建设累计完成2276个。

举办建党90周年红歌赛、枞阳县2011年春节联欢晚会、枞阳重要文物展、第三次全国文物普查实地调查成功展等一系列文化活动。组织省级非遗“东乡武术”、市级非遗“枞阳胡琴书”、枞阳民间习俗“陆家湾老龙灯”等项目参加安庆市国庆非遗展演。开展“两节、两会”文化市场集中整治、暑期“网吧”专项整治、“扫黄打非”等活动，共出动执法检查人员410人次，检查经营单位2500余家次。

精神文明建设。组织开展道德模范评选活动，评选出“助人为乐模范”、“诚实守信模范”、“敬业奉献模范”、“孝老爱亲模范”共9名。文明村镇建设以“3331工程”（三改、三下乡、三反对、一提倡）为重点，开展创建“清洁示范村”、“文明中心村”、“绿色小康村”、“移风易俗示范村”等“四创”活动，浮山镇获2011年度“安徽省第二届文明村镇”称号。

【黄镇图书馆建成开馆】黄镇图书馆（枞阳县图书馆）为2008年全国政协帮扶枞阳的重要文化项目。经过3年建设，2011年工程全面竣工，在黄镇诞辰103周年之际开馆。

黄镇图书馆按国家县级公共图书馆一级馆评估标准建设，馆舍占地15亩，建筑面积3000余平方米，总投资1100万元。该馆集“枞阳历史名人纪念馆”、“枞阳县图书馆”、“枞阳县史籍文库”为一体，设有史籍文库、阅览室5个、黄镇纪念厅、枞阳名人展厅、多功能报告厅等，有250个阅览座席，馆藏图书近6万册，期刊13.8万册。

枞阳县2011年基本情况一览表

项　目	绝对数	比上年增长%
国土面积	1808平方公里	—
总人口	97.1万人	0.2
生产总值	149.4亿元	14.6
财政总收入	11.02亿元	43.6
公共文化投入	3123万元	35.6
科技经费投入	3507万元	11.4
各类学校在校学生	13.0万人	−6.0
考取本科人数	5332人	9.9
各类图书馆藏书	5.5万册	61.8
农家书屋	196个	73.0
文化馆（站、室）	23个	29.0
医疗机构病床数	1631张	4.7
人口自然增长率	5.33‰	—

潜　山　县

【文化概览】潜山县位于安徽省西南部，面积1686平方公里，人口58.7万，辖16个乡镇。国家5A级风景区天柱山坐落在境内西北部。潜山在春秋时期为周大夫皖伯封地，称皖国，山称皖山，水称皖水，是皖文化发源地，安徽省简称“皖”即源于此。元英宗至治三年（1323年）析置潜山县。1977年境内发现的薛家岗文化遗址是长江中下游地区新石器时代的代表性文化遗址，县城南部河湾村是汉代叙事长诗《孔雀东南飞》故事发生地及主人公焦仲卿故里。京剧鼻祖程长庚、现代通俗文学大师张恨水、“杂技皇后”夏菊花、黄梅戏表演艺术家韩再芬皆为潜山人。1995年，潜山县被评为省级历史文化名城。薛家岗遗址、山谷流泉摩崖石刻为国家级重点文物保护单位，太平塔、占庄老屋、杨氏宗祠等6处为省级重点文物保护单位。三祖禅寺是禅宗三祖祖庭，南梁天监四年（505年）建寺，现为全国重点对外开放寺院。县城内有二乔梳洗地胭脂井和乔公墓古迹。

三祖寺

“桑皮纸制作技艺”为国家级非物质文化遗产，“孔雀东南飞传说”、“五庙弹腔”等7项为省级非物质文化遗产，有省级非遗传承人10人。

文化事业和文化产业。共有公共图书馆、文化馆、博物馆、广播电视台各1个，戏剧服务团体1个，电影服务企业2个，乡镇综合文化站16个。当年县广播电台、电视台合并组建县广播电视台，全县现有文化经营单位286个，民间演出团体12个，直接从业人员5000余人。2011年，全县文化产业增加值2.6亿元，上缴税金2800万元。2007～2011年,共完成2202个自然村的广播电视“村村通”工程建设， 4年新增农村有线网络用户4.17万户，2007～2009年，“广播电视村村通”工程连续3年总分居全市第一，并获民生工程单项奖。185个村（居委会）农家书屋建设任务全面完成。2007～2011年，全县16个乡镇全部建成综合文化站，总建筑面积5400平方米。开展“文化下基层进社区”活动，3年送电影下乡4722场，开展广场演出150多场次、社区文艺活动300多场次。累计送书下乡1.9万册。

2011年，组织庆祝中国共产党成立90周年文艺演出，举办“红色经典，唱响皖城”青年歌手大奖赛和党史知识竞赛、职工书画展、中小学生书画作品展、职工篮球赛、乒乓球赛等活动。城区成立8个社区文化活动中心，大园社区为“全省十大特色文化社区”。水吼等8个乡镇成立广场舞蹈队，全县有腰鼓队、秧歌队、木兰扇队等60多个艺术团队。县文联下属8个文艺协会，有会员590人，其中国家级会员26人，省级会员89人。当年创作小说《浪迹精魂》、散文集《在水底思想》等作品，推出大型古装黄梅戏《红丝错》。

精神文明建设。开展“经典诵读”、青少年爱国主义读书活动等，2人入选市第二届道德模范。“扫黄打非”及文化市场监管工作扎实开展，槎水镇被授予2011年全省“扫黄打非”工作创新奖。建成东关河公园和潜水滨河景观带，完成4条道路景观整治和便民公厕、垃圾中转站、污水处理场建设。农村初步建立“户保洁、村收集、乡中转、县处理”的农村生活垃圾统一处置体系。投入资金1.7亿元，建成燕窝、山包新村等49个村庄整治示范点。源潭镇获“全国文明村镇”、第二届“省文明村镇”称号，天柱山风景区评为“全国文明单位”，潜山县被评为第二届“安徽省创建文明县城工作先进县”，县公路局等5个单位评为第九届“安徽省文明单位”。

【天柱山为国家5A级旅游景区和世界地质公园】 5月5日，天柱山正式被国家旅游局评定为国家5A级旅游景区。9月18日，在挪威召开的世界地质公园网络执行局会议上，联合国教科文组织正式认定天柱山为世界地质公园网络成员，天柱山成为中国第25个世界地质公园。

天柱山位于潜山县境内，总面积304.02平方公里（其中主景区面积102.72平方公里），以雄、奇、灵、秀著称，历代名士李白、白居易、王安石、苏轼、黄庭坚等曾为之咏诗作赋。《天柱山志》称其“峰无不奇，石无不怪，洞无不杳，泉无不吼”。景区内有三祖禅寺、山谷流泉摩崖石刻、太平古塔、二乔胭脂井、舒王台、万涧古戏楼等人文古迹。公元前106年，汉武帝刘彻南巡，封天柱山为“南岳”，后隋文帝为拓展南疆，改封衡山为南岳，天柱山被改称为“古南岳”。1982年，被国务院命名为全国重点风景名胜区，1992年被林业部批准为国家森林公园。

潜山县2011年基本情况一览表

项　目	绝对数	比上年增长%
国土面积	1686平方公里	—
总人口	58.7万人	0.6
生产总值	97.4亿元	14.1
财政总收入	6.01亿元	42.1
公共文化投入	2463万元	90.0
科技经费投入	2808万元	75.0
各类学校在校学生	9.3万人	−3.2
考取本科人数	3935人	25.0
各类图书馆藏书	59.0万册	35.0
农家书屋	185个	79.6
文化馆（站、室）	210个	24.0
医疗机构病床数	1053张	5.0
人口自然增长率	5.51‰	−2.1

太　湖　县

【文化概览】 太湖县位于安徽省西南部，大别山南麓，西与湖北省接壤。南朝宋元嘉二十五年（448年）建县，现辖15个乡镇和1个省级经济开发区，是中国佛教禅宗发祥地、省级文化先进县、“中华诗词之乡”。有国家级风景名胜区1处，国家4A级旅游景区2处，国家级湿地公园1处，国家水利风景区1处，全国农业旅游示范点1处，省级重点文物保护单位3处。花梆舞、曲子戏为省级非物质文化遗产，有非物质文化遗产传承人2人。

文化事业和文化产业。截至2011年底，共有公共图书馆和农家书屋165个，文化馆（站）16个，广播电视台1个。全年文化产业总产值 1.25亿元，比上年增长 82.7 %。投入1387万元，重点用于公共文化建设。当年全部完成15个乡镇综合文化站建设，并全面达标，全部免费开放。新建70个农家书屋，实现全县164个农家书屋按照标准全部建成达标；保障每个行政村每月放映一场电影。完成送戏下乡150场，广场文艺演出55场，送图书下乡1万册；文化信息共享工程形成县设中心、乡镇建站、村有播放点的全覆盖网络，实现100%行政村共建共享。新建安徽省县区级首个残障读者阅览室和10个村级电子阅览室。文化站（室）建设向社区和村延伸，新建村级文化活动室5个，社区文化活动中心1个。

精神文明建设。开展文明礼仪宣传教育，倡导“说文明话、走文明路、办文明事、做文明人”；组织第二届“道德模范”评选活动；加强县城文明创建力度，县地税局、国税局、供电局、气象局、公路局、朴初中学等获第九届“省级文明单位”称号，太湖中学、县消防大队等6个单位获“市级文明单位”称号。太湖县蝉联“全省文明县城”称号，弥陀镇获国家和省级“文明村镇”称号，并被命名为国家级生态乡镇，弥陀、寺前镇被命名为省级环境优美乡镇，界岭等7个行政村创建省级生态示范村。

【赵朴初文化公园】 公园位于太湖县北30公里的寺前镇，背倚双凤山，面临花亭湖。经全国政协批准，从2001年开始，太湖县人民政府在赵朴初故里寺前镇麒麟村万年冲兴建赵朴初文化公园。公园占地46公顷，由赵朴初灵骨树葬地、赵朴初纪念馆、纪念碑廊、报恩禅寺、拜石湖和东方第一佛塔等组成。赵朴初纪念馆位于公园西侧，2005年奠基修建。纪念馆占地面积 6公顷，建筑面积1800平方米，仿照赵朴初先生先祖——清乾隆时期状元赵文楷的房屋“状元府”风格建设，三进三纵布局，共有34间大小用房，包括中堂、祖堂、书房和居室，设8个展厅，有接待室和后花园等。2007年赵朴初纪念馆竣工开馆。

五千年文博园开园仪式

太湖县2011年基本情况一览表

项　目	绝对数	比上年增长%
国土面积	2031平方公里	—
总人口	56.9万人	0.7
生产总值	70.1亿元	14.9
财政总收入	3.52亿元	38.1
公共文化投入	1387万元	19.1
科技经费投入	2190万元	55.8
各类学校在校学生	7.91万人	−5.5
考取本科人数	3004人	19.0
各类图书馆藏书	11.7万册	10.4
农家书屋	164个	74.5
文化馆（站、室）	16个	77.8
医疗机构病床数	942张	10.8
人口自然增长率	3.38‰	—

宿　松　县

【文化概览】 宿松于汉文帝十六年（公元前164年）建县，位于安徽省西南部，长江中下游北岸，大别山南麓。西北与湖北省黄梅县、蕲春县毗邻，南与江西省湖口县、彭泽县隔江相望，现辖22个乡镇，面积2394平方公里，人口83.7万。是国家文化部命名的“中国民间文化艺术之乡”和“中国诗歌之乡”。现有国家级森林公园1处，省级风景名胜区1处，白崖寨被列为国家级重点文物保护单位，省级重点文物保护单位3处。文南词被列为国家级非物质文化遗产，高荣生、余杞敏为文南词的省级传承人。断丝弦锣鼓和小孤山的传说为省级非物质文化遗产，王景义和李曙海分别为“断丝弦锣鼓”和“小孤山的传说”的传承人。全县有公共图书馆、文化馆、博物馆、广播电视台各1个。县文化馆、县图书馆分别被文化部命名为二级文化馆和二级图书馆。2011年文化产业总产值3840万元。

公共文化建设。相继投入资金1908万元，用于文化民生工程建设。截至2011年，列入中央财政预算（省、县拨付配套资金）的全县20个综合文化站全部竣工。综合文化站建设在本年度市民生工程考核中位居前列，并获省文化厅表彰。建成农家书屋158个，覆盖率76%，受益人口50余万；广播电视“村村通”工程实现行政村全覆盖，启动通电自然村通广播电视工程，20户以上通电自然村完成联网建设1400个，入户率98%；全县有线电视用户10万余户，发放地面卫星接收设备10832个。2011年广播电视“村村通”工程建设获全国先进单位，受到国家广电总局表彰。截至2011年底，全县建成140个村级文化信息资源共享工程服务点。全年县新黄梅演艺公司演出70场，放映电影2380余场。

精神文明建设。组织“宿松道德模范人物”、“宿松十大杰出(优秀)青年”、“五好家庭”、“十佳文明户”等评选表彰活动。完善未成年人思想道德建设工作长效机制，开展未成年人文明道德实践活动，宣传普及志愿服务精神，组织开展“倡导文明新风，我参与我奉献”志愿服务活动。推进文明县城创建活动。开展城乡“清洁化运动”，整治农村人居环境，推动社会主义新农村建设。加强监督检查，强化考核验收，宣传并推广先进典型。

【文南词入选国家非物质文化遗产名录】 文南词是一种独特的民间演唱形式，系湖北逃荒卖唱的民间艺人传入宿松，至今已有300余年历史。在流传过程中，它与流行于长江中下游一带的其他民间曲调结合，成为一种有唱腔、有说白的单人演唱形式。表演时，演唱者自用二胡伴奏。后来，这种单人演唱曲艺逐步演变成一种类似歌舞的形式，多为2～4人演出。文南词曲调，大体上分正板和小调两种。正板是文南词音乐的主体，多为商调式，其调性与黄梅戏、采茶戏大相径庭；小调大多为徵调式，其规

文南词

模、曲体结构等与宿松周边地区民间小曲无大的区别。文南词传统代表曲目是50年代初期佐坝区虞岭松峦文南词剧团排演的《浪子抛球》。1957年，宿松县剧团将《浪子抛球》改编为《抛球舞》，进京参加全国民间舞蹈会演，获优秀节目奖，演出人员受到朱德、周恩来等中央领导人的接见。

【小孤山】小孤山位于宿松县城东南65公里处的长江之中，一山巨峙，绝岛兀立，以“秀、险、奇、孤”闻名于世。山围逾千米，高约百米。有诗赞曰：“南望一枝笔，西看似悬钟，东看太师椅，北望啸天龙。”漫山嘉木秀竹，四季花奇卉异，亭、台、楼、阁交相辉映，寺、碑、塔、宇错落林立。集自然风光和人文景观于一身，是别具一格的佛教与文化名山。历代文人墨客留下大量碑刻诗文和趣闻逸事。乾隆皇帝为启秀寺亲题“灵昭江屿”御匾。

【白崖寨】白崖寨始建于元末，扩建于明、清，已有600多年历史。寨墙均由大块方石垒砌，高3~8米，宽1.5米，长10余华里。险要地段墙垛皆双层，寨城四周建有5座城门，分布于五大主峰之间。第一主峰雁恋坡海拔476米，山雄势要，古寨巍峨。1932年10月10日，红二十七军军长刘士奇、政委郭述中、副军长吴保才等在白崖寨关帝庙召开会议，成立蕲宿太工作委员会。白崖寨有“凤卧龙栖”摩天石刻等诸多历史文化景观，为国家级重点文物保护单位。明朝武英殿大学士史可法，在今白崖寨之云崖堡与张献忠所率起义军鏖战月余，被困堡中时于绝壁上写下“听涧底泉声，叫大地是歌是泣；看阶前月色，问英雄还死还生”的对联。转败为胜后，又手书“最上一乘”四字。

江上蓬莱——小孤山

宿松县2011年基本情况一览表

项 目	绝对数	比上年增长%
国土面积	2394平方公里	—
总人口	83.7万人	0.8
生产总值	111.6亿元	13.1
财政总收入	3.7亿元	35.0
公共文化投入	1908万元	14.0
科技经费投入	2850万元	62.0
各类学校在校学生	12.7万人	-5.0
考取本科人数	5019人	48.6
各类图书馆藏书	8.6万册	—
农家书屋	158个	79.0
文化馆（站、室）	25个	—
医疗机构病床数	1051张	22.5
人口自然增长率	10.75‰	1.82个千分点

望 江 县

【文化概览】望江县位于安徽省西南边陲，长江中下游北岸，南与江西省隔江相望，是中国民间文化艺术之乡。望江县于东晋义熙元年（405年）置县，隋开皇十八年（598年）定为望江县，是“雷池”故地、“三孝”故里、“挑花”之乡，俗语“毋越雷池一步”的“雷池”就是指望江县。现有省级重点文物保护单位2处，民间工艺“望江挑花”被列入国家级非遗保护名录，传承人2人；莲湘舞被列入省级非遗保护名录，“望江挑花”被授予安徽省文化产业“十大影响力品牌”，产品3次进入人民大会堂。

文化事业和文化产业。当年乡镇综合文化站和县文化馆、图书馆、博物馆向社会公众免费开放，新广电中心大楼建成。望江少儿舞蹈表演《我行，我

挑花作品——花篮

能行》、《洗衣谣》、《毛毛虫的梦想》等连年获国家和省级奖项。文化市场健康发展，全年累计出动检查人员200多人次，检查各类经营户400多户次，收缴非法音像制品1200多张、盗版图书500多册。全县经审批的文化产业经营单位247个，其中歌舞娱乐场所14个、网吧47个、书报刊店（亭）38个、音像店22个、印刷厂20个、民营剧团9个（省“百佳剧团”2个）；有投资额100～500万元的文化企业12个。2011年文化产业总产值1.14亿元，从业人员1545人。体育彩票销售额突破1000万元。全年共投入文化事业建设资金1738万元，其中，乡镇综合文化站投入580万元，农家书屋投资150万元、文化基础设施维修60万元。10个乡镇的综合文化站全面建成；县文化信息共享工程全面建成，并在基层建有县级支中心；建成乡镇、村、社区基层点与党员远程教育共建共享信息基层点134个。建成农家书屋47个，村级农民体育健身场地40个、乡镇健身广场1个；全年开展各类文化活动60多场次。

精神文明建设。组织学习宣传吴勇祥等道德模范活动，扎实开展校园周边文化市场整治行动，优化未成年人健康成长环境。县获评“第二届安徽省创建文明县城先进县”，全县6个单位获第九届“安徽省文明单位”称号，1个乡镇入选第二届“安徽省创建文明村镇工作先进村镇”，1人获得“安徽省精神文明建设工作先进个人”。

【望江县获“中国民间文化艺术之乡”称号】望江民间挑花相传起源于唐代，具有五大特点：土（乡土气浓）、特（针法独特）、奇（花中套花）、古（古朴纯正）、丽（清新亮丽），是国家级非物质文化遗产保护项目。“望江挑花”使用的挑、钻、游、织四种针法，正反成型，别有趣味，是该艺术的精华所在，也是有别于其他类挑花和十字绣的亮点。望江挑花三次被选入人民大会堂装饰安徽厅，并多次作为国家礼品赠送国际友人。2011年11月，望江县凭望江挑花再次获“中国民间文化艺术之乡”称号。

望江县2011年基本情况一览表

项目	绝对数	比上年增长%
国土面积	1357.4平方公里	—
总人口	63.21万人	0.7
生产总值	72.3亿元	14.0
财政总收入	4.01亿元	33.4
公共文化投入	1738万元	0.2
科技经费投入	2292万元	43.2
各类学校在校学生	8.08万人	−3.0
考取本科人数	2709人	44.7
各类图书馆藏书	6.8万册	11.8
农家书屋	132个	36.0
文化馆（站、室）	10个	10.0
医疗机构病床数	875张	12.2
人口自然增长率	6.99‰	—

岳 西 县

【文化概览】岳西位于大别山腹地、安徽省西南边陲，县境地跨长江、淮河两大流域。岳西是革命老区、鄂豫皖革命根据地重要组成部分、中共安徽省委首任书记王步文烈士的故乡、中国工农红军第三十四师创建地和中国工农红军第二十八军的重建地。在夺取新民主主义革命胜利的历程中，有38720名优秀儿女献出了宝贵生命。岳西是省级生态建设示范县，安徽省重要的“生物物种基因库”，有国家级自然保护区1处，国家级森林公园1处，省级自然保护区1处，省级风景名胜区1处。岳西禅宗文化源远流长，司空山为“中华禅宗第一山”（赵朴初题），系禅宗二祖慧可的修禅卓锡、衣钵流传之地。岳西是民间文化的原生态“宝库”。民间曲艺、民间歌舞、山歌小调、民间器乐等文化艺术原汁原味，形式多样。岳西高腔、桑皮纸手工制作技艺被评为国家级非物质文化遗产。

截至2011年底，共有公共图书馆、文化馆、广播电台、电视台各1个，体育场地6000平方米。全年文化产业总产值1200万元，比上年增长18.0%。全年公共文化建设投入80余万元，文化民生工程建设360余万元，精神文明建设投入30余万元，文明城镇建设投入90余万元。

【岳西被省确定为2011年农村文化建设重点扶持县】2011年9月，省文化厅、省财政厅确定岳西县为2011年农村文化建设重点扶持县，并从省级农村文化建设专项资金中安排100万元，重点扶持县公共文化服务体系建设和特色文化活动。县文化主管部门选定非遗馆、高腔传习基地等为扶持项目。

2011年文化月活动

岳西县2011年基本情况一览表

项 目	绝对数	比上年增长%
国土面积	2398平方公里	—
总人口	40.04万人	0.1
生产总值	56.07亿元	13.0
财政总收入	5.71亿元	17.8
公共文化建设投入	80.0万元	17.2
科技经费投入	2695万元	19.2
各类学校在校学生	5.37万人	1.3
考取本科人数	1504人	9.7
各类图书馆藏书	4.0万册	10.0
农家书屋	153个	5.0
文化馆（站、室）	25个	4.0
医疗机构病床数	1209张	2.0
人口自然增长率	4.9‰	—

黄 山 市

【文化概览】黄山市位于安徽省最南端，地处皖浙赣三省交界处，是中国十大风景名胜区之一黄山所在地。现辖3区（屯溪区、黄山区、徽州区）4县（歙县、休宁县、黟县、祁门县），总面积9678平方公里，人口148.01万。

黄山市自秦初置黟、歙两县以来，至今有2200多年的历史，1987年经国务院批准，撤销徽州地区，成立地级黄山市。拥有联合国颁发的世界级“桂冠”3项、国家级“桂冠”9大类125项。

黄山市境内既有风光秀丽的自然景观，又有底蕴丰厚的人文景观。以集世界自然与文化遗产和世界地质公园三顶桂冠于一身的黄山为中心，周边有“山水画廊”新安江，“黄山情侣”太平湖，“中国历史文化名城”歙县，“中国牌坊之乡”棠樾，“世界文化遗产”西递、宏村，“中国道教四大圣地之一”齐云山，屯溪老街，国家级自然保护区牯牛降，清凉峰及花山谜窟等。

黄山市历史悠久，文风昌盛。以儒学为内核的徽文化，涵盖经、史、哲、医、科、艺等诸多领域。程朱理学、新安画派、新安医学、徽派建筑、徽派盆景、徽州“四雕”以及徽剧、徽菜、徽墨、歙砚等，是中华民族传统文化园中的奇葩。徽州自古人才辈出、群星璀璨，著名的代表人物有活字印刷术创始人毕升，理学家朱熹，著名戏剧家汪道昆，红顶商人胡雪岩，医学家汪机、汪昂，新安画派创立者和近代著名代表渐江、黄宾虹，哲学家戴震，马克思《资本论》中提到的唯一中国人王茂荫，珠算大师程大位，近代教育家陶行知等。

黄山市是国家级徽州文化生态保护区核心区域，拥有世界文化遗产地2处，国家级历史文化名城1座、名镇2处、名村10处；国家级历史文化保护街区2处；省级历史文化名城1座、名镇名村10处；拥有文物保护单位国家级17处，省级63处，不可移动文物8032处，馆藏文物15万余件，珍贵文物6878件；非物质文化遗产14大类1325项，其中徽墨制作技艺进入世界文化遗产预备清单，徽州传统木结构营造技艺（中国传统木结构营造技艺子项目）被列入联合国教科文组织人类非遗代表作名录；列入非物质文化遗产名录国家级16项、省级56项，非物质文化遗产传承人国家级11人、省级94人。

2011年，全市文化事业和文化产业发展迅速，全市共有博物馆（纪念馆、艺术馆、博览馆）45个；公共图书馆7个，藏书总量54.6万册；书画院1个，影剧院1个，文化馆8个，广播电台、电视台各5座；乡镇综合文化站101个，农家书屋857个，广播电视村村通建设点2473个，社区文化中心35处。全年文化产业增加值30.46亿元，比上年增长18.1%。

文化惠民工程。当年完成35个乡镇综合文化站、337个农家书屋建设任务；举办黄山市首届农民歌会暨乡镇综合文化站歌手大赛、农家书屋征文活动、农家书屋摄影比赛和农家书屋村村通等活动。两项文化民生工程建设均在全省考核中排名第一。市图书馆开工建设，全市各级图书馆、文化馆（站）及国有博物馆全部免费开放；歙县文化馆被文化部评定为国家一级馆。开展文化、科技、卫生“三下乡”活动，全市共组织文化广场、文化下乡等各类演出1344场。全年完成农村公益电影放映13772场次，观众180多万人次。

群众文化活动。开展庆祝中国共产党成立90周年系列活动，举办“大美黄山红歌扬”红歌会、“党旗映黄山”专场文艺演出、党史报告会暨“知党、爱党，做党的好儿女”中学生演讲比赛、纪念建党90周年图片展览和革命文物专题陈列展览等，展映展播了百部红色经典电影。举办第十五届中国黄山国际旅游节暨徽文化节、首届中国·黄山玉石文化博览会、“徽州大观园”地方戏曲民俗精品展示专场文艺演出、全国龙舟邀请赛暨黄山市首届新安江龙舟比赛、第八届皖浙赣闽4省4市民间艺术节、第二届海峡两岸摄影大展、第五届“徽州读书节”等活动。

文化作品创作。完成大型文化抢救工程《中国民间故事全书·黄山市卷》8卷300万字，上报中国民

徽韵演出

协。完成首部全面展示徽州文化的《徽州文化大辞典》（初稿）编纂，初步完成《新安江文化调查》课题研究，《徽行天下·徽州人在北京》出版发行。《黄山》文学杂志全年出刊6期150余万字。《安徽文学》出版黄山市作者专辑。全年出版《黄山逸闻掌故》、《徽州女人》、《寻梦徽州》、《许村》、《沙漠边的孩子》等作品46部。《徽州古村落》美术作品入选国家印花税票图案，《徽商与胡雪岩》、《徽班程长庚》、《黄山入选世界自然与文化双遗产》等3幅作品入围安徽省重大历史题材美术创作工程，京剧彩唱《霸王别姬》选段、摄影作品《希望》分获全省社区戏剧票友大赛和全省社区摄影展一等奖。《黄山有片神奇的海》、《猴子观海》、《黄山沐浴月色和阳光》、《我爱黄山云和松》等4首歌曲（诗）入编小学音乐教材。舞蹈《梦中的徽州》荣获第四届全国社区健身舞蹈汇演特等奖。

文化产业发展。持续深化文化体制改革，2010年、2011年连续两年获“全国文化体制改革工作先进地区”称号。制定《黄山市“十二五”文化产业和文化事业发展规划》。2011年列入全市文化产业精品打造工程重点项目27个，总投资156.83亿元，年完成投资29.81亿元；列入省“861”计划的32个重点文化项目，全年完成投资28.56亿元。徽州文化艺术长廊、“百村千幢”古民居保护利用、百佳摄影点等重点文化项目建设进展顺利；组团参加第七届徽商大会，签约文化项目4个，总投资25.9亿元，被评为第七届徽商大会文化产业活动先进集体。

文化遗产保护。文化部批准通过《徽州文化生态保护区总体规划》，“吴鲁衡”万安罗盘等4个文化企业成功申报“中华老字号”；屯溪老街跻身全国首批生态（社区）博物馆示范点；渔梁老街入选中国历史文化名街；休宁县黄村等5个村列入国家历史文化名村保护性基础设施建设中央投资计划；全国首家非遗教育集团——安徽省行知学校挂牌成立；黄山徽州竹艺轩雕刻有限公司、黄山市中权影视文化传播有限公司被省文化厅命名为省级文化产业示范基地；歙县老胡开文墨厂等9个单位被评为首批省级非遗传习基地。当年新增省级非遗传承人43人。

文化交流合作。2011年，黄山市加大与世界知名旅游城市交流力度，继续推进与法国尼斯市、南非开普敦市、美国檀香山市、拉斯维加斯市、瑞士洛桑市、意大利罗马市、日本奈良县建立联系渠道。组团出访瑞典瓦拉市、瑞士因特拉肯市。与法国弗朗什孔泰大区乡村旅游合作规模进一步扩大，中法乡村旅游合作黟县示范区项目快速推进。派遣第九批公务员赴韩国大邱市交流学习。美国雅礼协会及耶鲁大学校友会组织200余人的文化交流团来黄山市开展文化交流活动。组织文化企业和非遗传承人参加港澳台展演以及深圳文博会、济南非遗博览会等，进行产品展销和技艺展示。开展“把黄山寄给全世界”活动。在瑞士因特拉肯市入口处设置黄山地名标识牌，在少女峰接待中心设立永久黄山风光图片展。瑞典瓦拉市在其网站介绍本市市情。在《欧洲时报》、美国《侨报》每周刊发一期专栏；在美国、澳大利亚等国家电台播放中英文双语宣传片花；在意大利《新华时报》、美国《华商报》每月刊发一个彩色专版。全年共计在中央、省主流媒体和境外重要媒体刊发各类新闻稿6520篇（条），其中中央媒体发稿2210篇（条）、境外媒体发稿1080篇（条）。

精神文明建设。组织开展全国道德模范评比推荐及“中国好人”学习宣传、“做一个有道德的人”、“‘全民阅读’我参与”、经典背诵大王比赛、社区志愿服务、“夕阳红”志愿服务、“我们的节日”等活动，举办典型人物先进事迹报告会和首届“黄山好人”、“美德少年”、“黄山楷模百名孝子”等评选表彰，张宁海、黄澍等先进事迹被列为全省重大典型宣传；徽州区汪金林、黟县姚玛琳、休宁李发权等11人入选“中国好人”榜；歙县钱金棠当选全省第二届道德模范；黄山区姜轩发当选“全国百名优秀志愿者”。完成27 所乡村少年宫建设，青少年爱国主义读书教育活动连续17年受省表彰。开展争创文明城市、文明单位等群众性精神文明创建活动，先后获“中国人居环境奖”、全国无障碍建设先进城市等荣誉，蝉联第二届“安徽省文明城市”；歙县蝉联“全国文明县城”，休宁县、黟县获“省级文明县城”称号；祁门县被评为“省级文明县城工作先进县”；黄山市国税局、黄山供电公司、黄山市中级人民法院、黄山市气象局被中央文明委首次授予全国文明单位；黄山旅游发展股份有限公司园林开发分公司、黄山市地税局、歙县财政局、黄山风景名胜区继续保留“全国文明单位”称号；70个单位获“第九届省文明单位”称号。

【名列“中国新闻传播十强市”榜首】 2011年7月9日，“中国新闻传播十强市”评选结果在海口市揭晓，黄山市名列“中国新闻传播十强市”榜首。黄山市在建设现代国际旅游城市进程中，着力构建大外宣格局，以举办中国黄山国际旅游节暨徽文化节等系列国际性活动为载体，以开展国家服务业综合改革试点、徽州文化生态保护实验区和皖南国际旅游文化示范区为抓手，持续扩大对外新闻传播，呈现出稿件刊发数量多、采用媒体级别高、对外宣传影响大、通讯员参与面广、传统媒体与新兴媒体互动等明显特点，有效提升了对外知名度、美誉度和影响力，推动了城市品牌提升和经济社会发展。

【实施“百村千幢”古民居保护利用工程】工程计划通过5年（2009～2013年）时间，投入60亿元，对101个徽州古村落和1065幢徽州古民居实行保护利用。截至2011年底，共投入资金31.18亿元，完成101个古村落的规划编制，实施63个古村落和805幢古民居的保护利用工作，认租、认领、认购古民居233幢，打造了事业类、产业类、综合类等一批新型业态287处。

黄山市2011年基本情况一览表

项 目	绝对数	比上年增长%
国土面积	9678.4平方公里	—
总人口	148.01万人	—
生产总值	378.8亿元	12.6
财政总收入	64.03亿元	44.6
公共文化投入	2.99亿元	39.1
科技经费投入	2.12亿元	50.3
考取本科人数	4690人	19.6
各类图书馆藏书	54.6万册	10.5
农家书屋	857个	64.8
文化馆（站、室）	109个	47.3
医疗机构病床数	5572张	7.7
人口自然增长率	2.17‰	—

屯 溪 区

【文化概览】 屯溪区是黄山市的中心城区，是古徽州的商业重镇，面积249平方公里，人口17.54万，辖5个镇、4个街道。

屯溪于1949年建市，1987年地级黄山市成立，屯溪撤市建区，成为黄山市委、市政府所在地。现有国家级风景名胜区7处，国家级重点文物保护单位1处，省级重点文物保护单位3处，省级爱国主义教育基地3处。徽墨制作技艺、程大位珠算法、徽州漆器制作技艺被列为国家级非物质文化遗产；黎阳仗鼓、屯溪绿茶制作技艺、隆阜抬阁、徽州竹编被列为省级非物质文化遗产；甘而可、郑寒、汪培坤被评为国家级非物质文化遗产传承人。屯溪老街被评为首批十大中国历史文化名街。截至2011年底，全区建有公共图书馆、文化馆各1个，各类博物馆、纪念馆共9处，镇、街文化站（室）10个、农家书屋60个。群众自发组织文艺团体50多个。文化惠民工程当年新建27个“农家书屋”、2个镇综合文化站，配齐活动器材、文化设施及管理人员；全区所有村（居）全部建成文化活动室，“农家书屋”实现全覆盖；区博物馆、戴震纪念馆、图书馆、文化馆等全部免费开放，年接待32.2万人次。按照“徽派、生态、绿色”理念完成稽灵山旅游景区、南山公园、屯溪人民广场等群众文化休闲场所建设。

群众文化活动。开展“社区广场演出”、“三下乡”、“爱国歌曲大家唱”等活动200余场次，放映公益电影近500场，群众自编自导的节目多次在央视、省台亮相。舞蹈《火篮舞》、《山里伯娘》获“舞动社区——第四届全国社区健身舞蹈汇演”金奖；油画《孕春》入选华东五省一市油画展，作品《唐龙》入编北京金彩图书馆主编的《中国

中国历史文化名街、国家级文化产业基地——屯溪老街

画龙图》画册。

文化遗产保护。2011年8月屯溪老街跻身全国首批生态（社区）博物馆示范点。完成吴中明坊、吴蔚起坊、老大桥等第六批省级文物保护申报工作；成功申报第三批国家珍贵古籍名录一部（戴震纪念馆古籍）；汪培坤等14人入选安徽省非物质文化遗产项目代表性传承人,徽墨传习基地胡开文徽墨博物馆开馆。挖掘整理仗鼓、抬阁、竹编和根雕等民间艺术和民俗风情。

精神文明建设。成立屯溪老街"七彩"志愿服务队，黎阳党员义工队被评为"全省优秀志愿者集体"；潘秀娟、朱五十等5人当选为"黄山好人"；阜新社区居民程素贞获"黄山市十大孝子"称号，昱西街道居民李桂俭被评为"黄山市精神文明建设十大新闻人物"。

屯溪区2011年基本情况一览表

项 目	绝对数	比上年增长%
国土面积	249.0平方公里	—
总人口	17.54万人	0.6
生产总值	49.23亿元	13.3
财政总收入	6.81亿元	46.8
公共文化投入	1160万元	26.4
科技经费投入	1413万元	75.1
各类学校在校学生	13588人	–
考取本科人数	1218人	26.0
各类图书馆藏书	40500册	27.0
各类博物馆	2个	29.0
农家书屋	27个	82.0
文化馆（站、室）	2个	25.0
医疗机构病床数	330张	—
人口自然增长率	3.67‰	—

黄 山 区

【文化概览】黄山区地处皖南腹地，黄山市北部，是安徽"两山一湖"黄金旅游区集散地和休闲度假中心，面积1775平方公里，人口16.3万，辖9个镇、5个乡、1个街道。为国家级首批生态示范区、全国绿化模范区、国家园林城市、中国竹子之乡和中国名茶之乡。

黄山区原名太平县，唐天宝四年（745年）建县，建制沿袭1200余年。现有国家级森林公园1处，国家4A级景区5处，国家级重点文物保护单位2处，省级4处。太平猴魁手工制作技艺被列为国家级非物质文化遗产；轩辕车会、五福神会、婆溪河灯、汤口火腿腌制技艺、竹制品手工编织技艺被列为省级非物质文化遗产；王锋林等6人被评为省级非物质文化遗产传承人。

文化事业和文化产业。截至2011年底，共有公共图书馆1个，文化馆1个，广播电台、电视台各1 个，体育场馆9个。当年编著出版图书3部。全年文化产业总产值4.35亿元，比上年增长18.06%。先后投入631万元，实施区文化馆改造升级工程、黄山报旧址维修工程等项目。先后投资291万元，完成4个乡镇综合文化站建设和30个农家书屋建设；启动并规划全区广播电视村村通工程。

精神文明建设。全年开展中华经典诵读、关爱孤寡空巢老人、"五好文明家庭"评比、庆祝建党90周年红歌赛等各项活动15场次，获市"文明网喜迎七一"知识竞赛综合成绩第一名；5名学生被市文明委授予"美德少年"称号；姜轩发入选5月份"中国好人榜"候选人，并当选全国百名优秀志愿者；张文理入选9月份"中国好人榜"。

文明城镇建设。山岔村被

黄山区第二届非物质文化遗产节暨第四届黄山民俗文化节开幕式

授予第三批“全国文明村镇”称号；汤口镇被授予省第二届“文明村镇”称号；耿城镇通过复核申请继续保留第三批“全国文明村镇”称号。全区有37个单位获第九届“市级文明单位”称号。

【浦溪河流域遗址群被列入“第三次全国文物普查百大新发现”】黄山区浦溪河流域共有古遗址24处，其中，秦以前古文化遗址12个，新石器遗址4个，商周遗址8个。浦溪河东岸的蒋家山新石器时代遗址，为皖南地区最大一处新石器时代古人类遗址，发掘的石器、玉器、陶器、陶片近1000件，被考古专家学者誉为“中国南北文化的交汇点”。黄荆村遗址、查家遗址、董湾商周遗址、梅花群山遗址、团箩山遗址、饶家塝遗址、弯头山遗址等地出土了极有考古价值的石器、陶器，引起考古界与历史文化界的高度关注。

黄山区2011年基本情况一览表

项 目	绝对数	比上年增长%
国土面积	1775平方公里	–
总人口	16.3万人	–
生产总值	55.8亿元	12.0
财政总收入	7.31亿元	43.0
公共文化投入	951.0万元	13.3
科技经费投入	1555万元	43.6
各类学校在校学生	17422人	–4.6
考取本科人数	307.0人	18.5
各类图书馆藏书	35.2万册	14.6
各类博物馆	5个	66.6
农家书屋	79个	61.2
文化馆（站、室）	55个	17.0
医疗机构病床数	630张	–
人口自然增长率	2.23‰	–

徽 州 区

【文化概览】徽州区位于安徽省南部，黄山南麓，现辖7个乡镇、1个街道。面积442.6平方千米，人口10万。

徽州区是古徽州域名当前的唯一传承地，有“黄山南大门”之称，是依据1987年11月国务院批复成立黄山市后新设立的市辖县级区。现有国家级历史文化名村2处，省级历史文化名镇2处，国家4A级旅游景区4处。全国重点文物保护单位4处、省级5处。黄山毛峰绿茶制作技艺被列为国家级非物质文化遗产；板凳龙、徽州竹雕、上九庙会、跳钟馗为省级非物质文化遗产；谢四十为国家级非物质遗产项目代表性传承人；洪建华、郑尧锦、曹篁生、朱泓、谢一平、吴成林为省级非物质文化遗产项目代表性传承人。

文化事业和文化产业。截至2011年底，共有公共图书馆1个，文化馆1个，广播电视台1个，体育场馆2600平方米。当年总投资140万元，建成2个综合文化站、15个农家书屋。实现乡镇综合文化站和村级农家书屋全覆盖。建筑面积达3600平方米的区文化图书馆正式投入使用。举办“翰墨丹青颂辉煌”全区书画展、“盛世徽州党旗红”文艺演出、“中央丽园杯”首届舞蹈大赛等一系列活动。

精神文明建设。全区有5个单位获“省级文明单位”称号；有24个单位获得“市级文明单位”称号；5人获“中国好人”荣誉称号；1人获“省级道德模范”称号；潜口镇浅口村获“全国文明村”称号；潜口镇唐模

徽州文化公园

村、呈坎村先后获“全国历史文化名村”称号。

【实施岩寺新四军军部旧址红色文化提升工程】2011年7月，徽州区启动实施岩寺新四军军部旧址红色文化提升工程，该项目作为文化产业精品工程被列入全市“十大工程”之一，也是旅游综合开发提升工程。项目规划总用地面积1.7万平方米，总建筑面积5400平方米，计划总投资1.2亿元。项目以“红色岩寺、多彩徽州”为主题，主要建设内容包括新四军军部旧址保护区、纪念展陈区、接待服务区。岩寺新四军军部旧址是全国现存新四军五处重要旧址之一，1981年被公布为省级重点文物保护单位，先后被命名为“安徽省国防教育基地”、“安徽省爱国主义教育基地”、“安徽省廉政教育基地”，是全国30条红色旅游精品线路之一。

徽州区2011年基本情况一览表

项　目	绝对数	比上年增长%
国土面积	442.6平方公里	–
总人口	10.1万人	0.6
生产总值	28.4亿元	15.0
财政总收入	5.5亿元	64.5
公共文化投入	908.0万元	18.0
科技经费投入	1240万元	45.9
各类学校在校学生	11942人	2.0
考取本科人数	244人	3.8
各类图书馆藏书	4.2万	28.8
各类博物馆	2个	–
农家书屋	51个	41.7
文化馆（站、室）	8个	33.4
医疗机构病床数	274张	11.8
人口自然增长率	3.8‰	–

歙　县

【文化概览】歙县地处皖南山区，东北与宣城市绩溪县和浙江省临安市交界，东南与浙江省淳安县、开化县毗连，是徽文化主要发祥地。面积2236平方公里，人口近50万，现辖28个乡镇，是国家历史文化名城，与山西平遥、四川阆中、云南丽江一起被誉为中国四大古城，是著名的“中国徽墨之都”、“中国歙砚之乡”。先后被评为全国文明县城、全国文化先进县、全国科技进步先进县、全国文物十强县、国家园林县城等，连续3年获安徽省科学发展先进县称号。

歙县自秦始皇元年（公元前221年）置县，历史悠久，人文荟萃，隋唐以来一直为郡州府路治所，是古徽州政治经济文化中心。现有全国重点文物保护单位6处、国家森林公园1处、国家自然保护区1处、国家4A级旅游景区4个。徽墨、歙砚、徽派盆景、徽州木构技艺被列为国家级非物质文化遗产，有国家级“非遗”传承人4人，省级传承人25人。2011年，渔梁街、三阳乡分别入选“中国历史文化名街”、“中国民间文化艺术之乡”。

精神文明建设取得新的成绩。2011年，歙县蝉联全国文明县城称号，获首届“安徽省未成年人思想道德建设先进县”称号；深渡镇漳潭村、郑村镇棠樾村获第二届“安徽省文明村”称号。经典诵读活动受到中央文明委表扬。

【渔梁街入选十大中国历史文化名街】歙县渔梁街位于县城南1公里处，759年形成街市，距今已有1200多年历史，是当时徽商外出经商往返的必经之路，也是府衙官员们出门的必经之道，被称为“徽商之源”。整

新春庙会

条街道用清一色卵石有序铺就，恰似鱼鳞，又因古街形似鲤鱼，故又称“鱼鳞街”。渔梁街蜿蜒1公里，街道两侧为保留完整的明清风貌店铺、客栈、货栈等建筑。街道往河边侧有许多岔口，拾级而下，便到达新安江上游最古老、规模最大的古代拦河坝——渔梁坝，该坝素有“江南都江堰”美誉。2011年6月，第三届“中国历史文化名街”评选揭晓，歙县渔梁街入选十大中国历史文化名街。

歙县2011年基本情况一览表

项　目	绝对数	比上年增长%
国土面积	2236平方公里	—
总人口	48.3万人	-0.6
生产总值	96.38亿元	13.2
财政总收入	8.26亿元	50.5
公共文化投入	1070万元	230.0
科技经费投入	5458万元	128.2
各类学校在校学生	46373人	-5.4
考取本科人数	2048人	39.2
各类图书馆藏书	1.73万册	16.9
各类博物馆	5个	—
农家书屋	253个	27.0
文化馆（站、室）	—	—
医疗机构病床数	1002张	-2.1
人口自然增长率	0.7‰	—

休　宁　县

【文化概览】 休宁县位于安徽省最南端，为钱塘江、富春江、新安江的源头地区，与浙江省淳安、开化，江西省婺源、浮梁县接壤。面积2151平方公里，人口27.55万，辖10个镇、11个乡。休宁是徽商的主要发源地、徽文化的主要发祥地，是中国第一状元县、中国休闲养生之都，全省文化先进县。

休宁县于东汉建安十三年（208年）建县，自宋嘉定十年（1217年）至清光绪六年（1880年），共出19名文武状元，居全国各县之首。现有国家级森林公园1处，国家级地质公园1处，国家级风景名胜区1处，A级以上景区5处。国家级重点文物保护单位有齐云山石刻、三槐堂2处，省级重点文物保护单位有皖浙赣省委旧址、黄村进士第、古城岩明清建筑群、玉虚宫牌坊等9处。国家级非物质文化遗产有齐云山道乐、万安罗盘2项，省级有松萝茶制作技艺、五城茶干制作技艺、五城米酒制作技艺、皖南火腿（蓝花火腿）腌制技艺、徽州板凳龙（右龙板凳龙）、齐云山道场表演等6项；国家级非物质文化遗产传承人为吴水森，省级有詹和平、詹志文、吴兆光等9人。万安老街入选“中国历史文化名街”。

文化事业和文化产业。截至年底，共有公共图书馆1个，文化馆（站）22个，广播电台、电视台各1个，公共图书馆馆藏图书16.4万册。档案馆馆藏档案资料15.5万卷(件、册)。体育场馆3800平方米，户外健身场地2.66万平方米。当年编著出版图书21部，朱红晖的工笔画《青岛圣象》获中国金陵百佳金奖。全县有国家美术家协会、国家摄影家协会会员各1名，省级协会会员30名。全年文化产业总产值2.37亿元，比上年增长31.6%。全年公共文化建设投入5964万元，比上年增长38.2%。积极引进外来资金、民间资本投入文化建设。成功举办2011年中国黄山休宁松萝茶文化旅游节。总投资105亿

休宁县状元文化广场

元的齐云山生态文化旅游区正在建设。“新安源有机茶”被认定为“中国驰名商标”；万安罗盘“吴鲁衡”注册商标成为“中华老字号”；万安吴鲁衡罗经老店、德胜鲁班木工学校被命名为省首批非物质文化遗产传习基地；见明堂民俗博物馆被定为黄山市爱国主义教育基地、安徽省科普教育基地。

文化民生工程建设。完成11个乡镇综合文化站和91个农家书屋、48个“百村千幢”古民居保护利用工程和12个“百佳摄影点”建设；广播电视“村村通”和“村村送电影”工程稳步推进；启动农村有线广播“村村响”工程，广播节目综合人口覆盖率91.0%；电视节目综合人口覆盖率96.0%，有线电视入户率95.0%。县文化馆成为国家三级馆。总投资1.9亿元的休宁县中学新校区开工建设。

精神文明建设。开展百河千里整治、绿色家园保洁、文明交通、文明工地、城区保洁、景区景点整治、作风建设、行风建设等精神文明“八大提升行动”，改造小街、小巷、小区12个，李发权、吴敬荣、许宝能入选中国好人榜，志愿者注册登记5000余人。被评为第二届“安徽省文明县城”。

【万安老街获“中国历史文化名街”称号】万安老街有1700多年历史，全长25公里，主街长1公里，明清店铺最多时达400余家，是古徽州最繁华的集市之一，有“清明上河图”和“小小休宁城，大大万安街”美誉。街区及周边现存明清古塔3座、古桥4座、民居（含店铺）38处、古水埠码头12处；清末和民国期间传统民居建筑（含店铺）130余处。陶行知启蒙馆完好保留在皂荚巷；传承上千年的万安罗盘于1915年获巴拿马万国博览会金质奖，其制作工艺列入全国非物质文化遗产名录。继2008年万安镇获中国历史文化名镇后，2011年万安老街被评为第四届“中国历史文化名街”。

休宁县2011年基本情况一览表

项 目	绝对数	比上年增长%
国土面积	2151平方公里	–
总人口	27.55万人	0.5
生产总值	49.92亿元	13.0
财政总收入	6.03亿元	50.1
公共文化投入	5964万元	38.2
科技经费投入	2326万元	41.0
各类学校在校学生	26730人	–5.3
考取本科人数	577.0人	15.4
各类图书馆藏书	16.4万册	7.6
各类博物馆	8个	60.0
农家书屋	191个	91.0
文化馆(站、室)	22个	100.0
医疗机构病床数	541张	36.0
人口自然增长率	4.3‰	—

祁 门 县

【文化概览】 祁门县于唐永泰二年（766年）建县，位于安徽省南部，与江西省浮梁县毗邻。面积2257平方公里，人口18.79万，辖18个乡镇。是“中国红茶之乡”。现有国家级自然保护区1处，国家级重点文物保护单位1处（11座古戏台），省级7处。徽州目连戏、傩舞、祁红制作技艺被列为国家级非物质文化遗产，采茶扑蝶舞、徽州祠祭为省级非物质文化遗产，叶养滋、王长松为国家级非物质文化遗产代表性传承人。2011年9月，马山目连戏应邀赴上海演出。

截至2011年底，全县有文化经营单位115个，公共图书馆、文化馆、广播电台、电视台各1个，体育场馆2058平方米。当年编著出版图书3部。文化产业总产值2050万元，比上年增长16%。全年公共文化建设投入3940万元。县文化馆被评为国家级三级馆。乡镇综合文化站、农家书屋两项民生工程投资580万元，新建综合文化站3个、农家书屋85个，实现乡镇综合文化站、农家书屋两个全覆盖的目标。2009～2011年累计投资1200余万元，建成乡镇综合文化站18个，农家书屋158个，广播电视村村通项目点501个。

选送节目参加“大美黄山红歌扬”黄山市纪念中国共产党建党90周年红歌会、“党旗映黄山”文艺晚会、第十五届中国黄山国际旅游节、徽文化节龙舟赛、“我们的节日——闹元宵，赏民俗”全市非物质文化遗产民俗展演，举办祁门县纪念中国共产党建党90周年系列文化活动、辛亥百年图片展、第三届社区广场文化艺术节、以“赏黄山美景·品祁门红茶”为主题的祁门红茶文化旅游节、“和谐祁门春意浓”迎新春、庆“两会”春节文艺晚会、祁门县青少年“唱响红歌心向党”红歌会等一系列重大文化活动。《阊江龙舟竞飞渡，倒湖划船戏端午》新闻在央视新闻频道、农业频道等播出。全年共创编歌曲、舞蹈、戏曲、小品节目32个，创作书画作品60幅。

【举办第六届“中国黄山·国际祁门红茶节”】因独特的气候和土壤条件，祁门红茶自1875年问世以来，即以其优异的品质被列为“世界三大高香名茶”之首，有“茶中英豪”、“群芳最”之美称。1915年祁门红茶荣获巴拿马万国博览会金奖。“祁门香”红茶香飘五洲，多年来一直是我国的国事礼茶，邓小平视察当时的徽州黄山时曾赞誉“你们祁红世界有名！”为“重塑百年品牌、振兴祁红产业”，2011年9月23～25日，祁门县委、县政府在黄山风景区慈光阁举办第六届“中国黄山·国际祁门红茶节”，以“赏黄山美景·品祁门红茶”为主题，以“第十五届中国黄山国际旅游节暨徽文化节”为契机，立足祁门中国红茶之乡的资源优势，借助黄山这一世界名山，走“名山+名茶”之路，进一步树立品牌形象，弘扬祁红文化，壮大祁红产业。活动吸引了一批批海内外游客前来观看、品茗、选购。新华社、人民网、安徽日报、香港大公报等30多家媒体进行了宣传报道。

民俗表演——祁门傩舞

祁门县2011年基本情况一览表

项　目	绝对数	比上年增长%
国土面积	2257平方公里	－
总人口	18.79万人	0.1
生产总值	38.72亿元	12.8
财政总收入	1.08亿元	43.6
公共文化投入	3940万元	17.6
科技经费投入	3087万元	18.5
各类学校在校学生	23870人	1.4
考取本科人数	464人	10.0
各类图书馆藏书	78980册	9.5
各类博物馆	2个	50.0
农家书屋	158个	116.3
文化馆（站、室）	19个	18.9
医疗机构病床数	816张	6.0
人口自然增长率	2.68‰	0.4个千分点

黟　县

【文化概览】黟县位于安徽省南端，距黄山风景区30公里，是安徽“大皖南”旅游板块的核心区。县因黟山（黄山）得名，总面积858平方公里，人口9.55万。辖4个镇、4个乡，是省级历史文化名城。

黟县始建于秦，是古徽州“一府六县”中最古老的县治之一，也是徽商聚集地和徽文化发祥地。县内完整地保存了3500多幢明清时期的古建筑，以及西递、宏村、南屏等众多古村落，被称为“东方古代建筑艺术的宝库”、“中国明清古民居博物馆”、“中国传统文化的缩影”。世界文化遗产地西递、宏村被央视评为中国十大最具魅力名镇，2011年5月晋升为国家5A级旅游景区。获全省唯一一个“全国休闲农业与乡村旅游示范县”和中国最具幸福感的休闲城市称号。黟县历史上名人荟萃，

省级文化产业示范基地——宏村秀里影视村

汪勃、张小泉、赛金花、黄士陵、舒绣文等均生于此。徽州楹联匾额、徽州篆刻、徽州祠祭、余香石笛、黟县彩绘壁画、利源手工制麻技艺被列入省级非物质文化遗产，蒋雨金等8人被评为省级非物质文化遗产传承人。

文化产业和文化事业。全年文化产业总产值2.4亿元，比上年增长28.7%。截至2011年底，全县有公共图书馆、文化馆、美术馆、广播电视台、影剧院各1个，体育场馆11087平方米。宏村秀里影视村拥有88幢古民居的古村落、古街、古水口园林建成营业，并成功申报省级文化产业示范基地。奇墅湖《宏村·阿菊》实景剧、梓路寺禅修养生基地文化精品工程开工建设。古黟桃花园文化创意产业园项目立项，城市花园大型文化娱乐场所建成营业。完成66个农家书屋建设。列入省民生工程的8个乡镇综合文化站建成。广播电视“村村通”工程快速推进，全年放映农村公益电影1140场次。初步建成县、乡、村三位一体公共文化服务体系。县图书馆新增图书1.03万册。县美术馆建成开馆并举办各类美术作品展。县图书馆、文化馆均入选国家三级馆。全年全县公共文化基础设施建设投入1012万元。成功举办第五届中国黄山五里桃花节、首届柯村油菜花节、“碧山丰年祭”等重大文化活动和第六届中国黄山国际山地车节暨2011全国山地车冠军赛、第二届黟县徒步露营大会。中国黄山（黟县）国际山地车节名列“2011年度中国体育旅游精品推荐项目”。“中国画里乡村”形象成功进入中国首部形象广告片。

非遗保护与传承。当年成功申报5人为省级非遗项目传承人，新挖掘徽州彩绘壁画、余香石笛等非遗项目4个。组织渔亭糕、余香石笛等项目参加广州时代美术馆“碧山计划”成果展；邀请省文史馆专家就黟县历史文化名人、《桃花源记》原型考证、中国历史文化名城申报等工作进行专题调研。中央电视台与文化部联合在宏村拍摄非遗专题片；江南一品城“徽州四雕”工艺品和土特产品市场建成；秀里影视村非遗一条街初具规模。挖掘古黟民俗舞蹈《百子闹元宵》、《出地方》等节目参加黄山国际旅游节等活动。

【举办“西递·宏村杯”国际摄影大展】 黟县境内名胜古迹众多，景区景点密布，列入黄山市百佳摄影点建设的有21处。黟县立足丰富的摄影资源优势，从2006年起与中国摄影家协会、中国摄影报等合作举办全国摄影大展。通过6年打造，已形成具有一定影响力的品牌。2011年黟县摄影展通过腾讯网、新浪微博互动宣传，广泛传播，国际化程度明显提高，跻身全国五大摄影节行列。2011年展览分布在秀里影视村、赛金花故居、西递和宏村四大展区。摄影大展共展出作品4780幅，展会内容涵盖23届全国摄影艺术展、首届全国农民摄影展精选作品和国外世界遗产、世界时装、战争与和平、奥赛获奖作品等57个主题。同时还组织邀请国内外摄影名家开讲座、论坛，举办沙龙，摄影大展已成为本省规模最大、全国具影响力的摄影节庆活动。

黟县2011年基本情况一览表

项　目	绝对数	比上年增长%
国土面积	858.0平方公里	-
总人口	9.55万人	-0.2
生产总值	18.95亿元	12.2
财政总收入	3.77亿元	15.7
公共文化投入	3716万元	51.5
科技经费投入	1294万元	4.1
各类学校在校学生	10212人	-0.6
考取本科人数	167人	31.5
各类图书馆藏书	50321册	2.4
各类博物馆	3个	50.0
农家书屋	66个	11.3
文化馆（站、室）	13个	4.4
医疗机构病床数	199张	—
人口自然增长率	1.75‰	—

黄山风景区

【文化概览】黄山，位于安徽省南部黄山市境内，南北长约40公里，东西宽约30公里，山脉面积1200平方公里，核心景区面积约160.6平方公里。1985年入选全国十大风景名胜区，1990年12月被联合国教科文组织列入《世界文化与自然遗产名录》，2004年2月列入世界地质公园名录，是全国文明风景旅游区、国家5A级旅游景区和亚太地区唯一全球目的地可持续旅游标准实验区。

黄山原名黟山，因传轩辕黄帝曾在此炼丹成仙，唐玄宗于天宝六年（747年）敕名“黄山”。黄山风景区自然景观美丽绝伦，地质地貌典型独特，珍稀生物种类繁多，生态系统稳定平衡，人文荟萃历史悠久，文化遗产丰厚多元，尤以五绝（奇松、怪石、云海、温泉、冬雪）、五胜（遗存、书画、文学、传说、名人）著称于世。现存历代摩崖石刻300余处，古建筑、古遗迹等150多处，省级文物保护单位4处。现有景区博物馆、地质博物馆、书画院、艺术馆、图书馆、档案馆、文化中心、广播电视台各1个；卫生防疫中心（医疗急救总站）1个、急救分站3个；书画、摄影、读书、歌舞、棋牌、球类等协会6个。黄山市148个最佳摄影点当中，黄山风景区占有22个。当年编纂出版有《历代名人咏黄山》、《历代名家书黄山》、《历代名家画黄山》、《黄山摩崖石刻》、《黄山志》等文化专著。

2011年，进山游客274.4万人，比上年增长9.0%。经营收入18.19亿元，增长10.1%；税前利润3.51亿元，增长9.4%；上缴税收2.21亿元，增长9.4%。完成投资18.16亿元，增长31.6%。全年实施南大门环境综合整治、北大门综合服务中心、景区艺术展示中心、消防救援指挥中心、全山数字电视转换和花山谜窟激光秀等大型文旅结合建设项目，以及慈光阁放生池、松谷禅林、白云庵和听涛居等古建筑修缮工程。初步建成景区文物数据库，完成“立马空东海、登高望太平”和“大好河山”2处大型摩崖描漆，增补题刻3处，石刻拓片55件109平方米。深化文化体制改革，成立黄山风景区文化发展中心、文物管理所和文化市场管理办公室，由景区文化发展中心实行对博物馆、书画院和文物管理所的三合一统一管理。设立云谷寺、慈光阁、西大门、屯溪休养所4个基层文化站点。开展纪念建党90周年、首个中国旅游日、黄山国际登山大赛、黄山国际风光摄影大展等活动。景区管理委员会与中央电视台新闻纪录电影制片厂联合进行了九集高清电视纪录片《黄山》的录制。宣传对外发稿2682篇（条），其中国家级媒体发稿883篇（条）。

黄山风景区2011年基本情况一览表

项 目	绝对数	比上年增长%
国土面积	160.6平方公里	—
总人口	—	—
生产总值	—	—
财政总收入	3.04亿元	—
公共文化投入	5001万元	—
科技经费投入	1709万元	—
各类学校在校学生	—	—
考取本科人数	—	—
各类图书馆藏书	9700册	—
各类博物馆	2个	—
农家书屋	2个	—
文化馆（站、室）	—	—
医疗机构病床数	22张	—
人口自然增长率	—	—

六　安　市

【文化概览】六安市位于大别山北麓，安徽省西部。是国家级园林城市、全国著名的革命老区，被誉为“红军故乡”、“将军摇篮”。六安2000年3月撤地建市，现辖寿县、霍邱、金寨、霍山、

独山革命旧址群景区健身腰鼓队表演

舒城5个县，金安、裕安2个区和六安经济技术开发区、叶集改革发展试验区、市承接产业转移集中示范园区。

公元前121年，汉武帝取“六地平安”之意，置六安国，“六安”之名沿袭至今。是传说中上古四圣皋陶部族活动场所和聚居地，皋陶文化的发祥地。现有国家级森林公园3处，国家4A级旅游景区17处。国家级重点文物保护单位6处、省级30处，2006年发掘的双墩一号汉墓被评为当年中国考古十大新发现之一。庐剧、六安瓜片制作技艺、皖西大别山民歌、抬阁肘阁、舒席制作技艺、柳编为国家级非物质文化遗产，省级非物质文化遗产24个。现有非物质文化遗产传承人23人，其中武克英为国家级非遗传承人。

精神文明建设。2011年，抓住纪念建党90周年、辛亥革命100周年契机，深入开展精神文明创建活动。开展“六安精神”表述语征集提炼活动，征集意见1000多条。志愿服务活动已登记注册志愿者3万多名。未成年人思想道德建设“金安经验”在全省推广，中市街道被命名为“全国未成年人思想道德建设先进单位”。青少年爱国主义教育读书活动连续16年获全省组织工作一等奖。

公共文化服务体系建设。以市县博物馆、文化馆、图书馆为重点，乡镇综合文化站、村级农家书屋为基础，惠及基层、覆盖城乡的四级公共文化服务体系框架基本建立。全省第一个“农民文化家园”落户舒城县南港镇。皖西博物馆新馆年接待观众23万多人次。形式多样的广场文艺演出以及文化进社区、公共图书馆服务周、博物馆免费开放等文化惠民活动，深受百姓欢迎。全年累计送戏下乡近260场，观众20万人次；组织农村电影放映3.4万场。截至2011年底，全市共有公共图书馆6个，馆藏档案资料552万卷（件、册），文化馆7个，乡镇（街道）综合文化站164个，农家书屋2318个，博物馆（纪念馆）7个，广播电台6个，中波发射台1个，调频转播发射台12个，电视台6个，体育场馆2.44万平方米。广播电视村村通工程建设3924个，其中有线联网点1873个、直播卫星2051个，开通有线电视用户1.94万个，获全国“十一五广播电视村村通工作先进集体”称号。

文化产业发展与文化体制改革。2011年，全市新增文化产业项目30个，其中15个项目列入省“861”行动计划；有105个文化产业项目进入全市文化产业项目库，计划总投资400亿元。当年全市文化产业增加值37.76亿元，比上年增长32.8%。投资10.8亿元的金寨鄂豫皖红军纪念园、投资10亿元的霍山玉石文化产业园、投资35亿元的悠然南山文化体育产业园区等重点文化产业项目基本建成。总投资12.5亿元的金领欢乐世界获第三届中国国际动漫创意产业交易会“最佳人气奖”。2011年，本市获“CCTV第七届体育营销十大经典案例城市”称号。全年争取各类文化事业基础设施建设资金1000多万元。

2011年6月，六安市被中宣部定为文化改革发展工作和群众路线教育活动联系点，并再次被授予“全国文化体制改革先进地区”。现代庐剧《杜鹃啼血》在省“九艺节”获“5项第一”。皖西演艺传媒有限公司组建10个月，演出场次与演出收入双双增长。金安黄梅戏演艺有限公司当年创排文艺节目30多个，巡回演出100多场次。霍山汉风徽韵演艺

大爱无悔情至真——第二届全国道德模范何涛

有限公司获全省民营艺术“百佳院团”称号。市县文化市场综合执法队伍组建全面完成，公益性文化事业单位三项内部制度改革继续深化。

文化创作和群众文化活动。2011年，全市共创作小说、戏剧、小品、音乐等作品200多篇（首），在国家级刊物上发表词曲作品32篇（首）。大别山民歌《锄茶棵》获文化部群星奖；电影《清溪河》、《玻璃缸》，大型电视纪录片《中国有个淠史杭》等作品分别获全国和省级奖项。举办纪念建党90周年歌咏比赛等系列文艺活动。全年开展各类公益性和服务性演出600多场次，观众100多万人次。举办中国大别山（六安）山水文化旅游节、六安瓜片茶文化旅游节、中国大别山歌会等文化活动。成功举办全国赛艇锦标赛、全国沙滩手球锦标赛等体育赛事。参加台湾“阿里山杯”音乐舞蹈服饰艺术节大赛，获三项大奖。六安二中高中生代表团访问日本。

文化遗产保护。申报一批国家级、省级历史文化街区、历史名镇和历史名村。组织申报第六批（46处）省级重点文物保护单位和第二批（42处）市级文物保护单位。六安经济开发区境内抢救发掘古墓葬400余座，出土文物500余件，其中战国双墓发掘的“六山镜”为当年全国之最。编制6个国家重点文物和6个国家级非物质文化遗产保护规划，谋划建设西汉六安国王陵国家大遗址公园。实施对37处国家级和省级文物保护单位的维护、对100件以上馆藏文物和重要出土文物的技术保护。启动10个市级非物质文化遗产传习基地和100个传习点建设。举办2011年法祖皋陶祭祀，启动寿县古城墙、霍邱李氏庄园、独山革命旧址群等一批文物建筑的维修工作。承办省第六个中国文化遗产日启动仪式、“鉴宝江淮行走进六安”和非物质文化遗产展演展示等活动，申报第四批国家级非物质文化遗产传承人，多个非物质文化遗产项目参加省第二届民俗文化艺术节。

现代传播体系建设。2011年，由省委宣传部、省外宣办主办的首场“党旗飘扬映江淮”系列新闻发布会在六安市举办。新华社等主流媒体将六安市列为“走基层、转作风、改文风”活动采访点，中央电视台首次在黄金时段播出全面介绍六安的大型综艺类节目《欢乐中国行——魅力六安》。承办“中华六安行·红色寻根之旅——纪念建党90周年大型采访报道活动”。举办“2011形象中国·百家报社聚焦魅力六安”新闻摄影采访活动，来自中央、省、市媒体的120多名社长、总编辑、摄影部主任、摄影记者、网络编辑参加了活动。叶集试验区开通官方政务微博“叶集发布”。市广播电视综合播控楼建成。全年市县两级共提供中央台用稿50多条，省台用稿700多条，40多件作品获省广播电视作品奖。全年开展打击非法“网络共享”网站及设备产品专项治理行动35次。加强演出市场管理和营业性演出活动监管，全年检查经营单位3.5万个，责令改正747个，受理举报134个，立案调查150个，罚款35.3万元。“扫黄打非”工作开展集中销毁侵权盗版及非法出版物等“七项”市场整治行动，出动执法人员2600多人次，取缔违法经营单位和流动摊点20个，收缴一大批盗版教辅资料和非法出版物。

【获CCTV第七届体育营销十大经典案例城市称号】安徽省首次获此殊荣，是六安市在全省体育产业发展领跑地位的充分底线。六安市以赛艇赛事为媒营销，打造中国水上运动之都，多次承办全国赛艇锦标赛、女子沙滩手球国际公开赛等重大体育赛事，并成功申办2013年亚洲赛艇锦标赛。

【《欢乐中国行——魅力六安》在央视播出】2011年9月19日，央视三套在黄金时段播出大型综艺类节目《欢乐中国行——魅力六安》，这是六安首次在央视将历史人文、民俗风情和自然风光展现给全国人民。郁钧剑、张卫健、陈红、付笛生、任静等明星参加这次活动。

【市文代会第一次代表大会召开】2011年8月25日，六安市文学艺术界联合会第一次代表大会召开，这是1980年原六安地区文学艺术界联合会大会召开31年后，全市文学艺术界迎来的又一次盛会，共有196名正式代表、43名特邀代表参加会议。会议选举产生六安市第一届文联委员，通过《市文联章程》，授予157人“六安市优秀文艺工作者”称号。

【“金领欢乐世界”主题公园建成】金领欢乐世界项目位于六安市经济技术开发区，是一个“立足六安、辐射全国、世界先进、中国一流”的高科技主题公园，省“861”重点工程和省重点文化产业项目。项目占地803亩，规划投资总额12.5亿元，年游客接待量200万人次，是集吃、住、行、游、购、娱等多种服务于一体的新型现代化文化旅游综合项目。以“主题人文景观+现代高科技设施+主题节庆活动+大型演艺”的四轮驱动模式，融参与性、观赏性、娱乐性、趣味性于一体。2011年12月获首届“安徽十大强省品牌”称号。

六安市2011基本情况一览表

项 目	绝对数	比上年增长%
国土面积	17976平方公里	—
总人口	709.6万人	—
生产总值	821.0亿元	12.3
财政总收入	93.6亿元	36.4
公共文化投入	5933万元	2.2
科技经费投入	1.42亿元	67.8
各类学校在校学生	75.7万人	—
考取本科人数	21053人	—
各类图书馆藏书	51.96万册	10.8
农家书屋	2318个	82.3
文化馆（站、室）	171个	—
医疗机构病床数	1.48万张	5.1
人口自然增长率	7.0‰	—

金 安 区

【文化概览】 金安区位于安徽省西部，大别山东北麓，为六安市主城区，辖5个街道、17个乡镇。现有国家历史文化名镇1个，国家4A级旅游景区4个。六安锣鼓书、邀大岭列入省级非物质文化遗产名录，徐晓芳、周丽是曲艺类项目六安锣鼓书代表性传承人，李学仁和陈良亭是民俗类项目邀大岭代表性传承人。截至2011年底，有公共图书馆、文化馆各1个，乡镇综合文化站17个。“十一五”以来，区文化建设资金投入累计达3600万元以上。完成广播电视村村通建设1046个，建成乡镇综合文化站17个、农家书屋299个、信息共享工程点230个，发展数字电视用户8000多户。当年放映公益电影3588场次。

文化产业。有“专、精、特、新”中小文化企业200多个。实施“2462”文化跨越工程：打造中国悠然南山和中国悠然蓝溪2个文化产业园，培育金安黄梅戏演艺、记者俱乐部、大别山石窟、九棵松生态园4个骨干文化企业，开发翁墩剪纸、一品斋毛笔、毛坦厂油纸伞等6个文化产业项目，力争文化产业发展以年20%速度递增。

精神文明建设。东河口镇农民黄克胜被授予“安徽青年五四奖章”，为六安市唯一获此项殊荣的青年。三十铺镇获“全国文明村镇”称号。全年有7000多名志愿者注册登记。区直单位包社区（村）和业主单位门前三包的文明创建包保责任体系建立；组织千名干部上街参加环境卫生清理整治，开展风景旅游区周边环境整治；依托13个乡镇综合文化站，建立流动留守儿童活动室。

【毛坦厂镇获全国环境优美乡镇称号】 国家历史文化名镇毛坦厂镇，2011年被环保部评为全国环境优美乡镇。近年来，该镇在镇区共铺设砼排污下水道15公里，改建集镇污水处理厂；对镇区主干道路两边进行彩砖铺砌和路灯安装，并在各主要街区设置垃圾箱100多个，新建标准化垃圾中转站1个。累计栽植绿化树木1.8万株，新建公共绿地1万平方米，主要道路绿化普及率达100%，人均绿地面积20平方米。

【三十铺镇获第三批“全国文明村镇”称号】 2011年12月20日，金安区三十铺镇被中央文明委授予“全国文明村镇”称号。该镇围绕“打造和谐三十铺，构建魅力东城区”工作思路，先后建成省规范化综合文化站和群众公共体育场；以镇老年学校为基础，组建“老年文艺表演队”；落实社会治安综合治理责任制，发挥村治保会、调委会和群团组织的作用，及时化解矛盾纠纷。

皖西民族乐团

金安区2011年基本情况一览表

项 目	绝对数	比上年增长%
国土面积	1657平方公里	—
总人口	85.7万人	0.6
生产总值	105.56亿元	13.9
财政总收入	6.6亿元	31.7
公共文化投入	922.0万元	28.0
各类学校在校学生	15.3万人	3.5
考取本科人数	9707人	10.6
各类图书馆藏书	13.0万册	30.0
农家书屋	299个	56.0
文化馆（站、室）	18个	30.0
医疗机构病床数	1443张	16.0
人口自然增长率	0.4‰	—

裕 安 区

【文化概览】 裕安区位于六安市区以西，面积1926平方公里，人口100万，辖22个乡镇（街道）和1个省级经济开发区。近年来，裕安加大对红色文化的保护，投资维修建设了独山苏维埃城、许继慎纪念馆和苏家埠战役纪念园。独山革命旧址群被列为全国红色旅游100个经典景区之一，与横排头景区、龙井沟景区同为国家4A级景区。

全区拥有不可移动文物93处，其中9处为国家级重点文物保护单位、7处省级重点文物保护单位；列入非物质文化遗产项目名录3类54项，其中“六安瓜片”绿茶制作技艺，分别被安徽省、国务院确定为第一批省级和第二批国家级非物质文化遗产保护名录。

文化体制改革与群众文化。原区文广局改为区文化广电新闻出版局，撤销区京剧团、区黄梅影剧院、区文化广播电视稽查大队。全区公共文化投入2779万元，现有区文化馆1个、乡镇综合文化站19个、街道文化站2个、村级农家书屋265个。2009～2011年，乡镇综合文化站、农家书屋和广播电视村村通工程连续3年在全市文化民生工程考评中获3个单项第一名。固镇镇全民健身广场被评为“国家级全民健身广场”。承办省首届红色运动会、省第三届农民篮球大赛两项省级文化体育赛事，举办庆祝建党90周年红歌演唱会等群众性文化活动，《六安民间故事裕安卷》、《皖西民俗》出版。水彩画《老灶》、《古镇小巷》在省水彩粉画展上获一等奖，《九姐妹赛花灯》获全国音乐作品征集比赛一等奖。区交运局获评交通运输部全国首批文化建设示范单位。现有环宇羽毛工艺等27个旅游文化商品、纪念品生产企业和183个文化经营单位。

精神文明建设。当年继续开展向许继慎、何涛、谢勇等10位裕安区首届道德模范学习活动。深化“文明生态集镇”对手赛和新农村文明示范村创建活动，典型做法被收入全省精神文明建设工作案例集。

【许继慎被评为裕安区首届道德模范】 许继慎（1901～1931年）是中国工农红军早期杰出将领、军事家，裕安区青山乡土门店人。1930年3月被党中央派往鄂豫皖苏区，任鄂豫皖特委委员，中国工农红军第一军军长兼前委委员。1931年1月，第一、第十五军合编为第四军后，先后任第十一师师长及红四军前委委员、第十二师师长、皖西军委分会主席。1931年11月在“白雀园大肃反”中遭诬陷，以“改组派”、“第三党”、“反革命”等罪名被杀害于河南光山白雀园，时年30岁。1988年被中华人民共和国中央军事委员会确定为33位中国人民解放军军事家之一（后增至36位）。2009年被评为100位为新中国成立作出突出贡献的英雄模范之一，2011年被评为裕安区首届道德模范。

裕安区第四届“交通杯”全民健身展示暨六安市太极拳表演

裕安区2011年基本情况一览表

项 目	绝对数	比上年增长%
国土面积	1926平方公里	—
总人口	100.44万人	0.4
生产总值	106.07亿元	14.1
财政总收入	6.63亿元	50.1
公共文化投入	2779万元	150.0
科技经费投入	218.0万元	80.0
各类学校在校学生	16.47万人	0.9
考取本科人数	3902人	0.6
各类图书馆藏书	—	—
农家书屋	265个	135.0
文化馆（站、室）	22个	—
医疗机构病床数	1377张	—
人口自然增长率	6.21‰	−0.9个千分点

寿 县

【文化概览】 寿县位于淮河中游南岸，北依八公山，全县总面积2948平方公里，人口138万，辖25个乡镇。是国家历史文化名城、全国粮食生产百强县、全国平原绿化先进县、全国文化工作先进县、全国文物保护工作先进县。

寿县历史悠久，古称寿春、寿阳、寿州，屡为州、府、道、郡等治所。公元前241年，楚考烈王迁都寿春。现有国家4A级风景区2处。

文化遗产保护。有国家级重点文物保护单位3处（寿春城遗址、南宋古城墙、安丰塘），省级文物保护单位7处（淮南王刘安墓、廉颇墓、寿县孔庙、寿县清真寺、寿县报恩寺、斗鸡台遗址、青莲寺遗址）。正阳关抬阁肘阁被列为国家级非物质文化遗产，寿州锣鼓、豆腐制作技艺等被列为省级非物质文化遗产；曹玉海等9人为非物质文化遗产传承人。2011年，《寿县文化遗产精粹》画册编辑出版。

群众文化。新编历史剧《时苗留犊》在六安市首届文化艺术节上获演出类一等奖；“寿州锣鼓”、“正阳关抬阁肘阁”和“八公山豆腐制作技艺”3个非遗项目登上央视“欢乐中国行——魅力六安”舞台。在全国音乐期刊发表歌曲《大山深处有人家》等音乐作品5首，歌曲《党是春风，党是太阳》在文化部当代音乐艺术院等单位联合举办的征歌比赛中获二等奖。完成《碧血忠魂》和本地典故《人心不足蛇吞象》等剧本创作。短篇小说《九爷》、新编现代京剧《碧血忠魂》分别在《安徽文学》、《映山红》等文学期刊发表。获全省文化市场管理工作先进集体称号。

公共文化服务体系建设。全县共有公共图书馆、文化馆、广播电台、电视台各1个。完成7个乡镇、279个20户以下自然村广播电视村村通工程年度建设任务，建成16个乡镇综合文化站，建成17个乡镇的、107个农家书屋，全县273个村实现农家书屋全覆盖。丰富馆藏图书，接受中国巴蜀力量基金会捐赠价值12万元的图书2000余册。投资30余万元，购进8套农村数字电影放映设备，在全市率先实现农村数字电影放映全覆盖，全年放映7032场农村公益电影，观众达70万人次。完成县图书馆维修任务，建成全省首个县级非物质文化遗产陈列馆。

精神文明建设。开展首届全县“道德模范”评选，推出“中国好人”朱长平、“全国百名优秀志愿者”程新如、“全省精神文明十佳”吕仰正等模范人物。启动“十星级文明户”评比和创建“寿六路文明长廊”活动，开展以“乡风文明”、“村容整洁”为主要内容的农村“四创”活动。加大农村改水、改厕、改善居住环境工作力度，共投入4010万元，完成24973个农村家

寿县古城墙

庭清洁能源改建和改水、改厕任务。编制《城区夜间灯饰景观规划》，实现新城区建成区全部亮化。获全市精神文明建设先进集体称号。

【公布第二批21项县级“非遗”名录】继2008年9月公布第一批县级“非遗”项目后，县政府于2011公布第二批县级非物质文化遗产名录。全县共有三大类、21个“非遗”项目入选，其中民间文学16项，传统技艺1项，民俗4项。公布项目中有脍炙人口、国人皆知的“鸡犬升天八公山”、“人心不足蛇吞象”、“时苗留犊”等成语典故，有中外闻名的“肖像石刻”，有反映寿县劳动人民代代相传、岁岁积淀的文化习俗“二月二保义龙灯会”、“插花灯”等，有出自《淮南子》。中国独创历法“二十四节气”的等这些非遗项目具有突出的历史文化价值和活态传承的特点。

寿县2011年基本情况一览表

项 目	绝对数	比上年增长%
国土面积	2948平方公里	—
总人口	137.5万人	0.4
生产总值	103.6亿元	-6.5
财政总收入	5.1亿元	29.3
公共文化投入	3972万元	77.3
科技经费投入	1951万元	966.1
各类学校在校学生	17.3万人	-3.5
考取本科人数	2123人	—
各类图书馆藏书	6.2万册	—
农家书屋	273个	—
文化馆（站、室）	26个	—
医疗机构病床数	1690张	2.9
人口自然增长率	5.0‰	—

霍 邱 县

【文化概览】 霍邱县地处安徽西部，大别山北麓，淮河中游南岸，面积3493平方公里，人口165万，辖32个乡镇、1个开发区。城东湖、城西湖、姜家湖行蓄洪区总面积953平方公里，占全省行蓄洪区总面积的三分之一。

霍邱历史悠久，从境内发现的扁担岗、红墩寺、城东岗等新石器时代的古遗址推测，早在6000年前，县境就有人类活动。西周至春秋，建有虞蓼子国，隋开皇十九年（599年），始设霍丘县，后避孔丘讳改为霍邱县。境内有国家级重点文物保护单位——李氏庄园，省级重点文物保护单位——文庙与红墩寺，以及市级文物保护单位3处。有国家级水利公园——水门公园，国家4A级旅游景区——临淮岗风景区，省级森林公园——安阳山森林公园。淮河柳编为国家级非物质文化遗产和省级非物质文化遗产。

文化事业和文化产业。2011年先后在《小说选刊》等重点文艺刊物发表各类文艺作品150多篇（首）。县文化馆少儿舞蹈《幸福像花儿一样》在“小荷之星”全国少儿舞蹈大赛中获编导奖金奖、演出一等奖，并在“华东六省一市少儿舞蹈大赛”中分别获创作、演出一等奖。县中老年舞蹈队舞蹈《留住青春》在韩国首尔参加“木槿花奖”音乐舞蹈大赛获大金奖。截至2011年底，全县有艺术表演团体5个，乡镇综合文化站32个，文化馆1个，电视台、广播电台、中波台、有线电视台各1个，公共体育馆1个。华安达集团被省政府批准为第三批文化产业示范基地。全年文化民生工程共建成20个乡镇综合文化站、323个农家书屋、431个20户以下已通电自

临淮岗水利工程49孔闸

然村光纤联网工程建设任务。以“2131”电影放映工程为平台，放映各类电影9006场。姚李镇获“创建全国文明乡镇先进单位”和“安徽省生态乡镇”称号，张仁强、张仁秀获“全省精神文明十佳”称号。

【“信义兄妹”】2011年12月27日，霍邱县周集镇张仁强、张仁秀兄妹通过收废品、养猪，为死去的大哥偿还百万巨债的感人事迹，经《新安晚报》报道后引起了全国各大新闻媒体关注。央视新闻联播节目以《最美的中国人——哥哥的债我们还，不能欠钱落骂名》为题报道了“信义兄妹”的事迹。中央电视台《今日说法》栏目组记者对兄妹进行采访报道。“信义兄妹”事迹获2011年12月份安徽省精神文明十佳事迹。

霍邱县2011年基本情况一览表

项　目	绝对数	比上年增长%
国土面积	3493平方公里	—
总人口	165.02万人	1.4
生产总值	175.08亿元	15.0
财政总收入	17.57亿元	44.5
公共文化投入	2201万元	62.2
科技经费投入	4242万元	26.3
各类学校在校学生	23.07万人	2.7
考取本科人数	2477人	4.5
各类图书馆藏书	151.0万册	36.0
农家书屋	323个	58.0
文化馆（站、室）	20个	67.0
医疗机构病床数	3572张	—
人口自然增长率	8.31‰	0.04个千分点

文化馆、广播电台、电视台各1个，体育场馆52.63万平方米，21个乡镇综合文化站，393个农家书屋。全年文化产业产值10亿多元，比上年增长13%，利税5000多万元，吸纳就业人员5600多人。县文物普查队对杭埠河等区域开展调查，采集点119处，其中遗址64处，墓葬（群）32处，散点23处。新石器晚期遗存20处，周代遗存50处，汉代9处。全年为393个行政村、14个社区、3个公益广场放映电影5450场次，观众90多万人次。县电影公司被中国电影放映协会授予“建党90周年优秀影片展映展播农村数字电影放映优秀放映单位”称号。舒城县被全国爱国主义读书教育活动组委会授予优秀组织奖。当年高标准完成5个乡镇综合文化站、203个农家书屋和500个点（20户以下已通电自然村）等3项文化民生工程建设任务。

精神文明建设。通过国家卫生县城复审工作，文明创建从县城延伸到乡镇，被授予第二届“全省文明县城”称号。

【春秋塘墓葬群被评为“全国三普百大新发现”】春秋塘墓葬群位于舒城县春秋塘茶林场，206国道西南100米，距县城15公里，墓群内墓冢两两相对，沿西北东南向在一条低矮岗地上排列，其中西北部两墓冢巨大的封土完好无缺。墓葬均筑大型坟丘，封土形状呈方锥体或圆台形，土质以黄色粘土和沙土为主，其底径最大达74米。2011年底，该处不可移动文物点作为安徽省“三普”中的重要新发现，成功入选“第三次全国文物普查百大新发现”。

舒　城　县

【文化概览】 舒城县位于安徽西南部，大别山东麓，面积2092平方公里，人口100万，辖21个乡镇、1个度假区、1个开发区，是省级文明县城。

汉高祖四年（前203年）置舒县，翌年改龙舒县。唐开元二十三年（735年）设舒城县沿用至今。境内万佛湖为国家4A级旅游风景区、国家级森林公园，有省级文物保护单位4处。舒席制作技艺为国家级非物质文化遗产，梁山伯与祝英台传说、小调胡琴书、小兰花制作技艺为省级非物质文化遗产，苏成军、程泽林为省级非物质文化遗产项目传承人。

群众文化。2011年共举办大型文化活动15场次，各类文化艺术培训10班次，各种文化艺术展览5期，7次将优秀文艺节目送往省市展演，并获一等奖5次、二等奖10次、三等奖19次。余和平的个人摄影辑在央视摄影频道《光影长廊栏目》展播，其中《风雨中的标杆》在《中国青年报》头版刊登。

文化事业和文化产业。截至2011年底，有公共图书馆、

舒城县2011年基本情况一览表

项　目	绝对数	比上年增长%
国土面积	2092平方公里	—
总人口	100.02万人	0.5
生产总值	113.24亿元	13.3
财政总收入	8.02亿元	38.2
公共文化投入	2003万元	15.4
科技经费投入	1796万元	10.3
各类学校在校学生	13.15万人	−2.4
考取本科人数	2928人	−2.6
各类图书馆藏书	5.0万册	4.2
农家书屋	393个	94.0
文化馆（站、室）	21个	31.0
医疗机构病床数	1874张	—
人口自然增长率	3.94‰	—

金　寨　县

【文化概览】金寨县位于安徽省西部，大别山腹地，土地革命战争时期是鄂豫皖革命根据地核心区域。1932年9月，鄂豫皖苏区第四次反围剿失利，红四方面军主力西去川陕，国民政府为加强对鄂豫皖边区的统治，划三省交界部分地区，始设县治，称立煌县。1947年刘邓大军挺进大别山，9月建立民主政府，更名为金寨县。革命战争时期，境内先后组建11支主力红军队伍，有10多万山区儿女投身革命，参军参战。新中国成立后，金寨籍红军中被授衔少将以上开国将军有59位，为全国第二大将军县。金寨是抗日战争时期国民政府安徽省临时省会所在地，是革命歌曲《八月桂花遍地开》的诞生地。现有国土面积3814平方公里，人口68万，辖23个乡镇。“十一五”期间，先后获“全国农村公路建设先进县”、“全国无公害农产品示范县”、“全国科技进步先进县”、“全省十佳环境优美县”、“全省双拥模范县”、“全省扶贫开发先进县”、“全省科学发展先进县”等称号。

金寨县有国家级自然保护区1处，国家4A级景区3个。国家级重点文物保护单位鄂豫皖革命根据地旧址——革命旧址群1组7处，省级重点文物保护单位3处。古碑丝弦锣鼓、斑竹园思帝乡锣鼓被列为省级非物质文化遗产。余述凡为国家级非物质文化遗产六安大别山民歌·金寨民歌传承人，李善宗、任定华为省级非物质文化遗产传承人。

文化事业和文化产业。截至2011年底，建成面积6400平方米的影剧院1个，建筑面积4200平方米的县文化中心1个。县革命博物馆、县文化馆、图书馆均为国家三级馆。全县每万人拥有图书1015册。新建、扩建体育场馆5个，运动场地约1万平方米。财政部、国家广播电影电视总局拨送金寨数字电影放映设备13套。不可移动文物492处。投资近2亿元，扩建县革命博物馆并重新布展，新建红军广场、洪学智将军纪念碑，重建红军纪念堂；在县城新区规划建设占地面积1.5平方公里的鄂豫皖红军纪念园，按1∶1比例集中复制再现全县重要革命旧址，已完成建筑3个。各类文化服务经营户185个，年产值1700万元。文化民生工程当年新建乡镇综合文化站23个、农家书屋246个；文化信息资源共享工程县级支中心建设进行信号设备安装调试，发放工程设备投影仪277套、电脑228台，实现全县乡镇、行政村全覆盖。实施电影“2131”工程，年放映公益电影5100场。“八月桂花遍地开——江淮情·走进金寨”等省、市、县三级文化下乡演出21场。完成14个乡镇97个村广播电视“村村通”工程；县城及23个乡镇建有区域有线电视网，全县182个行政村与县城区有线网联网，有线电视用户2.46万户。宽带互联网用

八月桂花遍地开——江淮情·走进金寨

户1.2万户。投资1924万元维修保护20处不可移动文物。

举办第二届、第三届“中国大别山歌会”和“六安市第二届大别山民歌展示会”金寨专场赛会，以及“六安五县两区首届大别山戏曲票友邀请赛”。代表六安市参加全省第三届“金色晚霞”中老年合唱节，荣获一等奖和优秀组织奖。举行“与祖国同行——爱国歌曲大家唱”、庆祝中国共产党成立90周年“唱响红歌给党听”等广场演出。在《金色的田野——首届安徽省农民画·画农民书画展》中，金寨县入展作品9件，县文化局获得优秀组织奖。段宏政的《细雨清明》获“全国少儿歌词创作征集评选活动”一等奖。散文集《滩音》、《大野》出版发行。京隆与他人合著的中篇纪实文学《“叛徒”何曼》、《失语的红军》先后在《当代》杂志发表。编印《魅力金寨》画册、《金寨文艺》两期。

精神文明建设。设立见义勇为奖励基金。油坊店乡被评为全省首届文明乡镇，20个村跻身省级新农村建设示范村，14个乡镇中心集镇成立城管执法中队、环卫保洁队伍，建垃圾填埋场。推出六安市首届孝老爱亲道德模范郑宏芳、六安市见义勇为先进典型吴章涛、扎根老区的“扶贫政委”赵克信等模范人物。

【中国(安徽)茶文化与茶产业博览会暨第十一届中国六安瓜片茶文化节】 2011年5月13～15日在安徽国际会展中心举行。由安徽省国际农业贸易促进会、省商业联合会、六安市人民政府主办，合肥三易文化传播有限公司、安徽国际会展中心、金寨县人民政府承办。原安徽省委书记卢荣景、省政协副主席张学平等出席。文化节为国内外茶叶茶具生产商、经销商、服务商提供交流、合作、交易、发展平台，开展茶产业及茶营销高峰论坛、茶文化和茶产业展示、采购团体洽谈会、茶艺表演等活动。中国六安瓜片茶文化节始于2001年，第一届、第二届在芜湖举办，第一届芜湖茶叶博览会上六安瓜片茶获得“茶王”称号。从2003年，逢单数年由金寨县承办，逢双数年由裕安区承办。

【立夏节、六霍起义胜利80周年】 1929年5月6日（农历三月二十七，立夏节），中共商罗麻特别区委在商南地区组织发动农民武装暴动；次日，各集镇满目红绿标语，庆祝起义胜利；9日，各路起义队伍会师斑竹园，宣布成立中国工农红军第十一军第三十二师。同年11月8日，中共六安中心县委领导指挥六安独山农民武装暴动，接着，麻埠、金家寨、七邻湾、西镇、白塔畈等地相继暴动，各暴动起义队伍会编成三支红军游击纵队；至次年1月20日，三支队伍集结流波 ，宣布合编成立中国工农红军第十一军第三十三师。立夏节起义、六霍起义与之前的黄麻起义，合称大别山三大起义。起义的胜利，巩固和拓展了鄂豫皖革命根据地。起义建立起来的红军队伍，后来成为红一军、红四军和红四方面军重要组成部分。2009年5月6日，省委、省政府在金寨县举行立夏节起义和六霍起义胜利80周年纪念大会，红军老战士、部队首长、国家相关部门及省、市党政军负责人和群众代表近万人参加。

金寨县2011年基本情况一览表

项 目	绝对数	比上年增长%
国土面积	3814平方公里	—
总人口	68.0万人	—
生产总值	72.2亿元	13.2
财政总收入	5.4亿元	30.4
公共文化投入	1924万元	23.8
科技经费投入	1335万元	19.3
各类学校在校学生	4.2万人	—
考取本科人数	307人	—
各类图书馆藏书	42.4万册	—
农家书屋	246个	—
文化馆（站、室）	24个	—
医疗机构病床数	902张	—
人口自然增长率	6.5‰	—

霍 山 县

【文化概览】 霍山县位于皖西大别山腹地，辖16个乡镇，1个省级经济开发区，国土面积2043平方公里，人口36.6万。霍山县是革命老区，是国家生态县、全国文明县城、全国创建文明村镇工作先进县、全国科技进步先进县、国家卫生县城、全国绿化模范县、全国绿化能源县、全国最具投资潜力中小城市百强和浙商（省外）投资潜力城市、安徽省投资环境十佳县、安徽省文化先进县。

霍山历史悠久，春秋时期设

有潜邑，汉代设为潜县，隋朝始称霍山县。霍山境内拥有“三山三水一泉一海”八大山水资源，“红、绿、蓝、古”四大文化特色，佛子岭、南岳山、大别山主峰3个国家4A级旅游景区。境内尚存的古迹主要有：明代文庙、清代文峰塔、商周大垄台村落遗址、宋代窑址、古潜县城址、衡山王墓、洛阳河汉墓、战国木椁墓、张镇金墓、泗洲坟石塔等。有省级重点文物保护单位2处。

文化事业。坚持“政府买单、群众看戏”，组织“唱红歌·诵经典”、“春节文化周”、“元宵灯会”等活动，开展“走进新农村”文艺下乡活动，实施“2131”农村电影放映工程。当年举办大别山民俗大奖赛、黄芽茶文化节、旅游文化节等50余场大型综合性文艺演出。在城区开展“春节文化周”、“广场文化宣传月”等活动。丰富多彩的广场文化已经成为霍山一道亮丽风景线，“舞动霍山——霍山广场舞展演”成为了群众文化的名片和品牌。扶持成立佛子岭民俗艺术团、西山农民文艺学会、诸佛庵俊卿农民艺术团等民间社团14个，举办民俗文艺表演和广场舞展演等活动200多场次。县汉风徽韵演艺传播有限公司承担县内公益性演出任务，面向市场开展文化演艺传播业务，获全省民营艺术“百佳院团”称号。

文化产业。全年文化产业增加值5亿元，占GDP比重为4.8%。霍山玉石公司已建成规模厂区2000多平方米，是以玉石开采、研发、生产、销售为一体的新型文化产业项目。2011年被省文化厅命名为第三批安徽省文化产业示范基地。全县拥有文化产业企业483个，从业人员6000多人，初步形成出版发行、印刷包装、文化旅游、文化娱乐、文化艺术品鉴赏销售、文化艺术培训和广告行业等门类齐全的文化产业集群。

公共文化建设。累计投资4亿多元，建成文峰广场、文庙广场、红源广场、淠阳湖公园等一批群众性文化设施，新建县体育馆、广电中心、文化信息资源共享工程县级支中心。先后向省、市申报玉石文化产业园、多功能影剧院、文化艺术活动中心等文化项目25个。大别山红色生态旅游服务配套工程和霍山玉石文化产业园两个项目被列入省“861”行动计划。文化民生工程先后建成13个乡镇综合文化站、144个村(社区)农家书屋。当年实施20户以下自然村“村村通”广播电视直播卫星工程，164个工程建设点2804户“村村通”直播卫星设备全部投入使用。

文化遗产保护。上土市镇入选2011~2013年度“安徽民间文化艺术之乡”。霍山黄芽茶传统手工艺制作技艺、霍山石斛炮制技艺、四弦书成功入选省级非遗名录，迎驾酒传统酿造技艺项目传承人项兴本、霍山石斛炮制技艺项目传承人何云峙为省第四批省级非物质文化遗产项目代表性传承人。

精神文明建设。继2008年4月成功争创安徽省首届文明县城以后，霍山县紧紧围绕争创全国文明县城这条主线，强力实施城乡绿化、亮化、广告、环境整治、志愿服务、全民素质六大提升工程，全面提高创建水平，2011年12月获“全国文明县城”称号。

【农家书屋1+X模式在全省推广】 2011年，霍山县在乡镇综合文化站和村农家书屋创新推出“1+X”经营模式，即利用文化站、农家书屋现有设备和场所，增加图书销售、邮政代理、移动业务办理等便民服务，一方面解决一些村购买图书、邮寄和移动业务办理难的问题，方便群众生产生活，另一方面又能充分利用文化站这一公共文化服务设施，提升人气，增加经济效益，解决运行经费困难问题。在当年召开的省农家书屋工程建设工作会议上，霍山县创新实施的“1+X”模式被全省学习推广。

霍山县2011年基本情况一览表

项　目	绝对数	比上年增长%
国土面积	2043平方公里	—
总人口	36.6万人	0.3
生产总值	104.7亿元	16.6
财政总收入	16.0亿元	32.0
公共文化投入	2798万元	24.0
科技经费投入	1603万元	63.0
各类学校在校学生	4.27万人	−6.0
考取本科人数	1245人	109.3
各类图书馆藏书	9.1万册	9.5
农家书屋	144个	10.7
文化馆（站、室）	17个	—
医疗机构病床数	1035张	7.0
人口自然增长率	2.05‰	—

叶集试验区

【文化概览】 叶集试验区位于安徽西部，与河南省交界，有“安徽西大门”、“大别山门户”之称。1998年12月，省委、省政府批准设立叶集改革发展试验区，行使县级经济社会管理权限，享受国家综合改革试点县的有关政策待遇。全区现辖1个镇、2个乡和1个省级经济技术开发区，面积320平方公里，人口16.2万。

文化事业和文化产业。截至2011年底，全区有广播电视台、安广网络叶集分公司各1个，乡镇综合文化站2个，文化资源信息共享工程71个，农家书屋76个，建成广播电视“村村通”工程88个，实现城镇有线数字和农村无线数字电视信号全覆盖。叶集江西会馆被列入省级文物保护单位。

精神文明建设。开展月评“十佳”、“中国好人榜”和“道德模范”评选推荐活动，见义勇为公民王贻贵获省道德模范提名奖。开展文明创建和志愿者活动，公路分局、国税局、地税局获省级文明单位称号。

文化市场管理。全年组织开展4次集中整治活动，查处案件10起，查封黑网吧3个，收缴黑网吧设备35台、非法卫星地面接收设备11台，查封无证游戏机室8处，处罚容留未成年人上网行为32起，清查全区各类网站等共计52个，清除违法信息和链接11个。

【叶集未名文化研究会成立】2011年12月17日，叶集“未名文化研究会”正式成立。未名社是新文化运动时期由鲁迅亲自倡导成立的一个很有影响的文学社团。未名社6位主要成员中，韦素园、台静农、李霁野、韦丛芜4位是叶集人。未名文化是叶集一笔丰厚的精神遗产，研究会的成立旨在研究未名社成员的文艺作品，探讨未名文化的内涵，加强文化界思想交流。

叶集试验区2011年基本情况一览表

项　目	绝对数	比上年增长%
国土面积	320.0平方公里	—
总人口	16.2万人	1.3
生产总值	28.6亿元	12.8
财政总收入	1.9亿元	30.0
公共文化投入	71.5万元	—
科技经费投入	125.0万元	—
各类学校在校学生	2191万人	—
考取本科人数	63人	—
各类图书馆藏书	2.93万册	—
农家书屋	32个	—
文化馆（站、室）	3个	—
医疗机构病床数	350张	—
人口自然增长率	6.6‰	—

池　州　市

【文化概览】池州市位于安徽省西南部，是800里皖江上重要的港口城市、省级历史文化名城、皖江城市带承接产业转移示范区城市，是安徽省“两山一湖”（黄山、九华山、太平湖）旅游区重要组成部分。现辖贵池区、东至县、石台县、青阳县和九华山风景区以及国家级池州经济开发区，面积8272平方公里，人口159万。有国家重点风景名胜区、国家5A级旅游区、国际性佛教道场、中国四大佛教名山之一的九华山，有被称为华东“动植物基因库”的国家级野生动植物保护区牯牛降，以及被称为“中国鹤湖”的国家级湿地珍禽自然保护区升金湖，还有4个首批国家级工农业旅游示范点、平天湖国家级水上运动训练基地和杏花村等人文景观。完成全国第三次文物普查任务，普查文物点1044处，当年新发现592处；全市馆藏一级文物20件，二级文物35件，三级文物717件。

自唐武德四年（621年）设立州府建制以来，池州已有近1400年的历史。素有“千载诗人地”的美誉。唐代大诗人李白曾经三上九华、五游秋浦，写下数十首赞美池州山水的不朽诗篇；晚唐诗人杜牧在任池州刺史时写下的《清明》诗，被后人称作千古绝唱，也使池州杏花村名播青史、蜚声中外；陶渊明、白居易、苏轼、王安石、包拯、文天祥、岳飞、朱熹、陆游、李清照等许多文人雅士也曾徜徉在池州山水之间，留下数千首脍炙人口的诗作，历代名家大作为池州增添了夺目光彩。以佛教文化为特色的九华山，享有“莲花佛国”

之盛誉。始于母系社会的贵池傩戏被誉为“戏剧活化石”，青阳腔被誉为“京剧鼻祖”，双双经国务院批准列入第一批国家级非物质文化遗产名录。

池州有省级历史文化保护区1处，省级文物保护单位20处，池州傩戏、青阳腔、东至花灯、九华山庙会被列为国家级非物质文化遗产，贵池民歌、石台唱曲、九华山佛教音乐、东至文南词、石台目连戏、青阳农民画、石台油坊榨制技艺、平安草龙灯、鸡公调、葛公红茶制作技艺、福主庙会、西华唱经锣鼓、青阳大九华玉骨绢扇为省级非物质文化遗产，刘臣瑜、姚家伟、汪正科等3人为国家级非遗项目传承人，姜秀珍等19人为省级非遗项目传承人。截至2011年底，有公共图书馆5个、文化馆6个、广播电视台4个，全年文化产业总产值10.64亿元。

公共文化建设。市图书馆、文化馆、博物馆、科技馆和青少年活动中心“四馆一中心”改造工程全面完成。当年争取国家对市博物馆建设补助资金1500万元，到“十二五”末，市大剧院和各县区文化馆、图书馆、剧场建设等能全面达到国家标准。

文化民生工程建设。完成25个乡镇综合文化站、236个自然村广播电视“村村通”和228个农家书屋建设任务。送戏送电影下基层、进社区和农村公益电影放映任务全面完成，全年送戏800场、送电影6000场，放映农村公益电影9720场，实现“一个行政村一月放映一场电影”的公益服务目标。建立主城区文化活动辅导员制度，组织市直和县区文艺院团业务骨干，深入社区开展群众文化活动指导，社区广场舞、红歌赛蔚然成风。东至县城的“尧舜之乡月月乐”系列群众文化活动，受到群众欢迎；石台县举办第一届“牯牛降灯会”；青阳县利用文化馆、乡镇综合文化站等阵地，免费开办少儿舞蹈、书画、音乐、传统戏曲培训班。

精神文明建设。开展百余场“迎七一·唱红歌”群众歌咏活动；举办第二届池州市道德模范推荐评选活动，10名市级道德模范受到表彰；“文明市民”、“文明楼院”季评活动做到常态化、规范化；做好“月评十佳”、“中国好人榜”等推荐评选活动，其中6件事迹当选省“月评十佳”、3名候选人当选“中国好人”；以“当好东道主、文明迎绿运”为主题，扎实开展文明市民教育活动。

九华折扇工艺

文明城镇建设。青阳县文明县城创建实现二连冠；东至县、石台县双双进入全省创建文明县城工作先进县行列；九华山风景区继续保持全国文明风景旅游区称号。“优美乡村”创建扎实推进，农村清洁工程,村庄环境整治，“清洁示范村”，“文明生态村”、“绿色小康村”和“移风易俗示范村”等创建工作深入开展，贵池区霄坑村、青阳县高源村、九华山代村村被评为第三届全国文明村。

文化作品创作。在省“美哉安徽”美术书法作品展中，池州市7幅作品入选，其中九华山选送的国画《九华圣境》获铜奖。少儿民族舞蹈《节日欢歌》在香港举行的“魅力校园·走进香港——2011全国校园文艺星光大典”获金奖。举办“颂歌献给党”池州市庆祝建党90周年文艺晚会。组织创作电影剧本《牯牛降》；32集电视连续剧《牯牛降传奇》被央视8套选中播出。举办“三月三·池州杏花村诗会”，邀请余光中、舒婷等40余位当代诗人，开展诗歌朗诵会、诗人采风等系列活动。组织选送国家级非遗项目池州傩面具、道具和东至花灯六兽灯，赴澳门参加春节习俗展。完成大型电视片《品读城市·池州》制作并在央视科教频道播出。举办2011中国·池州首届绿色运动大会开、闭幕式及文艺演出工作。青阳县杜村乡、石台县大演乡被命名为“2011～2013年度安徽省民间文化艺术之乡”；举办池州市第三届民歌赛歌会。

【池州市广播电视台】池州市广

播电视台2010年6月挂牌成立，已发展成为集广播、电视、报纸、网络为一体的全媒体传播平台，建有太朴山和三台山两座无线发射台，自办节目覆盖皖江两岸，辐射半径200多公里。已开办《池州新闻联播》、民生新闻《多维度》、法制宣传栏目《法里法外》、社教类栏目《创业人生》、《贵池新闻》、《江南产业集中区新闻》、《981热线》、《政风行风之窗》、《汽车欢乐行》、《一路飞翔》、《午餐有约》、《一路同行》等30多个栏目，全年播出自办节目达2200多期，播出各类广播影视作品5000多部。新建成投入使用的池州市广播电视中心设计建筑面积3.65万平方米，建有700平方米电视综合演播厅，2个200平方米新闻、访谈演播室，2个80平方米专题、虚拟演播室，实现了广播电视设备标准化、数字化。

【三月三·池州杏花村诗会】4月1～4日，由池州市人民政府主办的“三月三·池州杏花村诗会”在国家4A级景区杏花村文化园举行。中国当代诗坛大家余光中、舒婷及王家新、西川、吴昭元、赵宏兴、陈先发、车前子、李少君、多多、庞培、北塔、江弱水、杨四平、李笠、潘维、树才、三色堇、金铃子等40余位诗人与诗歌评论家应邀到会，并到杏花村、清溪河、牯牛降、九华山等旅游景区采风创作，创作数十首精美诗篇。

【2011中国·池州首届绿色运动大会】经国家体育总局社体中心批准，“2011中国·池州首届绿色运动大会”于10月18日至11月2日在池州市举行。绿运会由国家体育总局社体中心、安徽省体育局、池州市人民政府三方共同主办，设有门球、木球、棋类（围棋和象棋）、登高、钓鱼、轮滑球、健身秧歌和腰鼓、自行车、健步走及社会体育指导员技能展示10个竞赛类、展示类和互动类项目。并推出绿色产品展销会、绿色池州摄影展、池州首届民俗旅游文化美食节，以及“绿色与健康”高峰论坛。精品生态旅游线等系列活动。共有31个省市代表团，3个行业体协，154支代表队，2326名运动员、教练员、裁判员参加， 101支代表队获奖。全市直接参与单位76个，学生志愿者811人，直接和间接参会工作人员近2万人。

杏花村文化园

池州市2011年基本情况一览表

项 目	绝对数	比上年增长%
国土面积	8272平方公里	—
总人口	159.0万人	—
生产总值	372.5亿元	13.0
财政总收入	56.8亿元	30.9
各类学校在校学生	26.5万人	1.0
考取本科人数	6529人	15.6
各类图书馆藏书	32.8万册	27.1
农家书屋	578个	—
文化馆（站、室）	170个	—
人口自然增长率	4.0‰	—

贵 池 区

【文化概览】贵池区位于长江中下游南岸，东与铜陵市接壤，南邻举世闻名的佛教圣地九华山，北与安庆市隔江相望，是池州市政治、经济、文化中心。面积2516平方公里，人口近67万。现辖9个镇、11个街道。贵池汉初设石城县，隋开皇十九年易名秋浦县。五代十国后唐天成年间，梁昭明太子萧统因食秋浦河鳜鱼，称赞“水好鱼美”，封誉“贵池”。贵池素有“千载诗人地”之美誉，李白、杜牧、包拯、岳飞等众多历史名人曾在此驻足存诗，李白的《秋浦歌十七首》和杜牧的《清明》诗名扬天下。贵

贵池傩文化

池是省级历史文化名城、国家级生态经济示范区。现有国家4A级旅游景区1处，省级风景名胜区1处。省级文物保护单位7处，贵池傩戏被列入国家级非物质文化遗产，贵池民歌被列入省级非物质文化遗产。刘臣瑜、姚家伟为国家级“非遗”贵池傩戏项目传承人，姜秀珍、姜梦玉、刘正荣为省级“非遗”贵池民歌项目传承人。梅街镇被文化部授予“中国民间文化艺术之乡”称号，棠溪镇石门高村、墩上街道渚湖姜村为安徽省第四批历史文化名村。

文化事业和文化产业。截至2011年底，累计投入公共文化资金1300万元。现有黄梅戏剧团有限公司1个，营业性演出单位5个，电影公司1个，电影放映院2个，文化馆1个，文化艺术中心1个，文化站20个，农家书屋158个，全国文化信息资源共享工程贵池支中心1个。当年开展送戏剧下基层150场次，送电影到基层1870场次。

精神文明建设。以开展道德模范评选活动为载体，启动“评议身边好人”、“文明市民”、“文明楼院”、“五好文明家庭”和“十星级文明户”评选活动。近年来，10人次登中央文明网好人榜，27人被省文明办评为“月评十佳”人物。王珺、徐晓霞、钱兰香、方浩等先后成为中央文明网上榜好人。依托农村中小学校建立60个留守儿童之家，设立10个“留守儿童之家”示范点。马衙中心学校家长学校被全国妇联授予“全国千所流动人口子女、农村留守儿童示范家长学校”称号，被中国民主同盟安徽省委员会授予“农村教育烛光行动示范中学”称号。

文明村镇建设。开展创建清洁示范村、文明生态村、绿色小康村、移风易俗示范村活动和“优美乡村”创建活动，涌现出一大批创建文明村镇工作先进典型。梅村镇霄坑村和梅龙镇分别被中央文明委授予“全国文明村”和“全国创建文明村镇工作先进单位”称号。马衙街道灵芝村和牛头山镇分别被省文明委评为“全省文明村”和“全省创建文明村镇工作先进单位”称号。

贵池区2011年基本情况一览表

项　目	绝对数	比上年增长%
国土面积	2516平方公里	—
总人口	66.7万人	0.8
生产总值	160.0亿元	13.0
财政总收入	14.0亿元	40.0
公共文化投入	1297万元	3.0
科技经费投入	952.0万元	21.5
各类学校在校学生	9.95万人	−12.7
考取本科人数	2749人	13.4
各类图书馆藏书	27.5万册	5.0
农家书屋	158个	47.0
文化馆（站、室）	21个	—
医疗机构病床数	1222张	20.9
人口自然增长率	4.3‰	1.67个千分点

东　至　县

【文化概览】东至县位于长江中下游南岸，1958年由东流、至德两县合并取其首字得名，是安徽省的西南门户。现辖15个乡镇，面积3261平方公里，人口54.8万。现有国家级自然保护区升金湖，国家首批农业旅游示范点1个。省级重点文物保护单位4处、市级6处。国家3A级风景名胜区1个。东至花灯被列入国家级非物质文化遗产；福主庙会、红茶手工制作技艺、鸡公调、平安草龙灯、文南词被列为省级非物质文化遗产；葛公豆腐制作技艺、龙网捕鱼、昭谭土菜制作技艺被列为市级非物质文化遗产。黄杰海、李雨后、章银根等人被列为省级非物质文化遗产传承人。全县有公共图书馆1个，文化馆1个，广播电台、电视台各1个，体育场馆23个。县文联组织编撰大型历史文化书卷《尧舜之乡》，《升金湖》文艺季刊于2010年9月创刊。2011年全县文化产业总产值4.3亿元。

近年来，充分利用陶公祠、东流老街、双塔等人文资源，打造集文化探索、旅游观光为一体的田园文化。

文化民生工程建设。2011年，公共文化建设投入1445万元，比上年增长0.2%。乡镇综合文化站建设、广播电视“村村通”、农家书屋等民生工程和送电影、送戏下乡惠民工程等一系列文化民生工程全面实施。全县建成15个乡镇综合文化站，总投资1050万元；建成230个农家书屋并对外开放，每个书屋统一配置价值1.7万元的实用书籍，3000元的书柜、标牌、桌椅等；投资90万元的县兰溪影剧院改造完成；数字电影放映队伍13个。全年送戏送电影进社区和农村2000余场。全县建成有线广播电视光缆干线253公里。

精神文明建设。纪念中国共产党成立90周年。开展“中华经典诵读”和“童心向党”歌咏活动。参与省、市第二届道德模范评选及表彰工作。江锡元入选省第二届道德模范提名奖和市第二届道德模范，诸朝蓉获市第二届道德模范提名奖；向中央、省、市推荐道德模范典型，郑秋霞致富不忘乡亲入选全省精神文明十佳事迹；孙秀兰登 “中国好人榜”好人。承办“中国·池州首届绿色运动会”门球赛。获省第二届“创建文明县城工作先进县”称号。

东至大历山（又名舜耕山），相传为舜躬耕之地

东至县2011年基本情况一览表

项 目	绝对数	比上年增长%
国土面积	3261平方公里	—
总人口	54.8万人	0.6
生产总值	88.1亿元	13.1
财政总收入	8.0亿元	32.9
公共文化投入	1445万元	0.2
科技经费投入	1948万元	11.3
各类学校在校学生	8.85万人	-0.3
考取本科人数	2261人	1.1
各类图书馆藏书	8.0万册	—
农家书屋	230个	—
文化馆（站、室）	16个	—
医疗机构病床数	1356张	1.02
人口自然增长率	5.7‰	1.46个千分点

石　台　县

【文化概览】石台县原名石埭县，有1470多年历史，东连黄山，北邻九华山，东南临太平湖，面积1413平方公里，人口11万，现辖6个镇、2个乡。先后被评为中国首批生态县、中国山茱萸之乡、全国首批绿色农业示范县、全国平安建设先进县、全国计划生育优质服务先进县、全国科技进步县和全省首批旅游经济强县、首届十佳环境优美县。2010年4月，加拿大、德国、葡萄牙、西班牙、俄罗斯等63个国家驻华使节联合授予石台“最值得驻华大使馆向世界推荐的中国原生态最美山乡”称号。现正式对外开放景区10个，其中国家4A级景区4个。省级森林公园1处。

石台县文化底蕴深厚，是戏剧“活化石”目连戏、曲戏的编创地。有大量文物古迹：太平天国时期兴建的古长城、保存最为完好的史称“徽饶通衢”的古徽道等。先后涌现出晚唐诗人杜荀鹤、明代尚书毕锵、近代佛学大师杨文会、当代世界语诗人苏阿芒等名士。有省级重点文物保护单位4处。石台目连戏、石台油坊榨制技艺、石台唱曲被列为省级非物质文化遗产；唐时才、唐德峰、周军祥为省级非物质文化遗产传承人。《雪白雪红》、《香魂》、《嫦娥奔月》、《留守儿童》、《大山的女人》、《山里山外》、《天堂的礼物》等影视剧在石台外景拍摄。

文化事业和文化产业。全县有公共图书馆1个，文化馆1个，安广网络公司1个，电视台1个，体育广场面积700平方米。2011年编辑出版图书4部。全年文化产业总产值7064万元，比上年增长10.3%。2007年以来，中央、省、市、县先后拨付资金627万元，加强公共文化服务体系和文化民生工程建设。建成县级信息资源共享支中心1个和79个行政村信息资源共享工程服务点、9个乡镇综合文化站、78个行政村农家书屋，完成476个20户以下广播电视盲点自然村的建设任务。

精神文明建设。组织开展“童心向党”、“迎七一唱红歌”歌咏比赛等纪念建党90周年系列活动；组织开展“关爱农民工子女”、征集优秀童谣等活动。在省第三届道德模范评选、市第二届道德模范评选和推荐评选“中国好人”活动中，石台县均榜上有名。组织开展农村“清洁示范村”、“文明生态村”、“绿色小康村”和“移风易俗示范村”等“四创”活动。2011年省文明委授予石台县“安徽省创建文明县城工作先进县”称号。

【石台县获“最值得驻华大使馆向世界推荐的中国原生态最美山乡”称号】 在“2010世博会”即将举办之际，为了将中国展现给世界，彰显中国文化元素的风采，开展多层次、全方位的中外文化交流活动。“驻华使节及夫人中国才艺大赛”组委会组织的“向世界说明中国”主题活动，于2010年4月16～18日，以组织“原生态最美山乡见证之旅”的形式在安徽省石台县举行。来自加拿大、德国、葡萄牙、西班牙、俄罗斯、乌克兰、波兰、塔吉克斯坦、突尼斯、哈萨克斯坦、立陶宛、罗马尼亚、冰岛、新西兰、新加坡、韩国、马来西亚、埃及等30个国家，包括10国驻华大使在内的60多名驻华使馆高级官员，赴安徽石台参加“2010安徽·石台茶叶节”活动。在此次旅程中，到访的各国使节体验在茶园采茶、在茶厂炒茶和制茶的全过程，见证石台茶叶的优秀品质；他们还深入到牯牛降风景区，与大自然进行亲密接触；当地还为使节们准备了具有地方特色的篝火、龙灯、舞狮等民俗及地方戏剧表演。上述一系列文化交流活动成果，通过各国大使馆特有的文化、新闻传播渠道，迅速传播到世界各地。

参加活动的驻华大使馆联合发起，授予安徽石台“最值得驻华大使馆向世界推荐的中国原生态最美山乡”称号。

安徽石台·茶叶节

石台县2011年基本情况一览表

项目	绝对数	比上年增长%
国土面积	1143平方公里	—
总人口	10.89万人	—
生产总值	15.53亿元	12.0
财政总收入	1.50亿元	24.3
公共文化投入	1117万元	62.0
科技经费投入	690.0万元	22.0
各类学校在校学生	1.50万人	—
考取本科人数	212.0人	2.0
各类图书馆藏书	4.28万册	9.0
农家书屋	78个	50.0
文化馆（站、室）	9个	—
医疗机构病床数	238张	9.0
人口自然增长率	2.33‰	—

青阳县

【文化概览】青阳县位于长江中下游南岸、皖南山区北部，南依黄山，北枕长江。青阳县于西汉元封二年（前109年）置县，称陵阳；唐天宝元年（742年）改置青阳县，沿用至今。面积1204平方公里，辖11个乡镇、110个行政村，总人口26.5万，其中农业人口22.5万。青阳县为中国21世纪议程试点地区、国家生态经济示范区、皖江城市带承接产业转移示范区，安徽省第一、第二届文明县城、安徽省科学发展先进县。现有国家级森林公园1处，A级以上国家风景名胜区5个，其中4A级1个。有省级重点文物保护单位6处，“青阳腔”被列为国家首批非物质文化遗产；青阳农民画、酉华唱经锣鼓、大九华水磨玉骨绢扇制作技艺为省级非物质文化遗产；王正科、张平安、沈阳林、吴华瑞、江太平、高萍等为非物质文化遗产传承人。

文化事业和文化产业。全县共有公共图书馆1个，文化馆1个，广播电台、电视台各1个，体育场馆面积3.1万平方米。2011年编著出版图书5部。全年先后投入资金5亿元，建成宝灵广场、莲花广场、金龟广场等7个文化广场，面积3万平方米。将九华影剧院改造为集影视放映、文艺演出、文化休闲为一体的综合性娱乐场所。新建县文化馆、图书馆活动场所面积4000平方米。建成全国文化信息资源共享工程县级支中心。开通数字图书馆、电子书库，图书馆为国家三级馆，文化馆为国家二级馆。先后建成乡镇综合文化站11个，农村文化室109个，新建国家级乡镇全民健身广场1个，省级全民健身广场2个，新建2000多座席的县体育馆和400米标准塑胶田径场，形成县、乡镇、村三级公共文化服务体系。投入资金6000万元，实施“乡镇综合文化站建设工程”、“广播电视村村通工程”、“农家书屋工程”、“农民体育健身工程”等四项民生工程建设。

精神文明建设。以创建文明县城、文明社区、优美乡村为重点，开展群众性精神文明创建活动，2007年、2010年分别获省第一、第二届“文明县城”称号。开展“提升素质、党员先行”、“文明礼仪大赛”、“文明主妇行动”、“志愿者活动”等主题教育活动；举办“生活陋习摄影展”。推进“讲文明树新风”系列活动；开展“爱国歌曲大家唱”群众歌咏活动。开展农村环境综合整治活动，实施集镇垃圾无害化处理工程，全县建成垃圾焚烧站2座、垃圾填埋场17处，配齐村组垃圾收集车辆112辆。木镇镇和陵阳镇先后获“全国文明村镇创建工作先进村镇”称号，丁桥镇获“全省文明乡镇创建工作先进乡镇”称号，庙前镇获“省级环境优美乡镇”、“省最佳旅游乡镇”称号，庙前镇高源村获“全国文明村”称号，陵阳镇所村村获“省级历史文化名村”称号。文艺社团到各村、社区巡回演出120多场。

文化设施建设。2006年，青阳县被省人民政府授予“安徽省文化先进县”称号。青阳县境内有省级文物保护单位6处，县级14处。国家级非物质文化遗产1处，省级非物质文化遗产3处。青阳县博物馆馆藏文物1549件，其中一级品7件，二级品14件，三级品123件。一对带底座元代青花兔纹净瓶尤为珍贵。2008年征集的青铜大铙，堪称国之瑰宝。青阳县图书馆是国家三级馆，馆舍建筑面积1500平方米，藏书8万余册(件)，其中古籍1140余册,其中善本40余册,古籍图书《新刊性理集要八卷》入选国家古籍珍贵古籍名录。青阳县文化馆是国家二级馆，馆舍面积1500多平方米。全县各类群众文化团体近30个，“激情广场大家唱”活动已成为青阳文化品牌。九华影剧院有观众座席868个。全县有乡镇综合文化站11个，农家书屋109个，农民体育健身工设施45个。

青阳腔表演

青阳县2011年基本情况一览表

项 目	绝对数	比上年增长%
国土面积	1204平方公里	—
总人口	27.0万人	1.0
生产总值	54.64亿元	13.6
财政总收入	8.5亿元	30.8
公共文化投入	806.0万元	15.0
科技经费投入	2185万元	9.4
各类学校在校学生	4.2万人	-1.3
考取本科人数	1051人	8.0
各类图书馆藏书	27.1万册	42.0
农家书屋	109个	58.0
文化馆（站、室）	121个	49.0
医疗机构病床数	769张	4.2
人口自然增长率	2.95‰	-2.62个千分点

文化遗产。

景区文化事业和文化产业。截至2011年底，建有图书馆1个，农家书屋3个，文化馆（站）3个，广播电视中心1个，编著出版图书2部。全年文化产业总产值 4500万元，比上年增长3.1%。全年投入经费25万元，为图书馆、农家书屋购书3000册和日常维护；投资10万元为社区、居民小区建造健身活动场所5处。

文化民生工程建设。全年组织送戏下乡40场次，观众8500余人次；先后组织书画、舞蹈等文化培训班7批次，培训300人；组织大型广场晚会3场，1.2万人观看演出；组织美术、摄影展览4次，观众3000余人。

精神文明建设。开展庆祝建党90周年等重要节庆日活动，22

九华山风景区

【文化概览】九华山是中国佛教四大名山之一，首批国家5A级旅游区，首批国家重点风景名胜区，首批中国国家自然与文化双遗产，全国文明风景旅游区。唐代大诗人李白，以山的九峰似天然削制成的九朵莲花，而更旧名九子山为九华山。九华山风景区管理委员会（副厅级）为池州市政府派出机构，辖九华镇、九华乡，面积67.6平方公里，人口1.7万。自东晋隆安时期佛教传入九华山地区以来，经千百年的传承，在九华山遗存了大量的珍贵文化遗产，其中全国重点文物保护单位4处，省级文物保护单位8处，风景区级文物保护单位14处，经国务院批准公布的国家重点寺庙9座，省级重点寺庙30座。历史文物馆和佛教寺庙收藏有包括明万历圣旨、宋代贝叶经、历代地藏金玉印、明版《大藏经》、佛教造像等万余件珍贵传世文物。九华山庙会与佛教音乐被列为省级非物质文化遗产，九华山庙会被列为国家级非物质

99米高的地藏菩萨铜像

个单位部门1200余人参加；组织1000余名导游从业人员进行业务技能培训，开展一年一度的“十佳”导游大赛；开展全省道德模范投票学习活动，推荐产生一名市级道德模范，九华镇钟义平当选为第二届池州市道德模范。20个部门单位入选第六届池州市文明单位；九华镇、九华乡获第三届“安徽省文明村镇”和“创建安徽省文明村镇先进村镇”称号；九华山地税局等四部门蝉联四届“安徽省文明单位”称号；风景区文明办被省文明办授予“全省精神文明建设先进集体”称号；九华乡代村首次获“全国文明村镇”称号；九华山管委会获“安徽省文明单位”称号，九华山风景区由“全国文明风景旅游区”顺利转为第三届“全国文明单位”。

【九华山大愿文化园建设】九华山大愿文化园由九华山佛教协会已故会长仁德法师发起筹建。1995年项目动议申报，1998年10月6日正式得到国家建设部和国家宗教局批准，2001年12月25日确定选址，2005年12月28日动工兴建。分为大愿文化园、印象九华、世界佛教文化交流中心等3个功能分区，工程规划面积190公顷，保护面积459公顷，分三期建设实施。2011年5月16日，历时3年的地藏菩萨99米露天铜像像体安装工程圆顶。截至2011年底，大愿文化园中一批重要节点工程相继完工，预计2012年8月建成开园，届时可满足近期每年300万人次、远期600万人次的朝圣礼佛和游览观光需求。

九华山风景区2011年基本情况一览表

项　目	绝对数	比上年增长%
国土面积	67.6平方公里	—
总人口	1.7万人	—
生产总值	15.21亿元	13.1
财政总收入	4.0亿元	14.2
公共文化投入	11.02亿元	63.0
科技经费投入	—	—
各类学校在校学生	1375人	—
考取本科人数	—	—
各类图书馆藏书	1.6万册	—
农家书屋	3个	—
文化馆（站、室）	3个	—
医疗机构病床数	120张	—
人口自然增长率	—	—

宣　城　市

【文化概览】宣城市位于安徽省东南部，与江浙两省接壤，面积12340平方公里，人口279.4万,辖7个县（市）、区。宣城历史悠久，人文荟萃。自西汉设郡，已有2000多年历史，为中国文房四宝之乡、山水园林城市、历史文化名城、皖江城市带承接产业转移示范区。现有国家级森林公园4处，省级名胜风景区3处，国家级重点文物保护单位8处、省级43处。宣纸制作技艺、宣笔制作技艺、徽墨制作技艺等被列为国家级非物质文化遗产，皖南木雕、皖南剪纸、皖南皮影戏等被列为省级非物质文化遗产，邢春荣、汪爱军、张苏等为非物质文化遗产传承人。

文化事业和文化产业。截至2011年底，全市共有公共图书馆8个，文化馆8个，博物馆3个，广播电台、电视台各7个。电影《春风化雨》获安徽省第十一届精神文明建设“五个一工程”优秀作品奖，《宣城文房四宝的故事》编辑出版。全年文化产业增加值约24.0亿元，比上年增长25.0%。公共文化投入不断加大，当年文化体育与传媒支出增长92.2%，以敬亭山、宛溪河、梅溪公园和宛陵湖开发为龙头新建的“一山一河一园一湖”城市人文景观带深受市民欢迎，宣城市体育中心、城市图书馆、规划展览馆、大剧院等城市基础设施建设启动。

文化民生工程建设。广播电视“村村通”工程、农家书屋工程、乡镇综合文化站建设等文化民生工程全面推进。广播综合人口覆盖率96.1%；有线电视用户17.8万户，电视人口覆盖率

中国文房四宝产业园开工奠基仪式

96.9%。全市文化馆、公共图书馆、博物馆和乡镇综合文化站实现免费开放。

精神文明建设。开展月评精神文明先进事迹活动，共编写94篇先进事迹稿件。举办“感动宣城”十佳人物颁奖晚会，学模范做好人意识深入人心。宁国市8·17英雄群体获全国第二届道德模范提名奖、安徽省第二届道德模范奖；绩溪县李东华、郎溪县吴志珍获安徽省第二届道德模范提名奖。参加中央文明办“中国好人榜”和省精神文明“月评十佳”评选，杨阳捐髓救人、胡道寅43年精心照料患病儿子2件事迹入围。文明城镇建设取得实效，对全市44个国道、省道沿线乡镇开展暗访督查，查看国道、省道沿线的日常保洁、店面经营、流动摊点、市场管理、停车秩序和门楣广告等情况。扎实开展园林城市创建，对参与“联点共建”活动的市直单位进行综合考评，推荐评选出22个2010年度市直“联点共建”先进单位，表彰市区第二届“文明经营户”70个。推进文明行业创建，评选表彰优质示范窗口13个。

【中国（宣城）文房四宝产业园开工建设】 2010年12月28日，国内规模最大的“中国文房四宝交易中心”及“中国书画交易中心”——中国文房四宝产业园开工建设。中国文房四宝产业园一期工程是省“861”重点工程、本市重点文化产业项目。项目占地面积204亩，总建筑面积13.4万平方米，总投资约8亿元。

【两个公司获“非遗生产性保护示范基地”称号】为进一步推进非物质文化遗产生产性保护，树立一批生产性保护典型，2011年国家文化部评选命名第一批41个国家级非物质文化遗产生产性保护示范基地，绩溪胡开文墨业有限公司的徽墨制作技艺、中国宣纸集团公司的宣纸制作技艺榜上有名。

宣城市2011年基本情况一览表

项 目	绝对数	比上年增长%
国土面积	12340平方公里	—
总人口	279.4万人	0.4
生产总值	671.4亿元	14.1
财政总收入	118.6亿元	40.0
公共文化投入	1.03亿元	-15.0
科技经费投入	4.25亿元	16.3
各类学校在校学生	36.2万人	-2.5
考取本科人数	7629人	4.8
各类图书馆藏书	67.2万册	3.9
农家书屋	796个	11.2
文化馆（站、室）	—	—
医疗机构病床数	8556张	7.6
人口自然增长率	2.53‰	—

宣 州 区

【文化概览】 宣州区辖26个乡镇、街道，面积2621平方公里，人口85.8万。是中国“文房四宝”之乡、安徽省投资环境十佳县（市、区）。

宣州区自秦初正式置县，始名“爰陵”，汉初改称“宛陵”，隋代易名“宣城”，历史上为郡、州、府治所，建国后是行署和市人民政府驻地。1987年，国务院批准撤销宣城县，设立宣州市；2000年，撤市设区，更名为宣州区。现有国家级森林公园1处，省级风景名胜区8处，国家级重点文物保护单位2处、省级5处。宣笔、皖南花鼓戏被列入国家级非物质文化遗产名录，皖南木雕、皖南皮影戏、皖南剪纸、宣酒小窖工艺为省级非物质文化遗产，杨玉屏、张文年、何泽华、彭清、丁峰为非物质文化遗产传承人。

文化事业和文化产业。截至2011年底，有公共图书馆、文化馆各1个，健身广场49个。全年文化产业总产值1.21亿元，比上年增长3.2%。业余作者许文波创作的《宣城民间故事集》公开出版。全年建成乡镇综合文化站15个，对群众免费开放。图书馆全年购置各类图书8169册、书架10组、电脑2台。大型皖南花鼓戏《天下第一墨》入选省2011年重点文艺项目。累计建成农家书屋88个。

精神文明建设。开展未成年人思想道德建设“百千万工程”示范点申报评比工作和绿色学校、绿色社区、环境优美乡镇、生态村、环境友好企业等创建活动。组织各社区对辖区内的背街后巷进行整治和硬化、美化，推进标准化垃圾池和创建宣传栏设置工作，对辖区河道的环境卫生进行清理，加大“门前三包”等创建任务的宣传和落实力度。深入推进文明集镇、文明村和十星文明户创建。以乡镇（办事处）为单位，开展“十大孝敬公婆好媳妇”评选活动。实施农村清洁工程，加快改水、改厨、改厕、改圈进程，健全农村保洁员队伍体系，开展垃圾集中处理，不断改善农村卫生条件和人居环境。

【宣笔制作】 宣笔是中国文房四宝之一，产于安徽宣城，源于秦代，盛行于唐、宋，迄今已有2000多年的历史。宣笔选用兔毛、羊尾、狼毫、鼠须等原料，经过选毫、切割、修削、装潢等100多道工序制成，具有选料精严、毛纯耐用、刚柔得中、尖圆齐健等特点，深受苏轼、黄庭坚、王羲之、柳公权、刘海粟、林散之等古今文人墨客和书画大师的喜爱。宣城涌现出诸葛高、诸葛渐、诸葛元、吕道人、汪伯立等一批制笔名手。现在的宣笔品种已达300多种，其中，“宣州紫毫”、“黄山烟雾”、“乌溪清泉”、“古法胎毫”、“梦笔生花”等为珍贵名笔，远销日本及东南亚、欧美多国。2008年，宣笔制作技艺被列入第二批国家级非物质文化遗产名录，2009年入选联合国科教文组织“人类非物质文化遗产名录”。

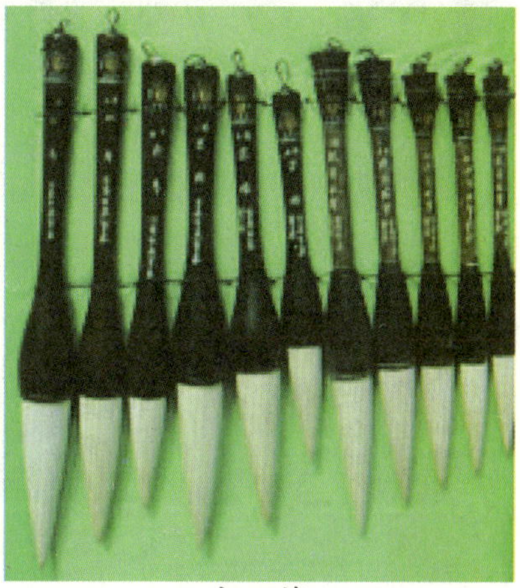

宣 笔

宣州区2011年基本情况一览表

项 目	绝对数	比上年增长%
国土面积	2621平方公里	—
总人口	85.8万人	—
生产总值	134.0亿元	12.0
财政总收入	23.1亿元	14.0
公共文化投入	690.0万元	51.0
科技经费投入	7560万元	1.4
各类学校在校学生	11.0万人	9.5
考取本科人数	3092人	5.0
各类图书馆藏书	3.98万册	13.3
农家书屋	88个	63.0
文化馆（站、室）	27个	—
医疗机构病床数	2945张	1.0
人口自然增长率	3.02‰	−1.0个千分点

宁 国 市

【文化概览】 宁国地处安徽省东南部，东临杭州，西依黄山，辖13个乡镇（其中民族乡1个）、6个街道办事处，面积2487平方公里，人口38.75万。2008年以来先后被授予“安徽省科学发展先进县”、“全国科学发展百强县市”、“全国十佳两型中小城市”、“全国文化先进县”等称号。宁国意取《易·乾卦》：“首出庶物，万国咸宁”，于东汉建安十三年（208年）建县。1995年在安徽省率先进入综合实力全国百强县（市）行列，1997年撤县设市。现有国家级森林公园1处，国家级水利风景区1处，国家4A级风景区1处，省级重点文物保护单位3处，宁国畲族婚嫁和畲族民歌为省级非物质文化遗产，雷金花、蓝开友为非物质文化遗产传承人。

文化事业和文化产业。截至

"三月三"是畲族最具代表性的传统节日，图为省级非物质文化遗产——畲族民歌表演

2011年底，有公共图书馆、文化馆、广播电视台、文化信息中心、体育馆各1个，乡镇综合文化站14个。其中，市图书馆、文化馆分别被评为一级图书馆、一级文化馆；方塘乡、云梯乡、宁墩镇文化站被评为省一级文化站。当年全市公共文化建设投入1200万元。群众文化活动蓬勃发展，社会文化活动形成特色、规模和品牌，连续27年举办正月十五闹元宵系列文化活动，畲乡连续19年开展"三月三"特色文化活动。近年来先后举办中国·宁国山核桃节、元竹节、千年宁国文艺晚会等影响广泛的社会文化活动。原创舞蹈《畲酒红》获省花鼓灯会艺术节一等奖，歌曲《畲山好》获首届省农民歌会暨第四届安徽省民歌会一等奖，歌曲《畲乡盘歌会》在第三届中国畲族民歌艺术节中获银奖。

文化民生工程建设。截至2011年底，共建成14个文化站，实现乡镇一级文化站建设全覆盖。全市19个乡、镇、街道办事处，103个行政村和352个20户以上通电自然村均实现有线电视全覆盖。农村电影公共服务体系建成。

精神文明建设。开展向身边的好人学习活动，经省文明办选拔推荐，为抢救落水少年光荣牺牲的曹军、卢帅两位烈士获得"全国道德模范提名奖"。根据英雄事迹编写的演讲稿《生命的接力》，参加省道德模范故事汇在全省各地集中巡讲。文明礼仪培训活动启动。开展"学雷锋展青春风采，爱宁国建文明家园"为主题的志愿者服务活动以及"文明祭奠"、"生态保护"、"文明交通"、"清洁家园"、"爱心车队"等形式多样的志愿服务；组织开展"联点共建"活动，宁国市义工联盟、爱心车队成为市民信得过品牌，宁国市电力志愿服务队获省"江淮志愿者优秀典型"称号。全面推进文明城镇建设工作，与省精神文明建设研究中心开展"结对共建"活动，成为该中心首个理论实践基地。

【宁国畲乡建文化产业园】宁国市云梯乡畲民占全省畲族总人口的96%，畲族是本省位列回、满之后第三个人口较多的少数民族。云梯畲族有自己的民族服装和语言，至今族内通话仍用畲语，畲族文化丰富多彩，畲族文学、畲族民歌、畲族舞蹈、畲族婚嫁习俗等民族文化相互辉映。"千秋畲族风情谷"文化产业园项目工程建在千秋畲族村，总投资1.5亿元，规划占地面积500亩，包括建设标志性寨门、游客接待中心、畲乡特色度假村、畲族文化广场、三十六溪冲浪场、汤公山拓展运动区和千秋关古战场恢复等项目，并设非物质文化遗产传承基地。截至2011年底，项目一期工程建成。"畲族风情谷"文化产业园将畲乡优美的自然生态、独特的少数民族风情、深厚的畲族文化底蕴和旅游开发结合起来，建设集观光、休闲、度假于一体的高品位旅游区，进一步弘扬畲族文化，挖掘、保护、传承畲族传统文化遗产，打造"皖南畲族风情文化旅游区"的品牌形象。

宁国市2011年基本情况一览表

项 目	绝对数	比上年增长%
国土面积	2487平方公里	—
总人口	38.75万人	0.4
生产总值	163.2亿元	16.1
财政总收入	27.04亿元	34.5
公共文化投入	2006万元	-4.4
科技经费投入	6900万元	17.9
各类学校在校学生	49227人	-0.9
考取本科人数	1060人	-3.5
各类图书馆藏书	134.9万册	20.2
农家书屋	103个	90.0
文化馆（站、室）	15个	50.0
医疗机构病床数	1576张	11.3
人口自然增长率	1.93‰	-0.6个千分点

郎 溪 县

【文化概览】郎溪位于安徽省东南部，西北、东北分别与江苏省高淳县、溧阳市相接。面积1105平方公里，人口34.2万，辖7个镇、2个乡、2个省级开发区。是“中国绿茶之乡”、全国法制宣传教育先进县、全国科普示范县、中国民营经济最佳投资环境县、2011徽商最佳投资环境区域、全省发展非公有制经济先进县。

北宋端拱元年（988年）设置建平县，为建县之始；民国三年（1914年）取县境内主要河流名更名郎溪县。

文化事业和文化产业。截至2011年底，有公共图书馆、文化馆、广播电台、电视台各1个，体育场馆2.4万平方米。当年编著出版图书5部。有各类馆藏文物1000余件，其中一级文物1件、二级3件、三级152件。地面文物近200处，其中省级重点文物保护单位3处。省民俗文化艺术之乡1个、省历史文化名村1个。境内遗存的古民居、祠堂、塔桥、碑刻等不可移动文物200多处。跳五猖、小马灯、大小锣鼓、云舞和古南丰酿酒技艺等被列入省级非物质文化遗产名录。

文化民生工程建设。截至2011年底，全县12个乡镇建有综合文化站，并免费对外开放；建成农家书屋96个，每个配备图书1500册以上、音像制品100盘（张），杂志、报刊30多种。

文明城镇建设。围绕争创省级文明县城和国家级生态县的目标，着力提升城市公共文明指数、提高居民素质和城市管理水平。开工建设“八十里绿色文明长廊”，总投资4000多万元，当年完成投资1500万元，推动沿214省道新农村示范带建设。2011年被评为全省第二届创建文明县城工作先进县城，新发镇、梅渚镇分别获“全国文明村镇”、“全省创建文明村镇工作先进村镇”称号。

【梅渚镇获“中国民间民俗文化艺术之乡”称号】郎溪县民间民俗文化氛围浓厚，尤以北部梅渚等乡镇最为突出。梅渚镇定埠的皖苏降福总会民俗表演，是为纪念唐代张巡与许远合兵抵御安禄山叛乱（756年）、为国尽忠而衍生的表演活动。活动规模较大，上千人参与演出，游乡灯队长达3公里。演出活动包括民俗《小马灯》、民间音乐《大小锣鼓》，形式鲜活多姿，气氛激越。《小马灯》和《大小锣鼓》2010年7月被列入安徽省级非物质文化遗产名录。梅渚镇流传的明代纪念西汉张渤治水功绩的仪式《跳五猖》，于2006年12月获批省级“非遗”。梅渚镇被文化部授予“中国民间文化艺术之乡”称号。

2010年5月27，著名文化学者于丹做客“郎川人文大讲坛”。

郎溪县2011年基本情况一览表

项 目	绝对数	比上年增长%
国土面积	1105平方公里	—
总人口	34.2万人	0.6
生产总值	72.7亿元	17.4
财政总收入	12.8亿元	60.2
公共文化投入	581.0万元	13.7
科技经费投入	2359万元	49.2
各类学校在校学生	4.7万人	−0.2
考取本科人数	673人	13.7
各类图书馆藏书	18.0万册	17.6
农家书屋	97个	76.4
文化馆（站、室）	13个	85.7
医疗机构病床数	937.0张	—
人口自然增长率	1.94‰	—

广 德 县

【文化概览】广德县位于安徽省东南部，与江苏省宜兴市、溧阳市，浙江省长兴县、安吉县接壤。全县总面积2165平方公里，辖9个乡镇，总人口51.3万。广德县建县于东汉建安初年。建安八年（203年），吕蒙因从孙权讨伐丹阳有功，“拜平北都尉，领广德长”。宋太平兴国四年（979年）置广德军。之后，广德先后称广德路、广兴府、广德府、广德州。民国元年（1912年）4月，改州为县，不再管辖建平县（今郎溪县）。现有国家级风景名胜区1处，国家级森林公园1处，国家级水利风景区1处，拥有国家4A级旅游景区1处、3A级风景区4处，拥有国家级重点文物保护单位1处，省级重点文物保护单位5处。

在全省县域经济考评中连续7年居“综合十强县”，连续5年居全国“中部百强县”，先后被评为“中国最佳休闲旅游县”、“中国十大改革年度县”、“中国金融生态县”、“全国最具区域带动力中小城市百强”、“全国粮食生产先进县”、“全国山区综合开发示范县”、“全国经济林建设示范县”、“中国竹子之乡”、“中国板栗之乡”、“安徽省文明县城”、“长三角最具投资价值县市”、“浙商（省外）投资潜力城市”等。2011年，被省委省政府确定为全省两个“省直管县”体制改革试点县之一。

文化建设投入。截至2011年底，有公共图书馆、文化馆、博物馆、广播电视台各1个，体育场2万平方米，体育馆7800平方米。当年编辑出版图书5部。全年公共文化投入3751万元，文化产业总产值1000万元。

文化民生工程建设。建成农家书屋124个，乡镇文化站9个，总投入1200余万元。博物馆、图书馆、文化馆免费对外开放；乡镇综合文化站、农家书屋实现全覆盖。

城乡文明建设。城市面貌焕然一新。城市规划体系不断完善，路网框架全面拉开，开发区与新城区的两条景观大道全面贯通，一批行政便民服务设施、居住小区和配套设施投入使用，城市面积由不足7平方公里拓展到15平方公里。2011年县城获“省级文明县城”称号。大力实施“千村百镇”示范工程、“生态县”和美丽乡村创建，涌现一批省级新农村示范乡镇、市级以上生态村和县级美丽乡村。五年共投入交通建设资金8.8亿元，全县干线公路基本改建成二级以上公路，新建“村村通”公路890公里。

【祠山文化】祠山文化是西汉末年以来，以广德县横山为中心，遍及江淮和东南沿海广大地区，由缅怀治水英雄张渤关爱民众，弥灾患旱，勇于献身的精神而形成的官民公祷的祭祀文化。

据史料《说郛》等记载及传说，广德军祠山广德王张渤立志像大禹治水一样，修筑一条从浙江泗安跨越广德到南漪湖的人工河，沟通太湖流域与长江流域。后因年龄、财力和社会动荡等原因，愿望未能实现。张渤死后被葬于横山顶。后人在横山顶西南隅修建张公祠（即祠山庙）。祠山庙宇鼎盛时期有祠山殿、扎斗台、范公祠、三忠祠、广惠宫、寝宫、灵佑殿、龙王庙、岳王庙等建筑。祠山爷显灵的传说久盛不衰，相传凡遇水旱灾害，人们祈之无不应。相传因张渤二月八日生，先一日必多风，后一日必多雨，号为请客风、送客雨，甚为灵验。因此，祠山庙被传为“小九华”，人们尊称张渤为“祠山大帝”、“祠山爷”。

唐天宝年间，皇帝追封张渤为水部员外郎，并封横山为祠山圣地，使得祠山文化名扬天下，香火日盛。朱元璋称帝前两次驻跸祠山，他登基后，两次派钦差专程前来朝觐祠山，拨款修复扩建，在南京鸡鸣山建广惠祠山王庙，按时遣官致祭。江南等地各州县乡镇纷纷效仿，建起许多祠山庙，仅广德境内有祠山庙50余处，广德横山的祠山庙被推崇为“祠山祖庭”，称“天下第一香火”。从此横山和祠山庙的繁荣达到鼎盛时期。千百年来，张渤和祠山屡获加封，佛道诸家推波助澜，文人雅士不断渲染，张渤逐渐由人成神，祠山文化逐渐成为蕴含历史人文底蕴、彰显广德地方特色，以祠山庙会、祠山民间文艺、祠山埋藏会、祠山戏曲为内涵的历史文化遗产的民间传统文化。

【邱村镇农耕文化博物馆】近年来，广德县邱村镇累计投入文化基础设施资金600多万元，建成农村书屋16个、村级文化活动室12个、村级文化休闲点18个。2010年该镇建成安徽省首个乡镇农耕文化博物馆，面积近1000平方米，设有农耕厅、水利厅、民俗厅、农居厅等8个展厅。展览主题定位“人文和谐、生态家园”，馆内共收藏风车、水车、石磨、犁耙等旧时农具500余件，展览图文并茂、物景重现，展现了江南水乡旧时农耕文化的独特风貌，填补了本省专项农耕博物馆的空白，被评为省一级综合文化站。

广德县2011年基本情况一览表

项 目	绝对数	比上年增长%
国土面积	2165平方公里	—
总人口	51.46万人	0.3
生产总值	122.04亿元	14.4
财政总收入	19.1亿元	43.7
公共文化投入	3751万元	—
科技经费投入	4269万元	—
各类学校在校学生	5.66万人	—
考取本科人数	1389人	-4.5
各类图书馆藏书	6.3万册	5.0
农家书屋	124个	—
文化馆（站、室）	10个	—
医疗机构病床数	1359张	17.0
人口自然增长率	2.6‰	0.72个千分点

泾 县

【文化概览】泾县位于长江南岸平原和皖南山区相接地带，面积2054.5平方公里，人口35.56万，辖11个乡镇。泾县是革命老区，新四军军部旧址所在地，“皖南事变”发生地，无产阶级革命家王稼祥诞生地，中国“宣纸之乡”、“宣笔之乡”、“绿茶之乡”、“木梳之乡”，是省级生态环境优美县。查济村入选中国历史文化名村和首届中国景观村落，黄田村入选第二届中国景观村落和安徽省历史文化名村，桃花潭镇入选安徽省历史文化名镇。

泾县自汉置县，迄今已有2100余年历史。县以水得名，境内青弋江古称泾水，亦称“泾溪”、“泾川”。县治原在水西，宋时涉水之东，元代定于现址。现有国家级森林公园1处，国家级重点文物保护单位4处、省级8处。泾县的宣纸制作技艺入选人类非物质文化遗产代表名录和国家首批非物质文化遗产生产性保护示范基地，宣笔制作技艺入选国家非遗名录，另有入选省级非遗名录1个。邢春荣为国家级非遗项目代表性传承人，郑志香等8人为省级非遗项目代表性传承人。

文化事业和文化产业。截至2011年底，有公共图书馆、文化馆各1个，体育馆2个，健身广场24个。现有文化企业300多个，吸纳社会就业3万多人，当年文化产业总产值达10亿多元。元宵灯会引进四川自贡非遗灯展，制作35组大型灯组，开展万条谜语竞猜和3场广场文艺演出。

文化民生工程建设。建成农家书屋132个、乡镇综合文化站11个。通过有线联网，全面完成67个20户以下已通电自然村的广播电视“村村通”建设任务，新解决农村5000余人看电视、听广播难等困难。农村放映公益电影1800多场次。

精神文明建设。2011年，泾县被省委、省政府命名为“安徽省第二届创建文明县城工作先进县”和“安徽省未成年思想道德建设工作先进县”，茂林镇、桃花潭镇获“全省创建文明工作先进乡镇”称号，桃花潭镇查济村获“全省文明村”称号，县交运局等5个单位获省级“文明单位”称号。修订《泾县文明单位管理办法》，组织王稼祥故居纪念馆、中国宣纸博物馆、“三吴”纪念馆等单位积极申报全省第四届爱国主义教育基地。坚持“以建促创”，解决集贸市场管理、城郊结合部环境卫生管理等重点、难点问题。实施社区创建工作“四个一”工程（一所文明学校、一个宣传阵地、一个健身园地、一支志愿者队伍），开展文明单位与社区“联点共建”活动和科教、文体、法律、卫生四进社区活动。

宣纸制作

【“纸寿千年”——宣纸】宣纸作为传统制作技艺，是本省唯一入选世界非物质文化遗产的项目。宣纸技艺始于唐朝初年，迄今已有1000多年的历史，宣纸生产工艺严格，选用泾县及周边地区的青檀树韧皮和沙田稻草，并配用泾县独有的山涧泉水，经过选料加工、抄纸、晒纸、剪纸等传统手工工序，周期长达两年多才能完成。具有百折不损，墨润万变，不腐不蛀等特点，有“纸寿千年”的美称，被誉为纸中之王。

泾县2011年基本情况一览表

项 目	绝对数	比上年增长%
国土面积	2054.5平方公里	—
总人口	35.6万人	0.2
生产总值	62.2亿元	13.6
财政总收入	8.25亿元	37.4
公共文化投入	495.0万元	60.0
科技经费投入	2100万元	11.0
各类学校在校学生	31130人	—
考取本科人数	738人	2.7
各类图书馆藏书	5.0万册	—
农家书屋	132个	50.0
文化馆（站、室）	12个	—
医疗机构病床数	1265张	18.3
人口自然增长率	0.4‰	—

旌 德 县

【文化概览】旌德县位于安徽省南部，面积904.8平方公里，人口15.1万，辖10个乡镇。是中国灵芝之乡、中国苎麻之乡、国家级生态示范建设试点县、全国绿色小康县、中国十佳休闲养生旅游县、中国最具投资开发价值旅游县、皖南国际旅游文化示范区核心区。江村为国家4A级风景区、中国历史文化名村、全国重点文物保护单位、中国红色旅游经典线路。

唐宝应二年（763年）旌德置县，县名寓意“旌表贤能，彰扬礼德”。旌德文化底蕴深厚，历代名人辈出。元代县尹王祯发明木活字印刷技术并印刷《旌德县志》，《旌德县志》是世界上第一部用木活字印刷的书籍。中国第一个红色县长谭梓生、当代数学泰斗江泽涵、文坛巨匠周而复、经济学家江春泽都为旌德人。“旌德江氏”名震遐迩，仅江村明清时期全村就考取进士、举人126人，民国时期涌现出博士、学士17人，“叔侄翰林”、“父子进士”、“兄弟博士”成为美谈。《江氏宗谱》是中国三大源流考宗谱之一。现有国家4A级景区1处、2A级景区1处，国家级重点文物保护单位1处、省级4处。旌德民间美术《旌德漆画》等5个项目列入市级非遗保护名录。古艺徽墨制作技艺传承人汪春林为省级非物质文化遗产代表性传承人。

文化事业和文化产业。截至2011年底，有文化馆、图书馆、乡镇文化站各1个。举办丰富多彩的文体活动。舞蹈《老妈妈》获安徽省第四届中老年社区舞蹈大赛二等奖。

文化民生工程。全县广播电视“村村通”联网工程有序推进，26个行政村农家书屋工程建设竣工。文化信息资源共享工程与农民素质教育网络培训学校、农家书屋与农村党员电化教育资源有效整合。

精神文明建设。开展旌德县第四届文明集镇、文明村（社区）和十星文明户评选活动。在全县中小学校开展“十佳美德少年”评选，将文明创建工作纳入机关效能检查内容。6个单位获“安徽省第九届文明单位”称号，31个单位申报第七届宣城市文明单位。在城区组织开展为期4个月的以治脏、治乱为重点的市容环境卫生专项整治活动，文明创建工作向国省道沿线及交通干线延伸。

旌德县2011年基本情况一览表

项 目	绝对数	比上年增长%
国土面积	904.8平方公里	—
总人口	15.1万人	—
生产总值	26.06亿元	12.3
财政总收入	4.48亿元	47.7
公共文化投入	212.0万元	107.1
科技经费投入	2398万元	26.7
各类学校在校学生	13009人	—
考取本科人数	209人	1.0
各类图书馆藏书	5.4万册	10.0
农家书屋	26个	136.0
文化馆（站、室）	4个	50.0
医疗机构病床数	394张	—
人口自然增长率	2.7‰	—

绩 溪 县

【文化概览】绩溪县位于安徽省东南部，与浙江临安市接壤，面积1126平方公里，人口18.31万，辖11个乡镇。是联合国绿色产业示范区、首批国家生态建设示范区、中国徽菜之乡、中国厨师之乡、中国徽墨之乡、国家历史文化名城、徽州文化生态保护实验区和2008年北京奥运会火炬接力地区。

绩溪汉称华阳镇，南北朝梁大同元年（535年）设良安县，唐永泰二年（766年）置绩溪县。势居“宣徽之脊”，地处皖赣通衢，境内山水清秀，风光绮丽，自古儒风独茂，被誉为“东南邹鲁”，是徽文化的核心区。有明代抗倭名将胡宗宪，清代红顶商人胡雪岩、徽墨大师胡天注，近代有著名学者胡适，新中国成立后有洪德元、章基嘉、鞠躬、方荣祥等4位院士。现有国家级自然保护区1处，省级风景名胜区1处，国家级重点文物保护单位1处、省级15处。徽墨制作技艺列入首批国家级非遗名录，徽剧、徽菜、秋千抬阁等14项非物质文化遗产列入省级名录，国家级非遗传习基地1个、省级3个，徽州文保区4个，国家级非遗代表性传承人1人、省级15人。

文化事业和文化产业。截至2011年底，有公共图书馆、文化馆、广播电视台各1个，体育场馆1302平方米。当年建成乡镇综合文化站5个，投资8000万元、建筑面积1万平方米的绩溪博物馆建筑主体封顶，集农民培训教育、文化休闲、体育健身、文化展示等功能于一体的龙川农民文体活动中心竣工并通过验收。全年共举办公益文化活动20余场次，送电影下乡700余场。举办首届“徽山情”文化艺术节、“安徽省中华经典诵读展演·七一篇（绩溪站）”及第四届徽菜美食文化节民俗展演及游艺活动。

文化民生工程。完成5个乡镇综合文化站建设，全县乡镇综合文化站实现全覆盖；完成28个农家书屋建设，全县农家书屋数目达76个，覆盖率100%。

精神文明建设。组织参加全省第三届道德模范评选、推荐身边好人、推荐精神文明建设月评事迹等活动，李东华获第三届全省道德模范提名奖，欧阳曹浣获“感动宣城2011年度十佳人物”称号。“绩溪同城网吧联合经营”的做法，被誉为“安徽模式”向全国推介；在新建12所留守儿童之家的基础上，龙川小学启动少年宫建设，并被列入全省首批农村学校少年宫示范点。在全县中小学校设立心理咨询室。出台《城市容貌标准（试行）》，推进市容管理社会化。获第二届“全省文明县城”称号，临溪镇获第二届“创建全省文明村镇工作先进村镇”称号，县地税局等6个单位被授予第九届“省文明单位”称号，瀛洲镇龙川村被授予“全国文明村”称号。

【国家历史文化名城——绩溪】绩溪文化遗产丰富，文化底蕴丰厚，是徽文化的重要发源地与传承地。绩溪古城是古徽州地区城市选址思想的重要实例。古城格局依据传统礼制又凸显徽州地方特色，城外古村落与古城交相辉映，共同形成保存较为完好的绩溪文化遗产体系。

2005年12月，绩溪县正式启动申报国家历史文化名城工作，2007年3月18日，国务院将绩溪县列为国家历史文化名城。绩溪县成为全国109座、安徽5座国家历史文化名城之一。国家历史文化名城无疑是绩溪县含金量最高、影响力最久远的城市名片。

绩溪县2011年基本情况一览表

项 目	绝对数	比上年增长%
国土面积	1126平方公里	—
总人口	18.31万人	0.8
生产总值	41.6亿元	12.2
财政总收入	7.25亿元	34.1
公共文化投入	2800万元	15.2
科技经费投入	2182万元	26.2
各类学校在校学生	14833人	−0.8
考取本科人数	266人	−15.8
各类图书馆藏书	6.1万册	1.5
农家书屋	76个	58.0
文化馆（站、室）	12个	71.0
医疗机构病床数	451张	—
人口自然增长率	1.96‰	−1.16个千分点

安徽省行政区划统计表

单 位	辖 区	街 办	镇	乡
合肥市	4	45	65	19
蜀山区		8	2	
庐阳区		11	1	1
瑶海区		13	2	1
包河区		7	2	
巢湖市		6	11	1
长丰县			8	6
肥东县			12	6
肥西县			10	4
庐江县			17	
宿州市	1	12	71	23
埇桥区		12	15	9
砀山县			13	
萧 县			18	5
灵璧县			13	6
泗 县			12	3
淮北市	3	17	17	1
相山区		10	1	
杜集区		2	3	
烈山区		5	3	
濉溪县			10	1
阜阳市	3	13	120	37
颍州区		5	7	1
颍东区		3	8	1
颍泉区		2	4	
界首市		3	12	3
临泉县			21	10
太和县			26	5
阜南县			20	9
颍上县			22	8
亳州市	1	10	71	8
谯城区		3	20	2
涡阳县		4	20	
蒙城县		3	12	2
利辛县			19	4
蚌埠市	4	19	36	19
蚌山区		7		2
龙子湖区		6	1	1
禹会区		5	1	1
淮上区		1	3	1
怀远县			10	9
五河县			13	2
固镇县			8	3
淮南市	5	19	28	18
田家庵区		9	3	2
大通区		1	3	1
谢家集区		5	4	2
八公山区		3	2	
潘集区		1	6	4
凤台县			10	9
滁州市	2	16	82	12
琅琊区		9		
南谯区		2	8	
明光市		4	12	1
天长市		1	14	
来安县			8	4
全椒县			10	
定远县			16	6
凤阳县			14	1
马鞍山市	3	13	30	5
雨山区		4	2	1
花山区		5		
金家庄区		4		1
当涂县			11	3
含山县			8	
和 县			9	
芜湖市	4	31	40	4
鸠江区		9	1	
弋江区		7		
三山区		3	1	
镜湖区		12		
芜湖县			5	
繁昌县			6	
南陵县			8	
无为县			19	4
铜陵市	3	13	7	5
铜官山区		6		
狮子山区		4	1	
郊 区		3	2	1
铜陵县			4	4
安庆市	3	18	97	56
大观区		7	1	2
迎江区		6	1	3
宜秀区		2	3	2
桐城市		3	12	
怀宁县			15	5
枞阳县			14	8
潜山县			11	5
太湖县			10	5
宿松县			9	13
望江县			8	2
岳西县			13	11
黄山市	3	6	53	48
屯溪区		4	5	
黄山区		1	9	5
徽州区		1	4	3
歙 县			13	15
休宁县			10	11
黟 县			4	4
祁门县			8	10
六安市	2	8	104	55
金安区		5	11	6
裕安区		3	12	7
寿 县			21	4
霍邱县			22	13
舒城县			15	6
金寨县			11	15
霍山县			12	4
池州市	1	11	36	9
贵池区		11	9	
东至县			12	3
石台县			6	2
青阳县			9	4
宣城市	1	14	57	24
宣州区		8	14	4
宁国市		6	8	5
郎溪县			7	2
广德县			5	4
泾 县			9	2
旌德县			6	4
绩溪县			8	3

总计：16个省辖市（地级市），6个县级市，56个县，43个市辖区，265个街道办事处，1257个乡镇［其中914个镇，343个乡（7个回族乡，1个回族满族乡，1个畲族乡）］。注：数据截至2011年12月31日。

□ 文化发展与体制改革大事记（2002～2011年）

大事記

文化发展与体制改革大事记

（2002～2011年）

2002年

9月　安徽新华发行集团在原新华书店和省外文书店基础上正式组建。

2003年

8月12日　安徽日报报业集团成立。

10月16日　安徽新华发行集团物流配送中心举行奠基仪式。

11月25日　安徽出版编辑大厦在合肥市政务文化新区破土动工。

2004年

11月16～19日　中共中央政治局常委李长春在安徽考察指导经济社会发展和宣传思想文化工作。

11月30日　安徽电视台开办的全国性、综合性电视数字付费频道“家家购物”在北京开播。

2005年

3月18日　全省文化体制改革试点工作座谈会召开。

5月26日　安徽报业大厦在合肥政务文化新区奠基。

11月　安徽出版集团正式成立，成为全国第一个集团组建同时完成转企改制的大型文化企业。

2006年

5月18日　安徽省文化产业对外合作说明会暨项目推介会在香港举行。

6月11～12日　全省文化体制改革工作会议在芜湖市召开，研究部署深入推进全省文化体制改革试点工作。

9月16日　安徽省委、省政府出台《关于深化文化体制改革的实施意见》。

2007年

3月26～29日　中共中央政治局委员、书记处书记、中宣部部长刘云山在安徽考察调研文化改革发展情况。

11月30日　首届中国国际动漫创意产业交易会在合肥安徽国际会展中心开幕。

2008年

1月8日　安徽省徽州文化博物馆在黄山市开馆。

1月12日　宿州市人民政府与安徽出版集团签订战略合作框架协议。

2月5日　在中宣部组织的“首届全国文化企业30强”评选中，安徽新华发行(集团)控股有限公司、安徽出版集团有限责任公司双双入选，分列同行业第2位和第5位。

2月20日　中宣部正式批复同意安徽出版集团有限公司战略重组科大创新股份有限公司。

2月24日　安徽新华传媒股份有限公司正式成立，标志着安徽新华发行集团整体改制上市工作迈出重要一步。

3月17～18日　财政部副部长张少春、文化部副部长周和平、广电总局副局长张海涛率领国家公共文化服务体系财政保障机制专题调研组一行在安徽考察。

3月21日　中宣部在北京召开全国服务农民服务基层文化建设先进集体表彰会。本省繁昌县文化馆、旌德县三溪镇文化站、安庆市罗岭镇黄梅村凤英剧社、祁门县文化市场稽查队、霍邱县电影公司、宿州市埇桥区栏杆镇文广站、岳西县来榜镇广播电视站、阜阳市新华书店有限公司临泉县分公司等8个单位受到表彰。

4月10日　安徽出版集团有限责任公司、安徽新华发行（集团）控股有限公司被中宣部、文化部、广电总局、新闻出版总署授予“全国文化体制改革优秀企业”称号。

4月21～27日　全国著名网络媒体“红色故土安徽行”活动在合肥、芜湖、黄山等市举行。36个著名网站负责人联合向京皖网络媒体发出《携手合作 共谋发展倡议书》。

5月18～20日　第四届中国国际徽商大会文化推介展示活动在黄山市举行。

6月6日　安徽省动漫协会在合肥正式成立。

6月17日　中宣部正式批复同意安徽新华传媒股份有限公司整体上市。

6月26～30日　省委常委、宣传部部长臧世凯率领安徽文化交流代表团赴捷克、瑞典、俄罗斯开展文化交流活动，出席在俄罗斯圣彼得堡举行的“中国安徽电视周”开幕式并致辞。

7月12日　由安徽出版集团、深圳出版发行集团联合主办的“徽风皖韵”徽文化主题图书展销月活动启动仪式在深圳举行，省委常委、宣传部部长臧世凯，深圳市委常委、宣传部部长王京生出席。

7月17日　全省文化体制改革工作会议在合肥举行。

7月20日　中国农业银行200亿元授信贷款首批文化产业融资项目征集结束，安徽省117个项目参与融资申报。

9月16日　新安传媒有限公司成立大会在合肥举行。

9月18日　安徽出版集团有限公司战略重组科大创新股份有限公司获中国证监会正式批复核准。

9月25日　安徽省首批重点推介的文化产业项目信贷融资推进会在合肥举行。

10月12日　第十届中国(铜陵)青铜文化博览会在铜陵市开幕。

10月24日　纪念改革开放30周年大型慰问演出《江淮情·凤鸣神州》在凤阳县举行。省委书记王金山等领导与现场近2万名观众一起观看演出。

11月7日　国家动漫产业基地（安徽合肥）产学研平台建设在合肥正式启动。

11月9日　由文化部、农业部和安徽省人民政府联合主办的首届中国农民歌会在滁州市开幕。

11月17日　58集动画连续剧《黑脸大包公》原创制作单位——安徽樱艺缘文化传播有限公司获得合肥市财政50万元奖励，该剧是安徽省首部获得地方政府奖励的动漫作品，该奖励也是合肥市第一笔现代服务业扶持资金。

11月18日　时代出版传媒股份有限公司成立暨上市大会在合肥举行。中共中央政治局常委李长春，中共中央政治局委员、书记处书记、中宣部部长刘云山专门作出批示。

12月30日　由深圳华强集团投资25亿元兴建的大型文化产业项目——芜湖华强文化科技产业园正式建设。省委常委、宣传部部长臧世凯出席开工典礼。

2009年

1月6日　省文化体制改革领导小组下发《关于表彰2008年度全省文化体制改革文化产业发展先进单位和优秀文化企业的通知》。合肥、芜湖、安庆3市获“文化体制改革综合试点地区先进单位”称号，省发改委等18个单位获“促进文化体制改革和文化产业发展先进单位”称号，安徽日报报业集团等6个单位获“优秀文化企业”称号。

2月　中宣部改革办编辑出版《文化体制改革经验100例》，本省入选8例，与上海并列全国第三。

2月23日　省政府公布2009年省“861”文化产业项目251个，总投资1209亿元。

2月24日　全省宣传文化系统向第四届中国中部投资贸易博览会推荐155个文化产业招商项目，总投资82.4亿美元。

2月26～27日　全国各省（区、市）党委宣传部改革办主任座谈会在合肥举行。

4月26～28日　第四届中部博览会暨第五届中国国际徽商大会在合肥举办。其中，文化产业活动包括文化产业招商项目发布会、第五届徽商大会文化产业项目推介会暨签约仪式、文化产业招商项目网上对接、国际动漫展、国际动漫产业高峰论坛等内容。

5月14～15日　省委常委、宣传部部长臧世凯率领省文化体制改革领导小组部分成员单位、省属文化企业集团负责人组成的代表团，参加第五届中国(深圳)国际文化产业博览交易会。

6月14～20日　安徽出版集团负责人随胡锦涛总书记访问俄罗斯、斯洛伐克、克罗地亚三国。安徽出版集团是随团出访并有签约项目的唯一一个出版文化企业，胡锦涛总书记高度评价集团“做得很好”。

7月3日　中共中央政治局常委、全国人大常委会委员长吴邦国，全国人大常委会副委员长、秘书长李建国视察芜湖方特欢乐世界。

7月29日　人民日报社社长张研农考察本省文化事业和文化产业发展情况。

8月1日　安徽广播电视新中心奠基仪式在合肥市政务文化新区举行。省委书记王金山宣布开工。

8月14～16日　在南京召开的全国文化体制改革经验交流会上，中宣部、文化部、广电总局、新闻出版总署联合表彰12个“全国文化体制改革先进地区”，芜湖市为中部地区唯一受表彰的省辖市。

8月28日　省委、省政府出台《关于加快建设文化强省的若干意见》。

9月3日　第十六届北京国际图书博览会开幕。中共中央政治局常委李长春，中共中央政治局委员、书记处书记、中宣部部长刘云山，中共中央政治局委员、国务委员刘延东，在文化部部长蔡武、新闻出版总署署长柳斌杰和副省长谢广祥等陪同下，参观了安徽展区。

9月15日　由黄山茶博园投资有限公司投资7000多万元打造的大型多媒体歌舞《徽韵》在黄山香茗大剧院举行首场公演。

10月15～19日　中共中央政治局常委李长春在安徽考察经济社会发展情况，指导宣传思想文化工作。

10月23日　由文化部、新闻出版总署、广电总局和安徽省政府共同主办的第二届中国国际动漫创意产业交易会在芜湖开幕。本届交易会是国内规模最大、规格最高、内容最丰富的动漫盛会之一。

10月29日　全省文化体制改革工作电视电话会议在合肥召开。

11月4日　《人民日报》在头版头条刊发题为《春潮涌动看江淮——安徽深化文化体制改革巡礼》的长篇报道。

11月16～22日　“安徽文化周”活动在宝岛台湾举行，省委常委、宣传部部长臧世凯率团参加。

11月20日　省委宣传部常务副部长叶文成做客人民网强国论坛，以“安徽文化改革发展”为题与网民进行了近两个小时的在线交流。

11月25日　商务部、文化部、广电总局、新闻出版总署公布“2009~2010年度国家文化出口重点企业和重点项目目录”，安徽出版集团及合肥、宣城、铜陵、安庆、黄山5市的7个企业和8个项目入选，入选企业数和项目数双双位居全国第六、中部地区第一。

11月25～29日　第四届中国北京国际文化创意产业博览会举行，副省长谢广祥参加。

11月30日　省政府批准同意组建安徽广电传媒产业集团有限责任公司和安徽演艺集团有限责任公司。

11月30日　全省文化产业统计工作会议在合肥召开。

12月7日　安徽出版集团的11个项目入选“2008～2009年度国家出版基金拟资助项目名单”，入选数量居全国各出版集团首位。

1～11月　本省27部动画片通过国家广电总局备案审查，居全国第5位。

2010年

1月6日　省委、省政府在北京钓鱼台国宾馆举行“建设文化强省　加速安徽崛起”恳谈会。

1月18日　安徽新华传媒股份有限公司成功登陆A股市场。

2月22日　安徽演艺集团、安徽广电传媒产业集团成立大会在合肥举行，标志着安徽文化企业龙头阵容已经形成。

3月5日　黄梅戏精品《徽州女人》在国家大剧院上演。中共中央政治局委员、国务院副总理回良玉，全国人大常委会副委员长华建敏，全国人大常委会副委员长、全国妇联主席陈至立，全国人大常委会副委员长、民革中央主席周铁农，全国人大常委会副委员长、民进中央主席严隽琪，在省委书记王金山、省长王三运、省政协主席杨多良陪同下观看演出。

3月25日　时代出版传媒公司ISO9001：2008质量管理体系认证授牌仪式在合肥举行，时代出版传媒成为全国第一个通过该项国际认证的大型出版企业和出版传媒上市公司。

3月25日　淮南志高文化科技动漫产业园开工仪式举行。

3月25～26日　由国务院新闻办公室、新闻出版总署联合主办，时代出版传媒公司承办的“中国图书对外推广计划”工作小组第六次工作会议在合肥召开。

4月16日　本省高校第一个动漫学院在安徽新华学院挂牌成立。

5月7日　首届安徽省民俗文化节在铜陵江南文化园开幕。全国人大常委会副委员长桑国卫、省委书记王金山共同启动激光球并宣布开幕。省委常委、宣传部部长臧世凯致辞，中国文联执行副主席冯骥才，省领导詹夏来、任海深、谢广祥、方兆本、袁斌出席开幕式。

5月14～17日　第六届中国（深圳）国际文化产业博览会公布第二届中国文化企业30强，安徽出版集团、安徽新华发行集团再次入选。

5月16日　第四届全国体育大会在合肥奥体中心开幕。中共中央政治局委员、国务委员刘延东出席并宣布开幕。国家体育总局局长刘鹏致开幕词，省长王三运致欢迎词，省委书记王金山、省政协主席杨多良、省委副书记王明方出席。

5月30日　省委办公厅、省政府办公厅印发《关于整合组建市县文化市场综合执法机构的实施方案》。

6月上旬　省委、省政府组织8个督查组，省委常委、宣传部部长臧世凯，副省长谢广祥及省文化体制改革领导小组成员带队，赴各市督促检查文化体制改革工作。

6月6日　《光明日报》头版刊发《安徽打造“三贴近”文艺品牌》，对安徽宣传文化战线7年来坚持创新实践，精心组织“江淮情”慰问演出并将其打造成唱响江淮大地的著名文化品牌，进行集中报道。

6月21日　第六届中国国际徽商大会文化产业项目推介会暨签约仪式在合肥举行。

6月底　出版发行、三局合一、综合执法、广电网络整合、两台合并、党报党刊发行、重点新闻网站、电影公司、影剧院、演出院团等方面的改革基本完成。401家经营性文化单位注销事业法人，完成工商注册登记，成为自主经营的市场主体。

7月1日　电影《第一书记》首映式暨图书《沈浩日记》首发式在人民大会堂举行。中共中央政治局常委、书记处书记、国家副主席习近平接见了电影主创人员代表、图书编辑人员代表和沈浩亲属。中共中央政治局委员、国务院副总理回良玉，中共中央政治局委员、书记处书记、中宣部部长刘云山，中共中央政治局委员、书记处书记、中组部部长李源潮参加接见。中央组织部常务副部长沈跃跃、中央宣传部常务副部长雒树刚、安徽省委书记张宝顺出席首映式暨首发式。

8月13日　《人民日报》以《安徽文化体制改革铿锵前行》为题，在头版头条报道安徽省文化体制改革情况。

8月27日　省委中心组举行深化文化体制改革报告会。

9月13日　省委、省政府成立由省委书记张宝顺任组长、省长王三运任第一副组长，省委常委、常务副省长孙志刚，省委常委、宣传部部长臧世凯，副省长谢广祥任副组长的文化强省建设领导小组。

10月24～26日　安徽文化产业赴港招商，共推介112个招商项目，投资总额达74.62亿美元。

11月6日　第三届中国农民歌会在滁州市开幕。

11月7日　安徽电视台自制的电视连续剧《新安家族》在中央电视台一套黄金时段首播。这是安徽电视台建台50年来制作的电视剧第一次在央视一套黄金时段播出。

11月12日　安徽新华发行集团建设的以农村便民店为基础，便民店、农家书屋、农村绿色网吧“三合一”的首个“农民文化家园”在阜南县挂牌营业。

12月17日　安徽广电传媒产业集团金鹃国际广告文化衍生品研发基地在合肥高新区机电产业园揭牌。

12月23日　安徽广播电视台成立大会在合肥举行，省委书记张宝顺、省长王三运、省政协主席杨多良出席。

2011年

1月5日　“建设文化强省加速安徽崛起”恳谈会在京举行。

1月26日　全国唯一以智能语音为主题的高技术产业基地——国家智能语音高新技术产业化基地揭牌仪式在合肥高新区科大讯飞语音产业基地举行。

3月18日　“书香中国”——第二届中国出版政府奖颁奖典礼在北京展览馆剧场举行。安徽出版集团、安徽新华发行集团获“中国出版政府奖先进出版单位”称号。

3月22日　全省加快推进文化强省建设大会在合肥召开。省委书记张宝顺、省长王三运出席会议并讲话。

4月6～14日　驻辽宁全国政协委员考察团先后考察合肥、安庆、池州、黄山等地文化产业发展情况。

4月13日　安徽再芬黄梅艺术股份有限公司在安庆揭牌成立，该公司是全国第一个转企改制、股份制改造和上市融资同时进行的国有文艺演出院团。

4月16日　首届全省动漫大赛“金喜鹊”奖揭晓，《神魔大陆》、《诛仙·醉花阴》获一等奖。

4月18～25日　省长王三运率安徽访问团赴台湾开展“铭传亲缘宝岛行”经贸文化交流活动。

4月30日　安徽省及下辖的全部17个市获中宣部、文化部、国家广电总局、新闻出版总署“全国文化体制改革先进地区”表彰。

4月30日至5月1日　全国文化体制改革工作会议在合肥举行。

4月30日至5月1日　中共中央政治局委员、国务委员刘延东在金寨、合肥等地考察调研文化建设情况。

4月30日至5月2日　中共中央政治局委员、书记处书记、中宣部部长刘云山在皖考察文化体制改革工作。

4月30日　中宣部副部长、文化部部长蔡武调研本省文化建设和产业发展情况。

5月14日　中共中央政治局常委李长春，中共中央政治局委员、广东省委书记汪洋，视察第七届中国（深圳）国际文化产业博览交易会安徽展区。

5月18日　安庆市五千年工艺美术有限责任公司投资的五千年文博园在太湖县开园。

5月27～30日　全省21个出版发行机构携6000余种精品图书参加在哈尔滨召开的第二十一届全国图书交易博览会。

5月31日　时代出版传媒公司与中国国家博物馆在北京签署战略合作协议。

6月3日　中央新闻纪录电影制片厂与安徽广播电视台联合制作的大型文献纪录电影《祖国至上》在合肥首映。

6月3日　安徽广播电视台摄制的反映凤阳小岗村已故第一书记沈浩的电视剧《永远的忠诚》开始在央视一套黄金时段播出。

6月10～16日　“意大利中国文化年·安徽周”活动在意大利首都罗马举行。

6月28日　全省文化主管部门归口管理的88个图书馆、120个文化馆、1389个乡镇（街道）文化站全部免费开放。

6月28日　九华山、黄山、天柱山和芜湖方特欢乐世界入选“中国旅游百强景区”。

7月6日　安徽新华发行集团与银泰集团联手打造的集影视文化、演艺文化、博览文化、美食文化等为一体的本省首个文化综合体——芜湖华仑港湾项目开工建设。

7月26日　阜南县“黄岗柳编”和霍邱县“临水酒”获“地理标志”保护。

8月8～14日　光明日报和中国传媒大学联合调研组在本省调研文化体制改革和文化产业发展情况。

8月31日至9月4日　全省17个出版机构携3000余种精品图书参加第十八届北京国际图书博览会，签订版权输出合同220项，连续第四年居全国第一。

9月1日　全国第一家省级政府应急广播——“安徽省应急广播”授牌仪式在合肥举行。

9月2日　省委书记张宝顺深入省图书馆、省黄梅戏剧院有限责任公司、省文物考古研究所科研基地、安徽艺术职业学院等文化单位调研。

9月22～27日　第三届中国国际动漫创意产业交易会在芜湖举行。

9月29日　建筑面积4.1万平方米的安徽省博物馆新馆正式开馆。

10月10日　《安徽通史》首发式在合肥举行。

10月13日　由中华文化促进会、中国工艺美术学会和合肥市人民政府共同举办的第五届中国（合肥）国际文化博览会暨2011中国工艺美术精品展览会在合肥开幕。

10月19～22日　第20届中国金鸡百花电影节在合肥举行。

10月22日　第四届中国农民歌会在滁州开幕。

10月27日　科大讯飞、时代出版被科技部认定为第一批现代服务业创新发展示范企业。

11月1日　省委书记张宝顺、省长王三运会见在皖出席第二届安徽民俗文化节活动的全国人大常委会副委员长、民革中央主席周铁农一行。

11月4日　中央宣讲团党的十七届六中全会精神报告会在安徽大剧院举行。

11月8日　以“创新合作、共赢发展”为主题的第七届中国国际徽商大会暨第十一届中国(合肥)自主创新要素对接会在合肥体育中心开幕。

11月10日　全国数字出版工作会议在合肥召开。

11月19日　纪念京剧鼻祖程长庚诞辰200周年座谈会在合肥召开。

12月2日　萧县、砀山、凤阳等15个县区和乡镇入选文化部评选的2011年至2013年度“中国民间文化艺术之乡”。

12月6日　由淮南市委宣传部、中央电视台动画有限公司、中国传媒大学动画与数字艺术学院等联合出品的大型历史传奇动画系列片《淮南子传奇》（第一集），获2011年度中国动画学会“美猴奖”最佳动画系列连续片奖。

12月7日　省委常委、宣传部部长、副省长唐承沛出席安徽日报报业集团亳州晚报社揭牌仪式。

相关链接：全国文化体制改革大事记

2002年11月，党的十六大对深化文化体制改革、加快发展文化事业和文化产业做出重大部署。

2003年6月，全国文化体制改革试点工作会议在北京召开，确定在9个地区和35个文化单位进行试点。

2003年10月，党的十六届三中全会通过的《完善社会主义市场经济体制若干问题的决定》，提出要促进文化事业和文化产业协调发展。

2004年9月，党的十六届四中全会通过的《中共中央关于加强党的执政能力建设的决定》，提出深化文化体制改革，解放和发展文化生产力。

2005年12月，中共中央、国务院下发《关于深化文化体制改革的若干意见》，对文化体制改革作出全面部署。

2006年3月，全国文化体制改革工作会议在北京召开，总结文化体制改革试点经验，部署全面推进文化体制改革。

2006年8月，中办、国办下发《国家“十一五”时期文化发展规划纲要》。

2007年10月，党的十七大提出兴起社会主义文化建设新高潮，提高国家文化软实力，推动社会主义文化大发展大繁荣。

2008年4月，全国文化体制改革工作会议在北京举行。

2009年9月，国务院发布《文化产业振兴规划》。

2010年7月，中央政治局以深化我国文化体制改革为专题举行第二十二次集体学习，明确提出了“三加快一加强”的文化改革发展总体布局。

2010年8月，全国文化体制改革工作会议在青岛召开。

2010年10月，党的十七届五中全会通过的《中共中央关于制定国民经济和社会发展第十二个五年规划的建议》，明确提出“十二五”时期要基本建成公共文化服务体系，推动文化产业成为国民经济支柱性产业。

2011年5月，全国文化体制改革工作会议在合肥举行。

2011年5月，中办、国办印发《关于深化非时政类报刊出版单位体制改革的意见》。

2011年10月，党的十七届六中全会通过《中共中央关于深化文化体制改革推动社会主义文化大发展大繁荣若干重大问题的决定》，提出建设社会主义文化强国的战略目标。

2011年12月，中办、国办下发《国家“十二五”时期文化改革发展规划纲要》。

文献资料

童树根题

□ 中共安徽省委　安徽省人民政府

关于加快建设文化强省的若干意见

□ 中共安徽省委关于贯彻落实党的十七届

六中全会精神进一步加快文化强省建设

的实施意见

□ “十二五”时期安徽文化产业转型发展

研究

□ 安徽历史文化资源的类型与特点

中共安徽省委 安徽省人民政府
关于加快建设文化强省的若干意见

（2009年8月28日）

文化是民族凝聚力和创造力的重要源泉，是一个国家、一个地区综合竞争力的重要因素。推动社会主义文化大发展大繁荣，兴起文化建设新高潮，加快建设文化强省，大力提升文化软实力，是深入贯彻落实科学发展观的根本要求，是实现加速崛起的重要任务，是全面建设小康社会的重要目标。根据党的十七大的战略部署，立足安徽实际，现就加快建设文化强省提出如下意见。

一、指导思想和目标思路

1.指导思想。高举中国特色社会主义伟大旗帜，以邓小平理论和“三个代表”重要思想为指导，深入学习实践科学发展观，全面落实胡锦涛总书记视察安徽重要讲话精神，坚持社会主义先进文化前进方向，以建设社会主义核心价值体系为根本，以解放思想为先导，以深化文化体制改革为动力，兴起文化建设新高潮，促进文化事业全面繁荣和文化产业跨越发展，为推进科学发展、加速崛起进程、构建和谐安徽提供强大的思想保证、精神动力和智力支持。

2.发展思路。把握全球化进程不断加快和经济文化日益融合的新趋势，适应经济社会发展对文化建设的新要求和人民群众对精神文化生活的新期待，充分发挥文化底蕴深厚的优势，激发全社会文化创造活力，努力实现社会效益与经济效益相统一，更好更快地出精品、出人才、出效益，加快建设文化强省。

——构建“三大体系”：门类众多、特色鲜明的文化事业和文化产业发展体系；覆盖全社会、全民共享的公共文化服务体系；充满生机、富有活力的文化创新体系。

——形成“四大格局”：统筹城乡发展，城市带动农村，各方面优势互补、良性互动的文化发展格局；公有制为主体、多种所有制共同发展的文化产业格局；统一开放、竞争有序的文化市场格局；民族文化和安徽地域文化为主体，吸收外来有益文化的文化开放格局。

——实施“五个一批”：推出一批在全国有影响的文化精品、强势品牌和优势门类；建成一批代表安徽形象的标志性文化设施；培育一批具有规模效应、富有核心竞争力的主导产业、龙头企业和文化产业园区；建设一批具有较强实力、较大辐射力、较高品位的文化强市、文化强县；培养一批结构合理、素质优良、富有开拓精神和创新能力的领军人物和拔尖人才。

——建设“八大工程”：实施文化创新引领工程，推进文化内容、文化业态和体制机制创新；实施文化品牌示范工程，打造精品力作，不断推出具有广泛影响力和持久竞争力的产品品牌、服务品牌、企业品牌；实施文化龙头带动工程，培育一批综合实力强、发展后劲足、竞争优势明显的国有文化龙头企业或企业集团，使之成为文化发展的主导力量；实施文化产业跨越工程，大力发展优势产业，重点扶持新兴产业，建成一批产业基地和特色园区；实施文化建设惠民工程，统筹区域和城乡文化发展，建成完善的公共文化服务体系；实施文化展示传播工程，充分利用两种资源、两个市场，推动文化产品、文化服务和文化实体抢占国内市场，进军国际市场；实施文化保护利用工程，加强文物保护和非物质文化遗产传承工作，赋予时代内涵，使之重焕生机；实施文化人才兴皖工程，创新人才培养、选拔、引进和使用机制，造就各领域各门类的领军人物、高端人才和复合型人才，建设文化人才高地。

3.主要目标。到“十二五”末，全省文化发展主要指标、文化事业整体水平、文化产业综合实力处于中西部领先水平，部分行业和领域位居全国前列，形成与科学发展相适应的文化宏观管理体制和微观运行机制，与加速崛起相适应的文化软实力，与文化资源大省地位相适应的文化优势，与人民群众日益增长的精神文化需求相适应的文化条件。

——社会主义核心价值体系深入人心，思想道德建设显著加强，哲学社会科学更加繁荣发展，公民文明素质和城乡文明程度进一步提高。

——主流舆论积极健康，新闻宣传的引导力、传播力和影响力不断增强，对外文化交流合作进一步扩大，安徽形象显著提升。

——公共文化服务体系初步

建立，城乡文化基础设施建设切实加强，文化产品供给能力和公共文化服务能力明显提高，人民群众基本文化权益进一步得到保障。

——文化产业形成较大规模，对经济发展贡献率显著提高，增加值达到1000亿元以上，占全省生产总值的比重达到5%以上，成为国民经济支柱产业。

二、主要任务和重点工作

4.扎实推进社会主义核心价值体系建设。坚持马克思主义在意识形态领域的指导地位，把社会主义核心价值体系融入国民教育和精神文明建设全过程，使之成为全省人民奋发向上的精神力量和团结和睦的精神纽带。用中国特色社会主义理论体系武装党员、教育人民，组织开展科学理论宣传普及活动，促进科学理论进机关、进社区、进企业、进学校、进乡村，推动当代中国马克思主义大众化。扎实开展深入学习实践科学发展观活动，不断增强广大干部群众贯彻落实科学发展观的自觉性和坚定性。繁荣发展哲学社会科学，大力扶持特色学科、优势学科和应用学科，切实加强改革开放和现代化建设重大现实问题的研究。用中国特色社会主义共同理想统一思想，用民族精神和时代精神凝聚力量，不断增强社会主义意识形态的吸引力和凝聚力。把社会主义荣辱观贯穿于公民道德建设各个方面，深入开展社会公德、职业道德、家庭美德和个人品德教育，大力表彰宣传道德模范，促进全省城乡形成良好社会风尚。

5.发展壮大新闻出版事业。适应信息技术迅猛发展带来的传播手段、传播渠道和传播格局的历史性变革，进一步提高舆论引导力和文化传播力，掌握话语权，赢得主动权。坚持团结稳定鼓劲、正面宣传为主，牢牢把握正确导向，增强舆论引导的权威性、公信力、影响力，巩固和发展积极健康的主流舆论。以党报党刊、电台电视台为主体，整合各类媒体资源，建立定位明确、特色鲜明、功能互补、覆盖广泛的舆论引导新格局。加大对主流媒体的扶持力度，努力把安徽日报、安徽人民广播电台、安徽电视台建设成为在全国有较大影响的新闻阵地。加强网络文化建设和管理，按照“积极利用、大力发展、科学管理”的方针，扶持中安在线等重点新闻网站做大做强，积极发展数字出版、手机网站、手机报刊、手机电视、移动电视、网络广播、网络电视等新兴传播载体。

6.广泛深入开展群众性精神文明创建活动。紧紧围绕“科学发展、和谐兴皖”的主题，广泛开展丰富多彩、形式多样的群众性创建活动，创造文明和谐的社会环境。进一步深化文明城市、文明村镇、文明单位、文明风景旅游区等创建活动，规范评比表彰，实行动态管理，不断提升创建工作的层次和水平。拓展结对创建、城乡共建、区域联建等活动，扎实推进“八百里皖江文明长廊”创建和社会志愿服务、送温暖献爱心等活动，切实抓好未成年人思想道德建设“百千万工程”和青少年爱国主义读书教育。以新农村建设“千村百镇示范工程”为重点，突出“乡风文明”和“村容整洁”，大力推进农村文明创建工作。坚持一手抓繁荣、一手抓管理，深入开展“扫黄打非”斗争，促进文化市场健康繁荣，进一步净化社会文化环境。

7.进一步深化文化体制改革。把深化改革作为加快建设文化强省的强大动力和根本途径，由试点向全省展开，由重点突破向纵深推进，抓住重点领域和关键环节，着力破解文化发展矛盾和问题，进一步解放和发展文化生产力。各地要明确“时间表”和“路线图”，加快建立党委领导、政府管理、行业自律、企事业单位依法运营的文化管理体制和富有活力的文化产品生产经营机制，深化文化行政管理体制改革，实行政企、政事分开和管办分离，更好地履行政策调节、市场监管、社会管理、公共服务等政府职能。整合市、县（市、区）文化、广播影视、新闻出版等部门行政管理职能，合并成一个综合文化责任主体，组建文化市场综合行政执法机构，实行统一执法。积极推进公益性文化事业单位内部三项制度改革，推行全员聘用制和岗位责任制，引入竞争激励机制，激发内在活力，提高服务水平。以加快国有经营性文化单位转企改制、培育合格市场主体为中心环节，按照现代企业制度的要求，建立法人治理结构和规范的资产经营责任制。推进非时政类报刊、高校出版社、重点新闻网站等转企改制。以歌舞、杂技、曲艺、话剧、地方戏曲等市场发育比较成熟的院团转企改制为突破口，推进国有文艺演出院团体制改革。加快电影制片厂、影剧院、电影公司转企改制，推动县以下电影发行放映体制改革，发展电影院线。继续大力推进全省广播电视网络整合，尽快形成完整统一的传输网络。积极推动市县广播电台和电视台的合并，实行资源共享，提高传播效率。推进新闻采编与经营业务“两分开”，实行广播电视节目制播分离，把影视剧、娱乐、体育等节目制作业务从电台、电视台分离出来，组建面向市场的节目制作公司。加快组建省广电传媒产业集团和演艺集团。推动党报党刊发行体制改革，强化市场运作和营销。大力培育文化中介组织，加快文化产品和文化生产要素市场建设，完善现代文化市场体系。加强国有文化资产监管，健全保值增值运行机制。

8.全面繁荣文化艺术事业。坚持“二为”方向、“双百”方针，尊重艺术规律，大力实施精品战略，以现实题材、革命题材和重大历史题材为重点，促进优秀产品创作、生产和传播，为人民群众提供更多更好的精神食粮。深入发掘徽文化丰厚底蕴，热情讴歌当代安徽人民的丰富创造，进一步“打好徽字牌，唱响黄梅戏，舞红花鼓灯”，培育一批具有自主知识产权的特色文化品牌和具有较强核心竞争力的优势艺术门类，打造更多展现徽风皖韵、思想性艺术性观赏性相统一、在全国产生重要影响的精品力作。大力发展群众文化，进一步活跃企业文化、乡村文化、社区文化、校园文化，繁荣广场文化、节庆文化，组织“江淮情”、“三下乡”、“童心大舞台”、“送欢乐下基层”等文化服务，丰富城乡群众精神文化生活。传承和创新安徽地域文化，重视保护、开发和利用各类文物和非物质文化遗产，加强徽州文化生态保护实验区、中国花鼓灯原生态保护区建设和管理。

9.加快构建公共文化服务体系。把构建公共文化服务体系作为各级民生工程的重要内容，坚持政府主导、社会参与、群众共建共享的原则，着力建设结构合理、网络健全、运行高效、覆盖城乡、惠及全民的公共文化服务体系。加快公共文化服务工程建设，推进广播电视“村村通”、文化信息资源共享、农村数字化电影放映、社区文化活动中心和乡镇综合文化站、农家书屋等工程建设。加强文化基础设施建设，2010年底完成广播电视“村村通”任务，2011年底完成乡镇综合文化站建设任务。用三年左右的时间，实现省辖市有文化馆、图书馆、博物馆，各县（市）有文化馆、图书馆的目标。加强电台、电视台、互联网公共信息服务点等公共文化设施建设，不断提高服务能力和质量。创新公共文化服务运行机制，加强和改进基层公共文化设施管理和使用，促进各种文化设施互联互通、共建共享，最大限度地发挥各项文化惠民工程的作用，更好地丰富群众精神文化生活。

10.强力推动文化产业跨越发展。把握当今世界文化产业发展趋势，把发展文化产业作为推进经济结构战略性调整、实现产业转型升级的重要突破口，充分利用两种资源、两个市场，促进文化产业又好又快发展。实现打造文化龙头企业的新突破。支持龙头企业做大做强，推进安徽出版集团建成大型跨国文化传媒集团，推动省报业集团、发行集团、广电传媒集团、演艺集团、时代出版、新安传媒、皖新传媒及芜湖方特等建成全国一流的大型文化企业。鼓励和支持骨干文化企业以资产重组、招商引资、上市融资等方式扩大规模、增强实力，以资本为纽带进行跨地区、跨领域、跨所有制兼并重组，打造文化产业战略投资者，形成以省属出版、发行、广电、报业、演艺五大集团为龙头，各类骨干文化企业快速健康成长，文化皖企军团跻身全国第一方阵、阔步走向海外的强劲态势。实现培育新兴文化业态的新突破。着力发展文化创意、影视制作、出版发行、印刷复制、广告、演艺娱乐、文化会展、数字内容和动漫等重点产业，加快发展数字出版、数字传输、新型文化装备制造等新兴产业，支持发展移动多媒体广播电视、网络广播电视、数字多媒体广播、手机广播电视，开发移动文化信息服务、数字娱乐产品等增值服务，为各种便携显示终端提供内容服务，使新兴文化业态成长为全省经济发展的增长点和文化繁荣的新亮点。实施全省动漫产业发展中长期规划，出台相关政策措施，大力扶持动漫创意、设计、生产和营销，重点推动合肥、芜湖及马鞍山等动漫基地加快发展，建设动漫创意产业交易平台，努力把我省建设成为全国动漫产业中心之一和动漫产业强省。实现建设文化产业园区的新突破。实施重大文化项目带动战略，加大文化产业招商引资力度，大力推进“861”行动计划文化产业项目建设。加快文化产业基地和区域性特色文化产业集群建设，依托区域中心城市，规划建设30个左右省级文化产业园区和产业基地，提高文化产业集中度和规模效应。加快影视产业基地建设，努力建成全国影视剧制作、播出和销售大省。推动文化产业与教育、科技、体育、信息、金融、旅游、外经贸等相关产业深度融合，加速文化产业结构优化升级。

11.进一步扩大对外文化交流与合作。适应全球一体化的新趋势，围绕进一步提升安徽形象和影响力，加强对外宣传和文化交流，推动安徽文化更多更好地走向世界。拓展对外文化交流领域，重点加强与西方主要国家、周边国家和国际友好省州、友好城市及港澳台地区的文化交流，积极参与国家举办的大型国际文化交流活动，推动民间文化交流，办好富有地方特色的大型国际节会活动。以资源为依托，以资本为纽带，加强与国际知名跨国文化集团的合资合作，培育具有国际竞争力的外向型骨干企业，鼓励有实力的文化企业在境外兴办文化实体。加强外宣窗口建设，以文化交流为载体，开展电视周、文化周等活动，重点扶持具有安徽特色的文化艺术、展览、电影、电视剧、动画片、出版物、音乐舞蹈和杂技等产品和服务的出口，推动图书、音像、影视、版权、演艺等拓展国际市场。外宣、外事、外贸、侨务、科技、旅游、体育等要与文化“走出去”结合起来，形成对外文化交流合力。

三、组织领导和保障措施

12.进一步加强领导。各级党委、政府要切实按照科学发展观的要求，全面贯彻落实党的十七大和胡锦涛总书记视察安徽重要讲话精神，从中国特色社会主义事业四位一体总体布局的战略高度，牢固树立高度的文化自觉和新的文化发展理念。深刻认识文化是旗帜，在经济社会发展全局中具有重要的引领和支撑作用；深刻认识文化是软实力，决定着一个国家、一个地区的发展质量和发展后劲；深刻认识文化是基本民生，是公民生存权与发展权的有机组成部分，更加自觉、更加主动地推动文化大发展大繁荣。要切实按照推进科学发展、加速崛起进程、构建和谐安徽的目标要求，牢固树立正确的事业观、工作观和政绩观，防止和克服在文化建设上的实用主义倾向，把加强文化建设、深化文化体制改革作为“一把手”工程和治党理政的重要任务摆在更加突出的位置，纳入党委、政府工作重要议事日程，纳入经济社会发展总体规划，纳入党委、政府考核评价体系，作为评价地区发展水平、衡量发展质量和领导干部政绩的重要内容。各市、县（市、区）要成立由主要负责同志任组长的文化建设工作领导小组，负责领导和推进本地文化建设，研究解决相关重大问题，检查督促目标任务、政策措施的贯彻落实。

13.进一步加大投入。各级政府要确保每年对文化建设投入增幅不低于同级财政经常性收入增长幅度，保证中央和省级财政转移支付资金用于文化建设的比重逐年增加。从2009年开始，未来五年，省财政每年安排3000万元，分别设立精神文明建设“五个一工程”、重大题材影视剧创作、舞台艺术精品工程、重大新闻出版项目、公益性出版物、文化“走出去”专项资金；每年安排2000万元专项资金，重点解决省属演艺院团设施更新、剧目创作、人才培养等问题。设立省级文化产业发展专项资金，从2009年开始省财政每年安排5000万元，一定五年不变。由省财政牵头，面向社会募集资金，设立全省文化产业创业投资基金，扶持中小文化企业和新兴文化产业发展。各市、县要参照省里做法，作出相应安排。

14.进一步加强政策支持。全面贯彻落实国家和省已经出台的各项支持文化改革发展的政策，鼓励各地制定更加优惠的配套政策。认真落实从城市住房开发投资中提取1%用于社区公共文化设施建设的政策。省级文化产业园区（基地）比照高新技术开发区给予政策扶持。对从事数字广播影视、网络传输、数字出版、动漫游戏、文化创意等文化创新型企业、文化高新技术企业或高新技术项目，各项行政性收费地方留成部分，实行免征；实际缴纳的企业所得税地方留成部分，从2010年起3年内全额奖励企业。文化创新型企业、文化高新技术企业或高新技术项目，由省科技厅会同宣传文化、财政税务部门认定。每年从“861”行动计划文化产业项目中选择20个左右重大项目，由省直接调度。各地在年度新增建设用地计划指标中，优先安排文化项目。国有商业银行、政策性银行要降低信贷门槛，创新金融产品，加大对文化企业的金融支持。依法支持民间资本、社会资本和境外资本进入文化领域，鼓励社会力量兴办文化企业，逐步建立多元投融资体系。

15.进一步加强人才队伍建设。切实尊重人民群众的主体地位，充分调动广大文化工作者的积极性创造性，弘扬安徽人民改革创新的优良传统，勇于探索，大胆实践。把文化人才队伍建设纳入人才强省战略，健全培养引进、选拔使用、评价激励等机制，形成优秀人才不断涌现、拔尖人才脱颖而出、各类人才茁壮成长的良好局面。以“六个一批”双百人才工程为龙头，抓紧培养、引进各领域各门类的高端人才和领军人物，尤其要造就既熟悉文化工作，又懂经营、善管理、精策划的复合型人才，造就洞悉市场风云、搏击市场大潮、在激烈竞争中克难制胜的文化企业家和实业家。鼓励和扶持有条件的高等院校开设文化创意、数字动漫、新技术、新媒体等专业，大力培养文化产业经营管理、高新技术、新媒体产业等领域急需人才，以出版传媒业博士后科研工作站及工程硕士培养点为基地，积极推进产学研一体化。建立文化人才引进绿色通道，把引进高层次文化人才纳入省引进高层次人才工作范围，享受同等待遇。切实加强新兴文化组织、民营文化机构人才的管理和服务，认真做好体制外人才的引进工作。对文化创新型企业、文化高新技术企业的高层技术、管理人员，年薪10万元以上的，实际缴纳的个人所得税地方留成部分，全额奖励给个人创新创业。凡获得国家级重大奖项的，省里实行配套奖励。设立安徽省荣誉制度，表彰奖励在文化强省建设中有突出贡献的各类人才和实际工作者。

各市、县要根据本意见精神，结合实际，制定文化建设总体规划，完善配套措施和运行机制，认真抓好落实。

中共安徽省委关于贯彻落实党的十七届六中全会精神进一步加快文化强省建设的实施意见

（2012年5月3日）

为深入贯彻落实党的十七届六中全会精神，奋力推动文化大发展大繁荣，努力打造充满活力的文化强省，提出如下实施意见。

一、深入学习贯彻党的十七届六中全会精神，充分认识推动文化大发展大繁荣的重要性紧迫性

1.深刻领会党的十七届六中全会精神。党的十七届六中全会是在全面建设小康社会关键时期和文化改革发展重要阶段召开的一次十分重要的会议。全会通过的《中共中央关于深化文化体制改革推动社会主义文化大发展大繁荣若干重大问题的决定》，全面总结了我们党领导文化工作的成就和经验，深刻分析了文化建设面临的形势和任务，系统阐述了中国特色社会主义文化发展道路，科学确立了建设社会主义文化强国的战略目标，明确提出了新形势下推进文化改革发展的指导思想、重要方针、目标任务、政策举措，是指导我国文化改革发展的纲领性文件。全省各级党组织和广大党员干部要认真学习领会中央决策部署，结合实际抓好贯彻落实。

2.准确把握全省文化建设面临的机遇和挑战。近年来，省委始终把文化建设摆在全局工作的重要位置，团结带领全省人民加快文化改革发展，文化体制改革走在全国前列，党的理论创新成果深入人心，舆论环境持续优化，公民道德水平和城乡文明程度明显提升，文化惠民工程加快实施，精品力作不断涌现，文化产业异军突起，文化“走出去”步伐加快，安徽文化影响力进一步扩大，为加快文化强省建设奠定坚实基础。同时，本省文化建设还面临一些矛盾和挑战：一些地方和单位对文化建设的重要性、紧迫性认识不够；文化产品和服务供给不足，有影响的精品力作还不够多，公共文化服务体系不够健全；文化产业规模不够大，结构不够合理，总体实力和竞争力还不够强；文化人才队伍还不能适应新形势新任务要求，文化高层次人才不够多，农村基层文化建设人才缺乏等。这些问题应引起高度重视，采取有力措施，认真加以解决。

3.切实增强推动文化大发展大繁荣的自觉性和坚定性。文化建设是中国特色社会主义事业总体布局的重要组成部分，没有社会主义文化繁荣发展就没有社会主义现代化。当今时代，文化越来越成为民族凝聚力和创造力的重要源泉、越来越成为综合国力竞争的重要因素、越来越成为经济社会发展的重要支撑，丰富精神文化生活越来越成为人民的热切愿望。安徽的崛起必然包括以文化为核心的软实力的崛起，美好安徽建设必须强化以文化为灵魂的精神支撑。全省各级党组织和广大党员干部要切实增强责任感紧迫感，进一步提高文化自觉，增强文化自信，充分发掘安徽文化的独特优势和巨大潜力，把握文化改革发展的难得机遇，努力以思想文化新觉醒、理论创造新成果、文化建设新成就，为推进科学发展、建设美好安徽作出更大贡献。

二、坚持徽风皖韵与时代特征相融合的文化发展之路，努力打造充满活力的文化强省

4.指导思想。高举中国特色社会主义伟大旗帜，以马克思列宁主义、毛泽东思想、邓小平理论和“三个代表”重要思想为指导，深入贯彻落实科学发展观，坚持走中国特色社会主义文化发展道路，紧紧围绕科学发展主题和全面转型、加速崛起、兴皖富民主线，以建设社会主义核心价值体系为根本任务，以满足人民群众精神文化需求为出发点和落脚点，以改革创新为动力，培养高度的文化自觉和文化自信，奋力推动文化大发展大繁荣，努力打造充满活力的文化强省，为建设美好安徽提供坚强思想保证、强大精神动力、有力舆论支持和良好文化条件。

5.主要目标。到“十二五”末，全省文化发展主要指标、文化事业整体水平、文化产业综合实力处于中西部领先水平，部分行业和领域位居全国前列，努力形成与科学发展相适应的文化宏观管理体制和微观运行机制，与美好安徽建设相适应的文化软实力，与文化资源大省地位相适应的文化优势，与人民群众精神文化需求相适应的文化条件。

——社会主义核心价值体系建设取得重大进展。党的创新理论深入人心，良好道德风尚进一步弘扬，公民文明素质和城乡文明程度显著提高。

——公共文化服务体系基本建成。城乡文化基础设施建设明显加强，公共文化服务水平显著提高，人民群众基本文化权益得到切实保障。

——文化产业综合实力明显增强。全省文化产业增加值占生产总值的比重超过5%，整体实力和竞争力显著提升，成为国民经济支柱产业。

——文化体制改革不断深化。科学有效的宏观文化管理体制、富有效率的微观运行机制基本形成，文化生产力进一步解放和发展，文化发展活力显著增强。

——文化创新体系基本建立。文化科技含量大幅提升，新型文化业态快速发展，文化精品力作不断涌现，文化产品和服务核心竞争力显著增强，形成一批在国内外有影响的自主文化品牌。

——文化影响力全面提升。新闻宣传的引导力、传播力、辐射力不断增强，主流媒体主导作用充分发挥，新兴媒体健康有序发展，对外文化交流合作进一步扩大，安徽良好形象进一步树立。

——文化队伍素质整体提高。高层次文化人才队伍发展壮大，基层文化队伍结构明显改善，人才培养、使用、激励机制更加科学，文化发展人才高地优势逐步显现。

在此基础上，再经过五年奋斗，到2020年文化改革发展成效更加显著，文化在全省经济社会发展中的作用更加凸显，人民群众精神文化生活更加丰富，安徽文化软实力更加突出，文化发展环境更加优化，文化发展活力竞相迸发，文化创新潜能充分涌流。

6.总体要求。坚持以马克思主义为指导，坚持社会主义先进文化前进方向，坚持以人为本，坚持把社会效益放在首位，坚持改革开放。工作中，着力把握以下要求：

——高举旗帜、坚定方向。坚持用中国特色社会主义理论体系武装头脑、指导实践，深入推进社会主义核心价值体系建设，不断巩固和发展马克思主义在意识形态领域的指导地位。

——围绕中心、服务大局。自觉把文化繁荣发展作为坚持发展是硬道理、发展是第一要务的重要内容，作为深入贯彻落实科学发展观的基本要求，加快文化改革发展，促进安徽文化资源和体制机制优势转化为现实文化生产力，更好服务于科学发展、兴皖富民大业。

——以人为本、为民惠民。落实“三贴近”原则，发挥人民群众在文化建设中的主体作用，满足人民群众日益增长的精神文化需求，使全体人民成为文化建设的参与者、发展成果的享有者，促进人的全面发展。

——深化改革、锐意创新。继续解放思想，转变发展理念和发展方式，创新体制机制，激发内在活力，坚持把社会效益放在首位、社会效益和经济效益相统一，力争多出精品、多出人才、多出效益。

——统筹兼顾、协调发展。正确认识和妥善处理文化改革发展中的重大关系，协调好文化建设各领域、各环节，立足当前、着眼长远，重点突破、全面推进，不断提升文化改革发展的科学化水平。

——求真务实、狠抓落实。坚持发挥主观能动性和尊重文化发展规律相结合，面向基层、重心下移，脚踏实地、埋头苦干，多创造经得起实践、人民和历史检验的文化新业绩。

三、推进社会主义核心价值体系建设，巩固全省人民团结奋斗的共同思想道德基础

7.推动党的创新理论深入人心。坚持不懈用马克思主义中国化最新成果武装党员、教育群众，深入开展中国特色社会主义理论体系宣传普及活动，推动学习实践科学发展观向深度和广度拓展，促进科学理论进机关、进社区、进企业、进学校、进乡村，不断增强广大干部群众贯彻落实科学发展观的自觉性和坚定性。扎实推进学习型党组织建设，以县处级以上领导干部为重点，健全完善党委（党组）中心组学习制度和述学评学考学制度，切实提高党员干部的政治素养、理论水平和实践能力。繁荣发展哲学社会科学，大力扶持特色学科、优势学科、交叉学科和应用学科，推动高水平社科研究基地和学术交流平台建设。坚持以我省经济社会发展的重大现实问题为主攻方向，加强对全局性、战略性、前瞻性问题研究，推出一批有深度、有分量、有实用价值的研究成果，更好服务经济社会发展。

8.广泛开展理想信念教育和民族精神、时代精神教育。贯彻落实《社会主义核心价值体系建设实施纲要》，坚持用中国特色社会主义共同理想统一思想，用以爱国主义为核心的民族精神和以改革创新为核心的时代精神凝聚力量，不断增强社会主义意识形态的吸引力和凝聚力。大力弘扬安徽人民敢为人先、锐意进取、诚信务实、开放包容的优良传统，引领广大干部群众不断创造新业绩新辉煌。深入开展形势政策教育、国情省情教育、历史文化教育、革命传统教育、改革开放教育、法制教育、国防教育，组织学习中国近现代史特别是党领导人民进行革命、建设、改革的历史，坚定广大干部群众对中国特色社会主义的信心和信念。加强爱国主义教育基地建设，充分利用红色旅游资源、重大节庆日、纪念日组织开展群众性爱国主义教育活动，激励人们把爱国热情化作建设美好安徽的实际行动。

9.切实加强公民道德建设。坚持用社会主义荣辱观引领社会风尚，大力实施公民道德建设工程，加强社会公德、职业道德、家庭美德和个人品德教育，倡导爱国、敬业、诚信、友善等道德规范，引导公民自觉履行法定义务、社会责任、家庭责任。把学习雷锋精神贯穿于道德建设全过程，吸引群众积极参与各种形式的道德实践和志愿服务，广泛开展“学雷锋、做好人、改陋习、提素质”活动，打造“好人安徽”品牌。各行各业、各部门、各单位都要开展道德养成教育，各级领导干部和公务人员要带头践行道德规范，从友善出发、从小事做起，为提高社会文明素质打牢基础。深入开展学沈浩、创先进、争优秀活动，积极发现和培育先进典型，营造学习先进、崇尚先进、争当先进的浓厚氛围。突出抓好未成年人思想道德建设，加强大学生思想政治教育，构建学校、家庭、社会紧密协作的教育网络。围绕建设信用安徽，大力推进政务诚信、商务诚信、社会诚信和司法公信建设，建立健全覆盖全社会的征信系统。加大惩处力度，在重点行业开展道德领域突出问题专项教育和治理活动。切实加强和改进思想政治工作，注重人文关怀和心理疏导，培育自尊自信、理性平和、积极向上的社会心态。认真组织实施“六五”普法规划，提高全民法律素质。深入开展反腐倡廉教育，推进廉政文化建设。

10.进一步拓展精神文明创建活动。深入推进文明城市（区）创建，围绕公共环境、公共秩序、人际交往、公益行动等重点，加强城市公共文明和社区文明建设，不断提升创建层次和水平。着力开展文明县城、村镇创建，持久开展清洁示范村、文明生态村、绿色小康村、移风易俗示范村“四创”活动，推动农村精神文明建设实现新突破。大力开展文明行业、文明单位创建，规范行业行为、提高服务质量，树立行业文明新风尚。深化群众性精神文明创建活动，广泛开展“送温暖、献爱心”、“三下乡”、“四进社区”等活动。坚持一手抓繁荣、一手抓管理，深入开展“扫黄打非”，促进文化市场健康繁荣，净化社会文化环境。

四、加强对文化产品创作生产的引导，为人民群众提供更好更多的精神食粮

11.坚持正确创作方向。坚持以人民群众为中心的创作导向，引导文化工作者牢记为人民服务、为社会主义服务的神圣职责，把个人创作融入改革开放和现代化建设大业，认真对待和积极追求文化产品社会效益，弘扬真善美，贬斥假恶丑，大力发展先进文化、建设和谐文化。坚持百花齐放、百家争鸣，坚持社会责任和创作自由的统一、弘扬主旋律和提倡多样化的统一，充分发扬学术民主、艺术民主，提倡不同观点和学派充分讨论，提倡体裁、题材、形式、手段充分发展，营造积极健康、宽松和谐的文化创作氛围，推动观念、内容、风格、流派积极创新。鼓励文化工作者焕发创造激情，激发原创活力，兼收并蓄、博采众长，增强文化产品的时代感和吸引力。鼓励一切有利于陶冶情操、愉悦身心、寓教于乐的文艺创作，坚决抵制低俗之风和消解主流价值的倾向。

12.大力实施精品战略。以“五个一工程”为龙头，认真组织实施舞台艺术精品工程、重大新闻出版工程、重大题材影视剧创作工程、重大历史题材美术创作工程、重点文学艺术作品扶持工程、优秀少儿作品创作工程等，深入发掘安徽丰厚文化底蕴，优先发展具有品牌性、地域性的重点文艺项目，有效推动体现徽风皖韵原创性作品的创作生产。认真做好重大选题规划，实行文艺精品生产立项招标制度、重点文艺创作项目责任制和优秀文艺作品专项补贴制度，不断推出在全国产生重要影响的精品力作，带动大众化的文化产品创作生产。加大文艺精品创作生产扶持力度，在全省建设一批文化创研生产基地，培育一批具有自主知识产权的特色文化品牌和优势艺术门类。

13.发展健康网络文化。实施网络内容建设工程，推动优秀传统文化和当代文化精品网络传播，制作体现安徽特色、适合新兴媒体传播的精品佳作。鼓励网民创作格调健康的网络文化作品，丰富网络文化内容，创立网络文化品牌，引导网络文化健康发展。落实完善文明网站测评体系，广泛开展文明网站创建活动，深入推动文明办网、文明上网，督促网络运营服务企业履行法律义务和社会责任。加强网络法制建设，加快形成法律规范、行政监管、行业自律、技术保障、公众监督、社会教育相结合的互联网管理体系。加强对社交网络和即时通讯工具的正确引导和科学管理，依法惩处传播有害信息行为，规范网上信息传播秩序，深入推进整治网络淫秽色情和低俗信息专项行动，严厉打击网络违法犯罪，培育文明理性的网络环境。加大网上个人信息保护力度，建立网络安全评估机制，维护公共利益和国家信息安全。

14.完善评价激励机制。坚持把遵循社会主义先进文化前进方向、人民群众满意作为评价作品的最高标准，把群众评价、专家评价和市场检验统一起来，科学设置市场接受程度量化指标，形成科学评价体系。建立公开、公平、公正评价机制，精简评奖种类，改进评选办法，提高评奖的权威性和公信度。加大优秀文化作品奖励力度，对获国家级重要奖项的或在全国产生重大影响的予以重奖。加强文艺评论队伍建设，深入研究文艺思潮、文艺现象和文艺热点，组织开展积极健康的文艺批评。加大优秀文化产品推广力度，在资金、频道、版面、场地等方面，为展演展映展播展览弘扬主流价值的精品力作提供条件，每年组织一批安徽文化精品专题推介活动。

五、大力发展公益性文化事业，保障人民群众基本文化权益

15.加快构建公共文化服务体系。坚持政府主导，按照“公益性、基本性、均等性、便利性”的要求，以农村和社区为重点，继续实施文化惠民工程，完善公共文化服务网络，不断提高公共文化产品和服务供给能力。统筹规划省级公共文化基础设施，加快建设安徽广播电视中心等公共文化设施，规划建设集演艺娱乐、图书馆藏、非遗展示为一体的安徽文化艺术中心等标志性文化设施。加强文化馆、纪念馆、青少年宫和县区文化中心等公共文化服务设施建设，实现图书馆、博物馆、文化馆、纪念馆、美术馆等公共文化场馆免费开放。完善面向妇女、未成年人、老年人、残疾人的公共文化服务设施。鼓励国有文化单位、教育机构、慈善组织等开展公益性文化活动，引导和鼓励社会力量通过兴办实体、资助项目、赞助活动、提供设施等形式支持和参与公共文化服务。加强公共文化服务体系示范区和项目建设，创建一批国家级、省级示范区。

16.推动城乡文化一体化发展。切实把农村文化建设摆在更加突出位置，增加农村文化服务总量，缩小城乡文化发展差距。加快城乡公共文化服务设施建设，各市建成“三馆一院”（图书馆、文化馆、博物馆和剧院），各县建成“两馆一场”（图书馆、文化馆、剧场）。推进广播电视全覆盖，逐步实现“户户通”。深入实施农村数字电影放映工程，普及数字化流动放映。积极推进乡镇综合文化站和村（社区）文化室、农家书屋建设，实现乡镇（街道）有综合文化站、文化小广场和公共电子阅览室，村有综合文化活动室、农家书屋和农民阅报栏，城市社区有文化中心。全力实施文化信息资源共享工程，以乡镇及社区基层服务网点为重点，建设社会文化数据库和优秀文化资源传输平台，实现省、市、县、乡、村全覆盖。深入开展全民阅读、全民健身活动，推动“送欢乐下基层”、“高雅艺术进校园”等活动经常化、制度化，定期举办中国农民歌会、“中国黄梅戏艺术节”、“江淮情”等活动。把农民工纳入城市公共文化服务范围，引导企业、社区积极开展面向农民工的公益性文化活动。扶持文化企业以连锁方式加强基层和农村文化网点建设，推动电影院线、演出院线向县区和乡镇延伸，推动演艺团体深入基层和农村演出常态化。鼓励新华书店、农家书屋、绿色网吧“三合一”，建设“农民文化家园”。广泛开展社区文化、企业文化、村镇文化、校园文化等群众性文化活动，培育基层特色文化品牌。

17.积极传承创新安徽地域文化。实施文物保护利用工程，加强世界文化遗产、历史文化名城（含街区、村镇）、大遗址和文物保护单位的保护管理。推进隋唐大运河（安徽段）申遗工作和含山凌家滩、西汉六安国王陵区等大遗址保护，重视徽派建筑、古村落、老字号、工业遗产、珍贵古籍保护。推进全省博物馆体系建设，优化博物馆品类布局，大力发展民办博物馆，扶持建设专题博物馆、生态博物馆和社区博物馆。加快推进徽州文化生态保护区、中国花鼓灯原生态保护区建设和管理。加强非物质文化遗产基地设施建设，规划建设一批重点非遗展示馆、综合性展示传习中心。深入整理、保护和展示安徽地域文化，努力推出一批高水准的研究成果。注重省情地情研究开发，加强档案、文史研究和地方志工作。充分发挥各级各类学校在挖掘、传承、创新优秀传统文化中的基础性作用，加强优秀传统文化教学研究基地建设。

六、加速推进文化产业跨越发展，培育国民经济支柱产业

18.推动文化产业规模化集约化专业化发展。实施“3115”行动计划，培育30个省级文化产业园区（基地）、100家骨干企业，助推10家企业上市，文化产业增加值占生产总值比重超过5%，整体实力和竞争力进一步提升。推进文化产业结构调整，发展壮大出版发行、影视制作、印刷、广告、演艺、娱乐、会展等传统文化产业，加快发展文化创意、数字出版、移动多媒体、动漫游戏、科普等新兴文化产业。大力优化文化产业布局，依托区域中心城市，结合县域经济发展，发展文化产业集群，统筹规划建设各具特色的文化创业创意园区，重点发展高科技创意产业园区、地方特色文化产业园区（基地）。继续实施重大文化项目带动战略，推进“861”行动计划文化产业项目库建设，在资金投入、项目支持、资源配置等方面加大倾斜力度，重点培育一批主业突出、优势明显的龙头企业，积极引进一批市场前景好、发展潜力大的高成长性企业。鼓励文化企业创造条件，以资本为纽带，跨地区、跨行业、跨所有制并购重组，培养文化产业战略投资者，打造一批在全国有影响的“徽”字号文化航母。推动文化与旅游、体育、信息、物流、建筑等产业融合发展，延伸产业链条，提高附加值。

19.推进文化科技创新。加快推进文化科技融合发展，建设文化和科技融合示范基地，充分利用高新技术改造提升传统文化产业，推动文化资源、文化生产、文化传播的数字化，提高文化产业科技含量。制定实施全省动漫产业和数字出版发展中长期规划，大力扶持动漫创意、设计、生产和营销，重点推动合肥、芜湖等动漫基地加快发展，建设高水平的动漫交易平台。加快建设以企业为主体、市场为导向、产学研相结合、具有安徽特色的文化创新体系，把重大文化科技项目纳入科技发展规划，支持产学研战略联盟和公共服务平台建设，培育一批具有自主知识产权、优势品牌和较强市场竞争力的骨干文化科技企业，掌握一批发明专利和文化科技攻关成果，增强文化产业核心竞争力。

20.扶持非公有制文化企业发展。完善相关政策和管理办法，从投资核准、信用贷款、土地使用、税收优惠、上市融资、债券发行、收入分配、对外贸易、信息服务和专项资金等方面给予支持，营造民营文化企业公平参与市场竞争、同等受到法律保护的体制和法制环境。依法加强服务和管理，引导社会资本在国家许可范围内投资文化产业，参与国有经营性文化单位转企改制，参与重大文化产业项目实施和文化产业园区建设。扶持一批竞争力强的民营文化骨干企业，发展一批专、精、特、新的中小型文化企业，实现文化供给多元化，形成公有制为主体、多种所有制共同发展的文化产业格局。

21.努力打造文化品牌。实施品牌提升战略，从商标注册、质量提高、文化标准制定、知识产权保护等入手，积极主导或参与制定国际标准、国家标准、行业标准，争创中国驰名商标和省著名商标。深入挖掘地方特色文化资源，围绕市场需求，加强深度开发，把传统元素与时尚元素结合起来，把地方特色与时代潮流结合起来，着力打造一批具有自主知识产权的知名文化产品和文化品牌。抓住城镇化加速推进的有利时机，发掘城乡文化资源，谋划实施一批文化项目，建设一批富有特色的文化街区，提升城市文化品位，建设特色文化城市。加强文化品牌对外营销，运用现代营销理念和市场规律，建立健全现代流通组织和流通方式，不断提升安徽文化的品牌价值。优化文化节庆活动，提升层次品位，办出鲜明特色，扩大品牌效应，形成展示安徽的靓丽名片。

七、深化文化体制改革，进一步解放和发展文化生产力

22.培育文化市场主体。积极拓展出版、发行、影视、演艺、广电企业改革成果，推动已转制文化企业公司制股份制改造，完善法人治理结构，培育自主经营、自负盈亏、自我发展、富有活力的各类文化市场主体，形成符合现代企业制度要求、体现文化企业特点的资产组织形式和经营管理模式。坚持把改革、改组、改造与创新管理结合起来，把深化改革与调整结构、整合资源结合起来，充分发挥国有文化资本的控制力、影响力和带动力。鼓励省属文化集团与各地文化企业以资源或产权为纽带进行整合重组。全面完成非时政类报刊出版单位转企改制，组建一批综合性或专业性报刊传媒集团公司。进一步推进广播电视网络整合，形成全省统一的传输网络。加强企业文化建设，不断提高企业的凝聚力和整体形象。

23.创新文化事业单位运行机制。突出公益属性、强化服务功能、增强发展活力，深入推进公益性文化事业单位的人事、收入分配和社会保障制度改革，研究制定公共文化服务指标体系和绩效考评办法，加强绩效评估考核，促进形成责任明确、行为规范、富有效率、服务优良的公共文化服务长效机制。积极推动党报党刊、广播电视台完善管理和运行机制，推动一般时政类报刊等事业单位实行企业化管理。创新公共文化服务供给方式，采取政府采购、项目补贴、定向资助等办法，鼓励各类文化企业参与公共文化服务。加强跨部门项目合作，综合规划建设面向农村和基层的公共服务设施，促进资源综合利用。探索公共文化设施的委托管理，鼓励各类社会机构和企业提供公共文化服务，促进公共文化服务的社会化多元化。坚持建设、管理和使用相统一，更加注重使用的原则，整合资源，扩展功能，促进文化设施互联互通、共建共享。

24.构建现代文化市场体系。培育传统文化产品交易市场，重点发展图书报刊、音像制品、演出娱乐、影视剧、书画作品和工艺品等产品市场，积极开发以网络为载体的新兴市场。不断创新文化与市场接轨的商业模式，着力培育大众文化消费市场。大力发展连锁经营、物流配送、电子商务等现代流通组织和流通形式，以建设区域性出版物发行中心为重点，加快建设一批大型文化流通企业和物流基地，积极构建以大城市为中心、中小城市相配套、贯通城乡的文化产品流通网络。积极培育文化要素市场，加快发展文化人才、信息、技术、产权、版权等交易市场，健全完善文化经纪代理、评估鉴定、投资、保险、担保、拍卖等中介服务机构和行业组织。积极推进资本市场建设，引导文化企业开展银企合作、融资担保，实现金融资本与文化资源有效对接。继续推动符合条件的文化企业上市融资，打造资本市场“安徽文化板块”。加强综合交易平台建设，加大文化项目招商引资力度，办好中国国际动漫创意产业交易会，吸引更多高水平的文化展会落户安徽。

25.深化文化管理体制改革。加快推进政府职能转变，继续推进政企分开、政事分开，理顺政府与文化企事业单位关系。省级文化行政管理部门要切实加强战略规划、政策法规、标准规范制定和行业监管；市、县文化行政管理部门要认真抓好文化方针政策和法律法规的贯彻落实，强化执行和执法监管，面向基层群众做好公共文化服务。完善管人管事管资产管导向相结合的国有文化资产管理体制和运行机制，确保文化安全和国有资产保值增值。坚持主管主办制度，落实谁主管谁负责和属地管理原则，严格执行文化资本、文化企业、文化产品市场准入和退出政策，综合运用法律、行政、经济、科技等手段提高管理效能。

八、加强现代传播体系建设，提高安徽文化影响力

26.加强主流新闻媒体建设。把握正确舆论导向，坚持团结稳定鼓劲、正面宣传为主，遵循新闻传播规律，壮大主流舆论，提高舆论引导的及时性、权威性和公信力、影响力，更好发挥宣传党的主张、弘扬社会正气、通达社情民意、引导社会热点、疏导公众情绪、搞好舆论监督的重要作用。以党报党刊、广播电视台为主，整合各类媒体资源，形成中央媒体与省市媒体、传统媒体与新兴媒体宣传互动，构建统筹协调、责任明确、功能互补、覆盖广泛、富有效率的舆论引导格局。加大对主流媒体的扶持力度，努力把安徽日报、安徽广播电视台建设成为在全国有较大影响的新闻阵地。加强新闻传播秩序的规范管理，严格规范新闻采编行为，加大虚假新闻治理力度。新闻媒体和新闻工作者要秉持社会责任和职业道德，注重新闻报道社会效果，真实准确传播新闻信息，认真履行职责，树立良好形象。

27.加快发展新兴传播载体。按照“积极利用、科学发展、依法管理、确保安全”的方针，加强网络阵地建设，唱响网上思想文化主旋律。重视数字传播，有序发展手机网站、手机报刊、网络广播、网络电视、移动多媒体广播电视等新兴传播载体。积极整合各种资源，不断拓展即时通信、博客（微博客）、播客、聚合新闻服务等业务领域，实现多渠道、全方位新闻信息发布的内容管理、技术调整和业务整合，提升技术应用水平和业务保障能力。支持重点新闻网站整合资源、加快发展，发挥主要商业网站建设性作用，提高主流网站的影响力，形成一批具有安徽气派、体现时代精神的网络文化品牌，充分发挥中安在线、安徽网络广播电视台、市县新闻网站以及政府网站、科技教育文化类网站的作用，打造安徽网络媒体高地。抢抓“三网融合”机遇，大力推动跨部门集成文化资源、产品和服务，建设覆盖全省的互联网信息内容综合管理平台。

28.不断扩大对外文化交流与合作。加强文化传播渠道建设，拓展对外文化交流领域，重点加强与西方主要国家、周边国家和国际友好省州、友好城市及港澳台地区的文化交流，积极参与国家举办的大型国际文化交流活动，推动民间文化交流，办好富有地方特色的大型国际节会活动。以资源为依托，以资本为纽带，鼓励有实力的文化企业在境外兴办文化实体，加强与国际知名跨国文化集团合作，培育具有国际竞争力的外向型骨干企业。加强外宣窗口建设，积极开展电视周、文化周等活动。把文化“走出去”与外宣、外事、外贸、侨务、教育、科技、旅游、体育等结合起来，形成对外文化交流合力。

九、建立健全政策保障体系，优化文化改革发展环境

29.加大文化建设投入。保证公共财政对文化建设投入的增长幅度高于财政经常性收入增长幅度，提高文化支出占财政支出的比例，“十二五”末全省人均文化事业费力争达到全国平均水平。加大对革命老区、贫困地区的文化建设投入。扩大公共财政覆盖范围，完善投入方式，加强资金管理，提高资金使用效益，保障公共文化服务体系建设和运行。把主要公共文化产品和服务项目、公益性文化活动纳入财政预算保障，支持加快公共文化服务体系建设和城乡一体化发展。按照省级财政经常性收入增长幅度，逐年加大省级文化强省建设专项资金、农村文化建设专项资金规模。市、县设立文化强市、文化强县和农村文化建设专项资金。设立安徽文化产业创业投资基金，组建安徽文化产业担保公司。支持社会组织、慈善机构、个人捐赠和兴办公益性文化事业，提高彩票公益金用于文化事业比重。

30.强化文化政策支持。贯彻落实支持文化改革发展的各项政策，研究制定更加宽松、更加优惠、更加具有针对性操作性的政策，为加快文化强省建设提供有力支持，创造良好环境。健全完善加快文化产业发展、加快建设省级文化产业园区（基地）、加强农村公共文化服务体系建设、金融支持文化产业发展、加强高层次文化人才队伍建设、加快推动文化企业上市、加快推进文化科技融合发展等方面政策。认真落实关于在城市住房开发中加强社区公共文化设施建设的政策，推进社区公共文化设施与新开发小区同步规划、同步建设、同步验收；老城区要加快改建、扩建公共文化服务基础设施。省级文化产业园区（基地）和文化企业，比照高新技术开发区和高新技术企业给予政策扶持。各地要将文化项目建设纳入土地利用总体规划和年度计划，并优先安排用地指标。国有金融机构要降低信贷门槛，创新金融产品，强化金融服务，加大对文化企业的支持。实施鼓励文化产品和服务出口政策，重点扶持具有安徽特色的文化产品出口，引导文化企业开拓国际市场。

31.加强文化法制建设。健全完善促进公共文化服务体系建设、文化产业发展、文化市场管理、加强非物质文化遗产保护等地方性法规、规章。完善文化行政审批制度，建立健全行政许可实施机制，推进政府信息公开，改进行政复议工作，加强行政监督和问责。支持开发应用现代技术保护著作权，鼓励文化市场主体依法运用知识产权，提升运用知识产权的能力。

十、高度重视领导班子和人才队伍建设，为加快建设文化强省提供重要保证

32.认真抓好文化领域领导班子和干部队伍建设。按照德才兼备、以德为先的用人标准，选好配强文化领域各级领导班子，把政治立场坚定、思想理论水平高、熟悉文化工作、善于驾驭意识形态复杂局面的干部充实到领导岗位，着力建设团结和谐、坚强有力的领导集体。加强领导班子思想政治建设，增强政治敏锐性和政治鉴别力，筑牢思想防线，确保文化阵地导向正确。扩大文化领域与其他领域的干部交流，推进文化领域干部内部交流，着力改善领导干部结构。完善宣传思想文化干部管理体制，加强重要舆论阵地、重要岗位领导干部管理。深化干部人事制度改革，加大竞争性选拔干部力度，拓宽选人用人渠道，努力建设一支政治坚定、能力突出、作风过硬、群众信任的宣传文化干部队伍。

33.努力造就高层次领军人物和高素质文化人才队伍。全面贯彻党管人才原则，切实把文化人才队伍建设纳入人才强省战略。组织实施“六个一批”拔尖人才工程、“安徽文化名家”工程和“青年文化英才”扶持工程，培养一批造诣高深、引领安徽文化发展的领军人物、拔尖人才，一批品德优秀、专业能力突出的青年英才。落实人才培训规划，创新人才培养模式，有计划选送领军人才到省内外著名研究机构、高等院校、大型企业和顶尖艺术院团研修深造，支持和组织拔尖人才到国外境外考察、进修。鼓励和扶持有条件的高等院校优化专业结构，与文化企业、园区合作建立文化人才培养基地。建立引进高层次文化人才“绿色通道”，把引进高层次文化人才纳入省引进高层次人才工作范围，享受同等待遇。引导和扶持文化骨干企业、重点园区建立高层次文化人才引进平台，多渠道引进国内外高端文化人才和创新团队。完善人才发现培养、选拔任用、流动配置、激励保障机制，鼓励文化企事业单位制定智力贡献参与分配的具体办法。深化职称评审改革，为优秀人才脱颖而出、施展才华创造有利制度环境。重视发现和培养社会文化人才，对非公有制文化单位人员评定职称、参与培训、申报项目、资助扶持、表彰奖励同等对待。设立省级文化人才荣誉称号，表彰奖励有突出贡献的文化工作者，加强对优秀文化人才的宣传。

34.切实加强基层宣传文化队伍建设。认真落实基层文化人才队伍建设各项政策，配好配齐乡镇、街道党委（党工委）宣传委员、宣传文化干事和乡镇综合文化站（中心）专职人员，进一步充实村、社区宣传文化工作力量。切实加强市、县级文化馆、图书馆、广播电视台（站）等工作队伍建设，着力提高从业人员的业务能力和服务水平。设立城乡社区公共文化服务岗位，积极动员和鼓励各方面人才特别是大中专毕业生投身基层宣传文化事业。对在城乡社区公共文化服务岗位服务期满、经考核合格的高校毕业生报考文化部门公务员和相关专业研究生实行定向招录。积极支持民间文化人才队伍发展，重视发现和培养乡土文化能人、民族民间文化传承人特别是非物质文化遗产项目代表性传承人，鼓励和扶持群众中涌现出的各类文化人才和文化活动积极分子。发展和壮大文化志愿者队伍，鼓励专业文化工作者和社会各界人士参与基层文化建设和群众文化活动，形成专兼结合的基层文化工作队伍。

35.大力推进职业道德和作风建设。引导文化工作者自觉践行社会主义核心价值体系，坚守社会责任，加强自身修养，弘扬科学精神和职业道德，发扬严谨笃学、潜心钻研、淡泊名利、自尊自律的风尚，努力追求德艺双馨。坚决抵制学术不端、情趣低俗和心浮气躁等不良风气，自觉做道德品行和人格操守的示范者，成为优秀文化的生产者和传播者。进一步深化“三项学习教育”和“走基层、转作风、改文风”活动，鼓励文化工作者特别是文化名家、中青年骨干深入实际、深入生活、深入群众，增强国情省情了解、增加基层体验、增进群众感情。文化工作者要相互尊重、平等交流、取长补短，共同营造风清气正、和谐奋进的良好氛围。文化战线全体党员要牢固树立党的观念、党员意识，讲党性、重品行、作表率，在推进文化改革发展中创先争优、发挥先锋模范作用。

十一、加强组织领导，提高推进文化改革发展科学化水平

36.加强和改进党对文化工作的领导。各级党委、政府要充分认识文化建设在中国特色社会主义事业全局中的重要地位和独特作用，切实担负起推进文化改革发展的政治责任，把文化建设摆在全局工作重要位置，深入研究并充分尊重意识形态和文化发展规律，及时协调解决突出难题，牢牢把握意识形态工作的主导权，掌握文化改革发展的领导权。把文化改革发展纳入经济社会发展总体规划，与经济社会发展一同研究部署、一同组织实施、一同督促检查。把文化改革发展成效纳入科学发展考核评价体系，作为评价地区发展水平和发展质量的重要内容，作为衡量领导班子和领导干部工作业绩的重要依据。充分尊重知识分子创造性劳动，深入做好文化领域知识分子工作，真心与他们交朋友，热心为他们办实事。

37.不断增强领导文化建设本领。各级党委、政府和领导干部要牢固树立与科学发展观相适应的文化发展观和正确政绩观，认真分析经济科技文化融合的新趋势、各种文化交汇的新变化、群众文化消费的新需求，制定切合本地本部门实际的文化发展战略，明确工作目标和总体思路，推动文化建设取得新进展、新成效。自觉把握文化建设规律，充分运用思想教育规律、舆论引导规律、信息传播规律、道德养成规律和受众接受规律等，精心设计实现目标的最佳途径和最好载体，努力寻求落实任务的最优方法和最有力手段。根据形势发展和实际需要，把有效经验上升到制度层面，加快构建有利于文化科学发展的长效机制。

38.健全共同推进文化建设工作机制。建立健全党委统一领导、党政齐抓共管、宣传部门组织协调、有关部门分工负责、社会力量积极参与的工作体制和工作格局，形成推进文化大发展大繁荣强大合力。文化领域各部门各单位要充分发挥职能作用，担当起文化建设主力军的重任。支持人大、政协履行职能，调动各部门积极性，支持民主党派、无党派人士和人民团体发挥作用，共同推进文化改革发展。推动社科联、文联、记协等文化领域人民团体创新管理体制、组织形式、活动方式，履行好联络协调服务职能，加强行业自律，依法维护文化工作者权益。发挥人民群众主体作用，积极开展群众乐于参与、便于参与的文化活动，精心培育根植群众、服务群众的文化载体和文化样式，大力支持群众依法兴办文化团体和发展文化事业，及时总结群众文化建设经验，推广大众文化优秀成果，让蕴藏于人民群众中的文化创造活力得到充分发挥，营造全社会重文化、抓文化、兴文化的良好氛围。

各地各部门各单位要根据中央《决定》及省委《意见》，结合实际制定切实可行的措施、办法、政策，确保文化改革发展各项任务落到实处。

“十二五”时期安徽文化产业转型发展研究

省政府发展研究中心课题组

“十二五”时期，是安徽加快转变经济发展方式、实现经济社会转型的关键时期，也是安徽文化改革的深化完善期、文化发展的转型跨越期、文化建设的黄金机遇期。在这一时期，安徽文化产业应以科学发展为主题，以建设文化强省为目标，以加快转变发展方式为主线，做好转型升级文章，着力提高文化产业发展的质量和水平，不断增强文化产业的竞争力和影响力。

一、“六个前所未有”——“十二五”时期安徽文化产业发展趋势分析

“十二五”时期，安徽文化产业将从“十一五”时期源之于文化体制改革的释放活力、盘活存量、稳步发展的蓄势阶段，进入“十二五”时期机制创新、跨越提升、做大做强的快速发展阶段，向着“成为国民经济支柱性产业”目标迈进。为此，需要深刻把握和主动适应文化产业发展新趋势、新特点，从而对文化产业转型发展作出新定位、新部署、新要求。

1.文化产业地位提升幅度前所未有。从2009年国务院《文化产业振兴规划》首次将大力发展文化产业上升到国家战略，到党的十七届五中全会明确提出“推动文化产业成为国民经济支柱性产业”，再到党的十七届六中全会专门就文化建设作出《决定》，文化产业在国家的地位不断提升。就安徽而言，2011年10月召开的省第九次党代会提出“打造充满活力的文化强省”，省委九届三次全会专题研究并对加快文化强省建设作出安排，将文化产业纳入全省科学发展的总体布局。

2.文化产业政策支持力度前所未有。利好政策不断出台，政策“含金量”不断提高，且更加完善、更加细化、更有针对性和操作性，从国家来讲是这样，从安徽来说亦如此。2009年8月，省委省政府出台《关于加快建设文化强省的若干意见》，之后又陆续出台“1+7”文件，即进一步加快建设文化强省的实施意见，以及产业发展、园区（基地）建设、农村公共文化服务、文化科技融合、高层次人才队伍建设、金融支持、企业上市等配套文件，政策支持体系将更加完备。

3.文化产业发展融合深度前所未有。文化资源调整和整合趋势越来越明显，如果无所作为，坐失文化资源重组机遇,就难以在激烈的文化市场竞争中取得优势；跨越行业界限的条件越来越成熟，如果无视这种趋势，就无法使文化企业演变为跨行业或跨媒体的综合性文化集团公司，实现低成本扩张和增强竞争力；文化与科技融合步伐越来越快，如果忽视这种现实，就不能有效改造传统文化产业、催生新的文化业态、创造文化传播新渠道；文化产业与其他产业关联度越来越高，如果对此麻木，就会使文化产业失去广泛性和开放性，难以拓展更加广阔的发展空间。安徽文化产业界已经强烈感知并主动应对这种多维度深度融合。

4.文化产业发展需求强度前所未有。安徽文化产业的消费市场已进入一个新的高速增长并将持续增长时期。国家统计局安徽调查总队的数据表明，安徽近年来城镇居民人均文化消费支出正逐年增加（见附图）。除了文化消费需求外，文化产业投资需求也日益旺盛，更多的国家财政、民间资本在比较权衡后，更加青睐文化产业。强劲的文化产业发展需求动力，必然推动文化产业快速发展。

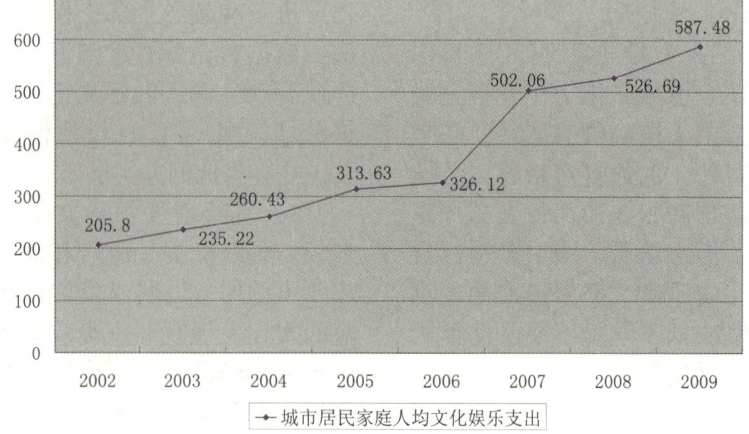

城市居民家庭人均文化娱乐支出图（元）

5.文化产业体制突破裂度前所未有。安徽文化改革创造了非试点省份走在全国前列的“安徽现象”。“十二五”时期，安徽文化体制改革进入深水区，将在更深层次、更宽领域、更实质性问题上巩固、深化、拓展，基本形成科学有效的宏观文化管理体制、富有效率的微观运行机制，文化资源配置更加优化、布局更加合理、效益更加明显、发展环境更加优越，进一步释放、激发文化产业的发展活力和动力。

6.文化产业竞争热度前所未有。“十二五”期间，安徽文化产业发展面临的竞争是空前的，也是全方位的。一是区域竞争更趋激烈。既面临西方发达国家文化资本、传播技术等占据绝对优势的压力，也面临全国各地你追我赶发展文化产业，争夺文化资源、文化市场的挑战。二是企业竞争更趋激烈。安徽已经形成了一些顶天立地的文化企业品牌，但“弱小散差”的问题仍然突出，亟需培育一大批具有独特优势和核心竞争力的文化企业。三是人才竞争更趋激烈。文化产业以“内容为王”,如果没有大量优秀的原创作品作支撑,没有大量具有创新精神的从业人员积极主动地进行文化创造,就没有了根基和灵魂。文化产业是一个有待于不断衍生、挖掘和完善的产业链，不仅需要操作人才，也需要大量的经营管理人才。安徽文化产业人才队伍存在总量相对不足、结构和布局不尽合理、高层次创意创新人才尤为匮乏、人才创新能力仍需增强、人才发展体制障碍亟待破解、人才资源开发投入仍然不足等问题。全省文化创意产业从业人员仅有58万人左右，约占全省从业人员的1.5%，低于国内外发达地区水平。

二、“十大转型”——“十二五”时期安徽文化产业转型发展路径初探

文化产业是安徽产业体系中最富于转型特色的产业之一，文化产业能否持续发展，“文化皖军”能否持续辉煌，最终取决于安徽文化产业自身结构调整是否有效，发展方式转型是否到位，承担起推动经济结构调整全局的责任是否进一步增强。“十二五”时期安徽文化产业在全面转型中实现跨越发展。路径初探如下。

1. *在发展目标上从单向度衡量向多层次多维度转变。*将文化产业打造成为国民经济支柱产业，是安徽文化产业“十二五”转型发展的目标。对这一目标决不能单向度地衡量，甚至仅通过个别指标来评判，而是紧扣其内涵和特质，不仅观察产业本身的基础条件（主要因素包括该产业已有的规模、结构、发展速度、从业人员情况、对区域经济发展的贡献程度），还要把握产业的发展潜能及发展环境（包括强劲的市场需求、富有弹性并能有效适应市场需求扩大的潜在供给能力、创新过程及良好的成长性、强大的经济制度潜能、良好的政策机遇和一定的国际竞争力等），同时还要衡量其对相关产业的渗透力及带动效应、在全省经济结构和发展变化中的影响程度。至少应关注两点：一是探索定性与定量结合的目标发展体系，二是注意主要目标的弹性幅度。安徽确立的目标体系，既有“全省文化产业发展主要指标、文化产业综合实力处于中西部领先水平，部分行业和领域居于全国前列”等定性表述，又有“文化产业增加值占生产总值比重超过5%”等有弹性的定量表述，体现了有关观照。

2. *在发展格局上从文化企业“国强民弱”向多元发展转变。*安徽文化在产业发展格局上呈现出“国强民弱”的状况。与出版集团、发行集团等全国有影响的大型国企相比，尽管近年来，民营文化企业快速成长，涌现出安美文博、芜湖方特、儒林书业、安庆五千年文博园等一批骨干企业和知名品牌，但总体来看，民营文化企业基础仍然薄弱，数量还不够多、规模还不够大，发展质量也还不够高，特别是具有跨区域、跨行业优势的民营企业少之又少。安徽应在借鉴、完善、创新有关支持民营文化企业发展政策上有更大力度、更大作为，加大政策扶持，保障落实到位，创造更加公平的发展平台。要大力吸引民营资本进军文化产业领域，充分发挥其在优化资源配置、提高经济效益等方面的优势，培养和发展一大批“专精特新”中小文化企业，推动形成以公有制为主体、多种所有制共同发展的文化产业格局。

3. *在发展布局上从集中在少数地区向城乡并进、区域联动转变。*可借鉴经济领域的成功经验，通过建立跨区域的文化产业协作平台，突破行政区划，更好地整合资源、协同发展，形成关联性较强的产业联合体，实现安徽文化产业梯度推进、优势互补、良性互动。坚持文化产业特色发展战略，促进区域协调、错位发展，真正做到“一方水土一方人，一方文化一座城。”以合肥为中心，依托现代科技文化资源，着力打造全省文化产业核心增长极，建设区域性文化资源聚集中心、文化产品生产流通中心、新型文化业态培育中心、文化创意设计研发中心。以徽州文化生态保护区为核心，以徽文化

为底蕴，着力打造国际文化旅游目的地和以文房四宝、徽州四雕等为代表的文化产品交易集聚区。抢抓国家设立皖江城市带承接产业转移示范区的重大机遇，大力发展与制造业相关的文化创意产业，着力发展红色旅游、文化旅游、体育健身、休闲娱乐、动漫游戏等产业，把沿江一线建成在全国独具特色、竞争力较强的文化产业密集带。深入挖掘皖北文化资源，大力发展淮河流域文化旅游、大别山红色旅游、演艺娱乐、杂技等业态，加速传统文化产业结构升级，逐步构建沿淮文化产业新生带。

4．*在发展链条上从产业链短小、单向化经营向打造优质高效产业链转变*。在文化产业转型跨越中，应着力构建和完善三大文化产业发展体系。一是大力发展影视制作、出版发行、印刷复制、演艺娱乐、文化旅游、文化创意、文化会展、广告、动漫、文化用品等重点文化产业，构建相互支撑、齐头并进的文化主导产业发展体系。二是大力发展文化产业衍生产品，构建协调并进、联动发展的衍生产品产业发展体系。三是大力构建完整的文化价值链，在文化内容生产上追求“一次开发、多次使用”，实现注重内容原创向内容创意资源多样化开发即“链”的方向转型，形成内容价值与开发价值融合、初始产品与后续产品价值扩增的文化产业价值增生体系。

5．*在扩张路径上从部门和区域分割向跨部门和跨区域合作转变*。应以做大做强文化龙头企业为目标，运用跨地区并购重组、强强联合、境外并购、投资合作等方式，鼓励和支持骨干文化企业跨地区、跨领域、跨所有制兼并重组，重点培育和发展实力雄厚、具有较强竞争力和影响力的大型文化企业和企业集团，促进形成在国内外有实力、有影响、有带动效应的文化企业集群。破解文化产业“跨界”之“难”，应根据国务院《关于促进企业兼并重组的意见》，结合汽车、钢铁、机械制造等行业的成功案例，以企业的主体打破“跨界”、“壮大”的局限，以政策的推动破解“散小弱差”现状，以资本的力量冲破“条条”、“块块”的壁垒，以科技的手段突围“内容”、“渠道”的分割，以要素的完善走出“无序”、“不专”的体系，以机制的创新破解“动力”、“人才”的不足，促进形成以“文化+科技”、“文化+旅游”、“文化+金融”等为特色的文化产业多样化“跨界”发展模式。

6．*在主导要素上从物质资源和历史文化遗产驱动向投资、技术、文化创意驱动转变*。在工业化国家中，现代经济增长方式历经了五次大的转型，从主导驱动要素的变化来看，由18世纪的投资驱动到20世纪中期的技术驱动，再从20世纪的信息、知识驱动到21世纪的文化创意驱动，经济发展主导要素结构发生了重大变化。当今社会经济形态已经进入文化创意经济，产业发展的主导驱动要素加快从知识、资本向文化创意演化。就文化产业而言，资源已经不是发展的主导驱动要素，文化产业发展应实现已有资源利用或者资源依赖型向资源创新型的方向转型，包括无中生有、举办活动经济、以大师品牌、设计和艺术化服务等带动和提升本地相关产业发展等。安徽在文化产业转型发展中，应摆脱主要依赖资源和投资等要素驱动的模式，充分发挥知识、创意等驱动功能，加快实现从依赖资源、资本到创意、区位、资源、市场等综合因素权变谋划的转变。

7．*在集群发展上从单一集聚模式向突出主导与注重互补的多样化集聚模式转变*。产业集群发展模式主要有政策主导型、区位诱导型、 垂直关联型、水平关联型、龙头企业带动型等集聚模式，各种模式在产业集群发展的不同阶段、不同区域、不同内容上具有不同的特点和优势。安徽发展文化产业集群，一是应坚持以龙头企业为主导。在打造优势明显、特色突出的文化产业基地和产业集群中，走重点带动、特色发展之路。通过培育大型文化企业（集团），逐步实现从分散式企业园区向以龙头企业为主导的园区转变。这一点在美国动漫产业集群发展实践中已经得到证明。二是注重互补。克服单一性文化产业集聚模式的不足，在坚持龙头带动模式为主导的前提下，充分发挥其他模式的互补功能，因地制宜、因项目制宜、因发展需求制宜，使各类文化产业集群发展模式的功能都能得到应有发挥。

8．*在创新路径上从注重内容创新向内容、技术、业态、组织联动、制度等综合创新转变*。安徽文化产业的创新路径选择，至少应体现以下几点：一是以内容创新提升文化含量。文化产业是“内容为王”的产业，必须在内容生产上下更大功夫，努力对资源进行再挖掘、再创作、再丰富、再提升，增加文化内涵，彰显徽风皖韵，努力打造更多具有时代特征、世界眼光、中国气象、安徽特色的文化精品，并使之按产业规律与市场轨道为社会所关注、接受和消费。二是以技术创新增加科技含量。文化产业不是对传统文化的简单复制，而是以创意理念为核心，借助高科技手段对文化资源进行加工，赋予其经济属性和人文价值，同时充分利用现代科技催生新的文化业态。今年以来安徽把推进文化科技融合作为文化强省建设的重要抓手，从目标任务、行动举措、工程项目、政策保障等方面作出系统规划，安徽文化的创新驱动将更为强劲。三是以组织创新保障科技和业态创新。文化企业不仅要学习先进的发展理念和技术手段，而且要积极学习先进企业的组织结构和运行机制，努力实现组织机构的先进性、国际化。四是以多元重构和制度变迁实现文化产业结构的战略性调整。实行全面的制度创新，重构文化产业结构的制度体系，实现文化产业结构的战略性调整手段从文化行业的经济组合向深度多元重构和制度变迁转变。

9. 在政府服务上从一般性服务向个性化服务转变。任何产业，包括创意产业，都有自己的生命周期，在不同的发展阶段，对政府职能的要求、对资源的需求，都是不同的（具体见下表）。政府在新时期推动文化产业发展的角色定位可以概括为：做好“引路人”，发挥产业引导作用，主要是引导产业结构优化整合，引导投资方向和错位发展，引导文化产业的资本、技术、信息、人才等资源集聚和发展。做好“公益人”，强化公共服务，主要是进一步加大政策扶持和执行力度，在投入、立项、用地、税收、信贷、融资、进出口、社会保障与培育消费等方面支持文化产业发展。做好“管制人”与“守夜人”，规范市场行为、维护市场秩序，加强知识产权保护，完善产权交易体系，降低市场经济活动的运行成本，增进市场效率。做好“调控人”，主要是制定文化产业发展战略，促进文化产业健康协调有序持续发展。

10. 在人才建设上从控制使用型向激励开发型转变。安徽文化产业的转型发展，应当主要依托于人力资源开发所实现的价值增长。要推动文化产业人才建设实现几个转变：在人才培养上由重“数量”向重“质量”转变，通过选拔推荐、重点培养、继续教育、挂职锻炼、境外培训等形式，加大复合型、创新型人才培养力度。在人才选用上由“相马”向“赛马”转变，特别注重从实践中选人用人，打破常规、不拘一格，努力实现人尽其才、才尽其用。在人才引进上由“刚性”向“柔性”转变，突破身份、资历甚至地域的限制，网络各类人才，不求所有、但求所用。在人才激励上由“单一”向“多元”转变，通过事业、薪酬、荣誉、情感等激励，聚贤育才。在人才成长环境上由“微环境”建设向“区域性人才生态群落”建设转变，充分利用建设合芜蚌自主创新综合试验区“人才特区”的机遇，建立文化生产基地、地区总部、研发及营销中心等平台，吸引文化企业和文化人才前来创业、投资和发展。

（凌宏彬　沈　昕　执笔）

创意产业生命周期与政府职能转换

周期阶段	需求资源	政府职能及政策配套	成功案例
初生阶段	中小企业需要融资便利，最初的产品创意，人才集聚	特殊津贴资助，提供便利的融资平台或中介，免费提供文化产品研发的基础设施建设	韩国首尔政府支持数字媒体城市 英国创意产业集群谢菲尔德集群
发展阶段	形成独立的创意企业，需要二期天使融资或引入风险投资，产品投放市场	专业投资机构推荐，市场机构助推	香港西九龙文化中心 布里斯班创意区
高速成长阶段	开始出现领导某个文化产业分支的成长型企业，企业级领袖人物出现，M&A运作涌现，部分企业走向IPO	制定发展的政策，长期跟踪和培育，助推企业公开募集资金，帮助企业获得关键的订单	巴塞罗那数字媒体 英国格拉斯哥电影、电视传播研究
成熟阶段	大规模成熟企业主导产业力量，对国外市场和国内市场展开分包和转包等业务往来，同时享有稳定的国内外市场份额	防止过分垄断的寡头出现，政府着眼于下一个经济点的培养，进一步培育产业环境，加强人才供应	美国洛杉矶影视业集群 米兰时尚设计

安徽历史文化资源的类型与特点

省社科院 陈 瑞

安徽历史悠久，人文荟萃，文化底蕴深厚，境内历史文化资源门类众多、数量巨大、分布广泛，是闻名遐迩的历史文化资源大省。安徽境内历史文化资源主要包括物质文化资源和非物质文化资源两大类型。安徽历史文化资源主要有以下一些特点：

1.安徽历史文化资源产生和累积的过程，以及某些非物质文化资源的传承具有连续性。安徽历史文化资源产生和累积的过程，贯穿整个安徽人类文明史的始终，其连续性主要体现在：自史前文明时期直至当代，安徽历史文化资源的产生和累积从未间断，一直得以延续下来。如在物质文化资源方面，上从距今200万至240万年前的繁昌人字洞古人类遗址，下到近现代革命文物、当代社会主义建设和改革开放成果的物化形式，各个历史时期具有鲜明时代特色的物质文化资源在安徽境内不断涌现。而且，许多同一类型的物质文化资源，在前代基础上既有传承又有发展和创新。安徽历史文化资源传承的连续性充分体现在民俗活动、表演艺术、传统手工技艺等非物质文化资源方面。第一，早期的一些神话传说在口碑相传过程中，经不同时期广大民众的加工，成为民间文学、音乐、舞蹈、民俗等非物质文化资源的构成要素，得以世代传承。如民间文学中的孔雀东南飞传说，民间舞蹈中的黎阳仗鼓传说，民俗中的大禹治水传说等。第二，一些传统手工技艺，如淮南豆腐传统制作技艺、芜湖铁画锻制技艺、潜山桑皮纸制作技艺、徽州文房四宝制作技艺、徽州建筑传统技艺，以及黄山毛峰、太平猴魁等绿茶制作技艺等，经过数百上千年的传承，一直延续至今天，仍具有重要的实用价值。第三，许多非物质文化资源，如五河民歌、青阳腔、华佗五禽戏、徽派版画篆刻、新安医学等，自产生后经过不同时期广大民众的加工，获得了长足的发展和创新。

2.安徽历史文化资源，因社会历史变迁、经济发展水平、地理风貌、民风习俗等方面的差异，呈现出鲜明的地域不平衡性。其表现是：第一，就文明起源而言，安徽境内古人类和旧石器时代遗址分布呈现出鲜明的地域不平衡性特征。安徽境内已发现的古人类和旧石器时代遗址，都分布在长江流域沿江、巢湖、水阳江及皖河一带，地域特色极为明显，而其他地方特别是淮河流域一带未见分布。第二，封建社会中经济社会的发展变迁，对安徽历史文化资源形成和分布的地域不平衡性产生了重要影响。唐宋以后中国经济重心的南移、明清时期商品经济的发展繁荣、徽商的崛起，使得安徽南部地区的生产力水平得到较大提升；与之相适应，这些地区的文化得到了长足发展，尤以在全国具有重要地位和影响的徽文化为代表，衍生出类型众多、数量巨大、积淀深厚的物质文化资源和非物质文化资源。与之形成鲜明对照的是，在淮河流域地区，由于黄河夺淮所导致的洪涝等自然灾害频发，加上战祸连绵等人为因素的影响，造成了该地区社会动荡、经济衰退、民生凋敝、文化发展相对滞后；与之相对应，这一地区的历史文化资源形成和累积的过程总体上趋缓，历史文化资源的内涵在总体上呈现出相对粗放的地域特征。与淮北、皖南地区相比较，自北向南处于过渡地带的江淮地区，其历史文化资源的形成和累积及其文化形态，则在总体上呈现出一种过渡性的特征。第三，地理环境、文化传统等方面的差异，造成了安徽历史文化资源的地域不平衡性特征。在思想、学派、名人、著述等非物质文化资源方面，自先秦至唐宋时期，今安徽江北地区在地理位置上毗邻当时中国的政治、经济、文化的中心地带，受中原文化影响较深，这一带诞生了诸多思想家和文化名人，产生了《道德经》、《庄子》、《管子》、《淮南子》等重要著述，形成了以老庄为代表的道家学派、以管仲为代表的法家学派、以竹林七贤为代表的玄学学派、以三曹为代表的建安文学学派等学术流派，在中国思想文化史上占据重要地位。而这一时期，今安徽江南地区思想文化则处于相对冷寂的状态。唐宋以后，由于北方世家大族大量南迁、经济文化重心南移等原因，安徽文化学术发展的原有格局被打破，沿江江南地区思想文化的发展日渐活跃，名家辈出，著述如林，学派迭兴，形成了新安理学、桐城文派、皖派朴学等著名学术流派；而皖北地区思想文化则渐趋沉寂；近代以来，上述地域间思想文化发展不平衡的特征更为明显。

3.安徽地处黄河、长江中下游地区几个大的文化圈的中间地带，中原文化、齐鲁文化、楚文化、吴越文化等各种类型文化的传播和碰撞都在这里留下了痕迹，这决定了安徽历史文化及与之相关的历史文化资源，既有自身特点，又有兼容性。其特征有：第一，就物质文化资源而言，今安徽境内各地遗存下来的古遗址、古器物等，在其形成、累积的过程中，广泛吸收和借鉴了其周边各种文化的因素和因子，而呈现出对这些文化的兼容性。在古遗址方面，如新石器遗址在今安徽境内各地皆有分布，但淮北一带新石器遗址主要受大汶口文化、龙山文化等中原文化的影响，对中原文化的兼容性特别明显，自身特征则较为暗淡；江淮及皖南地区一带新石器遗址主要受河姆渡文化、崧泽文化、良渚文化等长江中下游原始文化的影响，对这些地方文化的兼容性较为明显。在古器物方面，安徽境内淮河流域商代青铜器的铸造工艺，与中原商文化的关系较为密切，在文化因素方面对中原商文化具有较强的兼容性；皖南地区屯溪、铜陵、青阳等地出土的西周至春秋时期的青铜器、铜器、陶器等器物，吴越文化特征较为明显，对吴越文化具有较强的兼容性。第二，就非物质文化资源而言，今安徽境内各地遗存下来的民间音乐、舞蹈、传统戏剧、传统制作技艺等，在其形成、演进过程中，广泛吸收和借鉴了其周边各种文化的因素和因子，而呈现出对这些文化的兼容性。第三，安徽历史文化资源的兼容性还体现为某些文化资源在其形成、演进过程中，对安徽境内同类型文化资源的某些因素进行吸收、兼容。如明清时期的徽州砖雕技艺，不仅在当地流行，而且还广播各地。

4.安徽历史文化资源中的某些非物质文化资源，在其形成后及其演进的过程中，因其自身优势，拥有较强的影响力、扩张力和渗透力，从而对周边邻近地区乃至国内外一些地方的同类型文化资源具有较强的辐射性。

其特点有：第一，在传统技艺方面，历史上安徽境内的许多传统技艺，对周边地区乃至国内外一些地方的同类型手工技艺产生了较大影响，对它们具有较强的辐射功能，许多成功元素和因子为它们所吸纳。如豆腐制作工艺始于西汉淮南王刘安，此后其制作技术不断得到继承和完善，在国内普遍流传，还远传至日本、东南亚、欧美等地。唐代寿州窑所产茶具黄釉瓷碗，因茶圣陆羽“寿州瓷黄，茶色紫”的一番点评而声名远播，并对全国各地窑口产生很大影响。明清时期徽州地区版画的制作技艺获得高度发展，涌现了一大批技艺精湛的优秀刻工和著名画家，他们将徽州本土的雕刻绘画技艺带到了南京、杭州等地，推动了长三角地区雕刻绘画技术的提升。第二，在表演艺术方面，安徽境内的许多表演技艺和风格对境外产生了较大影响，对它们具有较强的辐射性。如民间戏剧青阳腔，唱腔变化灵活多样，戏曲语言通俗易懂，极大地提高了戏曲声腔的可塑性和表现力。其影响范围，由皖南一隅延伸到闽、湘、川、豫、晋、鲁等地，并直接或间接地影响了徽剧、京剧、赣剧、川剧、黄梅戏等戏曲的形成与发展。第三，在民俗方面，安徽境内的一些民俗活动和饮食习惯，在其流播过程中，对境外产生了较大影响。如全椒独有的传统祈福民俗“走太平”始于东汉，此后流传至周边邻县邻省，成为古代淮河以南地区共有的民俗。发端于唐宋时期的徽菜，其形成与当地独特的地理环境、风俗礼仪、时节活动、饮食习俗密切相关。明清时期，徽商足迹遍天下，徽菜也因徽商而声名远扬。第四，在安徽境内非物质文化资源中，一些具有重要影响的历史人物，以及一些重要的思想学术文化流派，在全国产生了较大影响，有的甚至在某种程度上影响了中国思想文化学术的发展进程。此外，历史时期安徽境内劳动人民的伟大创举，如大泽乡农民起义、中国最早大型水利灌溉工程——芍陂的兴修、徽州商人的经营活动等，也在全国产生了深刻反响，有些还曾影响和改变了中国历史的发展进程。

安徽历史文化资源是一笔宝贵财富。当前，安徽正在推进文化强省建设，我们理应坚持传承创新、科学利用的原则，对安徽历史文化资源进行科学梳理，找寻其特色和亮点，挖掘其潜力和价值，基础较好的要力争做大做强，形成品牌优势，并坚持可持续开发与利用；对于那些稀缺的、面临失传的珍贵历史文化遗产，要在抢救性保护基础上进行科学理性的开发与利用。

2011年安徽省公开出版的报纸一览表

序号	报纸名称
1	安徽日报
2	合肥晚报
3	蚌埠日报
4	芜湖日报
5	安庆日报
6	淮南日报
7	马鞍山日报
8	铜陵日报
9	淮北日报
10	阜阳日报
11	拂晓报
12	滁州日报
13	皖西日报
14	宣城日报
15	黄山日报
16	巢湖日报
17	池州日报
18	安徽青年报
19	安徽工人日报
20	安徽法制报
21	安徽经济报
22	安徽科技报
23	新安晚报
24	今日生活报
25	双语学习报
26	安徽广播电视报
27	江淮晨报
28	文摘周刊
29	农村孩子报
30	铁道建设
31	淮北矿工报
32	马钢日报
33	益寿文摘报

序号	报纸名称
34	淮南矿工报
35	安徽商报
36	淮河早报
37	铜陵有色报
38	合肥日报
39	安徽老年报
40	江淮时报
41	市场星报
42	世界报
43	工商导报
44	颍州晚报
45	皖江晚报
46	大江晚报
47	亳州晚报
48	安庆晚报
49	安徽日报·农村版
50	合肥广播电视
51	淮北广播电视
52	黄山广播电视
53	蚌埠广播电视
54	马鞍山广播电视
55	安庆广播电视
56	铜陵广播电视
57	宿州广播电视
58	滁州广播电视
59	淮南广播电视
60	芜湖广播电视
61	六安广播电视
62	阜阳广播电视
63	池州广播电视
64	宣城广播电视
65	亳州广播电视
66	巢湖广播电视

序号	报纸名称
67	中国科大报
68	安徽大学报
69	安徽医大报
70	合肥工大报
71	安徽师大报
72	安徽农业大学报
73	安徽建工学院报
74	安徽电大报
75	合肥学院报
76	安徽中医学院报
77	安徽财经大学报
78	蚌埠医学院报
79	皖南医学院报
80	安徽工程大学报
81	阜阳师院报
82	安庆师院报
83	安徽工业大学报
84	淮北师范大学报
85	安徽理工大学报
86	安徽科技学院报
87	黄山学院报
88	巢湖学院报
89	宿州学院报
90	池州学院报
91	滁州学院报
92	铜陵学院报
93	淮南师院报
94	蚌埠学院报
95	皖西学院报
96	芜湖职业技术学院报
97	安徽党校报
98	现代农村报

社会科学期刊

序号	期刊名称
1	江　淮
2	决　策
3	数码娱乐DVD导刊
4	哈博士
5	徽　商
6	治　淮
7	华夏女工
8	安徽省人民政府公报
9	江淮法治
10	江淮论坛
11	学术界
12	安徽史学
13	华东经济管理
14	小康生活
15	学语文
16	安徽行政学院学报
17	黄梅戏艺术
18	新闻世界
19	书画世界
20	江淮文史
21	理论建设
22	研究生教育研究
23	志　苑
24	恋爱婚姻家庭
25	清　明
26	传奇·传记文学选刊
27	艺术界
28	党史纵览
29	时代发现
30	作家天地
31	少年博览
32	娃娃乐园

序号	期刊名称
33	课外生活
34	度假旅游
35	安徽文学
36	红蜻蜓
37	诗歌月刊
38	少儿画王
39	文物鉴定与鉴赏
40	海外英语
41	初中生必读
42	小学生导读
43	教育文汇
44	青苹果
45	安徽年鉴
46	治淮汇刊（年鉴)
47	同　行
48	家教世界
49	今日安徽
50	至品生活
51	时代漫游
52	美术教育研究
53	蚌埠学院学报
54	债　券
55	安徽大学学报 (哲学社会科学版)
56	安徽师范大学学报 （人文社科版）
57	阜阳师范学院学报 （社会科学版）
58	安庆师范学院学报 (社会科学版）
59	合肥师范学院学报
60	淮北煤炭师范学院学报 （哲学社会科学版）
61	合肥学院学报 （社会科学版）

序号	期刊名称
62	财贸研究
63	合肥工业大学学报 (社会科学版)
64	安徽广播电视大学学报
65	巢湖学院学报
66	淮南师范学院学报
67	高校辅导员学刊
68	池州学院学报
69	皖西学院学报
70	滁州学院学报
71	宿州学院学报
72	铜陵学院学报
73	铜陵职业技术学院学报
74	芜湖职业技术学院学报
75	黄山学院学报
76	安徽农业大学学报 （社会科学版）
77	安徽理工大学学报 （社会科学版）
78	淮南职业技术学院学报
79	阜阳职业技术学院学报
80	安徽冶金科技职业学院 学报
81	宿州教育学院学报
82	滁州职业技术学院学报
83	安徽水利水电职业技术 学院学报
84	安徽商贸职业技术学院 学报
85	安徽警官职业学院学报
86	中共合肥市委党校学报
87	安徽职业技术学院学报
88	安徽工业大学学报 （社会科学版）

自然科学期刊

序号	期刊名称
1	保健与生活
2	预 测
3	淮海医药
4	Plasma Science and Technology（等离子体科学与技术英文版）
5	中国基层医药
6	金属矿山
7	中华疾病控制杂志
8	实验力学
9	压力容器
10	低温与超导
11	工业用水与废水
12	临床眼科杂志
13	现代农业科技
14	安徽体育科技
15	安徽预防医学杂志
16	中国中西医结合耳鼻咽喉科杂志
17	工程与建设
18	临床骨科杂志
19	安徽农学通报
20	中学数学教学
21	流体机械
22	人类工效学
23	临床与实验病理学杂志
24	大学图书情报学刊
25	肝胆外科杂志
26	安徽农业科学
27	安徽医学
28	量子电子学报
29	茶业通报
30	安徽林业科技
31	生物学杂志
32	煤矿爆破

序号	期刊名称
33	大气与环境光学学报
34	中国药理学通报
35	运筹与管理
36	模式识别与人工智能
37	安徽科技
38	中医药临床杂志
39	中国学校卫生
40	冶金动力
41	大学数学
42	包装与食品机械
43	安徽建筑
44	立体定向和功能性神经外科杂志
45	颈腰痛杂志
46	火灾科学
47	现代矿业
48	低温物理学报
49	安徽化工
50	现代中药研究与实践
51	临床心电学杂志
52	安徽地质
53	化学物理学报
54	中国临床药理学与治疗学
55	电脑知识与技术
56	中兴通讯技术
57	安徽医药
58	临床肺科杂志
59	中国临床保健杂志
60	少儿科技
61	临床输血与检验
62	临床护理杂志
63	实用肝脏病杂志
64	热带病与寄生虫学
65	雷达科学与技术
66	科教文汇

序号	期刊名称
67	绿色视野
68	实用防盲技术
69	江淮水利科技
70	zte communications（中兴通讯科技英文版）
71	中国科学技术大学学报
72	安徽工业大学学报（自然科学版）
73	安徽农业大学学报
74	安徽大学学报(自然科学版)
75	安徽师范大学学报（自然科学版）
76	安徽医科大学学报
77	安徽中医学院学报
78	合肥学院学报（自然科学版）
79	蚌埠医学院学报
80	皖南医学院学报
81	阜阳师范学院学报（自然科学版）
82	淮北煤炭师范学院学报（自然科学版）
83	安徽理工大学学报（自然科学版）
84	合肥工业大学学报（自然科学版）
85	安徽建筑工业学院学报（自然科学版）
86	安徽科技学院学报
87	安庆师范学院学报（自然科学版）
88	安徽工程科技学院学报
89	安徽电气工程职业技术学院学报
90	安徽电子信息职业技术学院学报
91	安徽卫生职业技术学院学报
92	淮北职业技术学院学报

2011年文化艺术和文物事业机构、人员情况

机　构　类　别	机构数（个）	从业人员（人）
文化及相关产业	13970	87718
艺术事业	1361	19605
艺术表演团体	1294	18207
话剧、儿童剧、滑稽剧团	2	2
歌剧、舞剧、歌舞剧团	7	1
歌舞团、轻音乐团	211	5
文工团、文宣队、乌兰牧骑	1	1
戏曲剧团	177	42
#京　剧	1	1
曲艺、杂技、木偶、皮影团	793	6
艺术表演场所	67	1398
剧场、影剧院	46	798
图书馆事业	100	1267
群众文化事业	1532	5782
省级文化馆、群众艺术馆	1	37
地市级文化馆、群众文化馆	13	247
县、市文化馆	106	1234
文化站	1412	4264
乡镇文化站	1271	3919
艺术教育事业	7	589
文化市场经营单位	11507	69582
文艺科研	11	150
文化科技研究	3	43
综合性艺术研究	3	17
地方戏艺术研究	4	83
其他科研机构	1	7
文物业		
文物机构合计	93	571
文物保护管理机构	91	518
文物科研机构	1	44
其他文物机构	1	32
博物馆合计	131	1832
艺术类博物馆	6	68
综合性博物馆	66	1091
历史类博物馆	38	388
文物商店	2	56

注：根据文化部最新统计指标体系，艺术表演团体数据以前仅为文化部门系统内数据，2011年数据含非文化部门数据，故作相应调整。

2011年艺术表演团体演出情况

种　类	演出场数（场）	到农村演出（场）	国内演出观众人数（千人次）
总　计	5920	920	3239
国有剧团	5540	610	3174
集体经营剧团	380	310	65
按剧种分			
话剧、儿童剧、滑稽剧团			
歌剧、舞剧、歌舞剧团			
歌舞团、轻音乐团	240	180	430
文工团、文宣队、乌兰牧骑			
戏曲剧团	1370	710	1394
曲艺、杂技、木偶、皮影团	4000		1030

2011年群众艺术馆、文化馆站业务活动及经费情况

项　目	总　计	群众艺术馆、文化馆	文化站
单位数（个）	1532	120	1412
举办展览（个）	3908	688	3220
组织文艺活动（次）	17757	4024	13733
举办训练班			
班　次（次）	12850	4629	8221
结业人次（人次）	949	198	750
群众艺术馆、文化馆			
负责指导单位			
馆办文艺团体（个）	392	392	
群众业余演出团、队（个）	5306	1184	4122
总支出（万元）	51422	15078	363440

2011年公共图书馆业务活动及经费情况

项　目	总　计	省级公共图书馆	地市级公共图书馆	县级公共图书馆
公共图书馆（个）	100	1	14	85
总藏量（千册）	13754	3287	4270	6197
图书	9601	1987	2860	4754
古籍	610	352	163	95
报刊	1540	288	616	636
开架书刊（千册）	3704	550	1146	2006
发放借书证数（千个）	440	128	158	154
图书流通情况				
总流通人次（千人次）	11765	1383	3436	6946
书刊外借册次（千册次）	8432	1506	2818	4108
为读者服务举办各种活动				
次　数（次）	1722	114	350	1258
参加人数（千人次）	725	77	321	327
总支出（万元）	15666	2713	4867	8086
基本支出	8973	1408	3107	4458
藏量购置费	1732	500	442	790
本年新购藏量（千册）	799	131	209	459
公用房屋建筑面积（千平方米）	245	37	88	121
书　库	51	8	20	24
阅览室	64	9	25	30
阅览室坐席数（千个）	17	2	6	9

2011年博物馆、文物机构业务活动及经费情况

项　目	文物保护管理机构	文物科研机构	其他文物机构	博物馆
藏品（件）	82159	3284	543	527660
一级品	283	27	10	1664
业务活动				
陈列展览（个）	107			881
参观人次（千人次）	1350			25712
总支出（万元）	7954	3573	166	24557
基本支出	4003	564	66	11231
修缮费	2101	2009	78	10740
增加值（万元）	2684	1301	87	9538

广播、电视事业发展情况

指　标	2000年	2005年	2010年	2011年
职工人数（人）	15655	16026	20041	21821
广播电台（座）	15	17	15	15
中波发射台及转播台（座）	23	22	23	23
中波发射机功率（千瓦）	472	633	903	1082
县广播电视台（座）	50	62	62	61
广播人口覆盖率（%）	94.80	95.58	97.31	97.62
电视台（座）	17	17	15	15
电视发射台及转播台（座）	350	218	163	146
电视发射机功率（千瓦）	320.14	429.30	849.91	846.52
电视人口覆盖率（%）	93.82	95.00	97.50	97.92

图书、杂志和报纸出版数量

	图　书				杂　志				报　纸			
年　份	种类（种）	新出版	总印数（万册）	总印张数（万印张）	种类（种）	每期平均印数（万册）	总印数（万册）	总印张数（万印张）	种类（种）	每期平均印数（万册）	总印数（万份）	总印张数（万印张）
1985	788	702	20708	67570	88	284	2375	9342	52	422	43826	31309
1990	1514	1107	22117	75645	79	215	1825	4735	38	239	32258	22527
1995	1926	1069	27555	109340	123	347	3197	8076	52	361	47569	49024
2000	2125	1002	30992	156767	150	621	7736	19538	84	416	76083	114736
2001	2984	1029	28540	125807	160	596	7276	18042	90	404	74768	123464
2002	2976	1396	27822	140010	183	500	6161	16696	101	389	70819	144237
2003	3489	1698	27423	153904	186	478	6013	16953	101	400	80566	221686
2004	4389	2344	28461	204565	171	388	5000	14057	95	427	87206	237351
2005	3970	1847	25220	118056	177	433	5804	17418	97	393	98134	302498
2006	3751	1689	21528	121327	174	451	5634	17020	97	401	99753	295248
2007	3378	1492	23800	133893	176	457	6342	24403	99	495	106760	327679
2008	5139	1964	27900	194730	176	444	5908	19513	98	465	101600	383952
2009	5560	1331	27204	172802	176	432	5977	23776	97	472	105905	357801
2010	5646	2669	23891	163954	178	404	5842	23115	98	519	116988	470953
2011	7804	4087	25185	186306	180	397	5948	24675	98	505	120769	607734

主要年份出版印刷生产情况

年　份	企业数（个）	工业销售产值（万元）	印刷产量		装订产量（万令）	用纸量（万令）	用纸量（万吨）
			黑白（万令）	彩色（万对开色令）			
2005	238	160224	849.00	2773.00	530.00	1030.00	26.00
2006	231	204190	693.60	2085.35	771.66	960.48	25.45
2007	229	215581	579.65	2434.26	868.37	1048.75	32.36
2008	218	228002	2723.73	2139.71	1246.09	1192.62	34.05
2009	253	167122	794.43	3772.60	1014.55	2615.78	16.32
2010	258	302870	1094.23	2715.25	809.97	1040.70	30.04
2011	261	391576	1228.30	2293.39	1015.33	928.90	33.90

主要年份录像制品出版数量情况

单位：万盒、万张

年　份	录像制品	激光数码视盘	高密度激光视盘	录像带及其他	新版录像制品	激光数码视盘	高密度激光视盘	录像带及其他	发行数量
2000	412.80	404.88	8.00						
2005	404.32	397.84	6.48						
2006	193.30	187.50	5.30	0.50					
2007	82.35	79.60	2.75						
2008	85.82	49.53	36.29		84.32	49.53	34.79		34.90
2009	105.69	33.78	71.91		105.69	33.78	71.91		80.90
2010	90.44	27.20	59.72	3.52	89.44	27.20	58.72	3.52	59.44
2011	64.14	10.05	54.09		57.79	10.05	47.74		53.45

主要年份出版物发行机构数和网点数

年　份	发行机构合计（处）	国有书店及国有发行点	供销社	出版社	网上书店	文化教育广电邮政系统	新华书店系统外批发网点	集体个体零售	新华书店系统出版社自办发行从业人数（人）	
									全部职工	国有书店及发行点
2005	5950	498		10		1436	248	3758	5253	5155
2006	5867	502		10		1436	239	3680	5355	5253
2007	6024	507		10		1517	290	3700	5223	5113
2008	5691	523		10		1520	290	3348	5476	5361
2009	7443	592		10		3208	299	3334	5403	5256
2010	7723	579		11	1	3576	330	3226	5029	4878
2011	8858	607		11	2	3580	329	4329	5157	5002

主题词索引

本索引采取主题分析索引法，按索引词首字汉语拼音字母排序，同声同韵字按声调、同音字按笔画顺序排列，若首字相同则按第二字音序排列，依次类推。索引词后的阿拉伯数字表示该词所在页码，数字后的英文字母a、b、c分别表示该页文字的左、中、右栏。

A

B

E

F

J

K

L

M

N

T

W

X

Y

Z

人名索引

人名索引按汉语拼音排序，首字相同则按第二字音序排列，以此类推。人名后阿拉伯数字表示人名所在页码，英文字母a、b、c分别表示左、中、右栏。

A

B

C

D

J

K

L

图片索引

图片索引按图片在书中的页码排序，文字后的阿拉伯数字表示图片所在页码。

《安徽文化年鉴》编写人员名单

单　位	审稿人	撰稿人
省委宣传部	林　勇	张家杰　武　潇　刘　涛　时　玲　康福升
省文化厅	何长风	李　玮
省广电局	聂庆义	张　波
省新闻出版局	董　庆	张　宏
安徽日报报业集团	王世友	高文光
省广电台	马璧玲	沈汝好　程华芳
省社科院	邢　军	吴海升　王　磊
省文联	吴　雪	黄　新
省社科联	卜幼凡	黄中远　张会生
省民委（宗教局）	韩　雷	汪安定
安徽出版集团	林清发	葛永波
安徽新华发行集团	刘建伟	林　兰
安徽演艺集团	陈建国	范　伟　王志敏
安徽广电传媒产业集团	袁　超	王　胜
合肥市	陈　飚	赵明录　吴　熹
蜀山区	罗　昕	张　娜
庐阳区	丁凤云	黄　铮
瑶海区	王富强	张　勇
包河区	王海霞	詹雄才
巢湖市	魏月琴	刘宗勇
长丰县	邓发之	严太高
肥东县	徐高彬	童国强
肥西县	赵　霞	谢咏东
庐江县	钟国光	吴建华
宿州市	马鹏飞	沈　凌　徐　宁　赵彦志
埇桥区	曹永杰	郭　庆　张祥志
砀山县	杨建勋	舒　畅　魏志玉
萧　县	高　扬	朱雪峰　张前锋
灵璧县	刘　利	王从效　徐　浩

泗　县	陈迎冬	王永乐　梁智慧
淮北市	颛孙新龙	郜　锋
相山区	孔庆明	毛献超
杜集区	陈　辉	苗　红
烈山区	高宏伟	陈鹏鸟
濉溪县	李　磊	张晓波
阜阳市	司学龙	窦建军　周　健　张乃谏
颍州区	陈　涛	高　尚
颍东区	蒋祥虎	刘学峰
颍泉区	韩　杰	成蒙蒙
界首市	李凤忠	聂剑杰
临泉县	马丽华	赵怀勇
太和县	刘成义	蔡士连
阜南县	季传光	潘永力
颍上县	左　琴	徐守锋
亳州市	张　弘	魏　斌
谯城区	李先禹	王金海
涡阳县	雅浩海	李　涛　李永进　张群禄　赵晓蕾
蒙城县	蔡洪光	范勤跃
利辛县	童　捷	李　哲
蚌埠市	张文虎	何延之　孟　波　韩　枫
蚌山区	张志良	张岳嵬
龙子湖区	王寿权	江世华
禹会区	赵晓冬	何蝉均
淮上区	陈立功	李乃亮
怀远县	陈　林	骆奥博
五河县	宋　健	蒋胜农
固镇县	王中华	王　芳
淮南市	李　萍	孙献光　焦　伟　高　嵩
凤台县	何　涛	李胜利
大通区	缪　凯	余　波
田家庵区	汪晓玲	李卫民
谢家集区	邓传国	陈　俊
八公山区	陈玉惠	攀雪松
潘集区	戴　平	李　税
毛集试验区	朱家新	姜　梅
滁州市	陈建伟	郭俊杰
琅琊区	方国业	崔　宏
南谯区	尹　虹	郑　汉
明光市	杨文萍	李　震
天长市	庆德超	王家银

来安县	张亚滨	张正宇
全椒县	唐　颖	杨　雪
定远县	张子非	曹　力
凤阳县	钱家广	殷兆松
马鞍山市	王　平	喻　军　潘　娜
雨山区	计承松	宋冰冰
花山区	胡劲松	王　冉
金家庄区	许培明	费映霞
当涂县	齐　琳	孔德金
含山县	张平虎	程千俊
和　县	章修成	王　成
芜湖市	周　飞	何　平
鸠江区	齐向前	甘昌红
弋江区	刘　勤	姚　祥
三山区	陆宗文	李凯旋
镜湖区	张云龙	韩步华
芜湖县	陈　伟	梁家伦
繁昌县	季益棠	许必玉
南陵县	罗光成	汪　星
无为县	郑海明	李俊平
铜陵市	刘联合	王时武　徐达佩　毛昌鹏　杨　健 殷红卫　徐　楠　鲍文龙
铜官山区	王友群	赵　亮
狮子山区	谢贵祥	仇春川
郊　区	杨纲要	齐　晖
铜陵县	胡　青	鲍文龙
安庆市	周锦宏	李　慧　姚建平　王　勇　戴文君 胡越忠　陈建球　程　泉　潘法生
大观区	黄　义	施茂生
迎江区	徐绍鹏	马　婧
宜秀区	杨积平	张　伟
桐城市	洪　放	潘子翰
怀宁县	金　林	钱续坤
枞阳县	吴银明	王志毅
潜山县	汪立新	熊炫恺
太湖县	刘春寿	潘典文
宿松县	姜晓蕾	石茂林
望江县	何立杰	查敬兵
岳西县	王国英	储　驾
黄山市	刘才林	余永海　吴　芬
屯溪区	孙春明	方亦萍

黄山区	凌阜生	汪少飞
徽州区	吴之兴	王金满
歙　县	潘世辉	洪兴东
休宁县	胡前进	陈吉祥
祁门县	金志来	顾圣红
黟　县	金忠民	叶晓青
黄山风景区	程亚星	汪治平
六安市	储叶来	江沛东　张家萍　常婷婷
金安区	汪庆发	何云云
裕安区	杨光华	施红东　丁美科　左　清　李从文
寿　县	李延孟	徐家久
霍邱县	田　强	穆志强
舒城县	万红兵	朱观照
金寨县	陈治国	王洪彦　段宏政
霍山县	陈　林	梁　明　黎克华
叶集试验区	朱定勇	张道红
池州市	刘茂华	胡李美
贵池区	吴葆华	谢海龙
东至县	李永中	唐永琴
石台县	孙小华	田胜平
青阳县	陈　群	熊树民
九华山风景区	邓新建	苗仕润
宣城市	张剑平	袁青垂　濮阳雪明
宣州区	杨　萍	李继国
宁国市	叶　蕴	方万林
郎溪县	张　健	徐新和
广德县	王浩明	周　锋　黄峻宗
泾　县	佘　民	董胜利　曹　诚
旌德县	刘四清	方立东　林　剑
绩溪县	汪旭红	章锡辉

特约撰稿人　陈立柱　陈　瑞　徐　飞　朱宗庄　王朝晖　邢　军　黄来生
陈　勇　张成美　张振舟　程光华　吴　伟　方金友